# Dicionário Wittgenstein

HANS-JOHANN GLOCK

# DICIONÁRIO WITTGENSTEIN

Tradução:
HELENA MARTINS

Revisão Técnica:
LUIZ CARLOS PEREIRA
*Professor-assistente do Deptº de Filosofia, PUC-Rio*
*Professor-adjunto do Deptº de Filosofia, IFCS/UFRJ*

**Jorge Zahar Editor**
Rio de Janeiro

MEINEN ELTERN

Título original:
*A Wittgenstein Dictionary*

Tradução autorizada da primeira edição inglesa,
publicada em 1996 por Blackwell Publishers,
de Oxford, Inglaterra


Jorge Zahar Editor Ltda.
rua México 31 sobreloja
20031-144 Rio de Janeiro, RJ
tel: (021) 240-0226/fax: (021) 262-5123



CIP-Brasil. Catalogação-na-fonte
Sindicato Nacional dos Editores de Livros, RJ

G48d Glock, Hans-Johann
Dicionário Wittgenstein/Hans-Johann Glock; tradução, Helena Martins; revisão técnica, Luiz Carlos Pereira. — Rio de Janeiro: Jorge Zahar Ed., 1998
(Dicionários de filósofos)

Tradução de: A Wittgenstein dictionary
Inclui bibliografia
ISBN 85-7110-440-9

1. Wittgenstein, Ludwig, 1889-1951 — Dicionários. 2. Filosofia alemã — Dicionários. I. Título. II. Série.

CDD 193
98-0127 CDU 1(43)

# Sumário

*Von mir werden keine neuen Götzen aufgerichtet;*
*die alten mögen lernen,*
*was es mit thönernen Beinen auf sich hat*

(Não erguerei novos ídolos;
que os velhos aprendam
o que é ter os pés feitos de barro)

FRIEDRICH NIETZSCHE, *Ecce homo*

*Alles, was die Philosophie tun kann ist, Götzen zerstören.*
*Und das heisst, keinen neuen —*
*etwa in der 'Abwesenheit eines Götzen' — zu schaffen*

(Tudo o que a filosofia pode fazer é destruir ídolos.
E isso significa não criar um novo —
como, por exemplo, "na ausência de um ídolo")

LUDWIG WITTGENSTEIN, "Big Typescript"

# Agradecimentos

Os seguintes artigos meus desenvolvem, com maior profundidade, algumas das idéias contidas neste livro — agradeço a seus respectivos editores a permissão para fazer uso deles aqui: "*Investigations* §128: Theses in Philosophy and Undogmatic Procedure", in R.L. Arrington e H.-J. Glock (orgs.), *Wittgenstein's Philosophical Investigations* (Londres: Routledge, 1991); "Cambridge, Jena or Vienna? — The Roots of the *Tractactus*", *Ratio,* NS 5 (1992); "Abusing Use", *Dialectica*, 49 (1995); "Eine ganze Wolke von Philosophie kondensiert zu einem Tröpfchen Sprachlehre", in E. von Savigny e O. Scholz (orgs.), *Wittgenstein Über die Seele* (Frankfurt: Suhrkamp, 1995); "Externalism and First-Person Authority" (com J. Preston), *The Monist*, 78 (1995); "Necessity and Normativity", in H. Sluga e D. Stern (orgs.), *The Cambridge Companion to Wittgenstein* (Nova York: CUP, 1996); "On Safari with Wittgenstein, Quine and Davidson", in R.L. Arrington e H.-J. Glock (orgs.), *Wittgenstein and Quine* (Londres: Routledge, em preparação).

Não posso deixar de agradecer a meus colegas de Reading por sua tolerância e bom humor. Bob Arrington, John Hyman e Bede Rundle fizeram comentários importantes sobre partes deste livro, e, por isso, sou-lhes agradecido. Guardo para com Peter Hacker minha maior dívida de gratidão. Quando meu orientador, teve mais a ensinar-me sobre Wittgenstein do que me teria sido possível aprender. Leu versões preliminares de todos os verbetes, impedindo-me, repetidas vezes, de incorrer em erros. Stephen Ryan, o revisor, fez um trabalho excelente sobre um texto difícil. Por fim, quero agradecer a Gabi e Sonja, pela paciência com que suportaram a vida nos tempos da temível palavra *dicionário*.

# Nota da tradução brasileira

1. Nas citações e na terminologia referentes ao *Tractatus logico-philosophocus*, procuramos acompanhar, sempre que possível, a tradução brasileira de Luís Henrique dos Santos (São Paulo: Edusp, 1993), por considerarmos que contém soluções bastante adequadas para problemas difíceis da transposição dessa obra para o português, além de reproduzir de modo particularmente apto as peculiaridades do estilo de Wittgenstein, cuja importância o próprio filósofo sempre salientou. A tradução de Luís Henrique dos Santos só não foi seguida nos casos em que apresentou discrepâncias significativas com relação à versão inglesa utilizada pelo autor deste dicionário, e em alguns poucos casos em que alternativas terminológicas nos pareceram mais oportunas (destaca-se, entre esses casos, a tradução do termo *nonsense/Unsinn* — "contra-senso", na tradução de L.H. dos Santos", e "absurdo, nesta tradução).

2. A tradução do termo wittgensteiniano *meinen/to mean* para o português é bastante problemática, conforme já observou José Carlos Bruni, tradutor brasileiro das *Investigações filosóficas*, em sua nota introdutória (São Paulo: Abril, coleção Os Pensadores, 1975). Acompanharemos aqui sua opção bem-fundamentada e já disseminada de traduzir, sempre que possível, tal expressão por "querer dizer algo", ressalvando que o termo deve ser compreendido a partir de seu uso em sentenças do tipo "Eu quis dizer Napoleão I e não Napoleão III", isto é, deve ser entendido como a atribuição de um significado por um falante a uma determinada palavra em um proferimento realizado em dada ocasião — ou seja, como aquilo que o falante tinha em mente. Nos casos em que a expressão *to mean* tem um objeto claramente especificado, optamos por traduzi-la por "[querer] referir-se a".

H.M. e L.C.P.

# Sobre o uso deste dicionário

Este livro se destina a três tipos de leitores. Profissionais da área acadêmica, quer trabalhem diretamente com filosofia ou não, poderão encontrar explicações para termos e questões centrais na obra de Wittgenstein, ficando em condições de avaliar-lhes o impacto sobre seu próprio trabalho. Por vezes, explicito em poucas palavras, ao final dos verbetes, o impacto concreto que essa obra logrou alcançar; para informações mais detalhadas, entretanto, devem ser consultados os itens listados na Bibliografia de Fontes Secundárias. Estudantes que trabalhem com Wittgenstein ou com tópicos relacionados (Frege, Russell, lógica filosófica, metafísica, epistemologia, filosofia da mente) encontrarão uma exposição dos principais problemas exegéticos e substantivos. Para os especialistas em Wittgenstein, o livro oferece uma visão atualizada do panorama de debates, bem como algumas idéias novas. Esforcei-me por cobrir os tópicos da forma mais completa possível; meu insucesso nessa tarefa é, entretanto, algo sintético a priori.

Aos leitores sem conhecimento anterior de filosofia analítica, recomendo enfaticamente, a título de introdução, a leitura do Esboço de uma Bibliografia Intelectual, neste volume. Procurei evitar o simbolismo formal, mas isso não é de todo possível na discussão de temas em lógica e em matemática. Os verbetes em que se abordam esses temas serão compreendidos com maior facilidade por aqueles que possuam algum conhecimento na área do cálculo proposicional e do cálculo de predicados. Acompanhando a prática de Wittgenstein, utilizo a notação encontrada nos *Principia mathematica*, embora utilize aqui parênteses, em vez de pontos, como indicadores de escopo; e também "$(\exists x)(\exists y)xRy$" em vez de "$(\exists x,y)xRy$". Outros recursos técnicos são explicitados nos verbetes em questão.

Inevitavelmente, muitas das interpretações aqui apresentadas são controversas. Procurei indicar visões alternativas plausíveis ou já bem disseminadas. Caberá, por fim, ao leitor tomar suas decisões, recorrendo aos textos de Wittgenstein. Para facilitar o aprofundamento do estudo, citei passagens célebres, fornecendo, além disso, amplas referências, inclusive ao *Nachlass,* onde encontramos um importante material adicional. Meu sistema de referências cruzadas é bastante livre; indico-as pelo título do verbete relevante (ou por uma expressão cognata — por exemplo, "determinado", remetendo a "determinabilidade de sentido"; "gramatical", remetendo a "gramática"), em versalete. Termos que não ocorrem como verbetes independentes podem ser localizados no índice remissivo.

Ao contrário de outros filósofos mais distantes contemplados nesta coleção, Wittgenstein proporciona uma "opção viva" para filósofos contemporâneos. Por esse motivo, procurei, sempre que possível, indicar como as suas observações poderiam ser defendidas ou atacadas. Alguns comentadores sugerem que Wittgenstein não empreende um debate racional com outros filósofos, tentando simplesmente convertê-los a seu ponto de vista. Para eles, a obra de Wittgenstein tem uma feição tão excepcional, que não admite cotejo com o restante da filosofia. Considero infundada essa interpretação. Embora o método filosófico de Wittgenstein seja revolucionário, por procurar abalar as próprias hipóteses que subjazem às discussões anteriores, isso é feito por meio de argumentos, que podem ser avaliados quanto à sua correção. Enfatizei, portanto, não somente linhas de influência histórica, mas também acordos e discordâncias com pensadores do passado e do presente.

Sugere-se, por vezes, também que as observações de Wittgenstein amiúde deixam de apresentar respostas para as questões ou posições radicais que ele mesmo propõe, que estão repletas de ressalvas, que investigam, em vez de afirmar ou negar. Há, nessa visão, uma dose de verdade. Sendo esta, entretanto, uma obra de referência, procurei apresentar a posição de Wittgenstein de uma forma mais clara do que talvez permitissem as suas próprias e prudentes ressalvas. Talvez algumas das visões apresentadas aqui venham a morrer pelas mãos dessas mil ressalvas; outras talvez tenham morte mais súbita, pela refutação direta. A tarefa de continuar o debate acerca da natureza e do mérito da filosofia de Wittgenstein equivale a desferir tais golpes ou a deles se esquivar; o propósito deste Dicionário é facilitar este debate.

# Sistema de referências e fontes primárias

Salvo indicação em contrário, todas as referências remetem às edições citadas. Refiro-me às obras de Wittgenstein (incluindo-se o *Nachlass*, preleções, correspondência, obras ditadas e obras de Waismann elaboradas a partir de Wittgenstein) pelo sistema já conhecido de letras maiúsculas; às obras de autores que o influenciaram, refiro-me por abreviaturas de títulos. Traduções minhas foram fornecidas em ocasiões que me pareceram apropriadas. As referências aos gigantes do passado seguem os sistemas estabelecidos. As referências a Kant, por exemplo, remetem a páginas da primeira (A) ou segunda (B) edição da *Crítica da razão pura*.

Para facilitar a consulta à edição brasileira deste livro, incluíram-se, entre chaves, indicações de edições lusófonas existentes.

## OBRAS DE WITTGENSTEIN

### 1. Artigos e livros por ordem de composição

RCL "Review of Coffey, *The Science of Logic*", *The Cambridge Review*, 34 (1913) 351; republicado em PO.

NL "Notes on Logic" [1913], in NB 93-107.

NM "Notes dictated to G.E. Moore in Norway" [1914], in NB 108-19.

NB *Notebooks 1914-16* [ed. bilíngüe alemão-inglês], org. G.E.M. Anscombe e G.H. von Wright, trad. G.E.M. Anscombe, edição revista (Oxford: Blackwell, 1979). *Tagebucher 1914-16* (Frankfurt: Suhrkamp, 1984).

GT *Geheime Tagebücher*, org. W. Baum (Viena: Turia & Kant, 1991). Nesta obra encontram-se observações oriundas dos *Notebooks 1914-16*, escritas em um código secreto e omitidas da edição NB; sua relevância é principalmente biográfica.

PT *Proto-Tractatus* [1917, ed. bilíngüe alemão-inglês], org. B.F. McGuinness, com introdução de G.H. von Wright (Londres: Routledge & Kegan Paul, 1971).

TLP *Tractatus logico-philosophicus* [ed. bilíngüe alemão-inglês], trad. D.F. Pears e B.F. McGuinness (Londres: Routledge & Kegan Paul, 1961). As referências remetem às seções numeradas.

*Tractatus logico-philosophicus* [ed. bilíngüe alemão-inglês], trad. C.K. Ogden e F.P. Ramsey (Londres: Routledge, 1990), primeira edição em 1922.

*Logisch-Philosophische Abhandlung*, Kritische Edition, org. B. McGuinness e J. Schulte (Frankfurt: Suhrkamp, 1989). Primeira edição alemã in *Annalen der Naturphilosophie*, 14 (1921).

{*Tractatus logico-philosophicus* [ed. bilíngüe alemão-português], trad. L.H. dos Santos (São Paulo: Edusp, 1993)}

WV *Wörterbuch für Volkschulen* (Viena: Hölder-Pichler-Tempsky, 1926); fac-símile com introdução de A. Hübner 1977.

RLF "Some Remarks on Logical Form", *Proceedings of the Aristotelian Society*, volume suplementar IX (1929), 162, 71.

CV *Culture and Value* [ed. bilíngüe alemão-inglês], org. G.H. von Wright em colaboração com H. Nyman, trad. P. Winch (Oxford: Blackwell, 1980).

*Vermischte Bemerkungen* (Frankfurt: Suhrkamp, 1984).

PR *Philosophical Remarks* [1929-30], org. R. Rhees, trad. R. Hargreaves e R. White (Oxford: Blackwell, 1975).

*Philosophische Bemerkungen* (Frankfurt: Suhrkamp, 1984).

PG *Philosophical Grammar*, org. R. Rhees, trad. A.J.P. Kenny (Oxford: Blackwell, 1974).

*Philosophische Grammatik* (Frankfurt: Suhrkamp, 1984).

GB "Remarks on Frazer's 'The Golden Bough'", org. R. Rhees, *Synthese*, 17 (1967), 233-53; as referências remetem à versão completa em PO.

BB *The Blue and the Brown Books* [1933-35] (Oxford: Blackwell, 1958).

{*O livro azul*, trad. Jorge Mendes (Lisboa: Edições 70, 1992); *O livro castanho*, trad. Jorge Marques (Lisboa: Edições 70, 1992)}.

EPB *Eine Philosophische Betrachtung* [1936], org. R. Rhees, *Schriften* 5 (Frankfurt: Suhrkamp, 1970), 117-237.

CE *Cause and Effect: Intuitive Awareness*, org. R. Rhees, trad. Peter Winch, *Philosophia*, 6 (1976), 392-445; republicado em PO.

RFM *Remarks on the Foundations of Mathematics* [1937-44], org. G.H. von Wright, R. Rhees e G.E.M. Anscombe, trad. G.E.M. Anscombe, edição revista (Oxford: Blackwell, 1978; primeira edição em 1967).

*Bemerkungen zu den Grundlagen der Mathematik* (Frankfurt: Suhrkamp, 1984).

PI *Philosophical Investigations* [edição bilíngüe alemão-inglês], org. G.E.M. Anscombe e R. Rhees, trad. G.E.M. Anscombe (Oxford: Blackwell, 1958, primeira edição em 1953). As referências remetem às seções numeradas da Parte I (excetuando-se as notas) e às páginas da Parte II.

{*Investigações filosóficas*, trad. José Carlos Bruni (São Paulo: Abril Cultural, 1975; Coleção Os Pensadores)}

RPP I *Remarks on the Philosophy of Psychology* [1945-7, edição bilíngüe alemão-inglês], vol. I, org. G.E.M. Anscombe e G.H. von Wright, trad. G.E.M. Anscombe (Oxford: Blackwell, 1980).

RPP II *Remarks on the Philosophy of Psychology* [1948, edição bilíngüe alemão-inglês], vol. II, org. G.H. von Wright e H. Nyman, trad. C.G. Luckhardt e M.A.E Aue (Oxford: Blackwell, 1980).

*Bemerkungen zur Philosophie der Psychologie* (Frankfurt: Suhrkamp, 1984).

Z *Zettel* [1945-8, edição bilíngüe alemão-inglês], org. G.E.M. Anscombe e G.H. von Wright, trad. G.E.M. Anscombe (Oxford: Blackwell, 1967).

{*Fichas*, trad. Ana Berhan Morão (Lisboa: Edições 70, 1989)}

LW I *Last Writings on the Philosophy of Psychology* [1948-9, edição bilíngüe alemão-inglês], vol. I, org. G.H. von Wright e H. Nyman, trad. C.G. Luckhardt e M.A.E. Aue (Oxford: Blackwell, 1982).

*Letze Schriften zur Philosophie der Psychologie* (Frankfurt: Suhrkamp, 1984).

LW II *Last Writings on the Philosophy of Psychology* [1949-51, edição bilíngüe alemão-inglês], vol. 2, org. G.H. von Wright e H. Nyman, trad. C.G. Luckhardt e M.A.E. Aue (Oxford: Blackwell, 1992).

OC *On Certainty* [1951, edição bilíngüe alemão-inglês], org. G.E.M. Anscombe e G.H. von Wright, trad. D. Paul e G.E.M. Anscombe (Oxford: Blackwell, 1969).

{*Sobre a certeza*, trad. Maria Elisa Costa (Lisboa: Edições 70, 1990)}.

ROC *Remarks on Colour* [1951, edição bilíngüe alemão-inglês], org. G.E.M. Anscombe, trad. L.L. McAlister e Margarete Schättle (Oxford: Blackwell, 1980, primeira edição em 1977).

*Bemerkungen über die Farben* (Frankfurt: Suhrkamp, 1984).

{*Anotações sobre as cores*, trad. Felipe Nogueira e Maria João Freitas (Lisboa: Edições 70, 1987)}

PO *Philosophical Occasions* [edição bilíngüe alemão-inglês quando necessário], org. J. Klagge e A. Nordmann (Indianapolis: Hackett, 1993). Contém versões republicadas de RCL, RLF, LE, M, LSD, LPE, CE, LFW, NPL. Salvo indicação em contrário, as citações remetem às paginações originais fornecidas nesta antologia.

## 2. Preleções e conversações

WVC *Ludwig Wittgenstein and the Vienna Circle* [1929-32], anotações estenográficas registradas por F. Waismann, org. B.F. McGuinness (Oxford: Blackwell, 1979).

*Ludwig Wittgenstein und der Wiener Kreis* (Oxford: Blackwell, 1967 e Frankfurt: Suhrkamp, 1984).

LE "A Lecture on Ethics" [1929], *Philosophical Review*, 74 (1965), 3-12.

M "Wittgenstein's Lectures in 1930-33", in G.E. Moore, *Philosophical Papers* (Londres: Allen and Unwin, 1959), as referências remetem à versão reimpressa em PO.

LWL *Wittgenstein's Lectures*, Cambridge 1930-1932, das anotações de J. King e D. Lee, org. Desmond Lee (Oxford: Blackwell, 1980).

AWL *Wittgenstein's Lectures*, Cambridge 1932-J935, das anotações de A. Ambrose e M. MacDonald, org. A. Ambrose (Oxford: Blackwell,1979).

LSD "The Language of Sense Data and Private Experience — Notes taken by R. Rhees of Wittgenstein's Lectures, 1936", *Philosophical Investigations*, 7 (1984), 1-45, 101-40.

LPE "Wittgenstein's Notes for Lectures on Private Experience and Sense Data"' [1936], org. R. Rhees, *Philosophical Review*, 77 (1968), 275-320.

LC *Lectures and Conversations on Aesthetics, Psychology and Religious Belief* [1938-46], org. C. Barrett (Oxford: Blackwell, 1966).

LFM *Wittgenstein's Lectures on the Foundations of Mathematics, Cambridge 1939*, das anotações de R.G. Bosanquet, N. Malcolm, R. Rhees e Y. Smythies, org. C. Diamond (Hassocks: Harvester Press, 1976).

LFW "Lectures on Freedom of the Will" [1939], das anotações de Y. Smythies, PO 427-44.

NPL "Notes for the Philosophical Lecture" [1941], org. D. Stern, PO 445-58.

LPP *Wittgenstein's Lectures on Philosophical Psychology* 1946-47, anotações de P. T. Geach, K.J. Shah e A.C. Jackson, org. P.T. Geach (Hassocks: Harvester Press, 1988).

## 3. Antologias e coletâneas

*Schriften* (Frankfurt: Suhrkamp):
Vol. 1 (1960): TLP, NB, PI. Vol. 2 (1964): PR. Vol. 3 (1967): WVC. Vol. 4 (1969): PG. Vol. 5 (1970): BB, EPB, Z. Vol. 6 (1973): RFM. Vol. 7 (1978): LFM. Vol. 8 (1982): RPP I, RPP II.

*Werkausgabe* (Frankfurt: Suhrkamp, 1984):
Vol. I: NB, TLP, PI. Vol. 2: PR. Vol. 3: WVC. Vol. 4: PG. Vol. 5: BB, EPB. Vol. 6: RFM. Vol. 7: RPP I, RPP II, LW I. Vol. 8: ROC, OC, Z, CV.

*The Wittgenstein Reader*, org. A.J.P. Kenny (Oxford: Blackwell, 1994): Trechos selecionados de TLP, BT, PG, BB, LPE, LC, PI, RFM, RPP I & II, Z, OC.

## 4. Obras ditadas ou extraídas de conversações com Wittgenstein

PLP F. Waismann, *The Principles of Linguistic Philosophy*, org. R. Harré (Londres: Macmillan, 1965).

LSP F. Waismann, *Logik, Sprache, Philosophie*, org. G.P. Baker e B.F. McGuinness (Stuttgart: Reclam, 1976).

FW *Dictations to F. Waismann*, org. G.P. Baker (Londres: Routledge, no prelo). As referências remetem à numeração do ditado.

WAM N. Malcolm, *Ludwig Wittgenstein — A Memoir*, 2a. ed. (Oxford: Oxford University Press, 1984; 1a. ed. 1958).

SDE R. Rhees, "Some Developments in Wittgenstein's View of Ethics", *Philosophical Review*, 74 (1965), 17-26.

RR R. Rhees, "On Continuity: Wittgenstein's Ideas 1938", in R. Rhees, *Discussions of Wittgenstein* (Londres: Routledge & Kegan Paul, 1970), 104-57.

RW R. Rhees (org.), *Recollections of Wittgenstein* (Oxford: Oxford University Press, 1984).

WC O.K. Bouwsma, *Wittgenstein: Conversations 1949—1951*, org. J.L. Craft e R.E. Hustwit (Indianapolis: Hackett, 1986).

## 5. Correspondência

EL Cartas a Engelmann
FL Cartas a von Ficker
ML Cartas a Moore
OL Cartas a Ogden
RAL Cartas a Ramsey
RUL Cartas a Russell

Essas cartas são citadas conforme a data, da forma mais específica possível. Encontram-se reunidas nas seguintes publicações:

*Briefe*, org. B.F. McGuinness e G.H. von Wright. Correspondência com B. Russell, G.E. Moore, J.M. Keynes, F.P. Ramsey, W. Eccles, P. Engelmann e L. von Ficker. Em alemão, com a versão original das cartas do próprio Wittgenstein (quando em inglês) em um apêndice; traduções para o alemão de J. Schulte (Frankfurt: Suhrkamp, 1980).

*Letters to C.K. Ogden*, org. G.H. von Wright, com um apêndice contendo cartas de F.P. Ramsey, 1923-4 (Oxford: Blackwell/Londres: Routledge, 1973).

*Letters from Ludwig Wittgenstein, with a Memoir by Paul Engelmann*, org. B.F. McGuinness, trad. L. Furtmüller (Oxford: Blackwell, 1967).

*Briefe an Ludwig von Ficker*, org. G.H. von Wright e W. Methlagl (Salzburgo: Müller, 1969); trad. ingl., "Letters to Ludwig von Ficker", org. Allan Janik, trad. B. Gillette, in *Wittgenstein: Sources and Perspectives*, org. C.G. Luckhardt (Hassocks: Harvester Press, 1979).

*Letters to Russell, Keynes and Moore*, org. G.H. von Wright, trad. ingl. B.F. McGuinness (Oxford: Blackwell, 1974).

## 6. *Nachlass* (escritos não publicados)

Todas as referências ao material não publicado acompanham o catálogo de von Wright (G.H. von Wright, *Wittgenstein* (Oxford: Blackwell, 1982, 35 e segs.). São indicadas pelo número do manuscrito (MS) ou texto datilografado (TS), e mais o número da página. Utilizo a seguinte abreviação:

BT The "Big Typescritpt" (TS 213), parcialmente in PO 160-99.

O *Nachlass* está guardado na Biblioteca do Trinity College, na Universidade de Cambridge. Encontra-se disponível em microfilme ou em fotocópias na Universidade de Cornell, na chamada "Cornell Copy". A íntegra do *Nachlass* estará disponível em CD-ROM pela Oxford University Press, com organização dos Arquivos Wittgenstein, na Universidade de Bergen. As partes iniciais do *Nachlass* estão sendo presentemente editadas sob o título *Wiener Ausgabe/Vienna Edition*, org. M. Nedo (Viena/Nova York: Springer, 1994-). Essa edição contém a paginação original. Além de uma introdução e de volumes de indexação remissiva, conterá o seguinte: vol. l: MSS 105, 106; vol. 2: MSS 107, 108; vol. 3: MSS 109, 110; vol. 4: MSS 111, 112; vol. 5: MSS 113, 114; vol. 6: TSS 208, 210; vol. 7/1-2: TS 211; vol. 8: TS 209 (PR); vol. 9/1-2: TS 212; vol, 10/1-2: TS 213 (BT); vol. 11: MSS 153a-b, 154, 155.

## OBRAS DE OUTROS AUTORES

### Boltzmann

*Physics* — *Theoretical Physics and Philosophical Problems*, org. B. McGuinness (Dordrecht: Reidel, 1974).

### Frege

*Notation* — *Conceptual Notation and Related Articles*, trad. e org. T.W. Bynum (Oxford: Clarendon, 1972).
*Begriffsschrift* (Halle: Nebert, 1879).

*Foundations* — *The Foundations of Arithmetics*, trad. J.L. Austin, 2a. ed. (Oxford: Blackwell, 1953; 1a. ed. 1950).
*Die Grundlagen der Arithmetik* (Breslau: Koebner, 1884).

*Laws* — *The Basic Laws of Arithmetics*, trad. e org. M. Furth (Berkeley/Los Angeles: University of California Press, 1964).
*Grundgesetze der Arithmetik* (Iena: Pohle, 1893 e 1903).

"Function" — "Function and Concept".
"Sense" — "Sense and Reference".
"Concept" — "On Concept and Object".
"Negation" — "Negation".
"Thought" — "The Thought".
"Compound" — "Compound Thought".

Todos esses artigos encontram-se em *Collected Papers*, org. B. McGuinness (Oxford: Blackwell, 1984). As citações remetem às paginações originais, fornecidas nessa coletânea.

*Posthumous* — *Posthumous Writings*, org. H. Hermes, F. Kambartel e F. Kaulbach, trad. P. Long e R. White (Oxford: Blackwell,1979).

*Correspondence* — *Philosophical and Mathematical Correspondence*, org. B. McGuinness, trad. H. Kaal (Oxford: Blackwell, 1980).

## Hertz

*Mechanics* — *The Principles of Mechanics*, trad. D.E. Jones e J.T. Walley (Londres: Macmillan, 1899).
*Die Prinzipien der Mechanik* (Leipzig: Barth, 1894).

## James

*Psychology* — *The Principles of Psychology* (Nova York: Dover, 1950; 1a. ed. 1890).

## Köhler

*Gestalt* — *Gestalt Psychology* (Nova York: Mentor, 1975; 1a. ed. 1930).

## Mauthner

*Beiträge* — *Beiträge zu einer Kritik der Sprache* (Stuttgart: Cotta, 1901-3).

## Moore

*Writings* — *Selected Writings*, org. T. Baldwin (Londres: Routledge, 1994).

## Ramsey

*Mathematics* — *The Foundations of Mathematics and other Logical Essays* (Londres: Routledge & Kegan Paul, 1931).

## Russell

*Principles* — *The Principles of Mathematics*, 2a. ed. (Londres: Allen and Unwin, 1937; la. ed. 1903).

*Essays* — *Philosophical Essays*, 2a ed. (Londres: Routledge, 1994; la. ed. 1910).

*Principia* — *Principia Mathematica*, 2a. ed. (Cambridge: Cambridge University Press, 1927; la. ed. 1910).

*Problems* — *The Problems of Philosophy* (Oxford: Oxford University Press, 1980; la. ed. 1912).

"Theory" — "The Theory of Knowledge" [1913], in *The Collected Papers of Bertrand Russell*, vol. 7, orgs. E. Eames e K. Blackwell (Londres: Allen and Unwin, 1984).

*External* — *Our Knowledge of the External World as a Field for Scientific Method in Philosophy*, ed. rev. (Londres: Routledge, 1993; 1a. ed. 1914).

*Mysticism* — *Mysticism and Logic* (Londres: Longmans, Green, 1918).

| | |
|---|---|
| *Introduction* | *Introduction to Mathematical Philosophy* (Londres: Allen and Unwin, 1919). |
| "Introduction" | "Introduction" to *Tractatus logico-philosophicus* (TLP). |
| *Analysis* | *The Analysis of Mind* (Londres: Allen and Unwin, 1921). |
| "Limits" | "The Limits of Empiricism", *Proceedings of the Aristotelian Society*, XXXVI (1935-6). |
| *Logic* | *Logic and Knowledge*, org. R.C. Marsh (Londres: Allen and Unwin, 1956). |

## Schlick

| | |
|---|---|
| *Papers* | *Philosophical Papers*, org. H.L. Mulder e B.F.B, van der Velde-Schlick (Londres: Reidel, 1979). |

## Schopenhauer

| | |
|---|---|
| *World* | *The World as Will and Representation*, trad. E.F.J. Payne (Nova York: Dover, 1966; la.ed. da trad. 1958). |
| | *Die Welt als Wille und Vorstellung* (Leipzig: Brockhaus, 1844; la. ed. 1819). |

# Esboço de uma biografia intelectual

Ludwig Wittgenstein (1889-1951) foi o filho caçula de uma família vienense rica e culturalmente refinada, de ascendência judaica. O lar dos Wittgenstein foi um centro de vida artística, e, em particular, de música. Esse ambiente garantiu a Wittgenstein algo que mais tarde ele denominaria o seu "bom treinamento intelectual pré-escolar", que se resumia, no caso, à música do classicismo vienense e a uma certa vertente da literatura alemã capitaneada por Goethe, que rejeitava o nacionalismo e a fé no progresso característicos da atitude preponderante na cultura européia do século XIX e início do século XX. Do ponto de vista cultural, Wittgenstein foi um conservador, sentindo-se em descompasso com o "espírito da corrente dominante na civilização européia e americana" (CV 6-7; CV contém reflexões intermitentes do autor sobre questões culturais). Sua imensa paixão intelectual e sua honestidade o impediram, contudo, de pecar por nostalgia ou provincianismo. Foi, na verdade, de modo bastante criativo que ele reagiu a certas idéias modernas. Isso fica claro quando examinamos as influências mais diretas sobre seu pensamento, por ele mesmo enumeradas em 1931: Boltzmann, Hertz, Schopenhauer, Frege, Russell, Kraus, Loos, Weininger, Spengler, Sraffa (CV 19). Aqueles que foram relevantes para a fase inicial de sua filosofia podem ser classificados em três grupos: os sábios, os cientistas-filósofos e os lógicos-filósofos.

## SÁBIOS, CIENTISTAS E LOUCOS

Os sábios eram pensadores de fora do ambiente filosófico acadêmico cuja obra Wittgenstein lera ainda bem moço. Karl Kraus, o feroz crítico da cultura do final do Império Habsburgo, causou em Ludwig forte impressão, por sua insistência na integridade pessoal. Wittgenstein foi também influenciado pela hábil e polêmica análise da linguagem de Kraus. Ali os adversários são literalmente tomados palavra por palavra: seu estilo, por vezes uma única frase precipitada, pode denunciar falácias e falhas de caráter. A obra de Kraus inseria-se no contexto da chamada "crise da linguagem", quando a preocupação geral era a autenticidade da expressão simbólica na arte e na vida pública. Outra expressão dessa crise foi a crítica da linguagem de Mauthner, autor que perseguiu uma meta kantiana, a derrota da especulação metafísica. Mauthner substituiu, entretanto, a crítica da razão por uma crítica da linguagem, sendo sua obra, afinal, mais tributária de Hume e de Mach. Seu método era psicologista e historicista: a crítica da linguagem faz parte da psicologia social. O conteúdo da crítica era empirista — a linguagem funda-se nas sensações. Seu resultado foi cético — a razão é idêntica à linguagem, mas esta última não serve para penetrar a realidade. Wittgenstein, acertadamente, opõe sua própria "crítica [lógica] da linguagem" (TLP 4.0031) à de Mauthner; foi, contudo, Mauthner (*Wörterbuch der Philosophie* xi) quem primeiro identificou a filosofia com a crítica da linguagem.

De Weininger, autor do célebre *Sexo e caráter*, pode-se dizer que era mais um psicopata do que propriamente um sábio. Seu suicídio, encenado teatralmente em 1903, foi imitado por vários jovens em Viena, e a influência benigna que exerceu sobre os posicionamentos pessoais e culturais de Wittgenstein foi bastante restrita. Contaminou-o com sua misoginia e com dúvidas, igualmente tolas e perniciosas, quanto ao poder criativo dos judeus (CV 13, 16-22). A influência mais importante de Weininger, reside, entretanto, na idéia de que o indivíduo tem o dever moral para consigo mesmo de lutar pelo gênio, pelo amor intelectual da verdade e da clareza. A lógica e a ética são, a rigor, idênticas, "são apenas o dever para consigo mesmo" (*Sex and Character* 159). Isso nos explica tanto o vínculo estreito entre lógica e ética que se estabelece no *Tractatus*, quanto a visão, constante em Wittgenstein, de que os erros filosóficos são sinais de falha de caráter.

A primeira posição genuinamente filosófica adotada por Wittgenstein foi o idealismo transcendental de Schopenhauer. Ele só vem a abandoná-la sob a influência do realismo conceitual de Frege (WAM 5), retomando-a, mesmo então, nas partes místicas do *Tractatus*. Schopenhauer partiu da distinção kantiana entre o mundo numênico, o mundo tal como é em si mesmo, e o mundo fenomênico, o mundo tal como aparece. "O mundo é minha representação" (*World* I §1), isto é, aquilo que aparece ao sujeito cognoscente. É governado por traços estruturais (espaço, tempo, causalidade) que sobre ele são impostos por esse sujeito. Mas o mundo como representação é uma manifestação de uma realidade subjacente, o mundo como uma *vontade* cósmica. Schopenhauer fundou também uma espécie de antiintelectualismo, em que se enfatizava o papel da vontade sobre o do intelecto, influenciando, entre outros filósofos, Nietzsche e Wittgenstein. Além disso, o idealismo de Schopenhauer desliza com facilidade para o solipsismo, uma tentação filosófica que Wittgenstein mais tarde vem a combater. Por fim, Schopenhauer alçou a noção de representação a um lugar central na filosofia transcendental, em detrimento da noção de consciência (*World* I §10), contribuindo, dessa forma, para o interesse de Wittgenstein pela representação lingüística.

Esse interesse foi reforçado por Hertz e Boltzmann. Ambos faziam parte de uma tradição neokantiana de cientistas-filósofos, que refletiram sobre a natureza da ciência e buscaram expurgá-la de elementos obscuros e metafísicos. Em *Os princípios da mecânica* (Pref.), Hertz estabeleceu uma distinção rigorosa entre os elementos empíricos e os elementos a priori da mecânica. Elucidou a possibilidade da explicação científica com base na natureza da representação. A ciência constrói modelos (*Bilder*) da realidade, de tal modo que as conseqüências lógicas de tais modelos correspondam às conseqüências reais das situações externas que descrevem. Suas teorias não são predeterminadas pela experiência, mas antes construídas de forma ativa, respeitando-se restrições formais e pragmáticas, às quais Hertz se referia como "as leis do pensamento". A tarefa de uma reconstrução filosófica da mecânica é evitar pseudoproblemas, em especial os que dizem respeito à natureza da força ou da eletricidade, pela apresentação desses elementos apriorísticos de modo claro e perspícuo.

Boltzmann foi mais hostil a Kant. Acusou-o, em um espírito darwiniano, de não levar em conta o fato de que as "leis do pensamento" não são imutáveis, mas apenas inatas no indivíduo, resultantes da "experiência da espécie" (*Physics* 195). Levou adiante, contudo, o projeto hertziano de esclarecer a ciência com base em modelos que não se originam da experiência, conservando a visão de que a confusão filosófica deve ser resolvida pela revelação da natureza absurda de certas questões. Hertz e Boltzmann exerceram influência sobre a teoria pictórica do *Tractatus*, e também sobre a discussão que ali encontramos acerca da ciência. E, o que é ainda mais importante, reforçaram uma concepção kantiana sobre a tarefa da filosofia, que Wittgenstein encontrara também em Schopenhauer: distinguindo-se da ciência, a filosofia não descreve a realidade; em vez disso, reflete sobre as "leis do pensamento" subjacentes a tal descrição. Sua tarefa é crítica — não redunda em uma doutrina mas sim na resolução da confusão.

O plano inicial de Wittgenstein de estudar com Boltzmann, em Viena, foi frustrado pelo suicídio deste último em 1906. Ele foi, então, encaminhado a Berlim para estudar engenharia. Não tardou, entretanto, a ver-se atraído por problemas filosóficos, dando início ao hábito, que duraria por toda a vida, de anotar suas reflexões filosóficas em apontamentos datados em cadernos. Em 1908, mudou-se para Manchester, onde tomou parte em experimentos com pipas e no desenvolvimento de um propulsor a jato. Ali ele começou a desenvolver interesse primeiro pela matemática pura, e logo por seus fundamentos filosóficos. Conheceu os escritos de Frege e de Russell e, em 1909, tentou resolver o maior problema então em destaque — a contradição que Russell descobrira no sistema de Frege. Em 1911, traçou um plano para um trabalho filosófico, o qual discutiu com Frege. A conselho deste, foi para Cambridge estudar com Russell, que a esta altura tornara-se a figura central desses debates. Isso acabou por ocasionar uma virada decisiva na vida de Wittgenstein. Funcionando a um só tempo como inspiração e objeto de oposição, Frege e Russell proporcionaram o pano de fundo essencial para sua primeira filosofia, bem como alvos importantes de seu pensamento posterior.

## FREGE E RUSSELL

Frege e Russell inventaram a lógica formal moderna, alterando, com isso, o panorama da filosofia do século XX. Suas obras vêm em resposta a uma crise nos fundamentos da matemática do século XIX. A conceptografia de Frege (*Begriffsschrift*), de 1879, tinha como meta fornecer os meios para a verificação rigorosa de provas matemáticas e para a resolução do problema do estatuto da matemática. Ele foi a figura pioneira do logicismo, a redução da matemática à lógica e à teoria dos conjuntos, buscando demonstrar a possibilidade de derivar a aritmética de conceitos e princípios de raciocínio puramente lógicos (*Notation* Pref., §13; *Foundations* §3). Para levar adiante esse programa, Frege precisou superar as limitações da lógica silogística aristotélica. O passo fundamental para isso foi deixar de analisar proposições em termos de sujeito e predicado, como se fizera na lógica aristotélica, e passar a analisá-las em termos de função e argumento. A expressão "$x^2 + 1$" representa uma função da variável $x$, porque seu valor depende exclusivamente do "argumento" que substitui $x$ — possui o valor 2, para o argumento 1; 5, para o argumento 2, etc. Frege estendeu a noção de função primeiro a expressões como "a capital de $x$" (que possui o valor Berlim, para o argumento Alemanha), e depois a proposições. A proposição "César conquistou a Gália" não é analisada em termos de um sujeito, "César", e um predicado, "conquistou a Gália", mas sim em termos de uma função, "*x* conquistou a Gália", na qual César entra como argumento. O valor dessa função é ou o Verdadeiro (se substituímos *x* por "César", por exemplo), ou o Falso (se, por exemplo, substituímos *x* por "Alexandre"), conforme seja verdadeira ou falsa a proposição resultante. Assim, conceitos como aquele expresso por "*x* conquistou a Gália" são tratados como funções que associam valores de verdade a argumentos. As fórmulas atômicas simples da conceptografia de Frege são compostas de uma expressão-argumento e uma palavra-conceito ou nome de função. As expressões-argumento nomeiam objetos, e as palavras-conceito nomeiam funções. Frege posteriormente estendeu essa idéia aos conectivos lógicos com os quais são formadas as fórmulas moleculares. A negação, por exemplo, é uma função unária que associa a um valor de verdade ao valor de verdade oposto (se "*p*" é verdadeiro, "~*p*" é falso). As sentenças são nomes próprios de um dos dois "objetos lógicos", o Verdadeiro e o Falso, e constituem expressões-argumento para os nomes de função que denominam os conectivos lógicos. Por fim, a proposição "Todos os gregos são calvos" não é analisada em termos de um sujeito, "Todos os gregos", e um predicado, "são calvos", mas sim em termos da palavra-conceito complexa "se *x* é grego, então *x* é calvo" e do quantificador "Para todo *x*". Este expressa uma função de segundo nível, que associa valores de verdade a conceitos (funções de primeiro nível) — o Verdadeiro, se o conceito tiver o valor Verdadeiro para todos os argumentos, e o Falso na hipótese contrária. (A proposição "Alguns gregos são calvos" é tratada de maneira análoga).

Esses mecanismos tornaram possível fornecer a primeira axiomatização completa para a lógica de primeira ordem — incluindo-se aí as inferências que envolvem generalidade múltipla, características do raciocínio matemático — e também apresentar a indução matemática como a aplicação de uma lei puramente lógica. Em *Grundgesetze der Arithmetik*, esse sistema é enriquecido pela distinção entre sentido e significado (*Laws* I §2). Na conceptografia, toda sentença (fórmula) expressa um sentido, "o pensamento" (aquilo que é julgado), e se refere a um "significado" ou denota um valor de verdade. Expressa um pensamento em virtude de apresentar um valor de verdade como o valor de uma função para um argumento. Cada constituinte dotado de significado em uma sentença (a menos do signo de asserção) expressa, da mesma forma, um sentido e possui um referente. Os nomes próprios expressam um sentido e se referem a um objeto; as palavras-conceito expressam um sentido e se referem a um conceito.

Frege definiu os números (o conceito básico da aritmética) como classes de classes com o mesmo número de membros. Infelizmente, nesse engenhoso procedimento, fez-se um uso irrestrito da noção de conjunto, o que levou ao paradoxo do conjunto de todos os conjuntos que não são membros de si mesmos. Russell, que foi quem revelou o paradoxo, desenvolveu um sistema lógico bastante semelhante ao de Frege. Empenhou-se em proteger o logicismo de tal paradoxo, por meio de uma teoria dos tipos que interdita fórmulas que atribuem a conjuntos predicados que só podem ser atribuídos, com sentido, a seus membros (por exemplo, "A classe dos leões é um leão"). O sistema lógico dos *Principia mathematica*, de Russell e Whitehead, assim como o de Frege, faz uso da analogia entre a estrutura de proposições e estruturas associadas à teoria das funções presentes na análise matemática. Entretanto, a concepção que Russell tinha de função proposicional diferia da noção de conceito de Frege, no sentido de que seus valores não eram duas entidades lógicas, como o Verdadeiro e o Falso, mas sim proposições. Russell negou, por conseguinte, que as sentenças nomeiem valores de verdade. Repudiou, além disso, a distinção fregiana entre sentido e significado, juntamente com a suposição de que é possível a existência de proposições destituídas de valor de verdade. Para Frege, nas línguas naturais, uma sentença da forma "O *F* é *G*" (por exemplo, "O rei da França é calvo") expressa um pensamento, mas carece de um valor de verdade, na hipótese de não existir nada que seja *F*. A teoria das descrições de Russell analisava sentenças desse tipo em termos de uma conjunção quantificada, a saber, "Há um único sujeito que é *F*, e este objeto é *G*". Se não existir nada que seja *F*, essa proposição não é destituída de um valor de verdade, mas sim falsa. Assim como Frege, Russell concebia seu sistema formal como uma linguagem ideal, capaz de evitar os defeitos lógicos (indeterminabilidade, falha referencial, etc.) das línguas naturais. Seus interesses eram, contudo, mais amplos. Aplicou as novas técnicas lógicas não somente aos fundamentos da matemática, mas também a problemas tradicionais da epistemologia e da metafísica, esperando, com isso, pôr a filosofia como um todo no caminho seguro da ciência.

## *Tractatus Logico-Philosophicus:* A Essência da Representação

A ambição de Wittgenstein não era desenvolver os aspectos formais da nova lógica, fornecer-lhe novas provas ou ferramentas; pretendia, isso sim, elucidar suas conseqüências filosóficas. A primeira e mais importante delas era a questão "O que é a lógica?". Foi nessa área que ele logo se equiparou a Russell, tornando-se também um crítico impiedoso de sua obra. Russell foi forçado a reconhecer que, nos *Principia*, não havia logrado esclarecer a natureza da lógica. Decidiu deixar para Wittgenstein essa tarefa — acabou, entretanto, recebendo mais do que aquilo que esperava. Embora Wittgenstein tenha aproveitado elementos importantes dos sistemas lógicos de Frege e de Russell, e embora tenha aceitado a concepção de Russell de que a filosofia é idêntica à análise lógica, sua própria explicação da lógica e da filosofia foi completamente inovadora. Durante um curto espaço de tempo, Wittgenstein foi a estrela em ascensão em Cambridge, tendo sido membro de uma autoproclamada elite intelectual, os Apóstolos. Em 1913, entretanto, ele parte para a Noruega, com o objetivo de trabalhar sozinho em sua nova teoria da lógica. Não retorna em seguida a Cambridge, mas, com a deflagração da Primeira Guerra Mundial, vai para Viena e se voluntaria ao serviço militar. A despeito das exigências do serviço na guerra, Wittgenstein continuou a trabalhar naquilo que hoje se conhece como *Tractatus logico-philosophicus*. Feito prisioneiro em 1918, arranjou um jeito de enviar o manuscrito a Cambridge. O apoio de Russell acabou por garantir sua publicação, em 1921, bem como de uma tradução inglesa um ano mais tarde.

O *Tractatus* é um dos grandes clássicos da filosofia, sendo a única obra filosófica que Wittgenstein publicou em vida. A obra marca o ponto em que o debate em torno da natureza da lógica, travado no século XIX entre o empirismo, o psicologismo e o platonismo, funde-se com o debate pós-kantiano em torno da representação e da natureza da filosofia. O ponto de contato é a noção de pensamento. Tanto a discussão acerca da natureza da lógica quanto a discussão pós-kantiana acerca da natureza da representação deram-se em termos de leis do pensamento. Para Wittgenstein, a filosofia ou a lógica ocupam-se do pensamento, pelo fato de refletirem sobre a natureza da representação, já que é no pensamento que representamos a realidade. Ao mesmo tempo, Wittgenstein promove uma virada lingüística na narrativa kantiana. Os pensamentos não são entidades mentais ou abstratas, mas sim proposições, sentenças que foram projetadas sobre a realidade, podendo, portanto, ser completamente expressas na linguagem. A filosofia traça limites para o pensamento, estabelecendo os limites da expressão lingüística do pensamento; delineia as regras que subjazem à representação simbólica. Tais regras explicam também a natureza da lógica. Para os predecessores de Wittgenstein, as proposições necessárias constituem descrições verdadeiras, acerca do modo como as pessoas pensam (lógica psicologista), ou acerca de relações entre entidades abstratas (Frege), ou ainda sobre os traços mais gerais do universo (Russell). Para Wittgenstein, ao contrário, o estatuto apriorístico das proposições lógicas se deve não ao fato de que descrevem uma realidade peculiar, mas sim ao fato de que refletem regras descritivas da realidade empírica. A lógica corporifica as precondições necessárias para a representação simbólica.

Wittgenstein adota a exigência fregiana de que o sentido de uma proposição deve ser determinado, e também o programa atomista russelliano da análise das proposições em termos de seus elementos simples. O cerne de sua teoria quase transcendental da representação simbólica é, entretanto, sua teoria pictórica. Ao esclarecer a essência da proposição, sua forma e sua relação com aquilo que ela afigura, essa teoria elucida também a natureza do mundo. A forma lógica essencial da linguagem é idêntica à forma metafísica essencial da realidade, uma vez que encerra os traços estruturais que a linguagem e a realidade precisam ter em comum para que aquela possa representar esta. O mundo é a totalidade dos fatos. A substância de todos os mundos possíveis consiste na totalidade dos objetos simples eternos. A forma de um objeto simples consiste em suas possibilidades combinatórias com outros objetos. Uma combinação possível de objetos é um estado de coisas; a existência de uma tal combinação é um fato. A representação de um estado de coisas é um modelo ou figuração. Precisa manter com aquilo que representa uma relação isomórfica, isto é, possuir a mesma multiplicidade lógica e a mesma estrutura. As proposições são figurações lógicas. São bipolares, capazes de ser ou verdadeiras ou falsas. Nisso, refletem aquilo que representam: um estado de coisas (combinação de objetos) ou existe ou não existe. A análise lógica das proposições engendra proposições elementares que são logicamente independentes entre si, porque sua verdade depende somente da existência ou da não existência de estados de coisas atômicos. Os constituintes últimos de proposições elementares são nomes que não admitem análise posterior e que substituem os objetos constituintes de seu significado. Sua forma lógico-sintática (possibilidades combinatórias) reflete a forma metafísica dos objetos. O sentido de uma proposição elementar é o estado de coisas que afigura, sendo uma função dos significados dos nomes que a compõem. O fato de que os nomes, em uma proposição, estejam dispostos como estão nos diz que as coisas estão assim na realidade. A essência de uma proposição, a forma proposicional geral, é dizer "As coisas estão assim". Uma proposição é verdadeira se os objetos de que seus nomes são sucedâneos combinam-se de um modo equivalente àquele como a proposição combina esses nomes.

As proposições elementares combinam-se para formar proposições moleculares. As constantes lógicas (conectivos proposicionais e quantificadores) não são nomes de objetos lógicos ou funções, mas expressam operações verofuncionais que efetuam essa combinação. Todas as formas possíveis de combinação verofuncional podem ser geradas pela operação da "negação simultânea" sobre o conjunto de proposições elementares. Todas as relações lógicas entre proposições devem-se à complexidade das proposições moleculares, ao fato de que resultam de uma combinação verofuncional. As proposições da lógica são tautologias vácuas. Sua necessidade reflete o fato de que combinam proposições bipolares de tal forma que toda a informação fica anulada. Nada excluem, e, portanto, nada dizem, o que significa que são sem sentido (por exemplo, a afirmação de que está chovendo ou não está chovendo nada nos diz sobre o tempo). Entretanto, o fato de que uma certa combinação de proposições bipolares nada nos diz sobre o mundo *mostra-nos* algo acerca da essência do mundo, sua forma lógica. A lógica decorre da bipolaridade essencial das proposições elementares. Em contraste com as proposições lógicas, os dizeres metafísicos são pseudoproposições absurdas. Na melhor das hipóteses, tentam dizer aquilo que não poderia ser de outra forma (por exemplo, que vermelho é uma cor). Aquilo que parecem excluir (por exemplo, vermelho ser um som) contraria a lógica, sendo, por isso, absurdo. Entretanto, a tentativa de referência a algo absurdo, ainda que só para excluí-lo, é algo em si mesmo absurdo. Aquilo que tais pseudoproposições tentam *dizer* é *mostrado* na estrutura de proposições genuínas (por exemplo, que "vermelho" só pode se combinar com nomes de pontos no campo visual). As únicas proposições necessárias que podem ser expressas são tautologias e são, portanto, analíticas (sua negação é uma contradição).

Wittgenstein combinou sua teoria lógica com reflexões acerca de temas místicos (ética, estética, morte), inspiradas por suas experiências durante a guerra e bastante influenciadas por Schopenhauer. Com efeito, ele parece ter adotado uma versão lingüística do idealismo transcendental: o que projeta as sentenças sobre a realidade são atos ostensivos de um eu metafísico. Assim como o olho no caso do campo visual, esse sujeito da representação não faz parte da experiência; não pode ser representado em proposições dotadas de significado. Assim como as verdades metafísicas, as verdades da ética, da estética e da religião são inefáveis. Os próprios dizeres do *Tractatus* são por fim condenados por seu caráter absurdo. Ao esboçar as precondições essenciais para a representação, levam-nos ao ponto de vista logicamente correto, mas, uma vez que ele é alcançado, é preciso jogar fora a escada pela qual subimos. A filosofia não pode constituir uma doutrina, uma vez que não há proposições filosóficas. Ela é uma atividade, a atividade de análise, que elucida as proposições científicas dotadas de significado e revela como as proposições da metafísica transgridem os limites do sentido. A ambição de Russell de introduzir o método científico na filosofia é equivocada.

O *Tractatus logico-philosophicus* é um importante marco na filosofia, desfigurado por uma boa dose de mistificação. Suas críticas a Russell e Frege são contundentes e amiúde definitivas. Sua abordagem alternativa da verdade lógica constitui um avanço definitivo, ainda que obscurecido por sua ligação com uma metafísica inefável do simbolismo. Tal metafísica é o clímax de uma tradição de análise atomista e fundacionalista que hesita entre o racionalismo, o empirismo e o kantismo: os constituintes últimos da linguagem e sua estrutura lógica devem refletir a estrutura metafísica do mundo. Por sua concepção não platônica e não mentalista do pensamento e da representação, pelo fato de que explica a lógica com base em regras para a combinação de signos e por sua concepção de filosofia como análise crítica da linguagem, Wittgenstein deu início à "virada lingüística" da filosofia analítica do século XX, e também à busca contemporânea de uma teoria do significado para as línguas naturais.

Essa virada lingüística correspondeu a uma transformação na idéia kantiana de que a filosofia é uma atividade de segunda ordem, que reflete sobre as precondições para a representação da realidade uma idéia totalmente estranha a Frege e a Russell. Além disso, Frege e Russell partilhavam da visão tradicional (sustentada, por exemplo, por Locke e pela *Lógica* de Port Royal) de que, embora haja alguma correspondência entre o pensamento e a linguagem, esta o distorce. Demonstraram algum interesse pelas línguas naturais, baseando-se ocasionalmente na gramática usual para construir seus sistemas formais. Estes tinham, entretanto, o propósito de funcionar como linguagens ideais, capazes de fazer o que a linguagem natural não pode fazer, pelo fato de que não reflete a estrutura do pensamento (*Notation* Pref.; *Posthumous* 6, 143, 259, 266; *Correspondence* 67-8; *Principles* 42; *Principia* i.2; *Logic* 176, 205). Para Wittgenstein, a linguagem ordinária disfarça a forma lógica, mas não é imperfeita do ponto de vista lógico. Se analisada de forma adequada, não deixará de refletir a estrutura do pensamento. Pois a lógica é uma condição do sentido, e a linguagem ordinária é capaz de expressar todo sentido. A lógica baseada em uma teoria das funções não proporciona uma linguagem ideal, mas sim uma notação ideal que traz à luz a ordem lógica que subjaz a toda representação simbólica. Tais idéias dirigem-se explicitamente contra as concepções não lingüísticas que Frege e Russell têm da lógica. Por outro lado, a revolução de Wittgenstein só poderia ter ocorrido depois que se tivesse desenvolvido um simbolismo, semelhante a uma notação ideal, que se mostrasse capaz de resolver enigmas filosóficos (A teoria das descrições de Russell, em particular, parece resolver antigas questões acerca da noção de existência.) Sem essa inspiração, a idéia de analisar a linguagem teria permanecido uma máxima vazia, ou talvez tivesse tomado o rumo psicologista da crítica da linguagem de Mauthner.

## Os Anos Selvagens

Com cativante modéstia, Wittgenstein acreditava ter resolvido, com o *Tractatus*, todos os problemas fundamentais da filosofia. Assim sendo, após sua publicação, ele abandona o tema. Ao retornar do cárcere, em 1919, doou a fortuna que herdara de seu pai, não por razões altruístas, mas com o intuito de poder romper com o passado. Em 1920, abraçando uma improvável vocação, foi ser professor em uma escola primária em uma área rural no interior da Áustria. Escreveu, nesse período, um dicionário de ortografia para uso em escolas primárias (*Wörterbuch für Volksschulen*). Não tardou, contudo, a ver-se em dificuldades e a desencantar-se. Em 1926, retornou a Viena. Trabalhou primeiro como jardineiro em um monastério. Mais tarde, projetou e supervisionou a construção de uma mansão para sua irmã, Margarete, inspirada no estilo antidecorativo do arquiteto austríaco Adolf Loos. Wittgenstein jamais perdeu completamente o contato com a filosofia. Em 1923, recebeu uma visita de F.P. Ramsey, um jovem e brilhante matemático de Cambridge, que tivera um papel crucial na tradução do *Tractatus*, e que foi, de seus leitores e críticos, o mais perspicaz. As discussões que tiveram levaram a alterações no *Tractatus* (1933). O principal projeto de Ramsey era a reformulação dos fundamentos logicistas da matemática, com base na nova filosofia da lógica de Wittgenstein. Embora o *Tractatus* rejeite o programa logicista, Wittgenstein parece inicialmente ter encorajado Ramsey. Entretanto, em visitas subseqüentes e na correspondência, Wittgenstein veio a manifestar-se contrário não somente a alguns detalhes da reconstrução de Ramsey, como também ao próprio projeto de fundamentação da matemática.

Nesse meio tempo, o *Tractatus* granjeara a atenção do Círculo de Viena, um grupo de filósofos de orientação cientificista, liderados por Moritz Schlick. A obra foi vista por alguns deles (Schlick, Carnap, Waismann) como um marco decisivo na história da filosofia. A compreensão que tiveram dela foi, contudo, apenas parcial. A idéia de que os dizeres metafísicos não passam de pseudoproposições agradou-lhes por conta do fervor antimetafísico que lhes era peculiar, e eles descartaram a sugestão de que haja verdades metafísicas inefáveis. A restrição da filosofia à análise da linguagem, destacando-se aqui as proposições da ciência, foi subordinada à convicção cientificista de que a ciência é a única fonte de conhecimento e compreensão, uma visão que repugnava a Wittgenstein. Empiristas convictos que eram, acolheram bem a idéia de que as proposições necessárias são analíticas, e que não expressam, portanto, conhecimento acerca da realidade. Distinguindo-se de versões anteriores do empirismo (Mill, Mach), essa visão contempla sua noção de necessidade, evitando ao mesmo tempo o platonismo e a noção kantiana de verdades sintéticas a priori. Distinguindo-se de Wittgenstein, trataram como tautologias não apenas as proposições lógicas, mas também as equações aritméticas. E, enquanto para o *Tractatus* as regras da sintaxe lógica refletem a essência da realidade, o Círculo de Viena as via como convenções arbitrárias que governam o uso dos signos.

Schlick estabeleceu um contato com Wittgenstein, que não participava dos encontros semanais do Círculo, mas reunia-se com um pequeno grupo selecionado de seus membros (Schlick, Waismann e, inicialmente, Carnap e Feigl). Essas discussões, juntamente com o *Tractatus*, exerceram influências decisivas no desenvolvimento do positivismo lógico no período entre guerras (e encontram-se registradas em *Wittgenstein and the Vienna Circle*). Waismann foi incumbido de escrever um livro — *Logik, Sprache, Philosophie* — que apresentasse uma explicação acessível para o *Tractatus*. Entretanto, uma vez que Wittgenstein rapidamente abandona as doutrinas que inicialmente sustentou, o livro acabou por se transformar em uma exposição das visões que ele desenvolvera no início dos anos trinta. Por conta da tensão daí decorrente, romperam relações em 1934, e o livro só veio a ser publicado em 1965 (em inglês, *The Principlès of Linguistic Philosophy*). Por ocasião desses encontros, Wittgenstein desenvolveu o hoje célebre princípio de verificação, segundo o qual o significado de uma proposição é seu método de verificação. Ao mesmo tempo, considerou a idéia de uma versão fenomenalista de verificacionismo. Distinguiu três tipos de proposições de acordo com sua possibilidade e modo de verificação. As únicas proposições genuínas são os enunciados sobre dados dos sentidos, que são verificados pela comparação direta com a experiência imediata. Outras proposições empíricas são hipóteses que jamais podem ser completamente verificadas, podendo apenas adquirir um grau maior ou menor de probabilidade. Por fim, as proposições matemáticas não são de modo algum passíveis de verificação, uma vez que não estão nem de acordo nem em desacordo com a realidade. Seu sentido é, contudo, fornecido por suas provas.

## RETORNO A CAMBRIDGE

As discussões com os membros do Círculo de Viena, e talvez uma conferência dada por Brouwer (o fundador da matemática intuicionista), em 1928, reavivaram o interesse de Wittgenstein pela filosofia. Em 1929, ele retornou a Cambridge, instigado por Ramsey, com quem teve profícuas discussões até a morte precoce deste em 1930. Reiniciou seu hábito de anotar reflexões filosóficas e submeteu o *Tractatus* como tese de doutorado — dizendo aos membros de sua banca examinadora, Russell e Moore, "Não se preocupem, vocês jamais o entenderão". Com o apoio de ambos, ganhou uma bolsa de pesquisa em 1930. Começou, além disso, a ministrar seus célebres cursos-palestras. Wittgenstein não lecionava de maneira convencional; pensava consigo mesmo, como se estivesse sozinho, dirigindo perguntas ocasionais à sua seleta audiência. Sua intenção original fora elaborar e modificar alguns dos pensamentos do *Tractatus*. Logo percebeu, contudo, a necessidade de um reavaliação radical. Contou, para isso, com o auxílio de discussões com o economista marxista Piero Sraffa, a quem atribui o mérito de lhe proporcionar uma perspectiva "antropológica" dos problemas filosóficos. Isso fica bastante evidente em sua abordagem ao tema da linguagem, quando deixa de vê-la como um sistema abstrato de precondições quase transcendentais para a representação, passando a encará-la como parte das práticas humanas, como parte de uma forma de vida. Entre 1929 e 1933, o chamado "período de transição", o pensamento de Wittgenstein sofreu uma série de rápidas transformações. Tais mudanças podem ser classificadas em cinco tópicos.

*Filosofia da lógica* O ponto que inicialmente levou à dissolução do admirável sistema do *Tractatus* foi um detalhe: o problema da exclusão de cores. Enunciados acerca de cores como "*A* é vermelho" e "*A* é verde" são logicamente incompatíveis, e devem, portanto, de acordo com o *Tractatus*, ser analisados em termos de proposições elementares independentes. Wittgenstein se dá conta de que isso não pode ser feito, e que o mesmo problema surge com relação a todas as proposições que atribuem uma propriedade determinada dentro de um leque determinável de possibilidades. Abandona, em decorrência disso, a exigência de que as proposições elementares sejam logicamente independentes, passando a sustentar, em vez disso, que elas formam sistemas proposicionais de exclusão e implicação mútua. Isso significa que há relações lógicas que não são determinadas pela composição vero-funcional. A tese da independência era, contudo, a peça-chave da filosofia da lógica do *Tractatus*. Sem ela, a idéia de que a lógica depende unicamente da bipolaridade essencial das proposições cai por terra. E cai por terra também a idéia de que há uma forma proposicional única. Na melhor das hipóteses, pode haver formas características de membros de sistemas específicos de proposições (por exemplo, proposições atributivas de cor ou comprimento).

*Metafísica do atomismo lógico* Mais ou menos nessa época, Wittgenstein abandonou a ontologia do atomismo lógico. O mundo não consiste de fatos em lugar de coisas, porquanto fatos não são concatenações de objetos, e tampouco podem ser localizados no espaço e no tempo. Isso constitui também a ruína da teoria da verdade como correspondência encontrada no *Tractatus*. Os fatos não são elementos extralingüísticos aos quais uma proposição possa corresponder. A noção do atomismo lógico de objetos indecomponíveis é igualmente confusa. A distinção entre elementos simples e complexos não é absoluta. É preciso fornecer padrões de complexidade separadamente para cada tipo de coisa, e mesmo então eles dependerão dos diferentes propósitos.

*Teoria pictórica da proposição* O colapso do atomismo lógico abala também a teoria pictórica da proposição. Se não existem componentes últimos de fatos — objetos simples —, então não existem, nas proposições, elementos correspondentes que sejam simples em um sentido absoluto. Wittgenstein abandona, além disso, a idéia de que uma proposição deve ter uma forma lógica em comum com aquilo que afigura. O encantamento por essa idéia se quebrou em uma conversa com Sraffa, que, mostrando-lhe um gesto napolitano de desacato, perguntou-lhe: "Qual é a forma lógica *disso*?" A teoria pictórica estava correta ao insistir na natureza pictórica das proposições, o que significa que sua relação com o fato que as verifica é lógica e não contingente. Erra, contudo, em explicar essa relação lógica sustentando que proposições e fatos compartilham uma forma lógica, ou que uma entidade vaga (um estado de coisas possível) funciona como intermediário entre eles. A harmonia misteriosa entre linguagem e realidade é simplesmente um reflexo distorcido de uma convenção lingüística, que especifica que "a proposição de que *p*" = "a proposição que é verificada pelo fato de que *p*".

*Metafísica do simbolismo* O princípio norteador do *Tractatus* havia sido a idéia de que as regras da linguagem refletem a estrutura da realidade. Wittgenstein agora sustenta que a linguagem é autônoma. A gramática — as regras da linguagem — não pode ser justificada pela realidade empírica ou por significados habitantes de um domínio platônico. Não existe uma única sintaxe lógica compartilhada por sob a superfície por todos os sistemas de signos; o que há é uma pluralidade genuína de formas de representação. Conceitos não são corretos ou incorretos, apenas mais ou menos úteis. Embora rejeitasse a idéia de que a gramática tem fundamentos metafísicos, Wittgenstein reconhecia que ela está sujeita a restrições pragmáticas. Adotou também, entretanto, um relativismo conceitual, em que nenhuma forma de representação é intrinsecamente superior a outra. Nisso ele foi influenciado pelo relativismo cultural da filosofia especulativa da história de Spengler, que estendia o relativismo até mesmo a disciplinas aparentemente inexoráveis como a matemática (*Decline of the West*, cap. II; MS 125 31).

*Análise e filosofia* Wittgenstein jamais deixou de sustentar que, em virtude do seu caráter a priori, os problemas filosóficos devem ser elucidados com base em regras lingüísticas. Acabou, no entanto, rejeitando a análise lógica como um meio de alcançar essa elucidação. Não existem proposições elementares logicamente independentes ou nomes próprios indefiníveis, nos quais a análise deva acabar. Em termos mais básicos, a própria idéia de que a análise pode fazer descobertas inesperadas sobre a linguagem é equivocada. A linguagem não é um cálculo de regras definidas escondidas sob a superfície gramático-normativa das línguas naturais. Na qualidade de padrões normativos para nossas práticas lingüísticas, as regras gramaticais devem ser acessíveis aos participantes. O que é necessário para alcançar clareza acerca de questões conceituais não é a análise lógica, mas sim uma descrição de nossas práticas lingüísticas, que constituem um conjunto variado de "jogos de linguagem".

O resultado dessas transformações foi uma concepção fundamentalmente nova da linguagem e dos procedimentos próprios da filosofia. Nela se incluem muitas das idéias do *Tractatus*, mas dentro de um quadro de referência que lhes altera por completo a significação. O *Tractatus* foi, com efeito, considerado como "o sintoma de uma doença", conforme escreveu Wittgenstein no exemplar do livro de Schlick. Logo depois de seu retorno a Cambridge, Wittgenstein decidiu escrever um novo livro, a princípio para continuar, e mais tarde para corrigir, o seu trabalho anterior. Entretanto, mudava de idéia constantemente e nunca ficava satisfeito com o resultado de seus esforços. No decorrer de suas investigações, com freqüência selecionava e suprimia observações de seus cadernos, obtendo, com isso, manuscritos e textos datilografados mais apurados e estruturados. Nenhum desses textos foi publicado em vida; alguns deles marcam, no entanto, estágios importantes no desenvolvimento de seu pensamento. Dessa forma, o texto de *Philosophical Remarks*, que ele preparou apressadamente a partir de manuscritos, para obter sua bolsa de pesquisa, representa sua fase verificacionista, quando abandonou o atomismo lógico, conservando, contudo, a idéia de uma linguagem primária "fenomenológica" oculta sob a superfície da linguagem ordinária. Foi com o "Big Typescript" (TS 213) que Wittgenstein chegou mais perto de um livro convencional, com títulos de capítulos e índice. Essa obra marca o fim do período de transição, visto que já contém sua concepção madura das noções de significado, intencionalidade e filosofia. É uma pena que ele não a tenha publicado, sendo ainda mais lamentável que, em vez de publicá-la postumamente, seus testamenteiros literários tenham publicado o texto de *Philosophical Grammar*, uma compilação de partes do "Big Typescript" e de tentativas subseqüentes que Wittgenstein fez de reformulá-lo.

Durante 1933-34, Wittgenstein ditou o *Livro azul* para seus alunos em Cambridge. Esta continua sendo sua obra mais acessível, porque não possui uma forma aforística (como o *Tractatus* e as *Investigações filosóficas* ), nem apresenta um caráter truncado (como suas notas de aula), sendo antes discursiva. Esclareceram-se ali, pela primeira vez, as noções de critério e de semelhança de família; a obra contém, além disso, o mais firme ataque de Wittgenstein ao solipsismo metodológico da sua fase verificacionista. Já em 1932, ele abandonara a concepção de que as proposições sobre dados dos sentidos fornecem os fundamentos da linguagem, ou podem ser verificadas por comparação com experiências imediatas. Entre 1934 e 1936, ele deu aulas sobre as noções de experiência privada e dados-dos-sentidos. Isso marca o início de seu interesse pela psicologia filosófica, que se cristaliza no argumento da linguagem privada e na idéia de que os enunciados psicológicos de primeira pessoa no tempo verbal presente são exteriorizações e não descrições. Em 1934-35, ele ditou o *Livro castanho*, que utiliza *ad nauseam* o "método do jogo de linguagem", discutindo práticas lingüísticas fictícias. Em 1935, desenvolveu também um interesse em mudar-se para a União Soviética, com o propósito de estudar medicina, uma idéia que, felizmente, abandonou após uma visita. Wittgenstein detestava o pacifismo e o socialismo humanista de Russell, e, ao mesmo tempo, simpatizava com a esquerda radical dos anos trinta e quarenta (talvez por influência de Sraffa). Na medida em que é possível detectar um princípio subjacente a suas concepções políticas, trata-se de um ideal tolstoiano de uma vida simples e de trabalho manual, conjugado a uma leve predileção por ideologias autoritaristas — bolchevismo, catolicismo — que situam a liberdade individual e o bem-estar abaixo da busca por princípios superiores.

## *INVESTIGAÇÕES FILOSÓFICAS:* UMA CURA PARA A DOENÇA DO ENTENDIMENTO

Terminada a sua bolsa de pesquisa, Wittgenstein passou o período de 1936-7 na Noruega. Começou a escrever *Eine Philosophische Betrachtung* — uma nova redação alemã do *Livro castanho*. Encerra o texto com as seguintes palavras: "a tentativa de revisão... é, como um todo, *inútil*" (MS 115 292). Logo depois, ele começou os manuscritos que acabaram por levar às *Investigações filosóficas*, considerados superiores pelo autor, em comparação ao *Livro castanho*. Trata-se aqui, contudo, mais de uma mudança de estilo e modo de apresentação do que de método ou substância.

Cerca de metade dos escritos de Wittgenstein no período entre 1929 e 1944 tematizaram a filosofia da matemática (os mais importantes deles estão reunidos em *Remarks on the Foundations of Mathematics*), e, pouco antes de abandonar o assunto, ele declarou que sua "maior contribuição" fora para a filosofia da matemática. Ministrou vários cursos sobre o assunto, (registrados em LFM) confrontando, no decorrer de um deles, objeções ortodoxas do brilhante lógico Alan Turing.

A concepção que Wittgenstein tem da matemática é tão original quanto o resto de seu trabalho, sendo mesmo mais polêmica. A matemática é vista ali não como um corpo de verdades sobre entidades abstratas, mas como parte das práticas humanas. Wittgenstein rejeita igualmente o logicismo, o formalismo e o intucionismo, afirmando que o próprio projeto de fornecer fundamentos para a matemática, juntamente com o medo de contradições ocultas que o estimula, é mal direcionado. O *Tractatus* já havia indicado que, embora as equações matemáticas pareçam descrever relações entre entidades abstratas, *au fond*, elas são regras para a transformação de proposições empíricas. A partir de 1929, Wittgenstein desenvolveu essa sugestão, chegando a uma solução radical para o problema kantiano referente à possibilidade de as proposições matemáticas aplicarem-se à realidade empírica, apesar de serem a priori. A explicação é que elas não descrevem uma realidade supra-empírica, como quer o platonismo, expressando antes regras para a transformação de proposições sobre a realidade empírica. A aritmética é um sistema de regras para a transformação de proposições empíricas que versam sobre quantidades e grandezas. As proposições da geometria não constituem descrições das propriedades do espaço, mas sim regras para a descrição das formas dos objetos empíricos e de suas relações espaciais. Uma prova matemática não é uma demonstração de verdades acerca da natureza dos números ou das formas geométricas, mas sim um caso de formação conceitual: ela determina uma nova regra para a transformação de proposições empíricas.

Além disso, Wittgenstein eliminou de sua primeira explicação para a verdade lógica a metafísica do simbolismo que sustentava então. Criou, assim, uma forma de convencionalismo que se distinguia radicalmente daquele defendido pelo positivismo lógico. As proposições necessárias não se seguem de significados ou convenções, mas são *elas mesmas regras*, normas de representação que determinam, em parte, o significado das palavras. A uma tautologia como "$(p.(p \supset q)) \supset q$" corresponde uma regra de inferência (*modus ponens*). As proposições analíticas e as proposições da metafísica não constituem enunciados sobre essências, desempenhando antes o papel de normas de representação.

A ocupação nazista da Áustria, em 1938, deixou Wittgenstein em uma situação difícil, visto que ele não queria abandonar sua família. Em 1939, foi indicado para suceder Moore na cátedra de filosofia. Isso lhe permitiu adquirir a cidadania britânica e viajar para a Alemanha para negociar com os nazistas a proteção de sua família. Em 1941, apresentou-se como voluntário para trabalhar como porteiro e como técnico de laboratório no Guy's Hospital, em Londres, e, em 1943, juntou-se a uma equipe que trabalhava na área da fisiologia do choque, em Newcastle. Em 1944, reassumiu sua posição acadêmica, dela desistindo em 1947, em parte por seu desprezo pela filosofia acadêmica e em parte por razões de saúde.

Em 1946, ele deixara de trabalhar em sua segunda obra-prima, a Parte I das *Investigações filosóficas*. Embora nunca a tenha terminado completamente, encontrava-se então na forma mais acabada que Wittgenstein lhe poderia ter dado, de modo que ele autorizou sua publicação póstuma (em 1953). A obra deveria ser lida contra o pano de fundo do *Tractatus*. Entretanto, sua crítica se aplica não apenas ao trabalho anterior de Wittgenstein, mas a toda a tradição à qual ele pertence. Tem amiúde um caráter indireto, já que não se opõe a doutrinas específicas, mas sim às pressuposições em que se baseiam. Começa, portanto, com uma citação das *Confissões*, em que santo Agostinho descreve o modo como aprendeu a falar. Wittgenstein considera essa citação como a expressão de uma visão sobre a essência da linguagem que está, de forma mais ou menos explícita, na base de um grande número de teorias filosóficas: palavras são nomes, seu significado são os objetos que substituem, aos quais estão correlacionadas ostensivamente. As frases são combinações de nomes, que descrevem como as coisas estão. As funções essenciais da linguagem são nomear e descrever, e a linguagem vincula-se à realidade por meio de conexões entre as palavras e o mundo.

As *Investigações filosóficas* rejeitam essa visão aparentemente inócua. Nem todas as palavras se referem a objetos, inexiste tal coisa como *a* relação de nomeação. Além disso, mesmo no caso de expressões referenciais, dizer que seu significado corresponde ao objeto que substituem é fazer um mau uso do termo "significado". O significado de uma palavra não é um objeto de qualquer espécie, mas antes seu uso em conformidade com regras gramaticais. Finalmente, as definições ostensivas não fornecem uma conexão entre linguagem e realidade: os objetos apontados constituem amostras, que fornecem padrões para o uso correto, sendo, sob esse aspecto, parte da gramática.

Além disso, nem todas as palavras são, ou precisam ser, rigorosamente definidas com base em condições necessárias e suficientes para sua aplicação. A definição analítica é apenas uma forma de explicação dentre outras. Muitos conceitos filosoficamente importantes estão ligados por "semelhanças de família", e não por um traço característico comum. Em termos mais específicos, as proposições não se ligam por uma essência comum, por uma forma proposicional geral. Nem todas descrevem estados de coisas, e mesmo entre as que o fazem devemos distinguir tipos diferentes. O significado das palavras e o sentido das frases só podem ser elucidados ao atentarmos para seu uso no fluxo da vida.

Como Frege, o *Tractatus* havia recorrido ao antipsicologismo para descartar questões sobre compreensão lingüística, em função de sua irrelevância para a lógica, baseando-se tacitamente em uma obscura concepção mentalista da compreensão lingüística. Wittgenstein reconhece agora a importância do conceito de compreensão, e fornece para ele uma concepção em que evita tanto o psicologismo quanto o materialismo. Compreender uma expressão não é um estado ou processo mental ou físico; é uma capacidade. Ela se manifesta no uso e na explicação corretos da expressão, e também na reação apropriada aos usos de outros. As regras lingüísticas não são entidades abstratas, máquinas lógicas que desatam a produzir suas aplicações independentemente de nós. Seguir uma regra é uma prática: o que está de acordo com uma regra ou a transgride é algo determinado por aquilo que denominamos "seguir a regra" ou "ir contra a regra".

Nas *Investigações*, a discussão acerca da compreensão lingüística leva a um exame dos conceitos mentais em geral. Perpassa a corrente dominante da filosofia moderna a idéia de que, enquanto podemos estar certos quanto ao nosso mundo interior de experiências subjetivas, podemos no máximo inferir como estão as coisas fora desse mundo interno. A experiência subjetiva era concebida não apenas como o fundamento do conhecimento empírico, mas também como o fundamento da linguagem: o significado das palavras parece ser fixado pela nomeação de impressões subjetivas (por exemplo, "dor" significa "*isto*"). O argumento da linguagem privada de Wittgenstein abala essa suposição. Um ritual de nomeação só pode estipular padrões para a distinção entre usos corretos e incorretos de um termo, conferindo-lhe um significado, se a aplicação dos padrões puder, por princípio, ser explicada a e compreendida por outros. Não pode haver, portanto, algo como uma definição ostensiva privada, na qual uma impressão subjetiva funcione como uma amostra. Isso abala a visão da mente como um domínio privado, a que seu sujeito tem um acesso privilegiado por meio da introspecção, um olhar interno. De acordo com a concepção tradicional, a esfera privada é mais bem conhecida do que a pública. Posso saber ao certo que estou com dor, mas não que outros estejam com dor. Wittgenstein subverte esse argumento. É comum sabermos que outros estão com dor, com base em seu comportamento. Os critérios comportamentais para a aplicação de termos mentais são em parte constitutivos de seu significado. Embora esses critérios sejam revogáveis, na ausência de condições revogatórias, não faz sentido duvidar se alguém que manifesta esse comportamento está com dor. Por outro lado, dizer "Sei que estou com dor" corresponde ou a uma exteriorização enfática (em oposição a uma descrição), ou a um absurdo, considerando-se que "saber" que se está com dor pressuporia ser possível a ignorância, a dúvida ou o engano quanto à própria dor — o que não faz sentido algum.

Em lugar de abandonar as idéias metodológicas do *Tractatus*, as *Investigações* as transformam. A filosofia não é uma disciplina cognitiva — não existem proposições que expressem conhecimento filosófico — e não pode tentar igualar-se à ciência em seus métodos. Isso não configura, entretanto, uma forma de obscurantismo. Wittgenstein mantém-se firmemente na tradição da filosofia crítica inaugurada por Kant, embora sua ênfase antropológica sobre as práticas humanas e sua simpatia schopenhaueriana por um voluntarismo anti-racionalista estejam em desacordo com o intelectualismo de Kant. As concepções metodológicas de Wittgenstein se baseiam na convicção de que, diferentemente da ciência, a filosofia se preocupa não com a verdade, ou questões de fato, mas sim com o significado. Os problemas filosóficos revelam as confusões conceituais decorrentes da distorção ou da apreensão equivocada de palavras com as quais, fora do âmbito da filosofia, estamos perfeitamente familiarizados. Esses problemas não deveriam ser respondidos por meio da construção de teorias, mas sim pela descrição das regras para o uso das palavras em questão. Por isso, se houvesse teses em filosofia, todos estariam de acordo com elas, pois seriam truísmos, lembretes de regras gramaticais (dizemos, por exemplo, que alguém está com dor com base no seu comportamento).

Tendo renunciado à sua cátedra, Wittgenstein passou o resto da vida na companhia de amigos e discípulos na Irlanda, nos Estados Unidos, em Oxford e em Cambridge. Sob alguns aspectos, seu trabalho após a conclusão da Parte I das *Investigações* constitui uma ruptura. Na Parte I das *Investigações*, os conceitos mentais (intencionalidade, compreensão, pensamento) têm um papel importante por conta de sua conexão com o tema principal, a natureza da linguagem e do significado. A psicologia filosófica passa agora a ser discutida por si mesma; de fato, entre 1945 e 1949 é o tema predominante em seus escritos (*Remarks on the Philosophy of Psychology*, *Last Writings on the Philosophy of Psychology*, *Investigações filosóficas* Parte II) e preleções. Enquanto a Parte I das *Investigações* se ocupa principalmente em atacar concepções equivocadas, os trabalhos dessa nova fase encaminham-se em direção a uma perspectiva positiva dos conceitos mentais. O quadro emergente é, contudo, menos bem definido e mais experimental. Em seus últimos anos de vida, Wittgenstein trabalhou também brevemente sobre o tema das cores (*Anotações sobre as cores*) e, de forma mais intensa, sobre temas epistemológicos, em *Sobre a certeza*. Este último trabalho está entre seus melhores. Wittgenstein tenta mostrar que, assim como no caso da matemática e na discussão sobre o tema das outras mentes, as dúvidas céticas acerca de nosso conhecimento do mundo material, bem como as tentativas fundacionalistas de dar conta dessas dúvidas, constituem equívocos. Alguns leitores viram no trabalho que Wittgenstein desenvolveu após a Parte I das *Investigações* uma fase distinta em sua obra. Ainda assim, tais reflexões jamais contradizem de forma substancial o trabalho anterior, mas, ao contrário, complementam-no e o estendem a novas áreas, tais como a da percepção de aspectos.

## O Legado de Wittgenstein

Wittgenstein seguiu trabalhando até a morte (ele teve câncer, mas negou-se a ser operado). Suas últimas palavras foram as seguintes: "Diga a eles que tive uma vida maravilhosa!" Esse seria um comentário surpreendente se referido a sua vida pessoal, marcada pelo sofrimento e pela auto-obsessão. Não surpreende, contudo, se visto como um comentário sobre sua vida filosófica, em que alcançou significativas realizações. Se, em termos filosóficos, o século XVII foi a era da ciência, o século XVIII a era da razão, e o século XIX a era da história, nosso século é a era da lógica e da linguagem. O papel desempenhado pela lógica seria importante mesmo sem Wittgenstein, graças principalmente a Russell. Coube a Wittgenstein, entretanto, fornecer uma motivação metodológica contundente para esse papel, e trazer, além disso, a linguagem às considerações.

As principais contribuições de Wittgenstein se fazem presentes em cinco áreas: filosofia da linguagem, filosofia da lógica e da matemática, psicologia filosófica, epistemologia e metodologia filosófica. Em cada uma delas, suas concepções foram originais e revolucionárias. Evitou posicionamentos herdados e recusou alternativas tradicionais (realismo/idealismo, cartesianismo/behaviorismo, platonismo/ nominalismo), tendo a singular capacidade de trazer à luz suas pressuposições mais inabaláveis e fundamentais. Ao submeter essas suposições a um escrutínio crítico, conjugou perspicácia dialética a um criativo pensamento analógico.

O *Tractatus* e as *Investigações filosóficas* estão, cada um a seu modo, entre os poucos destaques da prosa filosófica alemã. Há também, contudo, algumas sérias dificuldades. Em virtude de suas aspirações estéticas, Wittgenstein amiúde condensou suas idéias até o ponto de se tornarem impenetráveis, além de não ter explicitado os argumentos em defesa de suas afirmações. Se o fizesse, disse Wittgenstein em 1913, "estragaria sua beleza", ao que Russell mordazmente respondeu que ele deveria adquirir um escravo para assumir a tarefa. Mais tarde, Wittgenstein, lamentou, não sem razão, sua incapacidade de organizar as idéias em uma linha de argumentação bem alicerçada. Decorre daí que sua obra, com freqüência, vai em busca da clareza conceitual de um modo obscuro, constituindo um enorme desafio para os leitores. Alguns filósofos analíticos, de pronto, simplesmente a condenam, enquanto outros, acreditando que a interpretação é uma parte constitutiva da filosofia, acolhem-na bem, ainda que ela os faça, por vezes, sentir-se como escravos. Seja como for, a fulgurante beleza da obra de Wittgenstein falta a outros filósofos analíticos.

Wittgenstein pertence a uma minoria de grandes filósofos que não contribuíram de maneira significativa para a filosofia prática. Embora a última fase de sua obra talvez contenha sementes de intuições importantes para a psicologia moral, as tentativas que fez, no início de sua trajetória, de fazer o sujeito parecer inefável (*Tractatus*, "A Lecture on Ethics") merecem o rótulo de "palavrório transcendental", que ele mesmo aplicou às reflexões éticas em geral (EL 16.1.18; FL 11.19). Afirmar, por exemplo, que "ética e estética são uma só" não foi por certo um começo promissor para alguém que mais tarde se dedicaria a ensinar-nos diferenças.

Por outro lado, pelo fato de ter produzido duas perspectivas fundamentalmente diferentes e autocontidas, Wittgenstein talvez ocupe um lugar único na história da filosofia. O *Tractatus* constituiu a principal influência para o positivismo lógico, e também, por intermédio de Carnap, para boa parte da filosofia da linguagem subseqüente, destacando-se aqui o projeto de uma teoria do significado para a linguagem natural. No entanto, depois de retornar à filosofia, o próprio Wittgenstein atacou, como vimos, as suposições fundamentais desse projeto. Empreendeu, além disso, o ataque mais bem fundado que já houve contra a visão da mente em termos da dicotomia interno/externo, dominante na filosofia moderna desde Descartes. Exerceu, sob esses dois aspectos, uma fundamental influência sobre a filosofia analítica, entre os anos 30 e 70, primeiro por intermédio daqueles que assistiram a suas preleções — Moore, Wisdom, Malcolm, Anscombe, Rhees e von Wright —, e depois por meio das *Investigações filosóficas* e das publicações póstumas subseqüentes. Teve uma particular influência sobre o que hoje conhecemos por "filosofia da linguagem ordinária de Oxford", principalmente sobre o trabalho de Ryle e de Strawson.

Dos anos 60 para cá, ganharam força os estudos wittgensteinianos e o interesse pela obra desse filósofo. Entretanto, a influência do pensamento de Wittgenstein sobre a corrente dominante da filosofia analítica tem decrescido. Isto se deve, em parte, à preponderância de Quine e de sua concepção científica da filosofia nos Estados Unidos, e em parte ao fato de que a concepção de linguagem apresentada nas *Investigações* tem perdido espaço para teorias tractarianas do significado, complementadas pela lingüística chomskiana. Finalmente, a psicologia filosófica de Wittgenstein foi substituída por teorias materialistas, alimentadas por teorias neurofisiológicas e funcionalistas, que são, por sua vez, alimentadas pela ciência da computação. Mas muitos dos argumentos que, nessas áreas, são amplamente admitidos como uma refutação à abordagem de Wittgenstein na verdade baseiam-se em equívocos ou são inconclusivos. Além disso, a gradual reconciliação da filosofia analítica com a filosofia continental reacendeu o interesse pela obra desse autor, que fornece argumentos mais do que oportunos contra as concepções reducionistas do ser humano, abominadas, com razão, na tradição hermenêutica. À parte esses desdobramentos de curto prazo, o fato é que, enquanto o espírito da filosofia crítica estiver vivo, e as questões conceituais fundamentais não forem simplesmente negligenciadas em favor da ideologia, ciência ou pseudociência mais recentes, a obra de Wittgenstein, ao lado das de Aristóteles e Kant, permanecerá uma fonte de inspiração.

# A

**absurdo** Para Frege, um conceito de primeiro nível do tipo "é um planeta" constitui uma função que atribui valores de verdade a objetos. Qualquer objeto pode ser argumento de qualquer função de primeiro nível; os objetos não precisam pertencer a um domínio específico. (Da mesma forma, funções de verdade admitem como argumentos não somente proposições, mas qualquer objeto.) As sentenças "O número sete é um planeta" e "O sol é um planeta" estão em pé de igualdade, isto é, são ambas simplesmente falsas. Já "é um planeta é um planeta" ('*f* (*fx* )') é uma sentença malformada, uma vez que o lugar do argumento do '*f*' mais exterior deve necessariamente ser preenchido por um signo saturado, o nome de um objeto. Embora Frege tenha introduzido uma hierarquia de funções proposicionais, não trabalhou com a distinção entre sentido e absurdo ("Function" 17-21; "Concept"; *Laws* I §§21-5). A teoria dos tipos de Russell, ao contrário, introduziu uma distinção entre os enunciados que são verdadeiros ou falsos e aqueles que são destituídos de significado, ainda que impecáveis do ponto de vista do vocabulário e da sintaxe (*Principia* II). O enunciado

(I) A classe dos leões é um leão

não é, como queria Frege, falso; é, antes, destituído de significado, uma vez que estabelece com uma classe uma relação de predicação que só poderia ser estabelecida com indivíduos.

Na fase inicial de sua obra, Wittgenstein levou essa idéia adiante, alçando a noção de absurdo — visto como aquilo que é "destituído de significado" e não "obviamente falso" ou "descabido" — a uma posição central na lógica. O que determina se uma proposição é ou não verdadeira é o modo como as coisas estão. A LÓGICA se ocupa de um problema anterior, a saber, determinar que seqüências de signos configuram proposições capazes de representar a realidade (verdadeira ou falsamente). A essa concepção ele associa a idéia, proposta por Kant, de que a filosofia é uma atividade crítica capaz de demarcar os limites entre o discurso legítimo (em especial, "o território disputável da ciência" — TLP 4.11 e segs.) e a especulação ilegítima (em especial, a metafísica). O *Tractatus* pretende

> traçar um limite para o pensar, ou melhor — não para o pensar, mas para a expressão dos pensamentos: a fim de traçar um limite para o pensar, deveríamos poder pensar os dois lados desse limite (deveríamos, portanto, poder pensar o que não pode ser pensado).

O limite só poderá, pois, ser traçado na linguagem, e o que estiver além do limite será simplesmente absurdo (Pref.)

Enquanto Kant estabelece limites para o conhecimento, Wittgenstein os estabelece para o discurso dotado de significado.

(a) A lógica diz respeito ao pensamento, porque é no pensamento que representamos a realidade. Mas os PENSAMENTOS não são entidades mentais ou abstratas; são as sentenças-em-uso, signos proposicionais em sua relação de projeção com o mundo. Por conseguinte, os pensamentos podem ser completamente expressos na linguagem, e a lógica pode demarcar limites para o pensamento, ao estabelecer os limites para a expressão lingüística do pensamento.

(b) Tais limites devem *necessariamente* ser traçados na linguagem. Por definição, aquilo que os ultrapassa não pode ser pensado, não podendo, portanto, ser *dito*, em virtude de (a). "Não podemos pensar nada de ilógico, porque, do contrário, deveríamos pensar ilogicamente" (TLP 3.03, 5.473, 5.61). E isso é impossível, uma vez que a lógica encerra as precondições necessárias para o pensamento. Assim sendo, os limites do pensamento não podem ser traçados por proposições referentes aos dois lados, mas somente de um ponto de vista interno (TLP. 4.113 e segs.). Isso se faz pela SINTAXE LÓGICA, o sistema de "regras notacionais" (*Zeichenregeln*) (TLP 3.32-3.34, 6.02, 6.124 e segs.; NM 109; RAL 11.13) que determinam se uma combinação de signos é capaz de representar um estado de coisas possível, configurando assim uma proposição.

(c) Tais regras não podem ser expressas em proposições dotadas de significado. Pois essas expressões declarariam propriedades necessárias de símbolos, e não seriam, portanto, BIPOLARES: pelo fato de não excluírem uma possibilidade genuína, seriam incapazes de expressar aquilo que pretendem excluir. Não podemos nos referir, por meio de uma expressão dotada de significado, a algo ilógico, como, por exemplo, a classe dos leões ser um leão. Qualquer tentativa de excluir a possibilidade lógica de algo assim seria, ela própria, absurda. Os limites do sentido não podem ser *ditos* em proposições filosóficas; *mostram-se*, em vez disso, na forma lógica das proposições não filosóficas. Assim sendo, o *Tractatus* parece comprometido com a seguinte classificação de expressões:

(i) Somente as proposições bipolares da ciência são *dotadas de significado* (TLP 4.11-4.116, 6.53).

(ii) As TAUTOLOGIAS e as contradições são sem sentido, isto é, têm sentido zero.

(iii) As sentenças da metafísica tradicional são *absurdas*. Baseiam-se em "compreensões equivocadas" da sintaxe lógica, a qual violam de um modo revelado pela análise lógica (TLP 3.323 e seg., 4.003, 6.53). Essa idéia é conservada nas *Investigações filosóficas* §464: muitas proposições metafísicas são "absurdos latentes", que investigações GRAMATICAIS desmascaram, trazendo à tona os "absurdos patentes" que encerram.

(iv) As posições expressas no *Tractatus não* se baseiam em uma compreensão equivocada da sintaxe lógica, exprimindo, antes, idéias bem discernidas acerca de seu funcionamento. Ao fazê-lo, entretanto, tentam dizer o que só pode ser mostrado. São "pseudoproposições" que podem ser vistas como *absurdos elucidativos* (TLP 4.12 e segs., 5.534 e seg., 6.54 e seg., NB 20.10.14; *ver* DIZER/MOSTRAR).

O *Tractatus* apresenta duas explicações para o absurdo. Uma é que o caráter absurdo que se constata em

(2) Sócrates é idêntico

é uma questão de privação, isto é, deve-se ao fato de não termos podido atribuir a "idêntico" um sentido adjetival. Mas se instituímos um tal sentido, estipulando, por exemplo, que "é idêntico" significa "é humano", passamos, então, a lidar com dois símbolos diferentes. Se uma proposição "não tem sentido, isso se deve apenas a não termos atribuído *significado* a alguns de seus elementos constituintes" (TLP 5.4733, ver 5.473, 6.53). Com efeito, já houve quem sugerisse que, de acordo com o *Tractatus*, nenhuma parte de (2) possui o significado que adquire dentro de uma proposição dotada de sentido. Essa visão decorreria de uma interpretação literal do CONTEXTUALISMO que encontramos nessa obra: uma palavra (nome) só tem significado no contexto de uma proposição com sentido, o que implica que nenhuma parte de (2) possui significado.

O *Tractatus* defende, ao mesmo tempo, uma forma de composicionalismo: o sentido das proposições elementares é determinado pelos significados dos NOMES que as constituem, isto é, pelos objetos dos quais esses nomes são sucedâneos. Os objetos têm uma FORMA LÓGICA, que é sua possibilidade de participar de certas combinações com outros objetos. Os objetos, e por extensão, seus nomes, classificam-se em diferentes categorias lógicas: um ponto *x,y* no campo visual deve ter uma cor e não pode ter um tom acústico. No caso de uma proposição dotada de sentido, apreender o significado e a forma lógica de seus nomes equivale a apreender a possível combinação de objetos que ela afigura (NB 1.11.14; TLP 3.318, 4.02-4.03), ao passo que, no caso de (2) ou de

(3) O ponto *x,y* é dó-bemol,

equivale a apreender que essa combinação de nomes não afigura uma combinação possível de objetos, precisamente porque as partes constituintes possuem significados incompatíveis. O exemplo (3) configura aquilo que Ryle (inspirando-se no *Tractatus*) chamou de "erro categorial".

Wittgenstein enfraquece, mais tarde, ambos os lados da antinomia. O contextualismo está correto apenas em afirmar que o significado de uma palavra é determinado pelo modo como pode ser USADA dentro de proposições. Não se segue daí que ela não possua significado fora das proposições: é precisamente a palavra-tipo em si mesma que possui tal uso e, portanto, um significado. Na visão composicionalista, considera-se que o significado de uma palavra é uma entidade a ela associada, capaz de determinar suas possibilidades combinatórias. Embora possamos falar o absurdo, isto é, combinar palavras de formas incompatíveis com seus significados, não podemos pensar o absurdo, pois ficamos paralisados, tentando associar um sentido ao que resulta da combinação (*ver* CORPO DE SIGNIFICADO). Entretanto, embora seja verdade que a proposição "A rosa é vermelha" *seria* absurda se o verbo "ser" ali significasse o mesmo que significa em "2×2 são 4", a razão para isso não é que "ser" se associa a duas entidades diferentes e somente uma delas se ajusta a esse contexto. O que ocorre é que a gramática permite a substituição por "=" no último caso, mas não no primeiro. Tal situação não decorre de "ser" ter dois significados; em vez disso, ela é o que constitui, em parte, o fato de o verbo ter um significado ou uso diferente nesses dois contextos. Temos o absurdo se uma combinação de signos é excluída pela gramática, seja por uma regra explícita (por ex., "Nada visível pode possuir um tom acústico"), seja simplesmente pela ausência de qualquer regra para o uso de uma combinação de palavras aberrante, como é o caso em (2). O fato de que foi possível estipular um uso para (2) não indica que a proposição possuísse um sentido anteriormente. Não são somente os obstáculos em um caminho que nos impedem de nele prosseguir; o próprio caminho pode chegar a um fim (PG 53-4; PI §558, II 175-6; RPP I §43, 246; PLP 39, 237).

Wittgenstein critica a visão composicionalista, além disso, pelo fato de sustentar que fazer sentido é algo característico das sentenças-tipo, algo determinado simplesmente por sua forma e seus constituintes. Para ele (como para Ryle), são os usos de palavras em uma determinada ocasião que têm ou não sentido. Não é exclusivamente a forma lingüística de um proferimento o que determina se ele faz sentido e que sentido ele faz; isso depende das circunstâncias em que o proferimento é produzido e também da comunicação anterior entre o falante e o ouvinte (PI §489, II 221; OC §§212, 229, 348-50, 433). Se o proferimento "Isto é verde" acarreta ou não um erro categorial é algo que depende de ele ser usado em referência a um número ou a uma maçã. Uma sentença-tipo como "Estou vendo Armstrong no canto sudoeste daquela sala" pode ser utilizada para se produzir um enunciado perfeitamente inteligível, mas pode também ser utilizada de modo absurdo, se, por exemplo, Armstrong estiver flutuando em uma espaçonave entre Júpiter e Netuno ou eu estiver sentado em meu escritório de olhos vendados. Inversamente, dizer "Sinto que há água dez pés abaixo" não faz sentido se o falante acaba de cavar um pequeno buraco no qual enfia o braço, mas faria sentido se ele estivesse segurando uma sonda comprida. Os limites do sentido não são estabelecidos de uma vez por todas em um sistema inexorável, sendo antes sempre relativos às circunstâncias, acomodando casos fronteiriços (AWL 21; BB 9-10; Z §328).

A detecção do absurdo na filosofia deixa de ser uma questão de invocar um sistema canônico de regras descoberto pela ANÁLISE LÓGICA (TLP 6.53). Ela é feita por meio de um diálogo crítico ao qual Wittgenstein mais tarde se referiria como "procedimento não dogmático" (WVC 183-6; ver PR 54-5; BT 424-5). Em que pesem as persistentes interpretações equivocadas, Wittgenstein evita explicitamente criticar as posições filosóficas somente por empregarem as palavras de modos que diferem dos ordinários (RPP I §548; RPP II §289; LPP 270). Ele mesmo introduz termos técnicos onde isso é conveniente. Reconhece, além disso, que novas experiências (científicas ou poéticas) são formuladas amiúde com expressões aparentemente *absurdas*. Insistiria, entretanto, em afirmar que isso só é possível porque, em resposta à nova experiência, um novo emprego de palavras familiares é explicado. Não se pode alterar os limites do sentido por mero *fiat*, pelo proferimento de combinações de palavras até então proibidas ou vazias. É preciso, em vez disso, formular regras para o uso da combinação em questão, e mostrar sua aplicação. A ambiciosa alegação de Wittgenstein é que se trata de um fator constitutivo das teorias e questões metafísicas que seus empregos terminológicos sejam incompatíveis com suas explicações, e que utilizem regras desviantes juntamente com as regras habituais. Como resultado disso, os filósofos tradicionais não conseguem explicar de forma coerente o significado de suas questões e teorias. São confrontados com um trilema: ou os usos novos que fazem dos termos permanecem sem explicação (ininteligibilidade), ou se descobre que eles promovem o entrecruzamento de jogos de linguagem, utilizando regras incompatíveis (inconsistência), ou simplesmente não tomam conhecimento do uso habitual no emprego consistente que fazem de novos conceitos — incluindo-se aí o uso padronizado de termos técnicos — ignorando, portanto, os conceitos com os quais os problemas filosóficos foram formulados (PR 55-6; AWL 27; PI §191; RFM 118; LPP 7; *ver* CETICISMO).

O segundo Wittgenstein abandona a doutrina da distinção entre dizer e mostrar. As proposições necessárias que não sejam tautologias não são pseudoproposições. Ainda assim, não desempenham o papel de descrições empíricas, mas sim de regras gramaticais (*ver* FORMA DE REPRESENTAÇÃO). Não excluem uma possibilidade genuína, mas somente uma combinação de signos absurda. Para fundamentar essa afirmação radical, Wittgenstein se baseia no princípio bipolar do sentido (RAL 2.7.27): a negação de uma proposição dotada de significado tem que ser também dotada de sentido. No entanto, a "negação de uma proposição a priori" não é falsa (no sentido de descrever uma possibilidade não realizada), mas sim absurda (PI §§251-2; AWL 208). Frege argumentava em favor da posição contrária: embora seja absurdo *asserir* a negação de uma verdade lógica, proposições desse tipo são falsas, uma vez que sua própria negação é inegavelmente verdadeira ("Compound" 50). Wittgenstein propõe três considerações em favor de sua posição:

(a) Não se pode pensar ou crer em uma contradição, pensar, por exemplo, que as coisas não são idênticas a si mesmas. Isso não se deve às limitações de nosso poder imaginativo, como Frege sugeriu. Não há nada que pudesse sequer chegar a ser considerado como uma tentativa de imaginar algo assim. Negar a lei de identidade não é um critério indicativo de poderes extraordinários da imaginação, mas sim de uma compreensão equivocada ou de um uso desviante da expressão "idêntico a" (PG 129-30; RFM 89-90, 95; PI §109; *Laws* I xvii). É possível, entretanto, sustentarmos crenças que *acabam por revelar-se* contraditórias, isto é, que não podem ser formuladas coerentemente, como é o caso da maior parte das teorias filosóficas.

(b) Dizer que uma falsidade necessária não pode de modo algum ser verdadeira significa dizer que nada poderia contar como sua verdade. Disso decorre, entretanto, que não é possível especificar o que a proposição assere ou significa. Da mesma forma, a "possibilidade" excluída pelas verdades necessárias não pode ser especificada pelo uso significativo de signos (AWL 139-43, 165-6).

(c) Nossa reação às tentativas de especificar em que se constituiria a verdade de uma falsidade necessária (por ex., "Isto é completamente verde e completamente amarelo") mostra que excluímos ("retiramos de circulação") uma certa combinação de palavras (PI §§498-500; RPP II §290).

Se encontrássemos algo que pudéssemos descrever como completamente verde e completamente amarelo, diríamos imediatamente que este não era um caso excluído.

Não excluíramos de fato caso algum, mas somente o uso de uma expressão. E aquilo que excluímos em nada se assemelha a um sentido. (AWL 63-4).

O que tais proposições necessárias excluem é um lance dentro de um jogo de linguagem, à maneira de uma proposição como "Não há roque no jogo de damas" (Z § 134). A diferença entre o logicamente necessário e o logicamente impossível não se aproxima daquela entre o verdadeiro e o falso, sendo antes a diferença entre uma regra de expressão e um uso de palavras que essa regra classifica como absurdo. As proposições gramaticais não constituem enunciados, nem mesmo enunciados semelhantes aos princípios a priori de Kant, que tratam dos limites do conhecimento humano. Não identificam "limites da compreensão humana", que possam ser transcendidos para serem descritos. Em vez disso, demarcam o(s) "limite(s) da linguagem", estabelecem, de dentro, aquilo que faz sentido dizer (CV 15; WVC 68; BT 406-8; PI § 119; BB 65). Além desses limites, não encontraremos coisas incognoscíveis em si mesmas, mas somente o absurdo.

Pode-se resistir a essa conclusão, argumentando-se que a falsidade de uma proposição necessária é, afinal, concebível ou imaginável. Nesse espírito, argumentou-se que os contos de fada ou os desenhos de Escher retratam uma impossibilidade lógica. Wittgenstein antecipou esse tipo de objeção. Há um uso da expressão "Não posso imaginar..." que constitui um modo alternativo de afirmar uma impossibilidade lógica (Z §253; PI §§395-7). Mas os limites do sentido não são determinados pelo alcance de nossa imaginação (como sustentava Hume — *A Treatise of Human Nature* I.ii.2). O fato de que se podem conceber imagens em conjunção com uma determinada combinação de palavras não é algo necessário nem suficiente para que esta faça sentido (LWL 94; PG 128-9; PI §512; Z §§247-51, 272-5; MS 116, 65-6). Para determinar se uma expressão (conto/desenho) faz ou não sentido, é preciso investigar como ela se constrói (os desenhos de Escher violam as regras da representação pictorial) e se tem uma aplicação no jogo de linguagem.

Wittgenstein nega também que haja uma diferença lógica entre sons desarticulados como "Ab sur ah" e absurdos filosoficamente relevantes, tais como "Ninguém pode ter meu pensamento". Ele admite que "a palavra 'absurdo' é utilizada para excluir diferentes coisas por diferentes razões", mas insiste que "não é possível que uma expressão seja excluída mas não completamente excluída — excluída por referir-se ao impossível, mas não completamente excluída porque precisamos pensar o impossível para poder excluí-la." A única diferença entre o absurdo ordinário e o filosófico é a que separa o absurdo *patente*, que não causa confusão, uma vez que pode ser imediatamente reconhecido pelo "próprio som das palavras", do absurdo *latente*, "quando são necessárias operações para nos capacitar a reconhecê-lo como absurdo" (AWL 64; PI §§464, 524; LWL 98). Não há meio-termo entre sentido e absurdo. Essa idéia entra em conflito com a sugestão feita por Chomsky de que, por exemplo, a sentença "Idéias verdes sem cor dormem furiosamente" é sintaticamente bem formada embora "semanticamente anômala". Wittgenstein rejeitaria essa posição, e em termos mais gerais, a tríade semiótica formada pela sintaxe, pela semântica e pela pragmática: as anomalias semânticas *não* são proposições, uma vez que não podem ser usadas na realização de um lance no jogo de linguagem; sua falta de sentido envolve justamente aquilo que os semioticistas considerariam mera pragmática, a saber, a ausência de um uso estabelecido.

**análise lógica** Trata-se do processo pelo qual se identificam os componentes de uma proposição, pensamento ou fato, e também o modo de combinação desses componentes (sua FORMA LÓGICA). A análise lógica ganhou ímpeto com a invenção do cálculo de predicados por Frege. A "conceptografia" de Frege foi um instrumento concebido para derivar a aritmética de conceitos e princípios de raciocínio puramente lógicos. Tinha ademais, entretanto, a incumbência de livrar o "pensamento" da tirania das palavras, lastimada desde Platão (*Notation* Pref.; *Posthumous* 6-7, 253, 269-70). A linguagem ordinária esconde as relações e articulações lógicas de conceitos e proposições, além de ser pródiga em ambigüidades e vaguezas e de conter termos singulares vácuos, que levam à formação de proposições sem valor de verdade, tais como

(1) O atual rei da França é calvo.

Russell perseguiu uma meta logicista semelhante, mas como parte de um projeto mais amplo, de inspiração cartesiana. Tentou justificar nossas visões científicas, primeiro analisando-as e em seguida reformulando-as em uma "linguagem logicamente perfeita", menos vulnerável a ataques céticos. A teoria das descrições permitiu-lhe evitar entidades meinongianas, tais como o quadrado redondo, e também sustentar, contra Frege, que o princípio da bivalência se aplica até mesmo a proposições como (1): analisando-se esta proposição, obtém-se a seguinte conjunção, que é falsa, e não destituída de valor de verdade, na hipótese de não haver um rei da França: "Há um único objeto que é o atual rei da França, e este objeto é calvo". Essa teoria sugere, além disso, que a forma gramatical predicativa esconde a forma lógica das proposições, o que permite a Russell levar adiante o projeto do reducionismo empirista, pela via da análise lógica e não de uma análise psicológica. O atomismo lógico busca analisar as proposições, decompondo-as em proposições atômicas que se refiram a dados dos sentidos. Inspirado por esse programa, Russell identificou a filosofia com a análise lógica de proposições (*External* caps. II-III; *Mysticism* 108-9, 148-9).

Wittgenstein apoderou-se da idéia de que filosofia é análise lógica, atribuindo à teoria das descrições o êxito de demonstrar que a forma lógica aparente das proposições difere de sua forma real. Concluiu que "desconfiar da gramática é o primeiro requisito para a atividade filosófica", uma vez que a gramática engendra confusões filosóficas (NL 106; ver RUL 11.13; TLP Pref., 3.323 e seg., 4.003 e seg.; WAM 57). Entretanto, embora a linguagem ordinária "disfarce o pensamento", não é imperfeita do ponto de vista lógico, como supunham Frege e Russell. Ela é capaz de "exprimir todo sentido" (TLP 4.002), devendo, por isso, estar em conformidade com a SINTAXE LÓGICA. Não é de uma linguagem ideal, capaz de expressar coisas que a linguagem ordinária não pode expressar, que precisamos, mas sim de uma *notação* ideal, capaz de exibir a estrutura lógica já presente nas proposições ordinárias. Os simbolismos de Frege e Russell refletem um empenho por fornecer uma notação logicamente perspícua (TLP 3.325). Eis por que, a despeito de divergências na concepção de análise, encontramos um considerável acordo no nível dos detalhes.

Frege provavelmente admitia a possibilidade de análises alternativas (*Correspondence* 10; *Notation* §10). O atomismo lógico de Russell e Wittgenstein, ao contrário, prende-se à idéia de que proposições são compostas por elementos definidos. Wittgenstein era, contudo, um tanto evasivo nesse ponto. Contemplava a possibilidade de os objetos materiais ordinários serem os referentes básicos da linguagem, mas também a possibilidade de a análise se estender para sempre. Acabou por decidir que a análise deve ir além dos objetos materiais ordinários, mas também chegar a um fim definido. Embora uma proposição da forma *"aRb"* possa inicialmente ser vista como o valor de diferentes funções proposicionais (por exemplo, de "(ξ)*a*" ou "(ξ)*Rb*"), ela possui "uma e somente uma análise" completa, que não é arbitrária (cp. TLP 3.25, 3.3442; NB 17.6.15 com 3.9/8.10.14, 14.6.15).

Assim como Russell, Wittgenstein jamais explicitou o modo exato como deveriam ser analisadas as proposições ordinárias; não forneceu sequer exemplos de proposições elementares ou de seus elementos. Duas idéias básicas, entretanto, ficam claras: (a) segundo a doutrina da forma proposicional geral, todas as proposições dotadas de significado são funções de verdade de PROPOSIÇÕES ELEMENTARES logicamente independentes; (b) estas últimas consistem em nomes próprios lógicos, que não são passíveis de análise, uma vez que são sucedâneos de OBJETOS absolutamente simples (TLP 3.201 e segs., 4.22 e seg.; NB 12.10.14).

É também razoavelmente clara a direção que a análise deve seguir, bem como os instrumentos russellianos de que deve lançar mão nesse trajeto. O primeiro passo é analisar todas as proposições que reconheceríamos normalmente como complexas, decompondo-as em proposições singulares. Assim, proposições gerais como "Todas as espadas possuem uma lâmina afiada" dão origem a proposições singulares como

(2) Excalibur possui uma lâmina afiada.

Tais proposições contêm palavras-conceito complexas, tais como "possui uma lâmina afiada" que, à maneira de Frege, decompõem-se em "notas" características (*Merkmale*), a saber, as condições necessárias e suficientes para sua aplicação (TLP 4.126; OL 28-9). Assim, por exemplo, teríamos

(2') Excalibur possui uma lâmina . Excalibur é afiada.

De acordo com a passagem 3.24 do *Tractatus*, os termos singulares ordinários, incluindo-se aí os nomes próprios como "Excalibur", são "contrações" de um "símbolo para um complexo", que dão origem a um "símbolo simples". Podem ser tratados no espírito da teoria das descrições: assim, o nome próprio "Excalibur" é substituído por uma descrição definida — por exemplo, "A espada do rei Artur" — que é, por sua vez, parafraseada como um símbolo incompleto, por meio de quantificadores e de palavras-conceito:

(2*) Há um e somente um *x* que é a espada do rei Artur, tal que *x* possui uma lâmina . tal que *x* é afiada.

(2*) contém o predicado vago "afiada", e tal componente da conjunção pode, portanto, ser analisado com a obtenção de uma disjunção de possibilidades determinadas, como, por exemplo, "tal que *x* atravessa armaduras ∨ *x* corta a mão que a toca ∨..." Levando-se em conta que a versão de Wittgenstein para a teoria das descrições evita o signo de IDENTIDADE, vemos emergir a seguinte linha de análise:

$$\Phi e \equiv \Phi(\iota x)fx \equiv (\exists x)(y)((fy \equiv (y = x)) \,.\, \Psi x \,.\, (\Omega_1 x \vee \Omega_2 x \vee ...))$$
$$\equiv (\exists x)(fx \,.\, \Psi x \,.\, (\Omega_1 x \vee \Omega_2 x \vee ...)) \,.\, \sim(\exists x)(\exists y)(fx \,.\, fy).$$

Para os comentadores que sustentam a idéia de que os NOMES são meros "marcadores de lugar", incapazes de distinguir um objeto de outro, a análise pára em fórmulas que, como essa, contêm quantificadores e variáveis; a substituição dos nomes por variáveis ligadas nada acrescenta: "Pode-se descrever integralmente o mundo por meio de proposições completamente generalizadas, ou seja, sem que nenhum nome seja de antemão coordenado a um objeto determinado. Para se chegar, então, ao modo habitual de expressão, deve-se, após uma expressão como 'Há um único *x* tal que...', simplesmente dizer: e este *x* é *a*" (TLP 5.526; NB 17./19.10.14). Entretanto, mesmo que o mundo possa ser completamente descrito por meio de proposições gerais, é preciso haver nomes, pois somente eles podem funcionar como sucedâneos de objetos particulares: uma descrição geral não implica logicamente tratar-se de uma coisa específica que é a única a possuir uma certa propriedade (NB 31.1.15). Além disso, proposições gerais como (*2) não podem configurar o término da análise, pelas seguintes razões: (a) elas são funções de verdade de proposições elementares e as pressupõem (TLP 4.411, 5, 6 e segs., 6.124); (b) para preservar a bivalência, a análise russelliana paga o preço da ambigüidade — a fórmula (2*) pode não ser verdadeira por dois motivos (na hipótese de Artur não ter tido uma espada ou na hipótese de esta espada não possuir uma lâmina afiada); (c) a espada de Artur é um complexo, algo que normalmente denotamos por um termo singular, mas que na verdade consiste em partes, que a análise deve revelar (NB 7./20/23.5/20.615).

Nesse ponto, é preciso passar ao que Wisdom mais tarde viria a denominar um "novo nível de análise", um nível em que sejamos levados a coisas de uma espécie ontológica mais básica. O *Tractatus* aponta duas direções possíveis para uma análise dessa natureza. "Todo enunciado sobre complexos pode-se decompor em um enunciado sobre as partes constituintes desses complexos e nas proposições que os descrevem completamente." Estas últimas afirmam que "o complexo existe", ao enunciar que suas partes constituintes relacionam-se de tal modo a formar o complexo. Um complexo consiste, por exemplo, no fato de *a* manter a relação *R* com *b*. Uma proposição que atribui ao complexo uma propriedade — "Φ(*aRb*)" — é expressa como "*Φa.Φb.aRb* (TLP 2.0201, 3.24; NL 93, 101; NM 111; NB 5.9.14; PI §60). Se *~aRb*, então o elemento analisado não é destituído de valor de verdade, mas sim falso. Assim,

(3) Excalibur está no canto

é analisada da seguinte forma:

(3') A lâmina está no canto. o cabo está no canto . a lâmina está presa ao cabo.

Análises como essa enfrentam problemas, entretanto, no caso de proposições como (2). A maior parte das propriedades do complexo, incluindo-se peso, forma e tamanho específicos, não são propriedades de suas partes. Esse problema só pode ser evitado tratando-se tais propriedades como partes constituintes do complexo, uma idéia absurda, que Wittgenstein parece ter cogitado (*ver* FATO), ou, alternativamente, analisando-se qualquer discurso em termos de proposições que atribuem propriedades físicas a partículas físicas mínimas.

A segunda linha de análise apontada pelo *Tractatus* é fenomenalista: todas as proposições dotadas de GENERALIDADE são analisadas em termos de conjunções ou disjunções de possibilidades. Assim, uma proposição existencial como "Há uma e somente uma espada do rei Artur" é analisada em termos de uma soma lógica de proposições elementares "$p_1 \vee p_2 \vee p_3$..." Juntos, os componentes da disjunção esgotam as experiências possíveis que validariam a existência de um complexo como a espada do rei Artur.

O que não fica muito claro é como percorrer qualquer um desses dois caminhos — fisicalista ou fenomenalista. Como dar conta, por exemplo, de modalidades sensoriais diferentes da visão? (o espaço público, presumivelmente, deveria construir-se a partir do espaço visual, auditivo e táctil) Além disso, na notação de TABELAS DE VERDADE, toda proposição elementar é representada como uma função de verdade de todas as outras, isto é, como uma conjunção que conecta a própria proposição elementar a uma tautologia que abarca todas as outras proposições elementares. Por conseguinte, uma proposição ordinária completamente analisada constitui uma longa função de verdade de proposições elementares, em que todas as proposições, e, portanto, *todos* os nomes, ocorrem. A proposição completamente analisada é bem mais complicada do que a proposição não analisada à qual supostamente equivale. Para compreender o sentido de proposições corriqueiras como (3), é preciso saber quais são os elementos materiais últimos de Excalibur, ou então que estados fenomênicos validariam a sua existência. Isso faz com que a compreensão de uma proposição dependa do conhecimento de (rebuscados) fatos empíricos, o que não se coaduna muito bem com a idéia de que não há surpresas na lógica (TLP 6.125 e seg., 6.1261), além de ameaçar a idéia de que o sentido antecede questões de fato. Não é de se admirar, portanto, que, nos *Notebooks*, Wittgenstein tenha oscilado entre a posição de que uma proposição completamente analisada contém tantos nomes constituintes quantos são os constituintes últimos do estado de coisas afigurado (um ponto de vista que Moore subscreveria) e a posição de que ela contém tantos nomes quantos são os constituintes últimos cuja existência o falante reconhece (NB 12./20.10/18.12.14, 18.6.15; *Principia Ethica* 8).

O *Tractatus*, por assim dizer, varre esses problemas para debaixo do tapete. A distinção ali enunciada entre DIZER e MOSTRAR interdita descrições da forma lógica das proposições. Por conseguinte, não se espera mais da análise lógica que perfaça uma doutrina, como em "Notes on Logic"; ela passa a ser uma atividade crítica, destinada a mostrar duas coisas: por um lado, o fato de que as proposições empíricas são dotadas de significado e o modo como representam aquilo que representam; e, por outro, o fato de que as proposições metafísicas são absurdas, uma vez que transgridem a sintaxe lógica (TLP 6.53-7). E assim mesmo não encontraremos no próprio *Tractatus* a análise de proposições específicas (com exceção de tentativas perfunctórias de ajustar casos recalcitrantes, tais como proposições sobre CRENÇAS e CORES, ao seu sistema geral. Em lugar disso, o *Tractatus* fornece o quadro geral de referência para essa atividade, ao delinear a FORMA PROPOSICIONAL GERAL, os traços que uma proposição deve possuir para representar a realidade. Assim, podemos saber "sem maiores dificuldades" que todas as proposições podem ser decompostas em funções de verdade de proposições elementares constituídas de nomes simples. O *Tracta-*

*tus* deixa, entretanto, para a "aplicação da lógica", isto é, para a análise das proposições reais da linguagem natural, a tarefa de responder a perguntas como: quais são os objetos simples? quais são as proposições elementares? há relações com vinte e sete termos? (TLP 5.55 e segs.). As formas possíveis de proposições elementares dependem das combinações possíveis de objetos, que não podem ser listadas anteriormente à análise futura. Não se trata aqui de uma questão de experiência, mas antes de uma questão de descoberta futura. Temos a capacidade de construir sentenças dotadas de significado, mas ignoramos qual seja seu real significado, e também como elas significam (TLP 4.002, 5.5562; NL 100).

Em 1929, Wittgenstein enfatizou ainda mais a necessidade de descobrir a forma lógica das proposições. Alegou ter descoberto, por exemplo, que as proposições elementares devem necessariamente conter números reais (RLF 163-6, 171; WVC 42-3). Coube, entretanto, a Carnap, em *Logische Aufbau der Welt*, a continuação (malsucedida) desse programa. O próprio Wittgenstein logo veio a questionar não apenas o modelo atomista de análise em constituintes últimos, mas também a própria idéia a ele subjacente: a teoria quase transcendental dos traços que a linguagem deve possuir ignora "dogmaticamente" a realidade da linguagem (WVC 182-3); o projeto quase empirista da lógica aplicada ignora a diferença entre a análise química e a lógica. Baseia-se, além disso, na "abominável idéia" de Moore de que é preciso análise para se descobrir o que as nossas proposições corriqueiras significam (LWL 34-5, 90; M114; WVC 129-30; PI §§60-4). Ainda que nos fosse possível descobrir os constituintes últimos da espada Excalibur, isso contribuiria para o nosso conhecimento de sua composição física e não para nossa compreensão do sentido de (3).

Wittgenstein passa a sustentar a idéia de que a lógica ou a GRAMÁTICA não apenas não contêm "surpresas", como tampouco incluem "descobertas", rejeitando a idéia de que os falantes possuem um conhecimento tácito de um CÁLCULO complexo ou de formas lógicas arcanas. Não é por meio de uma escavação quase geológica que alcançamos um "ponto de vista lógico correto" (TLP 4.1213), mas sim por uma VISÃO SINÓPTICA quase geográfica, capaz de exibir traços de nossas práticas lingüísticas que não se furtam à nossa observação. Para ser legítima, a análise deve resumir-se à descrição da gramática ou à substituição de uma notação por outra, que gere menos equívocos (muito embora o único exemplo deste último tipo de método seja o tratamento que Wittgenstein dá à identidade) (PR 51; WVC 45-7; BT 418; PI §§90-2; TS220 §98).

A concepção, sustentada pelo primeiro Wittgenstein, de que a análise é a descoberta da estrutura subjacente às línguas naturais veio a constituir, despojada de seu atomismo lógico, uma das fontes da semântica moderna, por intermédio da obra *Logical Syntax of Language*, de Carnap. O repúdio posterior a tal concepção contribuiu para pôr fim à análise reducionista, em suas versões atomista e empirista. Hoje em dia, o termo "análise" amiúde refere-se simplesmente à elucidação de conexões conceituais. A maior parte dos filósofos analíticos insiste, entretanto, na idéia de que, embora a análise possa não reduzir proposições, revela, ainda assim, a sua forma lógica e seu conteúdo. Defender tal idéia implica confrontar os argumentos de Wittgenstein contra o modelo do cálculo e contra a suposição de que aquilo que é dito em uma ocasião específica é determinado unicamente pelas formas lógicas e pelos constituintes de sentenças-tipo (ver CONTEXTUALISMO).

**antropologia** Wittgenstein fez duas contribuições instigantes, ainda que breves e esquemáticas, para a metodologia da antropologia. Uma é a discussão que promove acerca da noção de FORMA DE VIDA e da tradução radical. A outra são as duras observações que fez acerca do livro *The Golden Bough,* de Frazer. Frazer tentou explicar um rito da Antigüidade clássica — a sucessão do rei da Neméia — referindo-se a rituais semelhantes no mundo. Wittgenstein levantou as seguintes objeções quanto ao modo de proceder de Frazer (GB 118-33; AWL 33-4; M 106-7): (a) o conjunto de dados levantado por Frazer sobre outros rituais não lhe fornece a explicação genética para o rito nemeu que ele buscava obter, constituindo, antes, a matéria-prima para uma VISÃO SINÓPTICA, capaz de explicar por que o ritual nos horroriza, associando-o a impulsos humanos básicos que nos são familiares; (b) a própria tentativa de fornecer uma explicação genética para o rito deveria ser abandonada em favor de sua descrição; (c) Frazer apresenta os ritos como se tivessem natureza instrumental, como se ambicionassem ocasionar certas conseqüências causais, e, portanto, como se estivessem baseados em crenças empíricas ou em uma protociência, quando na verdade são expressivos ou simbólicos.

A objeção (a) é plausível. A explicação genética de Frazer não se apóia em nada além de tênues analogias e conjecturas infundadas, embora as semelhanças e diferenças com relação a outros ritos de fato contribuam para uma espécie de discernimento não genético da natureza do rito nemeu. A objeção (b) é mais problemática. Ao condenar as explicações genéticas, Wittgenstein não quer dizer, com isso, que elas sejam em si ilegítimas, mas sim que não devem ser confundidas com uma compreensão daquilo que os atos rituais significam. Além disso, Wittgenstein não defende a idéia de que o único modo de compreender o que significa um ritual seja associá-lo a impulsos ou emoções humanas universais. Declara explicitamente que as explicações podem basear-se nas crenças dos participantes do ritual (GB 128). Mas as origens históricas de um ritual só têm importância para seu significado se os próprios participantes lhes atribuem importância. O hábito judaico de comer pão ázimo na Páscoa hebraica é algo que deve ser compreendido como um ato de celebração. Mas o que importa nessa compreensão não é o fato de que as crianças de Israel tenham comido pão ázimo no deserto, e sim que os judeus pios acreditam que elas o fizeram. Entretanto, mesmo quando se distingue a compreensão de um ritual da compreensão de sua origem, não é plausível sustentar, como faz Wittgenstein, que esta em nada contribua para aquela. Alguém que conheça a evolução das crenças e práticas talvez esteja em melhores condições para compreender seu conteúdo. Além disso, alguns atos cerimoniais são destituídos de qualquer função expressiva, simbólica ou instrumental, sendo realizados somente por estarem de acordo com a tradição (por exemplo, durante uma cerimônia de colação de grau em Oxford, os professores responsáveis pela organização do evento dão passos à frente e atrás, seguindo uma determinada ordem). Só se pode explicar tais rituais por referência a suas origens e à tradição ritualística.

No que diz respeito à objeção (c), Wittgenstein está certo em nos chamar a atenção para a natureza expressiva e simbólica de muitos atos rituais. Não queimamos efígies ou beijamos fotos daqueles que amamos para obter um efeito determinado. "A mágica traz um desejo à representação; expressa um desejo". Além disso, "se o ato de adotar uma criança transcorre de tal modo que a mãe a retira de dentro da roupa [como é o caso entre os turcos bósnios], é sem dúvida absurdo crer que estamos diante de um *erro* e que a mãe acredita ter dado à luz a criança." Wittgenstein reconhece ocasionalmente que alguns rituais são instrumentais. Insiste também, contudo, na idéia de que todos os rituais mágicos são simbólicos. Entretanto, muitos dos rituais que consideraríamos mágicos têm como meta produzir um certo efeito, e baseiam-se na superstição, em crenças falsas em mecanismos sobrenaturais. Wittgenstein parece partir do princípio de que, se as práticas rituais fossem instrumentais, seriam "pura estupidez" (GB 119, 125). Entretanto, embora seja irracional, a superstição não é simplesmente estúpida; expressa, antes disso, medos e aspirações humanas profundos e bastante disseminados.

**aspectos, percepção de** Esse termo denota todo um leque de fenômenos perceptuais inter-relacionados. O caso paradigmático é o que Wittgenstein denomina "revelação de um aspecto" ou "mudança de aspecto" (*Aufleuchten eines Aspekts* ou *Aspektwechsel*): certos objetos, especialmente desenhos esquemáticos — "objetos-figurados" (PI II 194; LW I §489) — podem ser vistos sob mais de um aspecto. Um aspecto se nos revela quando notamos, no objeto que observamos, um aspecto que até então nos passara despercebido, quando passamos a ver o objeto *como* algo diferente. É assim que deixamos de ver um "enigma gráfico" como um amontoado de linhas e passamos a vê-lo como um rosto; ou deixamos de ver o "coelho-pato" de Jastrow como o desenho de um pato, e passamos a vê-lo como o desenho de um coelho.

Enigmas gráficos como o cubo de Necker aparecem de passagem na fase inicial da obra de Wittgenstein. De 1935 em diante, sua filosofia da psicologia amiúde retorna ao *ver-como* (TLP 5.5423; NB 9.11.14; BB 162-79; PI II 193-229; RPP I & II passim; LWI passim LW II 12-17). Entre 1947 e 1949, esse tema domina seu trabalho, parcialmente por conta da influência da psicologia da Gestalt, de Köhler. O objetivo mais imediato de Wittgenstein era desfazer a aparência paradoxal do fenômeno da revelação de aspectos: ao olharmos para um objeto-figurado, podemos passar a vê-lo diferentemente, embora vejamos também que o objeto ele mesmo permanece inalterado. Parece ter-se alterado e ao mesmo tempo parece não ter se alterado (PI II 193-5; LW §493).

Uma maneira de lidar com o fenômeno da revelação de aspectos é salientar que a percepção de aspectos alternativos é causada por diferentes padrões de movimentação do globo ocular. Wittgenstein não ignorava essas correlações, mas negava que pudessem resolver o paradoxo (PI II 193, 203, 212-16; LW I §795). Pois mesmo que expliquem por que o fenômeno ocorre, não fornecem para ele uma descrição que escape ao paradoxo. Wittgenstein conferiu uma importância enorme à percepção de aspectos, uma vez que acreditava que esses fenômenos "nos fazem pensar em problemas relativos ao conceito de visão" (LW I §172). Isso se deve, possivelmente, ao fato de que ele ilustra, de forma precisa, a natureza conceitualmente saturada da percepção. Vemos uma única coisa (por exemplo, o rosto de alguém), mas podemos vê-la de diferentes maneiras (por exemplo, tranqüilo ou angustiado).

A discussão que Wittgenstein promove tem como centro principal a psicologia gestaltista. Segundo Köhler, aquilo que percebemos de imediato não é um mosaico de estímulos discretos e desorganizados (pontos e superfícies coloridas, sons), como se sustenta no empirismo e no behaviorismo, constituindo antes *Gestalten*, unidades organizadas e circunscritas, tais como objetos materiais ou grupos de objetos (*Gestalt*, cap. V). Não vemos três pontos, vemos o triângulo que perfazem; não ouvimos uma série caótica de sons, mas detectamos uma melodia. Köhler se aproxima de Wittgenstein ao rejeitar o ponto de vista reducionista, segundo o qual construímos objetos perceptuais a partir de dados brutos. Infelizmente, o tratamento que dá ao fenômeno da revelação de aspectos reifica as *Gestalten*. Sustenta que, na percepção de aspectos, não vemos um único objeto sob diferentes aspectos; vemos dois "objetos visuais" ou "realidades visuais" diferentes (*Gestalt* 82, 107, 148-53). Em sua tentativa de dar conta da idéia de que vemos o objeto-figurado de maneiras diferentes, Köhler transforma um aspecto (*Gestalt*) em uma entidade mental privada. Tal reificação não é apenas terminológica; é essencial em sua explicação para a percepção de aspectos. Para ele, os dois "objetos visuais" se distinguem quanto à organização, que é, tanto quanto a cor ou a forma, um traço pertencente a esses objetos. Nesse raciocínio, o que muda na percepção de aspectos não é a cor ou a forma dos elementos da impressão visual, mas sua organização. Wittgenstein rejeita essa explicação. Ela sugere que o que se altera nos casos de revelação de um aspecto é o modo como percebemos as relações (espaciais) entre os elementos da figura. Mas isso é um erro. Quando nos pedem para descrever com fidelidade aquilo que vemos, isto é, o objeto-figurado antes e depois da modificação de um aspecto, a organização dos elementos não se altera, assim como não se alteram a cor e a forma (embora possamos descrever o objeto de diferentes maneiras). A característica da revelação de aspectos é precisamente que nenhum traço específico do campo visual se altera. A alegada mudança na organização não pode ser especificada, o que significa que a "organização" de Köhler só poderia referir-se a traços inefáveis de um objeto privado, descartado, por seu caráter quimérico, no chamado argumento da LINGUAGEM PRIVADA (PI II 196-7; RPP I §§536, 1113-25; LW I §§444-5, 510-12).

Uma alternativa para a explicação via "*Gestalt*" é dizer que o que se alterou foi nossa interpretação, não de uma impressão privada, mas do objeto percebido. Isso levanta uma questão que domina a discussão promovida por Wittgenstein: notar um aspecto é um caso de visão ou de pensamento? A resposta de Wittgenstein para essa questão é ambivalente. Argumenta, para começar, que há diferentes tipos de percepção de aspectos, conforme o grau de pensamento envolvido (PI II 207-12; LW I§§179, 530, 582-8, 699-704; RPP I §§1, 70-4, 970; RPP II §§496, 509). Em um extremo, temos aspectos "conceituais", tais como os do coelho-pato, que não podem ser expressos somente apontando-se para partes do objeto-figurado, mas que supõem a posse dos conceitos pertinentes. No extremo oposto, temos os casos "puramente óticos", tais como o da cruz dupla ✠, em que podemos expressar nossa visão do aspecto, sem apelar para conceitos, apenas retraçando certas linhas do objeto-figurado (muito embora, mesmo nesse caso, pareçam estar implicados conceitos como figura e fundo).

Sustenta, além disso, que o conceito de ver um aspecto situa-se entre o conceito de ver, que constitui um estado, e o de interpretar, que é uma ação. A percepção de um aspecto liga-se mais à interpretação sob os seguintes ângulos (PI II 212; RPP I §§27, 169; RPP II §§544-5; LW I §§451, 488, 612):

- a figura "ótica" ou "visual" permanece a mesma, como vimos;
- a visão de um aspecto, ao contrário da maior parte dos casos de visão, está sujeita à vontade: embora possa ocorrer de nem sempre conseguirmos notar um aspecto ou mantê-lo em foco, sempre faz sentido tentar fazê-lo, e é freqüente conseguirmos;
- ao notar um aspecto do tipo conceitual, nós não estamos simplesmente enfocando propriedades do objeto percebido, mas sim dando-nos conta de certas RELAÇÕES INTERNAS entre este e outros objetos, relações de semelhança e dessemelhança, como as que existem entre dois rostos humanos.

A percepção de aspectos se aproxima mais da visão sob os seguintes ângulos (PI II 203-4, 212; RPP I §§8, 1025; RPP II §§388, 547):

- não há possibilidade de engano ao se ver um aspecto;
- a visão de aspectos é um estado; tem, em particular, uma "duração genuína", isto é, tem um começo e um fim, podendo ser cronometrada interrompida etc.;
- não há expressão mais direta da experiência do que o relato da percepção do aspecto, como em "Vejo isso *como* coelho" — isto é, não há um contraste nítido entre a "interpretação" e os dados não interpretados.

Pode parecer que Wittgenstein cria aqui um contraste artificialmente rígido entre o ver e o pensar, restringindo o pensamento à interpretação, a conjecturas sobre o que uma figura representa (RPP I §§8-9, 13, 20; RPP II §390: PI II 193, 197, 212; LW II 14). Entretanto, o paradoxo do fenômeno da revelação de aspectos não depende de uma concepção tão estreita de pensamento. Posso conhecer a figura do coelho-pato e pensar "é possível ver aqui um coelho", sem que eu mesmo seja capaz de *ver* o coelho.

Wittgenstein sugere que o paradoxo tira proveito de uma ambigüidade: o que vejo, no sentido habitual de ver, não se alterou; alterou-se, no entanto, o que vejo no sentido de "ver" que é mais próximo de pensar. Considerando-se o esforço que Wittgenstein dedicou à discussão desse paradoxo, sua solução não chega a impressionar. Apresenta, entretanto, algumas intuições importantes. Os relatos da percepção de aspectos não são descrições, diretas ou indiretas (interpretativas), de uma experiência interna que acompanha a percepção ordinária; são antes EXTERIORIZAÇÕES, reações espontâneas àquilo que vemos. Além disso, o que muda na percepção de um aspecto não é aquilo que percebemos, ou sua "organização", mas sim nossas atitudes e reações com relação ao que percebemos, bem como o que podemos fazer com o que é percebido. Subitamente, entendemos ou explicamos o enigma gráfico de forma diferente, alteramos o modo de tocar uma determinada peça musical ou de recitar um poema (PI II 197-8, 208; RPP I §982; LC 1-11). Uma coisa importante que fazemos ao notar um aspecto é situar aquilo que percebemos em outro contexto; detectamos novas conexões ou estabelecemos novas comparações. É por isso que uma alteração no contexto de um objeto pode mudar o modo como o percebemos (PI II 212; RPP I §1030; LW I §516).

Wittgenstein usa o fenômeno da "cegueira para aspectos", a incapacidade de experimentar a revelação de aspectos, para ilustrar o fenômeno da visão de aspectos (PI II 213-14; RPP II §§42, 478-9, 490; LW I §§492-3, 778-84). Uma pessoa incapaz de enxergar aspectos conseguiria aplicar uma nova descrição a um objeto-figurado; usar, por exemplo, o desenho esquemático de um cubo como uma imagem de um objeto tridimensional. Não estaria, entretanto, tendo a experiência de ver algo de modo diferente, experimentando um salto aspectual, e tampouco seria capaz de reconhecer a incompatibilidade com a alternativa de tratá-lo como um complexo bidimensional de três paralelogramos. Seu defeito não está na visão mas na imaginação.

Um tipo especial de cegueira aspectual é a cegueira para significados, a incapacidade de experimentar o sentido de uma palavra (PI II 175-6, 210; RPP I §§189, 202-6, 243-50, 342-4; compare-se a "cegueira da alma" de James, *Psychology* I cap. II). Não se trata, nesse caso, de reinstaurar a idéia de que o significado de uma palavra é um fenômeno mental que acompanha a COMPREENSÃO. Em vez disso, Wittgenstein sustenta que as palavras possuem uma "fisionomia familiar": associam-se com outras palavras, situações e experiências, podendo assimilar tais conexões. Assim sendo, pode-se pensar que os nomes "se ajustam" àquilo que nomeiam. E as palavras transformam-se em meros sons se tais conexões se perdem, como, por exemplo, quando são repetidas mecanicamente várias vezes (PI II 214-15, 218).

Ter a experiência de um significado é algo que subjaz ao "sentido secundário" dos termos: algumas pessoas inclinam-se a dizer coisas como "'e' é amarelo", "'u' é mais escuro que 'i'" ou mesmo "terças-feiras são magras, quartas-feiras são gordas." No que diz respeito a esse sentido secundário, podemos dizer que (a) ele difere do sentido primário: obviamente a vogal "e" não é amarela no mesmo sentido em que as flores o são — a vogal não admite cotejo com uma amostra de amarelo; (b) ele pressupõe o sentido primário; só pode ser explicado com base no sentido primário, não sendo possível o contrário; (c) não é um caso de ambigüidade ou de metáfora: podemos eliminar a ambigüidade de "banco" introduzindo um novo termo e podemos parafrasear metáforas; não há, contudo, outras formas de expressar sentidos secundários (PI II 216; LW I §§797-8). O sentido secundário explica também a ambigüidade siléptica: o fato de associarmos dores profundas e poços, prantos melancólicos e melodias, etc.

A pessoa com cegueira para significados usa e explica as palavras corretamente, faltando-lhe, contudo, "intuição" quanto a sua fisionomia, uma deficiência comparável à falta de ouvido musical. Por essa razão, são-lhe vetadas formas importantes de discurso ESTÉTICO, bem como o entendimento de trocadilhos.

Algumas passagens de Wittgenstein afirmam que a importância do fenômeno da percepção de aspectos reside em sua conexão com as experiências com significados, ao passo que outras insistem, corretamente, que ele não constitui algo essencial para o conceito de significado (PI II 214; LW I §784 vs. RPP I §358; RPP II §§242-6). É tentador explicar a obsessão de Wittgenstein pelo tópico afirmando-se que, para ele, a percepção de aspectos é algo essencial a *toda* forma de percepção. A idéia poderia sustentar-se na distinção que o autor faz entre percepção de aspectos e "a visão continuada de um aspecto". Wittgenstein negava, contudo, que o ver-como seja algo típico de toda experiência. O ver-como supõe um contraste entre dois diferentes modos de perceber um objeto, mas, em circunstâncias normais, não faz qualquer sentido dizer-se, por exemplo, que talheres são vistos *como* um garfo e uma faca (PI II 194-5). Sendo assim, Wittgenstein sustenta que a percepção continuada de aspectos limita-se a objetos como figuras. Nesse caso, não são necessárias circunstâncias especiais para se estabelecer um contraste, no que tange àquilo que é percebido, entre a afiguração de alguma outra coisa e um objeto por si mesmo.

É justamente negando que toda percepção é percepção de aspectos que Wittgenstein rejeita o mito empirista do dado, a idéia de que o que percebemos imediatamente são estímulos brutos, em seguida interpretados como alguma outra coisa (RPP I §§1101-2; Z §223-5). O que ouvimos normalmente não são apenas ruídos, mas sim palavras e melodias; não vemos apenas cores e formas, mas antes objetos materiais; não apenas movimentos puramente corporais, mas antes COMPORTAMENTOS humanos carregados de atitudes e de emoções. O que é um fator constitutivo de nossa percepção ordinária é o fato de que a percepção de aspectos é *possível*: em circunstâncias especiais, reagimos às palavras como sons, ao comportamento humano como simples movimentos corporais. Embora, entretanto, seja sempre possível descrever o que é percebido em termos de sons, ou de cores e formas, não se segue daí que qualquer outro tipo de descrição seja indireta ou inferida. Ao contrário, é mais fácil descrever o rosto de uma pessoa como "triste", "radiante" ou "aborrecido", do que descrevê-lo em termos físicos. Conhecemos as conclusões da suposta inferência, não suas premissas. Os estímulos neurais podem ter lugar em uma explicação causal da percepção e da compreensão, mas não são dados brutos a partir dos quais construímos os objetos ou o significado lingüístico.

**asserção** *ver* CRENÇA.

**assimetria entre primeira e terceira pessoas** *ver* EXTERIORIZAÇÃO; INTERIOR/EXTERIOR; PRIVACIDADE.

**autonomia da linguagem ou arbitrariedade da gramática** Esses termos indicam a idéia de que a GRAMÁTICA, o conjunto de regras lingüísticas que constituem nosso esquema conceitual, é arbitrária, no sentido de que não leva em conta uma pretensa essência ou forma da realidade, não podendo ser vista como correta ou incorreta de um modo filosoficamente relevante. A provocativa afirmação dirige-se contra o fundacionalismo lingüístico, a visão de que a linguagem deve espelhar a essência do mundo. Em uma de suas versões, essa concepção se associa à busca de uma linguagem ideal, que, à maneira das linguagens propostas por Leibniz, Frege e Russell, teriam a incumbência de espelhar a estrutura do pensamento e da realidade de forma mais precisa que a linguagem ordinária (*Posthumous* 266; *Logic* 185-234, 338).

O *Tractatus* rejeita a idéia de que a linguagem natural possa ser falha do ponto de vista lógico, mas acolhe uma versão alternativa de fundacionalismo lingüístico. Qualquer linguagem capaz de descrever a realidade deve ser governada pela SINTAXE LÓGICA, que é uma "imagem especular do mundo" (TLP 6.13). Suas regras devem corresponder aos traços estruturais da realidade: a FORMA LÓGICA dos nomes deve espelhar a essência dos objetos de que são sucedâneos. Ao mesmo tempo, "a lógica deve cuidar de si mesma" (TLP 5.473). A distinção DIZER/MOSTRAR interdita a possibilidade de uma doutrina como a teoria dos tipos de Russell, que justifica a sintaxe lógica com base na realidade: qualquer proposição que ambicione justificar a sintaxe lógica deve ser dotada de sentido, devendo, portanto, pressupor a sintaxe lógica. Os fundamentos extralingüísticos da lógica *mostram-se*, entretanto, na forma lógica das proposições elementares e no fato de que certas combinações de signos são TAUTOLOGIAS (TLP 6.124). Finalmente, embora os traços superficiais que distinguem as diferentes línguas sejam arbitrários, há somente uma "lógica que abrange tudo e espelha o mundo", comum a todos os sistemas de signos capazes de afigurar a realidade (TLP 5.511; ver NM 108-9).

A idéia de que o *Tractatus* contém uma "mitologia do simbolismo" de natureza fundacionalista (PG 56; Z §2111) confirma-se em comentários subseqüentes. De 1929 em diante, Wittgenstein inicialmente insistiu na idéia de que, ao contrário dos jogos, a gramática *não* é "arbitrária", uma vez que precisa espelhar a multiplicidade de fatos; sustentou que "a essência da linguagem é uma imagem da essência do mundo", ainda que tal imagem não se revele em proposições, mas antes em regras gramaticais (LWL 8-10; PR 85). Aos poucos, ele passou a afirmar que a aparente essência da realidade nada mais é que uma "sombra da gramática". A gramática constitui nossa FORMA DE REPRESENTAÇÃO; determina o que conta como uma representação da realidade, mas não é, ela própria, controlada pela realidade (PG 88, 184; PI §§371-3). Três aspectos dessa autonomia se destacam.

(a) A gramática é autocontida, não é controlada pela realidade extralingüística. (i) Wittgenstein ataca a idéia de que, por detrás de um signo, há um CORPO DE SIGNIFICADO, uma entidade não lingüística — seu significado — que determina seu uso correto. As regras gramaticais não decorrem dos "significados"; em parte, elas os constituem. Os signos não possuem significados em si mesmos; conferimos-lhes significado ao adotar certos padrões lingüísticos de correção, ao explicar esses signos e ao utilizá-los de uma determinada maneira (BB 27-8).

(ii) Há uma visão natural, explícita no empirismo e implícita no *Tractatus*, de que as DEFINIÇÕES OSTENSIVAS forjam uma ligação entre uma palavra e seu significado extralingüístico, ancorando, assim, a linguagem na realidade. Contra isso, Wittgenstein argumenta que as amostras utilizadas nas definições ostensivas fazem parte da gramática; funcionam como padrões para a aplicação correta das palavras, assim como ocorre na relação entre amostras de cores e palavras designadoras de cores.

(iii) Wittgenstein rejeita a idéia de que as regras de INFERÊNCIA LÓGICA possam ser justificadas por fatos empíricos ou por meio de provas construídas a partir da teoria dos modelos.

(iv) Um grande desafio à idéia de que a gramática é autocontida é a noção lockiana de "essências reais", retomada por Kripke e Putnam. Quando descobrimos que certas substâncias que costumavam ser chamadas de "ouro", por satisfazerem a determinados critérios superficiais, tinham uma estrutura atômica diferente da do ouro, não concluímos daí que o ouro nem sempre tem número atômico 79; passamos, isso sim, a distinguir o ouro verdadeiro da pirita. Nessa ótica, o significado real das palavras não é determinado pelas regras que adotamos, mas sim pela natureza real das coisas referidas, que cabe à ciência descobrir. Wittgenstein antecipou esse tipo de argumento. Por vezes, mudamos os CRITÉRIOS para a aplicação das palavras. Isso equivale, no entanto, a uma mudança conceitual deflagrada por uma descoberta empírica, e não à descoberta do "significado real" (Z §438). Putnam objeta que afirmar isso é ignorar o fato de que passamos a saber mais do que antes sobre o ouro. Wittgenstein poderia retrucar aqui que sabemos mais sobre o ouro, isto é, sobre a constituição atômica de uma determinada matéria, sem que, com isso, saibamos mais acerca do *significado* de "ouro". O que determina o significado de ouro é o modo como EXPLICAMOS tal significado, especificando os critérios que devem ser satisfeitos para que uma coisa possa ser dita "ouro". Há, para nós, além disso, uma diferença entre COMPREENDER o termo e possuir conhecimento químico especializado. Ainda, entretanto, que a ciência não descubra significados, nós, por boas razões, alteramos certos conceitos de acordo com seus avanços; nesse ponto, a linguagem não é autônoma. Poder-se-ia ainda alegar que o novo conceito é simplesmente o correto, uma vez que corresponde a traços objetivos de uma matéria (ouro). Essa matéria possui, contudo, um número indefinido de propriedades objetivas. Todas elas *poderiam* ser utilizadas para definir diferentes conceitos, sendo de maior ou menor utilidade, tendo maior ou menor poder explanatório. Não se trata aqui, porém, de correspondência com a realidade.

(b) Regras gramaticais não podem ser justificadas. Ainda que as regras gramaticais não possam ser justificadas com base na realidade, será que não poderiam ser justificadas como regras estratégicas ou técnicas, com base em seu propósito ou função? Wittgenstein resiste a essa idéia (PG 184-5, 190-4, PI §§491-6; Z §§320-2; MS165 106; BT194-5). Podemos justificar as regras de uma atividade como cozinhar com base em seu objetivo, considerando cozinhar como a produção de comida saborosa, uma vez que tal objetivo pode ser especificado independentemente dos meios pelos quais é alcançado. Não podemos, entretanto, justificar as regras da linguagem com base em um objetivo como a comunicação, uma vez que a relação entre a linguagem e a comunicação é conceitual, não instrumental. Um sistema de sons que não satisfaz o propósito da comunicação não é uma linguagem piorada; simplesmente não é uma linguagem. (Observe-se, entretanto, que isso não se coaduna bem com a insistência simultânea de Wittgenstein na idéia de que a linguagem não pode ser definida como um meio de comunicação, uma vez que é um conceito determinado por SEMELHANÇA DE FAMÍLIA.)

Wittgenstein fornece, além disso, um argumento quase kantiano contra qualquer tentativa de justificar a gramática com base em fatos. Não podemos invocar fatos para alicerçar regras gramaticais sem expressá-los na linguagem. Sendo assim, justificar uma regra gramatical só poderia equivaler a sustentá-la pela apresentação de uma PROPOSIÇÃO. Qualquer proposição desse tipo é, no entanto, expressa em alguma língua, e pressupõe, portanto, um certo quadro de referência gramatical. Não dispomos de um ponto de vista extralingüístico ou pré-conceitual, exterior a toda e qualquer gramática, a partir do qual poderíamos justificar um dado sistema gramatical (*ver* VERDADE). Aqui o fundacionalista se defronta com um dilema. A gramática da proposição que é fornecida para sustentar a regra gramatical pode, por um lado, ser idêntica à da regra a ser justificada, caso em que a justificação peca por circularidade. Ou, por outro lado, a sentença em questão pode pertencer a um sistema gramatical diferente, caso em que a circularidade seria evitada, mas somente ao preço da incomensurabilidade. Um sistema gramatical diferente define conceitos diferentes, o que faz com que um enunciado feito em um sistema diferente não possa nem justificar nem refutar proposições gramaticais em nosso sistema. Não podemos justificar a gramática que governa o modo como usamos as palavras designadoras de cores, afirmando que *há* precisamente quatro cores primárias que se assemelham de forma objetiva entre si, pois o conceito de similaridade de que depende esse lance no jogo de linguagem faz parte da gramática que buscamos justificar. O fundacionalista só poderia fornecer uma justificação conceitualmente independente, evitando assim o primeiro pólo do dilema, se pudesse aludir à possibilidade de uma quinta cor primária e negar que essa possibilidade possa realizar-se. Mas isso o deixaria às voltas com o segundo pólo do dilema, uma vez que a possibilidade de uma quinta cor é justamente o que descartamos, consideramos absurdo, em função de nossas regras. Cada forma de representação cria seus próprios conceitos, estabelecendo, assim, seus próprios padrões acerca daquilo que faz sentido dizer; o que abre a possibilidade de a justificação passar ao largo daquilo que deve ser justificado (PR 54-5; PG 97, 114; LWL 83).

(c) Formas alternativas de representação não são irracionais em um sentido absoluto. A superioridade de certos traços essenciais da linguagem sobre alternativas genuínas parece óbvia. Wittgenstein rejeita até mesmo essa tímida sugestão, reportando-se a várias normas alternativas de representação (por exemplo, modos heterodoxos de contar, calcular e medir). "Um simbolismo é, na verdade, tão bom quanto qualquer outro; não há um simbolismo que seja necessário" (AWL 22, *ver* 63, 117; RFM 38, 91-4, 105-6; LFM 201-2; RR 121-2). A motivação por trás dessa visão é que toda forma de representação fornece um quadro de referência para lidar com as experiências "recalcitrantes", sem que seja necessária a renúncia à própria forma de representação (AWL 16, 39-40, 70). Prefigurando a noção kuhniana de paradigma científico, Wittgenstein nos mostra, a título de exemplo, como a primeira lei do movimento de Newton poderia ser sustentada sob qualquer circunstância. Se um corpo não está em repouso nem apresenta movimento retilíneo uniforme, postula-se que alguma massa, visível ou invisível, atua sobre ele.

Formas alternativas de representação são possíveis até mesmo na matemática. É possível adotar "12 × 12 = 143" como uma norma de representação (LFM 97). Já houve quem objetasse que uma comunidade que assim procedesse teria que contar de uma maneira que seus membros reconheceriam como errada. Dizer, contudo, que, nesse caso, eles teriam *necessariamente* cometido um erro é adotar a *nossa* norma de representação, "12 × 12 = 144". Para eles, ao contrário, se contam 144 objetos, é porque algo deve ter saído errado. Isso pode parecer pouco convincente: quando essas pessoas contam doze grupos de doze objetos, só chegarão a 143 se deixarem um dos objetos de fora. Poderiam, entretanto, ater-se à sua própria norma de representação sem que se vissem cometendo um erro, se, por exemplo, partissem do princípio de que as coisas dispostas em doze grupos de doze têm seu número acrescido de um quando são contadas. Além disso, sua adesão à própria forma de representação tem a mesma natureza de nossa adesão à forma de representação que utilizamos. Se acontecesse de obtermos o número 143 sempre que contássemos doze grupos de doze, nem por isso abandonaríamos a norma de representação "12 × 12 = 144"; iríamos, isso sim, procurar outras explicações. Suposições *ad hoc* desse tipo não funcionariam, contudo, no caso dos números que podemos contar em um só relance de olhos, sendo esse um fator que restringe a possibilidade de formas de representação alternativas.

Segundo uma interpretação naturalista, as técnicas alternativas de Wittgenstein não ambicionam inteligibilidade, mas têm por fim ilustrar a natureza contingente do fato de que falamos e agimos da forma como fazemos. O próprio Wittgenstein, entretanto, alegava que conceitos divergentes tornam-se "inteligíveis" se imaginamos como diferentes "certos fatos muito gerais da natureza" (PI II 230; RPP I §48; RFM 91, 95). Com efeito, alguns de seus exemplos não são menos inteligíveis do que a prática medieval de usar a vara como unidade de medida. Ininteligível, para Wittgenstein, é somente a idéia de alterar nossa forma de representação, conservando simultaneamente nossos conceitos atuais. Esse argumento parece, entretanto, confrontar um dilema. As técnicas alternativas podem, por um lado, contribuir para a formação de conceitos diferentes, caso em que Wittgenstein não poderia referir-se a formas alternativas de medir, por exemplo. Por outro lado, a técnica alternativa pode ser considerada como uma forma de medição, por ter em comum com nossas técnicas uma certa função (por exemplo, permitir o ajuste de tijolos), caso em que nossas técnicas são claramente superiores. A isso Wittgenstein responderia que essas mesmas restrições funcionais são condicionadas por certas necessidades e interesses. Técnicas alternativas podem ser inferiores enquanto meios para atingir *nossas* metas. Mas uma comunidade pré-tecnológica, interessada somente em medir tecidos, pode funcionar bem utilizando a vara como unidade de medida, desconsiderando-se o fato de que o comprimento dos braços das pessoas pode variar. Dizemos que se trata aqui de uma forma de "medição" pelo fato de que ela desempenha um papel análogo ao de nossas medições na forma de vida dessa comunidade.

Wittgenstein reconhece, no entanto, que há limites para revisões em nossa forma de representação. Tais limites são, por um lado, conceituais. Enquanto nossos conceitos familiares, como o de contar, o de medir etc. são suficientemente flexíveis para acomodar certas variações, uma ligação muito mais estrita marca, por exemplo, a relação entre as "leis da lógica" e noções como "raciocínio", "pensamento" e mesmo "proposição" ou "linguagem" (RFM 80, 89-95, 336; LFM 201-2, 214). Uma prática que não esteja em conformidade com a regra de *modus ponens* simplesmente não pode ser qualificada como uma inferência. E um sistema que permite a derivação de uma contradição não pode ser considerado uma lógica alternativa. Isso em nada ameaça, entretanto, a autonomia da gramática. Pois tais limites são estabelecidos não por entidades platônicas, como queria Frege, nem tampouco por uma obrigatoriedade "METALÓGICA" de evitar contradições, como pensavam os positivistas lógicos, mas antes por nossos conceitos, por aquilo que denominamos "inferir", "raciocinar" ou "(um sistema de) regras" (PG 111, 304; WVC 199-200; AWL 4). E as regras para o uso desses termos não levam mais em conta a realidade do que as regras para o uso das outras palavras; ao contrário, uma prática que não se ajustasse a elas nos seria ininteligível, e não contaria como linguagem (note-se aqui o paralelo com o argumento de Davidson contra a idéia de uma língua intraduzível).

Há, além disso, restrições de ordem pragmática. Normas de representação não podem ser metafisicamente corretas ou incorretas. Entretanto, dados certos fatos — fatos biológicos ou histórico-sociais a nosso respeito e regularidades gerais no mundo que nos cerca —, adotar certas regras pode ou não ser "prático". (AWL 70). Sendo o mundo como é, aquele que, com objetivos semelhantes aos nossos, empregasse paradigmas científicos alternativos, modos alternativos de calcular ou de medir, seria obrigado a realizar ajustes que acabariam fazendo-os cair por terra. Mudanças drásticas em certos fatos poderiam tornar certas regras não somente pouco práticas, mas mesmo inaplicáveis (RFM 51-2, 200; RPP II §§347-9; *ver* QUADRO DE REFERÊNCIA).

A autonomia da linguagem não configura um relativismo do tipo "qualquer coisa vale". Não é no sentido de ser irrelevante, discricionária, facilmente alterável ou simples questão de escolha individual que a gramática é arbitrária. A linguagem está imersa em uma FORMA DE VIDA, estando, portanto, sujeita às mesmas restrições a que se sujeitam as atividades humanas em geral. A idéia da autonomia da gramática é controvertida. Tem, no entanto, como motivação básica funcionar como um lembrete gramatical: dizemos que proposições — mas não conceitos, regras ou explicações — são verdadeiras ou falsas. Uma unidade de medida não é correta ou incorreta da mesma forma que um enunciado de medida o é. Regras gramaticais podem ser corretas no sentido de se adequarem a uma prática estabelecida, ou de servirem a certos propósitos. Wittgenstein construiu, entretanto, uma argumentação bastante sólida contra a idéia de que devem espelhar uma pretensa essência da realidade.

# B

**bipolaridade** De acordo com o princípio da bipolaridade, toda proposição deve poder ser verdadeira *e também* poder ser falsa. Esse princípio, que Wittgenstein foi o primeiro a adotar, distingue-se do princípio mais fraco da bivalência, segundo o qual toda proposição é ou verdadeira ou falsa. Representado simbolicamente (de uma forma que Wittgenstein tolerou em "Notes dictated to Moore", mas rejeitou posteriormente), o princípio da bivalência é formulado como *(p)(p ∨ ~p)*, ao passo que o princípio da bipolaridade adquire a forma *(p)*(◊ *p*. ◊ *~p*). Desde cedo, Wittgenstein sustentou que a bipolaridade é a essência da proposição (RUL 5.9.13; NL 94-9, 104; NM 113). O termo se origina de uma metáfora: uma proposição, assim como um ímã, tem dois pólos, um falso e um verdadeiro. É verdadeira se as coisas estão como ela afirma estarem; é falsa se não estão. O ponto de partida para essa idéia é a visão fregiana de que nomes e proposições possuem "sentido" e "significado", sendo o significado de uma proposição um entre dois "objetos lógicos", o Verdadeiro e o Falso. Inicialmente, Wittgenstein acompanhou Frege na idéia de que as proposições possuem SIGNIFICADO, isto é, que, assim como os nomes, são sucedâneos de algo. Sustentava, entretanto, que tal significado não é um valor de verdade, mas antes o FATO que corresponde à proposição na realidade. O "significado" de *p* é idêntico ao de *~p*, uma vez que o fato que torna a proposição *p* verdadeira é o mesmo que torna falsa a proposição *~p*, e vice-versa. O sinal de negação reverte, contudo, o *sentido* da proposição: valendo-nos da ambigüidade do termo alemão *Sinn* (sentido ou direção), poderíamos dizer que, se é um fato que *p*, então o pólo verdadeiro de *p* aponta na direção da realidade, assim como o pólo falso de *~p*. A proposição *p* afigura precisamente o que a proposição *~p* afigura, só que esta última diz *não* ser assim que as coisas se encontram.

A bipolaridade determina um contraste fundamental entre NOMES, que são sucedâneos de coisas, e PROPOSIÇÕES, que afiguram um possível estado de coisas e podem ser negadas. Daí afirmar-se, no *Tractatus*, que somente as proposições possuem sentido e somente os nomes possuem significado. Para se entender um nome, é preciso que se conheça seu referente; para se entender uma proposição, não é necessário, entretanto, que se saiba se é verdadeira ou falsa. O que compreendemos no caso das proposições é seu "sentido", isto é, tanto o que seria o caso se fosse verdadeira quanto o que seria o caso se fosse falsa. Conseqüentemente, a proposição se relaciona internamente à sua negação, o que pode ser ilustrado da seguinte forma:

 relaciona-se a 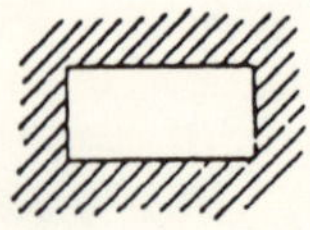. Compreender *p* é

compreender sua negação (NL 97, 101; NB 14.11.14; TLP 3.144, 3.221).

A idéia de que a bipolaridade é um traço essencial das proposições marca um contraste entre Wittgenstein, por um lado, e Frege e Russell, por outro — e isso não se deve somente ao fato de que estes tratavam proposições como nomes (de valores de verdade e de complexos, respectivamente). O erro de Frege não está apenas em tratar a verdade e a falsidade como objetos que algumas proposições, a saber, aquelas que não são destituídas de valores de verdade, nomeiam; ele erra também em ignorar que a proposição está essencialmente ligada a *ambos* os valores de verdade. Para Frege, a conexão entre uma proposição verdadeira e o Falso não é mais estreita que a conexão entre essa proposição e qualquer outro objeto (por exemplo, o número 7). Sem dúvida, *p* ser uma proposição verdadeira implica que *~p* seja uma proposição falsa; o que Frege não percebe, entretanto, é que não é por coincidência que a negação funciona dessa forma; trata-se de algo que decorre da própria natureza da proposição. Russell aproximou-se mais do *Tractatus*, na medida em que insistiu na bivalência e tratou a verdade e a falsidade como propriedades e não como objetos. Deu, entretanto, a entender que o fato de que todas as proposições possuem uma dessas propriedades é uma simples contingência. Wittgenstein, ao contrário, insistia na bipolaridade, e não na bivalência, tratando-a como uma condição essencial que uma proposição deve satisfazer para poder representar a realidade (NL 104; TLP 6.111-6.126, 6.21 e seg.)

De acordo com o princípio da bipolaridade, um signo proposicional (*Satzzeichen*) só tem um sentido se determina uma possibilidade que o mundo ou satisfaz ou não satisfaz. Isso provoca uma conseqüência espantosa: a de que a lógica, a matemática e a metafísica não consistem de proposições. Não pode haver proposições que sejam logicamente necessárias, uma vez que estas jamais poderiam ser falsas, o que faria com que não existisse uma lacuna entre a compreensão de seu sentido e o reconhecimento de sua verdade (compare-se TLP 3.04 e seg., 4.024). As verdades da lógica são TAUTOLOGIAS, casos limítrofes de proposições empíricas dotadas de sentido; são proposições com sentido zero. As proposições metafísicas são absurdas. Na melhor das hipóteses, tentam dizer aquilo que só pode ser mostrado, isto é, a forma das proposições bipolares. As proposições MATEMÁTICAS são "pseudoproposições"; não afiguram coisa alguma, sendo antes regras que autorizam inferências entre proposições empíricas. A apresentação de proposições em TABELAS DE VERDADE nos dá uma notação ideal que torna perspícua a estrutura lógica de todas as línguas, uma vez que mostra que as proposições têm essencialmente dois pólos (V e F). Mostra, além disso, como as proposições necessárias da lógica resultam dessa bipolaridade essencial, exibindo o modo como, em certas combinações, a verdade/falsidade de proposições elementares se anulam reciprocamente. Isso nos diz algo sobre a estrutura do mundo, a saber, que consiste em estados de coisas mutuamente independentes (TLP 4.121, 6.12, 6.124; NM 108-11).

Os positivistas lógicos lançaram mão da bipolaridade, e do subseqüente tratamento da necessidade lógica, com o objetivo de eliminar verdades sintéticas a priori. O próprio

Wittgenstein, entretanto, mais tarde rejeita o princípio da bipolaridade, passando a encará-lo como parte de uma "mitologia do simbolismo" (PG 56; Z §211). No *Tractatus*, as proposições devem necessariamente ser bipolares por afigurarem estados de coisas que se dão ou não se dão. Não é, entretanto, um traço metafísico da realidade que os fatos se dêem ou não se dêem; isso é tão-somente uma parte daquilo que denominamos fato ou estado de coisas. Igualmente, a VERDADE e a falsidade pertencem ao nosso conceito de proposição, mas isso não constitui uma revelação metafísica; quer dizer apenas que denominamos proposições coisas que também denominamos verdadeiras ou falsas (FW 55; PI §§136-7). As proposições são, com efeito, tipicamente bipolares, na medida em que sua verdade exclui uma possibilidade. O conceito de proposição, entretanto, é um conceito determinado por SEMELHANÇA DE FAMÍLIA. Não há motivo para sua restrição a descrições de estados de coisas possíveis. A bem da verdade, nem mesmo todas as proposições empíricas são obviamente bipolares — as proposições do tipo *Weltbild* encontradas em *Sobre a certeza* não poderiam simplesmente vir a ser falsas (*ver* CERTEZA).

"A negação do absurdo é absurda" (RAL 2.7.27). Wittgenstein relaxou, mais tarde, essa concepção bipolar de ABSURDO, admitindo que pelo menos algumas negações de absurdos, tais como "Nada pode ser completamente verde e completamente vermelho", constituem proposições GRAMATICAIS. O princípio dogmático ainda se mantém, contudo, em algumas ocasiões na fase final de sua obra: a alegação de que eu não posso saber que sinto dor, porque não poderia estar errado quanto a isso, baseia-se em parte na hipótese de que não há conhecimento sem a possibilidade da ignorância ou do erro; e a sugestão de que "Eu" não é uma expressão referencial baseia-se na hipótese de que a referência pressupõe a possibilidade da falha referencial. Nesses argumentos, entretanto, Wittgenstein trilha também um caminho mais promissor. Ao invés de insistir dogmaticamente na idéia de que a negação de um absurdo é necessariamente um absurdo, ele aponta a *diferença* entre tais proposições e as proposições que expressam uma pretensão cognitiva, excluindo possibilidades que podem ser descritas de forma inteligível, tais como "Nada pode ser gorduroso e saudável ao mesmo tempo" (*ver* EU/SELF; PRIVACIDADE).

# C

**cálculo como modelo** Entre 1929 e 1933, Wittgenstein costumava comparar a atividade de falar uma língua com a de operar um cálculo lógico ou matemático (PR cap. XX; BT 25, 142; PG 57, 63). A analogia serve a diferentes propósitos.

(a) Ao falarmos uma língua, operamos, no pensamento, um sistema complexo de regras exatas. As proposições da linguagem ordinária podem ser analisadas de forma definida em termos dos elementos desse cálculo (RLF; LWL 117).

(b) O significado de uma palavra é o lugar que ocupa no simbolismo; é determinado por regras que estabelecem seu USO correto. Da mesma forma, compreender uma sentença é vê-la como parte de um sistema sem o qual ela estaria morta. "O papel de uma sentença no cálculo é o seu sentido" (PG 130, ver 59, 172; LWL 28, 37; BB 5, 42).

(c) A gramática não é um mecanismo causal. As regras de um cálculo especificam não o resultado provável do emprego de uma palavra, mas sim que tipo de operação foi realizada (PG 70).

(d) Falar uma língua é uma atividade (PG 193; WVC 171-2), do mesmo modo que um cálculo é algo que operamos.

Já houve quem sustentasse que Wittgenstein jamais abandonou o modelo do cálculo. O que é correto dizer é que as observações que faz na fase final de sua obra continuam a reciclar o material do início dos anos trinta, em que ele comparava a linguagem a um cálculo, com o objetivo de trazer à luz os pontos (b)-(c) (por exemplo, PI 14n, §§559, 565; MS130 214). Tais pontos são também explicitados, entretanto, por meio da comparação entre a linguagem e um jogo, em particular o xadrez. Embora o termo "JOGO DE LINGUAGEM" seja a princípio utilizado como equivalente a "cálculo" (PG 67), o fato de que passa a substituir este último termo a partir do *Livro azul* e do *Livro castanho* indica uma mudança na concepção de linguagem de Wittgenstein. O que se conserva é a idéia de que a linguagem é uma atividade governada por regras. O que se altera é o modo com que Wittgenstein concebe tais regras: as regras da GRAMÁTICA assemelham-se mais às regras de um jogo de esconde-esconde que às dos cálculos formais. Nas *Investigações filosóficas*, ele explica, por fim, que a idéia de tomar o cálculo como modelo corresponde à visão de que "quem profere uma frase, *dando-lhe um sentido* ou *compreendendo-a,* está operando um cálculo de acordo com regras definidas" (PI §81). Wittgenstein faz duas afirmações acerca dessa visão: que foi sustentada por ele mesmo e que estava equivocada.

Por vezes, a idéia do cálculo como modelo é apresentada como correspondente à concepção de linguagem de Wittgenstein que se situa em um ponto intermediário entre a idéia de uma sintaxe lógica e a idéia de gramática. A analogia surge somente no período de transição, mas a idéia de uma linguagem com regras precisas já remonta à busca leibniziana de uma *characteristica universalis*. Ganha ímpeto quando Frege e Russell desenvolvem cálculos lógicos governados por uma lista definida de regras de formação e de transformação. Esses autores sustentavam que o modelo se aplicava somente a uma "linguagem ideal". Em contrapartida, a caracterização encontrada nas *Investigações* coaduna-se com a concepção saussuriana de *langue* — um sistema abstrato de regras que subjaz à *parole*, o uso da linguagem ordinária em ocasiões particulares —, encaixando-se também na explicação fornecida no *Tractatus* para a SINTAXE LÓGICA — um sistema de regras para a combinação significativa de signos que governa *todos* os simbolismos, incluindo as línguas naturais. Tais regras

> são abrangentes e definidas (TLP 5.4541): para qualquer combinação possível de signos, elas determinam de forma inequívoca se a combinação faz ou não sentido, e se faz, qual é esse sentido — tal sentido é, em si mesmo, "determinado", ou seja, é uma configuração específica de objetos que deve ocorrer para que a proposição seja verdadeira (TLP 3.23 e seg.; *ver* SIGNIFICADO);
>
> constituem um sistema extremamente complexo que se oculta por sob uma superfície gramático-normativa da linguagem e que tem que ser descoberto pela ANÁLISE LÓGICA;
>
> governam a fala humana, embora seus falantes não estejam cientes delas: "O homem possui a capacidade de construir linguagens com as quais se pode exprimir todo sentido, sem fazer idéia de como e do que cada palavra significa — como também falamos sem saber como se produzem os sons particulares" (TLP 4.002, ver 5.5562; RFL 171).

O *Tractatus* se prende à visão de que falar uma língua é operar um cálculo de regras ocultas. Ao retornar à filosofia, Wittgenstein passou a sustentar que esse cálculo não reflete a natureza essencial da realidade, sendo antes AUTÔNOMO. Deu-se conta, além disso, de que as PROPOSIÇÕES ELEMENTARES não podem ser independentes do ponto de vista lógico. As proposições não se comparam à realidade individualmente, como imagens, mas em grupos, como as marcações graduadas de uma régua. Verificar que *x* tem três metros de comprimento é verificar *ipso facto* que não tem cinco metros de comprimento. Da mesma forma, ver que um ponto no campo visual é vermelho implica *ipso facto* que não é azul, nem amarelo, nem verde etc. Wittgenstein concluiu que as proposições formam "sistemas de proposições" (*Satzsysteme*), isto é, conjuntos de proposições cujos membros se excluem mutuamente, não em virtude de sua constituição vero-funcional, mas sim por conta das palavras-conceitos que nelas ocorrem (WVC 63-4, 78-89; PR cap. VIII; compare-se TLP 2.15121). Esses sistemas de exclusão mútua são, ao mesmo tempo, ESPAÇOS LÓGICOS de possibilidades: "preto" é um ponto marcado na régua que inclui também "vermelho", o que já não ocorre com "cinco metros de comprimento"; o ponto visual poderia ser preto, mas não poderia ter 5 metros de comprimento (PR 75-7).

A sintaxe lógica é, por conseguinte, muito mais complicada do que se imaginara, o que leva a uma imediata objeção de Russell, para quem as *Observações filosóficas* confeririam à "matemática e à lógica um grau de dificuldade quase inacreditável". A análise promoveria, pelos mesmos motivos, descobertas ainda mais espantosas — por exemplo, a idéia de que todas as proposições contêm expressões para números reais. Em que pesem as aparências, as línguas naturais são sistemas lógico-sintáticos. Consistem em regras de formação e transformação e em atribuições de significados aos elementos indefiníveis (correspondentes aos "axiomas" dos sistemas lógicos). Juntos, tais componentes determinam o sentido de qualquer sentença bem formada. Somados aos fatos apropriados, determinam também seus valores de verdade de forma inequívoca.

Wittgenstein não tardou a perceber que a idéia de sistemas de proposições possui um escopo limitado, valendo apenas para os determinados (cinco metros de comprimento, vermelho) de um determinável (comprimento, cor); e, mesmo nesses casos, tais sistemas ignoram o fato de que nem todos os determinados de um determinável têm em comum as mesmas possibilidades combinatórias (*ver* COR). Aos poucos, ele passou a atacar também a visão da linguagem como um sistema de regras rígidas e precisas. Por um lado, as regras lingüísticas não são DETERMINADAS, no sentido de Frege e do *Tractatus*. Admitem casos fronteiriços e não predeterminam, de forma invariável e para todas as circunstâncias concebíveis, se uma combinação de signos é ou não ABSURDA. O mesmo se aplica aos jogos: não há regras que estipulem a altura máxima que a bola pode atingir antes do saque, mas isso não inviabiliza a prática do tênis (PI §§68, 83; OC §139). Na verdade, a própria idéia de uma atividade circunscrita por regras inexoráveis em todos os seus aspectos é absurda, uma vez que a quantidade desses aspectos é indefinida. Além disso, para qualquer jogo, há inúmeras possibilidades estranhas, que não podem ser antecipadas. As regras do tênis não perdem em mérito pelo fato de que não especificam o que acontece se a bola for capturada por um pelicano que esteja, por acaso, sobrevoando o local do jogo (PI §§80, 84-7; Z §440; PLP 76-80).

Esse discernimento leva Wittgenstein a alterar sua posição em relação à insistência do *Tractatus* na idéia de que "todas as proposições de nossa linguagem corrente estão logicamente, assim como estão, em perfeita ordem" (TLP 5.5563). Ramsey já condenara essa idéia, classificando-a como uma mostra de "escolasticismo". Com isso Wittgenstein concordou, referindo-se em tom aprovador à observação de Ramsey de que "a lógica é uma ciência normativa" (*Mathematics* 269; PI §81). Tal referência enfatiza o contraste existente entre as regras claras e rígidas de cálculos lógicos e as regras flutuantes e vagas da linguagem ordinária (BT 248). Wittgenstein não admite, contudo, a idéia de que a linguagem ordinária deveria, se possível, aproximar-se dos cálculos formais, como queriam filósofos da linguagem ideal, como Frege, Russell e Carnap; continua a rejeitar a idéia de que as línguas naturais são inferiores às linguagens formais da lógica. O que sua aprovação a Ramsey indica, em vez disso, é que não se deve projetar a "pureza cristalina" dos cálculos formais sobre a linguagem ordinária, insistindo-se dogmaticamente na idéia de que uma ordem completa se oculta por sob uma superfície desordenada (PI §§98-108). Os cálculos formais não revelam a "gramática profunda" da linguagem. O único papel filosófico legítimo que desempenham é o de parâmetros de comparação (PI §131; BB 28; MS116 80-2). Auxiliam-nos a alcançar uma VISÃO SINÓPTICA de nossa gramática, por meio de processos de semelhança e contraste.

O que há de mais verdadeiro no uso do cálculo como modelo diz respeito aos pontos (c) e (d) acima. Wittgenstein insiste em afirmar que "uma regra não atua a distância. Atua somente ao ser aplicada" (BB 13-14; PG 80-1). Quando sigo uma regra realizando o ato de Φ, em vez de simplesmente agir *de acordo com* uma regra, a regra é parte da razão que tenho para agir da forma como ajo (*ver* REGRA, SEGUIR UMA). Isso significa que as regras devem, de alguma forma, estar envolvidas no processo de explicar, justificar, aplicar e compreender. Pois seu estatuto normativo decorre unicamente do fato de que são usadas por nós como padrões de correção. As regras não existem independentemente do uso que os falantes fazem de formulações de regras, de seu "esse est applicari". Com o objetivo de salientar esse ponto, Wittgenstein esclarece o que é seguir uma regra, referindo-se a procedimentos de cálculo nos quais as regras desempenham um papel visível, tais como a consulta a regulamentos ou o cálculo feito de acordo com um esquema (WVC 168-71; PG99-101; PLP 124-8).

Ao mesmo tempo, Wittgenstein tinha que reconhecer que, na maioria das vezes em que seguimos uma regra, incluindo-se aí os casos de realização de cálculos, não consultamos (publica ou mentalmente) um conjunto de formulações de regras; jogadores competentes de xadrez, por exemplo, raramente consultam as regras (WVC 153-4; LWL 48, 83, 101; PG 85-6, 153; PI §§54, 82-3; RFM 414-22; PLP 129-35). Uma reação possível aqui é insistir na idéia de que, em tais casos, o agente *poderia* explicar ou justificar seu ato de Φ referindo-se a regras formuladas (PI §§82-3). As regras possuem uma atualidade potencial. Wittgenstein veio a dar-se conta, entretanto, que nem mesmo isso é inevitavelmente válido. "Pois não somente não pensamos nas regras de uso... enquanto usamos a linguagem, mas se nos pedem para fornecê-las, somos, na maior parte dos casos, incapazes de fazê-lo. Somos incapazes de circunscrever claramente os conceitos que utilizamos; não por não conhecermos sua real definição, mas antes porque não há para eles uma real 'definição'". Concluiu que se trata de "uma forma unilateral de olhar a linguagem" considerá-la como sendo governada por regras definidas ou explícitas. (BB 25; PG 68).

O abandono gradual do modelo do cálculo gera uma série de tensões no trabalho maduro de Wittgenstein. Para começar, por que deveríamos adotar essa perspectiva unilateral de catalogar regras gramaticais? Algumas passagens sugerem que a FILOSOFIA por vezes "inventa" ou "institui" regras definidas onde não há nenhuma, ou então acentua certos aspectos do uso lingüístico com o objetivo deliberado de minimizar o efeito de distorções específicas dos conceitos em questão (AWL 47-8; BT 416; Z §467; RPP I §§51-2). Outras insistem na idéia de que qualquer preenchimento de contornos conceituais é em si mesmo uma distorção (RPP I §§257, 648).

Além disso, mesmo na época em que ainda comparava a linguagem a um cálculo, Wittgenstein criticou severamente, chegando a classificar de "abominável", a idéia de Moore de que somente a análise lógica nos mostra o que queremos dizer com nossas proposições (WVC 129-30). Em termos mais gerais, ele rejeitou a idéia, que une Frege, Russell e o *Tractatus*, de que a análise pode promover *descobertas* "profundas" ou "inauditas"; não há, ele insiste, surpresas na gramática (WVC 77; LWL 16-17; BT 418-19,

435-6; PG 114-15, 210; MS109 212; MS116 80-2). "O que está oculto não tem interesse para nós" (PI §§126-8). Tal posição se justificaria se as regras gramaticais ficassem evidentes nas explicações que os falantes *dariam* se solicitados a fazê-lo. Isso, entretanto, não ocorre, e não somente nos casos em que confrontamos conceitos determinados por SEMELHANÇA DE FAMÍLIA, examinados nos *Livros azul* e *castanho* (25); tampouco ocorre também, por exemplo, nos casos da diferença entre "quase" e "aproximadamente", do uso do artigo definido ou do subjuntivo e da correlação entre tempos verbais nas sentenças condicionais. Wittgenstein aceitaria exemplos como EXPLICAÇÕES adequadas. Nesses casos, entretanto, até mesmo exemplos podem faltar. Por conseguinte, admitindo-se que a linguagem é governada por regras GRAMATICAIS, o fato é que estas não se encontram simplesmente expostas à vista, mas carecem de explicitação (no espírito da distinção, proposta por Ryle, entre "saber como" e "saber que"). Wittgenstein está certo em sustentar que não se trata aqui de reunir novos dados informativos — na condição de falantes competentes, dispomos de toda informação de que precisamos. Trata-se, isso sim, de um processo de eliciação e de reflexão, que pode incluir procedimentos de tentativa e erro.

Ironicamente, o questionamento de uma das faces do modelo de cálculo, a idéia de que estamos sempre consultando formulações de regras, nos leva a uma outra face na idéia das descobertas. O ataque de Wittgenstein conserva, porém, uma força crítica contra posições que combinam ambas as idéias. Tais críticas aplicam-se à posição do primeiro Wittgenstein e também a algumas teorias contemporâneas sobre o significado nas línguas naturais — teorias filosóficas (Davidson e Dummett) e lingüísticas (Chomsky). Tais teorias prendem-se à visão de que possuímos um conhecimento tácito de um sistema complexo de regras de formação e derivação, que se oculta por sob a superfície da linguagem assim como apresentada pela gramática normativa. Dar sentido a uma palavra e compreendê-la é algo que consiste em operar esse cálculo; uma vez, entretanto, que não temos ciência de tais procedimentos de cálculo, eles devem forçosamente ser subconscientes e processar-se com grande rapidez.

Opondo-se a isso, Wittgenstein mostra que COMPREENDER não é, em absoluto, algo que suponha cálculos dessa natureza. As causas que nos levam a falar e a compreender incluem processos neurais de grande rapidez, os quais ignoramos; não se pode dizer o mesmo, contudo, das *razões* para aplicarmos ou compreendermos as palavras de um certo modo. Embora as regras reconstruídas pela gramática filosófica possam não desempenhar qualquer papel em nossa prática de aplicar as palavras e até mesmo de explicar o seu uso, Wittgenstein parte do princípio de que os falantes são capazes de reconhecer certas formulações como expressões das regras que estão seguindo. O importante é que eles deveriam reconhecer tais formulações não somente como descrições acuradas de tipos de comportamento lingüístico, mas também como expressões de padrões pelos quais distinguem empregos corretos e incorretos de palavras. Falantes incapazes de explicar o sentido de "automaticamente" e "inadvertidamente", por exemplo, haverão de reconhecer que uma certa forma de comportamento pode aplicar-se ao último termo sem aplicar-se ao primeiro.

Até mesmo essa potencialidade está ausente no caso das regras invocadas em teorias do significado. A bem da verdade, os mecanismos misteriosos dessas teorias é, para muitos falantes competentes, ininteligível. Inferir de "Ela o beijou no jardim" que "Ela o beijou" é algo realizável até mesmo por aquele que não é sequer capaz de aprender as regras quantificacionais com que teorias do significado explicam a validade da inferência. Isso significa que tais regras não constituem, em nenhum sentido, parâmetros para o uso correto das palavras (RFM 414-22; MS129 79). Perde-se de vista aqui a linha divisória entre seguir uma regra e agir de acordo com uma regra.

Wittgenstein está certo em insistir que as regras não podem estar ocultas, no sentido de que seu acesso nos seja interditado, ou ser transcendentes, incapazes de desempenhar um papel em nossas práticas. Não consegue mostrar, entretanto, que é impossível fazermos descobertas de algum tipo. Em vez disso, ele fornece subsídios para pensarmos que tais descobertas revelam que a linguagem não é estruturada por cálculos lógicos, mas por padrões diversos e complexos e por sutis nuances, que a filosofia da linguagem ordinária salienta.

**causalidade** A explicação que o primeiro Wittgenstein fornece para a noção de causalidade é por um lado positiva e por outro negativa. Do ponto de vista negativo, ele acompanha Hume na rejeição da idéia de necessidade causal. Há somente um tipo de necessidade, a saber, a necessidade lógica; "fora da lógica, tudo é acidental." Isso significa que "não há nexo causal" que justifique inferir-se a existência de uma situação (*Sachlage*) a partir da existência de outra. Assim sendo, tampouco é "compulsório" que uma coisa aconteça em virtude de outra ter acontecido; não podemos *conhecer* os eventos futuros (TLP 5.135-5.1362, 6.3, 6.36311-6.372; PT 5.0442 e seg.; NB 15.10.16; *ver* INDUÇÃO). Do ponto de vista positivo, Wittgenstein explica o papel da causalidade na CIÊNCIA, por meio de uma abordagem neokantiana das leis naturais ou causais. Assim como outras leis da ciência ditas "fundamentais", a "lei da causalidade", segundo a qual todo evento possui uma causa, não constitui uma lei, mas antes "a forma de uma lei". Isso significa que não é uma lei da lógica, nem uma generalização empírica, nem tampouco uma proposição sintética a priori (*ver* INDUÇÃO). Na verdade, não é sequer uma proposição, uma vez que tenta dizer aquilo que somente pode ser mostrado. O que ela indica é uma certa "forma de descrição" que é crucial para a teorização científica (TLP 6.321 e seg.). As descrições que conectam os eventos sem referência a leis são excluídas da ciência. Caracterizar algo como um evento é afirmar que esse algo pode ser explicado por referência a *alguma* lei causal (amiúde ignorada). Causalidade é em si um conceito formal. Não descreve a realidade, mas sim a "rede" correspondente a uma FORMA DE REPRESENTAR a realidade, que é opcional, como é o caso, por exemplo, da mecânica newtoniana (TLP 6.33-6.341, 6.36 e seg., 6.362).

Os pensamentos do segundo Wittgenstein sobre a causalidade, reunidos basicamente em "Cause and Effect: Intuitive Awareness" (ver também LC 13-15; BT 406-7), afastam-se do empirismo inerente à explicação negativa, ao mesmo tempo em que desenvolvem os temas convencionalistas da explicação positiva. Ele conserva a visão humiana de que as relações causais são externas, isto é, vigoram entre eventos logicamente independentes (*ver* PI §220; Z §296), continuando também a elucidar a causalidade com base em explicações causais. Passa, entretanto, a concentrar a atenção no modo como estabelecemos conexões causais na vida cotidiana, o que resulta em questionamentos quanto a aspectos cruciais da perspectiva humiana.

Em primeiro lugar, Wittgenstein rejeita a idéia de uma explicação nomológica uniforme para a causalidade. Há uma variedade irredutível de "protótipos" de conexões causais: (a) impacto (choque de bolas de bilhar); (b) tração (puxar uma corda); (c) mecanismos como relógios, que combinam (a) e (b); (d) reações humanas a sensações ou emoções (ser atingido na cabeça ou ficar assustado com a expressão facial de alguém); (e) enunciados que se baseiam na observação de sucessões regulares de eventos. Enfatizando tanto a variedade de casos quanto o fato de que usamos a mesma palavra para designá-los, Wittgenstein possivelmente vê "causa" como um conceito determinado por SEMELHANÇA DE FAMÍLIA. Nega não somente que o paradigma humiano explícito em (e) seja o único protótipo da causalidade, mas também que ele seja o mais fundamental. O "jogo de linguagem de causa e efeito" da vida cotidiana não se enraíza na observação ou na experimentação, mas em uma prática, que se baseia, por sua vez, em certas reações primitivas. Reagimos, por exemplo, a um golpe doloroso, apontando para alguém e dizendo "Foi ele" (CE 409-10, 416-17, 420, 433).

Em segundo lugar, para Hume, jamais podemos observar diretamente uma conexão causal; o que vemos é somente uma sucessão de eventos. Por conseguinte, nossos enunciados causais precisam basear-se na observação de uma seqüência regular de eventos paralelos e são sempre provisórios, estando sujeitos à refutação em virtude de observações subseqüentes. Acompanhando Russell, Wittgenstein sustenta que há relações causais de que temos conhecimento imediato, embora rejeite a idéia de que isso se baseie na intuição (CE 409, 431; LC 22). O reconhecimento das formas mais básicas da causalidade, em especial as que envolvem contato físico direto, (a)-(d), não depende da observação de regularidades constantes ou da experimentação; observamos diretamente uma coisa atuando sobre a outra e sabemos a causa de imediato, ainda que não de forma infalível. Tanto as conexões imediatas quanto as não imediatas são casos paradigmáticos daquilo que denominamos nexo causal; são elementos constitutivos da idéia de causalidade. Embora rejeite o empirismo de Hume, Wittgenstein sustenta que o princípio da causalidade — "Todo evento tem que possuir uma causa" — não é uma verdade sintética a priori, como pensava Kant, mas sim uma regra da GRAMÁTICA em disfarce (AWL 16). Se essa afirmação significa que nossa gramática simplesmente interdita a expressão "evento sem causa", apontando seu caráter absurdo, então ela é incorreta. Pode-se, entretanto, argumentar que é uma norma de representação da mecânica clássica a idéia de que sempre faz sentido *buscar* uma causa para um evento, mesmo quando não vislumbramos qualquer candidato plausível.

Wittgenstein questiona também um dogma mais geral que une empiristas e racionalistas, a idéia de que toda causa deve ser preceptiva: sempre que um efeito ocorre em um caso mas não em outro aparentemente semelhante, deve haver diferenças adicionais relevantes. Wittgenstein nega, em contrapartida, que, no caso de duas sementes aparentemente idênticas que produzem tipos diferentes de plantas, deva *necessariamente* haver uma diferença nas sementes, subjacente a suas diferentes configurações. A insistência na idéia de que essa diferença deva necessariamente existir não se baseia em um discernimento da real natureza das coisas; configura antes a adesão a uma norma de representação — poderíamos, alternativamente, ver a *origem* das sementes, sem considerar sua estrutura física, não apenas como a base para previsões ("Sementes de uma planta do tipo-A produzirão plantas do tipo-A"), mas também como uma explicação genuína, bastando para isso acrescentar-se algo como "...*porque* são plantas do tipo-A". Wittgenstein chega a sugerir que seria melhor abandonar tal norma (Z §§608-10; CE 410-11, 433-4).

Poder-se-ia admitir que nada há de incompreensível na suposição de que não há diferenças estruturais nas sementes, insistindo-se, contudo, na idéia de que procurar uma tal diferença a qualquer custo é um princípio kantiano regulativo, um elemento constitutivo da investigação científica e talvez do pensamento racional. Aqui é importante distinguir vários pontos. Wittgenstein está certo em rejeitar a idéia de que todas as qualidades disposicionais devem necessariamente ser explicadas em termos de propriedades estruturais dos objetos que as manifestam. Pois isso não poderia aplicar-se aos constituintes últimos da matéria, uma vez que, por definição, eles não possuem componentes e, portanto, tampouco propriedades estruturais. Wittgenstein está certo também em alegar que a idéia de causas preceptivas é uma norma opcional de representação. Há, na verdade, áreas da ciência que trabalham com causas não preceptivas, notadamente a mecânica quântica. Entretanto, como o próprio Wittgenstein reconhece, sua abordagem do exemplo da semente transtorna nossas concepções de causalidade, instando-nos a aceitar explicações que se baseiam não somente em causas não preceptivas, mas também em propriedades fenomênicas (envolvendo a origem das sementes). Aceitar tais explicações é o mesmo que aceitar explicações astrológicas baseadas em dados estatísticos. Equivale a abandonar uma norma de representação — "As explicações causais devem, em última instância, ser estruturais, não fenomênicas" — que pode não encontrar fundamento em uma "essência da realidade" (*ver* AUTONOMIA DA LINGUAGEM), mas que tem sido um fator definitório para a explicação científica desde o século XVII.

A idéia wittgensteiniana de causas não preceptivas foi retomada por Anscombe. A alegação de que há uma variedade irredutível de tipos de causalidade e de que a noção de causa enraíza-se na ação e não na observação faz lembrar a idéia de Collingwood da causa como uma "alavanca", como uma situação que fica sob o controle de agentes humanos e com a qual eles podem ocasionar ou impedir certas outras situações. Von Wright defendeu o ponto de vista mais forte, sugerido por Wittgenstein, de que a noção intervencionista de "causa" é anterior àquela baseada na observação, não somente do ponto de vista genético, mas também do ponto de vista lógico, uma vez que fornece os meios para distinguir entre a mera concomitância e uma conexão causal genuína.

Um traço central nas reflexões do segundo Wittgenstein é a idéia de que a explicação causal é apenas uma maneira de responder à pergunta "Por quê?", sendo necessário distinguir razões de causas. Para ele, a onipresente tentação de fundir essas duas noções deve-se, por um lado, ao fato de que as razões, assim como as causas humianas, são gerais, e, por outro, à impressão de que, no caso da primeira pessoa, estamos cientes de nossas razões como causas "vistas de dentro" (BB 15; ver PG 228; PI §378; PLP 119-22). Wittgenstein fornece alguns argumentos para distinguir as razões para crer que $p$ ou para realizar o ato de $\Phi$ de suas respectivas causas, amiúde no contexto da crítica à idéia freudiana de atribuir um caráter causal às explicações psicanalíticas (muito embora, infelizmente, não chegue a desenvolvê-los em profundidade).

(a) O conceito de razão explica-se como sendo um passo no raciocínio, a transição de uma asserção ou pensamento para outra asserção ou pensamento. "Fornecer uma razão é como fornecer um cálculo por meio do qual chegou-se a um certo resultado" (BB 14-15; RFM 39; AWL 4-5; LC 21-2; PI §§489-90). Isso não significa necessariamente que se tenha de fato passado por um determinado processo; supõe, entretanto, a possibilidade de uma justificação *ex post actu*, evocativa dos passos que poderiam ter sido dados. A diferença entre perguntar pela causa e perguntar pela razão equivale à diferença entre perguntar "Que mecanismo o levou de A para B?" e perguntar "Que trajeto você percorreu de A para B?" As razões, ao contrário das causas, desempenham um papel justificatório. Além disso, por vezes, a relação entre uma razão e aquilo para o que serve de razão é INTERNA, isto é, constitui (em parte) os termos relacionados; tal é o caso, por exemplo, da relação entre as premissas e a conclusão de uma INFERÊNCIA LÓGICA (argumento dedutivo), e da relação entre uma regra e sua aplicação correta (*ver* REGRA, SEGUIR UMA).

(b) Tipicamente, devemos *saber* quais são nossas razões, e o critério para determinar quais são as razões de uma pessoa é levar em conta as razões que essa pessoa declara sinceramente ter tido (A noção freudiana de "razões inconscientes" modifica o conceito de razão, embora insista ainda em que a atribuição de razões inconscientes está sujeita ao consentimento do paciente). Ao contrário das causas, as razões que uma pessoa tem para adotar um determinado comportamento não são descobertas por essa pessoa com base em evidências (AWL 5, 28, 37-40; BB 57-8; LC 18, 23-5; PG 101; PI §§475, 487-8; LPP 23).

(c) Enquanto as cadeias causais prolongam-se indefinidamente, as razões têm um fim. Mesmo nos casos em que há cadeias de razões, elas acabam se esgotando. Não se deve pensar, contudo, que essa idéia abre flancos ao CETICISMO; ela é, antes disso, uma parte essencial do conceito de justificação (BB 14; PI §§217, 485).

A distinção que Wittgenstein faz entre razões e causas entra em choque com uma concepção causal da mente, em que os fenômenos mentais são vistos como causas internas do comportamento externo. Essa visão liga-se em parte a uma concepção causal da ação intencional, em que o comportamento humano é explicado por referência a causas eficientes — atos ou eventos que têm lugar em um domínio mental privado (a alma) ou, o que é mais plausível, no cérebro. Wittgenstein sustenta, em contrapartida, que o comportamento intencional explica-se teleologicamente, por referência às razões de um agente (crenças, intenções, vontades). Distinguindo-se das causas eficientes, as razões não compelem a ação: se o agente não pudesse fazer outra coisa, não estaria agindo intencionalmente. Tal ponto de vista situa-se na tradição da diferenciação hermenêutica entre a explicação (*Erklären*) das ciências naturais e a compreensão (*Verstehen*) das ciências sociais. Foi desenvolvido por Anscombe — que, ao contrário de Wittgenstein, sustentou explicitamente que a ligação entre ação e razão para ação é sempre interna, não sendo, portanto, causal —, e também por Winch, que associou a distinção à metodologia das ciências sociais. A posição desses autores foi violentamente criticada por Davidson. Partindo da idéia wittgensteiniana de que as relações lógicas são *de dicto*, isto é, devem-se ao modo como descrevemos as coisas, ele argumenta que razão e a ação podem estar relacionadas logicamente em algumas descrições, mas não em outras, o que deixa aberta a possibilidade de que, além de manterem uma relação interna, sejam também eventos relacionados por leis causais. Além disso, o que mais poderia explicar a diferença entre ser *uma* razão para uma determinada ação e ser *a* razão para que ela se tenha realizado, a não ser o fato de que somente a última foi uma causa eficaz para ocasionar a ação?

Davidson conclui que, embora expliquemos ações referindo-nos a razões (crenças e desejos), estas configuram causas, sendo idênticas a fenômenos neurofisiológicos. Segundo Wittgenstein, por outro lado, a correlação entre fenômenos mentais e fenômenos neurofisiológicos é meramente contingente; não é necessário, do ponto de vista lógico, que a vida mental tenha raízes causais (*ver* INTERIOR/EXTERIOR). Ele negou, além disso, que crenças e desejos são estados mentais com duração genuína, o que implica que não podem ser idênticos a estados neurais (*ver* PSICOLOGIA FILOSÓFICA).

Wittgenstein sugere um modo de resistir a argumentos do tipo "O que mais se não isso?", como o de Davidson (PI §487; AWL 5; LC 22-3). Distinguimos *a* razão para realizar o ato de Φ de outras razões não com base na presença de uma conexão causal, mas sim com base no contexto da ação, e, em especial, com base nas razões que tiveram peso para o agente em circunstâncias anteriores similares. Com efeito, não é necessário haver uma conexão preestabelecida entre a ação e a razão. Amiúde, é somente a exteriorização sincera por parte do agente o que determina por que ele realizou a ação, ainda que, às vezes, possamos, a partir da consideração de elementos contextuais, rejeitar tais exteriorizações, vendo-as como indicativas de que o agente está se auto-iludindo (elementos contextuais são também centrais para os ataques de Wittgenstein às concepções causais da VONTADE). Entretanto, mesmo estando correto, esse argumento não exclui a possibilidade de que *alguns* conceitos mentais sejam causais. Quando digo que trinquei os dentes por conta de uma dor aguda no pescoço, não estou fornecendo razões para tê-los trincado; estou fornecendo uma explicação causal.

**certeza** Muitas das discussões promovidas por Wittgenstein têm conseqüências para a epistemologia. Foi somente no último ano e meio de sua vida, entretanto, que ele abordou esse tópico de forma direta e continuada. O texto de *Sobre a certeza* compreende as observações daí resultantes. Jamais chegaram a ser aperfeiçoadas ou revistas, e muito menos finalizadas; contêm, por isso mesmo, numerosas passagens hesitantes e algumas inconsistências, revestindo-se de um caráter bastante inconclusivo. Possuem, por outro lado, uma unidade temática ausente na maior parte da obra do segundo Wittgenstein.

*Sobre a certeza* inspira-se na defesa que Moore faz do senso comum. Moore sustentava que há verdades empíricas que podemos conhecer com certeza, como, por exemplo, o fato de que somos seres humanos, de que o objeto por nós apontado em um determinado momento é nossa própria mão, que a Terra existe há muitos anos. Moore acreditava que tais proposições do senso comum fundam-se em evidências — muito embora nem sempre possamos determinar quais sejam elas. Pensava, além disso, que, implicando a existência de um mundo que independe da mente, essas proposições refutam o ceticismo. Para Wittgenstein, Moore chamara nossa atenção para uma importante classe de proposições. Admitia que podemos ter *certeza* de tais truísmos, negando, entretanto, que deles tenhamos *conhecimento*. Admitia que "Eu sei que *p*", onde *p* é uma proposição de senso comum do tipo considerado por Moore, pode ter um uso ordinário em circunstâncias especiais (OC §§23, 252-62, 347-50, 387, 412, 423, 433, 526, 596, 622; *Writings* caps. 3, 9-10). Não é esse, contudo, o ponto central na argumentação de Moore, porquanto isso, por si só, não bastaria como resposta ao ceticismo. O que Moore ignora, no uso que faz de tais proposições, é que, no "intercâmbio lingüístico normal" (OC §260, ver §§58, 243; PI II 221), reservamos a expressão "Eu sei" para casos em que:

(a) faz também sentido falar-se em acreditar ou em certificar-se;
(b) há uma resposta para a pergunta "Como é que você sabe?";
(c) estamos preparados para fornecer boas razões para sustentar o que alegamos.

A exigência (b) não significa que precisamos ser, de fato, capazes de responder à pergunta, mas apenas que haja em princípio uma resposta. Tampouco essa exigência compromete Wittgenstein com a visão de que todo conhecimento funda-se em evidências. A pergunta "Como é que você sabe?" pode igualmente ser respondida, especificando-se a faculdade perceptual que intermediou a aquisição de uma informação. Wittgenstein por vezes sugere que só podemos falar em conhecimento nos casos em que (i) há uma possibilidade lógica de erro ou ignorância, e (ii) tal possibilidade tenha sido afastada por meio da aplicação de "regras evidenciais claras". Afirma também, por outro lado, que "Sei como é isso = *Posso* dizer como é isso, e isso é como digo que é", o que implica que *posso* saber mesmo na ausência dessas condições (LW II 49, 58; OC §§243, 250, 483-4, 564, 574-6).

Outro ponto importante na argumentação de Wittgenstein é que a convicção de Moore de que sabe ter duas mãos não garante que ele o saiba de fato, pois, enquanto exteriorizações, tais como "Acredito" ou "Tenho certeza", constituem uma garantia de crença ou certeza, uma expressão como "Eu sei", indicativa da convicção de que sabemos, não garante que de fato saibamos, mas apenas que acreditamos saber (LW II 89; OC §§12-15, 21, 137, 180, 489). A certeza aqui envolvida é o que Wittgenstein denomina "certeza subjetiva", uma sensação de convicção inabalável. Ele sugere também, entretanto, que a certeza objetiva — que não é um estado mental, significando antes que a dúvida ou a possibilidade do erro são inconcebíveis — pertence a uma categoria diferente da do conhecimento (OC §§54-6, 193-4, 308; LW II 88). Embora Wittgenstein não fundamente essa afirmação, levanta, ainda assim, um ponto importante contra Moore. O uso de "Eu sei", fora dos contextos normais, convida ao questionamento cético quanto a como podemos ter chegado a tal convicção. Moore parece alegar, de forma "presunçosa" e "incondicional", que não há o que possa provar que está errado. A expressão "Eu sei" não parece tolerar, no entanto, uma "ênfase metafísica" dessa natureza (OC §§21, 251, 425, 481-2, 533-4). Assim como Austin, Wittgenstein sugere que alegações de saber empírico são revogáveis: mesmo quando se encontram bem justificadas, não pode haver garantia metafísica contra a possibilidade de se revelar que afinal estavam erradas.

Por outro lado, isso não abre flancos ao ceticismo. Dúvidas sempre se baseiam em razões. O simples fato de não-*p* ser imaginável não serve, entretanto, como razão suficiente para se duvidar que *p* (OC §§4, 122, 323, 458, 519). Isso fica óbvio se consideramos a possibilidade de imaginar como algo correspondente à possibilidade lógica de não-*p*, o que se aplica, por definição, às proposições contingentes. O cético cartesiano aqui objetará, no entanto, que a possibilidade de estarmos sendo enganados por um gênio maligno é *epistêmica*, ou seja, é uma possibilidade coerente com aquilo que sabemos. Essa sugestão supõe por sua vez, entretanto, uma base racional; e a única base racional para a hipótese do gênio maligno é sua possibilidade lógica. Da possibilidade de que eu possa estar errado, o cético cartesiano infere corretamente a possibilidade de eu não saber. Equivoca-se, entretanto, em inferir, a partir desta última possibilidade, que eu não sei ($\Diamond {\sim}p \supset \Diamond {\sim}Kap$ mas não $\Diamond {\sim}Kap \supset {\sim}Kap$. Nos casos em que uma afirmação minha, bem fundamentada, mostra-se correta, eu *de fato* sabia. A possibilidade de uma situação em que se aplicaria dizer algo como "Eu pensei que soubesse" não depõe em nada contra a possibilidade de uma situação em que se aplicaria o uso de uma expressão como "Eu sei" (OC §12).

Wittgenstein por vezes admite o uso que Moore faz da expressão "Eu sei", concentrando-se no seguinte ponto crucial: o contraste entre tais usos e as pretensões cotidianas de conhecimento empírico (OC §§288, 397, 520, 552). As proposições de Moore desempenham um "papel lógico singular no sistema de nossas proposições empíricas". Constituem a "armação" de nossos pensamentos, "os fundamentos" de nossos jogos de linguagem, os "fulcros" em torno dos quais giram as nossas questões e dúvidas, nossa "imagem de mundo", "o quadro de referência herdado que nos permite distinguir entre o verdadeiro e o falso" (OC §§94-5, 136, 211, 308, 341-3, 401-3, 614, 655). As proposições fulcrais são empíricas no sentido de que sua negação faz sentido. Entretanto, a possibilidade de serem falsas fica restrita pelo fato de que todo o nosso sistema de crenças depende de que as aceitemos prontamente. A dúvida quanto a elas corrompe, incompatibiliza-se com tudo aquilo em que acreditamos.

As proposições fulcrais ou expressivas de nossa imagem de mundo que Moore e Wittgenstein enumeram podem ser agrupadas em quatro classes (OC §§4, 118, 207, 281-4, 291-3, 327, 555-8, 567, 599, 618). As primeiras são transistóricas: qualquer pessoa sã as sustentaria — por exemplo, "A Terra existe há muito tempo" e "Gatos não nascem em árvores". Em segundo lugar, teríamos as proposições que se alteram com o tempo: foram originalmente descobertas e sustentadas por evidências, mas, uma vez estabelecidas, ocupam uma posição básica em relação às demais — por exemplo, uma proposição que afirme haver um cérebro no crânio humano ou que a água ferve a 100°C. Somam-se a essas proposições fulcrais impessoais dois tipos de casos pessoais: proposições de aplicação geral sobre as quais cada um tem certeza por si mesmo, tais como "Eu tenho duas mãos" e "Meu nome é fulano"; e proposições que se aplicam especificamente a uma pessoa, fazendo parte de sua imagem de mundo subjetiva, tais como "Passei a maior parte da minha vida na Alemanha".

Wittgenstein faz uma série de afirmações acerca das proposições fulcrais. (a) não somente indivíduos específicos, mas (*mutatis mutandis*, no último caso) todas as pessoas, as vêem como certas, ao contrário do que ocorre, por exemplo, com a afirmação de que, em uma certa parte da Inglaterra, há uma cidade chamada tal e tal (OC §§100-3, 462).

(b) Em circunstâncias especiais, é possível eu estar errado quanto a proposições fulcrais; isso corresponderia, entretanto, a alguma perturbação mental minha e não simplesmente a um equívoco. É comum entre os políticos, em viagens de campanha eleitoral, enganarem-se quanto ao local onde se encontram; se não soubessem onde moram, aí sim teríamos um caso aberrante. Posso, ocasionalmente, confundir-me quanto ao meu próprio nome, mas, se isso ocorresse com a maioria, os jogos de linguagem com nomes próprios não poderiam ser praticados (OC §§71-5, 156, 303-5, 579, 628).

(c) As proposições fulcrais do tipo transistórico não se baseiam na investigação e não se sustentam em evidências (OC §§103, 138), já que não existem proposições mais básicas do que elas que pudessem servir de fundamento para nelas acreditarmos. Há evidências para tais proposições, no sentido de que poderiam ser defendidas com base em certas considerações. Tais evidências não constituem, no entanto, as razões para nossa crença, uma vez que não as conhecemos melhor do que a conclusão a que elas nos levam; muito embora, é bem verdade, para pessoas com um conjunto de crenças distinto, essas evidências talvez pudessem servir. Temos evidências geológicas e evolucionárias, por exemplo, para a idéia de que

(1) O mundo existe há um bilhão de anos

mas não para a idéia de que

(2) O mundo existe há cem anos.

A proposição (1) implica a proposição (2), mas não serve para sustentá-la. Pois a evidência em favor de (1) pressupõe (2): embora não seja diretamente derivada de (2), o fato é que, sem (2), tal evidência cairia por terra, juntamente com todo o discurso baseado em evidências geológicas.

(d) Wittgenstein sugere também que o sentido das proposições fulcrais como (2) é mais obscuro do que o de proposições empíricas como (1), uma vez que não fica claro a "que idéias e observações" dizem respeito (PI II 221-2). Entretanto, ao contrário de uma proposição como "Sei que estou com dor", à qual ele associa a proposição (2), muitas proposições fulcrais exemplificam implicaturas conversacionais gricianas, pelo fato de que sua negação não é absurda. Embora, em condições normais, as proposições fulcrais sejam por demais óbvias para serem informativas, e embora não as sustentemos com base em evidências, seu sentido convencional predetermina de que evidências poderíamos lançar mão. Um rei que acreditasse que o mundo começara com ele teria que ser *convertido* à nossa visão de mundo (OC §§92, 422); é bastante claro, entretanto, o que utilizaríamos para efetuar a conversão (fotografias, testemunhos escritos, etc.).

(e) A idéia mais importante de Wittgenstein acerca das proposições fulcrais é, de longe, que não podem ser nem justificadas nem postas em dúvida, uma vez que sua certeza é pressuposta em qualquer juízo (OC §§308, 494, 614). Um de seus argumentos aqui é que a dúvida não pode se fazer presente no início de um JOGO DE LINGUAGEM. Se uma criança duvidasse imediatamente daquilo que lhe é ensinado, não poderia aprender certos jogos de linguagem. A natureza do argumento não é, entretanto, apenas genética ou pragmática — a condição humana faz com que tenhamos que começar sem duvidar. O aprendiz desconfiado não estará dando mostras de uma cautela admirável, mas simplesmente deixando de participar de nossa prática epistêmica — não estará, portanto, erguendo dúvidas genuínas. A dúvida só faz sentido dentro de um jogo de linguagem. Ao estender a dúvida aos próprios fulcros em torno dos quais os nossos jogos de linguagem giram, o CÉTICO estará, por assim dizer, serrando o galho sobre o qual está sentado. A dúvida pressupõe não somente a possibilidade de certeza, mas também que muitas coisas *sejam* certas. Nossos jogos de linguagem só podem ser praticados sobre um pano de fundo de certezas relativamente permanente (OC §§115, 150, 283, 472-7).

Uma linha de argumento possível aqui é de natureza holística: algumas coisas têm que ser tomadas como certas para que possamos questionar outras. Esse raciocínio deixa aberta a possibilidade de que determinadas proposições fulcrais venham a demonstrar-se erradas. Há, com efeito, alguns comentadores para quem o fato de Wittgenstein incluir entre as proposições fulcrais uma sentença como "Sei que nunca estive na Lua" (OC §§106-11, 286, 662-7) indica que ele superestimou a centralidade dessas proposições em nossa rede de crenças. Como vimos, entretanto, Wittgenstein reconhece que algumas proposições fulcrais podem deixar de sê-lo. Além disso, supor hoje que Wittgenstein pudesse ter estado na Lua em 1951 não é o mesmo que supor que, em 1951, viagens à Lua pudessem ser viáveis. Para Wittgenstein, a idéia de ir à Lua levantava questões muito difíceis quanto ao modo como se poderia escapar ao campo gravitacional da Terra, etc.

A revisão de uma proposição fulcral pode ou não levar ao colapso de nossa rede de crenças — isso é algo que depende, em parte, de estarmos lidando com uma *alteração* em processos naturais ou com uma *descoberta*. Certas descobertas científicas não nos impediriam de participar da maioria de nossos jogos de linguagem; significariam uma alteração relevante apenas para a disciplina em questão. Mas e "se algo realmente inaudito ocorresse" — se, por exemplo, vacas ficassem de pernas para o ar, rissem e falassem (OC §§512-18)? Wittgenstein sugere (acompanhando Austin) que isso não indicaria tanto que eu não sabia que se tratava de uma vaca, mas sim que aquilo que costumava ser uma vaca transformou-se em algo diferente. Eventos inauditos não falseiam nossas afirmações; promovem, isso sim, a derrocada de nossos conceitos. Em alguns casos, essa alteração pode restringir-se a conceitos particulares. Se, entretanto, a regularidade natural se desfizesse, nossa prática de erguer pretensões de saber provavelmente perderia por completo a sua aplicabilidade.

Wittgenstein acolhe a possibilidade de eventos inauditos, ou de nos vermos subitamente cercados por situações que nos contradizem. Houve quem identificasse aí uma espécie de metaceticismo. Essa impressão é corroborada pela idéia de Wittgenstein de que não podemos saber a verdade de proposições fulcrais, ou, pelo menos, que alegações desse tipo de saber teriam que ser ressalvadas por adendos do tipo "até onde é possível saber esse tipo de coisa". Confirma-se, além disso, na idéia de que "é sempre um favor da Natureza sabermos algo" (OC §§420, 503-5, 623). O ponto que ele deseja salientar, contudo, é simplesmente que se trata de um fato contingente a natureza ser de tal modo que nossas práticas envolvam certos conceitos, como conhecimento. Deixa, inclusive, em aberto a questão de se manteríamos ou não nossos jogos de linguagem em face de alterações nessas condições de base (OC §§516, 619). A mera possibilidade lógica de eventos inauditos não abre espaço para uma *Angst* humiana quanto à possibilidade de o caos instaurar-se a qualquer momento; eventos inauditos são descartados por necessidade natural (muito embora em última instância, em um nível microfísico, o que é naturalmente necessário seja uma questão de fato bruto — *ver* CAUSALIDADE).

Wittgenstein referia-se, por vezes, às proposições fulcrais como aquilo que funda o pensamento racional (OC §§162-7, 401-2). Tais fundamentos não servem, entretanto, como base de sustentação para outras crenças, da forma que axiomas sustentam teoremas. A partir das proposições fulcrais, não deduzimos outras verdades; calcamo-nos nelas como um "pano de fundo" para nossa argumentação racional. Os "alicerces são sustentados pela casa inteira", isto é, devem seu estatuto especial ao fato de que se encontram subjacentes à instituição lingüística da argumentação (OC §§246-8, ver §§94, 153, 204). A bem da verdade, os fundamentos últimos de nosso conhecimento não são crenças, mas sim formas de comportamento.

Segundo Wittgenstein, a certeza de uma crença consiste em sua função em nosso quadro geral de crenças. Há certeza quanto a uma crença quando se pode lançar mão dela para justificar outras crenças, sem que ela mesma careça de justificação. Descartes objetaria aqui que isso não configura uma resposta ao cético, uma vez que este levanta dúvidas quanto à *adequação* dessas crenças para essa função. Tal questionamento pressupõe, entretanto, que essas práticas devem refletir a essência da realidade, o que entra em choque com a idéia da AUTONOMIA DA LINGUAGEM.

A maior conquista de *Sobre a certeza* é fornecer a pista para uma epistemologia socializada (idéia que a sociologia do conhecimento alega ter retomado). Nem o conhecimento de uma cultura nem o conhecimento de qualquer um de seus membros pode ser extraído das experiências perceptuais de um indivíduo. O conhecimento acumulado de uma cultura é uma conquista coletiva — uma idéia compartilhada por hegelianos, marxistas e pragmatistas. Ninguém pode ter uma visão panorâmica dessa totalidade, e muito menos ter domínio sobre ela (OC §§161, 288-98). O aprendizado baseia-se na aceitação da autoridade de uma comunidade, e mesmo os adultos precisam aceitar muitas coisas sem questioná-las (OC §§170, 374-8, 509; Z §§413-16). Isso não significa, entretanto, negar a possibilidade do pensamento crítico. Aceitando uma série de coisas, podemos tomar parte em atividades epistêmicas, que nos permitem retificar algumas de nossas crenças, e, ocasionalmente, até mesmo partes de nossa visão de mundo (OC §§161-2). Distinguindo-se da epistemologia naturalizada de Quine, a epistemologia socializada de Wittgenstein salienta esse ponto sem reduzir o processo de formação de crenças, behavioristicamente, a uma questão de estímulos e respostas.

**ceticismo** Trata-se da visão de que o conhecimento é impossível, seja em termos gerais seja em relação a algum domínio específico. O ceticismo moderno se origina em Descartes e se baseia na suposição de que, para ser conhecida, uma proposição deve ser ou evidente, isto é, auto-evidente ou evidente para os sentidos, ou adequadamente sustentada por proposições evidentes. Para as tradições cartesiana e empirista, proposições evidentes são aquelas que dizem respeito a aparências subjetivas ("Para mim é como se eu estivesse justamente percebendo isso e aquilo"), supostamente imunes à dúvida. O cético questiona o direito que teríamos de passar de enunciados desse tipo para proposições acerca de coisas que independam da mente que percebe ("O que percebo é isso e aquilo"). Várias são as reações fundacionalistas a esse questionamento: o indutivismo (inferência em prol da melhor explicação), o redutivismo (idealista ou fenomenalista), a filosofia transcendental e a defesa do senso comum (Reid). Houve também respostas indiretas — tentativas de neutralizar o desafio cético, pela rejeição das próprias questões levantadas pelo ceticismo. O "escândalo da filosofia" não é não dispormos ainda de uma prova da existência do mundo externo (Kant), mas sim que "incessantemente esperemos tais provas e tentemos construí-las" (Heidegger).

Uma das respostas indiretas é o naturalismo humiano: nossas crenças não podem ser justificadas, porque o raciocínio cético é perfeitamente legítimo e correto. Em virtude de nossas disposições naturais, entretanto, não podemos evitar as crenças atacadas pelo ceticismo, o qual não deve, por isso mesmo, ser tomado a sério fora do domínio da filosofia. Wittgenstein concordava com a idéia de que as dúvidas céticas não podem ser refutadas no sentido de terem sua falsidade demonstrada. Insistia, contudo, que o ceticismo é falho, e que uma argumentação racional pode revelar isso, uma vez que se trata de um modo de pensar absurdo. Contra a postura humiana de Russell, para quem o ceticismo é "estéril do ponto de vista prático", embora "irrefutável do ponto de vista lógico", ele observa que "O ceticismo *não* é irrefutável, mas antes obviamente absurdo, em sua tentativa de levantar dúvidas onde questões não podem ser formuladas. Pois uma dúvida só pode existir onde há uma questão; uma questão, somente onde há uma resposta; e uma resposta, somente onde algo *pode ser dito*" (TLP 6.51; NB 1.5.15).

As reflexões que levam às *Investigações filosóficas*, bem como as encontradas nessa obra, deixam-nos entrever, em alguns momentos, essa crítica de sentido, uma crítica que ajudou a inspirar os argumentos anticéticos da filosofia lingüística. "Se utilizamos a palavra 'saber' do modo como é utilizada normalmente (e de que outro modo deveríamos utiliza-la?), então outras pessoas sabem, muito amiúde, quando estou sentindo dor" (PI §246). De acordo com as regras de nossa gramática, faz todo o sentido dizer que eu sei que outras pessoas estão sentindo dor. Isso sugere que o cético é como alguém que afirma não haver médicos em Reading, entendendo por "médico" alguém que possa curar qualquer doença em vinte minutos. Suas dúvidas ou configuram um exemplo de *ignoratio elenchi*, pelo emprego da palavra "conhecimento" de acordo com regras diferentes daquelas em jogo nas pretensões de conhecimento que pretendem atacar, ou expressam que o cético rejeita estas regras (BB 55-61). Considerando-se, entretanto, a AUTONOMIA DA LINGUAGEM, tal rejeição não pode ser justificada com base na essência da realidade. Tampouco se poderia argumentar que nossas regras são pragmaticamente inferiores àquelas implícitas na posição do cético: ele oblitera distinções importantes traçadas por nossos conceitos (por exemplo, entre crenças mais ou menos estabelecidas).

Tanto o cético cartesiano quanto seu adversário fundacionalista partem do princípio de que, seja como for, *sabemos*, infalivelmente, por introspecção, como as coisas se nos apresentam. O ataque de Wittgenstein à visão da mente em termos do binômio INTERNO/EXTERNO subverte a concepção cética. Podemos saber coisas sobre o mundo material, mas não sobre o domínio mental postulado: enunciados psicológicos em primeira pessoa no presente do indicativo são (tipicamente) EXTERIORIZAÇÕES, e não descrições de um domínio interno, baseadas em uma instrospecção infalível. Wittgenstein sugere, além disso, que a linguagem das aparências subjetivas é semanticamente tributária da linguagem dos objetos e qualidades perceptuais. Nós a aprendemos posteriormente; o sentido de "Parece-me que está chovendo" pressupõe o sentido de "Está chovendo". A expressão daquilo que é visto subjetivamente não constitui uma descrição de objetos privados a partir dos quais inferimos precariamente descrições de objetos públicos; trata-se antes de uma nova técnica lingüística, a saber, a de fazer juízos *experimentais* acerca de objetos materiais (Z §§420-35). Tais idéias enfraquecem também o fundacionalismo egocêntrico (indutivismo, redutivismo). Fazem lembrar, entretanto, o argumento transcendental de Kant, para quem a possibilidade de se atribuírem qualidades perceptuais a objetos independentes da mente que percebe é uma precondição para a auto-atribuição de estados mentais; só que Wittgenstein negaria que, neste último caso, estejamos diante de descrições ou pretensões cognitivas.

A discussão mais substancial que Wittgenstein promove sobre o ceticismo encontra-se em *Sobre a certeza*, obra cuja inspiração reside na defesa de Moore do senso comum. Moore alegava que há verdades empíricas que podemos saber com certeza — por exemplo, "A Terra existe há muitos e muitos anos". Sustentava, além disso, que tais truísmos do senso comum fornecem uma prova rigorosa da existência do mundo externo, uma vez que temos das premissas um conhecimento certo, e que elas implicam logicamente a conclusão. Erguendo as duas mãos, ele disse: "Eis aqui uma de minhas mãos e eis aqui a outra; há, portanto, pelo menos duas coisas materiais." Em *Sobre a certeza*, a argumentação perfaz um triângulo com Moore e o cético. Wittgenstein admite que Moore tem CERTEZA de tais truísmos do senso comum, negando, entretanto, que ele os *saiba*. Rejeita, além disso, a pretensão de Moore de haver *provado* a proposição filosófica "Há objetos físicos", considerando que sua premissa de senso comum peca por circularidade. Para o cético, permanece a dúvida: por que olhar para minhas mãos garantiria alguma coisa? Afinal, não é um lance dentro de nossos JOGOS DE LINGUAGEM estabelecidos que ele está questionando, como faria, por exemplo, ao questionar a existência de Plutão. Esse tipo de dúvida pode ser resolvido pela observação e por procedimentos de cálculo. Ao negar *qualquer* possibilidade de termos certeza, ele está questionando todo o jogo de linguagem do discurso sobre objetos físicos (OC §§19, 23, 83, 617). Ao alegar saber que tem duas mãos, Moore supõe o quadro conceitual que o cético ataca.

Wittgenstein procura enfraquecer ambas as posições, impugnando o sentido da própria proposição "Há objetos físicos" (OC §§35-7, 57). Não se trata de uma proposição *empírica*: na visão do cético, haver ou não objetos físicos em nada altera o curso de nossa experiência, o que é correto, na medida em que não podemos sequer especificar o que seria não haver objetos físicos. Distinguindo-se, por exemplo, de uma proposição como "Uma cadeira é um objeto físico", não é tampouco uma proposição *gramatical*, uma vez que não é utilizada para explicar o significado de "cadeira" ou "objeto físico", além de não estipular que se possa passar de, por exemplo, "Uma cadeira está no quarto" para "Um objeto físico está no quarto". Na melhor das hipóteses, assim como no caso de "Há cores", significa a existência de uma categoria de palavras, a saber, "palavras designadoras de objetos físicos". Tal posição é tributária do *Tractatus*: assim como os conceitos formais da distinção DIZER/MOSTRAR, "conceitos lógicos", como o de objeto físico, não podem ser usados em proposições empíricas, ficando, entretanto, evidentes no comportamento lógico das palavras "designadoras de objetos físicos". Aproxima-se também de Carnap, quando este autor propõe que a questão da existência de objetos físicos é externa, e que, ao contrário das questões internas ("O dodó é uma ave existente?"), acaba por resumir-se à questão da adoção de um determinado quadro conceitual (embora a idéia de Carnap de que poderíamos, alternativamente, optar por uma linguagem baseada em dados dos sentidos seja incompatível com a afirmação de Wittgenstein de que esta última é secundária em relação à linguagem sobre objetos físicos). Ambos os filósofos sustentam, além disso, que duvidar só faz sentido quando há algo que se possa dizer em favor da dúvida ou contra ela, e que, portanto, um desafio cético do tipo "As coisas podem mudar enquanto não estão sendo observadas, voltando ao estado anterior quando observadas" não faz sentido (OC §§117, 214-15; *ver* VERIFICACIONISMO).

O que tanto o ceticismo quanto o fundacionalismo ignoram é que a dúvida e a debelação da dúvida (justificação) só fazem sentido dentro de um jogo de linguagem. E não se pode justificar ou pôr em questão o próprio jogo de linguagem; ele não é nem racional nem irracional (OC §§559, 609-12). Faz parte do significado de uma afirmação o tipo de evidência que tem sentido exigir ou fornecer em seu favor; e, sendo isso parte de seu significado, está, portanto, sujeito a regras gramaticais. Tais regras demarcam limites para a dúvida que faz sentido, determinando aquilo que poderia vir a contar como questionamento ou defesa de um determinado tipo de afirmação. A dúvida e a justificação só fazem sentido em relação às regras que orientam o uso das expressões envolvidas. Chegam ao fim quando, depois de passarmos pelos procedimentos ordinários para avaliar uma afirmação, somos confrontados com dúvidas que não são permitidas por nossas regras, isto é, que não contam como lances legítimos no jogo de linguagem (OC §204: PG 96-7, 101). Uma vez que tenhamos justificado uma alegação conforme tais regras, só o que podemos fazer quanto a questionamentos adicionais é rejeitá-los.

Desafiado a demonstrar que um tomate maduro que vejo à luz do dia é vermelho, só posso responder que é simplesmente isto ☞ o que denominamos "vermelho". Se continuassem a instar-me a dar uma resposta, só poderia indicar que é assim que falamos, isto é, rejeitar o desafio por sua falta de sentido. "Faz parte da gramática da palavra 'cadeira' que *isto* é o que denominamos 'sentar em uma cadeira'" (BB 24; OC §§624-5; PI §§380-1). Tais alegações constituíram uma das fontes para o argumento do caso paradigmático, utilizado por filósofos da linguagem na década de cinqüenta: se isto (apontando-se para uma cadeira) é o que denominamos "uma cadeira", então, ao enunciar que se trata de uma cadeira, só poderia estar enunciando a verdade. Wittgenstein insistia, entretanto, na idéia de que o enunciado "Isto é uma cadeira" só está livre de dúvidas se constituir uma DEFINIÇÃO OSTENSIVA que utilize a cadeira a título de amostra. Nesse caso, não teremos refutado o cético pela prova de uma verdade indubitável, mas sim descartado suas dúvidas em vista de seu caráter absurdo, por meio de uma estipulação gramatical. Igualmente, se alguém que se manifeste cético quanto à INDUÇÃO objetar que uma determinada regularidade só foi observada no passado, estará desconsiderando o fato de que não há possibilidade de termos *agora* evidências advindas do futuro. Aquilo que denominamos uma "evidência de que algo vai acontecer" é justamente um conjunto de observações passadas (OC §275).

Os truísmos do senso comum de Moore demarcam pontos em que a dúvida perde o sentido. São o pano de fundo sobre o qual distinguimos o verdadeiro e o falso, constituindo, portanto, os fulcros em torno dos quais nossas dúvidas giram (OC §§94 341-3, 401-3, 514-15, 655). Pelo menos alguns deles são empíricos, no sentido de que enunciam fatos contingentes, isto é, no sentido de que sua negação não é excluída da GRAMÁTICA por ser absurda. Entretanto, a possibilidade de esses truísmos serem falsos fica restrita pelo fato de que não somente o nosso sistema de crença, mas também nossos jogos de linguagem dependem deles. Sendo eles falsos, outras proposições perderiam seu sentido. Pois é somente sobre este pano de fundo que podemos distinguir o verdadeiro e o falso. Conseqüentemente, só podemos questionar tais proposições por meio de uma dúvida que se coloca a si própria em questão, assim como se serrássemos o galho em que nos sentamos. Quanto maior o escopo da dúvida cética, mais diminuto é o seu sentido. "A dúvida perde gradualmente seu sentido. Este jogo de linguagem é justamente assim" (OC §56, ver §§494, 498).

Essa estratégia faz lembrar as refutações ou os argumentos transcendentais considerados por Aristóteles e Strawson: as dúvidas céticas são incoerentes, uma vez que, para fazerem sentido, pressupõem tacitamente o quadro conceitual que atacam explicitamente. Trata-se de uma estratégia definitivamente eficaz contra a idéia da dúvida universal ou contra o ceticismo quanto às leis da lógica. Wittgenstein estende sua aplicação, entretanto, aos ataques céticos contra o conhecimento empírico. A "hipótese" de que nada à nossa volta existe é como a hipótese de que todos os nossos cálculos podem estar errados ou que, ao jogarmos xadrez, todos os nossos os lances podem estar errados — ela subtrai as bases que temos para falar em "hipóteses", "cálculos" ou "jogar xadrez". Se alguém a quem se pede que traga um livro tem dúvidas quanto a ser ou não um livro aquilo que está vendo, deve necessariamente ou saber o que as pessoas entendem por "livro", ou ser capaz de consultar um dicionário ou perguntar a alguém — o que já pressupõe conhecimento do que as outras palavras significam. Trata-se, entretanto, de um fato empírico que uma dada palavra signifique aquilo que significa. Portanto, para que se ponha algo em dúvida, alguns fatos empíricos devem necessariamente estar além da dúvida (OC §§55, 514-19).

Wittgenstein aplica a mesma estratégia ao argumento do sonho de Descartes. Alega que os relatos de sonhos são EXTERIORIZAÇÕES, não descrições (PI §448, II 184, 222-3; ver LC 41-52 para uma discussão sobre a teoria freudiana dos sonhos). Em *Sobre a certeza*, ele sugere que, no argumento do sonho, não se leva em conta que pensamentos não podem ocorrer enquanto se sonha (OC §§675-6). Esse argumento, elaborado por Malcolm e Kenny, é melhor que sua reputação. Wittgenstein apresenta um argumento razoavelmente forte para sustentar que a possibilidade de PENSAMENTOS ocorrentes está ligada à possibilidade de exteriorizar tais pensamentos, sendo, portanto, incompatível com o sono (ele argumentaria que, embora possam acontecer coisas durante o sono, tais coisas não constituem crenças que temos). Por conseguinte, sempre que me faço a pergunta "Estou acordado?", posso respondê-la afirmativamente, sem que para isso tenha que me basear em qualquer evidência. Poder-se-ia pensar que, mesmo admitindo a diferença entre sonhar que *p* e pensar que *p,* o cético tem ainda a possibilidade de desafiar-me a demonstrar que de fato creio estar acordado e que não estou simplesmente sonhando estar acordado. Nesse caso, entretanto, ele não estaria levando em conta que só posso ser desafiado a fazer algo etc., se estou acordado; do contrário estaria apenas sonhando estar sendo desafiado. "O argumento 'Posso estar sonhando' não tem sentido pela seguinte razão: se estou sonhando, esta observação está também sendo sonhada — e, com efeito, faz também parte do sonho que essas palavras têm algum significado" (OC §§383, 642). Sonhar que uma determinada cadeia de palavras faz sentido não implica que de fato ela faça sentido ("Sa*p*" jamais implica logicamente "*p*"). Sem dúvida, o sonho tampouco exclui a possibilidade de que as palavras façam sentido, uma vez que nem tudo o que é sonhado é falso. O que Wittgenstein quer salientar, entretanto, é que não podemos sequer considerar uma *dúvida* quanto à compreensão de nossa própria linguagem, sem que fiquemos "à beira do abismo"

(OC §§369-70, ver §§114, 126), isto é, sem que chegue a um fim o discurso dotado de significado.

Já houve quem alegasse que o cético poderia acolher de bom grado a idéia de que suas dúvidas transgridem precondições de possibilidade da linguagem, uma vez que também rejeita a possibilidade do conhecimento semântico. De bom grado, talvez, mas sem coerência. Uma alegação como "Não posso saber o que significam estas palavras" refuta-se a si mesma: se for verdadeira, tem que ser destituída de sentido. *Se* Wittgenstein consegue, com isso, encurralar o cético, ele o faz impedindo-o de contribuir de forma coerente para o debate. Isso não é o mesmo que refutá-lo, mas tampouco é apenas um prêmio de consolação: silenciar uma dúvida por meio de argumentação equivale a resolver o problema filosófico.

**ciência** Embora Wittgenstein tenha demonstrado um interesse permanente pela engenharia e por certos tipos de investigação científica, seus posicionamentos culturais eram hostis ao espírito científico do século XX. Tal posição ideológica pode, entretanto, ser dissociada de sua posição metodológica. Em questões de método, ele rejeita, não a ciência, mas antes o cientificismo, as tendências imperialistas do pensamento científico, resultantes da noção de que a ciência é a medida de todas as coisas. Wittgenstein insiste na idéia de que a FILOSOFIA não pode adotar as tarefas e os métodos da ciência. Em sua fase inicial, a obra de Wittgenstein foi influenciada pelos filósofos-cientistas neokantistas Hertz e Boltzmann. Estes refletiram sobre a natureza da ciência, visando expurgá-la de elementos metafísicos; estabeleceram uma diferença bem marcada entre os elementos empíricos da ciência e seus elementos apriorísticos, associando estes últimos à natureza da representação. A ciência constrói imagens ou modelos (*Bilder*) da realidade, cujas conseqüências lógicas correspondem às conseqüências reais das situações descritas. Suas teorias não são somente determinadas pela experiência; são também ativamente construídas no interior do quadro de referência de uma "forma de representação". Dentro de limites impostos pela lógica, tais formas estão sujeitas apenas a restrições de ordem pragmática — simplicidade e poder explanatório (*Mechanics* Introd.).

O *Tractatus* torna explícito esse contraste kantiano entre a ciência, que representa o mundo, e a filosofia, que "traça" os "limites" lógicos para "a esfera da ciência natural". A ciência explora o acidental e consiste na "totalidade das proposições verdadeiras" (TLP 4.11 e segs.). Na discussão mais específica acerca da natureza de uma teoria científica (TLP 6.3 e segs.), distinguem-se os seguintes fenômenos:

(a) Generalizações empíricas são proposições moleculares, funções de verdade de PROPOSIÇÕES ELEMENTARES. Descrevem objetos, e sua totalidade constitui uma descrição completa do mundo.

(b) As "Leis da natureza", ao contrário, descrevem a realidade somente de forma indireta. A mecânica newtoniana, por exemplo, descreve todos os fatos físicos por meio de equações diferenciais e em termos de forças atuantes sobre partículas pontuais. Suas leis naturais fornecem as "pedras para a construção" da ciência empírica, pela determinação de uma "forma de descrição". Estipulam o modo como as proposições científicas podem ser derivadas a partir de "axiomas", determinando também, portanto, a forma que generalizações e descrições específicas podem assumir. Não descrevem por si mesmas, entretanto, massas pontuais particulares. As leis naturais não descrevem necessidades no mundo, uma vez que a única necessidade possível é a necessidade lógica. Na verdade, sequer fornecem EXPLICAÇÕES sobre por que as coisas acontecem do modo como acontecem. Na ausência de necessidades físicas, o que acontece no mundo é uma questão de simples contingência; fornecer explicações com base no funcionamento de leis naturais invioláveis não é melhor que fazê-lo evocando-se o destino (TLP 6.341, 6.343 e segs., 6.37 e segs.).

(c) Os princípios de sistemas científicos específicos, como a mecânica newtoniana, diferem dos princípios apriorísticos da teorização científica em geral, notadamente as leis da causalidade, da indução, da ação mínima e da conservação, que, juntas, formam um grupo bastante heterogêneo. A lei de CAUSALIDADE reflete a insistência na idéia de que todo evento deve necessariamente ser explicado por meio de *algum* tipo de lei natural; a lei de INDUÇÃO, ao contrário, expressa uma proposição empírica: nossas formas de descrição continuarão a aplicar-se a fatos futuros, assim como se aplicaram no passado (TLP 6.31-6.321, 6.36 e seg., 6.362-6.372; RUL 1.14).

Ao formular leis naturais dentro das limitações impostas por uma teoria física escolhida, procedemos pelo "processo de indução", o que significa que optamos pela lei *mais simples* capaz de conciliar-se com nossa experiência. Tal lei é, então, utilizada como base para previsões, tendo-se como ponto de partida o "princípio da indução". Partimos da hipótese de que a natureza é simples e uniforme — não pode, entretanto, haver uma justificativa *lógica* para essa hipótese (TLP 6.31, 6.363 e seg.). Assim sendo, as leis da natureza são regras para a derivação de previsões; e os princípios subjacentes a teorias científicas particulares são convenções. Há somente *uma* SINTAXE LÓGICA. Entretanto, dentro de seus limites, diferentes teorias científicas (mecânica newtoniana x mecânica relativística) são guiadas por diferentes "sistemas" ou "formas de descrever o mundo" (*Formen der Weltbeschreibung*). Esses sistemas determinam o modo como fenômenos empíricos podem ser descritos dentro de seu próprio quadro de referência, não sendo, portanto, justificáveis pela experiência. Wittgenstein ilustra esse ponto estabelecendo uma analogia com a descrição de manchas irregulares em uma superfície com o auxílio de uma "rede" (TLP 6.341 e seg.; NB 6.12.14, 17.1./25.4/20.6.15). Por um lado, qualquer figura pode ser registrada, com qualquer grau de precisão, por uma rede de malhas suficientemente finas (se necessário, movendo-se os pontos de origem das grades); o formato da malha (quadrada, triangular, etc.) é "opcional"; e o uso de uma rede confere à descrição uma "forma unificada", que é dada a priori. Por outro lado, o fato de que uma determinada figura possa ser descrita de modo muito simples por uma rede de formato e finura específicos é algo a posteriori, que nos mostra algo acerca da realidade.

Essa visão de ciência é convencionalista e segue o espírito de Hertz e Boltzmann. A despeito de seu estilo críptico e da escassez de exemplos, ela se tornou uma das maiores inspirações para concepções instrumentalistas da ciência. Afastando-se das posições defendidas no *Tractatus*, Ramsey e Schlick sustentaram que as leis da natureza são generalizações; tentaram, entretanto, distingui-las de generalizações acidentais, tratando-as como regras e não como proposições. O instrumentalismo wittgensteiniano aperfeiçoa versões anteriores, na medida em que não considera teorias científicas como premissas para previsões científicas — caso em que deveriam ser verdadeiras ou falsas e constituir, portanto, descrições —, mas sim como regras que autorizam inferências científicas. Permanece, não obstante, vulnerável a sérias objeções. Por um lado, negar que as leis naturais forneçam explicações parece ser uma alegação guiada por um ideal racionalista de explicação, segundo o qual *A* explica *B* somente se *A* acarreta logicamente *B*. Por outro lado, o fato de que teorias científicas podem ser usadas para fazer previsões não implica que não sejam descrições. Por que não dizer que as leis de Newton descrevem o modo como os corpos se movem na ausência do atrito — ou que são proposições acerca disso?

O segundo Wittgenstein teria acolhido essa objeção, uma vez que passa a adotar uma concepção mais liberal de PROPOSIÇÃO (tampouco encontraremos, nessa segunda fase, vestígios de preconceitos racionalistas no que tange à noção de explicação). Continua, entretanto, a insistir que teorias científicas ou leis da natureza se distinguem de descrições diretas de objetos particulares — em virtude do *papel* que desempenham no processo de formação de crenças científicas. Suas esparsas observações prefiguram Kuhn (AWL 16, 39-40, 70-1, 98; BB 23, 56-7; RPP I §225; OC §§512-16): o que este último denomina "paradigma" científico, aquilo que determina o modo como uma teoria científica responde às evidências, Wittgenstein denomina FORMA DE REPRESENTAÇÃO. A primeira lei do movimento de Newton, por exemplo, não constitui uma proposição empírica ao alcance da mão; é, isso sim, uma "norma de representação", que orienta a reação do físico às evidências recalcitrantes. Se um corpo não está em repouso ou em movimento retilíneo uniforme, postula-se que alguma massa atua sobre ele; não havendo massas visíveis, postulam-se "massas invisíveis", como fez Hertz. A introdução de uma nova forma de representação (por exemplo, a revolução copernicana ou a idéia freudiana de "desejos inconscientes") pode resultar de uma descoberta empírica, mas não constitui em si mesma uma descoberta imposta pelos fatos. Configura, em vez disso, a adoção de uma nova "notação", por razões de simplicidade, poder explanatório, etc.

Correta ou não, a abordagem convencionalista não redunda na redução das revoluções científicas à atribuição de rótulos antigos ("desejo") a coisas novas (conforme se diz com freqüência). Uma forma de representação determina o significado de expressões científicas chave. Vai além, entretanto, da simples rotulação de coisas; fornece um meio de conferir sentido à experiência, de fazer previsões, dando forma, portanto, a práticas científicas complexas. Alterações em nossas formas de representação estão longe de constituir algo trivial, no que tange às suas razões e conseqüências: não resultam em meros atos de renomear, mas em uma nova maneira de se teorizar sobre o mundo. Com efeito, algumas proposições científicas elementares ("A água ferve a 100°C") são tão centrais que, embora possam, em princípio, ser refutadas pela experiência, isso implicaria na verdade "alterar totalmente nosso modo de ver as coisas" (OC §292, ver §§108, 293, 342, 599-608).

A principal meta do segundo Wittgenstein não era fornecer uma explicação para a ciência em si, mas antes contrastá-la com a FILOSOFIA, a ESTÉTICA e a psicanálise (PI §§109, 126; AWL 37-40; LC 11-29). Tal contraste independe da plausibilidade de sua concepção de ciência, uma vez que pressupõe apenas que as teorias e as hipóteses científicas ambicionam fornecer explicações causais para fenômenos empíricos. Os problemas filosóficos, ao contrário, não podem ser resolvidos por meio da experiência ou de explicações causais, uma vez que são conceituais, e não factuais. Não supõem novas informações ou descobertas, mas sim uma maior clareza acerca da GRAMÁTICA. Isso significa que deveria haver uma divisão de trabalho entre a ciência e a reflexão de segunda ordem da filosofia acerca de nosso aparato conceitual. Infelizmente, a obsessão do século XX pela ciência torna difícil manter uma tal divisão, o que, por conseqüência, obstrui o caminho da filosofia (CV 16; PR Pref.; BB 17-18):

O procedimento científico de explicar fenômenos diversos com base em um pequeno número de leis fundamentais induz a um "desejo obsessivo de generalidade" e a um "desprezo pelo caso particular": buscamos definições analíticas quando deveríamos estar fazendo um mapeamento dos vários usos das palavras.

A ciência tenta tornar inteligíveis os fenômenos por meio de explicações causais, ao passo que Wittgenstein acreditava que os problemas filosóficos deveriam ser resolvidos por meio de uma VISÃO SINÓPTICA dos fenômenos, no espírito de Goethe e Spengler (muito embora ele, às vezes, estenda a idéia de visão sinóptica aos problemas científicos).

A obsessão científica pelo progresso nos leva a crer que as conquistas filosóficas devem residir na construção de teorias ainda mais grandiosas, e não no esclarecimento dos conceitos.

Tendemos a crer que somente a ciência, em especial a física, pode nos dizer o que é real, e que as qualidades secundárias, por exemplo, são meramente subjetivas. Wittgenstein considera que tais alegações em nome da ciência são confusões conceituais que devem sujeitar-se à crítica filosófica.

Além dessa resistência metodológica ao cientificismo, Wittgenstein desenvolveu também um desprezo ideológico pela "idolatria" à ciência, que ele considerava tanto um sintoma quanto uma causa de declínio cultural (RW 112, 202-3; CV 6-7, 49, 56, 63). Essa reação expressa, em parte, o seu conservadorismo cultural. Indica também, entretanto, uma preocupação humanística com a possibilidade de a predominância da ciência e o avanço da tecnologia e da industrialização redundarem na marginalização da ÉTICA e da arte, colocando assim em risco o espírito humano. Mesmo lamentando a influência perniciosa do espírito científico, Wittgenstein distinguia bons e maus trabalhos científicos (RW 117; LE 4; LC 27-8; CV 42). Os bons seguem ideais de clareza e honestidade intelectual e envolvem investigações empíricas minuciosas, como é o caso de *Chemical History of a Candle*, de Faraday. Os ruins, como *Mysterious Universe*, de Jean, entregam-se à perseguição obsessiva do mistério, engajando-se em especulações.

**cinestesia** Wittgenstein ocupou-se deste tópico nos seus últimos trabalhos acerca da PSICOLOGIA FILOSÓFICA (PI II 185-6; LPP 17, 36, 72-92, 135, 157-8, 195, 202-20, 236, 256, 277-9, 309-23; RPP I §§382-408, 452, 698, 754-98, 948; RPP II §§63, 147; Z §§477-83, 498, 503; LW I §§386-405; LW II 16-17), possivelmente por tratar-se de uma exceção à sua idéia de que o que é INTERNO não constitui normalmente um objeto de conhecimento (*ver* EXTERIORIZAÇÃO; PRIVACIDADE). Admitia que podemos *saber* a posição de nossos membros: ao afirmar que meus dedos encontram-se entrelaçados de uma certa maneira, posso errar e ser corrigido pelos outros. O que ele negava era a idéia, sustentada por psicólogos como James (*Psychology* II caps. XX, XXIII) e Köhler (*Gestalt*

127-8), de que este conhecimento se baseia em sensações cinestésicas (rejeitava também a idéia relacionada de que o que me informa sobre a localização de sensações são certos traços característicos dessas sensações). É possível inferir a localização de membros a partir de sensações corporais, como ocorre, por exemplo, quando uma dor reumática característica acompanha sempre uma determinada posição de meus membros (LPP 78). Tipicamente, no entanto, sabemos a posição de nossos membros sem recorrer a sensações ou a qualquer tipo de observação. (a) Sensações genuínas têm duração e intensidade; tais sensações raramente acompanham o conhecimento cinestésico (RPP I §§386, 771, 783; Z §478; LPP passim). (b) É incorreto supor que o conhecimento cinestésico deve basear-se em algo. Mesmo que, sob o aspecto causal, dependa de fenômenos neurofísiológicos específicos, estes não precisam ser percebidos: podemos identificar a direção de um som a partir do efeito diferenciado que produz em nossos dois ouvidos, sem que tal diferença seja percebida (PI II 185; LPP 90). (c) O fato empírico de que uma ruptura nos nervos aferentes resulta na perda simultânea da cinestesia e das sensações não demonstra que sensações sejam essenciais para o conceito de cinestesia. Wittgenstein sustenta, além disso, que o resultado dessa ruptura neural não é uma simples ausência de sensações, mas uma sensação específica de privação (RPP I §§406, 758).

**comportamento e behaviorismo** A filosofia moderna foi dominada por um dualismo entre o EXTERNO e o INTERNO, em que se distinguia, por um lado, o mundo físico, contendo matéria, energia e objetos tangíveis, inclusive corpos humanos, e, por outro lado, o mundo privado dos fenômenos mentais. O behaviorismo configura uma reação do século XX contra essa postura. Sustenta-se, nessa corrente, que atribuir estados, processos ou eventos mentais a pessoas equivale a fazer afirmações acerca de seu comportamento concreto ou de suas disposições comportamentais. O behaviorismo se manifesta em três versões: no behaviorismo *metafísico*, nega-se a existência de fenômenos mentais; no behaviorismo *metodológico*, insiste-se na idéia de que os psicológos não deveriam evocar tais fenômenos na explicação do comportamento, pelo fato de não serem intersubjetivamente acessíveis; no behaviorismo *lógico*, afirma-se que as proposições acerca do nível mental são semanticamente equivalentes a proposições acerca de disposições comportamentais, de modo que

(1) Helga está triste

pode traduzir-se em

(1') Helga está falando de forma arrastada e monocórdia, com a cabeça baixa.

Wittgenstein esteve muitas vezes sob a suspeita de defender alguma versão de behaviorismo, tendo sido, nesse ponto, associado a Ryle. Sua atitude em relação ao behaviorismo metodológico é ambivalente. Sustenta que a psicologia, ao contrário da filosofia, tem a tarefa de investigar os mecanismos causais que vinculam estímulos e respostas. Não abre mão, entretanto, de uma distinção "hermenêutica" entre compreensão e explicação, que implica ser inviável tornar a ação humana compreensível — conferir-lhe significado — por meio das explicações CAUSAIS da ciência. (por exemplo, PLP cap. VI). A COM-

PREENSÃO supõe a referência a coisas que o behaviorismo metodológico rejeita — desejos, crenças, disposições, emoções etc. Sua filosofia entra também em choque com o behaviorismo metafísico. O primeiro Wittgenstein pressupõe a existência de uma linguagem do PENSAMENTO, constituída de elementos mentais que podem ser estudados pela psicologia. Adota, além disso, uma atitude crítica, na primeira ocasião em que discute idéias behavioristas (a saber, as idéias contidas na explicação que Russell dá para a INTENCIONALIDADE em *The Analysis of Mind* (caps. III, XII)). Ataca-as por confundirem as relações internas entre uma expectativa e seu preenchimento ou entre um símbolo e seu significado, que são relações normativas, com as relações externas entre estímulo e resposta, que são uma questão de fato contingente.

A relação que Wittgenstein mantém com o behaviorismo lógico é mais complexa. Jamais forneceu uma explicação behaviorista para proposições em primeira pessoa. Entretanto, talvez esteja implícita no *Tractatus* uma análise behaviorista das proposições psicológicas de terceira pessoa (*ver* CRENÇA), ou pelo menos assim pensava Wittgenstein, em 1932, quando acusou Carnap de plágio por desenvolver o behaviorismo lógico sob o rótulo de "fisicalismo". A abordagem implícita no *Tractatus* encontra-se explícita no SOLIPSISMO metodológico do período de transição, em que se estabelece uma clara distinção entre "proposições" genuínas, que podem ser verificadas com base em experiências primárias, e proposições psicológicas de terceira pessoa, que são meras "hipóteses" a serem analisadas em termos comportamentais. Essa posição combina uma análise das proposições psicológicas de primeira pessoa que é despojada da idéia de "posse" com uma análise behaviorista do caso da terceira pessoa (*ver* EU/SELF; PRIVACIDADE). A motivação oficial para isso encontra-se no VERIFICACIONISMO (WVC 49-50, 244; PR 88-95). Se o significado de uma proposição é o seu método de verificação, o significado de proposições psicológicas de terceira pessoa como (1) é dado por evidências comportamentais que temos dos fenômenos mentais (por exemplo, a tristeza de Helga). Pois não podemos verificar tais fenômenos com base nas experiências privadas do sujeito. Por conseguinte, atribuir a uma outra pessoa um estado mental é falar de seu comportamento. Wittgenstein sugere também que (1) tem o mesmo sentido que (1'), uma vez que ambas as proposições são confirmadas pelas mesmas experiências. Mesmo um verificacionista, entretanto, poderia resistir a essa conclusão reducionista, baseando-se na idéia de que há evidências possíveis (embora não necessariamente disponíveis) que distinguiriam (1) de (1') (por exemplo, Helga estar sorrindo alegremente quando não está sendo observada).

Durante os anos trinta, Wittgenstein foi se tornando cada vez mais crítico em relação ao behaviorismo. (a) Rejeitou a idéia, presente no behaviorismo lógico de Carnap, de que as proposições psicológicas de primeira pessoa podem ser analisadas chegando-se a proposições relativas ao nosso comportamento, verificáveis pela auto-observação. Não faz sentido verificar uma proposição como "Estou triste", observando-se a própria postura corporal e o próprio comportamento (PR 89-90; Z §539). Wittgenstein alegou mais tarde que, de um modo geral, essas proposições não são descrições, e muito menos descrições de comportamento; são antes EXTERIORIZAÇÕES, expressões da esfera mental. Tais exteriorizações desempenham um papel semelhante ao do comportamento expressivo, mas não são exteriorizações *sobre* o comportamento. Gemer não é dizer "Estou gemendo", gritar "Estou com dor" não é dizer "Estou manifestando um comportamento de dor" (PI §244, II 179; LSD 11; LPE 296; RPP I §287).

(b) Contra o behaviorismo metafísico, Wittgenstein enfatizou que, para a gramática dos termos mentais, e mesmo para a gramática das palavras designadoras de sensações, que mantêm um vínculo relativamente estreito com o comportamento, é essencial a seguinte idéia: alguém pode estar sentindo dor sem manifestá-la, ou fingir estar com dor sem que de fato o esteja. Não pode haver "maior diferença" do que essa entre o comportamento de dor com a dor e o comportamento de dor sem a dor. Ao mesmo tempo, o argumento da LINGUAGEM PRIVADA implica que a idéia de dor como uma entidade privada é uma "ficção gramatical" (PI §§304-11) imposta a nós pela VISÃO AGOSTINIANA DA LINGUAGEM, que sugere que as palavras devem referir-se a "algo"; no caso das palavras designadoras de sensações, a algo INTERNO.

(c) Embora o behaviorismo rejeite a visão cartesiana da mente como um teatro mental privado, aceita a concepção correlata do corpo como um mero mecanismo, e do comportamento humano como movimentos físicos "puros". Wittgenstein inclinou-se por vezes a adotar essa concepção (PR cap. VI; BB 51-2), vindo, entretanto, a perceber que é falha. As manifestações comportamentais da maioria dos fenômenos mentais são as mais variadas. Só podemos reconhecer no comportamento de Helga a expressão da tristeza, se já de antemão o encaramos "do ponto de vista da tristeza" (PR 89). Isso significa que, em geral, não inferimos descrições psicologicamente relevantes do comportamento humano a partir de descrições rigorosamente físicas. Pois é comum sabermos as conclusões dessas supostas inferências, sem ter conhecimento de suas premissas. É mais fácil descrever Helga com adjetivos como "triste" ou "chateada" do que descrever-lhe as feições ou os movimentos em termos físicos ( RPP I §§1066-8, 1102; LW §§766-7; Z §225).

(d) Por uma razão semelhante, é incorreto pensar que um SER HUMANO seja um corpo. Ao contrário, conceber um ser humano como um mecanismo fisiológico, e o comportamento humano como um movimento mecânico, é algo que exige uma mudança de perspectiva análoga à que está envolvida na percepção de ASPECTOS (PI §420, II 178). Por esse motivo, Wittgenstein não acompanharia a análise que Ryle faz dos conceitos mentais em termos de disposições comportamentais. Só podemos atribuir conceitos mentais a criaturas detentoras de certas competências. E, ao contrário das disposições, uma competência (i) é algo que se aplica somente às criaturas dotadas de sentidos, e (ii) não é algo que entre automaticamente em funcionamento na presença de certas condições (uma competência não necessariamente é exercida).

(e) Quando Wittgenstein fala de manifestações comportamentais da dimensão mental, o que se entende por "comportamento" inclui não só expressões faciais e gestos, mas também o que as pessoas fazem e dizem, bem como as ocasiões para o uso dos termos mentais. Isso constitui uma conjunção bastante complexa de fatores. O que conta como uma manifestação de tristeza em uma determinada ocasião pode não contar em outra (RPP I §§129, 314; Z §492). A relação entre a dimensão mental e o comportamento é muito mais intrincada do que supõem os behavioristas.

Ao mesmo tempo, a filosofia do segundo Wittgenstein conserva pontos de contato com o behaviorismo lógico. Rejeita a explicação dualista do mental como algo inalienável e epistemicamente privado. Aceita, é bem verdade que como um fato empírico, a idéia de que o aprendizado de uma língua (e, portanto, a posse de uma vida mental complexa) funda-se no "treinamento" bruto (*Abrichtung*), e não na EXPLICAÇÃO genuína, e, além disso, que esse aprendizado pressupõe padrões naturais de comportamento e de resposta, deflagrados por determinados estímulos. Afirma, por fim, que a atribuição de predicados psicológicos a outras pessoas está *logicamente* vinculada ao comportamento.

Essa conexão lógica não corresponde, no entanto, a uma equivalência lógica entre proposições psicológicas e proposições comportamentais. Assume, em vez disso, duas formas. Em primeiro lugar, só faz sentido atribuir fenômenos mentais a criaturas capazes de manifestar a dimensão mental em seu comportamento. "Somente de um ser humano ou de algo que lembra um ser humano (ou se comporta como um) podemos dizer: tem sensações; vê; é cego; ouve; é surdo; está consciente ou inconsciente" (PI §281). Em segundo lugar, nossos termos mentais não teriam o significado que têm se não se vinculassem a critérios comportamentais. Resulta daí uma posição que abala tanto o behaviorismo quanto o dualismo. Os fenômenos mentais não são redutíveis a suas expressões corporais e comportamentais, e tampouco são completamente dissociados destas. A relação entre os fenômenos mentais e suas manifestações comportamentais não é algo de natureza causal a ser descoberto empiricamente, por meio da teoria e da indução; trata-se antes de uma relação criterial: faz parte dos conceitos de fenômenos mentais particulares possuírem uma manifestação característica no comportamento (LPE 286; LSD 10). E faz parte dos conceitos mentais em geral possuírem alguma manifestação desse tipo. Essas expressões não nos serviriam de nada se não estivessem ligadas a CRITÉRIOS comportamentais. Se nos defrontássemos com seres humanos que usassem uma determinada palavra sem conexão alguma com o comportamento de dor e com as circunstâncias em que o manifestamos, não a traduziríamos como "dor". A idéia de indivíduos superespartanos que vivam em constante agonia sem manifestá-la é tão incoerente quanto a descrição de seres humanos sem alma que se comportem exatamente como nós (LPP 281). "O corpo humano é a melhor imagem da alma humana" (PI II 178). Tendemos a pensar em episódios mentais como previamente dados; e em sua expressão como secundária, como um conjunto de meros sintomas que nos permitem conhecer a mente. Wittgenstein fornece, entretanto, fortes argumentos para pensarmos que a inteligibilidade dos termos mentais pressupõe a possibilidade de manifestações comportamentais. A atribuição de PENSAMENTOS, por exemplo, só faz sentido nos casos em que dispomos de critérios para identificar pensamentos, o que significa que pensamentos devem ser passíveis de expressão.

**compreensão** Segundo a teoria mentalista do significado, que tem em Locke sua expressão condensada, o significado de uma palavra é uma idéia, uma imagem na mente do falante. Uma concepção semelhante aparece em Russell, para quem compreender uma proposição é manter uma relação de familiaridade com as coisas de que seus componentes últimos são sucedâneos — os dados dos sentidos— e também com sua forma lógica. No mentalismo, a comunicação é ou um processo causal pelo qual os falantes produzem em seus ouvintes idéias semelhantes às que associam a uma palavra, ou uma questão de tradução, um processo em que os falantes traduzem em sons o seu vocabulário mental interno, para que seus ouvintes os retraduzam para sua própria LINGUAGEM PRIVADA. Tal posição implica que jamais se pode saber se a comunicação teve ou não êxito. Uma vez que as pessoas, *ex hypothesi*, familiarizam-se com diferentes dados dos sentidos ou idéias, associam "significados bastante distintos a suas palavras" (*Logic* 195; "Theory" 105-35). Desse ponto de vista, a comunicação presumivelmente supõe apenas a produção de uma idéia *semelhante* no ouvinte. Jamais poderíamos, entretanto, saber se o falante consegue atingir esse objetivo, uma vez que cada um de nós tem contato apenas com suas próprias idéias.

Contra o mentalismo, Frege mostrou que o sentido de uma sentença, o pensamento que ela expressa, não pode ser privado; concluiu que se trata de uma entidade abstrata, que pode ser apreendida por diferentes pessoas. Foi, entretanto, forçado a complementar essa concepção platonista do significado com uma explicação mentalista da compreensão. Compreender uma sentença é "apreender seu sentido", isto é, adquirir essa entidade abstrata. Na comunicação, o falante não produz no ouvinte uma idéia qualitativamente idêntica, mas faz com que ele apreenda um pensamento numericamente idêntico. A compreensão é um "processo mental", ainda que seja um processo ocorrente "nos confins da dimensão mental", porquanto deve atravessar o abismo ontológico entre a esfera mental e a abstrata. A natureza desse processo permanece um mistério. É igualmente um mistério o modo como podemos verificar se o falante e o ouvinte de fato adquiriram a mesma entidade abstrata, uma vez que Frege aceita a idéia tradicional de que os conteúdos da mente são privados ("Sense" 29-30; "Thought" 68; *Posthumous* 137-45).

O primeiro Wittgenstein combinou o antipsicologismo evasivo de Frege com o atomismo lógico de Russell. Somos capazes de construir e de compreender um número ilimitado de proposições, porque calculamos tacitamente seus sentidos a partir de seus constituintes e de seu modo de combinação. O sentido de uma proposição molecular é derivado do sentido das proposições elementares que a constituem, de acordo com regras de combinação vero-funcionais. O sentido de uma proposição elementar é derivado dos significados de seus elementos não analisáveis, NOMES próprios lógicos. O processo de cálculo pressupõe um processo de análise, uma vez que os constituintes e as formas lógicas das proposições ordinárias estão ocultos por sob sua superfície gramatical (TLP 3.318, 4.002, 4.024-4.026). Ambos os processos devem ser inconscientes: em geral não estamos cientes de sua ocorrência; só se tornam explícitos por meio de uma ANÁLISE LÓGICA completa e bem-sucedida das proposições das línguas naturais. O resultado do cálculo do sentido de uma proposição é uma "cadeia" de "pensamentos" que acompanha a comunicação. Os pensamentos são fatos psíquicos compostos de constituintes mentais correspondentes aos nomes no signo proposicional. A relação de tais constituintes com os objetos da situação descrita "seria uma questão a ser investigada pela psicologia". Em termos mais gerais, o estudo dos "processos de pensamento" é irrelevante para a lógica (TLP 4.1121; RUL 19.8.19; NB 10.11.14).

A abordagem do segundo Wittgenstein é radicalmente distinta. Em vez de varrer para debaixo do tapete, em nome do antipsicologismo, o problema de como explicamos e compreendemos palavras e sentenças, ele desenvolve uma explicação não psicologizante da compreensão. Rejeita a hipótese, sustentada no mentalismo e no platonismo, de que as sentenças servem ao mero propósito de fornecer uma roupagem perceptível a PENSAMENTOS independentes da linguagem. Frege e o *Tractatus* estavam certos em considerar processos e imagens mentais como fatores irrelevantes para o significado das sentenças, mas errados em pensar que a noção de significado pode, por isso, ser explicada sem referência à noção de compreensão. Na comunicação, não se trata de fazer com que algo, como a apreensão de um sentido, aconteça na mente do ouvinte, de tal modo que seja irrelevante o que acontece em seguida. Compreender um proferimento não é ter uma experiência e tampouco corresponde a qualquer outra coisa que aconteça na mente do ouvinte. É, em vez disso, uma capacidade, manifesta no modo como o ouvinte reage ao proferimento (PI §§317, 363, 501-10). Compreender uma palavra é também uma capacidade, que se manifesta de três formas: no modo como usamos a palavra, no modo como reagimos quando outros a utilizam, e no modo como a explicamos quando somos solicitados a fazê-lo (PI §75; AWL 48-50; LFM 19-28). Esses três CRITÉRIOS para aferir a compreensão de uma palavra não são em princípio indissociáveis (uma mesma pessoa pode usar uma palavra corretamente e não reagir a ela de forma adequada ou ser incapaz de explicá-la); entretanto, o fato de que normalmente eles coincidem é um fator crucial para esse conceito. A compreensão é um "correlato" da EXPLICAÇÃO e do significado; ao invés de perguntarmos "Qual o sentido de *'X'*?", deveríamos perguntar "Como *'X'* é explicado?" e "Que critérios utilizamos para afirmar que alguém compreendeu *'X'*?" (PG 45, 60; BT 11).

Durante o período de transição, Wittgenstein considerou a "compreensão" como um termo determinado por SEMELHANÇA DE FAMÍLIA, que denota de uma variedade de processos inter-relacionados (PG 49, 74; PLP 347-8). Calca-se aqui no fato de que há diversas manifestações comportamentais da compreensão. Mais tarde, essa idéia perde destaque, possivelmente porque ele se deu conta de que um termo pode ser aplicado com base em critérios diversos, sem que por isso corresponda a uma família de casos. Continuou talvez, entretanto, a sustentar que a compreensão lingüística só se vincula a *outros* tipos de compreensão, como por exemplo a compreensão de pessoas ou a compreensão ESTÉTICA, por semelhanças que se sobrepõem. É possível, por exemplo, compreender uma composição musical sem que se possa fornecer uma paráfrase para ela. A compreensão de um poema, em contraposição, envolve um grau mais alto de compreensão lingüística: sabemos parafrasear as expressões que ocorrem em um poema, mas sabemos também que tais expressões não podem ser substituídas por paráfrases nesse contexto (PI §§522-35; PG 69; M 105).

Wittgenstein acabou por rejeitar também a posição de que a "compreensão" é uma família de *fenômenos* (PI §§143-84). A compreensão não é um evento, processo ou estado, de natureza física ou mental. Isso não significa negar que a "compreensão" possa ter "acompanhamentos" mentais ou fisiológicos característicos; significa negar apenas que estes *constituem* nossa compreensão (PI §152, II 181). Wittgenstein apresenta três argumentos em favor dessa idéia. O primeiro é que nenhum fenômeno mental ou fisiológico é logicamente *necessário* para a compreensão. Embora uma série de imagens ou sentimentos possam me passar pela cabeça quando compreendo uma proposição, nenhuma delas é essencial para a compreensão. Teorias mentalistas do significado partem do princípio de que possuir uma imagem mental é algo necessário para a associação de uma expressão ao objeto a que se refere. Isso não pode, entretanto, constituir uma precondição geral: do contrário seria impossível compreender a ordem "Imagine um retalho amarelo!" sem antes executá-la (PI §§35, 172-9; BB 12, 149-50). Há pré-requisitos fisiológicos para a compreensão — por exemplo, a posse de um cérebro de um determinado tamanho e complexidade, ou mesmo a ocorrência de processos neurais específicos. Essas são, entretanto, necessidades empíricas que nada informam sobre o conceito de "compreensão" (BB 7, 118-20; PI §§149-58, 339, 376; RPP I §1063). Wittgenstein foi acusado de ignorar que processos neurais são necessários à compreensão em um sentido metafísico, e não empírico ou conceitual. Rejeitou explicitamente, entretanto, a idéia de necessidades metafísicas dessa natureza (*ver* AUTONOMIA DA LINGUAGEM). Proferimentos como "Agora ela entendeu" (uma palavra, por exemplo) ou "Agora posso continuar" (por exemplo uma série aritmética) não constituem afirmações acerca de ocorrências neurais. A primeira afirmação baseia-se em critérios comportamentais, isto é, no desempenho. A segunda não configura uma descrição ou um relato, mas uma EXTERIORIZAÇÃO da compreensão, que não se baseia em evidências de qualquer espécie (PI §§151, 179-81, 323). Para os outros, minha EXTERIORIZAÇÃO sincera é um critério para aferir minha compreensão: ela basta, em geral, para levá-los a presumir que de fato compreendo, muito embora essa suposição possa ser revertida caso eu não manifeste tal compreensão em circunstâncias apropriadas.

O segundo argumento de Wittgenstein é que tais fenômenos não são *suficientes* — sua presença não garante a compreensão. É tentadora a suposição de que a posse de uma imagem mental apropriada constitui uma garantia de compreensão. Entretanto, se me mandam apanhar uma flor amarela, a imagem de uma flor amarela pode me passar pela cabeça sem que eu compreenda a ordem. Afinal, qualquer imagem mental que me ocorra precisa ainda ser aplicada, e, há, além disso, diferentes MÉTODOS DE PROJETÁ-LA. Da mesma forma, a ocorrência da fórmula correta na mente de um aprendiz de uma série aritmética não garante que ele vá ser capaz de continuar a série. Essa lição se aplica também à visão fregiana. Mesmo que admitamos a misteriosa apreensão do sentido, como pode uma tal entidade abstrata constituir um "modo de determinar" aquilo a que a expressão corresponde? Como ela pode explicar o uso de uma palavra ao longo do tempo? Só poderia fazê-lo se fosse uma "máquina lógica", uma entidade na qual todas as aplicações possíveis estivessem predeterminadas, de tal modo que sua apreensão nos levasse a um número infinito de passos. Tal "superlativo filosófico" não passa, entretanto, de pura mistificação (PI §§139, 192; PG 40; BB 32-6; LSD 136; *ver* REGRA, SEGUIR UMA).

Poder-se-ia objetar que a compreensão do aprendiz não está em a fórmula simplesmente lhe passar pela cabeça; consiste, em vez disso, no fato de que é baseando-se na fórmula que ele vai adiante. Wittgenstein trata dessa objeção em sua discussão sobre a leitura (§§156-78). Admite que a diferença entre uma pessoa que lê e uma pessoa que simplesmente finge estar lendo é que a primeira extrai do texto aquilo que nele está dito. O texto não é a causa, mas a razão de eu ler em voz alta de uma determinada maneira. A leitura é uma atividade guiada por regras. Entretanto, é fracassada a tentativa de identificar uma essência dessa "extração" em meio à multiplicidade de circunstâncias que a cercam. Tais insucessos levaram James a proclamar que a compreensão é um fenômeno misterioso que escapa ao nosso tosco vocabulário psicológico. Isso se dá, entretanto, porque, por assim dizer, acatamos com a cebola ao descascá-la em busca do miolo (PI §164; *Psychology* I 244, 251; essa metáfora encontra-se em *Peer Gynt*, de Ibsen). Pois eu ter de fato extraído do texto as minhas palavras não é algo que dependa de qualquer coisa que tenha me passado pela cabeça na ocasião; depende, isso sim, daquilo que fui capaz de fazer com o texto. Ler é o exercício de uma capacidade, não a manifestação de um mecanismo, mental ou biológico.

Essa conclusão é ainda reforçada pelo terceiro argumento de Wittgenstein. A compreensão lingüística não é um ato: não é algo que façamos, voluntária ou involuntariamente. Tampouco é um evento ou um processo (PI §154; PG 85), uma vez que não é algo que acontece ou se passa. A "compreensão" é uma condição permanente. O ponto discutível é se ela corresponde a um estado, não somente no sentido de "compreender" ser um verbo estativo, mas também no que diz respeito à sua GRAMÁTICA geral. Nas *Investigações filosóficas* (59n), sugere-se que compreender uma palavra é um estado, mas não um estado mental, presumivelmente por tratar-se do estado de uma pessoa, não de uma mente. Outras passagens, entretanto, repudiam essa sugestão (BB 117-18; Z §§71-87), com base em argumentos que Wittgenstein repete, ao lidar com o tópico PRETENDER ALGO E QUERER DIZER ALGO. Distinguindo-se dos estados mentais (por exemplo, estar com dor de cabeça), a compreensão não possui "duração genuína": não é possível verificar se ainda está em curso e tampouco pode ser interrompida, por exemplo, pelo sono. Não há, além disso, critérios para aferir tal estado que independam de suas manifestações (PI §149; ver Z §§21, 26, 78, 669; BB 5, 20, 32, 78, 143). Isso sugere que a compreensão é mais potência do que ato. Não constitui, ademais, uma disposição, uma vez que não exteriorizo minha compreensão com base na observação de meu comportamento em circunstâncias anteriores semelhantes. A compreensão lingüística é, em vez disso, uma capacidade (*Können*), o domínio de técnicas de utilização de palavras em incontáveis atividades discursivas (PI §150; BT 149; PG 47-51).

O fenômeno da compreensão "instantânea" coloca um problema para a posição de Wittgenstein (PI §§138, 197, II 175-6, 181). O uso de uma palavra se estende no tempo, sendo, portanto, difícil ver como poderia ser apreendido em um instante. Wittgenstein replica que o fato de podermos compreender uma palavra em um instante não apresenta mais mistérios do que o fato de não precisarmos repassar todas as regras do xadrez quando temos intenção de jogar uma partida, para garantir que é xadrez e não outro jogo qualquer que pretendemos jogar. O proferimento da expressão "Agora posso continuar" não constitui o relato de um processo infinitamente condensado (a recapitulação de toda uma série aritmética), mas sim uma reação. Não se trata naturalmente, contudo, de algo que não possa ser corrigido. Se compreendo e o que compreendo instantaneamente não é algo determinado por qualquer coisa que se passe na ocasião, mas sim por aquilo que sou capaz de fazer em seguida, devendo adequar-me a uma prática estabelecida para o uso do termo ou para a construção da série aritmética. Se tais reações expressivas de compreensão não se fizessem seguir em geral por uma performance bem-sucedida, perderiam seu papel em nosso jogo de linguagem.

**conceitos formais** *ver* DIZER/MOSTRAR.

**consciência** A filosofia do primeiro Wittgenstein envolvia uma forma de SOLIPSISMO, em que a realidade é vista como idêntica à vida, e a vida como idêntica à "consciência", isto é, minha experiência presente. Essa concepção tem a impressionante conseqüência de que, na morte, quando a consciência termina, "o mundo não muda, mas pára de existir". Ouvimos aqui ecos de Schopenhauer, que sustentara que o mundo é minha representação, e que o conceito de representação coincide com o conceito de consciência. Embora Wittgenstein tenha abandonado sua metafísica schopenhaueriana depois do *Tractatus*, em sua fase VERIFICACIONISTA, continuou a sustentar que "O real é somente a experiência do momento presente" (M 102-3; ver NB 11.16./24.7./2.8.16; TLP 5.621, 6.431; *World* I §§1, 10, II cap. 1). De 1932 em diante, entretanto, passou a criticar não somente esse tipo exótico de solipsismo do momento presente, como também algo que dominara a filosofia desde Descartes — a visão da mente como um domínio privado, em termos da dicotomia INTERNO/EXTERNO. "A imagem é mais ou menos esta: o mundo, a despeito de todas as vibrações do éter que o atravessam, é escuro. Um dia, porém, o homem abre seus olhos que vêem, e faz-se a luz" (PI II 184) A consciência é vista como o raio de luz que ilumina nossos episódios mentais privados, um brilho interno que, nas palavras de James, demarca "o abismo" que separa a mente da matéria, que distingue os fundamentos do conhecimento empírico daquilo que, na melhor das hipóteses, podemos apenas inferir (LPE 296-7; *Psychology* I 134-6). Na fase mais madura de sua obra, Wittgenstein ergueu várias objeções contra essa idéia de um "mundo da consciência" interno (LW II 21, 74; PI §§412-27; LPE 320).

(a) A visão de que o conteúdo da consciência ou da experiência se constitui de entidades às quais somente eu tenho acesso é questionada pelo argumento da LINGUAGEM PRIVADA, em que se nega que faça sentido a idéia de "estas" e "aquelas" entidades privadas (RPP I §§91, 109, 896).

(b) A consciência está longe de poder ser conhecida por uma instrospecção infalível; não existe tal coisa como perceber a própria consciência ou defrontar-se com ela. Se, depois de um acidente, digo ao médico "Estou consciente", não estou, com isso, relatando o resultado de uma observação de minha própria mente; estou apenas dando mostras de que retomei a consciência, algo que poderia ter feito igualmente bem dizendo "Olá!" (PI §§416-17; Z §§396, 401-2).

(c) Em parte por essa razão, é um equívoco buscarmos a essência da consciência, pelo direcionamento de nossa atenção à nossa própria consciência. O que se faz necessário é uma investigação de como a palavra "consciência" e suas expressões cognatas são utilizadas.

(d) Tal investigação revela que a palavra "consciência" não se refere a um fenômeno (estado ou processo) que se passa dentro de nós. A pretensa cisão ontológica entre o mundo físico e o mundo da consciência não passa de uma diferença categorial estabelecida em nossa linguagem — a diferença entre as coisas que são sencientes, isto é, possuem a capacidade de perceber o ambiente e reagir a ele, e as que não são. A afirmação de que SERES HUMANOS saudáveis são conscientes (ou que vêem, sentem e ouvem) é uma proposição gramatical; e a sugestão de que seres humanos que se comportam exatamente como nós poderiam ser, na verdade, autômatos é absurda (PI §§281-4, 420; Z §395; RPP II §§14, 19, 35; LW II 78).

(e) Se isso é correto, não há "um abismo intransponível entre consciência e processos cerebrais", e tampouco a consciência está envolta em um mistério metafísico insolúvel (PI §412; BB 47). Embora não faça sentido atribuir consciência ao cérebro ou a suas partes, e embora a consciência não seja um processo que ocorra no cérebro, nada há de paradoxal na idéia de que um evento neurofisiológico, uma estimulação elétrica do cérebro ou uma pressão sobre o globo ocular, possa produzir certas experiências (por exemplo, uma cintilação no campo visual). Da mesma forma, não há mistério metafísico no fato de que só são conscientes criaturas que possuem um sistema nervoso central dotado de um certo grau de complexidade — muito embora haja aqui enigmas científicos que Wittgenstein não abordou, como, por exemplo, por que e de que modo as capacidades de sensação e de volição pressupõem certos mecanismos e processos neurofisiológicos, e como tais capacidades emergiram durante o processo evolucionário.

**constantes lógicas** As constantes lógicas são símbolos que indicam a forma lógica das proposições. No cálculo de predicados, são os conectivos proposicionais "~", "∨", "." e "⊃", e os quantificadores "(*x*)" e "(∃*x*)". Russell, o inventor do termo, utilizava-o, de forma mais ampla, para referir-se a todos os conceitos fundamentais da lógica, incluindo-se "relação", "conjunto" e "verdade". A lógica descreve, para Russell, os aspectos mais gerais da realidade. Abstraindo-se dos componentes materiais das proposições não lógicas, ela classifica as formas lógicas dos fatos. Os símbolos que sobrevivem a esse processo são nomes de "indefiníveis lógicos" ou "constantes lógicas". Estas denotam "objetos lógicos" com os quais mantemos uma relação de familiaridade por meio de uma "experiência lógica" ou "intuição". Podem-se distinguir aí dois grupos, a saber, as "formas lógicas" de fatos atômicos e os objetos lógicos que supostamente correspondem a conectivos proposicionais e quantificadores. Assim como as proposições elementares são nomes de complexos "atômicos", também os conectivos e quantificadores com que se formam as proposições moleculares nomeiam elementos constituintes de complexos "não atômicos" (*Principles* xv, 8-11; "Theory", 80, 97-101).

Frege não utilizou o termo constantes lógicas. Assim como Russell, entretanto, considerou que noções lógicas fundamentais, em especial a distinção entre conceitos e objetos, denotam categorias ontológicas (*Foundations* Introd.; "Function" 31), tendo, além disso, encarado os conectivos proposicionais e quantificadores como nomes de funções de verdade. Assim como os conceitos ordinários associam valores de verdade a objetos, a negação é um conceito (uma função unária) que associa a um valor de verdade o seu oposto; e o condicional é uma função binária que associa um valor de verdade a um par de valores de verdade. Por fim, os quantificadores são funções de segundo nível, indexadas por variáveis e responsáveis pela ligação de variáveis, que associam valores de verdade a conceitos (funções de primeiro nível). Assim, a expressão "*x* conquistou a Gália" tem o valor V para César, de tal modo que a proposição "César *não* conquistou a Gália" associa o valor de verdade F ao valor V, enquanto a sentença "Há um *x* tal que *x* conquistou a Gália" associa o valor V ao conceito de primeiro nível "*x* conquistou a Gália". Para Russell, as proposições não são nomes de valores de verdade (mas de complexos); portanto, as funções de verdade associam proposições moleculares a proposições atômicas (ou a funções proposicionais tais como "*x* conquistou a Gália" no caso dos quantificadores).

Assim como Russell, Wittgenstein inclui entre as "constantes lógicas" não somente os conectivos e quantificadores, mas também o signo de identidade "=" e as formas lógicas de proposições elementares. A idéia de que "não há NENHUMA constante *lógica*" é encontrada já nos primórdios de sua filosofia da lógica, e o pensamento fundamental do *Tractatus* é que as "'constantes lógicas' não desempenham função representativa, que não pode haver elementos representativos da *lógica* dos fatos" (TLP 4.0312, 5.4-5.47; RUL 22.6.12; NB 25.12.14). Os signos da lógica não são nomes de entidades lógicas, sejam os objetos lógicos de Russell, sejam as funções genuínas de Frege. Pelo mesmo motivo, as proposições da lógica não são enunciados acerca de entidades; não descrevem traços abstratos da realidade empírica nem tampouco um domínio platônico *transmundando*, sendo antes TAUTOLOGIAS vácuas que refletem as regras para combinação de signos.

A princípio, Wittgenstein formulou a idéia de que as constantes lógicas não representam, com a afirmação de que são todas elementos de "cópula", uma espécie de cimento que serve para ligar os componentes materiais das proposições e que remanesce depois da abstração de tais componentes (RUL verão 1912 — 1.13). Mais tarde, passou a separar a discussão das FORMAS LÓGICAS de proposições elementares da discussão de outras constantes lógicas. O alvo principal da primeira discussão foi Russell; o da segunda, Frege. Ambos são acusados de hipostasiar referentes para proposições lógicas, sem se dar conta de que PROPOSIÇÕES não são nomes. Contra Frege, em particular, ele insiste que os signos "V" e "F" não se referem mais a objetos lógicos do que os parênteses; indicam meramente as possibilidades de verdade das proposições (TLP 4.441; NL 107). A expressão "*xRy*" significa uma relação entre objetos — a expressão "$p \vee q$" não significa uma relação análoga entre proposições (TLP 5.44, 5.46 e seg.; NL 98-101; NM 116). Os conectivos proposicionais não nomeiam funções; expressam "operações de verdade" que nos permitem gerar proposições moleculares a partir de proposições elementares. O valor de verdade e o sentido dos resultados de tais operações *são* uma função dos valores de verdade e dos sentidos de suas bases. Entretanto, as operações não nomeiam relações entre proposições; expressam antes relações internas entre as estruturas de proposições, mostrando o que se deve fazer com uma proposição para se obter outra a partir dela (que, por exemplo, a proposição "$p \vee q$" precisa ser negada para obtermos "$\sim p . \sim q$") (TLP 5.2-5.25, 5.3; NB 17.8./29.8/22.11.16).

Wittgenstein apresenta vários argumentos contra Frege. (a) Se conectivos fossem nomes de função, as expressões para seus argumentos teriam de ser nomes próprios de objetos. Entretanto, os argumentos de funções de verdade são proposições, que se distinguem completamente dos nomes (TLP 4.441).

(b) Se o Verdadeiro e o Falso fossem objetos, então o método de Frege para determinar, por exemplo, o sentido do signo de negação cairia por terra (TLP 4.431). Assim sendo, se "*p*" tivesse o mesmo valor de verdade de "*q*" (por exemplo, V), "$\sim p$" teria o mesmo sentido que "$\sim q$", uma vez que ambas as proposições expressam o pensamento de que o Verdadeiro cai sob o conceito de negação. Obviamente, entretanto, "$\sim p$" e "$\sim q$" têm, assim como "*p*" e "*q*", sentidos diferentes.

(c) Ao contrário de signos de função genuínos, tais como "*x* é vermelho", nada na realidade corresponde a "~". Uma proposição falsa não corresponde a um fato negativo que inclua um objeto denominado "negação"; *não há* um fato que corresponda a isso. O único efeito de "~" é inverter o valor de verdade de uma proposição. Embora as proposições "*p*" e "$\sim p$" tenham sentidos opostos, ambas fazem menção a uma mesma configuração dos mesmos objetos. Podem ser contrastadas sem necessidade de um signo adicional, pela inversão dos pólos de verdade — "V *p* F" vs. "F *p* V" (TLP 2.01, 4.0621, 6.1203).

(d) Uma função não pode ser seu próprio argumento; não se pode inserir a função "ξ é um cavalo" no lugar do argumento de "ξ é um cavalo"; já o resultado de uma operação de verdade pode ser a base dessa mesma operação (TLP 5.251).

(e) Uma vez que uma função atribui um objeto a um outro objeto, "~~*p*" teria que se referir à negação como um objeto e dizer, portanto, algo diferente de "*p*" (TLP 5.44). Por isso mesmo, um número infinito de proposições, "~~*p*", "~~~~*p*" etc., seguir-se-ia de uma mesma proposição "*p*", o que é absurdo (TLP 5.43).

(f) Somente operações, e não funções, podem anular-se reciprocamente ou desaparecer: ~~*p* = *p* (TLP 5.253 e seg., 5.441; NB 24.1.15; PT 5.0022).

(g) "~", "⊃", ".", "(*x*)" "(∃*x*)" etc. são operadores interdefiníveis; as expressões (~(∃*x*)~*fx* ≡ (*x*)*fx*, (∃*x*)(f*x*. *x* = *a*) ≡ *fa*); não são, portanto, "signos primitivos", como se supunha nos sistemas axiomáticos de Frege e Russell, e tampouco denotam tipos diferentes de funções (TLP 5.42, 5.441).

O último ponto aplica-se aos quantificadores bem como aos conectivos, e o *Tractatus* acrescenta outros argumentos para estender a rejeição das constantes lógicas aos casos da quantificação (*ver* GENERALIDADE) e da IDENTIDADE. Com exceção de (b), as críticas acima aplicam-se tanto a Russell quanto a Frege. Algumas delas podem, entretanto, ser questionadas. Já se argumentou que (e) e (f) partem do princípio de que "*p*" e "~~*p*" têm o mesmo sentido, o que funciona na concepção wittgensteiniana do sentido como o estado de coisas descrito, mas não na concepção de Frege, uma vez que "*p*" e "~~*p*" apresentam de formas diferentes o mesmo valor de verdade, assim como "2+2" e "$2^2$" apresentam o mesmo número de diferentes maneiras. É razoável, entretanto, partir-se desse princípio. Pois "*p*" e "~~*p*" *dizem o mesmo*, não importando se isso está ou não de acordo com a noção fregiana de sentido; com efeito, o próprio Frege admite que "*p* ⊃ *q*" expressa o mesmo pensamento que "~(*p*.~*q*)" ("Compound" 40-6).

O ponto (d) pode também ser questionado; não se comparam ali elementos da mesma natureza. De fato, uma função não pode ser seu próprio argumento; mas tampouco uma operação pode ser a base de si mesma — não se pode multiplicar a multiplicação. Além disso, assim como uma operação pode ser aplicada a seu próprio resultado, algumas funções podem tomar como argumentos um de seus próprios valores, e isso se aplica justamente aos conectivos vero-funcionais, que possuem valores de verdade tanto como argumentos quanto como valores. Da mesma forma, algumas funções, como, por exemplo, *f*(*x*) = (- 1)*x*, se anulam: aplicada ao argumento 1, essa função gera o valor -1; para o argumento -1, gera o valor 1. Wittgenstein poderia retrucar, entretanto, que isso se deve ao fato de que a multiplicação se ajusta tão mal à concepção fregiana de função quanto a negação. Embora fique bem claro como certas *atividades* podem anular-se reciprocamente, não é claro como isso pode ser feito acrescentando-se a uma sentença o nome de uma entidade (uma função). Wittgenstein baseia-se aqui em (c), a idéia geral de que o papel dos conectivos proposicionais não é referir-se a algo, mas sim transformar proposições.

Wittgenstein procura controlar a tentação de hipostasiar referentes para termos lógicos, eliminando-os de sua notação ideal. Todas as operações vero-funcionais são reduzidas a uma única, a negação conjunta, à qual Wittgenstein creditava a capacidade de gerar, a partir de proposições elementares, todas as proposições dotadas de significado. Entretanto, nem mesmo o signo para a negação conjunta — "*N*(ξ)" — aparece na notação ideal, já que, nela, todas as proposições são apresentadas por meio de TABELAS DE VERDADE, sem utilizar conectivos proposicionais (TLP 4.44, 5.101): em vez de "$p \supset q$", simplesmente "(VVFV)($p,q$)"; em vez de "$p$" e "~~$p$", simplesmente "(VF)($p$)". Essa idéia estende-se às proposições quantificadas, bastando para isso que sejam tratadas como somas ou produtos lógicos; quanto à identidade, é expressa não por meio de um signo especial, mas pelo uso de um único signo para cada objeto.

Uma única constante lógica sobrevive a esse expurgo: a FORMA PROPOSICIONAL GERAL que todas as proposições têm em comum, a saber, o fato de que são todas figurações que enunciam como as coisas estão. Tal constante lógica é dada com a simples noção de PROPOSIÇÃO ELEMENTAR. As operações lógicas nada acrescentam, uma vez que são redutíveis à operação de negação conjunta, isto é, à conjunção e à negação. Sendo essencialmente bipolares, todas as proposições vinculam-se tanto à verdade quanto à falsidade, e, portanto, à negação; a possibilidade de asserir mais de uma proposição contém, por sua vez, a idéia da conjunção. Todas as operações lógicas encontram-se já contidas em uma proposição elementar "$fa$", uma vez que esta equivale a "$(\exists x)$ ($fx.x = a$)". A lógica é uma decorrência da essência da representação, uma vez que as INFERÊNCIAS LÓGICAS e as proposições lógicas (TAUTOLOGIAS) advêm da complexidade vero-funcional das proposições, que resulta, por sua vez, da aplicação de operações de verdade a proposições elementares bipolares (TLP 5.441, 5.47 e segs.; RUL verão 1912; NB 5.11.14, 5.5.15).

A explicação não referencial que Wittgenstein dá para os operadores lógicos foi aceita, em um primeiro momento, pelos positivistas lógicos, logrando, mais tarde, alcançar uma aceitação mais generalizada. Entretanto, essa aceitação baseou-se, em grande parte, em uma aversão geral às entidades abstratas, e não nos argumentos específicos de Wittgenstein e tampouco em sua concepção de uma notação livre de constantes. Ele mesmo abandona esta última concepção. Estende, no entanto, a idéia do papel não referencial dos termos lógicos a outros signos, em seu ataque à VISÃO AGOSTINIANA DE LINGUAGEM. Esse ataque abala também a idéia de que o significado de uma palavra é aquilo de que ela é sucedâneo, eliminando, portanto, a necessidade de expressar a noção de que os operadores lógicos não são referenciais, bastando para isso afirmar que não possuem significado (TLP 6.126). Wittgenstein questionou também a idéia de que o cálculo de predicados fornece explicações adequadas para termos ordinários como "não", "e", "todo", "se ... então" (LWL 52-3; PG 55; RFM 41-3; RPP I §§269-74; Z §677; PLP 105), uma idéia elaborada por Strawson. O significado de tais termos não é determinado por estipulações formais, mas sim pelo modo como os explicamos e os utilizamos na vida cotidiana; e o fato é que podem ser explicados por meio de exemplos e mesmo ostensivamente.

**construtivismo** *ver* FORMA PROPOSICIONAL GERAL; PROVA MATEMÁTICA; NÚMEROS.

**contextualismo** Nessa doutrina, sustenta-se que, na explicação do significado, juízos, sentenças ou proposições têm prioridade sobre conceitos ou palavras. O contextualismo está implícito em Kant (B92-3), que sustentava que a única função dos conceitos é o seu emprego em juízos, e em Bentham, que forneceu uma definição contextual para partículas gramaticais como "se" ou "mas", isto é, explicou-as parafraseando as sentenças em que ocorrem. Frege insiste na primazia dos juízos (pensamentos) sobre os conceitos: em vez de construir juízos a partir de conceitos (como na lógica tradicional), deriva estes a partir da análise daqueles. Essa idéia subjaz a seu célebre "princípio do contexto": jamais "pergunte pelo significado de uma palavra tomada isoladamente" e "Somente no contexto de uma proposição as palavras possuem um significado" (*Foundations* x, §§60-2, 106; ver *Posthumous* 15-16, 253). Esse princípio têm três conseqüências. Em primeiro lugar, uma condição de suficiência: para que uma palavra possua significado, é suficiente que desempenhe algum papel na expressão de um juízo. Essa condição lhe permitiu insistir, contrapondo-se ao psicologismo, na idéia de que, para uma sentença ser dotada de significado, não é necessário que cada palavra individual esteja associada a uma idéia. Em segundo lugar, o composicionalismo: o significado de uma palavra é sua contribuição para o conteúdo da sentença em que ocorre, uma vez que esta última se compõe do significado de seus elementos constituintes (para Russell, da mesma forma, uma proposição é o valor de uma função proposicional). Finalmente, uma condição de caráter restritivo: é somente no âmbito de uma sentença que expressa um juízo que as palavras possuem um real "conteúdo" lógico, pois somente aí determinam (em parte) a validade de inferências.

Ao dividir o conteúdo em "sentido" e "significado", Frege considerou que o sentido e o significado de uma sentença são determinados respectivamente pelos sentidos e significados de seus elementos constituintes. Rejeitou, entretanto, a legitimidade das definições contextuais, e jamais adaptou o princípio do contexto a essa distinção (*Posthumous* 255-6; "Sense" 35-6; *Laws* II §66). O *Tractatus* promove tal adaptação, mas de uma forma modificada. Enquanto Frege estabelece uma distinção entre os nomes "saturados" de objetos (por exemplo, "Paris") e os nomes "não saturados" de funções (por exemplo, "é a capital da França"), Wittgenstein insiste na idéia de que todos os nomes são não saturados, isto é, só possuem significado ao coordenarem-se com outros nomes. Nega, além disso, que as proposições possuam SIGNIFICADO e os nomes possuam SENTIDO. "Só a proposição tem sentido; é só no contexto da proposição que um nome tem significado" (TLP 3.3, ver 3.314). Podem-se detectar duas motivações para esse "princípio restritivo". A motivação explícita (TLP 2.0121-2.0131; PT 2.0122) deriva do isomorfismo entre linguagem e realidade, postulado pela TEORIA PICTÓRICA. No que diz respeito a suas possibilidades combinatórias, os nomes se comportam como os objetos de que são sucedâneos. É essencial para os OBJETOS concatenarem-se com outros objetos em fatos: um objeto não pode ocorrer por si só; mantém determinadas relações com outros objetos (*ver* ESPAÇO LÓGICO). Os nomes, funcionando como substitutos de objetos, comportam-se da mesma maneira; fazem parte, portanto, de FATOS de um tipo especial, a saber, proposições. O que representa o fato de que "*a*" mantém a relação *R* com "*b*" não é uma mera lista de signos, mas sim o fato de que "*a*" está à direita e "*b*" está à esquerda de "*R*" (TLP 3. 1431 e seg.; *ver* PROPOSIÇÃO ELEMENTAR).

A motivação implícita provém do composicionalismo do *Tractatus*. No espírito de uma sugestão (possivelmente independente) de Frege, busca-se ali explicar a "criatividade lingüística", o fato (observado em primeiro lugar por von Humboldt) de que somos capazes de compreender proposições que nunca ouvimos antes (TLP 3.318, 4.02-4.03; NL 98, 104; *Posthumous* 225, 243; *Correspondence* 79). A solução do *Tractatus* teve ampla aceitação entre filósofos da linguagem contemporâneos. Para que possamos compreender um número ilimitado de proposições, basta-nos conhecer as expressões primitivas (nomes) e suas regras combinatórias. Compreender uma proposição é compreender os significados de seus elementos constituintes e também sua FORMA LÓGICA, isto é, seu modo de composição (teorias contemporâneas acrescentam que as regras de composição são recursivas, permitindo, portanto, a formação de um número infinito de sentenças). Em última instância, o sentido de uma proposição elementar é uma função dos nomes que a constituem: tanto de seus significados — os objetos que representam — quanto de sua forma lógica, suas possibilidades combinatórias. Da mesma forma, a função dos nomes é contribuir para a determinação do sentido de proposições elementares. Infelizmente, ambas as motivações logram no máximo mostrar que os nomes devem ser capazes de ocorrer em proposições, sem, contudo, mostrar que eles só possuem significado quando de fato ocorrem em proposições, conforme exige o princípio restritivo.

Mais tarde, Wittgenstein passou a rejeitar tanto a idéia de que as PROPOSIÇÕES precisam consistir em função e argumento quanto o composicionalismo de uma forma geral. O sentido de uma proposição não é determinado exclusivamente pelos significados de seus elementos constituintes e por seu modo de combinação; depende antes, pelo menos em parte, de seu papel, da forma como essa proposição é usada em uma situação discursiva particular. COMPREENDER os componentes e o modo de composição de uma sentença pode ser uma condição necessária para compreendê-la, mas não é uma condição suficiente. Considerando-se nosso método de determinar o tempo com base no zênite solar, a sentença "No Sol, são agora cinco horas" não faz sentido (PI §§350-1; BB 105-6; RPP II §§93-4). Poderíamos estipular um sentido, mas isso não equivaleria a calculá-lo a partir do sentido dos componentes da sentença e de seu modo de composição. Além disso, a forma gramatical só nos dá a forma lógica e o estatuto lógico na medida em que uma determinada expressão-tipo seja utilizada *canonicamente* para um determinado propósito. E o propósito padrão de uma sentença-tipo pode conflitar-se com o que sua forma lingüística sugere. É prática comum, por exemplo, darmos ordens por meio de sentenças declarativas ou interrogativas ("Gostaria que você fechasse a porta", "Você poderia fechar a porta?"), ou fazermos perguntas utilizando o imperativo ("Diga-me o que está pensando!"). Uma sentença é uma proposição GRAMATICAL, isto é, expressa tipicamente uma regra lingüística, dependendo do papel ou da função que desempenha em nossas práticas lingüísticas: "Guerra é guerra" não é, tipicamente, uma sentença utilizada para expressar a lei de identidade. Por fim, em certas ocasiões, uma determinada combinação de palavras pode servir a um propósito não canônico — é o caso das perguntas retóricas. Isso vai depender do modo como o falante utiliza essa combinação de palavras na ocasião, e se torna evidente no modo como ele explicaria ou defenderia aquilo que disse, e nas reações que admitiria como relevantes (PI II 221; LW I §17; MS131 141-2; *ver* PRETENDER ALGO E QUERER DIZER ALGO).

Essa abordagem funcionalista do sentido elimina uma objeção à idéia de que enunciados psicológicos de primeira pessoa, tais como "Estou com dor", são EXTERIORIZAÇÕES e não descrições ou relatos. Trata-se da colocação de que tais enunciados devem necessariamente possuir o mesmo sentido (descritivo) que os enunciados de terceira pessoa ("H.G. está com dor"), uma vez que combinam componentes equivalentes da mesma maneira (LW I §44). Além de eliminar essa objeção, a abordagem funcionalista significa que não é mais somente com base em regras gerais que se decide se uma combinação de signos é ABSURDA; isso dependerá também das circunstâncias nas quais a expressão funciona (PI §489; OC §§229, 348-50, 433). Essa abordagem fortalece ainda a advertência de Wittgenstein quanto ao perigo de confusão filosófica inerente à nossa concentração na forma das expressões em detrimento de seu uso (LC 2; AWL 46; PI §§10-14). Questiona, por fim, um pressuposto das semânticas baseadas em condições de verdade, a saber, o de que as sentenças possuem significados literais determinados unicamente por seus componentes e por sua forma lógica.

Wittgenstein não deixa de admitir a idéia geral da primazia das proposições sobre seus elementos constituintes. Suas razões para isso, entretanto, são novas. O que confere significado às palavras não é mais o fato de estarem imersas em uma forma lógica, mas sim o fato de terem sido incorporadas em um jogo de linguagem (*ver* USO). "Uma palavra só tem significado como parte de uma sentença" (PI §49). Considerada superficialmente, essa afirmação está incorreta. Ao chamar alguém ou pintar "WC" em uma porta, não estou dizendo algo sem significado ou produzindo um sinal gráfico sem significado. Entretanto, a não ser em ocasiões excepcionais (PR 59), Wittgenstein costuma explicar sua máxima de um modo que acomoda a idéia de que palavras podem significar algo sem que de fato estejam ocorrendo em uma proposição. O ponto que ele insiste em enfatizar é que uma palavra precisa ser capaz de ocorrer em proposições, e que tais ocorrências das palavras são semanticamente primárias. A essa conclusão ele chega passando pelas seguintes etapas (implícitas).

(a) A proposição é a unidade mínima capaz de promover um lance no jogo de linguagem: somente as proposições podem dizer algo. Não há meias proposições, no sentido em que se diz haver meia bisnaga de pão (BT 1; PG 44).

(b) Nomear um objeto não constitui um lance em um jogo de linguagem, assim como não é um lance do xadrez colocar uma peça sobre o tabuleiro. A nomeação pressupõe um contexto sentencial, no sentido de que é essencialmente uma "preparação" para o uso sentencial (PI §49; PLP 13-14, 199, 318-20).

(c) Um nome só pode ser utilizado em separado se existir um JOGO DE LINGUAGEM em que tais lances sejam realizados: "WC" não poderia ser um rótulo se não falássemos sobre banheiros.

(d) Compreender uma palavra implica *inter alia* saber como utilizá-la em sentenças.

O que há de verdadeiro em Frege e no *Tractatus* é que o significado de uma palavra é determinado pelo modo como pode ser utilizada em sentenças. Não se segue daí, entretanto, que a palavra só possui significado no contexto de uma sentença. Ao contrário, é a *palavra individual* que possui tal uso e, portanto, um significado. Se o papel que uma palavra desempenharia em uma proposição é claro, isso significa que ela possui um significado, venha ela ou não a desempenhar de fato esse papel.

Tal posição leva naturalmente a uma extensão do contextualismo à idéia de que as sentenças só possuem significado no contexto global de uma língua (*ver* FORMA DE VIDA). Uma proposição só pode configurar um *lance* no contexto global de um "jogo de linguagem" (PI §199; ver PG 172; BB 5; LW I §913). Tal holismo semântico faz lembrar Quine e Davidson. Tomado literalmente, ele implica que não se pode compreender qualquer parte de uma língua a não ser que todas as partes sejam compreendidas; ignora-se nessa posição que uma língua se aprende por partes, e também que há graus de compreensão. Numa interpretação mais generosa, esse holismo significa que não se pode atribuir a alguém a compreensão de uma só sentença e nada mais. Pois uma proposição é um signo dentro de um sistema, uma combinação possível de palavras dentre outras com as quais está em contraste. Assim sendo, compreender uma proposição faz parte do "domínio de uma técnica" (PI §199; PG 63, 152-3). É algo que envolve tanto a capacidade de empregar uma palavra em outros contextos, quanto o conhecimento de algumas das conexões lógicas entre a sentença dada e outras sentenças. "A luz se espraia gradualmente sobre o todo" (OC §§141-2). Não se aprende tudo de uma só vez, mas a apreensão de cada parte só se completa quando dominamos o todo. Assim compreendido, o holismo semântico explica, ao invés de ignorar, o fato de que há graus de compreensão.

**contradição** Para Wittgenstein, uma contradição como "*p*.~*p*" equipara-se a uma TAUTOLOGIA como "~(*p*.~*p*)", no sentido de que não é absurda mas sim destituída de sentido, uma vez que nada diz. A lei de contradição, em contrapartida, não é a expressão vazia "~(*p*.~*p*)", mas antes uma regra que proíbe a expressão "*p*.~*p*". O que os lógicos temem não são as contradições *per se*, que possuem uma função legítima, em especial nos argumentos por *reductio ad absurdum*; o que temem são as violações dessa regra, que ocorrem, por exemplo, quando um postulado que implica uma contradição não é abandonado. Uma regra contraditória é algo que não existe, pois semelhante regra não poderia orientar uma conduta; e uma proposição contraditória não configura um lance no jogo de linguagem, assim como não é um lance do xadrez colocar e retirar uma peça em um dos quadrados do tabuleiro (WVC 130-1, 176, 199-200; PG 128-9, 305; AWL 4; LFM 209, 212-14, 223; RPP I §44; RPP II §290).

As observações de Wittgenstein quanto às conseqüências das contradições para os fundamentos da matemática são deliberadamente provocadoras. Ele não tolera contradições, e muito menos as fomenta. Considerava, no entanto, supersticioso o temor cético de que possa haver contradições "ocultas", que, como germes, venham a infectar, sub-repticiamente, todo o corpo da matemática; rejeitava, por conseguinte, a idéia, subjacente à METAMATEMÁTICA de Hilbert, de que tais contradições deveriam ou poderiam ser evitadas de antemão por meio de provas de consistência (WVC 119; RFM 204-19, 254-6, 370-8, 400-1, 410; LFM 7-8, 67, 209-30). Uma contradição oculta não é uma contradição que passa despercebida, isto é, uma contradição que se encontra explícita em um conjunto de regras (tendo apenas sido ignorada em uma determinada ocasião), ou uma contradição que pode ser gerada de acordo com um método estabelecido (WVC 120, 143, 174-5, 208; LFM 226). Trata-se, em vez disso, de uma contradição acrescentada ao sistema por um novo tipo de construção, não previsto — como é o caso da construção de enunciados como "*X* é membro de si mesmo". Considerando-se essa distinção, pode-se dizer que Russell não descobriu uma contradição existente no cálculo de Frege, mas sim inventou uma maneira de construir uma contradição, modificando, assim, esse cálculo. Nada nos obriga a aceitar esse tipo de modificação. Podemos decidir que o caminho que leva à contradição não constitui uma derivação correta dentro do sistema. As regras com as quais trabalhamos nos comprometem apenas com aquilo que pode ser gerado a partir de sua aplicação direta, não com aquilo que possa ser acrescentado. Da mesma forma, nenhuma descoberta metamatemática poderia produzir um sistema imune à possibilidade de tais construções. Uma certeza dessa espécie só poderia ser alcançada por um "anjo bom" (RFM 378; LFM 221-4; *ver* PROVA MATEMÁTICA).

Construir ou detectar uma contradição não equivale a mostrar que tudo o que se fazia antes estava errado. Uma contradição só é nociva quando paralisa a aplicação de um cálculo. Assim, se, por exemplo, o vice-presidente aparece para um banquete de Estado pela primeira vez, e subitamente se percebe que certos regulamentos estipulavam de forma inconsistente o lugar que ele deveria ocupar à mesa em tais ocasiões, isso não indicaria que a prática anterior era incorreta (LFM 210). Da mesma forma, é difícil ver como nossa aritmética básica poderia ser suplantada por descobertas sofisticadas da lógica matemática, uma dificuldade que confere força à sugestão de Wittgenstein de que "a lógica de Frege e de Russell não constitui em absoluto a fundamentação da aritmética" (LFM 228; WVC 149; RFM 400-1) Entretanto, o próprio Wittgenstein insistiu na idéia de que uma expressão como "realizar Φ e não realizar Φ na situação *X*" não é o que denominamos regra (PG 305). Portanto, é preciso acrescentar que, no caso supracitado da contradição despercebida, já havia algo errado antes que nossas práticas o revelasse — só que o erro não estava naquilo que fazíamos, mas sim nos regulamentos, isto é, no fato de que estes não nos forneciam uma orientação precisa quanto ao lugar do vice-presidente. Da mesma forma, uma aritmética que não proibisse a divisão por zero já seria inadequada mesmo antes que alguém começasse a dividir por zero.

Mesmo aceitando-se as idéias de Wittgenstein acerca de contradições despercebidas e ocultas, algumas de suas observações sobre o que fazer quando uma contradição vem à luz são problemáticas.

> Poder-se-ia dizer que "Encontrar uma contradição em um sistema, assim como encontrar um germe em um corpo saudável sob todos os outros aspectos, é algo que mostra que todo o sistema ou o corpo está doente." — De modo algum. A contradição sequer chega a falsear alguma coisa. Deixe estar. Não vá por aí. (LFM 138)

Isso é o mesmo que dizer que podemos evitar os problemas com o regulamento sobre o lugar do vice-presidente simplesmente evitando oferecer banquetes de Estado; impugna-se o propósito do sistema de regras. Em outras passagens, Wittgenstein segue uma linha mais plausível: quando descobrimos uma contradição, faz-se necessária uma ação remediadora; mas esta sempre pode ser providenciada, especialmente por meio de estipulações *ad hoc*, tais como a de Russell, que proíbe expressões do tipo "*X* é membro de si mesmo". Assim, o maior problema das contradições é o fato de que qualquer coisa poderia seguir-se de uma contradição; isso pode ser evitado, entretanto, instituindo-se uma regra pela qual fica proibido retirar conclusões a partir de uma contradição (WVC 132; RFM 208, 373-7; LFM 209-10, 219-28).

Waismann e Turing objetaram que essa estratégia cura apenas os sintomas, uma vez que um sistema inconsistente criará um número indefinidamente grande de contradições. Em resposta a isso, já se argumentou que só podemos derivar um número indefinidamente grande de contradições, se (tacitamente) fazemos inferências a partir de uma contradição, o que significa que a regra de Wittgenstein impediria a derivação de contradições. O próprio Wittgenstein, entretanto, reconhecia que a contradição só pode ser controlada se podemos ter uma visão perspícua do sistema, o que significa que, em última instância, a solução para o surgimento de uma contradição é nos desembaraçarmos das confusões engendradas por nossas próprias regras. Feito isso, a solução clara e direta é modificar o sistema, declarando, por exemplo, que uma das duas regras conflitantes é obsoleta (RFM 209; PI §125; LFM 210).

Wittgenstein rejeitou também a sugestão de Turing de que pontes podem cair em decorrência de uma contradição oculta em nossa matemática (LFM 210-21). Se uma ponte cai, ou a física que utilizamos está errada, ou fizemos um erro de cálculo. Esse raciocínio, a rigor, está errado, pois, em um sistema inconsistente, é possível argumentar que "*p.~p*; *ergo* 2 × 2 = 369" e utilizar esse resultado na construção de uma ponte. Wittgenstein está certo, contudo, em sustentar que não chamaríamos isso de cálculo, e que o problema real aqui não é a contradição, mas sim a retirada de tais conclusões absurdas.

A postura geral de Wittgenstein em relação ao temor das contradições ocultas inspira também sua mal reputada discussão do primeiro teorema da incompletude de Gödel (RFM 116-23, 383-9). O teorema enuncia que, para qualquer sistema axiomático *S* adequado para formalizar a aritmética — o dos *Principia*, por exemplo —, há pelo menos uma fórmula bem-formada que não pode ser demonstrada nesse sistema. A técnica utilizada para a obtenção desse resultado é traduzir enunciados metamatemáticos acerca da demonstrabilidade em *S* em enunciados aritméticos, que são eles mesmos parte de *S*. Com base nisso, podemos demonstrar dentro de *S* um enunciado aritmético "*P*", que representa dentro de *S* o enunciado metamatemático "*P* não é demonstrável em *S*", ou, mais claramente, "Eu sou indemonstrável". Se, entretanto, *S* é consistente, *P* é verdadeiro (nenhuma proposição falsa pode ser demonstrada), e, portanto, indemonstrável.

Wittgenstein não pôs em questão a validade da prova, mas somente a interpretação de "*P*" como um enunciado que afirma ser ao mesmo tempo indemonstrável e verdadeiro. Um de seus argumentos é que essa interpretação é paradoxal, já que, para que "*P*" seja *verdadeiro* em *S*, deve ou ser um axioma de *S* ou ter sido *demonstrado* a partir de tais axiomas. Os críticos detectaram ainda uma outra linha de argumentação, a saber, a de que a interpretação de Gödel para *P* é insustentável, por equiparar-se ao paradoxo do mentiroso. Ignora-se aqui que, na prova de Gödel, jamais ocorrem enunciados auto-referentes, tais como "Eu sou falso"; em vez disso, temos duas versões da mesma proposição em dois diferentes sistemas — uma versão é verdadeira, mas não pode ser demonstrada em *S*, e a outra é verdadeira e pode ser demonstrada no sistema metamatemático *M*. O ponto a que Wittgenstein nos chama a atenção é justamente, entretanto, que não pode haver duas versões para uma mesma proposição matemática em dois sistemas diferentes, já que uma proposição matemática só tem sentido como parte de um sistema dedutivo específico. Segundo Wittgenstein, a prova de Gödel, na verdade, construiu duas proposições *diferentes*. Uma delas — "*P*" em *S* — é indemonstrável; a outra — "*P* não é demonstrável em *S* " — é verdadeira, mas parte de *M*, estando livre, portanto, de implicações céticas. Nenhuma das duas linhas de argumentação evidencia a grande incompetência técnica de que Wittgenstein fora acusado. Ambas pressupõem, entretanto, a sua visão de que uma sentença só constitui uma verdade matemática dotada de significado se tiver sido derivada dentro de um sistema de PROVA MATEMÁTICA específico. Sem razões independentes para essa visão, o ataque de Wittgenstein a Gödel peca por petição de princípio, uma vez que a interpretação de Gödel implica precisamente que há um abismo entre significado e verdade matemáticos, por um lado, e prova e demonstrabilidade matemáticas, por outro.

**convencionalismo** *ver* FORMA DE REPRESENTAÇÃO; LÓGICA; PROVA MATEMÁTICA.

**cor** Este tópico ilustra a ontologia atomista do *Tractatus*. Wittgenstein nos chama a atenção para três pontos:

(a) Há relações internas entre cores, que se mantêm necessariamente, como, por exemplo, o branco ser mais claro do que o preto (TLP 4.123).

(b) "Ter cor" é (juntamente com o espaço e o tempo) uma "forma de objetos". Todo "objeto visual" (objeto visível) encontra-se em um "espaço de cor", isto é, deve necessariamente possuir *alguma* cor (assim como qualquer objeto deve necessariamente possuir alguma localização espaço-temporal); trata-se de uma de suas "propriedades internas" (TLP 2.0131, 2.0251; PT 2.0251 e seg.; *ver* FORMA LÓGICA).

(c) A atribuição de cores diferentes a um mesmo ponto no campo visual é inconsistente.

(1) *A* é vermelho

exclui necessariamente

(2) *A* é verde (azul, amarelo, etc.)

A "exclusão de cores" descrita em (c) constitui, aparentemente, um contra-exemplo para a afirmação do *Tractatus* de que toda necessidade é LÓGICA, uma conseqüência da complexidade vero-funcional de proposições moleculares. Wittgenstein tenta lidar com essa dificuldade, mostrando que as proposições (1) e (2) podem ser analisadas como produtos lógicos que se "contradizem" entre si (por exemplo, (1) como "*p.q.r*"; (2) como "*s.t.~r*"). Contemplou duas linhas de análise. Na primeira, evoca a física e sustenta que, uma vez submetidas à análise, (1) e (2) implicam proposições logicamente incompatíveis sobre a velocidade de partículas (TLP 6.3751; NB 16.8/11.9.16). Uma versão mais direta dessa linha sugere que, uma vez submetidas à análise, as proposições (1) e (2) acarretam respectivamente algo como "*A* reflete principalmente luz de 620 nm" e "*A* reflete principalmente luz de 520 nm."

A segunda linha de análise envolve a idéia de que cores como o vermelho são compostas de elementos mais simples — tons de cor indecomponíveis. As proposições (1) e (2) decompõem-se em proposições que atribuem, respectivamente, uma certa "quantidade" de vermelho e de verde a *A*, e mais uma sentença suplementar que estipula "e nada mais"; isso significa que sua conjunção é uma contradição (MS105; RLF; PR cap. VIII; BT 473-85).

Infelizmente, como Ramsey pôde detectar, as duas linhas de análise logram apenas postergar o problema (*Mathematics* 279-80). As proposições resultantes, mais uma vez, excluem-se mutuamente; atribuem uma dentre muitas especificações incompatíveis possíveis, um determinado de um determinável. O que é pior, Wittgenstein percebeu que proposições como (1) e (2) não podem ser construídas a partir de outras, mais simples, que atribuam graus de uma qualidade, uma vez que a conjunção lógica não pode reduplicar o efeito do acréscimo de graus. Se a proposição (1) atribui a *A*, por exemplo, 3 graus de *R*,

(1*) *A* é 3R

não pode ser analisada com a obtenção de

(1**) *A* é 1R. *A* é 1R. *A* é 1R

uma vez que (1**) é simplesmente equivalente a "*A* é 1R". Tampouco pode ser analisada obtendo-se

(1***) *A* é 1R. *A* é 2R. *A* é 3R

pois (1***) contém o termo analisado; e "*A* é 3R" significa ou "*exatamente* 3R", caso em que exclui os outros componentes da conjunção, ou "*pelo menos* 3R", caso em que *implica logicamente* os outros componentes da conjunção. O caso de exclusão de cores leva Wittgenstein, portanto, a dar-se conta de que enunciados de grau não podem ser analisados de modo a gerar PROPOSIÇÕES ELEMENTARES que sejam logicamente independentes.

Sua resposta foi abandonar essa exigência, e, junto com ela, o atomismo lógico, que sugere que o *Tractatus* concebera tons de cores indecomponíveis como objetos, e proposições elementares no espírito de (1*). O resultado é a idéia de um "sistema de proposições": as proposições de grau não são comparadas com a realidade individualmente, mas todas de uma só vez, como se fossem marcações graduadas de uma régua; a proposição (1) determina, de uma só vez, que *A* não é nem verde, nem azul, etc. (WVC 63-4; PR 108-11). Em segundo lugar, há relações lógicas que não envolvem funções de verdade: (1) e (2) não se "contradizem"; "excluem-se logicamente" (*ver* TABELAS DE VERDADE). Dessa forma,

(3) Nada pode ser completamente vermelho e completamente verde

não é nem uma proposição analítica, nem uma proposição empírica (compare-se: "Nada pode ser branco e ser um metal); tampouco é uma proposição sintética a priori, como sugeriu Husserl. Não é a estrutura transcendental da mente que nos impede de imaginar um contra-exemplo; o fato é que nada há que pudesse ser considerado como completamente verde e completamente vermelho. (3) é uma proposição GRAMATICAL, isto é, expressa uma regra que exclui, por seu caráter absurdo, uma certa combinação de palavras (WVC 67-8; PR 78-9), a saber, "*A* é completamente verde e completamente vermelho".

Em suas *Anotações sobre as cores*, Wittgenstein ampliou essa idéia. As RELAÇÕES INTERNAS anteriormente citadas fazem parte de toda uma "matemática", uma "geometria" ou uma "lógica" das cores (ROC III §§3, 63, 86, 188) que deve ser distinguida de sua física. A passagem 2.0232 do *Tractatus* estava incorreta em sugerir que os determinados de um mesmo determinável têm em comum todas as possibilidades combinatórias. Assim, Wittgenstein indaga "Por que é que algo pode ser de um verde transparente mas não de um branco transparente?" E ele insiste que tais questões não podem ser respondidas por meio de teorias físicas ou psicológicas, uma vez que dizem respeito não a propriedades causais das cores, como, por exemplo, que as coisas vermelhas emitem luz de 620 nm, ou que irritam as pessoas, mas sim a suas propriedades internas. Resiste também às tentativas de responder a tais perguntas com base em fatos que encontram-se situados entre a ciência e a lógica, como é o caso da teoria "fenomenológica" das cores de Goethe (ROC I §§19, 22, 39-40, 53, 70-3, II §§3, 16, III §§81-2, 229; WAM 125). Rejeitaria igualmente a solução proposta pelo realismo científico (*ver* AUTONOMIA DA LINGUAGEM): ser transparente e branco ao mesmo tempo é impossível, porque ser transparente é *transmitir* a maior parte da luz incidente, ao passo que ser branco é *refletir* a maior parte dela, e isso não por causa da gramática ou de um fato empírico, mas por necessidade metafísica. Não há, entretanto, qualquer teoria sobre a transmissão ou a reflexão da luz que faça parte de nossos conceitos de cor. A reflexão da maior parte da luz incidente não é algo que faça parte da explicação de "branco", e tampouco se trata de uma propriedade interna: não deixaríamos de dizer que a neve é branca se algum procedimento de medição nos revelasse que ela transmite ou que absorve a maior parte da luz.

O próprio Wittgenstein elucida a incompatibilidade entre o branco e o transparente referindo-se a "regras de aparência" que governam o uso de termos visuais. Em primeiro lugar, algo branco por detrás de um meio transparente colorido aparecerá na cor do meio (podemos saber que é branco, mas não podemos representar o modo como aparece sem usar a cor do meio); algo preto, por outro lado, aparecerá preto. Um pretenso "meio transparente branco" faria, por conseguinte, com que o branco aparecesse branco, e o preto, preto; comportar-se-ia, portanto, como um meio *destituído de cor*, o que é absurdo (ROC I §20, III §173). Em segundo lugar, qualquer meio colorido escurece a aparência daquilo que se vê através dele. Para que um meio branco pudesse fazê-lo, teria que ser ele mesmo escuro, isto é, não poderia ser branco (ROC I §30).

Wittgenstein elucida outras características aparentemente fenomenológicas — como, por exemplo, o fato de que não pode haver um verde avermelhado, ou o contraste entre as cores puras e as mistas —, com base nas representações tradicionais da cor (octaedro de cores, círculo de cores; tabela de cores), as quais ele caracteriza como combinações de regras gramaticais (LWL 8, 11; PR 51, 75, 276-81). Isso se liga ao papel crucial desempenhado por DEFINIÇÕES OSTENSIVAS: explicamos, justificamos e criticamos o uso de nosso vocabulário de cores com base em amostras: "Esta cor (dizemos, apontando para uma tabela ou para um tomate maduro) é o vermelho". Proposições gramaticais acerca de cores refletem conexões normativas que estabelecemos pelo emprego que fazemos de amostras de cores. Utilizamos, por exemplo, o par ordenado de uma amostra de branco e uma amostra de preto também como um paradigma de "mais claro" e de "mais escuro", para excluirmos, por seu caráter absurdo, a afirmação de que *esta* amostra de branco é mais escura do que *esta* amostra de preto (RFM 48, 75-6).

O papel desempenhado pela definição ostensiva explica outras características dos termos designadores de cores.

(d) Não são definidos lexicalmente (um ponto que fora distorcido no *Tractatus*, quando se sustentou que objetos não podem ser "descritos"), mas sim por meio de amostras (PG 89-90, 208-9).

(e) Cores primárias, como o vermelho, não são simples no sentido metafísico dos OBJETOS tractarianos; são simples no sentido de que nossa forma de representação as *trata* como elementos simples de cores mistas e não nos fornece um método para analisá-las (RPP I §§605-9).

(f) Os cegos ou os daltônicos não possuem os conceitos de cores de uma pessoa com visão normal (ROC I §§9, 13, 77, III passim; RPP I §602; LW II 24-6, 61, 74-9). A razão para isso não é que lhes falte uma determinada experiência privada — o argumento da LINGUAGEM PRIVADA abala a idéia de que as cores sejam subjetivas, no sentido de que os indivíduos possam querer dizer coisas diferentes com "vermelho", embora expliquem e utilizem a palavra da mesma forma (espectro invertido). A razão é, em vez disso, o fato de que lhes faltam capacidades perceptuais para terem uma participação completa nos jogos de linguagem em que usamos termos designadores de cores. Um daltônico pode saber que a luz de cima em um sinal de tráfico é vermelha, mas não poderia sabê-lo simplesmente olhando-a e dizendo "Isto é vermelho".

**corpo de significado** (*Bedeutungskörper*) Wittgenstein utiliza esse termo para descrever a idéia de que, por detrás de cada signo, há uma entidade não lingüística, seu significado, que determina o seu uso correto. Essa visão nos permite conceber uma palavra como algo análogo a uma face pintada em um corpo de vidro com uma determinada forma geométrica (cúbica ou piramidal, por exemplo), cujas demais faces permanecem invisíveis. As possibilidades combinatórias da face visível dependem da forma do corpo que está por detrás dela. As regras gramaticais são vistas, analogamente, como a geometria dos corpos de significado. Podemos extrair as regras para o uso de uma palavra de seu significado, uma vez que este é uma entidade (concreta, abstrata ou mental), que determina as possibilidades combinatórias da palavra (PG 54; AWL 50-1; PLP 234-7). As regras gramaticais não são AUTÔNOMAS, mas são responsáveis pelo "verdadeiro" ou "real" significado do signo em questão, que é algo que se encontra fora da linguagem, sendo passível de descoberta pela ANÁLISE LÓGICA.

Esse tipo de visão se destaca em Frege, que acreditava ter revelado, pela primeira vez, o verdadeiro significado das palavras designadoras de números, insistindo, contra os formalistas, na idéia de que as regras para o uso dos símbolos matemáticos devem necessariamente "seguir-se daquilo de que são sucedâneos", seus significados (*Foundations* Introd.; *Laws* II §§91, 136). Poderá também ser encontrada no primeiro Wittgenstein, que acreditava que a identidade "*~~p =p*" *espelha* "o fato de que a dupla negação é uma afirmação" (NB 4.12.14), o que reflete, por sua vez, um aspecto da BIPOLARIDADE essencial da proposição. Por outro lado, uma das idéias subjacentes à distinção tractariana entre DIZER e MOSTRAR era que não podemos extrair do significado de um signo as regras que governam o seu uso, já que o signo não possui um significado anterior a essas regras.

Mais tarde, Wittgenstein direcionou essa idéia contra o platonismo de Frege, a metafísica do *Tractatus* e o mentalismo de James (*Psychology* I 245-6; ver também *Analysis* 252), para quem o significado de um termo lógico como "não" seria um sentimento (de rejeição, por exemplo) que a ele associamos (PG 58; BT 42). Seus argumentos questionam também uma alegação aparentemente inócua defendida no positivismo lógico: a idéia de que a verdade das tautologias segue-se das definições dos conectivos lógicos, construídas na notação de tabelas de verdade. Questiona, por fim, além disso, a tentativa da teoria dos modelos de mostrar que nossas regras de inferência se seguem de definições semânticas de constantes lógicas. Todas essas posições extraem de significados o que, para Wittgenstein, são proposições ou regras GRAMATICAIS.

Contra essa idéia, Wittgenstein apresenta dois argumentos interligados. Em primeiro lugar, embora uma regra possa seguir-se logicamente de outra regra (O fato de que Betty se escreve com "B" maiúsculo segue-se da regra de que todos os nomes próprios se escrevem com a inicial maiúscula), não é claro como uma regra poderia seguir-se de um significado (PLP 236). Em segundo lugar, proposições necessárias não se *seguem* dos significados dos signos ou de convenções lingüísticas; em parte, elas os constituem. Pois abandonar uma proposição necessária é alterar os significados de pelo menos alguns dos signos que a constituem.

> A gramática não presta contas a realidade alguma. São as regras gramaticais que determinam o significado (constituem-no), e, portanto, elas mesmas não se submetem a qualquer significado, sendo nesse ponto arbitrárias. (PG 184, ver 52-3, 243-6; AWL 4; RFM 42; LSD 20).

As regras de inferência, por exemplo, determinam o significado das constantes lógicas — não são provenientes delas. A possibilidade ou a interdição de uma transformação específica de símbolos é um aspecto do uso correto e, portanto, do significado dos termos envolvidos. O fato de usarmos "$\sim\sim p = p$" como uma regra de inferência contribui para o sentido de "~". Sem tal regra, o signo não teria o significado que tem. E se a regra fosse modificada, se aceitássemos, em lugar dela, "$\sim\sim p = \sim p$", o significado de "~" sofreria uma alteração correspondente. Por conseguinte, as regras de inferência não podem corresponder ou deixar de corresponder, por exemplo, ao significado da negação. Se alguém passa, digamos, de "$\sim\sim p$" para "$\sim p$", não estará seguindo uma falsa regra de negação; estará, isso sim, conferindo um novo significado a "~" (PI 147n; RFM 398).

Há três problemas nesses argumentos. Um deles é mencionado pelo próprio Wittgenstein: questões de identidade e diferença de significado apresentam um grau de complexidade que eles não comportam (PI §§547-59). Se duas pessoas utilizam "não" da mesma maneira, exceto pelo fato de que uma delas usa a dupla negação para efeito de ênfase e a outra para produzir uma asserção, não diríamos, por isso, que empregam "duas espécies de negação". Pois não diríamos que "não" significa coisas diferentes para elas em "Não entre nesta sala". Por outro lado, diríamos que, de fato, essa palavra significa coisas diferentes em uma frase do inglês como "*I ain't done nothing*" (lit., *não fiz nada*) (RFM 104). Questões de sinonímia são dependentes de contexto. Em segundo lugar, dizer que "$\sim\sim p = p$" segue-se de uma definição de "~", construída na notação da tabela de verdade, é algo que pode ser compreendido, sem maiores problemas, como a contrapositiva da afirmação de Wittgenstein. De sua afirmação de que, se alteramos a regra, alteramos o significado, segue-se que, se *não* alteramos o significado, obtemos a regra. Em terceiro lugar, embora pudéssemos usar "~" tanto em conformidade com "$\sim\sim p = p$", quanto em conformidade com "$\sim\sim p = \sim p$", seria inconsistente combinar *nossa* explicação para a negação, construída na notação da tabela de verdade, com a segunda regra. Pois, nesse caso, diríamos que a tabela de verdade teria sido mal compreendida. À luz das considerações do próprio Wittgenstein, a explicação nos termos da tabela de verdade constitui uma regra, e a aceitação de "~~*p* = ~*p*" é um critério que nos permite detectar que a regra foi mal compreendida, uma vez que não se está aplicando a "~*p*" a mesma operação (aquela que inverte o valor de verdade) que foi aplicada a "*p*".

Ao último ponto, Wittgenstein responde indagando "Quem pode dizer o que significa 'a mesma coisa'" (LFM 180, ver 81-2; RFM 102-6; FW 57-8). O que ele tem em mente é que a regra só se segue da explicação se fica entendido que, na tabela de verdade, o lugar de "*p*" pode ser ocupado por "~*p*" (que aplicamos a negação como em "~(~*p*)" e não como em "(~~*p*)"). Por conseguinte, a expressão "~~*p* = *p*" não se determina exclusivamente pela definição da tabela de verdade, mas apenas em conjunção com essa segunda regra. Uma vez que não há, na linguagem natural, uma regra comparável, nada determina como devemos entender "*I ain't done nothing*" (LFM 184). Isso nos deixa ainda, entretanto, as duas primeiras objeções. Ao que parece, a afirmação de que "As regras determinam o significado" é tão incorreta quanto a afirmação "O significado determina as regras". Compreender a explicação fornecida na notação da tabela de verdade e reconhecer "~~*p* = *p*" são simplesmente aspectos INTERNAMENTE RELACIONADOS de uma só prática — a de utilizar o signo "~". A tabela de verdade significaria algo diferente em uma prática em que "~~*p* = *p*" fosse uma regra rejeitada. O que temos aqui simplesmente são duas regras diferentes de nossa prática, sendo ambas constitutivas dessa prática.

O argumento contra os corpos de significado permanece, dessa forma, intacto. Os signos em si mesmos não possuem significados. Não há entidades a partir das quais o uso de um signo "decorra", ou que nos forcem a usar, por exemplo, a tabela de verdade de um modo ou de outro. Conferimos significado aos signos, explicando-os e utilizando-os de uma determinada maneira; e, ao empregá-los de forma diferente, podemos alterar-lhes o significado (BB 27-8; AWL 50-1, 131-2; *ver* REGRA, SEGUIR UMA). As regras que adotamos não são corretas ou incorretas. Nesse ponto, Wittgenstein estaria de acordo com Quine, quando este afirma que a idéia, defendida pelos positivistas lógicos, de que as verdades necessárias são verdadeiras em virtude do significado baseia-se no "mito do museu", a idéia de que há entidades mentais ou abstratas — significados ou formas lógicas — nos forçam nossa atinência a determinadas expressões verbais em qualquer circunstância. Distinguindo-se de Frege e do *Tractatus*, entretanto, os positivistas lógicos e a teoria dos modelos poderiam substituir a referência a significados pela referência a explicações. Ainda assim, se regras e explicações constituem aspectos diferentes de uma só prática, não se pode compreender a explicação e, em seguida, ver que regras seguem-se dela. Em vez disso, compreender a explicação *é* reconhecer as regras.

**crença** A discussão sobre o tema das crenças surge inicialmente, na obra de Wittgenstein, no âmbito de suas objeções às teorias do juízo de Russell. A princípio, Russell sustentara uma teoria dualista, em que uma crença configuraria uma relação binária entre algo mental — um sujeito ou um ato de crença — e uma "proposição", uma entidade objetiva cuja existência independe de ela constituir uma crença para alguém. No *Tractatus* (5.54 e seg.), Wittgenstein descarta essa teoria, alegando que ela transgride o princípio da extensionalidade. De acordo com esse princípio, para que uma proposição ocorra dentro de outra —

como, segundo a teoria dualista, seria o caso de *p* na proposição "*A* crê que *p*" —, é necessário que ocorra como a base de operações vero-funcionais, um requisito que *p* não satisfaz em "*A* crê que *p*" (pois a verdade desta proposição não é uma função da verdade da proposição nela encaixada) (*ver* FORMA PROPOSICIONAL GERAL). Tanto Wittgenstein quanto Russell acabaram rejeitando essa teoria por uma razão menos dogmática. Em

(1) *A* crê/julga que *p*

aquilo em que *A* crê não é um objeto, um fato. A proposição (1) não pressupõe que *haja* algo em que se crer; pode ser verdadeira mesmo que nenhum fato corresponda a *p* (NL 95; *Problems* 72-3). Em resposta a esse problema, Russell desenvolveu sua teoria do juízo de relações múltiplas (*Essays* cap. VII; "Theory" 110); a crença de Otelo em que Desdêmona ama Cássio não configura uma relação binária entre Otelo e uma proposição, mas sim uma relação múltipla entre ele e os elementos constituintes da proposição — Desdêmona, amor e Cássio. Nessa abordagem, a ocorrência do juízo não implica que Desdêmona e Cássio tenham de fato uma relação de amor.

Segundo Wittgenstein, isso abre o espaço necessário para a possibilidade dos juízos falsos, mas somente sob pena de admitirem-se também juízos absurdos, o que é inaceitável. A análise correta de (1) deve "mostrar que é impossível julgar um absurdo" (TLP 5.5422); "*p*" deve necessariamente ser uma proposição BIPOLAR dotada de significado (RUL 6.13; NL 103). Ao desmembrar a proposição em seus elementos constituintes, Russell não garante a preservação da forma lógica entre os elementos constituintes do juízo, permitindo, portanto, um juízo como "a faca é a raiz quadrada do garfo" (Bradley objetou, no mesmo espírito, que Russell não leva em conta a unidade do juízo).

A passagem 5.542 do *Tractatus* apresenta uma análise da crença, em que se procura evitar tanto a aparência de que a proposição *p* ocorre aqui sem um caráter vero-funcional, quanto a possibilidade de julgar o absurdo. A solução de Wittgenstein é incluir a forma proposicional em atribuições de crenças. Assim, (1) possui a forma

(2) "*p*" diz *p*.

Assim como a proposição (2), a proposição (1) não correlaciona um fato — *p* — a um objeto — o sujeito *A* —, mas sim dois fatos: o fato descrito, *p* (supondo-se que *p* é um fato), e o fato constitutivo de um pensamento, "*p*". Isso é feito pela correlação de seus componentes, isto é, pela correlação entre elementos do pensamento e objetos da realidade. A proposição (1) significa que ocorre, em *A*, um fato mental que representa o fato de que *p*. Somente coisas compostas, com uma estrutura articulada constituída de elementos correlacionados com objetos, podem dizer ou representar algo. Isso implica que inexiste tal coisa como um sujeito unitário "*A*"; não há uma alma substancial, mas somente um vetor complexo de elementos mentais (TLP 5.5421; *ver* SOLIPSISMO).

Essa análise assegura a significatividade do conteúdo dos juízos, pela insistência na idéia de que este não constitui um complexo de objetos que possam ser combinados de algum modo tradicional, sendo, antes, um FATO, no qual os objetos se articulam conforme suas possibilidades combinatórias. Substitui-se, com ela, entretanto, a incipiente noção russelliana da relação entre uma mente e termos não coordenados do juízo pela idéia obscura de que "pensar o sentido de *p*" é projetar O PENSAMENTO sobre realidade (TLP 3.11). Não é óbvio, além disso, como a passagem 5.542 do *Tractatus* evita o problema das ocorrências de natureza não vero-funcional. A proposição (2) pode ser compreendida de três diferentes maneiras. Se aquilo que aparece entre aspas é uma descrição de características "acidentais" de um SIGNO proposicional, (2) seria sempre falsa, uma vez que, sem um MÉTODO DE PROJEÇÃO, os signos nada podem descrever. Alternativamente, (2) poderia expressar uma relação externa entre dois fatos: o fato de que o falante pensa ou quer dizer tal e tal coisa e o fato de que *p*. Nesse caso, teremos uma proposição bipolar, embora seu valor de verdade seja determinado não pelo valor de verdade de "*p*", mas sim por uma relação empírica entre o fato de que *p* e um fato mental. Finalmente, a relação entre os dois fatos poderia ser interna, bastando para isso que a descrição entre aspas incluísse um método de projeção, isto é, se ela identificasse "*p*" como sendo precisamente a proposição que diz que *p*. Nesse caso, entretanto, a proposição (2) seria necessariamente verdadeira, e, portanto, seu valor de verdade novamente deixaria de ser uma função do valor de verdade de *p*. Além disso, expressando uma relação interna, (2) configuraria uma pseudoproposição, que tenta dizer aquilo que só pode ser mostrado pela proposição *p*. Nenhuma das alternativas acima acomoda a possibilidade de "*p*" ocorrer de modo vero-funcional em (2), ou, conseqüentemente, em (1). A última das alternativas preserva a tese da extensionalidade, na medida em que não transgride o princípio de que proposições só ocorrem em proposições *genuínas* como base para operações vero-funcionais, mas o faz sob pena de caracterizar como pseudoproposições as atribuições de crença. Waismann sugere, mais tarde, que a análise deveria restringir-se aos casos de primeira pessoa, "Eu creio que *p*", para os quais ela fora originalmente concebida (NM 119). É difícil, entretanto, ver como isso poderia evitar os problemas supracitados.

Em um segundo momento, Wittgenstein discute o tema das crenças a partir das idéias de Frege e de Russell acerca do conceito de asserção (*Notation* §§2-3; *Laws* I §5; "Function" 22; *Correspondence* 79; *Principles* 35; *Principia* 8, 92; "Theory" 107). Ambos diferenciavam, em uma asserção, o ato de asserir e aquilo que é asserido, a proposição ou pensamento. Uma das razões para isso foi a necessidade de distinguir a ocorrência de uma proposição *p* quando não asserida, como em "$p \supset q$", de sua ocorrência isolada, quando asserida (o chamado "argumento de Frege"). Com esse propósito, Frege introduziu o signo da asserção '$\vdash$' para expressar o ato de julgar que algo é verdadeiro. Cada linha em seu sistema lógico tem a forma

(3) $\vdash p$

onde "—*p*" (envolvendo o "traço de conteúdo" horizontal) expressa o mero pensamento, sem julgá-lo verdadeiro, ao passo que o "traço de juízo" vertical indica o ato de asserir que nos leva de um pensamento a um valor de verdade. No sistema de Frege, todas as inferências procedem de proposições asseridas para proposições asseridas, e só se pode fazer inferências a partir de proposições verdadeiras. Tendo abandonado a idéia de que todos os juízos têm a forma sujeito-predicado, ele sustentou que "$\vdash$" (significando "é um fato que") é o predicado "comum a todos os juízos". Russell lançou mão do signo de asserção para acrescentar a força "é verdade que" à proposição não asserida; sustentou que proposições verdadeiras têm a qualidade de serem asseridas em um sentido não psicológico, em um sentido lógico.

Em 1911, Wittgenstein parece ter sustentado a idéia de que as únicas coisas que existem são proposições "asseridas" (isto é, verdadeiras), que são fatos. Na época das "Notes on Logic", entretanto, insistiu em afirmar que o signo de asserção é logicamente irrelevante (NL 95-6; TLP 4.023, 4.063 e seg., 4.442). Esse signo indica apenas o fato psicológico de que o autor sustenta a veracidade da proposição; não é algo que pertença à proposição: (a) pode-se fazer inferências a partir de proposições *falsas* (Frege e Russell não levam esse ponto em conta, talvez porque sua concepção axiomática de LÓGICA concentre-se em provas, que supõem premissas verdadeiras); (b) nem "é verdade" nem "é um fato" constituem o "verbo" das proposições, o predicado formal que todas possuem em comum; pois aquilo que é asserido por meio desses verbos já deve antes possuir um sentido, isto é, ser uma proposição.

Em decorrência disso, Wittgenstein levanta contra Frege e Russell a objeção de que a lógica diz respeito unicamente à proposição *não asserida*, capaz de mostrar como as coisas estão se ela é verdadeira. Essa alegação é, entretanto, inexata. Pois inclui-se na abordagem de Wittgenstein a idéia de que somente a proposição asserida *diz* algo, a saber, *que* as coisas estão como a proposição não asserida mostra que estão. E essa idéia se faz necessária não somente por conta do argumento de Frege, mas também pelo fato de que o primeiro Wittgenstein parece ter admitido que uma proposição não asserida pode estar presente ao mesmo tempo na asserção de que *p*, na indagação sobre se *p* ocorre ou não, na ordem para fazer com que *p* ocorra etc. (TLP 4.022; NB 26.11.14; MS 109 249; BT 149). Wittgenstein retomou essa idéia mais tarde (PI §22, 11n; BT 208; RFM 116; Z §684; PLP 302-3). Ele atribui a Frege a idéia de que a parte de uma sentença declarativa que expressa uma "suposição", isto é, a coisa asserida, funciona como um *radical sentencial*. A suposição, ou pensamento, é o conteúdo descritivo daquilo que é asserido, embora possa também ser um componente de outros atos de fala de natureza não assertórica. Esse radical poderia ser representado por "-*p*", em "?-*p*", para sentenças interrogativas, e "!-*p*", para ordens, além de "⊢*p*", para asserções. Já se disse que, nas *Investigações filosóficas*, Wittgenstein utiliza essa idéia para acomodar usos não descritivos da linguagem dentro da semântica do *Tractatus*: a TEORIA PICTÓRICA fornece uma explicação adequada para o radical sentencial, mas precisa ser complementada por uma teoria do "modo semântico", para dar conta dos usos das sentenças em diferentes jogos de linguagem. Na verdade, entretanto, o segundo Wittgenstein rejeita a idéia de que os proferimentos assertóricos possam ser analisados como sendo compostos de suposição mais asserção. Rejeita igualmente a idéia de que diferentes atos de fala compartilhem um conteúdo proposicional comum, e que todas as proposições contenham descrições. Se forem adequados, seus argumentos enfraquecem também as distinções contemporâneas entre sentido e força, ameaçando assim a semântica de condições de verdade, que se baseia na possibilidade de isolar, em atos de fala não assertóricos, um componente descritivo (conteúdo proposicional) passível de ser verdadeiro ou falso (*ver* VISÃO AGOSTINIANA DA LINGUAGEM). Há quatro pontos de ataque.

(a) A teoria fregiana impõe exigências contraditórias no que tange à parte de uma sentença declarativa que supostamente expressa a simples suposição ou pensamento. Por um lado, *não* pode ser uma sentença completa, uma vez que deve ser destituída de força assertórica, como é o caso da expressão nominal "que *p*" em

(3') Assere-se que *p*.

Por outro lado, deve *necessariamente* ser uma sentença completa, uma vez que a suposição/pensamento é o sentido de uma sentença e não de uma expressão nominal. Conseqüentemente, inexiste tal coisa como um radical sentencial, apropriado para expressar o sentido de uma sentença declarativa, mas inadequado para expressar a força assertórica. A asserção não é algo que se acrescenta à proposição.

(b) Não se pode caracterizar o conceito de proposição, aquilo que é verdadeiro ou falso, de forma independente do conceito de asserção. Nesse ponto, entretanto, Frege poderia replicar que a ocorrência não assertórica de proposições, como em "$p \supset q$", mostra que o conceito de proposição associa-se, na melhor das hipóteses, à *possibilidade* de asserção.

(c) A suposição de que *p* deve ser comum a "*?-p*" e "⊢*p*". Segundo Wittgenstein, "*?-p*" envolve a mesma suposição que "*?-~p*", uma vez que ambas as questões podem ser respondidas ou por "⊢*p*" *ou por* "⊢*~p*". Isso implica, entretanto, que supor que *p* é o mesmo que supor que *~p*, o que é absurdo.

(d) "⊢" não corresponde a um componente de uma asserção, ou a uma atividade mental que confere ao proferimento a sua força assertórica. Serve simplesmente como um sinal de pontuação, que indica o início de uma sentença. E o que confere a um proferimento força assertórica não é algo adicional de que ele se faça acompanhar, mas sim o modo como ele é utilizado por um falante. Tais observações são, entretanto, compatíveis com o argumento de Frege, o uso de "⊢", para diferenciar as ocorrências de "*p*" em "⊢*p*" *e em* "⊢*(p⊃q)*".

A idéia de que a asserção é um processo mental que produz a transição da simples suposição para um proferimento declarativo é ainda atacada na discussão do "paradoxo de Moore", na década de quarenta (ML 10.44; PI II 190-2; RPP I §§470-504; RPP II §§277-83; *Writings* cap. 12). Moore observara que, embora seja comum não acreditarmos em algo que é verdadeiro, é "absurdo" dizer

(4) Está chovendo, mas eu não creio.

Wittgenstein rejeitou a sugestão, feita por Moore, de que tal caráter absurdo tenha natureza psicológica. Argumentou que enunciados como (4) são destituídos de sentido e que mostram algo acerca da lógica da asserção. Indicam, ao menos, mais um problema na análise fregiana. O paradoxo de Moore mostra que o enunciado "Creio que está chovendo" desempenha um papel lógico semelhante ao da simples asserção "Está chovendo". Ao mesmo tempo, a "suposição" de que está chovendo não é igual à suposição de que eu acredito que esteja chovendo, que diz respeito a mim, e não ao clima. Expressando essas duas observações de acordo com a análise fregiana, temos

(a) "⊢*p*" desempenha um papel lógico semelhante ao de "⊢ *Ecp*"
(b) "*-p*" desempenha um papel diferente do de "-E*cp*".

Enquanto (a) implica que a suposição contida em "⊢*p*" é a mesma que aquela contida em '⊢*Ecp*', (b) implica que não é a mesma. Além disso, (b) sugere que a asserção "Eu creio que *p*" não pode ser desmembrada em uma suposição e uma expressão de crença, pois não se pode eliminar "Creio" sem que se altere a própria suposição. Conseqüentemente, a passagem de "-*p*" para "⊢p" não pode equivaler ao acréscimo de força assertórica a uma suposição comum.

Um segundo ponto implicado no paradoxo de Moore é que a crença não é um fenômeno que possamos observar em nós mesmos. Se enunciados da forma "Eu creio que..." descrevessem, em termos fenomênicos, algo acerca do falante — sobre seu cérebro, sua mente ou seu comportamento —, (4) não seria paradoxal. Pois, nesse caso, não haveria inconsistência possível entre descrever como as coisas se passam em mim (minha mente/ meu cérebro) e descrever as condições climáticas. O papel de "Eu creio que *p*" é expressar a crença de que *p*. E esse é também um papel desempenhado pelo simples proferimento de "*p*", o que explica por que há uma inconsistência entre exteriorizar "*p*" e repudiar a crença de que *p*. Posso relatar, em vez de EXTERIORIZAR, minhas firmes convicções. Não as estarei descrevendo, entretanto, uma vez que tais relatos me comprometem com uma alegação, o que não seria possível no caso de uma simples descrição (RPP I §§715-16; *ver* PRETENDER ALGO E QUERER DIZER ALGO).

Com base nisso, Wittgenstein ataca a posição neo-humiana de James e de Russell, segundo a qual a crença é um sentimento de aprovação com respeito a uma proposição (*Psychology* II cap. XXI; *Analysis* 250-2). Embora sentimentos possam acompanhar minhas crenças, eles não são nem necessários nem suficientes. E embora "crer" seja um verbo estativo, não corresponde a um estado mental, como, por exemplo, um sentimento, assim como não corresponde a um ato ou processo mental. A crença não é algo que se faça, e tampouco é algo por que se passe ou em que se esteja. Ao contrário de processos ou estados mentais genuínos, a crença não possui uma "duração genuína" (PI §§571-94, II 193-229; RPP I §§596, 710, 832-6; *ver* PSICOLOGIA FILOSÓFICA). Expressões de crença são menos determinadas e características do que as expressões de emoções, o que explica o insucesso de teorias disposicionais da crença. O conceito de crença, entretanto, vincula-se internamente àquilo em que as pessoas *diriam* (sinceramente) acreditar, bem como ao modo como agiriam em certas circunstâncias. (*Ver também* CERTEZA)

**critérios** São modos de determinar se algo satisfaz o conceito *X* ou evidências que corroboram que algo é *X*. Embora tenha sido utilizado por Platão, o termo só alcança proeminência filosófica com a obra do segundo Wittgenstein. Tem sido, desde então, tratado como termo técnico, em que pese a baixa freqüência com que ocorre e o fato de haver somente uma passagem que o defina. Na maior parte do tempo, Wittgenstein utiliza o termo sem se afastar de seu uso ordinário. Por vezes, entretanto, ele é mais específico, indicando que os critérios fornecem um tipo especial de evidência. A raiz dessa idéia se encontra em uma distinção feita em sua fase VERIFICACIONISTA (WVC 97-101, 159-61, 210-11, 255-6; PR 94-5, 282-6; LWL 16, 66; M 55-61; PG 219-23). Uma PROPOSIÇÃO "genuína" deve ser conclusivamente verificável com base na realidade, o que reduz os possíveis candidatos ao título às proposições acerca de dados dos sentidos que descrevem a experiência imediata. Enunciados acerca de objetos materiais ou sobre a experiência de terceiros não podem ser assim verificados, sendo meras "hipóteses". Não são, a rigor, verdadeiros ou falsos, e tampouco são proposições no sentido "genuíno"; são apenas regras para a construção de tais proposições. As proposições que fornecem evidências em favor de hipóteses são chamadas "sintomas". Assim, as diferentes formas de ver um objeto material sustentam hipóteses acerca do próprio objeto material; as hipóteses resultantes explicam nossa experiência passada e predizem nossas experiências futuras ("Visto de um ângulo diferente, o objeto terá o seguinte aspecto"). A relação entre a hipótese e o sintoma evidencial não constitui uma implicação lógica: os sintomas jamais verificam ou falseiam conclusivamente uma hipótese; apenas tornam-na mais ou menos provável. Pois o conjunto de evidências utilizado para sustentar uma hipótese é revogável: o acréscimo de outras proposições ao conjunto de sintomas pode torná-la menos plausível. É sempre possível, além disso, sustentar ou abandonar uma hipótese pela adoção de hipóteses auxiliares. O caminho que escolhemos depende de considerações quanto a simplicidade e poder preditivo. Trata-se aqui, contudo, de uma relação "gramatical" ou "lógica": que sintomas tornam mais ou menos provável que hipótese é algo determinado a priori, e não pela experiência (indução).

Wittgenstein mais tarde se deu conta de que, enquanto suas candidatas a "proposições genuínas" de fato não admitem verificação, uma vez que não são descrições, mas sim EXTERIORIZAÇÕES, suas "hipóteses", proposições corriqueiras como "A mesa é redonda" ou "Ela está com dor de dente", não constituem regras ou leis, e *podem*, por vezes, ser verificadas em termos conclusivos. Em decorrência disso, a relação entre uma hipótese e seus sintomas evidenciais foi substituída pela relação entre uma proposição e seus "critérios" (primeiramente em suas preleções de 1932-3 em Cambridge: AWL 17-19, 28-35, 59-62). Assim como os sintomas, os critérios constituem fundamentos ou razões, que são fixados pela gramática, não pela experiência. Há, entretanto, diferenças entre a relação sintomática e a relação criterial. (a) Os termos relacionados em uma relação criterial são caracterizados de diferentes maneiras: "fenômenos", "fatos" e "proposições" são critérios para aferir "sentenças", "enunciados", "fenômenos", "fatos", "conhecimento", "asserções", "conceitos" e "palavras". Em última instância, tais variações têm natureza terminológica; expressam uma única idéia de modo lingüístico (formal) ou de modo material, e também por referência a proposições ou conceitos. O ponto básico aqui é que certos fenômenos ou fatos autorizam a aplicação de certas palavras. (b) Critérios podem verificar conclusivamente uma proposição (ver abaixo). (c) Podem ser unívocos, embora muitos conceitos associem-se a múltiplos critérios.

No *Livro azul*, Wittgenstein apresenta uma explicação explícita que reverte sua terminologia inicial (BB 24-5). "Sintomas" passam a ser definidos como evidências empíricas; sustentam uma conclusão por meio de teoria e indução. Um "critério" $q$ para uma afirmação $p$ constitui, em contrapartida, um fundamento ou razão para a verdade de $p$, não como uma evidência empírica, mas sim por conta de regras gramaticais. Faz parte do sentido de $p$ e de $q$ que a ocorrência de $q$ — a satisfação do critério — constitua um fundamento ou razão para a verdade de $p$. Uma garganta inflamada é um sintoma de angina; a presença de um determinado bacilo é um "critério definidor".

Alguns comentadores sugeriram, por vezes, que, para Wittgenstein, o uso de todos os conceitos e proposições é governado por critérios. Na verdade, ele afirmou que exteriorizações e conceitos que são definidos por DEFINIÇÃO OSTENSIVA (por exemplo, predicados de cor) não estão sujeitos a critérios. O mesmo pode aplicar-se a conceitos determinados por SEMELHANÇA DE FAMÍLIA. Por outro lado,

o comportamento expressivo é um critério para aferir proferimentos psicológicos feitos em terceira pessoa;

performances são critérios para aferir potencialidades, faculdades e capacidades (em especial, a aplicação e a explicação corretas de uma palavra são critérios para aferir sua COMPREENSÃO);

conceitos científicos como angina são governados por critérios, embora esses sejam freqüentemente flutuantes (ver abaixo);

conceitos matemáticos são governados por critérios "definidores" (ter três lados é *o* critério para aferir se uma figura plana é um triângulo);

PROVAS MATEMÁTICAS são critérios para aferir verdades matemáticas, e o resultado de uma operação aritmética é um critério para aferir se ela foi efetuada (RFM 319) (se não obtivemos 144, não teremos elevado 12 ao quadrado); e a aplicação de substantivos contáveis supõe "critérios de identidade" (*ver* LINGUAGEM PRIVADA, ARGUMENTO DA).

A noção de critério possui três características distintivas e problemáticas

(a) Critérios determinam o significado das palavras que governam. O que vincula significado e critérios é a verificação (AWL 17-19, 27-8; PI 353): explicar os critérios que se tem para aferir se algo é *F* é especificar como se verifica a proposição "*a* é *F*". O significado de *F* não é necessariamente *dado* pela especificação dos critérios: "estar com dor" não significa "gritar quando ferido". Entretanto, os critérios *determinam* (pelo menos em parte) o significado de *F*. Especificar os critérios para aferir *F* é especificar regras para o uso de *F*, e, portanto, explicar (parcialmente) seu significado. Os critérios são "fixados pela gramática", "estabelecidos pela linguagem", sendo, nesse sentido, uma questão de "convenção" (AWL 28-9; BB 24, 57; LPE 293; PI §§322, 371).

Por conseguinte, a RELAÇÃO entre conceitos e seus critérios é INTERNA. Não faz sentido dizer, por exemplo, "Eis aqui a dor e eis ali o comportamento — ocorre que eles estão associados" (LPE 286; LSD 10). Isso significa também que uma mudança nos critérios constitui uma mudança conceitual, uma mudança no significado das palavras: ser *F* é um conceito em parte constituído pelo fato de *q* ser um critério para aferir se algo é *F*. Assim, provas matemáticas são formadoras de conceitos, uma vez que estabelecem critérios para, por exemplo, a aplicação dos numerais. E os cientistas amiúde alteram o significado de palavras sob o impacto de descobertas empíricas, como, por exemplo, quando descobrem que um fenômeno pertencente a um determinado grupamento de fenômenos causa os demais (como no caso da angina, em que o bacilo causa os sintomas) ou admite uma medição precisa (Z §438).

A noção de critério vem sendo, desde então, invocada, primeiramente para combater o ceticismo acerca das outras mentes, e, em segundo lugar, para desenvolver uma teoria anti-realista do significado, a qual, contrapondo-se ao pretenso realismo do *Tractatus*, baseia-se em condições de assertabilidade e não em condições de verdade. Esta última aplicação não é fiel nem ao primeiro Wittgenstein (*ver* VERIFICACIONISMO) nem ao segundo, cuja concepção de FILOSOFIA exclui teorias do significado; como vimos, além disso, somente *alguns* usos da linguagem estão sujeitos a critérios.

Distorções à parte, o tratamento dado por Wittgenstein à noção de critério veio a sofrer fortes críticas. Empiristas radicais, como Quine, negam que existam evidências conceituais ou relações internas. Outros alegaram que critérios não podem ser uma questão de convenção: jamais houve quem estipulasse que a dor deve ser expressa no comportamento, e ninguém poderia deliberar o contrário. Proponentes de uma semântica realista, como Putnam, acrescentam que os critérios que utilizamos para decidir se estamos, por exemplo, diante de um caso de angina, não passam de maneiras elementares de detectar uma espécie natural. O significado de "angina" é determinado pela teoria científica mais atual acerca desse tópico (*ver* AUTONOMIA DA LINGUAGEM). Pelo mesmo motivo, é incorreta a idéia de que casos em que os cientistas adotam novos critérios para a aplicação de um termo como "angina" constituem casos de mudança conceitual; essa idéia implica em não estarmos mais falando sobre a mesma coisa. É razoável crer, entretanto, que as objeções de Putnam ilustram uma importante lição incluída na abordagem wittgensteiniana, a saber, a de que há uma "flutuação na gramática entre critérios e sintomas" (PI §354, ver §79). O estatuto lógico de certas relações pode deixar de ser criterial e passar a ser sintomático, e isso pode dever-se a descobertas empíricas (Wittgenstein pode ter aprendido essa lição por conta de seu trabalho sobre a fisiologia do choque durante a guerra). Os conceitos científicos são tipicamente sustentados por vários critérios, podendo-se abandonar alguns, conservando-se outros. Eis por que não estamos apenas falando de um fenômeno completamente diferente. No entanto, alterar os critérios relativos, por exemplo, à "angina" é alterar o modo como empregamos e explicamos essa palavra, o que constitui, portanto, uma modificação de nosso conceito.

(b) Critérios são modos de determinar como sabemos alguma coisa. Especificar critérios para aferir a verdade de *p* é caracterizar modos de verificar *p*, de responder à questão "Como você sabe?" (AWL 17-19, 28; BB 24-5, 51, 57; Z §439; LPE 293; PI §§182, 228). No espírito de sua primeira concepção da noção de sintoma, Wittgenstein por vezes refere-se a critérios como "evidências". Isso gera confusão, pois sugere que *p* é logicamente independente de *q*, enquanto a relação é, na verdade, interna; essa referência sugere corretamente, entretanto, o caráter revogável de (alguns) critérios (ver (c) abaixo). É importante enfatizar, contudo, que critérios se distinguem de condições necessárias e suficientes não somente por serem (em alguns casos) revogáveis, mas também pelo fato de precisarem constituir características que possam ser invocadas para justificar a aplicação de um termo. Pode haver condições necessárias e suficientes que não satisfaçam tal condição. Wittgenstein afirmava, dessa forma, que ser bivalente constitui uma condição necessária e suficiente para ser uma proposição, mas não uma característica independente que nos permita reconhecer algo como uma proposição (*ver* PI §136; BIPOLARIDADE).

(c) Os critérios para algumas palavras são revogáveis. Este termo legal não é utilizado por Wittgenstein, mas indica a natureza especial da evidência criterial. Em alguns casos, um critério é uma condição logicamente suficiente, ou mesmo uma condição necessária e suficiente, para que algo seja *X*: a presença de um certo bacilo para a angina; ter três lados para ser um triângulo. Em outros casos, a relação criterial não constitui uma implicação lógica, tendo antes uma característica em comum com a evidência indutiva: não precisa ser decisiva, sendo passível de revogação por evidências posteriores. Critérios podem ou não sustentar *p* em termos conclusivos, e isso é algo que pode depender das circunstâncias. Se Susan grita "Está doendo", debatendo-se no chão, isso é um critério para dizermos que está sentido dor; se, entretanto, ela estiver ensaiando uma peça, esse comportamento não confirmará o seu sofrimento. Tal revogabilidade não pode ser evitada alegando-se que um critério *q* é um elemento constituinte necessário de uma condição suficiente que inclui as circunstâncias que, juntamente com *q*, implicam *p*. Pois não há uma lista definida de tais circunstâncias, e, mesmo que houvesse, ela não faria parte de nossas explicações para termos psicológicos, não sendo, portanto, parte de seu significado (Z §§117-22).

A noção de revogabilidade ameaça abrir as comportas do ceticismo acerca de outras mentes. Em que pese toda a evidência criterial de que dispomos, podemos ainda estar errados em inferir a partir dela o estado mental de Susan. Sugeriu-se, por isso, que critérios para aferir termos psicológicos não deveriam ser considerados evidenciais (em um sentido inferencial). Se a vemos gritar e debater-se, não inferimos (consciente ou inconscientemente) que ela sente dor a partir dessas evidências comportamentais; simplesmente registramos sua agonia. Tal interpretação sintoniza-se com o projeto wittgensteiniano de evitar a visão da mente em termos do binômio INTERNO/EXTERNO, como algo oculto de que temos apenas evidências. A resposta à pergunta "Como sabe que ela está sentindo dor?" é simplesmente "Eu a vi debater-se de agonia." Assim como observações diretas de objetos materiais, esse tipo de resposta não aduz evidências; apenas especifica uma capacidade perceptual que nos mostra diretamente como as coisas são. Tal modelo perceptual torna nossa relação com outras mentes menos vulnerável ao questionamento cético, sem com isso deixar de acomodar a possibilidade do erro. O modelo reconhece ainda que o que vemos não são movimentos inexpressivos, descritos em termos físicos neutros, mas sim COMPORTAMENTO de *dor*. Não funciona, por outro lado, para casos como "Helga pretende ir a Londres". Aqui, a resposta à pergunta "Como você sabe?" não é simplesmente "Eu a vi", mas algo como "Ela me disse e depois comprou uma passagem."

Seja como for, Wittgenstein critica o questionamento cético por não levar em conta a relação interna entre conceitos psicológicos e critérios comportamentais, distorcendo, portanto, os conceitos envolvidos. O fato de que a evidência criterial é revogável não implica que seja de fato revogada em um caso particular. Qualquer questionamento em um caso particular deve apontar condições de revogabilidade, sendo que estas são em si mesmas revogáveis, e rapidamente se esgotam (RPP I §137): não restará lugar para dúvida, se soubermos que Susan quebrou a perna durante o ensaio (*ver* CETICISMO). A possibilidade da mentira e do fingimento não subverte esse veredicto. Para começar, o próprio conceito de fingir estar com dor é parasitário em relação ao conceito de estar com dor; só faz sentido porque há manifestações de dor que não são passíveis de fingimento, como é o caso da careta de um bebê. Além disso, há critérios para aferir o fingimento, assim como os há para aferir os estados de dor. Não se pode fingir estar distraído ao atirar-se de um telhado. A dúvida, em tais circunstâncias, não é marca de prudência, mas sim de uma compreensão equivocada ou de uma distorção dos conceitos envolvidos. Em tais circunstâncias, é possível saber e ter certeza; e uma "prova" ou "garantia" nos é dada por critérios comportamentais (PI §§246, 249-50, II 181, 222-9; LPE 293; Z §§570-1).

Os últimos escritos de Wittgenstein põem em questão a idéia de que o suporte criterial constitui razões decisivas. Não pode haver *prova* para atribuições de emoção a terceiros, e é freqüente acontecer de sermos incapazes de decidir se alguém está, por exemplo, aborrecido. Isso não se aplica, entretanto, às sensações, e não reabilita o ceticismo. Pois tal "indeterminabilidade" e "imprevisibilidade" são fatores constitutivos de alguns de nossos conceitos acerca do que nos é interno. Além disso, os que conhecem de perto uma pessoa podem lhe atribuir, com certeza, as mais sutis emoções, sem que por isso sejam capazes de especificar critérios conclusivos, uma vez que a evidência de que se valem é "imponderável", isto é, consiste em uma conjunção de fatores, incluindo comportamento, contexto e eventos anteriores (PI II 227-8; LW II 70, 87, 90-5). Os critérios não constituem peças centrais para uma nova semântica, nem são tampouco *a* arma final contra o ceticismo acerca de outras mentes. Correspondem, entretanto, a conexões conceituais entre conceitos psicológicos e comportamento, que são imprudentemente ignoradas pelos adeptos da visão da mente em termos do binômio interno/externo.

# D

**definição ostensiva** Uma definição ostensiva é a explicação do significado de uma palavra por meio de enunciados como "Isto é um elefante" ou "Esta cor é o 'vermelho'." Inclui tipicamente três elementos: uma expressão demonstrativa, "Isto é...", "O nome disto é '...'"; um gesto dêitico ☞ (apontar); e uma amostra, o objeto para o qual se aponta. A expressão foi utilizada primeiramente em *Logic*, de Johnson (1921), mas a idéia é em si muito mais antiga. Há uma ilustre concepção, que Wittgenstein denomina VISÃO AGOSTINIANA DE LINGUAGEM, segundo a qual a linguagem possui uma estrutura hierárquica. Algumas expressões são "definíveis", isto é, podem ser explicadas por meio de definições lexicais. Entretanto, tais definições apenas vinculam o termo definido a outras palavras, os termos definidores. Parece ser necessário, portanto, que haja termos "indefiníveis", expressões simples que sejam os elementos terminais de definições lexicais e que se conectem com objetos na realidade por meio de algum tipo de indicação ostensiva (BB1). Essa visão ganha destaque em Locke (*Ensaio sobre o entendimento humano* III.4), para quem os objetos são mentais — "idéias simples" —, e uma visão semelhante pode ser detectada em Russell, para quem os NOMES próprios lógicos são sucedâneos de entidades individuais com os quais mantemos uma relação de familiaridade.

O *Tractatus* prende-se igualmente à idéia de que os nomes — os elementos constituintes simples de proposições, que não podem ser definidos analiticamente — mantêm com objetos simples uma relação de um-para-um. Como exatamente essa correlação se dá é algo que cabe à psicologia explicar. O que fica claro é que nomes estão diretamente relacionados a objetos, sem a intermediação de descrições. Por isso, os nomes não podem ser explicados por definições. Podem ser explicados, entretanto, por meio de "elucidações... proposições que contêm os signos primitivos. Portanto, só podem ser entendidos quando já se conhecem os significados desses signos" (TLP 3.263). Isso gera confusão, porque o significado de um signo primitivo será explicado por meio de uma proposição que o contenha, a qual, por sua vez, só pode ser compreendida uma vez compreendido o termo explicado. Talvez o ponto central aqui seja que aprendemos o significado dos nomes ao aprendermos a empregá-los em proposições. Por conseguinte, as elucidações não passariam de proposições elementares em que o nome em questão ocorre. Isso é, entretanto, incompatível com a idéia de que, *distinguindo-se* das proposições, os nomes são elementos que precisamos explicar e a que precisamos, em uma primeira instância, atribuir significado (TLP 4.026-4.03). Além disso, embora a obra do primeiro Wittgenstein não faça menção a definição ostensiva, sugere que o MÉTODO DE PROJEÇÃO de nomes sobre objetos consiste em atos de indicação ostensiva, de referir-se a *isto*. Assim sendo, no espírito de uma sugestão de Russell (*Principia* 91), as elucidações são proposições da forma "Isto é *A*" que explicam descrevendo.

Foi essa, de qualquer forma, a visão que Wittgenstein sustentou depois de seu retorno à filosofia. Suas discussões com o Círculo de Viena parecem ser em parte responsáveis pelo interesse que os membros desse grupo manifestaram pelo conceito de definição ostensiva. Para os positivistas lógicos, as definições ostensivas eram um meio de injetar conteúdo empírico em um cálculo formal não interpretado (por exemplo, *Papers* I 219-20). Wittgenstein moveu-se na direção oposta. Comentando a tentativa de Waismann de resumir o *Tractatus*, ele negou a idéia de que uma definição ostensiva (*hinweisende Erklärung*) forneça uma "conexão entre a linguagem e a realidade", tendo mais tarde afirmado que, por essa razão, "a linguagem permanece autocontida e autônoma" (WVC 209-10, 246; PG 97; AWL 87). Trata-se de uma afirmação surpreendente. Wittgenstein não nega, entretanto, que nós, na maioria das vezes, falamos acerca de coisas que independem da linguagem; nega apenas que essas últimas constituam os significados de nossas palavras, e, portanto, que haja conexões *semânticas* entre a linguagem e o mundo. Proposições empíricas referem-se a coisas que independem da linguagem, sendo verificadas ou falsificadas em função do modo como as coisas estão. Isso as distingue, entretanto, das definições ostensivas. É preciso diferenciar o uso de uma sentença da forma "Isto é *A*", na produção de uma afirmação empírica, de seu emprego na produção de uma definição ostensiva (PR 54-5; PG 88). Neste último caso não se está "descrevendo" o objeto apontado como *A*, verdadeira ou falsamente, mas sim definindo aquilo que conta como *A*. Uma definição ostensiva não pode constituir simultaneamente uma descrição, assim como a justaposição de uma barra a uma régua não pode constituir ao mesmo tempo uma medição da barra e uma calibragem da régua. Nessa ótica, as elucidações do *Tractatus* constituem um cruzamento lógico entre uma definição ostensiva de um nome "*A*" e uma proposição empírica que emprega esse nome para descrever um estado de coisas.

Definições ostensivas possuem a mesma função normativa de outros tipos de explicação GRAMATICAL. Determinam aquilo que conta como a aplicação correta de signos. São, por essa razão, parte da gramática (*Sprachlehre*), não da aplicação empírica da linguagem. Mais precisamente, funcionam como regras de substituição que autorizam a substituição de uma expressão demonstrativa, aliada a um gesto indicativo de uma amostra, pelo termo definido. Especificam que qualquer coisa que seja *isto* pode ser caracterizada como sendo *A*. Uma definição ostensiva do vermelho, por exemplo, permite-nos passar de "Minha bicicleta é desta ☞ cor" para "Minha bicicleta é vermelha" (PR 78; PG 88-91, 202; BB 12, 85-90, 109). A linguagem permanece autônoma porque as amostras utilizadas nas definições ostensivas são parte da gramática (PI §16; PR 73). Essa idéia não configura uma extensão estipulativa do conceito de linguagem. Lembra-nos, em vez disso, do fato de que as amostras funcionam como padrões para o uso correto das palavras, tendo, assim, um papel normativo, análogo ao das proposições gramaticais. Explicamos "Minha bicicleta é desta ☞ cor", e em seguida desaprovamos as aplicações incorretas do termo com base na amostra indicada.

O papel normativo das amostras encontra-se também subjacente à seguinte afirmação de Wittgenstein: não se pode dizer do metro convencional que tem (ou não) um metro de comprimento (PI §50). Na qualidade de amostra, o objeto pertence aos meios de representação e não pode ser descrito em proposições empíricas. Um mesmo objeto pode funcionar ora como amostra, ora como um objeto que é descrito como possuidor da propriedade definidora; os papéis normativo e empírico são, entretanto, mutuamente exclusivos, na medida em que o que funciona como uma norma de descrição não pode simultaneamente ser descrito como algo que está sob o governo dessa norma. Tal objeto pode até vir a sujeitar-se a uma medição subseqüente, mas não enquanto constituir uma amostra canônica, como no caso do metro convencional. Conseqüentemente, Kripke estava certo ao afirmar que o metro convencional — esta barra específica — poderia ter tido um outro comprimento, diferente de um metro; estava errado, entretanto, em concluir que faz sentido, por isso, estabelecer o comprimento do metro convencional em metros, pelo menos enquanto essa unidade de medida for definida em função daquela barra. O que se pode dizer é que a barra que concretamente serviu como metro convencional poderia não ser utilizada como uma amostra canônica, o que abre a possibilidade de medi-la, mas a partir de um padrão *diferente*.

Wittgenstein utiliza também a definição ostensiva para resolver um problema de que se ocuparam os positivistas lógicos: como explicar o estatuto necessário de enunciados como "Nada pode ser completamente vermelho e completamente verde ao mesmo tempo" e "O preto é mais escuro que o branco" (RFM 75-6). Tais proposições não podem ser derivadas somente de definições explícitas e das leis da lógica, isto é, não são analíticas. Mas tampouco configuram descrições sintéticas a priori da natureza essencial das cores. São, isso sim, regras para o uso de palavras designadoras de CORES, que fazem parte de nossa prática de explicar e aplicar essas palavras com base em amostras. Seu caráter necessário resume-se ao seguinte: aquilo que empregamos como uma amostra de vermelho não empregamos como uma amostra de verde; e um pedaço de pano preto pode servir não somente para explicar o que "preto" significa, mas também, juntamente com um pedaço de pano branco, para explicar o significado de "mais escuro que".

Mesmo aceitando que amostras são parte da gramática, é natural supor-se que definições ostensivas de "elementos indefiníveis" fornecem as explicações últimas para nossas palavras, constituindo, portanto, as bases da linguagem. Wittgenstein rejeita essa idéia (BB 1; BT 256-7; *ver* AUTONOMIA DA LINGUAGEM). Por um lado, que uma coisa funcione como amostra não é algo que dependa de sua natureza essencial; trata-se, antes disso, de uma escolha humana. As amostras só determinam os significados dos signos porque as utilizamos como padrões de correção. O que determina o uso correto do signo explicado não é a amostra, mas o modo como a utilizamos para efeitos de explicação e correção. Além disso, nem todas as palavras podem ser definidas ostensivamente; tal é o caso de palavras como "hoje", "não", "mas" ou "talvez" (BB 77), isso para não falar em palavras como "relíquia" ou "justiça".

Além disso, definições ostensivas não nos fornecem uma base *inexorável* para nossas palavras (PI §§27-36; LPP 427). "Uma definição ostensiva pode ser interpretada de várias maneiras em *cada* caso" (PI § 28). Isso por uma série de razões. (a) O gesto dêitico pode ser completamente mal interpretado — assim, um aprendiz poderia, reagindo à maneira dos gatos, olhar para a mão que aponta ao invés de para a direção apontada (PI §185). (b) Uma definição ostensiva supõe uma preparação de um cenário, o conhecimento prévio do "posto" ou categoria lógico-gramatical do elemento definido (PI §§30-1, 257) — isto é, deve necessariamente ficar claro se estamos apontando para uma cor, um comprimento, uma forma, um número, etc. (c) Precisamos de um método de aplicação: de nada adianta estar familiarizado com o elemento designado pela palavra, a não ser que se domine seu uso geral, uma vez que o uso de uma palavra não dimana do objeto apontado (*ver* CORPO DE SIGNIFICADO). Uma mesma conexão pode justificar padrões de comportamento divergentes (PG 80). Nesse ponto, Wittgenstein tem o apoio em Quine. Para Quine, entretanto, definições ostensivas desempenham apenas um papel causal na aquisição da linguagem, estabelecendo disposições para o comportamento verbal. Já para Wittgenstein elas possuem um papel continuamente normativo na orientação de nossas práticas. A trajetória normativa de uma definição ostensiva é estabelecida por uma prática de correção e de justificação com base em amostras.

A impossibilidade de fornecer equivalentes mentais para tais aspectos, especialmente para (c), exclui a possibilidade de definições ostensivas privadas, e, portanto, de uma LINGUAGEM PRIVADA. Nesse sentido, santo Agostinho erra em supor que a aquisição da linguagem resume-se ao estabelecimento de uma associação mental entre palavra e objeto, uma vez que isso já pressupõe a posse de um determinado grau de compreensão lingüística, em virtude de (b). Há, ao mesmo tempo, um núcleo de verdade na idéia de que as definições ostensivas são primárias. Para alguém que ignora tanto o termo "carmesim" quanto o termo "vermelho", uma explicação do tipo "'Carmesim' significa 'vermelho'" é menos útil do que uma explicação como "Carmesim é esta ☞ cor" (PG 89-90; RPP I §609), precisamente porque esta última lhe fornece uma amostra para a aplicação do termo. Mais importante ainda é o fato de que a indicação ostensiva constitui um ingrediente essencial no treinamento lingüístico básico que precede as EXPLICAÇÕES propriamente ditas, sejam as ostensivas ou as lexicais. Não é por acaso que isso acontece, uma vez que precisamos apresentar à criança paradigmas aos quais as palavras se aplicam, e, com freqüência, ensinar palavras por meio da exemplificação direta ("Isto ☞ é uma banana").

Esse ponto não é necessariamente incompatível com a abordagem de Wittgenstein. Ele procurou enfatizar que o fato de que definições ostensivas podem ser mal interpretadas não significa que sejam ilegítimas, uma vez que isso não as distingue de outros tipos de definição. Com efeito, Wittgenstein sustentou que definições ostensivas podem ser aplicadas a uma gama mais ampla de termos do que em geral se reconhece, incluindo-se aí os numerais (PI §§28-9). Além disso, algumas expressões, em especial os termos designadores de cores, só podem ser definidas ostensivamente (algo semelhante se aplica a cheiros, sabores, texturas e sons). Isso confere um núcleo de verdade ao mito do *Tractatus* de que a linguagem pressupõe OBJETOS indestrutíveis. Tais termos só podem ser explicados se dispusermos de amostras adequadas. Poder-se-ia apontar para um objeto verde e dizer "Isto não é vermelho". Isso não equivale, contudo, a uma definição ostensiva para o "vermelho" ou para o "não vermelho" (PG 89-92, 136; PI 14n; BT 49-51), uma vez que o objeto verde em questão não pode ser utilizado como objeto de comparação que nos capacite a dizer, por exemplo, que coisas amarelas ou azuis não são vermelhas. Se todos os objetos vermelhos subitamente se tornassem verdes, o termo "vermelho", não perderia de imediato o seu significado, conforme se supunha no *Tractatus*. Mas a técnica de aplicar esse termo em um proferimento como "Lembra-se dos crepúsculos vermelhos?" iria desaparecer gradualmente. Tais observações sugerem que teorias semânticas baseadas na lógica de condições de verdade estão erradas em simplesmente ignorar definições ostensivas, coisa que fazem, a despeito do fato de que seus axiomas relacionam objetos a constantes individuais ("a" se refere a *a*). Isso quer dizer que não explicam o que significa um termo singular ou um nome ser o sucedâneo de um objeto.

**determinabilidade do sentido** Frege postulara que um conceito deve possuir "limites bem definidos", isto é, que sua definição deve "determinar de forma não ambígua, para qualquer objeto, se ele cai ou não sob o conceito" (*Laws* II §§56-64; *Posthumous* 155). Um conceito sem uma definição precisa não é um conceito genuíno. Uma das motivações por detrás dessa idéia é o princípio da bivalência: toda sentença deve ser determinadamente verdadeira ou falsa. Outra motivação seria o fato de que Frege trata conceitos como funções, sendo uma função matemática definida somente se o seu valor é estipulado de forma inequívoca para cada argumento. Por fim, para Frege o sentido de uma expressão complexa é uma função dos sentidos de seus elementos constituintes, o que significa que a indeterminabilidade é transmissível. Para evitar a vagueza, uma definição deve ser completa: deve determinar para cada objeto se cai ou não sob o conceito, quaisquer que sejam os fatos.

Wittgenstein absorveu o ideal fregiano da determinabilidade do sentido, bem como a exigência de completude para definições. No entanto, enquanto para Frege e Russell a vagueza da linguagem natural é vista como um defeito a ser evitado por meio de uma linguagem ideal adequada aos propósitos científicos, para o *Tractatus* ela é um fenômeno de superfície, isto é, um fenômeno que a análise revela ser apenas superficial. Muitas sentenças da linguagem ordinária parecem vagas ou ambíguas. Entretanto, tal vagueza "pode ser justificada" — a linguagem ordinária está em boa ordem lógica. Embora uma proposição possa deixar algumas coisas em aberto, para que o faça, deve ser determinadamente indeterminada — isto é, é preciso que esteja estabelecido o âmbito preciso que ela deixa para os fatos. A proposição "O relógio está sobre a mesa" deixa em aberto a localização precisa do relógio. Deve, contudo, definir de forma absolutamente nítida os possíveis lugares que ele pode ocupar. Assim sendo, a ANÁLISE LÓGICA revela tratar-se aqui de um enunciado indicativo de que há dois objetos de determinados tipos que mantêm entre si uma certa relação espacial, dentre as várias que poderiam manter. Mesmo isso pode criar problemas, uma vez que talvez não fique claro o que exatamente pode ser considerado estar sobre a mesa. Wittgenstein insiste, no entanto, que aquilo que se quer dizer ao se produzir a sentença *em uma ocasião específica* deve ser sempre perfeitamente claro. As implicações de uma determinada proposição "devem ser estabelecidas de antemão" por seu sentido (TLP 3.24, 5.156; NB 7.9.14, 16.-22.6.15; PT 3.20101-3.20103). A determinabilidade do sentido é uma precondição para a existência de qualquer sentido.

Wittgenstein acompanha Frege em seu compromisso com a bivalência: "A realidade deve, por meio da proposição, ficar restrita a um sim ou não" (TLP 4.023; FW 55). Tal compromisso deriva, no seu caso, entretanto, da TEORIA PICTÓRICA: o sentido de uma proposição é um estado de coisas, isto é, uma configuração possível de elementos simples.

Tal configuração constitui, no entanto, algo absolutamente preciso: ou existe ou não existe. Uma proposição deve ser determinada, porque é necessário haver uma configuração precisa de elementos simples que a verifique ou a falsifique. O requisito lógico de que o sentido das proposições seja determinado reflete a natureza metafísica dos fatos, e tem como conseqüência que a análise de todas as proposições termina em NOMES próprios lógicos, que são sucedâneos de OBJETOS simples indestrutíveis. Uma proposição só pode representar uma configuração precisa de elementos, se os seus constituintes últimos mantêm para com esses elementos uma correlação de um-para-um. Do contrário, o FATO de que seus constituintes últimos estão combinados de uma certa maneira não representará uma combinação específica de coisas.

Depois do *Tractatus*, a atitude de Wittgenstein quanto à questão da indeterminabilidade se alterou. Ele permaneceu fiel à convicção de que "todas as proposições de nossa linguagem corrente estão logicamente, assim como estão, em perfeita ordem" (TLP 5.5563). "A linguagem ordinária está perfeita" (BB 28; PI §98). Sua concepção do que seja essa ordem, entretanto, muda radicalmente, quando ele abandona a idéia de que falar uma língua é operar um procedimento de CÁLCULO, de acordo com regras definidas. Não só é incoerente supor que todos os aspectos da linguagem devam necessariamente ser governados por regras; é igualmente equivocada a insistência na idéia de que as regras que estão de fato em funcionamento devam excluir a possibilidade da vagueza sob todas as circunstâncias concebíveis. A princípio, ele se prendeu à idéia de que a ordem lógica da linguagem reflete a estrutura da realidade, modificando a sua ontologia atomista. A inexatidão ou vagueza, afirmou, é uma propriedade intrínseca de certos objetos e experiências. Tal propriedade distingue, por exemplo, a geometria do campo visual da geometria euclidiana, sendo essencial para imagens de memória e para algumas experiências visuais. Os termos "inexatos" da linguagem ordinária são os mais adequados para expressar exatamente "o caráter difuso" daquilo que experienciamos (WVC 55-6; PR 260-3; PLP 208-11).

As *Investigações filosóficas* são amiúde consideradas à mesma luz, isto é, como uma obra que sustenta ser a vagueza uma característica essencial da linguagem. Assim compreendida, ela tem sido uma das grandes inspirações subjacentes às tentativas de construir uma lógica da vagueza. Entretanto, o tratamento amadurecido que Wittgenstein dispensa a esse tópico (PI §§75-88, 98-107) não promove a vagueza; apenas resiste à exigência dogmática da determinabilidade do sentido, isto é, à insistência na idéia de que a *possibilidade* da dúvida ou do desacordo quanto à aplicação de uma expressão deva ser eliminada. Da mesma forma, o repercutente termo "textura aberta", de Waismann, não corresponde a uma rejeição da exatidão, mas sim da exigência de que a inexatidão seja impossível (muito embora ele se baseie aqui em idéias VERIFICACIONISTAS que Wittgenstein repudiara por ocasião das *Investigações*). Nem todos os conceitos são realmente vagos, e, embora a maior parte dos conceitos empíricos admita casos fronteiriços, nem por isso se tornam inúteis, uma idéia que Hart estendeu aos conceitos legais, com o objetivo de combater o formalismo legal e o ceticismo quanto a regras.

Wittgenstein rejeita as hipóteses subjacentes à exigência da determinabilidade. A bivalência e a BIPOLARIDADE são traços opcionais da linguagem. Além disso, a vagueza não é necessariamente transmissível, conforme se insistia na abordagem composicionalista de Frege e do *Tractatus*. A afirmação de que a margem de um rio está coberta de plantas não é indefinida por conta da indecisão dos biólogos acerca da classificação de certos microrganismos como plantas ou como animais. A resolução de tais problemas por meio de uma definição precisa de "planta" não tornaria mais precisa a nossa compreensão de todas as sentenças em que essa palavra ocorre; introduziria, isso sim, um novo conceito (BT 69, 250; MS 115 41).

Longe de estar insistindo na idéia de que a vagueza é desejável, Wittgenstein insiste que termos como "inexato" e "incompleto" são depreciativos, ao passo que "exato" e "completo" são termos elogiosos. Censura, entretanto, Frege e o *Tractatus*, por distorcerem o ideal de exatidão.

(a) Não há um ideal único de exatidão. O contraste entre o exato e o inexato é relativo a um contexto e a um propósito (por exemplo, estarmos medindo a distância que nos separa do Sol ou o comprimento de uma mesa) (PI§§88, 100; BT 249-50). Uma definição inexata não é aquela que deixa de satisfazer o fugaz ideal da determinabilidade, mas sim aquela que deixa de satisfazer os requisitos para compreensão em um dado contexto.

(b) Nenhuma EXPLICAÇÃO poderia afastar toda a possibilidade de indeterminação, uma vez que nenhum sistema de regras pode, de antemão, estimar as incontáveis possibilidades bizarras passíveis de ocorrência (PI §§80, 84-7).

(c) Embora a vagueza seja um defeito, uma proposição com um sentido vago ainda assim possui um sentido; da mesma forma, uma fronteira vagamente definida é ainda uma fronteira. Se há somente uma abertura em um recipiente, fica assim determinado que há somente uma saída (um recipiente para pegar moscas pode, contudo, ter uma abertura e constituir uma armadilha que as impossibilite de sair). Se digo a alguém "Fique mais ou menos ali", apontando para um determinado local, algumas ações poderão ser consideradas como conformes à ordem e outras não, embora possa haver uma série de casos fronteiriços. Para que um conceito seja útil, basta que seja bem definido em alguns casos, de modo que algumas coisas caiam sem sombra de dúvida sob ele, e que outras, sem sombra de dúvida, não o façam. O paradoxo de sorites surge da incapacidade de reconhecer que essa ausência de limites precisos é constitutiva de conceitos perfeitamente úteis, como "pilha": ordenar a alguém que faça uma pilha de objetos é dar uma ordem clara, o que já não ocorre quando se lhe ordena que faça a menor pilha que ainda possa ser considerada como tal. (PI §§68-71, 79, 88, 99; PR 264; PG 236-40). "Pilha" não é o tipo de conceito a que se possa aplicar a indução matemática. Da mesma forma, para que tenham um uso, os nomes não precisam ser analisáveis em termos de um conjunto de descrições que os identifique univocamente; e um conceito como "jogo", determinado em termos de SEMELHANÇA DE FAMÍLIA, não deixa de ser um conceito somente porque não pode ser definido analiticamente.

(d) Pode-se responder, no espírito do *Tractatus*, que, embora as regras possam acomodar um certo grau de elasticidade, este grau deve por sua vez ser determinado: pode haver casos fronteiriços, mas é preciso que se determine exatamente o que seria considerado um caso dessa espécie. Essa idéia leva, entretanto, a um círculo vicioso. Se tentamos tornar os limites de uma área mais precisos traçando uma linha, essa linha terá, de qualquer forma, uma largura. Se tentarmos evitar esse problema utilizando o limite de cor da linha, o único modo de determinar o que pode ser considerado como exatamente coincidente com essa borda é desenhar outra linha etc. (PI §88; Z §§441-2).

**dizer/mostrar** A diferença entre aquilo que pode ser dito em proposições dotadas de significado e aquilo que só pode ser mostrado perpassa o *Tractatus*, desde o Prefácio até o momento da célebre advertência final: "Sobre aquilo de que não se pode falar, deve-se calar". Em carta a Russell, Wittgenstein afirmou que essa diferença constitui o "ponto essencial do livro" e "o problema central da filosofia" (RUL 19.8.19). Em carta a von Ficker (FL 10./11.19), declarou que o *Tractatus* "consiste em duas partes: a parte que aqui está e tudo aquilo que *não* escrevi. E é justamente essa segunda parte a importante. Pois o Ético se delimita de dentro para fora... por meu livro; e estou convencido de que, *a rigor*, SOMENTE assim pode ser delimitado."

Há razões para considerar essa declaração como uma mostra ligeiramente exagerada de autopromoção, dirigida a editores potenciais. Embora Wittgenstein esteja sempre reiterando a insignificância existencial do dizível (TLP Pref., 6.41-6.522), suas reflexões anteriores e posteriores ao *Tractatus* não dizem respeito àquilo que essa obra deixa de dizer, mas sim àquilo que *tenta dizer*. O *Tractatus* possui, de fato, duas partes: uma lógica (ontologia atomista, teoria pictórica, tautologias, matemática, ciência) e uma mística (solipsismo, ética e estética). A real importância da distinção entre dizer e mostrar reside no fato de ela estabelecer um vínculo entre as duas partes, interditando tanto as proposições acerca da essência da representação simbólica, quanto pronunciamentos místicos relativos à esfera do valor. Constitui o problema central da filosofia por ter transformado a concepção que Wittgenstein tinha do assunto: a filosofia não pode mais ser a doutrina da forma lógica das proposições (NL 106), já que a forma lógica não pode ser enunciada. Trata-se, em vez disso, de uma atividade de elucidação, que indica "o indizível ao representar claramente o dizível" (TLP 4.115).

A lista das coisas inefáveis para Wittgenstein inclui a forma pictórica comum à figuração e à coisa afigurada (TLP 2.172-2.174), o significado dos signos e o fato de dois signos terem o mesmo significado (TLP 3.33 e segs., 6.23), o fato de um símbolo significar um objeto ou um número (TLP 4.126), o sentido de uma proposição (TLP 4.022, ver 2.221, 4.461), a lógica dos fatos (TLP 4.0312), a multiplicidade lógica ou a forma lógica de uma proposição e da realidade (TLP 4.041, 4.12 e seg.), o fato de que uma proposição possa dizer respeito a um certo objeto (TLP 4.1211, 5.535), o fato de que alguma coisa caia sob um conceito formal (TLP 4.126), o fato de proposições lógicas serem TAUTOLOGIAS e não se referirem a CONSTANTES LÓGICAS (TLP 4.0621, 4.461), o fato de uma proposição seguir-se de outra (TLP 5.12-5.132, 6.1221), os limites ou a armação da linguagem e do mundo (TLP 5.5561, 5.6 e seg., 6.124), a idéia de que não há alma (TLP 5.5421), o que há de verdade no SOLIPSISMO — na idéia de que "o mundo é o *meu* mundo" (TLP 5.62) —, o fato de que há leis na natureza (TLP 6.36), a esfera da ética e de tudo aquilo que há de "mais elevado" (TLP 6.42 e seg.), o significado da vida — a esfera do místico (TLP 6.52 e segs.) —, os ditos do próprio *Tractatus* (TLP 6.54). Podem-se distinguir aqui os seguintes grupamentos:

(a) a forma lógica comum às proposições e àquilo que afiguram (o caráter inexprimível da harmonia entre pensamento e realidade);

(b) o significado dos signos e o sentido das proposições (interdição à semântica);

(c) as relações lógicas entre proposições (não há regras de INFERÊNCIA LÓGICA);

(d) a categoria lógico-sintática dos signos (conceitos formais são pseudoconceitos);
(e) a estrutura do pensamento e do mundo (os limites do pensamento são estabelecidos a partir do interior);
(f) o místico (a inefabilidade de valor).

As expressões que procuram enunciar qualquer um dos pontos acima constituem "pseudoproposições". O que as une é seu contraste com as proposições BIPOLARES da ciência. Enquanto estas produzem enunciados factuais, afiguram combinações de objetos que podem ou não se dar, aquelas procuram dizer aquilo que não poderia ser de outra forma. Pode parecer que a necessidade não é uma condição suficiente para que algo seja uma pseudoproposição, uma vez que as tautologias e as contradições não são pseudoproposições. Entretanto, isso se deve ao fato de que as tautologias e contradições são proposições degeneradas, produzidas por meio de combinações lícitas de proposições genuínas (NM 118). As pseudoproposições não dependem do modo como as coisas estão, uma vez que dizem respeito a precondições "transcendentais" da representação e do mundo (NB 24.7.16; TLP 6.13, 6.421). Não fica claro por que (f) deveria possuir um tal estatuto transcendental. Além disso, aquilo que pode ser mostrado não pode ser dito (TLP 4.121 e segs.) E nos casos de (a)-(e) o inverso também se aplica. O que tais proposições procuram dizer mostra-se em proposições bipolares e em seus casos limítrofes — as tautologias e as contradições. Não há, entretanto, proposições dotadas de significado que sequer mostrem, por exemplo, o valor ÉTICO. Ao contrário da esfera do lógico, a esfera do místico é transcendente, e não só transcendental.

Deixando de lado esse caso especial, a idéia subjacente aqui é que as precondições para a representação simbólica, as regras da SINTAXE LÓGICA, não são elas mesmas passíveis de representação (NM 108-9). Não podem ser representadas por proposições bipolares, na medida em que dizem respeito a traços essenciais que a linguagem e a realidade devem ter em comum para que esta possa ser representada por aquela. A distinção entre dizer e mostrar não se baseia simplesmente, no entanto, em uma estipulação dogmática segundo a qual somente as proposições bipolares fazem sentido. Ao contrário, o próprio princípio da bipolaridade inspira-se no discernimento da natureza singular das tentativas de enunciar traços essenciais do simbolismo. Por um lado, distinguindo-se das proposições bipolares, tais proposições não excluem uma possibilidade genuína, mas sim algo que infringe a lógica, e, portanto, os limites do sentido. Entretanto, a tentativa de se fazer referência a algo ilógico, mesmo se com o propósito de descartá-lo em função de seu caráter ABSURDO, é em si mesma absurda — conforme se destaca em (e). Por outro lado, nenhuma proposição pode dizer algo acerca das propriedades lógicas da linguagem: ou essa proposição está em conformidade com a lógica, o que supõe que tais propriedades lógicas devem de antemão ser compreendidas (circularidade), ou não está, o que a impossibilita de constituir uma proposição dotada de significado (uma linguagem ilógica é impossível) (TLP 3.031, 4.12, 5.4731).

Esta idéia geral se aplica à teoria pictórica por meio de (a). Não se trata aqui de uma exclusão dogmática de proposições auto-referentes. Tampouco entra em questão a impossibilidade de uma proposição ou modelo afigurar o modo como afigura. Se, por exemplo, um certo mapa contivesse uma figuração de si mesmo (em menor escala), com a respectiva legenda, teríamos uma situação de regresso, uma vez que o mapa precisaria incluir uma legenda para a própria legenda. O que temos nesse caso, entretanto, é a impossibilidade de uma figuração afigurar o seu próprio MÉTODO DE PROJEÇÃO. É por uma razão diferente que uma figuração não pode afigurar sua própria "forma pictorial", a possibilidade de estrutura que deve ter em comum com aquilo que afigura: é que não pode afigurá-la *como uma possibilidade*. Pois a forma pictorial de uma proposição é uma de suas "propriedades internas" (TLP 4.122-4.1241) – na ausência de tal forma pictorial, ela simplesmente deixaria de ser a figuração que é. Decorre daí também que nenhuma *outra* proposição poderia representá-la como uma possibilidade, o que significa que não pode haver proposições bipolares acerca da forma pictorial das proposições.

Já houve quem sugerisse que a distinção dizer/mostrar se origina do paradoxo dos conceitos de Frege. Este autor estabeleceu uma clara distinção entre objetos ou argumentos, que são saturados, e conceitos ou funções, que têm natureza não saturada – isto é, não se bastam, exigindo complementação por um argumento. Isso levou Frege a declarar, de forma paradoxal, que "o conceito *cavalo* não é um conceito". Pois, ao atribuir propriedades a um conceito, temos que utilizar um nome ("o conceito *cavalo*") em referência a algo não saturado, muito embora os nomes só possam referir-se a entidades saturadas. O paradoxo de Frege surge da idéia insustentável de que palavras-conceito ("é um cavalo") *nomeiam* entidades não saturadas, enquanto nomes ("o conceito (de) cavalo") não podem desempenhar tal papel, por não refletirem a natureza não saturada daquilo a que tentam referir-se. Está implicada aqui uma confissão de impotência lingüística, porquanto a tentativa de fazer referência a conceitos por meio de nomes é um erro que a linguagem nos impele a cometer ("Concept" 195-9; *Posthumous* 193). Não encontraremos aí, entretanto, a semente da doutrina da distinção dizer/mostrar. Mesmo o ponto (d), que lida com "conceitos", interdita não apenas a referência a funções não saturadas por meio de nomes, mas qualquer uso de conceitos formais (isto é, categoriais), incluindo-se "nome", "objeto", "cor" e "número", como, por exemplo, em "*A* é um objeto" ou "1 é um número" (TLP 4.126-4.1274).

Poder-se-ia responder a isso afirmando que o *Tractatus* configura uma extensão do argumento de Frege, na medida em que se sustenta ali que *todos* os NOMES, inclusive os de objetos, têm natureza não saturada. Mas enquanto Frege está preocupado com a referência a entidades não saturadas, o *Tractatus* se preocupa em atribuir a um símbolo o predicado indicativo de que pertence a uma categoria lógico-sintática. Tal preocupação se origina de reflexões acerca da teoria dos tipos de Russell (RUL 1.13; NL 96.101). Russell evita os paradoxos da teoria dos conjuntos, proibindo sentenças que atribuam a uma coisa de um determinado tipo lógico (por exemplo, classes) propriedades que só possam ser atribuídas a coisas de um tipo diferente (por exemplo, indivíduos). Proibir-se-ia, por exemplo,

(1) A classe dos leões é um leão

por meio de uma regra como

(1') "A classe dos leões é um leão" é um absurdo.

Segundo Wittgenstein, uma teoria dessa espécie não é nem possível nem necessária. A regra (1') pode dizer respeito a SIGNOS — caso em que enuncia um fato contingente acerca de convenções arbitrárias, e não uma regra lógica. Ou pode dizer respeito a símbolos – caso em que tem de referir-se ao sentido ou significado das expressões. Não pode, entretanto, referir-se ao sentido de (1), que é, *ex hipothesi*, absurdo. Tampouco pode referir-se ao significado dos nomes que, em última instância, constituem (1). Pois tais elementos constituintes não possuem um significado anterior ao estabelecimento de sua sintaxe lógica. Sendo assim, as regras da lógica não podem ser expressas por meio de proposições da forma "'*A*' deve possuir tais e tais regras por referir-se a um objeto de tal e tal tipo" (TLP 3.33 e segs.) – é esse o ponto central em (b).

Já o ponto central em (d) é que não podemos nos valer de conceitos formais para falar da categoria lógico-sintática de um nome ou da categoria ontológica de um objeto. A categoria ontológica de um objeto é determinada por sua FORMA LÓGICA, isto é, pelo conjunto de objetos com que pode combinar-se em um estado de coisas. O fato de que *A* é um objeto visual significa que pode combinar-se com cores mas não com um tom acústico (TLP 2.0251; PT 2.0252). Entretanto, a forma de um objeto não pode ser nem nomeada (não constitui em si mesma um objeto) nem tampouco descrita por um conceito formal como "cor". Em vez disso, ela se mostra no fato de que seu nome é uma instância de substituição de um determinado tipo de "variável proposicional" (TLP 4.127 e segs.). Se substituímos um dos elementos constituintes de

(2) *A* é vermelho

por um marcador de lugar, obtemos uma variável proposicional, ou função proposicional (Russell)

(2') *X* é vermelho.

A variável é dada pela determinação de seus valores, isto é pela estipulação dos tipos de proposições que podem ser construídas com o preenchimento da posição do argumento (TLP 3.31 e segs.). Os valores de (2') são todas as proposições obtidas por meio da substituição de *X* por um nome; a variável "reúne" todas as proposições com a mesma forma — "*A* é vermelho", "*B* é vermelho", etc. O conceito formal de objeto visível é dado por essa variável; é a forma constante de todas as expressões que podem substituir *X* em (2'), sem que a proposição resultante fique destituída de significado. Em uma notação ideal, haveria, para cada categoria lógica, uma variável específica e um tipo de nome específico.

Um conceito material como "vermelho" pode ocorrer em uma proposição genuína como (2), o que já não é possível para um conceito formal como "objeto visível". Pois trata-se aqui, na verdade, de uma variável, e uma proposição só pode conter variáveis aparentes (isto é, ligadas) (*ver* TAUTOLOGIA). O segundo passo acima mencionado é trivial — (2') não é uma proposição, mas sim uma função proposicional. Entretanto, a insistência na idéia de que um conceito formal é, na verdade, uma variável baseia-se, mais uma vez, na idéia de que não pode haver proposições que atribuam propriedades INTERNAS a coisas. "*A* é um objeto" ou "Vermelho é uma cor" são pseudoproposições, mas aquilo que tentam dizer mostra-se em proposições empíricas, adequadamente analisadas, em que "*A*" ou "vermelho" ocorrem. É esse o cerne lógico da distinção dizer/mostrar: embora as regras da sintaxe lógica não possam ser expressas em proposições filosóficas, elas se mostram nas estruturas lógicas de proposições não filosóficas.

Wittgenstein alega que sua teoria do simbolismo pode substituir a teoria dos tipos, porque o paradoxo de Russell, relativo ao conjunto de todos os conjuntos que não são membros de si mesmos, pode ser descartado uma vez que se perceba que uma função proposicional não pode ser seu próprio argumento (TLP 3.332 e seg.; NL 96, 107). Essa última alegação segue-se da concepção wittgensteiniana de função proposicional (que, sob esse aspecto, se assemelha à concepção de conceitos de Frege). Se uma função pudesse ser seu próprio argumento, haveria uma proposição como "$f(fx)$". Entretanto, em uma construção como essa, o "$f$" mais interno precisaria referir-se a uma função da forma $\Phi x$; e o mais externo, a uma função do tipo $\Psi(\Phi x)$. Ambas as proposições têm em comum o signo "f", possuindo necessariamente, entretanto, significados diferentes. Isso quer dizer que são símbolos diferentes, pelo simples fato de que nada pode ser uma parte própria de si mesmo. Disso decorre que uma mesma função proposicional não pode ocorrer duas vezes em uma proposição, e, portanto, que a autopredicação é impossível. A exclusão da autopredicação evita as proposições que dão origem ao paradoxo de Russell – "$x \in x$" e "$x \notin x$" –, se as classes são (como queria Russell) ficções lógicas tais que a função "$\in$" é explicada por meio da predicação: a autopertinência é um caso de autopredicação, estando, portanto, excluída.

Uma conseqüência imediata da distinção dizer/mostrar é que as próprias proposições do Tractatus são absurdas, de vez que empregam conceitos formais ("fato", "proposição", "objeto") para fazer afirmações acerca da essência da representação. A passagem 20.10.14 dos *Notebooks* sugere que tais pseudoproposições ao menos mostram aquilo que tentam dizer. Distinguindo-se das tautologias, entretanto, que mostram a estrutura do mundo, as pseudoproposições filosóficas nada podem mostrar, uma vez que não empregam os símbolos de modo significativo. A penúltima observação do *Tractatus* aceita tal conclusão:

> Minhas proposições elucidam dessa maneira: quem me entende acaba por reconhecê-las como absurdos... (Deve, por assim dizer, jogar fora a escada após ter subido por ela.) Deve sobrepujar essas proposições, e então verá o mundo corretamente (TLP 6.54; para a imagem da escada, ver Mauthner, *Beiträge* I 2 e Schopenhauer, *World* II, cap. 7; a imagem é mais tarde repudiada, ver MS109 207).

*O Tractatus* assume a tarefa de distinguir o absurdo, baseado na má compreensão da sintaxe lógica, do "absurdo importante" (Ramsey, *Mathematics* 263), que se baseia em um discernimento correto da sintaxe lógica, e procura dizer aquilo que pode apenas ser mostrado. Se, como já se sustentou anteriormente, seus ditos tivessem sido originalmente concebidos como absurdos no primeiro sentido, o *Tractatus* se conservaria neutro, por exemplo, em relação à idéia, sustentada por Frege e Russell, de que proposições são nomes de objetos, e também à idéia do próprio Wittgenstein de que são fatos — o que obviamente não é o caso. O *Tractatus* não é nem uma brincadeira existencialista nem um longo poema absurdo, numerado sistematicamente. Foi concebido para ser o canto do cisne da metafísica, e só transgride os limites do sentido para alcançar o ponto de vista lógico correto, que nos permita empreender análises lógicas críticas sem incorrer em transgressões adicionais (TLP 4.1213, 6.53).

A distinção entre dizer e mostrar configura uma resposta a um problema confrontado em qualquer tentativa de identificar os limites do sentido com os limites do conhecimento empírico: o estabelecimento desses limites não é em si mesmo empírico (observem-se as dificuldades de Kant para evitar alegações de conhecimento sobre as coisas em si). Trata-se de uma resposta heróica, mas que se autodestrói. Como nos mostrou Ramsey, assemelha-se às falas da criança no seguinte diálogo: A: Diga "café-da-manhã"!; C: Não consigo. A: O que você não consegue dizer?; C: Não consigo dizer "café-da-manhã". Poderíamos então solidarizar-nos com Russell na sugestão de que esse impasse talvez pudesse ser superado se nos referíssemos às propriedades lógicas de nossa linguagem por meio de uma metalinguagem ("Introduction"). Em *The Logical Syntax of Language*, Carnap desenvolve essa idéia. Sugere que os limites da linguagem podem ser expressos, se transformarmos proposições que se encontram em uma modalidade material, como

(3) Vermelho é uma cor,

em proposições na modalidade formal, como

(3') "Vermelho" é uma palavra designadora de cor,

que constitui uma proposição bipolar acerca de um objeto físico, a saber, a palavra "vermelho". Essa estratégia não é, entretanto, suficiente para superar as duras críticas de Wittgenstein; pois o *Tractatus* trata como conceitos formais não somente categorias ontológicas, mas também categorias lógico-lingüísticas, como "nome" e "proposição". Se tais críticas se justificam ou não é, contudo, um ponto controverso. A real falha da sugestão de Carnap é que (3') só capta o estatuto necessário que é essencial a (3) se disser respeito a um símbolo, um SIGNO que significa um objeto particular. Mas a categoria ontológica desse objeto, e, portanto, a categoria lógico-sintática do símbolo, é, mais uma vez, uma propriedade interna. Segue-se que (3'), tanto quanto (3), não poderia ser bipolar.

A solução adotada pelo próprio Wittgenstein subseqüentemente é abandonar a idéia de que somente as proposições empíricas são dotadas de significado. Os argumentos do *Tractatus* mostram apenas que as proposições que empregam "conceitos lógicos" ou formais (OC §§36-7) não nos ajudam a discernir a essência da realidade, ou nos fornecem novas informações (um ponto conservado na idéia de que a linguagem é AUTÔNOMA). Não se segue daí que tais proposições sejam pseudoproposições absurdas (RFM 395-6, 402-3). Os conceitos formais têm usos legítimos em proposições GRAMATICAIS, como explicações de significados e lembretes filosóficos. As proposições (3') e (3) podem ser usadas para expressar a regra que estipula que tudo aquilo que se pode denominar vermelho pode também ser denominado dotado de cor. Um uso possível para tais proposições gramaticais é excluir, pelo caráter absurdo, as sentenças que geram paradoxos como o de Russell, o de Grelling ou o do Mentiroso. Assim como fez no *Tractatus*, o segundo Wittgenstein sustenta que não é por meio de uma prova de consistência que tais paradoxos podem ser dissipados, mas sim por uma análise dos termos utilizados em sua construção (WVC 121-4). Sua análise lembra a de Ryle. As sentenças paradoxais não possuem aplicação no jogo de linguagem; lembram uma atividade como "tamborilar os dedos" (RFM 120-3, 367; LFM 206-9). Isso significa que nada enunciam e que, portanto, não podem ser usadas para dar origem a uma contradição. A sentença

(4) Este é um enunciado falso

só enuncia algo se o pronome "este" se refere a uma determinada combinação de palavras que produz um enunciado verdadeiro ou falso. Se, entretanto, "este" se refere à própria sentença (4), a questão de qual enunciado está sendo produzido não pode ser resolvida sem que se incorra em um círculo vicioso. Pode-se imaginar um uso para sentenças paradoxais em um exercício de lógica. Mas a sentença (4) não pode ser usada para a produção de um enunciado auto-referente, acerca do qual se possa levantar a questão irrespondível sobre sua verdade ou falsidade (RFM 404; RPP I §§65, 565; Z §691; *ver* CONTRADIÇÃO).

# E

**espaço lógico** (*logischer Raum*) O termo tem origem na termodinâmica geral de Boltzmann, em que as propriedades independentes de um sistema físico são tratadas como elementos que definem coordenadas separadas em um sistema multidimensional, cujos pontos constituem "o conjunto de estados possíveis". O *Tractatus* não define o termo "espaço lógico", mas este se refere ali, claramente, ao conjunto total de possibilidades lógicas. O espaço lógico está para a "realidade", para a existência e a inexistência de estados de coisas (TLP 2.05), assim como o potencial está para o atual. O termo transmite a idéia de que as possibilidades lógicas formam uma "armação lógica" (TLP 3.42), um agregado sistemático semelhante a um sistema de coordenadas. O mundo são "os fatos no espaço lógico" (TLP 1.13), uma vez que a existência contingente de estados de coisas encontra-se imersa em uma ordem a priori de possibilidades. Há inúmeras dimensões a considerar na analogia entre espaço e conjunto de possibilidades lógicas.

(a) Um "lugar" (*Ort*) no espaço lógico é determinado por uma "proposição" (TLP 3.4-3.42), que, nesse caso, significa uma PROPOSIÇÃO ELEMENTAR. É um estado de coisas possível, que corresponde às duas "possibilidades de verdade" de uma proposição elementar – ser verdadeira ou ser falsa (TLP 4.3 e segs.). Para *n* proposições, há $2^n$ possibilidades de verdade, isto é, combinações possíveis de valores de verdade. Se há apenas duas proposições elementares, *p*, *q*, então há quatro possibilidades de verdade, modos de ser possíveis para o mundo, representados pelas linhas de uma TABELA DE VERDADE.

| *p* | *q* | |
|---|---|---|
| V | V | |
| F | V | |
| V | F | |
| F | F | |

(b) Assim como a existência de um ponto no espaço geométrico está garantida por suas coordenadas, independentemente de ele estar ocupado ou vazio, também um lugar no espaço lógico, a possibilidade de um estado de coisas, está garantida pela existência dos objetos que o compõem, independentemente de o estado de coisas existir (TLP 3.4-3.411).

Um ponto no campo visual está envolto em um "espaço colorido", isto é, precisa possuir *alguma* cor; uma nota musical precisa ter *algum* tom; um objeto táctil, *alguma* dureza (TLP 2.0131); e assim por diante, com relação a todos os determináveis. Os objetos devem preencher alguma região do espaço lógico, isto é, concretizar algo no espaço de possibilidades; o lugar exato que de fato preenchem é, no entanto, uma questão empírica.

(c) Essa analogia se estende à idéia do preenchimento do espaço. Um lugar no espaço lógico é ocupado ou preenchido se o estado de coisas existe. Pela mesma razão, uma proposição pode reservar para os fatos um determinado "âmbito" (*Spielraum*) a preencher, a saber, as partes do espaço lógico (estados de coisas possíveis) que são compatíveis com sua veracidade (TLP 4.463, 5.5262). Qualquer proposição divide o "todo" do espaço lógico entre as possibilidades de verdade que estão de acordo com ela e as que não estão. As tautologias deixam para a realidade "a totalidade" do espaço lógico, ao passo que as contradições "preenchem" a totalidade do espaço lógico, uma vez que são, respectivamente, verdadeiras ou falsas, quaisquer que sejam os fatos. O âmbito que uma proposição molecular deixa para os fatos é determinado por suas "condições de verdade"; é uma partição do conjunto de possibilidades de verdade entre as que a tornam verdadeira, seus "fundamentos de verdade", e as que a tornam falsa. O número de "fundamentos de verdade" de uma proposição nos dá uma medida de seu âmbito, e, portanto, de sua probabilidade (TLP 4.463 e seg., 5.101; *ver* INDUÇÃO).

(d) Finalmente, assim como o espaço é o campo por onde se movem os objetos materiais, o espaço lógico constitui um campo de possíveis mudanças, mais especificamente, para as mutáveis configurações (combinações) de objetos em fatos (TLP 2.0271 e seg.). E assim como os objetos materiais possuem uma forma, que determina suas possibilidades de movimento, também os objetos do *Tractatus* possuem uma FORMA LÓGICA, a possibilidade ou impossibilidade de se combinarem com outros objetos em um estado de coisas (TLP 2.011-2.0141, 2.0251).

Poder-se-ia pensar que os lugares no espaço lógico incluem não somente todos os estados de coisas possíveis (existentes e não existentes), mas também suas negações, considerando-se que a passagem 4.0641 do *Tractatus* afirma que "a proposição negativa determina um lugar lógico *diferente* daquele que a proposição negada determina". Entretanto, a proposição negativa "$\sim p$" determina um lugar lógico descrevendo-o como algo que fica "de fora" do lugar lógico de "$p$", o que significa que, na verdade, determina um âmbito lógico (*ver* (c)), constituído de todos os estados de coisas possíveis à exceção de *p*.

A passagem 4.463 do *Tractatus* refere-se ao espaço lógico como sendo "infinito". Isso pode ser compreendido como a afirmação de que é preciso haver um número infinitamente grande de estados de coisas ou objetos (TLP 2.0131). Sustentou-se, ademais, que isso é necessário para que fique assegurada a independência lógica das proposições elementares: se o objeto *A* pode combinar-se apenas com um número finito *n* de objetos, o fato de não estar combinado com $n - 1$ desses objetos implica que está combinado com o objeto remanescente. Entretanto, o que implica uma proposição elementar *Pr* aqui é uma proposição *molecular* da forma "$\sim p_1 . \sim p_2 . \ldots . \sim p_{n-1}$". Wittgenstein afirma, além disso, que a existência de um número infinito de estados de coisas e objetos permanece uma questão em aberto, que talvez possa ser solucionada pela "aplicação da lógica" (TLP 4.2211, 5.55 e segs.); e isso está de acordo com sua idéia de que a lógica não deve depender de fatos contingentes. Finalmente, sua explicação para a FORMA PROPOSICIONAL GERAL só tem êxito, ao que parece, se o número de proposições elementares é finito (TLP 5.32).

Encontra-se implicada em (b) a idéia de que não há "solteiros" entre os objetos, isto é, que todos estão *realmente* combinados com pelo menos um outro objeto. A maioria dos comentadores parte desse princípio, mas ele pode ser questionado com base na passagem 2.013 do *Tractatus*: "Cada coisa está ... num espaço de possíveis estados de coisas. Esse espaço, posso concebê-lo vazio, mas não a coisa sem o espaço". Isso sugere que todos os lugares do espaço lógico podem estar vazios por não existir qualquer estado de coisas. Entretanto, sob tais circunstâncias, não haveria proposições (que são elas mesmas fatos), e, portanto, não haveria representação lingüística. Além disso, se os espaços que circundam os objetos são análogos a um espaço de cores, cada objeto deve combinar-se com pelo menos um objeto desse espaço: um ponto no campo visual tem que ter *alguma* cor (TLP 2.0121, 2.0131). Ao que parece, portanto, a possibilidade da existência de solteiros seria, afinal, incompatível com a noção de espaço lógico.

Segue-se daí que há uma dependência mútua entre objetos e o espaço lógico. Por um lado, os objetos dependem do espaço lógico, uma vez que lhes é essencial possuir dentro dele uma localização. Por outro lado, os objetos estruturam o espaço lógico, uma vez que sua forma determina suas possibilidades combinatórias. A natureza de cada objeto individual determina a totalidade de estados de coisas em que pode ocorrer; portanto, os objetos em geral "contêm a possibilidade de todas as situações" (TLP 2.012, 2.0123, 2.014). Considerando-se, além disso, que a forma de qualquer objeto determina se ele pode ou não combinar-se com qualquer outro objeto, então, se ao menos um objeto é dado, todos os objetos são dados, sendo também dada, portanto, a totalidade do espaço lógico (TLP 2.0124, 5.524). Isso ajuda a explicar a passagem 3.42 do *Tractatus*: "Embora a proposição possa determinar apenas um lugar no espaço lógico, por meio dela já deve ser dado todo o espaço lógico." A razão imediata para isso, a que Wittgenstein alude nos parênteses subseqüentes, é que uma proposição elementar já contém em si todas as operações lógicas, uma vez que pode ser expressa como uma função de verdade de si mesma e de uma tautologia que envolva todas as outras proposições elementares (ver TLP 5.47). Isso significa que a afiguração de qualquer estado de coisas específico envolve a menção a todos os estados de coisas possíveis, isto é, à totalidade do espaço lógico. A razão subjacente para que seja esse o modo logicamente adequado para expressar proposições elementares é que a possibilidade de qualquer estado de coisas específico determina, pela forma dos objetos que o constituem, que outros estados de coisas são possíveis.

Isso tem como conseqüência desagradável a idéia de que a compreensão de um pensamento supõe a compreensão de todos os pensamentos. Trata-se aí do mito de que há, como diria Wittgenstein mais tarde, "uma ordem a priori do mundo", "a ordem das *possibilidades*", compartilhada pelo mundo e pelo pensamento (PI §97). Wittgenstein veio depois a sustentar que aquilo que é logicamente possível é determinado pela FORMA DE REPRESENTAÇÃO que adotamos, e não pela essência de objetos imutáveis, CORPOS DE SIGNIFICADO, que impõem uma certa ordem a nossas práticas lingüísticas. Continuou ao mesmo tempo, porém, a utilizar a idéia de espaço geométrico para ilustrar que uma possibilidade lógica pode ou não ser realizada, e que uma possibilidade de um determinado tipo lógico só pode ser concretizada por algo a ela internamente relacionado (por exemplo, PR 71, 111, 216-18, 252-3; PI §671; RPP II §64).

O aparato técnico do *Tractatus* (possibilidades de verdade, âmbito, etc.) influenciou a teoria dos modelos e a semântica de mundos possíveis, por meio da noção de "L-estado", introduzida por Carnap, tendo influenciado também a teoria da probabilidade desenvolvida por Waismann e por Carnap.

**estado de coisas** *ver* FATO.

**estética** A estética não figurava entre os interesses filosóficos centrais de Wittgenstein; em sua vida, entretanto, a arte, em especial a música, ocupou um lugar de primeira grandeza. Ainda que, na música e na literatura, ele tendesse a um gosto mais conservador, em 1926, projetou para sua irmã Margarete, em Viena, uma casa modernista. De uma austeridade extrema, a casa radicaliza o ideal antidecorativo do arquiteto austríaco Adolf Loos, por quem, em certa época, Wittgenstein nutriu admiração. A maior contribuição de Wittgenstein para a arte é, de longe, contudo, a sua obra escrita: exótica, é bem verdade, ela constitui um dos poucos destaques da prosa filosófica alemã. Wittgenstein entretinha declaradas ambições estéticas e via no estilo "correto" algo essencial para a boa filosofia (CV 39, 87; Z §712). Sua prosa não é discursiva, consistindo em pequenas, e amiúde lacônicas, observações. Os símiles e analogias de Wittgenstein, bem como sua elusiva sagacidade, fazem lembrar Lichtenberg. Suas observações não são, entretanto, *aperçus* isolados, constituindo antes uma linha filosófica de pensamento. No *Tractatus logico-philosophicus*, as observações são muito densas e se encaixam em uma estrutura complexa, de grande apelo arquitetônico; já as *Investigações filosóficas* são escritas em estilo mais coloquial.

A despeito de seu interesse pessoal, as observações iniciais de Wittgenstein sobre estética constituem aplicações crípticas de um sistema filosófico, sua versão particular do idealismo transcendental de Schopenhauer. "Ética e estética são uma só" (TLP 6.421). Três pontos estão envolvidos nessa sibilina afirmação. Em primeiro lugar, assim como a lógica e a ética, a estética não diz respeito a questões de fato contingentes, mas sim àquilo que não poderia ser de outra forma, e que, portanto, não é passível de expressão em proposições dotadas de significado (BIPOLARES), podendo apenas ser mostrado. (NB 24.7.16; TLP 6.13). Em segundo lugar, juntamente com a ÉTICA, a estética constitui o domínio "superior" dos *valores*. É transcendente, de vez que os valores "não podem estar *no* mundo", devendo localizar-se fora dele, em uma VONTADE metafísica schopenhaueriana (TLP 6.41-6.432; NB 2.8.16). Finalmente, assim como a lógica, a ética e a estética baseiam-se em uma experiência MÍSTICA: admirar-se não de *como* o mundo é, mas antes *que* ele seja. Ao fazê-lo, vejo o mundo de fora, como um "todo limitado". Pode-se acrescentar ainda que a ética e a estética implicam "ver o mundo com um olhar feliz", isto é, a partir de uma aceitação estóica dos fatos que não estão sujeitos à vontade. A "obra de arte" é "o objeto visto *sub specie aeternitatis*". Isso faz lembrar Schopenhauer, e sua idéia de que, na contemplação estética, escapamos à dominação da vontade (aos nossos desejos), uma vez que nossa consciência se preenche com uma única imagem. Vemos aí, além disso, a perspectiva estética associada ao SOLIPSISMO; ao ver o objeto, ou o mundo, *sub specie aeternitatis,* faço-o meu (NB 19.9./ 7.10./ 8.10./ 20.10.16; TLP 5.552, 6.43, 6.45; cf. *O Mundo* I §34).

As observações iniciais de Wittgenstein sobre a estética são importantes para seu misticismo, mas lançam pouca luz sobre a arte. A identificação entre ética e estética sob a égide dos valores inefáveis tem o efeito de obscurecer justamente o tipo de diferença conceitual que ele mais tarde tentaria enfatizar. Pode-se argumentar que nem Schopenhauer nem o Wittgenstein da fase inicial chegam a acrescentar muito mais que mistificação metafísica à idéia de Kant de que a apreciação estética envolve uma "contemplação desinteressada". A discussão que Wittgenstein promove mais tarde gera resultados mais palpáveis. Abandonando a idéia de que o valor estético é inefável, observa que "o tema (Estética) é muito amplo e inteiramente mal compreendido" (LC 1) e aponta quatro equívocos principais:

(a) É um erro concentrar a atenção somente em um pequeno grupo de termos como "belo" ou "feio". Eles são usados basicamente como interjeições e ocupam um "lugar praticamente desprezível" no que tange a nossa reação às obras de arte ou à beleza natural. Em grande parte, nossa apreciação estética reside não em simplesmente gostar ou desgostar de uma obra de arte, mas antes em entendê-la ou em caracterizá-la. E quando de fato avaliamos uma obra de arte, nós o fazemos menos considerando-a bela ou horrenda do que a vendo como certa ou errada, como mais próxima ou mais distante de certos ideais ou padrões. Por fim, há aquelas obras-primas "formidáveis", como é o caso das sinfonias de Beethoven, que estabelecem seus próprios padrões, e que são capazes de nos causar uma impressão semelhante àquela causada pelos fenômenos naturais espetaculares (LC 1-11; CV 54-5).

(b) é um erro privilegiar a forma lingüística das expressões estéticas em detrimento de seu USO. A apreciação estética se desenvolve a partir de reações como prazer ou desconforto. Não são tanto as palavras que têm importância, mas sim as ocasiões em que são utilizadas. Tais ocasiões são, por sua vez, partes de uma "situação altamente complexa". Devem ser vistas sobre o pano de fundo de certas atividades; em última instância, de uma certa cultura ou mesmo de uma FORMA DE VIDA (LC 2). Descrever o gosto musical, por exemplo, é algo que talvez suponha a descrição do papel social das apresentações musicais. Infelizmente, Wittgenstein não esclarece se esse contexto consiste exclusivamente no papel social do produto artístico ou se inclui também, por exemplo, as intenções do artista. O que fica claro é que, assim como no caso da ética, seu CONTEXTUALISMO tem implicações relativistas. Embora o próprio Wittgenstein refira-se a uma "deterioração" no seio de uma tradição artística como a da música alemã, o fato é que os padrões estéticos não podem ser julgados a partir de um ponto de vista externo. É possível que nem sequer compreendamos como avaliar as obras de uma determinada tradição artística (por exemplo, a arte africana), se não mergulharmos na cultura em questão.

(c) O aspecto mais saliente da estética de Wittgenstein é a aplicação que faz aí da idéia de SEMELHANÇA DE FAMÍLIA. Rejeita a ânsia por definições analíticas para termos da estética, como "belo", "arte" ou "obra de arte", sugerindo que são conceitos determinados por semelhança de família (LC 10; AWL 35-6; CV 24). Não há condições individualmente necessárias e conjuntamente suficientes para a aplicação desses termos. Suas instâncias se relacionam de múltiplas maneiras, por meio de uma "complexa rede de semelhanças que se sobrepõem". Um dos argumentos que sustenta essa posição é falacioso. Wittgenstein observa que termos como "belo" e "bom" prendem-se àquilo que modificam — as características que conferem beleza a um rosto não se aplicam a um sofá. Isso não mostra, entretanto, que "belo" seja um conceito determinado por semelhança de família, mas somente que, assim como "bom", ele é usado atributiva e não predicativamente. No que diz respeito a termos como "arte" e "obra de arte", a abordagem de Wittgenstein é mais convincente. Aqui pode haver condições necessárias: a arte é uma atividade humana; e uma obra de arte, um produto feito pela mão do homem. Mas não há uma condição que, sozinha, nos permita classificar como obras de arte as produções artísticas de Beethoven, Beuys, Brecht, Cage, Giotto, Jandl, Praxíteles, Pollock e Warhol.

(d) Wittgenstein rejeita a idéia de que a estética é um ramo da psicologia, que tem como meta fornecer explicações causais para nossa experiência estética. Três aspectos se destacam nessa posição. (i) Wittgenstein rejeita explicações causais para o valor artístico, e em particular as teorias hedonistas que concebem o valor estético como uma tendência a causar experiências de prazer ou desprazer. Acusa-as do que mais tarde ficou conhecido como "falácia afetiva": a confusão entre o valor de uma obra de arte e o efeito psicológico que exerce sobre as pessoas. Em tais explicações, o valor de uma obra reside em seu efeito causal (a experiência que produz). Essa experiência pode, entretanto, ser criada através de outros meios, por outra obra ou mesmo por uma droga. A única forma de apreciar uma obra de arte é experienciar e compreender suas características intrínsecas; seu valor não é determinado por efeitos causais que ela possa ter, mas sim por essas características, medidas segundo certos padrões. A pergunta "Por que isto é belo/tem valor?" não pode ser respondida por uma explicação causal (M 104-7).

(ii) Wittgenstein insiste que a relação entre um juízo ou impressão estética e seu objeto (a obra) é intencional, e, portanto, interna; não se trata de algo externo ou causal — temos aqui uma instância específica de sua rejeição geral a teorias causais da INTENCIONALIDADE. Quando julgo primitiva a música de Vaughan Williams, esse juízo não remete às causas de minhas reações, que podem corresponder a qualquer coisa, desde eventos neurofisiológicos até preconceito contra compositores ingleses. Tem a ver, sim, com as características mencionadas em meu juízo ou nas explicações que subseqüentemente forneço para ele.

(iii) Wittgenstein sustenta que as explicações estéticas não são causais, nem tampouco estão sujeitas a verificações experimentais: "uma explicação estética não é uma explicação causal." Essa afirmação aplica-se não somente à explicação de por que algo é belo ou impressionante, mas a qualquer explicação para "impressões estéticas". "Os enigmas que se originam dos efeitos exercidos pelas artes não são enigmas acerca de como tais efeitos são causados". Não são solucionados experimentalmente, já que a resposta correta é aquela que satisfaz o sujeito em questão (LC 11-18, 21, 28-9). Essa afirmação parece ser refutada por histórias como a de Soderini, que reclamou estar insatisfeito com o nariz do *Davi*, mas teve suas reservas dissipadas depois que Michelangelo fingiu tê-lo alterado. Entretanto, o fato de que a insatisfação de Soderini pudesse ter sido eliminada sem que se alterasse em nada o nariz não indica que era *outro* o objeto dessa insatisfação, assim como o fato de que meu desejo por uma maçã possa ser eliminado sem que eu a consiga (por exemplo, com um soco no estômago) não indica que era algo diferente de uma maçã que eu desejava (PR 64; *ver* INTENCIONALIDADE). Convém notar, entretanto, que isso mostra que há um tipo de explicação estética que é causal, e, portanto, empírica, a saber, a explicação daquilo que nos faz reagir de uma certa forma, algo de que podemos não estar cientes.

Entretanto, o fato de que Wittgenstein não leva em conta explicações etiológicas dessa natureza não invalida o que ele diz sobre as explicações estéticas usuais, que especificam ou o objeto de nossas reações estéticas ou os seus motivos ou razões. Explicam nossas reações, reforçando nossa compreensão da obra em si. A explicação estética usual é, em um sentido geral, descritiva. Além de referir-se diretamente a padrões estéticos, ela pode conter os seguintes elementos. (a) Assinalar analogias entre a obra em exame e outras: consideramos a obra em cotejo com outras. Às vezes essas comparações são sinestésicas (como quando, por exemplo, a música de Brahms é elucidada por referência aos romances de Keller). Em outros casos, trata-se da percepção de ASPECTOS, de trazer à atenção uma característica da obra que até então passara despercebida, colocando-a em um novo ambiente ou alterando-a de algum modo — é dessa forma que podemos notar a força dos poemas de Klopstock quando são lidos com uma determinada métrica (LC 4,32n; PI II 207; RPP I §§32-7). (b) Alguns gestos podem auxiliar-nos a compreender, em particular, grandes obras de arte, que não podem ser caracterizadas adequadamente por referência a padrões estéticos. Em tais situações, é comum utilizarmos palavras de um modo que Wittgenstein denomina "intransitivo". Dizemos que um fragmento de um trecho musical possui uma significação particular, sem que isso configure um passo preliminar à especificação de *qual* seja essa significação. Isso não quer dizer, entretanto, que ela seja inefável. É comum conseguirmos revelar aspectos da música por meio de gestos e expressões faciais, como é o caso, por exemplo, de um maestro, que explica uma frase musical à orquestra por gesticulações (BB 158, 178-9; PI §523; CV 69-70).

A contribuição mais importante de Wittgenstein para a estética contemporânea foi a aplicação que fez a esse campo de sua idéia de semelhança de família. A estética de tradição anglófona do século XX tem se preocupado com a questão "O que é arte?", em parte porque a própria arte moderna tematizou a questão como um desafio, e em parte porque a virada lingüística deflagrada por Wittgenstein levou questões analíticas dessa natureza ao centro das preocupações filosóficas. As tentativas de responder à questão com uma definição analítica foram em geral vistas como malsucedidas (por vezes flagrantemente circulares) e inócuas. Como resultado disso, a idéia de semelhança de família de Wittgenstein foi acolhida como uma liberação, o que acabou por levar ao abandono das tentativas de descobrir a essência da arte.

**ética** A ética ocupa um lugar singular no pensamento de Wittgenstein. A importância pessoal que ele atribuía a questões acerca do valor moral era irrestrita. Seus escritos sobre ética são, contudo, breves e obscuros, muito embora sua visão sobre a linguagem tenha exercido uma influência enorme, ainda que intermitente e difusa, sobre a abordagem analítica da filosofia da moral. A postura moral de Wittgenstein era, do ponto de vista pessoal, egocêntrica e contemplativa. Foi, nesse particular, influenciado por Schopenhauer e pelo livro *Sexo e caráter*, de Weininger, em que se declara que "lógica e ética são fundamentalmente uma mesma coisa; são apenas deveres que temos para conosco" (159). Temos a obrigação moral de buscar a clareza lógica. A distinção estabelecida no *Tractatus* entre DIZER e MOSTRAR confere substância à primeira parte da máxima de Weininger:

somente as proposições empíricas da ciência são dotadas de significado, uma vez que afiguram estados de coisas contingentes (verdadeira ou falsamente). Aquilo que Wittgenstein denomina "o domínio superior" (TLP 6.42, 6.432), toda a esfera do valor, tem em comum com as estruturas da linguagem a sina da inefabilidade; ambos os domínios não podem ser ditos, mas apenas mostrados. A ética, a estética e a lógica estão ligadas pelo fato de serem "transcendentais": enquanto tudo aquilo que é factual é "acidental", essas disciplinas tentam expressar aquilo que não poderia ser de outra forma, as "precondições do mundo" (NB 24.7.16; TLP 6.13, 6.421).

Ao contrário do que ocorre com a estrutura lógica da linguagem, entretanto, o valor ético não é sequer mostrado em proposições dotadas de significado, ainda que possa ser mostrado em ações, em atitudes e em obras de arte (EL 9.4.17). A ética não é somente transcendental; é também "transcendente". Os valores "não podem estar *no* mundo", que, em si mesmo, "não é nem bom nem mau"; quem os "porta" é uma VONTADE metafísica schopenhaueriana, que se encontra fora do mundo (TLP 6.41-6.43; NB 2.8.16). Wittgenstein dá solução a uma inconsistência existente entre duas idéias schopenhauerianas — a de que a redenção moral está na negação da vontade e a de que a compaixão, um exercício da vontade, é essencial à moralidade. Adota, para isso, uma distinção kantiana entre a vontade boa e a má (NB 21./24./29.7.16; TLP 6.43; *World* II caps. XLVII-XLIX). Igualmente kantiana é a visão de que as conseqüências de uma ação são eticamente irrelevantes, distinguindo-se, nisso, do espírito com o qual ela é realizada. A justificativa de Wittgenstein aqui é, entretanto, espinosista, e não kantiana. Ele identifica ser bom com ser feliz; ser mau com ser infeliz (NB 8./29./30.7.16). A recompensa e o castigo são cruciais para a ética, mas "residem na ação em si mesma" (TLP 6.422). A razão para isso é que a vontade é impotente do ponto de vista causal. Desejar o bem ou o mal não é algo que possa alterar os fatos, mas somente os "limites do mundo", isto é, "a atitude do sujeito para com o mundo". Uma vontade boa é sua própria recompensa, na medida em que vê o mundo com "olhos felizes", aceita o que quer que aconteça com equanimidade (TLP 6.43; NB 20.10.16). Essa atitude estóica é o resultado ético da capacidade MÍSTICA de ver o mundo *sub specie aeternitatis*, que é também essencial à arte. "A ética e a estética são uma só" não somente por serem inefáveis, o que é uma simples precondição para sua identidade, mas também por basearem-se ambas em uma atitude mística em que nos admiramos da existência do mundo e satisfazemo-nos com seus fatos brutos (TLP 6.421, 6.45; NB 7./8.10.16).

Wittgenstein sustentou que o "ponto central" do *Tractatus logico-philosophicus* tem natureza ética: delimitar a "Esfera do ético" de dentro para fora, "guardando silêncio em relação a ele" (FL 10./11.19). A estrutura e a composição do *Tractatus* sugerem, entretanto, que as passagens místicas devem sua existência às experiências de Wittgenstein durante a guerra, tendo sido então transplantadas para o solo da lógica (a conexão aqui é fornecida pela distinção dizer/mostrar). Isso se confirma no fato de que a ética desempenha um papel menor nas considerações que Wittgenstein faz posteriormente sobre o *Tractatus*. Um trabalho que se destaca aqui é "A Lecture on Ethics", de 1929, que elabora a idéia de que a ética é inefável. Expande-se ali a definição de Moore da ética como investigação daquilo que é bom, para acomodar tudo o que tem valor e diz respeito ao significado da vida, incluindo-se a estética. Acompanhando Moore mais uma vez, Wittgenstein distingue, para os termos de avaliação, um sentido trivial ou *relativo* e um sentido ético ou *absoluto*. O sentido relativo implica apenas a satisfação de certos padrões, como quando dizemos "Você joga tênis bem". O sentido absoluto, por sua vez, é elusivo, pois não há enunciado factual que possa constituir, ou implicar logicamente, um juízo de valor como "Você deve se comportar decentemente". Wittgenstein invoca três experiências para lançar luz sobre o valor absoluto. A primeira é a experiência mística de espanto diante da existência do mundo. A segunda é o sentimento de que "Eu estou seguro, nada pode atingir-me, não importa o que aconteça". Esse pensamento estóico notabiliza-se em Sócrates e em Kierkegaard. No pensamento de Wittgenstein, ele decorre da relação de independência lógica que há entre o mundo e a vontade ética: assim como esta não pode afetar o mundo, o mundo tampouco pode prejudicar o virtuoso. Pois o bem está no olhos de quem vê, está em confrontar as aflições da vida com um espírito feliz. Nesse sentido, o mundo dos felizes, isto é, dos virtuosos, se diferencia do mundo dos infelizes (NB 29.7.16; TLP 6.43). A terceira e última experiência é a da culpa, que Wittgenstein explica como sendo a reprovação divina de uma conduta pessoal. Nesse mesmo espírito, ele rejeita a afirmação "racionalista" de que "Deus deseja o bem por ser o bem", substituindo-a por "O bem é aquilo que Deus exige" e alegando que isso revela a inexplicabilidade do bem, assim como sua independência dos fatos (WVC 115).

Os três pontos acima expostos deliberadamente explicam o obscuro — o valor absoluto — por meio do mais obscuro ainda. O último deles faz da ética um elemento secundário em relação à religião, insistindo na idéia de que a ética não pode ser explicada. Choca-se, além disso, com um argumento refutativo encontrado no *Eutífron*, de Platão, que, aliás, em muito se assemelha aos procedimentos do próprio Wittgenstein: não diríamos que o assassinato é algo "bom", ainda que Deus o exigisse. E é o próprio Wittgenstein quem reconhece que os dois primeiros pontos constituem maus usos de expressões como "seguro", "existência" ou "espanto". Fazendo da necessidade uma virtude, ele radicaliza a afirmação de Moore de que o "bem" é indefinível: a ética é profunda justamente por transgredir, de forma inevitável, os limites da linguagem. Felizmente, isso está errado: embora os juízos de valor absoluto, como "Promessas devem ser cumpridas", possam não ser factuais, nem por isso são absurdos ou místicos, no sentido wittgensteiniano. Com efeito, sua insistência na natureza inefável da ética é explicitamente estipulativa: "Eu rejeitaria qualquer descrição significativa [da ética] *ab initio*, questionando-lhe a significação." Por detrás dessa estipulação, encontra-se a convicção de que a linguagem só pode expressar fatos, o que restringe a significação à descrição factual (LE 7-9, 11-12; WVC 68-9).

Essa crença, que faz parte da TEORIA PICTÓRICA, é mais tarde abandonada. Pode ser "impossível" descrever em que consiste a avaliação ética (e estética), mas a razão para isso está no CONTEXTUALISMO: é preciso que deixemos de nos concentrar na aparência dos termos éticos, que se assemelha à de outras palavras, e que passemos a dar mais atenção a seu papel específico dentro da cultura como um todo (LC 2, 7-8). O ético se *mostra*, não mais em atitudes místicas de um eu solipsista, mas antes em padrões sociais de ação. Como resultado disso, afirmações arcanas acerca do caráter indefinível ou inefável de termos éticos dão lugar a investigações (não muito elaboradas) acerca do uso de tais termos (RPP I §160; AWL 34-6). Um resultado dessa investigação é mostrar que "o significado de 'bom' se prende ao ato que modifica" (uma boa mentira é diferente de uma boa ação). Wittgenstein conclui que "bom" é um termo determinado por SEMELHANÇA DE FAMÍLIA. Seu argumento estabelece apenas, entretanto, que "bom" é usado atributivamente e não predicativamente (um bom mentiroso não é necessariamente bom *tout court*).

Não é claro que diferentes coisas sejam ditas "boas" por conta de semelhanças que se sobrepõem. A noção de que "bom" possui papel ético único a despeito de diferentes padrões de aplicação é sugerida por idéias remanescentes do período de transição. É crucial para a ética o contraste que mantém com proposições factuais e teorias científicas. Inadvertidamente, "A Lecture on Ethics" acaba por explicar esse contraste, pelo menos em parte, ao referir-se à natureza orientacional dos juízos éticos no que tange às ações. Embora haja um abismo lógico entre juízos factuais e decisões de ação, os juízos éticos expressam diretamente as razões ou posições conforme as quais agimos. Isso se liga a duas observações posteriores (LC 2; AWL 35). Em primeiro lugar, os termos éticos substituem e estendem reações naturais (gestos, expressões faciais) de aprovação ou desaprovação. Em segundo lugar, sua "gramática" não é determinada somente pelo objeto que modificam, mas também pelas razões que a pessoa oferece para aplicá-los.

As conclusões que Wittgenstein retira dessas observações são relativistas (SDE 23-4; *ver* FORMA DE VIDA). Juízos éticos não prestam contas à realidade e tampouco se contradizem entre si, à maneira das proposições empíricas. Expressam as razões pelas quais agimos, e só podem ser justificados dentro de um sistema ético, como, por exemplo, a ética cristã. Assim como a gramática, tais sistemas são AUTÔNOMOS. Cada um deles determina seus próprios padrões de justificação, de vez que cada um envolve uma série distinta de conceitos morais. A ética cristã e a secular empregam termos como "bom" com significados diferentes, o que significa que suas afirmações são mutuamente incomensuráveis. Isso não quer dizer que juízos divergentes sejam "igualmente corretos", ou que sejam "corretos a partir de seu próprio ponto de vista"; quer dizer apenas que, ao fazermos juízos, estamos "adotando" um certo quadro geral de referência para ação e justificação, que não pode em si mesmo ser justificado. Perguntar se a ética cristã ou a secular é, em si mesma, a correta "não faz sentido".

Wittgenstein menciona um problema inerente a esse relativismo: a idéia de que pode destruir o "*imperativo* na moralidade". Ele pode admitir o compromisso na "primeira pessoa" (SDE 23; WVC 116-17; CV 60), uma vez que os juízos éticos expressam a base sobre a qual um indivíduo tenciona agir. Não pode admitir, entretanto, a idéia de obrigações morais que incidam sobre todos os indivíduos, independentemente de sua postura pessoal. Só podemos condenar ações exigidas por outras éticas do interior de nosso próprio sistema. Na impossibilidade de estabelecer a superioridade moral desse sistema, não dispomos de uma justificativa para interferir com tais ações, embora fosse isso exatamente o que uma obrigação universal nos forçaria a fazer. A discussão que Wittgenstein promove acerca das leis da lógica sugere uma estratégia para minorar esse problema: há limites conceituais para o que podemos denominar "uma ética". Infelizmente, isso entra em conflito com sua afirmação de que até mesmo a observação de Goering — " O certo é aquilo que nos apraz" — exprime um "tipo de ética" (SDE 25). Mas o fato de que essa máxima expressa a base para os atos de Goering não basta para sustentar a posição de Wittgenstein. O ponto aqui não é que a postura de Goering seja ininteligível, conforme já sugeriram alguns wittgensteinianos, mas sim que ela constitui um paradigma de imoralidade, e não uma ética alternativa.

Os positivistas lógicos adotaram a idéia do primeiro Wittgenstein de que a ética é absurda, porque inverificável; abandonaram, contudo, a idéia de que ela tem importância capital. A ênfase mais tarde concedida pelo filósofo aos usos não descritivos da linguagem influenciou tanto o emotivismo quanto o prescritivismo. Ironicamente, ele foi também invocado por cognitivistas contemporâneos, que afirmam que todas as sentenças descritivas, incluindo-se aí as morais, erguem pretensões de verdade. Tal sugestão choca-se com sua visão de que a semelhança da forma lingüística esconde diferenças lógicas entre proposições morais e proposições descritivas (*ver* SDE 24). Wittgenstein compartilha, entretanto, a idéia cognitivista de que o discurso moral não pode ser desqualificado como menos objetivo do que o discurso científico.

**eu/self** Há três teorias tradicionais a respeito do pronome de primeira pessoa. Segundo o cartesianismo, ele se refere a uma substância anímica ligada ao corpo; em teorias humianas, pode referir-se apenas a um feixe de episódios mentais, uma vez que uma tal substância unitária não é encontrada pela introspecção; no kantismo, a primeira pessoa corresponde à unidade transcendental da apercepção, uma característica formal comum a todos os juízos — o fato de que podem ser antecedidos pela expressão "Eu penso". Wittgenstein absorveu essas três opções através do kantismo schopenhaueriano e do humianismo russelliano. Schopenhauer e Russell rejeitavam a substância anímica cartesiana, preservando, contudo, a idéia de vários "Eus". Schopenhauer transformou a unidade transcendental da apercepção na idéia de que o sujeito da experiência não pode ele mesmo ser experienciado (*World* II, cap. 41). Russell de início concebeu o "eu" como sendo o NOME próprio lógico de um self, que conhecemos por meio de uma relação de familiaridade; passou a vê-lo, depois, como o mero sujeito gramatical da predicação psicológica, conhecido por meio de uma descrição (*Problems* 27-8; "Theory" 36-7).

"O eu, o eu é aquilo que é profundamente misterioso" (NB 5.8.16). Wittgenstein transpôs as perplexidades do humianismo e do kantismo para um plano lingüístico. Assim, o SOLIPSISMO transcendental do *Tractatus* envolve a remoção do pronome (e da desinência verbal) de primeira pessoa da análise de sentenças expressivas de CRENÇA, como "Eu penso que *p*". A razão imediata para isso é a idéia humiana de que o eu não é encontrado na experiência. A motivação mais profunda aqui, no entanto, é kantiana. Tudo aquilo que experienciamos poderia ser de outra forma. Em contraposição, o fato de que a experiência que tenho agora é *minha* experiência, ou de que este campo visual é o *meu* campo visual, é algo dado a priori. Assim sendo, não posso atribuir experiências a mim mesmo por meio de proposições BIPOLARES. Não é por casualidade que o sujeito da experiência escapa à introspecção; ele não poderia ser encontrado na experiência, uma vez que sua conexão com a experiência não é algo a posteriori.

A idéia de que o pronome "eu" pode ser eliminado de nossa linguagem sobreviveu à transição do solipsismo transcendental para o solipsismo metodológico. Uma linguagem "fenomenológica" referente a experiências subjetivas é semanticamente básica; mas as experiências dessa linguagem não têm dono (*ver* PRIVACIDADE). No espírito de Lichtenberg, em lugar de "Eu penso", deveríamos dizer "Pensa-se", como em "Chove" (WVC

49-50, M 100-1; PR 88-90). A razão para isso não é que "pensar" seja um predicado que se limita a indicar uma característica, como "chover", mas sim que é logicamente impossível para qualquer outra pessoa ter aquilo que tenho quando tenho uma dor, uma vez que ninguém mais poderia ter uma dor pela qual *eu* pudesse passar. Por conseguinte, o enunciado "Eu estou com dor de dente" é analítico; não faz sentido dizer que *eu*, e não uma outra pessoa, tenho a dor. Em proposições psicológicas de primeira pessoa, "eu" é redundante.

A eliminabilidade do "eu" pode ser ilustrada por uma linguagem ficcional que tem em seu centro um déspota. Quando o déspota está com dor de dente, não diz (e o mesmo se aplica a todos os demais)

(1) Eu estou (Ele está) com dor de dente

mas simplesmente

(1') Há uma dor de dente.

Entretanto, quando alguma outra pessoa — fulano de tal — está com dor de dente, todos, incluindo-se fulano de tal, dizem

(2) Fulano de tal está se comportando como o Centro se comporta quando há uma dor de dente.

Wittgenstein sustenta que essa linguagem lichtenbergiana torna perspícuo aquilo que é essencial à nossa forma de representação. No que diz respeito, entretanto, a qualquer outra pessoa que não seja o Centro, essa linguagem é bastante distinta da nossa: (a) exclui a possibilidade de outros conjeturarem se fulano de tal não estaria com uma dor não manifesta em seu comportamento; (b) torna sujeito a erro o relato de fulano de tal, uma vez que é possível descrevermos incorretamente nosso próprio comportamento; (c) uma vez que (2), ao contrário de (1), baseia-se no comportamento, a expressão "dor" é ambígua; a dor *real* só poderia ser atribuída ao Centro. O solipsista metodológico poderia retorquir que cada um de nós utiliza uma linguagem monocentrada, adequada para seu próprio centro. Tal linguagem, contudo, é inadequada até mesmo para o centro. "Eu" não ocorre apenas em proposições como (1), mas também em apresentações, como "Eu sou fulano de tal", que não podem ser reproduzidas na linguagem monocentrada. Wittgenstein tentou mais tarde acomodar esses pontos, abandonando a eliminação pura e simples do "eu" e passando a distinguir seu uso "como sujeito", ocorrente em (1), de seu uso "como objeto" (BB 66-7; ver M 100-3; PR 86), em proposições como

(3) Eu quebrei o braço.

Ao contrário da proposição (1), a (3) não está imune à dúvida ou ao erro. Por conseguinte, ou o pronome "eu" é essencialmente redundante — como em (1) — ou se refere a meu corpo — como em (3).

Wittgenstein jamais retornou a essa concepção de "uso dual", que, sob vários aspectos, é falha. Embora eu possa, ao proferir (3), estar em dúvida ou estar enganado, isso não pode dever-se a um problema de identificação. Em determinados lances no futebol americano, pode-se, com certeza, confundir o próprio braço com o de uma outra pessoa, mas isso não significa que haja um equívoco de identidade, ou que se esteja confundindo a si próprio com outra pessoa. A visão do uso dual implica, além disso, que uma proposição de primeira pessoa como

(4) Eu estou escrevendo uma carta

deve ser analisada como a soma de uma proposição acerca de movimentos corporais puros com uma proposição experiencial infalível de primeira pessoa, acerca de volições, por exemplo. Mais tarde, Wittgenstein deu-se conta de que essa visão deturpa tanto o sujeito quanto o predicado de tais proferimentos. A proposição (4) não atribui um movimento corporal "inexpressivo", mas sim uma ação humana perpassada de intenções, e não simplesmente acompanhada delas (*ver* COMPORTAMENTO E BEHAVIORISMO). Igualmente, seu sujeito não é um corpo, mas um SER HUMANO. "Eu" e "este corpo" são expressões intercambiáveis *salva veritate*, em proposições como (3), mas não são sequer intercambiáveis *salva significatione* em proposições como (4). Isso não quer dizer que a expressão "eu" seja ambígua, mas simplesmente que sua função e a função da expressão "este corpo" possuem um escopo parcialmente análogo, divergindo, no entanto, sob outros aspectos.

Exclui-se, com isso, a alternativa materialista às explicações tradicionais, a idéia de que "eu" é uma expressão que se refere a um corpo ou a uma de suas partes, como, por exemplo, o cérebro. O fato de que "eu" não se refere a um corpo não implica, contudo, que se refira a uma entidade (ego, alma, self) acoplada ao corpo. Para Wittgenstein, entretanto, é essencial, em nosso uso da expressão "eu", que seja proferida por criaturas que de fato *possuam* um corpo — aqui ele se baseia na idéia kantiana de que não há critérios de identidade para substâncias anímicas (AWL 24, 62; BB 69; LPE 300, 308). A alternativa óbvia é a sugestão de Strawson, para quem o pronome de primeira pessoa não se refere nem ao corpo, nem a um self, nem tampouco a um feixe de episódios mentais, mas sim a uma "pessoa", uma criatura viva com capacidades mentais especiais. Obviamente, "eu" não é o nome próprio de uma pessoa, assim como "aqui" não é o nome próprio de um lugar (LPE 298; PI §410). Tampouco o pronome "eu" se refere à "pessoa que está falando agora", uma vez que não pode substituir essa expressão *salva veritate* em "A pessoa que está falando agora é a diretora". Entretanto, seu significado é, ao que parece, dado pela regra que estipula que "eu" se refere à pessoa que utiliza esse pronome. A despeito de seu interesse pelo ser humano, Wittgenstein questionou tal proposta, chegando, ocasionalmente, a rejeitá-la por completo: "é correto, ainda que paradoxal, dizer: 'eu' não se refere (*bezeichnet*) a uma pessoa" (MS116 215; LPE 283).

A afirmação de que a expressão "eu" não é referencial não pode ser defendida com base na idéia de que proferimentos psicológicos de primeira pessoa constituem EXTERIORIZAÇÕES, em vez de descrições. Seu uso não se restringe a exteriorizações, e a referência não se atrela à descrição ("Deus salve a rainha!"). Uma defesa possível seria a sugestão de que "Eu sou fulano de tal" não constitui um enunciado de identidade, uma vez que não é verificado como os enunciados de identidade usuais ("Este é Lewis Carroll"), sendo utilizado tipicamente em situações de apresentação pessoal. Entretanto, o enunciado "Eu sou fulano de tal" pode ser utilizado para afirmar uma identidade (por exemplo, quando descubro que estou sendo chamado de fulano de tal), o que significa que "eu" permanece um candidato à referência.

Wittgenstein, por sua vez, concentra-se em uma linha de argumentação distinta, que desenvolve o que há de verdadeiro em suas explicações anteriores (PI §§398-411; BT 523). Há diferenças substanciais entre, por um lado, o pronome de primeira pessoa, e, por outro, expressões utilizadas para referência a pessoas, tais como nomes próprios, descrições, pronomes pessoais e pronomes demonstrativos ("esse", "aquele").

(a) O pronome "eu" não admite a falha referencial: (i) não pode caracterizar equivocadamente aquilo a que o falante pretende se referir; (ii) como vimos, não posso confundir a minha pessoa com a sua, mas somente atribuir a mim mesmo algo que se aplica a você; (iii) quando digo "O atual rei da França é calvo", o sujeito gramatical não se aplica a nada; não há tal risco, contudo, no proferimento de sentenças encabeçadas por "eu". Por essas razões, alguém que sofra de amnésia é capaz de utilizar "eu" corretamente, sem saber se está falando de fulano de tal ou do realizador do ato de Φ. Basta-lhe saber que está falando de *si mesmo*, algo de que pode ter certeza por saber que é de *sua* boca que as palavras saem. Ao contrário do que ocorre com outros pronomes pessoais, a utilização de "eu" não pressupõe a possibilidade de identificar o referente por meio de um nome ou descrição, ou ainda por meio de um gesto dêitico.

Entretanto, ao invés de concluir que "eu" é uma expressão não referencial, poderíamos concluir que se trata de uma expressão *super-referencial*, uma expressão imune à falha referencial. Poderíamos comparar o processo ordinário de referência com o de atirar uma flecha em direção a um alvo fixo na parede; pode-se acertar ou errar. Nesses termos, o uso de "eu" não se compara ao uso de uma flecha mágica, que sempre acerta seu alvo, como seria o caso de um conjunto completamente não ambíguo de nomes ou descrições definidas; compara-se sim a desenhar um alvo na parede em torno de uma flecha que ali já estivesse presa. As noções de acerto ou erro não se aplicam, o que marca uma diferença lógica em relação às expressões referenciais ordinárias.

(b) Para o próprio usuário, a expressão "eu" não identifica alguém, no sentido de especificar alguém em um grupo de pessoas ou coisas, muito embora seu uso possa permitir que *outros* identifiquem alguém. "Eu não escolho a boca que diz 'Eu estou com dor de dente'" (LPE 311; MS220 25). Poder-se-ia objetar que eu posso me identificar em relação aos outros, por exemplo, ao confessar que *eu*, e ninguém mais, quebrei o vaso. Não se trata nesse caso, contudo, de identificar-se a si mesmo, mas sim de chamar atenção sobre si mesmo, na medida em que não se está especificando *quem* — fulano de tal ou o realizador do ato de Φ — quebrou o vaso. Poder-se-ia replicar que a identificação aqui se dá da mesma forma que no caso das expressões dêiticas. Entretanto, ao se dizer "eu", não se está apontando coisa alguma; trata-se de algo mais próximo do ato de levantar o próprio braço. "Eu" significa o ponto de origem do sistema dêitico, não um ponto no diagrama dêitico (BB 67-8; LSD 33; BT 523).

Em última instância, a questão da referencialidade da expressão "eu" depende de como se avalia o termo "referencial", um ponto insuficientemente discutido por Wittgenstein. Parece claro que "eu", assim como "você", "ela", etc., pode ser utilizado em referência a uma única pessoa. E ao dizer "Eu quebrei o vaso", digo quem o fez. Exatamente como "H.G.", "eu" ajuda a determinar o sentido das proposições em que ocorre, e o faz determinando de quem a proposição trata. Faz tal contribuição de um modo diferente do das outras expressões referenciais. A melhor maneira de expressar isso é, contudo, afirmar que "eu" é um caso degenerado de expressão referencial, da mesma forma que as tautologias são casos degenerados de proposições.

**explicação** Embora o *Tractatus* tenha estabelecido um contraste nítido entre FILOSOFIA e CIÊNCIA empírica (NL 106; TLP 4.111 e segs.), pode ser visto como uma obra que fornece explicações quase científicas. Assim como a ciência explica o comportamento dos objetos macroscópicos com base em sua estrutura microscópica, também o *Tractatus* explica a capacidade que a linguagem ordinária tem de afigurar a realidade baseando-se em sua SINTAXE LÓGICA oculta. Esse fato está por detrás das advertências posteriores de Wittgenstein, no sentido de que as explicações filosóficas sejam substituídas por descrições de regras gramaticais (PI §§109, 126, 496). São espúrias as tentativas de explicar a relação INTENCIONAL entre a linguagem e a realidade com base em mecanismos lógico-metafísicos ou mentais. As explicações genuinamente CAUSAIS são, é claro, legítimas, mas pertencem ao campo das ciências hipotético-dedutivas.

A filosofia de Wittgenstein busca um certo tipo de compreensão, mas não uma compreensão que suponha a descoberta de novas evidências ou processos causais ocultos. Tem em vista, em vez disso, uma compreensão que seja obtida por meio de uma VISÃO SINÓPTICA, capaz de organizar fenômenos familiares de uma maneira nova. Um dos tipos de explicação que Wittgenstein fornece serve para localizar as fontes das confusões filosóficas; ele sugere, contudo, que, distinguindo-se das explicações diagnósticas da medicina, tais explicações não são causais. Detectou várias semelhanças entre sua terapia filosófica e a psicanálise: (a) ambas procuram trazer à tona as preocupações reprimidas dos pacientes; (b) o critério definitivo para a articulação dessas preocupações é que o paciente as reconheça; (c) ambas envolvem uma luta contra a vontade e também contra o intelecto; (d) a doença só pode ser curada depois de ter seguido o seu curso (AWL 37-40; PI §§133, 254-5, 599; BT 407-10; PG 382; LC 18, 23-5, 43; Z §382).

As explicações de significados desempenham um papel bem mais importante em suas reflexões posteriores. Não são explicações causais sobre o *porquê* de utilizarmos um certo termo, ou sobre quais os efeitos (perlocucionários) que sua utilização acarreta em ouvintes específicos; trata-se antes de explicações sobre o modo como utilizamos esse termo, isto é, de explicações que especificam regras para seu uso correto (PI §§120, 491-8). Tais explicações gramaticais não são, portanto, incompatíveis com a idéia de que a filosofia descreve regras lingüísticas. Distinguindo-se das explicações causais, que, em princípio podem estender-se indefinidamente, tais explicações terminam em um ponto. Não podemos, por exemplo (a não ser, talvez, no sentido causal), explicar por que locuções como "Eu iria realizar o ato de Φ" não precisam basear-se em evidências. É um erro filosófico típico buscar aqui explicações adicionais, quando "deveríamos ver o que acontece como um 'protofenômeno'", e simplesmente observar que "*este jogo de linguagem é praticado*" (PI §§654-5; Z §§314-15; RFM 102-3; RPP I §889).

Wittgenstein afirma ser um caminho frutífero investigar como uma palavra é ensinada. Não é que esteja aqui, entretanto, engajando-se em teorizações ingênuas sobre o processo de aprendizagem (LC 1-2; Z §412). Mesmo sua tese de que o ensino pela explicação pressupõe certas habilidades lingüísticas fundamentais não configura uma teoria genética empírica, sendo antes uma alegação de natureza conceitual: explicações são correlatos de pedidos de explicação sobre significados, ou de pedidos de esclarecimento acerca de coisas que não ficaram claras quanto ao significado; pressupõem, portanto um certo grau de compreensão lingüística por parte do aprendiz — por exemplo, a capacidade de perguntar qual o significado de uma palavra (PI §§6, 27; PG 62; PLP 126). A única observação contingente de Wittgenstein é que não nascemos com tal capacidade, mas a adquirimos por "treinamento" (*Abrichtung*) ou "exercício". Faz, além disso, uma afirmação pedagógica que faz lembrar sua observação de que até mesmo a dúvida pressupõe o reconhecimento de alguma autoridade: os educadores deveriam ter em mente que o treinamento fornece o fundamento para a explicação, bem como para a observância de regras ou para o procedimento ou cálculo (Z §419; PI §§5, 86, 157-8, 189, 198, 206, 441; LFM 58-60, 182-8; *ver* QUADRO DE REFERÊNCIA). O treinamento não pressupõe a compreensão, mas somente padrões de reação por parte de quem é treinado. Uma criança olhará na direção que apontamos, ao passo que um gato olhará para o dedo que aponta. Wittgenstein afirma também que a ordenação dos pontos ensinados é uma condição necessária para qualquer prioridade lógica entre conceitos: "parece *F*" não pode ser logicamente anterior a "é *F*", se só pode ser ensinado posteriormente (PI §§143-6; AWL 102; Z §§414-15).

Os fatos históricos e fisiológicos atinentes ao modo como somos ensinados a falar são filosoficamente irrelevantes; o que importa é *o que* é ensinado (LWL 38; BB 12-14; PG 41, 66, 70). Ao ensinarmos, o que explicamos é o significado de palavras. Uma explicação de significado, distinguindo-se de um simples exercício ou de uma droga que induz à compreensão, é normativa; fornece um padrão para o uso correto de um termo. Sob esse aspecto, as explicações *são* regras lingüísticas, uma característica que torna plausível a idéia de Wittgenstein de que a linguagem é estruturada pela GRAMÁTICA, um sistema de regras (PG 191; TS228 §34). Igualmente importante é o impacto dessa visão na elucidação que Wittgenstein faz da noção de significado. O significado é aquilo que é explicado em uma explicação de significado. Isso nos permite evitar a busca ilegítima pelo *significado* de um termo "*X*", algum tipo de entidade (um CORPO DE SIGNIFICADO), substituindo-a por uma investigação acerca do modo como "*X*" é explicado (PG 59, 69; BB 1; PI §560; AWL 48-9). Enfatiza-se assim, além disso, a natureza normativa do significado: o que as explicações de significado explicam é o USO *correto* de "*X*".

Estabelece-se dessa forma, ademais, uma conexão entre a explicação e a compreensão lingüística. O significado de "*X*" é o que se compreende quando se compreende sua explicação (BT 11; PG 60). Tanto a explicação quanto o uso são critérios para aferir a COMPREENSÃO de uma palavra. Compreender "*X*" não é somente ser capaz de usar *X* corretamente; é também estar apto a responder à pergunta "O que significa '*X*'?". As observações de Wittgenstein sobre as conexões conceituais entre significado, explicação e compreensão soam triviais, tal como deveriam, já que são lembretes gramaticais. Se corretas, entretanto, têm importantes implicações filosóficas. No mínimo, implicam que nem o significado de uma palavra, nem a compreensão que temos dela, pode ultrapassar nossa capacidade de explicá-la (PI §75). Um falante pode compreender mais do que aquilo que explica, mas não mais do que aquilo que é capaz de explicar. Essa conseqüência excluiria o modelo de CÁLCULO, segundo o qual os significados das palavras e a compreensão que temos deles são determinados por regras ocultas que ignoramos.

Entretanto, a afirmação de que a compreensão acompanha a explicação merece algumas ressalvas. Assim, Wittgenstein reconhecia que, em circunstâncias excepcionais, os dois critérios para aferir a compreensão podem separar-se: uma pessoa pode ser capaz de aplicar "*X*" corretamente, sem ser capaz de fornecer qualquer explicação para "*X*". Além disso, é bastante comum sermos capazes apenas de fornecer explicações insatisfatórias para certos termos, em especial aqueles que têm que ser explicados para diferentes contextos, tais como as preposições e as conjunções. Isso nem sempre é sinal de descuido ou de falta de autoconsciência lingüística: uma explicação satisfatória para tais termos supõe uma reflexão e uma eliciação minuciosas. Wittgenstein tendia a ignorar esse ponto; isso não quer dizer, entretanto, que o simples reconhecimento das explicações corretas possa escapar a falantes competentes que não tenham recebido treinamento filosófico, como seria o caso da definição logicista de números, como conjuntos de conjuntos, e o de muitas das explicações fornecidas por teorias contemporâneas do significado. A idéia, proposta por Frege, de que podemos descobrir que o significado real de uma palavra é radicalmente distinto do significado que lhe atribuímos em nossas explicações é incoerente (BB 27-18; *Foundations* vii).

A tradição filosófica não acolhe bem essa sugestão. Desde Platão, supõe-se que a única explicação adequada ou legítima para um termo é uma definição analítica, que o analisa em termos de uma conjunção de marcas características, preferencialmente *per genus et differentiam*. Assim, Frege trata a definição como sendo a análise lógica em termos de "notas características" (*Merkmale*), que, conjuntamente, constituem o termo definido. O autor suavizou a exigência inicial, admitindo definições que usem expressões de generalidade, ao invés de traços (como é o caso, por exemplo, de "número primo"), mas insistiu na idéia de que as definições devem obrigatoriamente especificar condições necessárias e suficientes para a aplicação de uma palavra (*Foundations* §§53, 104; "Concept"). Para Russell, as definições são abreviações simbólicas construídas a partir de idéias primitivas (isto é, não analisáveis) (*Principles*, 27, 429; *Principia* i.1, 91), e uma idéia semelhante encontra-se na concepção do *Tractatus* de ANÁLISE LÓGICA.

Platão sugeriu, ademais, que nada podemos descobrir acerca de *X*, a não ser que possuamos uma definição analítica de *X*. Por conseguinte, tais definições devem figurar no início de um sistema filosófico, uma idéia acolhida pelos racionalistas. Kant opôs objeções a essa idéia, por sentir que definições estritas podem no máximo constituir o resultado da pesquisa filosófica, mas nunca o seu ponto de partida. Somente com as reflexões do segundo Wittgenstein entra em questão, entretanto, o que é que constitui uma explicação filosoficamente adequada: "Não poderia descrever melhor meu ponto de vista do que afirmando ser ele o oposto daquele representado por Sócrates nos diálogos platônicos" (TS302 14; PG 120-1). Sócrates estava certo em indagar, por exemplo, "O que é a virtude?", mas errado em rejeitar explicações parciais ou aquelas dadas pela exemplificação ou pela analogia. Pode haver razões para restringir o termo "definição" a explicações de um certo tipo. É incorreto, entretanto, sustentar que o significado de "*X*", ou o conteúdo da compreensão que temos de "*X*," equivale a tal definição (PI §75).

As formas de explicação são diversas; a definição analítica é apenas uma delas. Outras formas legítimas de explicação são a DEFINIÇÃO OSTENSIVA, a paráfrase, a paráfrase contrastiva, a exemplificação, as séries de exemplos etc. Tais explicações usualmente aceitas não são defeituosas ou incompletas. Os exemplos, em particular, "são signos decentes; não são desprezíveis ou fraudulentos" (PG 273). Não somente alguns termos são inacessíveis à definição analítica — em especial os termos designadores de CORES e os termos determinados por SEMELHANÇA DE FAMÍLIA —, como já é um equívoco, para começar, a própria idéia de que explicações filosoficamente adequadas devam possuir o mesmo tipo de completude dessas definições. A função de tais explicações é eliminar ou prevenir mal-entendidos que, sem elas, ocorrem ou ocorreriam (PI §88). Isso não significa que uma explicação correta é simplesmente aquela que de fato resulta na compreensão. Significa, contudo, que uma explicação correta de "*X*" não precisa cobrir todas as circunstâncias de uso de *X*; basta que discrimine circunstâncias relevantes em que o termo pode e não pode ser utilizado. O conceito de completude é relativo; depende do propósito e da circunstância. Uma explicação é completa se pode ser invocada como um padrão para a aplicação correta de um termo em contextos normais. Uma explicação da atividade de "pensar" não precisa predeterminar se peixes pensam ou não; uma explicação do conceito de número (*pace* Frege) não precisa nos informar que César não é um número (Z §§114-18; BT60-9; *Foundations* §56).

Wittgenstein promove aqui uma fusão entre aquilo que uma explicação adequada deve incluir e aquilo que deve transmitir. Uma explicação para a atividade de "pensar" não precisa envolver peixes ou mencioná-los, mas deve indicar razões possíveis para decidirmos se eles pensam ou não. Igualmente, uma explicação para o conceito de número não precisa mencionar César, mas deve indicar a diferença categorial existente entre numerais e nomes de pessoas. Ao mesmo tempo, Wittgenstein insiste corretamente na idéia de que nenhuma explicação pode prever a simples possibilidade do mal-entendido ou da dúvida (PI §§80, 84-7). Uma explicação é adequada se estabelece um padrão consensual de aplicação, relativo a um certo conjunto de condições de base (relativas a nossos QUADROS DE REFERÊNCIA). Nosso critério para aferir a identidade pessoal, por exemplo, combina continuidade corporal, memória e traços de personalidade. Se esses fatores deixassem de coincidir, o termo "pessoa" se desintegraria. Tal possibilidade lógica não torna inadequada, entretanto, a explicação que ora oferecemos para "pessoa" (BB 62).

**exteriorização** (*avowal*) Este termo foi introduzido na filosofia por Ryle, mas é também comum a sua utilização para traduzir os termos wittgensteinianos *Äußerung* ou *Ausdruck* (outras alternativas são "expressão", "manifestação" ou "proferimento"). Wittgenstein caracterizava como exteriorizações alguns usos de sentenças psicológicas construídas em primeira pessoa e no tempo presente. Negativamente, isso indica que não se trata de descrições ou relatos de entidades mentais privadas, encontradas em um domínio interno. Positivamente, Wittgenstein caracteriza as exteriorizações como sendo dotadas do mesmo tipo de carga expressiva de um gesto ou de um franzir de testa, capazes de expressar ou manifestar emoções, atitudes, etc. São substitutos parciais para expressões naturais da esfera mental, tais como gritos, sorrisos ou caretas, constituindo extensões aprendidas destas expressões. As palavras designadoras de sensações "ligam-se às expressões primitivas, naturais, de sensação, sendo utilizadas em seu lugar. Uma criança se machuca e chora; adultos então falam com ela, ensinando-lhe exclamações e, depois, sentenças. Ensinam à criança um novo comportamento de dor" (PI §244). Não se trata aqui de teorizações superficiais sobre o processo-aprendizagem, mas antes da afirmação de que, do ponto de vista lógico, a função das exteriorizações é semelhante à das manifestações não verbais.

Essa idéia desempenha um papel crucial para Wittgenstein, em sua rejeição à oposição entre um domínio interno e um externo, tendo se desenvolvido a partir de sua ruptura com a TEORIA PICTÓRICA, em que se considerava que todas as proposições dotadas de significado expressam um pensamento e representam o modo como as coisas estão. A idéia de que todas as proposições dotadas de significado são descritivas sobreviveu no VERIFICACIONISMO do período de transição, quando Wittgenstein insistia na idéia de que uma proposição que não pode ser conclusivamente verificada carece de sentido. Ele concluiu que somente os enunciados sobre dados sensoriais, que descrevem a experiência imediata, constituem PROPOSIÇÕES genuínas: somente eles admitem a verificação conclusiva, ao serem diretamente confrontados com a experiência. Por conseguinte, em um caso de primeira pessoa como

(1) Eu estou com dor

a verificação tem um significado diferente daquele que teria em um caso de terceira pessoa como

(1') Fulano de tal está com dor

que é verificada com base no COMPORTAMENTO de fulano de tal.

Em 1932, Wittgenstein se deu conta de que a verificação se aplica somente a casos como (1'), que é verificado com base em CRITÉRIOS comportamentais, não se aplicando a casos como (1). Não há respostas inteligíveis para a questão "Como você sabe que está com dor?" (M 98-9; LSD 13; Z §436). (a) Uma resposta como "Porque eu sinto a dor" não funcionaria, uma vez que não há diferença entre sentir uma dor e estar com uma dor. Pois não se pode estar com uma dor e não senti-la, ou sentir uma dor com a qual não se está. Conseqüentemente, a resposta acaba por equivaler a "Sei que estou com dor porque estou com dor", sendo, portanto, vácua. (b) A resposta "Por introspecção" pressupõe que se possa "olhar e ver se a temos ou não", o que não faz sentido, uma vez que não há como se possa perceber uma dor que se tenha ou confundir-se quanto a ela.

Por conta disso, Wittgenstein detecta uma diferença fundamental entre os predicados psicológicos e os demais. As proposições (2) e (2') abaixo têm aproximadamente a mesma paridade lógica:

(2) Eu peso mais de 100 kg

(2') H.G. pesa mais de 100 kg.

Em contraposição, há uma assimetria lógica entre (1), que constitui uma exteriorização, e (1'), que é uma descrição. Ao contrário das descrições, as exteriorizações: (a) não admitem verificação, pois não há possibilidade de eu "descobrir" que tenho uma sensação ou que pretendo ir a Londres, ou de eu "perceber" ou "reconhecer" minhas sensações ou experiências; (b) não admitem haver, com sentido, erro, ignorância ou dúvida; não há lugar para uma identificação equivocada de seu sujeito (*ver* EU/SELF) ou para uma aplicação incorreta de seus predicados: é absurda uma frase como "Eu pensei que estava com dor, mas no final era apenas uma coceira; e era Sarah que a sentia e não eu"; (c) não expressam pretensões de conhecimento (Z §§472, 549; PI §§290, 571; LPE 319; *ver* PRIVACIDADE).

Wittgenstein sugere, em algumas ocasiões, que as exteriorizações não são cognitivas, pelo fato de que não constituem descrições; dá a entender, por vezes, que não são descrições por não expressarem conhecimento. Em última instância, ambas as afirmações baseiam-se na idéia de que há uma ligação gramatical entre conceitos epistêmicos e o conceito de descrição (RPP I §572; Z §549; LW I §51). O conhecimento genuíno só é possível acerca do que pode ser descrito; as asserções ou descrições genuínas supõem o exercício de capacidades perceptivas e a possibilidade da observação (exame), da justificação e da (des)confirmação.

Alguns leitores das *Investigações filosóficas* §§243-315 detectaram uma ênfase exagerada nas expressões espontâneas de dor. Ainda que o enunciado (1) faça lembrar uma expressão como "Ai", esse não parece ser o caso de termos psicológicos que, como "pensar", por exemplo, não se vinculam a uma manifestação comportamental específica. O tratamento geral que Wittgenstein dá ao tema não padece, entretanto, de uma concentração desequilibrada em um só tipo de exemplo (PI §593). Além disso, Wittgenstein reconhece que qualquer sentença-tipo pode, em contextos apropriados, ser usada de forma não expressiva, na produção de relatos ou explicações puros e simples. Assim, uma sentença como (1), ou um proferimento como "Eu estou com medo", poderia constituir uma expressão, ou um relato (para um médico, por exemplo,) ou ainda uma explicação (para mãos trêmulas, por exemplo) (PI II 187-9). Tal concessão convida-nos a pensar, entretanto, que Wittgenstein incorre aqui em uma falácia envolvendo atos de fala. O significado de "dor" deve ser o mesmo, quer ocorra em exteriorizações como (1), quer em casos mais complexos, em que a sentença não serve à expressão da dor. O papel expressivo de alguns proferimentos psicológicos de primeira pessoa no presente parece dever-se não ao significado das palavras envolvidas, mas antes ao uso que lhes é dado nos casos simples em que Wittgenstein se concentra. Wittgenstein pode, no entanto, responder: "se 'Eu estou com medo' nem sempre, e contudo algumas vezes, é algo como uma queixa, por que então deve ser *sempre* a descrição de um estado mental", como implica o dualismo interno/externo? (PI II 189; RPP I §633). Ele não alega aqui que termos psicológicos sejam ambíguos, que, por exemplo, "dor" possui um significado em (1) diferente daquele que tem em (1'); afirma, isso sim, que os proferimentos (1) e (1') empregam os termos diferentemente, sendo parte de diferentes técnicas lingüísticas, e também que o uso expressivo de termos psicológicos constitui, em sua aplicação em primeira pessoa no presente, o uso padrão (RPP I §693; LW I §§874-5, 899).

Wittgenstein confere um peso excessivo à distinção entre usos expressivos e descritivos. Um mesmo proferimento pode desempenhar ambas as funções: o proferimento de (2) pode corresponder tanto à informação do próprio peso quanto à expressão de remorso. Além disso, embora o proferimento "Eu acredito que *p*" não constitua uma descrição, ele é, amiúde, um relato e não uma manifestação espontânea; pode indicar firmes convicções minhas. Wittgenstein está certo, no entanto, em afirmar que os relatos psicológicos tipicamente não se baseiam na observação interna ou no reconhecimento de fenômenos privados (RPP II §§176-7; LW I §51; PI §§274, 291-2; Z §434; *ver* INTERNO/EXTERNO). São, além disso, secundários em relação a expressões genuínas de uma espécie pré-lingüística (PI §§244, 290): a não ser que certas formas de comportamento contassem naturalmente como manifestações de sensações, de crenças, de emoções etc., nosso vocabulário mental não teria o significado que tem. Essa conexão caracteriza semanticamente, por exemplo, os termos designadores de sensação. Embora a sentença (2) possa ser utilizada para expressar remorso, essa possibilidade depende de suposições contingentes, extrínsecas ao significado de "pesar mais de 100 kg". Em contraposição, "dor" deixaria de ser o nome de uma sensação se exteriorizações como (1) não desempenhassem "uma função particular em nossa vida" análoga àquela das expressões naturais de dor (LPE 301; LSD 35; RPP I §313; Z §§532-4). O que distingue as exteriorizações de outros proferimentos é o modo como elas se ligam a formas não lingüísticas de comportamento.

Uma objeção final seria que o proferimento (1) constitui uma base para operações de vero-funcionais como a conjunção, podendo, além disso, funcionar como premissa em uma inferência válida, como, por exemplo,

(3) Eu estou com dor; logo, alguém está com dor.

Ambos os pontos indicam que (1) pode ser um proferimento verdadeiro ou falso, sendo, nesse sentido, descritivo. Há, além disso, uma simetria lógica entre exteriorizações e descrições: a sentença (1), proferida por mim agora, diz exatamente o mesmo que a sentença (1'), proferida por você agora, no caso de eu ser fulano de tal. E há relações lógicas entre os casos simples em que Wittgenstein se concentra e os casos complexos. Uma possível linha de defesa para Wittgenstein aqui é a idéia de que tais funções e relações podem implicar usos de palavras que definitivamente não são descritivos. Quando fulano de tal diz algo como "Cortem-lhe a cabeça", podemos inferir algo acerca do estado de espírito de fulano de tal (RPP I §463). Isso é, entretanto, inadequado: a inferência aqui é feita não a partir do enunciado em si, mas sim a partir do fato de que o falante o proferiu. Em contraposição, é por ser o que é que (1) aparece em inferências. O enunciado (3) faz sentido; "Ai; logo, alguém está com dor" não faz sentido. Isso se deve ao fato de que (1), ao contrário das exclamações, é um enunciado verdadeiro ou falso.

Felizmente, Wittgenstein admite haver diferenças entre proferimentos psicológicos de primeira pessoa e expressões naturais (LPE 301, 318-20; LSD 11; LW I §898). Os primeiros são articulados, isto é, gramaticalmente compostos de sujeito e predicado; podem ser usados descritivamente e ocorrem em contextos não expressivos; admitem transformações lógicas e transformações relativas ao tempo verbal; e podem ser verdadeiros ou falsos. Ao mesmo tempo, entretanto, Wittgenstein insiste na idéia de que tais semelhanças em relação às descrições não implicam que as exteriorizações sejam pura e simplesmente descritivas. No que diz respeito à simetria entre (1) e (1'), ele argumentaria que, embora essas sentenças tenham o mesmo estatuto no que tange aos propósitos da LÓGICA formal — que se ocupa somente da implicação lógica, isto é, de transformações que preservam valor de verdade —, não necessariamente, por isso, possuem o mesmo estatuto no que diz respeito aos propósitos da GRAMÁTICA filosófica. No caso das exteriorizações, "ser verdadeiro" constitui algo diferente, possui uma gramática diferente: sua verdade é garantida pela veracidade (PI II 222), uma vez que não estão sujeitas a erro ou engano, mas somente à insinceridade. Além disso, embora o sentido de uma proposição não seja idêntico ao seu método de verificação, "se e como uma proposição pode ser verificada", não deixa de ser uma contribuição para sua gramática (PI §353, II 224-5), o que significa que a gramática de (1) é diferente da gramática de (1'). O ponto a que Wittgenstein chama nossa atenção é que, embora as exteriorizações possam ser ditas descritivas, faltam-lhes conexões conceituais que caracterizam as descrições ordinárias (PI §§290-2; RPP I §572). Ele conclui que a visão baseada no dualismo INTERNO/EXTERNO é equivocada por sugerir que "extraímos" de fatos internos descrições de nossas sensações, desejos, pensamentos etc..

Finalmente, Wittgenstein reconheceu que, no que diz respeito à assimetria entre a primeira e a terceira pessoa, os conceitos psicológicos formam um espectro de casos. Em um extremo estão as sensações, como a dor, seguidas das intenções, pensamentos, etc. Não há lugar aqui para o equívoco ou para a descoberta e, tipicamente, tampouco há espaço para a descrição. Em algum ponto mediano estão as emoções e os estados mentais com duração genuína. São tipicamente exteriorizados, mas é possível descobrir que se está apaixonado ou zangado a partir das próprias reações. Da mesma forma, posso descrever o andamento de minha ansiedade ou medo à medida que essas sensações se fazem mais ou menos acentuadas (PI §§585-8; RPP II §§156, 722; LW I §43). Entretanto, embora haja espaço aqui para o autoconhecimento e o erro genuínos, que pode, por vezes, basear-se na (má) percepção ou na (incorreta) observação, o problema remete tipicamente à auto-ilusão, um equívoco da vontade e não do intelecto. No outro extremo do espectro, estão os termos psicológicos. Posso (ainda que não necessariamente) não estar qualificado para avaliar se sou neurótico.

# F

**fato** "O mundo é tudo aquilo que é o caso. O mundo é a totalidade dos fatos, não das coisas." O célebre início do *Tractatus* constitui o clímax de uma tradição realista, que atribuía importância aos fatos como constituintes do mundo que independem das mentes que os percebem. Frege, Moore, Russell e Wittgenstein, em 1911, acrescentaram a esse mote uma idiossincrasia (parcialmente terminológica): identificaram fatos com "proposições asseridas" ou "verdadeiras". Russell e Wittgenstein, entretanto, logo passaram a compreender os fatos como aquilo que torna verdadeiras as proposições (quando são verdadeiras). Assim como Moore, Russell tratava um fato como um complexo de entidades ("conceitos" ou "termos"), que subsiste de modo atemporal, independentemente de ser pensado por alguém: o fato de que Sócrates é mortal consiste no filósofo e na propriedade de ser mortal. Em sua fase atomista, Russell analisava o mundo em termos de seus "fatos atômicos", constituídos de indivíduos simples, que incluem "particulares", suas qualidades e relações (*Principles* cap. 4; *Logic* 178-89; *Writings* cap. 1).

A princípio, Wittgenstein sustentou que o SIGNIFICADO de uma proposição *p* é o fato que corresponde a ela na realidade; o fato de que *p*, se ela é verdadeira, e o fato de que ~*p*, se é falsa. Mais tarde, abandona essa idéia. Somente os NOMES possuem um significado, os "objetos" absolutamente simples dos quais são sucedâneos. As proposições não o possuem, uma vez que não são sucedâneos de coisa alguma, embora sejam descritivas; e o que uma proposição descreve, um fato ou uma situação, só pode ser expresso por uma proposição, algo que possa ser antecedido pela conjunção integrante *que*. A não ser por deslizes ocasionais (NB 6.10.14, 30.5.15), Wittgenstein defendeu, contra Moore e Russell, a idéia de que nem uma proposição nem aquilo que representa é um "complexo" (TLP 3.14 e segs.; NL 98, 107). Complexos são simples combinações de objetos, sendo denotados por descrições definidas; incluem aquilo que normalmente concebemos como objetos (TLP 2.0201, 3.24; NB 23.-24.5/15.6.15). Assim como os complexos, mas ao contrário dos OBJETOS, os fatos são compostos de elementos mais simples (*aus einfachen Teilen zusammengesetzt*; NB 17.6.15; ver TLP 3.21, 4.032). As proposições são, em si mesmas, fatos, e não meras listas de nomes: o que simboliza em "*aRb*" não é um complexo de signos, mas o *fato de que "R"* ocorre entre "*a*" e "*b*" com "*a*" à esquerda e "*b*" à direita. Da mesma forma, os fatos em geral são distintos dos complexos de objetos: o fato de que *a* mantém a relação *R* com *b* é distinto do complexo (*aRb*) — *a*-manter-a-relação-*R*-com-*b* — que é em si um constituinte de um fato como Φ(*aRb*). A vassoura compõe-se do cabo preso à piaçava, mas constitui um componente de fatos — por exemplo, o fato de que a vassoura está no canto — em vez de ser ela mesma um fato. Um fato ou estado de coisas não pode ser identificado pela listagem de seus componentes, mas somente pela especificação do modo como esses componentes se conectam, sua "estrutura". Enquanto o complexo (*aRb*) equivale ao complexo (*bRa*), o fato de que *aRb* é diferente do fato de que *bRa*. Ao olhar para o cubo de Necker, podemos perceber dois fatos distintos com os mesmos elementos constituintes (TLP 2.032, 3.1432, 5.5423).

Russell por vezes acompanha Bradley na idéia de que os componentes de um fato relacional *aRb* precisam estar ligados por relações adicionais que associem *a* e *b* respectivamente a *R;* em outras ocasiões, ele sustenta que o que os une é uma forma lógica — $x\Phi y$ ("Theory" 80-8, 97-9). A distinção estabelecida por Wittgenstein entre fatos e complexos torna supérfluas ambas as sugestões. *aRb* e *bRa* possuem os mesmos constituintes, mas constituem fatos distintos. Para constituir um estado de coisas, uma relação binária necessita apenas de dois objetos monádicos — *a* e *b* — e um diádico — *xRy* —; não necessita de duas relações a mais para ligar cada objeto com a relação entre eles. Em um estado de coisas, os objetos se conectam, como os elos de uma corrente, sem que seja necessário qualquer cimento lógico.

De acordo com a TEORIA PICTÓRICA, uma proposição representa seu sentido, um estado de coisas que pode ou não se dar, dependendo de a proposição ser falsa ou verdadeira (TLP 2.201 e segs., 4.021 e seg., 4.031). Ocorre aqui uma falta de clareza terminológica. "O que é o caso, o fato, é a existência (*Bestehen*) de estados de coisas. Um estado de coisas é uma ligação (*Verbindung*) de objetos" (TLP 2 e seg.; observe-se que a tradução literal de *Bestehen* é "ocorrer", e que estados de coisas de um único objeto excluem-se por definição). Em carta a Russell, Wittgenstein afirmou que um estado de coisas (*Sachverhalt*) é o que corresponde a uma proposição elementar verdadeira (por exemplo, "*p*"), ao passo que um fato (*Tatsache*) é o que corresponde a uma proposição molecular verdadeira (por exemplo, "*p.q.r*") (RUL 19.8.19); aprovou, além disso, a correspondente tradução de Ogden de *Sachverhalt* como "fato atômico". Não obstante, "estado de coisas" é a tradução literal, incapaz de dar por encerradas questões de natureza exegética. Pois há também indícios de que a diferença entre estados de coisas e fatos está na diferença entre o que possivelmente é o caso e o que de fato é o caso. O *Tractatus* aplica termos como "possível" e "não existente" a estados de coisas e situações (*Sachlagen*), mas nunca a fatos (TLP 2.012 e segs., 2.06, 2.202 e seg., 3.11). Ao mesmo tempo, os fatos são mais complexos do que os estados de coisas (TLP 2.03 e segs., 4.2211): um fato (sua estrutura) consiste em uma pluralidade de estados de coisas (suas estruturas). Assim sendo, sugeriu-se a seguinte distinção: um fato é a existência de um conjunto de estados de coisas ($S_1 ... S_n$); um estado de coisas é uma combinação (concatenação/arranjo) possível de objetos correspondente a uma proposição elementar; uma situação é um arranjo possível correspondente a uma proposição molecular. Entretanto, embora algumas passagens sustentem a sugestão de que situações são os equivalentes moleculares de estados de coisas, outras desmentem essa idéia (TLP 2.11, 2.201 e seg. *versus* 2.012 e segs., 2.034). Em vista das afirmações do próprio Wittgenstein, dever-se-ia, portanto, tratar a distinção entre estados de coisas e fatos como sendo equivalente à distinção entre o elementar e o complexo. Infelizmente, isso tornaria sua posição inconsistente. O sentido de uma proposição, aquilo que ela afigura, é um estado de coisas ou situação (TLP 2.201 e segs., 4.02 e segs.; NB 2.10./2.11.14). Um estado de coisas é uma combinação *possível* de objetos que existe se a proposição é verdadeira, e não existe se ela é falsa; do contrário, o sentido de uma proposição dependeria de ela ser verdadeira. Por outro lado, falar de fatos possíveis ou não existentes é algo que contraria as práticas ordinárias. Isso por si só não constituiria um problema, uma vez que a *Philosophical Grammar* rejeita explicitamente essa restrição terminológica (PG 301-3; ver também FW 55). Trata-se, entretanto, de algo que é também incompatível com a afirmação, encontrada no próprio *Tractatus*, de que um fato é *algo que é o caso* (TLP 1 e segs.). Em sua carta, Wittgenstein ignora que estados de coisas devem ser potencialidades; e fatos, atualidades.

Talvez isso se deva a ele trabalhar com dois conceitos distintos de fato. Inicialmente, um fato é a existência de um estado de coisas. Distingue-se também no *Tractatus*, contudo, o "fato positivo", a existência de um estado de coisas, do "fato negativo", a não existência de um estado de coisas (TLP 2.06; NL 97-9). Isso não elimina, no entanto, a dificuldade acima citada, uma vez que um fato negativo — o fato de algo não ser o caso — constitui, assim como um fato positivo, a atualização de uma possibilidade.

Para piorar, incorre-se ainda em uma obscuridade adicional. O *Tractatus* define o mundo como a totalidade dos estados de coisas que existem; a realidade, como os estados de coisas que existem e os que não existem. Afirma também, entretanto, que "A realidade total é o mundo" (TLP 2.04, 2.06, 2.063). Juntas, essas passagens parecem identificar o conjunto de fatos positivos com o conjunto de fatos positivos e negativos. Pode-se tentar resistir a essa conclusão, salientando-se que o mundo é identificado com a totalidade de estados de coisas existentes, ao passo que a realidade poderia ser um *subconjunto* da totalidade de estados de coisas existentes e não existentes. Mesmo esse subconjunto, entretanto, deve incluir estados de coisas não existentes, que não fazem parte do mundo.

Seja como for, a estrutura do mundo implica a estrutura da realidade (TLP 1.12, 2.05). Os objetos não podem ocorrer sozinhos, devendo necessariamente tomar parte em combinações com outros objetos. Uma lista de todos os fatos positivos faz, portanto, menção a todos os objetos. Além disso, os objetos não possuem somente propriedades externas (referentes a estarem realmente combinados com outros objetos em fatos), mas também propriedades internas, a capacidade de se combinarem com outros objetos em estados de coisas possíveis. Todo objeto contém, em sua natureza, todas as suas possibilidades de combinação com outros objetos. Isso significa que a totalidade dos objetos, dada juntamente com a totalidade de estados de coisas existentes (= mundo), determina a totalidade de estados de coisas possíveis (= realidade). Com efeito, se um único objeto *a* é dado, *todos* os objetos são dados (TLP 2.011-2.014, 5.524). Pois a natureza de *a* determinará, para todos os outros objetos, se podem ou não combinar-se com *a*.

Embora o *Tractatus* estabeleça uma distinção entre fatos positivos e negativos, os fatos cuja existência é representada por PROPOSIÇÕES ELEMENTARES constituem sempre fatos positivos, sempre correspondem à existência de um estado de coisas (RUL 19.8.19). Ao combinar nomes de uma certa forma, uma proposição elementar diz, verdadeira ou falsamente, que algo é o caso, que objetos se combinam de uma certa forma; não diz que algo não é o caso (TLP 4.022). Conseqüentemente, a negação de uma proposição elementar verdadeira não é uma proposição elementar falsa, mas uma proposição molecular falsa, ao passo que uma proposição elementar falsa afigura uma combinação de objetos não existente.

Essa abordagem resolve um problema relativo a fatos e proposições negativos. Ao que parece, o que corresponde à proposição negativa "O sangue não é verde" deve necessariamente ser o sangue não ser verde, o que por sua vez consiste em ele ser vermelho, azul ou amarelo. Seguindo essa linha de argumentação, Schlick propôs que proposições negativas são essencialmente ambíguas e, portanto, imperfeitas. Russell, ao contrário, acertadamente rejeitou a idéia de analisar "~*Fa*" em termos de "Há uma proposição '*Ga*' que é verdadeira e incompatível com '*Fa*'", aceitando a contragosto, com isso, a inclusão de fatos atômicos negativos no zoológico ontológico (*Logic* 209-14). Wittgenstein evitou a confusão de Schlick, estabelecendo uma distinção entre *p* não ser o caso e aquilo que é o caso em lugar de *p*: "não-*p*" não significa o mesmo que "qualquer outra coisa que não seja *p*". Insistiu também, entretanto, na idéia de que "~*p*" não se refere a uma realidade distinta da de "*p*": é o mesmo fato que verifica um deles e falseia o outro (NL 94-6; NB 4.11.14; TLP 4.0621 e seg.).

A ontologia de fatos atômicos proposta por Wittgenstein pode ser ilustrada da seguinte forma: *a-d* são objetos de um determinado tipo (indivíduos), *E-H* são objetos de outro tipo (propriedades), as áreas sombreadas são combinações existentes (estados de coisas existentes), as áreas não sombreadas são estados de coisas possíveis mas não existentes:

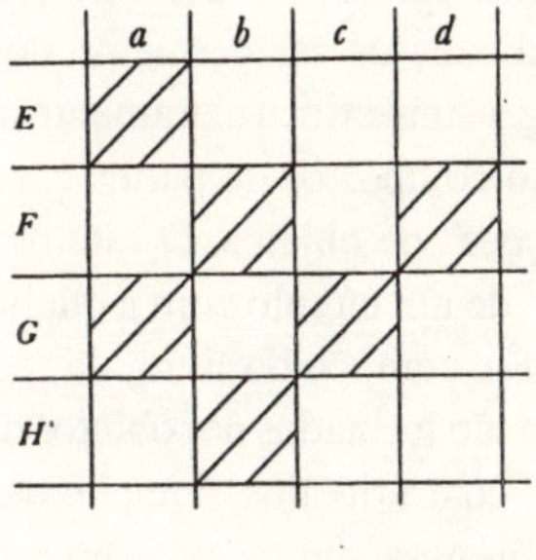


Assim como proposições elementares são logicamente independentes, também o são os fatos atômicos e os estados de coisas que elas afiguram. A existência ou não existência de um estado de coisas não deve nem impedir nem implicar logicamente a existência ou não existência de qualquer outro (TLP 1.2 e seg., 2.061 e seg.; NB 28.11.16) — a combinação de *F* com *b* nem impede nem implica logicamente a combinação de *F* com *a*, ou a combinação de *b* com *H*. Conseqüentemente, o que corresponde ao fato negativo de que ~*Fa* não é que os objetos *a* e *F* não *poderiam* estar combinados pelo fato de *G* e *a* estarem combinados, mas simplesmente que não *estão* assim combinados. Uma descrição completa do "mundo", da totalidade dos fatos positivos, é dada pela listagem de todas as proposições elementares e pela especificação de quais delas são verdadeiras (TLP 4.063, 4.26). Nessa lista, não haverá dois membros logicamente incompatíveis, e nenhum será a negação de outro. Não necessitamos de uma proposição que envolva o signo para a negação. Uma só realidade corresponde a uma proposição e a sua negação, e tal realidade é sempre uma concatenação de objetos, isto é, um fato positivo.

Esse modelo subjaz à idéia de que o mundo é a totalidade dos fatos e não das coisas. Já houve quem o entendesse como uma ontologia nova, dinâmica, baseada na idéia de que percebemos o mundo não como algo composto por partículas desconexas, mas sim como algo ordenado de acordo com sentenças iniciadas por *que*. O *Tractatus* não se ocupa, contudo, do modo como percebemos a realidade. Sua ontologia faz parte de uma teoria da representação simbólica. O mundo é fundamentalmente aquilo que está sendo representado na linguagem. Que o mundo seja a totalidade dos fatos significa que, para representar o mundo, precisamos afigurar fatos. Nesse sentido, o mundo não pode consistir em objetos, ser identificado com eles, uma vez que estes últimos são comuns a todos os mundos possíveis.

Embora as reflexões posteriores de Wittgenstein raramente se ocupem dos detalhes do *Tractatus*, sugerem que tal ontologia da representação baseia-se em uma concepção equivocada da noção de fato (PG 199-201; PI §48; MS127 1.3.44). Wittgenstein reitera e elabora a distinção entre fatos e complexos. Um complexo (por exemplo, uma planta) é um objeto espacial composto de partes espaciais menores que o todo (por exemplo, caule e flor). As relações espaciais entre as partes componentes não constituem componentes do complexo: uma cadeia compõe-se de seus elos, não de seus elos somados às suas relações espaciais. O mesmo se aplica às propriedades de um complexo: um círculo vermelho consiste em partes, mas não na qualidade de ser vermelho e de ter o formato circular. Tais observações podem ser dirigidas contra o *Tractatus*, embora não fique claro ali uma atinência à idéia de que a qualidade de ser vermelho constitui um componente de um complexo. Por outro lado, Wittgenstein critica claramente o *Tractatus*, por referir-se a fatos e estados de coisas como sendo compostos de partes constituintes (*Bestandteile*), como "combinações" ou "configurações" de objetos. O fato de que o círculo é vermelho não corresponde a uma combinação de um círculo com a qualidade "vermelho"; o fato de que um livro está sobre a mesa não se compõe do livro, da mesa e da relação de estar sobre. Conseqüentemente, os fatos não são formados por objetos da mesma forma que uma cadeia é formada por seus elos. Ao contrário dos complexos, os fatos não são ocupantes espaço-temporais do mundo (não possuem localização espacial e não podem mover-se). Por essa razão, também é uma fonte de confusão pensar nas proposições como descritivas de fatos, estados de coisas ou situações (compare-se TLP 3.144, 4.016, 4.023). Em vez disso, ao enunciar um fato — por exemplo, que o cabo da vassoura está preso à piaçava —, pode-se estar descrevendo um *complexo*, a vassoura, que é algo que tem localização no espaço. Da mesma forma, não se pode apontar para um fato, mas apenas assinalá-lo. Pode-se apontar para um complexo, mas isso não é o mesmo que assinalar o fato de que seus componentes estão relacionados de uma certa forma. O *Tractatus* assimilou incorretamente fatos a partes constituintes do mundo. O mundo é a totalidade das coisas, não dos fatos, embora uma descrição do mundo consista em enunciados factuais. Isso abala não somente o atomismo lógico, mas também qualquer teoria da VERDADE como correspondência, que, como a do *Tractatus*, trate fatos como itens do mundo aos quais nossas proposições correspondem.

**fenomenologia** *ver* VERIFICACIONISMO.

**filosofia** Nenhum filósofo desde Kant refletiu com tanto afinco sobre a natureza da filosofia quanto Wittgenstein. Seu interesse remonta a 1912, quando apresentou o artigo "O que é filosofia?" No prefácio do *Tractatus*, alegou ter fornecido a "solução definitiva" para os "problemas da filosofia". Em 1930, sustentou que seu "novo método" de fazer filosofia constituiu uma "guinada" no "desenvolvimento do pensamento humano", comparável à revolução promovida por Galileu na ciência. Até o fim de sua carreira, ele insistiu que o mais importante em seu trabalho não eram seus resultados específicos, mas sim seu novo modo de fazer filosofia, um método ou prática que nos capacitaria a caminhar com nossas próprias pernas (M 113-14; PI II 206; MS 155 73-4; ML 17.6.41). Wittgenstein estava certo em encarar suas visões metodológicas como novas e radicais. Elas se chocam não somente contra o espírito científico do século XX (CV 6-7), mas também contra toda a história da filosofia. Desde os seus primórdios, a filosofia tem sido considerada à semelhança da ciência, como uma disciplina cognitiva que aspira à produção de conhecimento sobre a realidade. Para os platonistas, a filosofia é uma disciplina a priori, que não descreve a realidade empírica, mas sim um mundo de entidades abstratas, e que fundamenta nosso conhecimento pela dedução de todas as verdades a partir de princípios básicos. Para os aristotélicos, vincula-se às ciências especiais, por descrever aspectos mais gerais da realidade — ela é ou a rainha das ciências ou sua operária, responsável por remover obstáculos do caminho. (Empiristas radicais (como Mill, Quine) argumentam, além disso, que todas as disciplinas, incluindo-se a filosofia, a matemática e a lógica, descrevem a realidade com base em evidências empíricas.)

A "revolução copernicana" de Kant abalou esse consenso. Ele sustentou a tese de que a filosofia deveria "ocupar-se menos de objetos e mais do modo de conhecimento dos objetos" (B25). Enquanto a ciência descreve a realidade, a filosofia não se ocupa de objetos de qualquer espécie, nem mesmo das entidades abstratas postuladas pelo platonismo. Reflete, em vez disso, sobre as precondições para que conheçamos ou experienciemos objetos do mundo material. A despeito dessa virada reflexiva, no entanto, Kant insistia na idéia de que a filosofia resulta em proposições verdadeiras (sintéticas a priori), aquelas que expressam precondições necessárias para a experiência, mantendo-se, nesse sentido, dentro da tradição cognitivista.

O primeiro Wittgenstein insere-se na tradição da filosofia crítica de Kant. Em primeiro lugar, tanto ele quanto Kant sustentam que a filosofia é essencialmente uma atividade crítica, capaz de moderar os excessos da metafísica e esclarecer pensamentos não filosóficos (TLP 4.112, 6.53; A11, 735, 851). Em segundo lugar, inspirando-se em Schopenhauer e em Hertz, Wittgenstein estabelece um contraste kantiano entre a ciência, que retrata ou representa o mundo, e a filosofia, que reflete sobre a natureza e as precondições dessa representação (TLP 4.11 e segs.). Aqui encontramos um nítido contraste com os pensamentos de Frege e Russell. Frege jamais propôs uma concepção geral de filosofia, embora suas concepções sobre a natureza da lógica e da matemática sugiram que, no que tange a essas duas áreas, a filosofia é uma ciência de entidades abstratas. Ao longo de sua trajetória, Russell manteve-se preso à "concepção científica da filosofia", segundo a qual esta compartilha as tarefas da ciência, devendo imitar seus métodos. Embora o primeiro Wittgenstein tenha adotado a separação estabelecida por Frege entre a lógica e a psicologia (TLP 4.1121, 6.3631, 6.423; *Foundations* Introd.; *Laws* I Pref.) e tenha aceitado a identificação entre a filosofia e a LÓGICA proposta por Russell (TLP 4.003 e seg.; *External* cap. II; *Mysticism* cap. 8), defendeu contra ambos a idéia de que a filosofia/lógica não descreve nem objetos abstratos nem as características mais gerais da realidade, ocupando-se antes das precondições essenciais para se pensar ou representar a realidade. Modificou essa idéia kantiana em dois aspectos. Em primeiro lugar, os pensamentos estão intrinsecamente ligados à sua expressão lingüística; a representação é a representação simbólica, e suas precondições são regras lingüísticas — SINTAXE LÓGICA. Em segundo lugar, os limites do sentido, estabelecidos pela filosofia, não separam o conhecimento possível da especulação inútil, mas sim as combinações de signos dotadas de significado daquelas absurdas. Isso tem conseqüências metodológicas drásticas. Em suas primeiras discussões, Wittgenstein afirmara que a filosofia compõe-se da lógica (sua base) e da metafísica, distinguindo-se da ciência por ser "a doutrina da forma lógica das proposições científicas" (NL 106). Mais tarde, ele classificará como "metafísica" somente a filosofia ilegítima do passado. A filosofia legítima é uma "crítica da linguagem". "A maioria das proposições e questões que se formulam sobre temas filosóficos não são falsas, mas absurdas" (TLP 4.003 e seg., ver Pref., 3.323-3.325, 6.51-7; NB 1.5.15, 2.12.16). Originam-se da incapacidade de compreender a lógica da linguagem, uma falha que resulta na formulação de pseudoquestões irrespondíveis. A tarefa da filosofia não é tentar responder a essas questões, mas sim mostrar que elas ultrapassam os limites do sentido.

A razão para tão irrestrita acusação é que a filosofia sempre se empenhou em revelar verdades necessárias acerca da natureza essencial do mundo. Entretanto, qualquer tentativa de enunciar tais verdades necessárias acerca de tipos de coisas no mundo atribui-lhes propriedades formais INTERNAS (por exemplo, que a essência da matéria/mente é a extensão/o pensamento, que somente o que tem extensão pode ter cor, etc.). De acordo com a distinção entre DIZER e MOSTRAR, tais conceitos formais não podem ocorrer com sentido em proposições genuínas, uma vez que aquilo que excluem não é uma possibilidade, mas algo absurdo. As únicas verdades necessárias expressáveis são TAUTOLOGIAS "sem sentido". As proposições metafísicas não poderiam ser BIPOLARES, e são, portanto, absurdas. O que, entretanto, essas pseudoproposições tentam dizer mostra-se nos traços lógico-sintáticos de proposições não filosóficas (por exemplo, no fato de que todos os nomes de coisas dotadas de cor são valores de uma variável cujo domínio de variação é formado pelas coisas extensas).

As proposições do *Tractatus* utilizam conceitos formais para fazer afirmações acerca dos traços essenciais que a linguagem precisa ter em comum com a realidade, e são, portanto, absurdas (TLP 6.53). A única tarefa legítima da filosofia é analítica e elucidativa. Nem ambiciona a descoberta de novas verdades, nem tem em comum com a ciência os seus procedimentos metódicos. Pois não há "proposições filosóficas". A filosofia, ao contrário da ciência, não constitui uma doutrina, mas uma atividade em que se esclarecem proposições não filosóficas por meio da análise lógica (TLP 4.112). Seu objetivo é alcançar um "ponto de vista lógico correto", uma compreensão daquilo que pode ser dito (a saber, proposições empíricas) e de seus limites. A filosofia determina "limites à esfera disputável da ciência", "ao que não pode ser pensado a partir do que pode ser pensado". Sem apresentar proposições próprias, esclarece as proposições significativas e demonstra que as proposições metafísicas violam as regras da sintaxe lógica (TLP 4.112, 4.113 e segs., 4.1213, 6.53).

Wittgenstein redirecionou, mais tarde, essa sua "virada lingüística". O cerne de seu método continuou sendo a "transição da questão da verdade para a questão do significado" (MS106 46). A conexão entre a filosofia e a linguagem tem uma dupla face. Em primeiro lugar, há uma conexão interna entre o PENSAMENTO e sua expressão lingüística: a filosofia se interessa pela linguagem em virtude do "lugar crucial que ocupa na vida humana" (BT194-5, 413); os SERES HUMANOS são animais essencialmente lingüísticos, uma idéia defendida também no aristotelismo e na hermenêutica. A segunda conexão, que inspirou o positivismo lógico, é que a natureza apriorística dos problemas e proposições filosóficos enraíza-se em regras lingüísticas: "a filosofia é a gramática das expressões 'dever' e 'poder', pois é assim que mostra o que é a priori e o que é a posteriori" (CE 411). A filosofia não é uma disciplina cognitiva, mas uma atividade que tem como meta a clareza (LWL 1; AWL 225; RPP I §115). Tudo isso permanece. A metafísica inefável, no entanto, é abandonada, e a mera promessa de análise crítica é substituída por uma prática terapêutica: a filosofia dissolve as confusões conceituais às quais os problemas filosóficos supostamente devem sua existência.

Esse quadro parece empobrecer a filosofia, sendo geralmente considerado a parte mais fraca da obra do segundo Wittgenstein — máximas não fundamentadas em argumentos e desmentidas por sua própria "construção teórica", que podem ser isoladas do resto. Os pontos de vista metodológicos do próprio Wittgenstein devem ser julgados, em última instância, em função de seus resultados. É importante notar, contudo, que eles se encontram inextricavelmente entrelaçados com as outras partes de sua obra, em especial com sua concepção de necessidade lógica e de linguagem, e que têm, além disso, origem em uma linha de pensamento coerente:

(a) A filosofia difere em princípio das ciências por seu caráter apriorístico.
(b) Uma vez que aquilo que é a priori deve ser explicado com base em regras lingüísticas, ela diz respeito não a objetos, mas a nosso modo de falar dos objetos conforme "regras gramaticais".
(c) Tais regras não se justificam por uma "essência da realidade", logo a filosofia não deveria nem justificá-las nem corrigi-las, mas somente descrevê-las.
(d) Como falantes competentes, já estamos familiarizados com nossa gramática, embora tenhamos uma tendência a ignorá-la ou a distorcê-la na reflexão filosófica. Assim sendo, a descrição de uma gramática não pode levar a descobertas ou à construção de teorias; tal atividade descritiva relembra-nos o modo como falamos, com o intuito de dissolver confusões conceituais.
(e) Esse esclarecimento conceitual não pode ser sistemático ou fazer progresso da mesma forma que a ciência (*ver* METALÓGICA; VISÃO SINÓPTICA).

(a) O que vincula o modo de fazer filosofia de Wittgenstein à tradição metafísica é que, nos dois casos, busca-se resolver os problemas que constituem o tema da filosofia (PG 193; BT416, 431; BB 62; Z §447; PLP 5-6). Wittgenstein sugere seu "novo método" como uma maneira de lidar com esses problemas; um método que é superior, na medida em que se baseia em uma melhor compreensão da natureza dos problemas (LWL 1; AWL 27-8;

M 113-14). Os problemas aqui em questão são, em grande parte, aqueles da filosofia teórica (lógica, metafísica, epistemologia, filosofia da mente) (RW 160; M 105-6; CV 25). Wittgenstein ilustra sua natureza singular referindo-se à questão "O que é o tempo?", assim como formulada por santo Agostinho. Trata-se de questões a priori, que não podem, portanto, ser resolvidas pela observação empírica ou por experimentos científicos (AWL 3, 97, 205); sua natureza impenetrável é em si mesma enigmática, visto que elas não dizem respeito a algo oculto, mas sim a conceitos que nos são familiares e que ocorrem no discurso não filosófico (cotidiano e especializado); com efeito, a compreensão de tais conceitos é uma precondição para o estabelecimento de novos fatos empíricos (PI §89, ver §§95, 428; BB 30-1; BT 434-5; RPP II §289; Z §452; CV 4). Poder-se-ia protestar, acompanhando Russell, que a filosofia é uma protociência, que lida com questões ainda inacessíveis aos métodos empíricos (*Problems* 90; *Logic* 281). Entretanto, o fato de que as ciências especiais se desenvolveram a partir da filosofia não implica que questões anteriores à experiência sejam, afinal, empíricas. Wittgenstein fornece argumentos (convincentes) contra a tentativa de reduzir as proposições necessárias da lógica, da matemática e da metafísica a generalizações empíricas. É por esse motivo que insiste, contra o empirismo, que a filosofia é a priori (LWL 79-80). Foi amiúde acusado de teorizar de uma forma apriorística e ingênua sobre a ciência, a isso respondendo, no entanto, que são os filósofos cientificistas que se engajam em uma disciplina incoerente — a metafísica empírica.

(b) A demarcação que Wittgenstein estabelece entre a filosofia e a CIÊNCIA não expressa uma forma de irracionalismo. Sua interdição às teorias, hipóteses e explicações (PI §§109, 126, 496; RFM 333) expulsa da filosofia as explicações CAUSAIS para fenômenos empíricos, explicações que são irrelevantes para a solução de problemas que são conceituais e não factuais (Z §458; CV 79). Questões socráticas do tipo "O que é *X*?", na medida em que dizem respeito a traços essenciais e não a aspectos contingentes de *X*, não têm origem na ignorância acerca da realidade empírica ou de mundo platônico por detrás das aparências, mas sim na falta de clareza em relação à GRAMÁTICA. Assim sendo, a filosofia não diz respeito à descrição ou à explicação da realidade, mas sim ao esclarecimento de nossa FORMA DE REPRESENTAÇÃO, que estabelece aquilo que pode contar como uma descrição inteligível da realidade, determinando, em um nível mais geral, o que faz sentido dizer.

(c) Segundo o *Tractatus*, há verdades metafísicas relativas às estruturas que a linguagem e a realidade compartilham, mas elas são inefáveis. Contrapondo-se a isso, o segundo Wittgenstein desmitifica a metafísica (LWL 21; MS157 (b) 4). É um traço constitutivo da metafísica a confusão entre questões factuais e conceituais, entre teorias/hipóteses científicas e normas de representação (Z §458; BB 18,35). A metafísica alega chegar a proposições verdadeiras acerca da essência da realidade. Suas proposições possuem a forma de enunciados factuais. A ciência nos ensina que nenhum ser humano pode correr em uma velocidade superior a 40 km/h, ou que não existe um planeta intramercuriano — o metafísico nos ensina que nenhum ser humano pode sentir a dor alheia; e Kant, que não há eventos sem causa. Segundo Wittgenstein, as afirmações de uma tal metafísica "descritiva" constituem regras gramaticais — amiúde distorcidas — disfarçadas de proposições (AWL 18, 65-9; WVC 67). "Todo evento possui uma causa" é uma regra gramatical que determina, em parte, o que pode ser considerado como um "evento" (*ver* CAUSALIDADE). Em contraposição, uma "metafísica revisionista", como a do solipsista que diz que

"Somente minhas experiências atuais são reais!", não é uma gramática em disfarce, mas antes algo absurdo ou ainda "expressões de desacordo com nossa gramática" (BB 55-7). Não obstante, a gramática é AUTÔNOMA, não sendo justificável por uma pretensa essência da realidade. Não há, pois, base metafísica para se defender ou corrigir nossa gramática.

> A filosofia de modo algum pode interferir no uso real da linguagem; pode apenas, ao fim e ao cabo, descrevê-lo. Pois tampouco é capaz de fornecer-lhe qualquer fundamento. Deixa tudo como está. (PI §124)

Essa afirmação não promove uma paralisia intelectual: Wittgenstein não deixa a *filosofia* como está, mas tenta revelá-la em sua condição de "absurdo manifesto", de "castelo de cartas" (PI §§118-19; BT 413, 425). Tampouco nega que a linguagem mude (PI §18). Há razões não filosóficas para a mudança conceitual (por exemplo, na ciência). O importante aqui é que não é tarefa da filosofia provocar tal mudança, pela introdução de uma linguagem ideal.

(d) Para o *Tractatus*, a linguagem deve necessariamente ser governada por uma "*super*-ordem" de regras, a serem descobertas pela ANÁLISE LÓGICA. Wittgenstein passa agora a rejeitar o modelo do CÁLCULO, por considerá-lo "dogmático" (PI §§81, 92, 108, 131). Não há descobertas ou surpresas na gramática. "Se tentássemos propor *teses* em filosofia, jamais se chegaria a discuti-las, pois todos estariam de acordo" (PI §128, *ver* §599). As observações filosóficas são "truísmos sem graça", já bem "familiares" (TS213 412; MS109 212; TS220 89-90; TS 209 6). Com efeito, Wittgenstein acredita que não se baseia em "opiniões" que possam ser questionadas (AWL 97; LFM 22; RFM 160; LC 72). Isso parece nos levar a um dilema. Se estiverem em conformidade com sua metodologia da "não opinião", suas próprias observações podem não constituir uma contribuição genuína ao debate filosófico. Por outro lado, na hipótese de não estarem em conformidade com ela, sua prática desmente seus declarados pontos de vista metodológicos — ele estaria propondo a tese não óbvia de que não há teses filosóficas não óbvias.

Alguns comentadores acreditam que Wittgenstein optou por manter uma relação de incomensurabilidade com a tradição filosófica. De acordo com essa posição da "não posição", sua obra não contém argumentos que satisfaçam os padrões do discurso filosófico. Ele não está sequer ocupado em atacar posições tradicionais ou em corrigir erros filosóficos. Suas tentativas de fornecer uma visão sinóptica da gramática são tentativas terapêuticas de nos fazer abandonar questões filosóficas em benefício da tranqüilidade intelectual (CV 43). É correto dizer que Wittgenstein não tomava partido em disputas tradicionais, tentando, em vez disso, abalar as hipóteses comuns aos participantes — uma estratégia que encontra antecedente na "Dialética transcendental" de Kant, e que também foi adotada por Ramsey (*Mathematics* 115-16). Wittgenstein tentou, além disso, "dissolver" questões que levariam a tais alternativas equivocadas — uma idéia sugerida no prefácio dos *Principia Ethica* de Moore. Ao fazê-lo, entretanto, Wittgenstein está em busca da "questão certa" (ver PI §§133, 189, 321; RFM 147; RPP I §600; MS130 107; WAM 27-8). E ele de fato forneceu respostas a questões socráticas do tipo "O que é a compreensão?", uma vez que fazê-lo seria um pré-requisito para a dissolução de questões equivocadas. O que ele rejeita aqui é simplesmente a insistência na idéia de que tais questões só podem ser respondidas por definições analíticas (*ver* EXPLICAÇÃO). Wittgenstein apreciava comparar sua crítica filosófica a uma espécie de psicoterapia (PI §§133, 254-5; BT 407-10; Z §382). Pretendeu, além disso, por vezes, converter-nos a um novo ponto de vista (LC 27-8; CV 61). Sua crítica filosófica é, no entanto, uma empreitada argumentativa, e não medicinal ou missionária; cabia-lhe fornecer argumentos "absolutamente conclusivos" (MS 161 3; BT 408, 421). Wittgenstein não se baseia em "opiniões", pois o que nos fornece são lembretes gramaticais sobre o modo como utilizamos as palavras fora do contexto da filosofia ("Faz sentido dizer 'Eu sei que ela está com dor de dente' ou 'Não se pode dizer de um cão que ele acredita que seu dono retornará dentro de uma semana'"). O interesse desses lembretes gramaticais é chamar nossa atenção para a violação da gramática pelos filósofos. Fazem parte de uma crítica dialética do sentido, um "procedimento não dogmático" (WVC 183-6; ver PR 54-5; PI §§89-90 127; BT 419, 424-5; LPP 45; *ver também* ABSURDO). Wittgenstein tenta mostrar que seus adversários utilizam palavras de acordo com regras conflitantes. Algumas de suas observações (como, por exemplo, "Um 'processo interno' carece de um critério externo" — PI §580) são descrições sinópticas, nas quais truísmos gramaticais são reunidos e relacionados a um determinado problema filosófico. Até mesmo elas não funcionam, entretanto, como premissas para argumentos dedutivos. A filosofia é "óbvia"; não conta com as provas das ciências dedutivo-nomológicas e das disciplinas formais, como a matemática ou a lógica (PI §§126, 599). A dedução estabelece as conseqüências das premissas, mas uma crítica dialética do sentido procede por *elenchos* e não por demonstração: examina minuciosamente o significado de tais premissas e a inteligibilidade das questões.

**forma de representação** (*Form der Darstellung*) No *Tractatus*, o termo se refere ao "ponto de vista" externo, a partir do qual uma figuração representa aquilo que representa (TLP 2.173 e seg.; *ver* FORMA LÓGICA). Mais próxima da visão posteriormente sustentada por Wittgenstein está a idéia hertziana de que diferentes teorias científicas são guiadas por diferentes "formas de descrever o mundo" (*Formen der Weltbeschreibung*). O segundo Wittgenstein estende essa noção para além da CIÊNCIA. Uma "forma representacional" é um modo de ver as coisas, uma espécie de *Weltanschauung* (PI §122). Inclui-se nessa idéia uma certa maneira de conceber a filosofia; no caso de Wittgenstein, ela se orienta pela tentativa de fornecer uma VISÃO SINÓPTICA da gramática. Em contraposição, o conceito de visão de mundo (*Weltbild*) que encontramos em *Sobre a certeza* corresponde ao pano de fundo herdado sobre o qual desenvolvemos nosso raciocínio científico e cotidiano. À maneira de uma "mitologia", esse pano de fundo não pode sofrer alterações pela via do raciocínio, mas somente por uma conversão (OC §§92, 94-7, 167, 262, 612).

De maneira análoga, Wittgenstein caracteriza a GRAMÁTICA, o sistema de regras que fornece os padrões para o uso correto das palavras, como nosso "método" ou "forma de representação" (M 51; OC §§61-2; PI §§50, 104, 158). "O fato de que uma proposição é falsa e outra é verdadeira não faz parte da gramática. O que pertence à gramática são todas as condições (o método) necessárias para comparar uma proposição com a realidade. Isto é, todas as condições necessárias para a compreensão (do sentido)" (PG 88). Em virtude de determinar as combinações de signos que fazem sentido, e que podem, portanto, ser consideradas candidatas à verdade — "o *tipo de enunciado* que fazemos acerca dos fenômenos" (PI §90) —, a gramática não se sujeita ela mesma à refutação empírica. A lógica é "antecedente" à correspondência entre "o que é dito e a realidade" (RFM 96).

Nisso reside o elemento fundamental da explicação mais tarde fornecida por Wittgenstein para a idéia de necessidade lógica. Como no *Tractatus*, ele resiste à visão platonista de que as proposições necessárias fariam parte de uma superfísica do abstrato, diferindo das proposições empíricas simplesmente por descreverem objetos mais abstratos. Rejeita também a redução empirista das proposições necessárias a generalizações empíricas (*ver* RELAÇÕES INTERNAS). O contraste entre os dois tipos de proposição é ainda maior do que se supunha tradicionalmente. Pode-se dizer que as proposições empíricas descrevem estados de coisas possíveis, mas não se pode dizer que as proposições necessárias descrevem estados de coisas necessários. Pois seu papel é normativo, e não descritivo. Funcionam como "proposições gramaticais", ou a elas se vinculam — sentenças que são tipicamente utilizadas para a expressão de regras gramaticais. Uma proposição gramatical como

(1) O preto é mais escuro que o branco

constitui uma "norma de descrição" ou de "representação" (RFM 75-6; AWL 16; OC §§167, 321). Ela estipula o que pode ser considerado como uma descrição inteligível da realidade, determina relações internas entre conceitos ("preto" e "branco") e autoriza transformações de proposições empíricas (de "O carvão é preto e a neve é branca" para "O carvão é mais escuro que a neve").

As proposições gramaticais antecedem a experiência em um sentido inócuo (PR 143; LWL 12; AWL 90). Não podem ser confirmadas ou refutadas pela experiência. A proposição (1) não poderia ser derrubada por um enunciado do tipo "Este objeto branco é mais escuro do que aquele objeto preto", que constitui uma combinação absurda de signos. A antecedência à experiência torna compreensível a aparentemente misteriosa "solidez" das proposições necessárias e das relações internas (PI §437; RFM 84; PG 126-7). Afirmar que é logicamente impossível um objeto branco ser mais escuro do que um objeto preto é afirmar que não *diríamos* de um objeto, ao mesmo tempo, que é "branco" e é "mais escuro do que um objeto preto". Dadas as nossas regras, não faz sentido aplicar ambos os termos a um só objeto. Wittgenstein explica a necessidade lógica por meio da distinção entre sentido e absurdo, estabelecida por nossas normas de representação.

Assim como faz no *Tractatus*, enfatiza as diferenças entre vários tipos de proposições necessárias. Mantém-se preso à sua abordagem inicial, em que concebia as proposições lógicas como TAUTOLOGIAS (AWL 137-40; LFM 277-81). Deixa, entretanto, de considerar outras verdades necessárias como meras pseudoproposições. As equações aritméticas, as proposições geométricas e as proposições analíticas constituem regras gramaticais (ver, respectivamente, WVC 156; PG 347; RFM 363 e WVC 38, 61-3; LWL 8, 55 e PI §251). As proposições metafísicas, quando não são apenas absurdas, tipicamente *mascaram* regras gramaticais (BB 35, 55; AWL 65-9; Z §458). Possuem a aparência lingüística de enunciados factuais, mas o real papel que desempenham é o de proposições gramaticais.

Ao contrário de suas predecessoras (as regras da SINTAXE LÓGICA), as regras gramaticais são "convenções" (*Übereinkunft, Konvention*). Embora sujeitem-se, raramente, a processos de decisão, sua função, e talvez também sua história, é a das convenções (PI §§354-5;

AWL 89-90, 156-7;PG 68, 190). A gramática é AUTÔNOMA; não reflete nem a essência da realidade nem uma natureza humana inflexível (*ver* QUADRO DE REFERÊNCIA). Assim sendo, a explicação de Wittgenstein para o conceito de necessidade lógica é convencionalista. Distingue-se substancialmente, entretanto, do convencionalismo dos positivistas lógicos. Estes tinham como objetivo desenvolver uma forma de empirismo capaz de dar conta da necessidade lógica, sem reduzi-la à generalidade empírica, sem recair no platonismo e sem admitir verdades sintéticas a priori. Os positivistas argumentavam que as proposições necessárias são a priori, mas não constituem conhecimento acerca do mundo. Pois, e para isso contribui o *Tractatus*, parecia-lhes que todas as proposições necessárias poderiam ser consideradas analíticas, verdadeiras exclusivamente em virtude dos significados das palavras que as constituem. As verdades lógicas são tautologias cuja verdade se deve unicamente ao significado das CONSTANTES LÓGICAS, e as verdades analíticas podem ser reduzidas a tautologias pela substituição de sinônimos por sinônimos — assim, transforma-se "Todos os solteiros são não casados" em "Todos os homens não casados são não casados", uma tautologia da forma "$(x)((fx.gx) \supset gx)$", cuja verdade se segue do significado dos signos lógicos envolvidos. As proposições necessárias são verdadeiras em função de seu significado, ou por convenção. Ou são elas próprias convenções (definições), ou se seguem de tais convenções.

A distinção feita por Wittgenstein entre proposições gramaticais e empíricas diverge sob quatro aspectos da distinção que os positivistas lógicos propõem com base na oposição analítico/sintético. (a) Muitas das proposições gramaticais de Wittgenstein não se enquadrariam na mais generosa das listas de verdades analíticas. A razão para isso é o fato de Wittgenstein ter percebido que há relações lógicas que não têm natureza vero-funcional (PR 105-6), havendo, portanto, proposições necessárias, como (1), que não são analíticas no sentido do *Tractatus* e do Círculo de Viena. (b) A distinção analítico/sintético é estabelecida em termos das formas e dos elementos constituintes de sentenças-tipo. Entretanto, a possibilidade de um proferimento expressar uma proposição gramatical, isto é, de ser utilizado para expressar uma regra lingüística, depende do papel que desempenha em uma situação comunicativa, depende de ele ser ou não usado, no caso em questão, como um padrão de correção. A frase "Guerra é guerra", por exemplo, não é tipicamente utilizada para expressar a lei da identidade (PI II 221; WVC 153-4; PR 59; AWL 64-5; BT 241). (c) A distinção implica a idéia de que a verdade das proposições necessárias é uma *conseqüência* do significado de seus elementos constituintes. Segundo Wittgenstein, as proposições necessárias *determinam* o significado das palavras, em vez de seguirem-se dele, uma vez que são, em parte, constitutivas do significado dos termos constituintes (*ver* CORPO DE SIGNIFICADO). (d) Ao explicar o estatuto das proposições necessárias com base em seu emprego normativo, e não descritivo, Wittgenstein rejeita a concepção de que constituem um tipo especial de verdade, cuja fonte é o significado ou a convenção, e não a experiência. Em particular, se as tautologias são proposições degeneradas que nada dizem, um ponto aceito pelos positivistas, em que sentido poderiam ser verdadeiras?

Tais diferenças devem-se ao fato de que Wittgenstein tem em mente usar o rótulo "sintético a priori" para referir-se, em primeiro lugar, às proposições matemáticas — talvez porque *possam* ser utilizadas tanto de forma descritiva quanto de forma normativa (a equação "$25^2 = 625$" pode ser utilizada como uma previsão do resultado que se obtém elevando-se 25 ao quadrado, embora seja, de fato, usada como um critério para se determinar que essa operação foi realizada; RFM 318-19, 327-30) —; e, em segundo lugar, às proposições gramaticais que não podem ser explicadas por meio do cálculo de predicados — como por exemplo, "Não há verde avermelhado" ou "'Acima' tem cinco letras" (RFM 245-6, 336). A idéia proposta por Kant de que as proposições matemáticas e as metafísicas são sintéticas a priori expressa uma importante intuição: é preciso explicar o fato de que elas pareçam antecipar a realidade. A explicação vienense, na qual se viam todas as proposições necessárias como verdades que nada dizem, destitui-as de qualquer função. Ao repudiar a separação entre as proposições necessárias e sua aplicação, Wittgenstein retoma o problema levantado por Kant. Insiste, contudo, na idéia de que as proposições necessárias são a priori justamente porque não versam *sobre* coisa alguma, não sendo, portanto, sintéticas (WVC 67, 77-8; LWL 79; PLP 67-8). O papel desempenhado pelas proposições necessárias no discurso empírico é o de normas de representação, que fornecem orientações para a "canalização" da experiência (formas de lidar com ela) (RFM 240, 324-5, 387). "Sempre que dizemos que algo deve necessariamente ser o caso, estamos utilizando uma norma de expressão"; uma conexão lógica "é sempre uma conexão na gramática" (AWL 16, 162; RFM 64, 88).

Embora o convencionalismo de Wittgenstein evite as dificuldades inerentes à versão vienense, confronta sérios problemas próprios (*ver* PROVA MATEMÁTICA). Mesmo comentadores simpáticos às suas idéias, como Waismann, sentiram que, ao se afirmar que as proposições necessárias são regras, ignora-se o fato de que tais proposições versam *sobre* números, cores, comprimentos, sensações, etc., e não sobre palavras; e que podemos dizer que proposições são *verdadeiras*, mas não que regras o sejam (PLP 66-7, 136-7). Wittgenstein poderia admitir, entretanto, que proposições necessárias não são, na verdade, regras, sem deixar de insistir na idéia de que se assemelham a regras, no sentido de que "desempenham o papel de normas de descrição" (RFM 363; LFM 55, 256) — servem para autorizar transformações de proposições empíricas. Além disso, o ponto que ele quer salientar é que ser verdadeiro e versar sobre algo são características que se distinguem, *toto caelo*, ao aplicarem-se a proposições necessárias e a proposições empíricas (AWL 154; LFM 114, 250-1; PI §251). A função de uma proposição gramatical como "Todos os solteiros são não casados" não é produzir um enunciado factual verdadeiro sobre os solteiros, mas sim explicar o significado de "solteiro". Não a verificamos pela investigação do estado civil das pessoas identificadas como solteiros, e sua rejeição não denota ignorância dos fatos, mas antes uma compreensão lingüística equivocada. E, o que é mais importante, tal proposição não exclui uma possibilidade genuína, mas somente uma combinação de palavras absurda.

Ainda que o convencionalismo de Wittgenstein não seja completamente satisfatório, sua distinção entre proposições gramaticais e empíricas não somente escapa ao célebre ataque de Quine à distinção analítico/sintético, como também ajuda a combater a equiparação empirista que este filósofo promove entre proposições necessárias e empíricas. Em virtude de (c), evita o que Quine denomina "o mito do museu", a idéia de que entidades abstratas (formas lógicas ou significados) nos forçam a aceitar certas proposições em qualquer circunstância; e em virtude de (d), evita comprometer-se com a idéia de "verdade por convenção". A concepção de Wittgenstein acomoda, além disso, a concepção holista de uma rede de crenças, de acordo com a qual, segundo Quine, até mesmo as "proposições necessárias" podem ser abandonadas para se preservarem outras crenças. Com efeito, ele mesmo defendeu uma visão holista do gênero durante sua fase VERIFICACIONISTA: as "hipóteses", isto é, todas as proposições que vão além do que é dado imediatamente aos sentidos, não podem ser verificadas ou falseadas de forma conclusiva, uma vez que hipóteses auxiliares podem fornecer evidências recalcitrantes (PR 285-90). Isso pode ter influenciado o holismo de Carnap, em *A sintaxe lógica da linguagem*, e, portanto, indiretamente, o do próprio Quine. Durante a fase de transição, Wittgenstein não estendeu tal possibilidade de revisão às proposições necessárias, tendo, mais tarde, abandonado o mito empirista das experiências sensíveis não conceitualizadas. A concepção holista sobrevive, contudo, em *Sobre a certeza* (OC §§94-6, 512-19). Além disso, sua concepção funcional das regras gramaticais, segundo a qual uma expressão constitui uma regra se é empregada como padrão de uso correto, tem como conseqüência que o estatuto lógico das sentenças pode mudar conforme nosso modo de utilizá-las. Proposições empíricas são "solidificadas" e transformadas em regras (RFM 325, cap. 192, 338-9), e regras perdem seu estatuto privilegiado e são abandonadas. Por exemplo, a sentença "Um ácido é uma substância que, em solução, faz com que o papel tornassol fique vermelho" perdeu seu estatuto normativo (agora que os ácidos são definidos como doadores de prótons), transformando-se em um enunciado empírico que se aplica à maioria dos ácidos, mas não a todos. Uma afirmação como "O ouro tem 79 prótons", por sua vez, foi originalmente uma descoberta empírica, mas hoje constitui, em parte, o que entendemos por "ouro".

Ao contrário de Quine, mas assim como Carnap, Grice e Strawson, Wittgenstein insiste que isso é compatível com uma distinção dinâmica entre proposições necessárias e proposições empíricas. O abandono de proposições gramaticais pode ser motivado por considerações teóricas, que podem envolver desde novas experiências até questões de simplicidade, proficuidade ou pura beleza. Distingue-se, entretanto, do falseamento de uma teoria. Inexiste tal coisa como o falseamento de uma proposição gramatical. Pois seu estatuto normativo significa que a própria proposição é (em parte) constitutiva do significado de seus termos constituintes (BB 23, 56; AWL 40). Após uma tal revisão, faz sentido usar palavras de certos modos que eram até então excluídos por seu caráter absurdo.

A proposição

(2) Ninguém que tenha menos de dez anos é um adulto

é uma proposição gramatical que em parte determina que indivíduos denominamos adultos. Se admitíssemos um enunciado como

(3) A filha de Jane, que tem três anos de idade, é adulta

considerando, por exemplo, que ela tem capacidades intelectuais surpreendentes, não teríamos com isso falseado a proposição (2). Pois admitir a proposição (3) é instituir um novo modo de usar "adulto", e isso introduz um novo conceito. Conseqüentemente, (2) e (3) não se contradiriam, uma vez que "adulto" tem, nos dois casos, significados diferentes.

Os conceitos científicos são tipicamente alicerçados em mais de uma explicação. Nos casos em que muitos fenômenos (febre, presença de um vírus) são conjuntamente associados a uma doença específica, a única forma de distinguir entre CRITÉRIOS e sintomas pode ser a deliberação (BB 25). "A flutuação na gramática entre critérios e sintomas faz com que pareça não haver nada além de sintomas" (PI §354, compare-se §79; Z §438). No que diz respeito, contudo, a experimentos específicos, é amiúde possível decidir se enunciados particulares são usados normativa ou empiricamente. Negar isso equivaleria a negar a possibilidade de distinguir, por exemplo, em uma determinada medição, o papel da régua e o papel do objeto medido (PI §50). Com efeito, um conjunto de crenças só pode configurar uma rede se determinadas proposições não se distinguirem de outras apenas pela maior relutância com que são abandonadas, mas sim por desempenharem um papel distinto, a saber, o de estabelecer conexões lógicas entre diferentes crenças (Lewis Carroll lança luz sobre um ponto semelhante ao afirmar a necessidade de se distinguirem os axiomas e as regras de inferência de um sistema formal).

Wittgenstein antecipou a idéia proposta por Quine de assimilar as proposições necessárias a crenças arraigadas (possivelmente por tê-la visto como a conseqüência inevitável da concepção empirista da matemática de Russell e de Ramsey); sustentou, no entanto, que essa idéia não leva em conta "a *profunda* necessidade da convenção" (RFM 65, 237).

> Se houvesse apenas uma conexão externa, nenhuma conexão poderia chegar a ser descrita, uma vez que só descrevemos uma conexão externa por meio de uma interna. Na ausência desta, perdemos o parâmetro necessário para descrever qualquer coisa — da mesma forma que não podemos mover qualquer coisa com nossas mãos a não ser que nossos pés estejam bem firmes no chão. (PR 66)

Se todas as normas de representação que digam respeito, por exemplo, a "solteiro", fossem transformadas em proposições empíricas, isso significaria que todas as seguintes sentenças poderiam ser rejeitadas: "Solteiros são homens não casados", "Solteiros são seres humanos", "Solteiros são feitos de carne e osso". Sob tais circunstâncias, qualquer coisa poderia designar "solteiro", uma vez que não haveria razão para negar a aplicação do conceito ao que quer que seja. Conseqüentemente, o uso desse termo se tornaria totalmente arbitrário, isto é, o próprio termo ficaria sem sentido. Da mesma forma, se abríssemos mão das regras gramaticais que governam o uso de todas as nossas palavras, estas perderiam todo significado. Naturalmente, nosso hábito de proferir palavras poderia continuar: um palavrório fonético comunitário e desregrado é concebível. Isso se assemelharia mais, contudo, a falar com a língua, do que a falar uma língua (PI §§207, 528). Se qualquer coisa pode ser dita, então nada pode ser dito com sentido.

Há um paralelo importante entre Wittgenstein e Quine. Ambos caracterizam as verdades lógicas não em termos de sua forma ou estrutura, mas com base no comportamento lingüístico. Contrariando, entretanto, o behaviorismo reducionista de Quine, Wittgenstein vê a linguagem como algo essencialmente guiado por normas. É essa concepção normativa da linguagem que lhe permite dar sentido à noção de necessidade lógica, ao invés de rejeitá-la.

**forma de vida** (*Lebensform*) Spranger escreveu uma obra intitulada *Lebensform*; o termo se refere aí, no entanto, a tipos individuais de personalidade. O uso que Wittgenstein faz do termo enfatiza, em contraposição, o entrelaçamento entre cultura, visão de mundo e linguagem. É possível que ele tenha ido buscar a idéia em Spengler (*Decline of the West* I 55), mas o fato é que ela já conta com uma longa tradição na filosofia alemã (Hamann, Herder, Hegel, von Humboldt). Embora o termo ocorra apenas uma meia dúzia de vezes na obra publicada de Wittgenstein, deu origem a um sem-número de interpretações equivocadas, em parte por conta da informalidade de seu uso. O termo "jogo de linguagem" pretende salientar a idéia de que "*falar* uma língua é parte de uma atividade, de uma forma de vida" (PI §23; *ver* RFM 335; MS119 148). Assim como a teoria dos atos de fala, Wittgenstein enfatiza a idéia de que falar é uma *atividade* guiada por regras. Vai mais adiante, entretanto, sustentando que nossos JOGOS DE LINGUAGEM estão "interligados" com atividades não lingüísticas, devendo ser compreendidos dentro desse CONTEXTO. Isso não se aplica somente a nossos padrões discursivos reais. Com efeito, o melhor argumento para sustentar a tese de Wittgenstein de que o contexto não lingüístico é essencial para a compreensão das atividades lingüísticas é o fato de que jogos de linguagem fictícios só podem ser adequadamente avaliados quando é explicitado o modo como se enquadram nas práticas gerais da comunidade fictícia. "Imaginar uma linguagem é imaginar uma forma de vida" (PI §§7, 19). Nos *Livros azul* e *castanho* (134), imaginar uma linguagem é o mesmo que imaginar uma "culturaí. Por conseguinte, *uma* forma de vida é uma formação cultural ou social, a totalidade das atividades comunitárias em que estão imersos os nossos jogos de linguagem.

Ao mesmo tempo, Wittgenstein fala também em forma*s* de vida. "Em lugar do inanalisável, do específico, do indefinível: o fato de que agimos desta ou daquela maneira; por exemplo, *punimos* certas ações, *determinamos* os estados de coisas dessa ou daquela forma, *damos ordens*, relatamos, descrevemos cores, interessamo-nos pelos sentimentos alheios. O que deve necessariamente ser aceito, o que é dado — poder-se-ia dizer — são fatos da vida // formas de vida" (RPP I §630; MS133 54). Essa passagem tem sido invocada para mostrar que uma forma de vida *é* um jogo de linguagem, e que, assim como há inúmeros jogos de linguagem, há também incontáveis formas de vida. Mesmo deixando-se de lado, entretanto, o uso no singular observado acima, os fatos da vida listados não constituem uniformemente jogos de linguagem. São, em vez disso, padrões específicos de comportamento que, juntos, constituem *uma* forma de vida.

"É algo característico de nossa linguagem desenvolver-se sobre uma base que consiste de formas de vida estáveis, de atividades regulares. Sua função é determinada *sobretudo* pela ação que ela acompanha" (CE 404). Tais observações lançam uma luz muito necessária sobre a célebre passagem "Aquilo que tem que ser aceito, o que é dado, são — pode-se dizer — *formas de vida* (PI II 226). No *Tractatus*, os fundamentos da linguagem estavam nos OBJETOS eternos "indecomponíveis", cujas essências — possibilidades combinatórias — deveriam determinar, de um modo inefável, o ESPAÇO LÓGICO de situações possíveis, estabelecendo, portanto, limites inalteráveis para aquilo que faz sentido dizer. Wittgenstein passa a sustentar que, se a linguagem possui fundamentos, eles não são fornecidos por átomos metafísicos (ver PR 72), mas sim por padrões cambiáveis de atividade comunitária.

A idéia de que formas de vida nos fornecem os fundamentos da linguagem foi posteriormente desenvolvida em duas direções opostas. Em uma leitura *transcendental*, as noções de jogo de linguagem e de forma de vida assumem o lugar das precondições (quase) transcendentais para a representação simbólica do *Tractatus*. Entretanto, mesmo que nossas práticas comunitárias sejam uma precondição para nossos jogos de linguagem, isso não equivale a uma justificação (dedução transcendental) dessas práticas (muito embora o fato de que a linguagem supõe o contexto de uma prática possa revelar que certas dúvidas céticas são absurdas). Além disso, embora as condições de sentido, estabelecidas pela GRAMÁTICA, sejam anteriores a questões de fato, decididas pela realidade, o mais importante na noção de forma de vida é justamente a capacidade de retirar desse contraste o seu caráter transcendental, a partir do reconhecimento de que a gramática é uma parte essencial das práticas humanas, estando, por isso mesmo, sujeita a mudanças.

A interpretação oposta é *naturalista*. Sustenta-se amiúde que nossa forma de vida faz parte da natureza biológica humana inflexível, que determina rigidamente a forma como agimos e reagimos. Essa interpretação pode apoiar-se no fato de que Wittgenstein afirma ter fornecido "observações sobre a história natural do homem" (PI 415). Entretanto, o naturalismo de Wittgenstein é antropológico, e não biológico. Comandar, perguntar, narrar, tagarelar são coisas que fazem "parte de nossa história natural, assim como andar, comer, beber, jogar" (PI §25). Tais atividades, bem como as já citadas anteriormente, são culturais, são formas de interação social. Da mesma forma, a medição, e até mesmo a matemática e a lógica são "fenômenos antropológicos" que fazem parte de nossa "história natural" (RFM 352-3, 356, 399; RPP I §1109). Tal história natural é a história de criaturas culturais, usuárias de linguagem. É preciso estabelecer uma diferença entre formas de vida e a natureza humana comum na qual elas se enraízam (*ver* QUADRO DE REFERÊNCIA). Wittgenstein (à maneira do marxismo e do pragmatismo) não enfatiza a nossa natureza biológica inflexível, mas sim nossa prática histórica.

No mesmo espírito, sugeriu-se que há, na verdade, somente *uma* forma de vida para os seres humanos, que formas de vida diferentes são simplesmente incompreensíveis para nós: é, com efeito, um fato contingente falarmos e agirmos da forma como o fazemos. Podemos até estar em condições de compreender que é logicamente possível haver formas de vida diferentes; a natureza humana nos impede, entretanto, de compreender essas formas de vida alternativas. Isso entra em choque com a insistência de Wittgenstein na idéia de que diferentes FORMAS DE REPRESENTAÇÃO passam a ser compreensíveis no contexto de *diferentes formas de vida*. Medir com réguas elásticas (RFM 38, 91-4) não é diferente de usar a vara como unidade de medida. Faz todo o sentido para uma comunidade com preocupações distintas das nossas. Sem dúvida, há uma diferença entre reconhecer que se utilizava a vara como unidade de medida na Idade Média e imaginar que poderíamos voltar a usar essa técnica hoje. Tal mudança implicaria alterações fundamentais em nossas técnicas, em nossa tecnologia e, portanto, em nossos objetivos e valores. Não se trata, contudo, de algo incompreensível; podemos entender do que se trata, muito embora a idéia possa não nos atrair. Diferentes formas de representação são inteligíveis desde que haja um treinamento diferente ou propósitos diferentes (Z §§352, 387-8). Até mesmo a idéia de que elas devem atender a algo que reconheçamos como um propósito relevante não passa de um preconceito de nossa forma de vida instrumental (ver RPP I §49; RFM 95).

No que diz respeito às práticas lingüísticas, Wittgenstein não adota um naturalismo determinista, mas antes um relativismo cultural (por exemplo, MS109 58), que decorre do relativismo conceitual presente na idéia da AUTONOMIA DA LINGUAGEM. Nega-se, em tal relativismo conceitual, apenas a idéia de que nossas formas de representação estejam sujeitas a padrões metafísicos, a uma pretensa essência da realidade, mas não que possam sujeitar-se a padrões pragmáticos. Entretanto, esse relativismo se baseia na idéia de que cada forma de representação estabelece seus próprios padrões de racionalidade, o que implica que até mesmo as justificações pragmáticas são inerentes aos jogos de linguagem particulares. Assim sendo, criticar um "jogo de linguagem" de um ponto de vista externo jamais poderá constituir um caso de argumentação racional, mas somente de "persuasão" (OC §§92, 262, 608-12; *ver* CERTEZA). Observe-se, entretanto, que o relativismo de jogos de linguagem não será a palavra final de Wittgenstein. No contexto de uma forma de vida, é possível justificar ou corrigir jogos de linguagem particulares — uma proposição gramatical como "Não se pode conhecer o futuro" pode ser justificada pela natureza não confiável de nossas previsões (LW I §188), ou corrigida, por um aumento drástico nesse grau de confiabilidade. O que não pode ser criticado dessa forma é a prática lingüística (forma de vida) como um todo.

Assim como outros relativistas, Wittgenstein ignora deliberadamente a objeção de que sua posição refuta-se a si mesma, por seu compromisso implícito com a idéia de que ela é correta de uma forma que explicitamente rejeita. Ao contrário de outros relativistas, Wittgenstein poderia ter aqui uma resposta. Suas considerações quanto à imanência da justificação e da dúvida não *empregam* termos epistêmicos de um modo que seja limitado pela prática em questão. Trata-se de observações gramaticais, que funcionam como lembretes acerca do modo como essas palavras são usadas nessa prática. Sendo essa sua função, elas ambicionam ser corretas de forma a transcender diferentes práticas — poderiam ser feitas por um filósofo que estivesse envolvido em uma prática distinta. Isso é, entretanto, compatível com o reconhecimento de que não há necessidade envolvida na participação em um jogo de linguagem particular. Wittgenstein pode ser um relativista conceitual, mas não é um relativista conceitual filosófico.

Ele pode ser acusado de ignorar o fato de que, ao justificarmos, por exemplo, a nossa visão de mundo científica em oposição a uma comunidade que prevê o futuro com base em oráculos (OC §609), podemos nos basear em alguns valores universais, como, por exemplo, o devido respeito à experiência e às previsões bem-sucedidas. Se, ao final, chega-se à conclusão de que a meteorologia é uma forma melhor de prever o tempo, uma comunidade que persista em consultar oráculos pode ser acusada de irracionalismo instrumental. Entretanto, isso não significa que essa comunidade *deva necessariamente* abandonar as suas práticas, uma vez que sua adesão a elas pode expressar prioridades distintas. Uma outra possibilidade, mencionada pelo próprio Wittgenstein, é sermos capazes de afirmar que nossa visão de mundo abarca a deles, sendo, portanto, mais rica (OC §286). Sob outros aspectos, entretanto, nossa visão científica e tecnológica do mundo pode, na verdade, ser mais empobrecida.

Talvez a razão para Wittgenstein jamais ter explorado as limitações racionais do relativismo esteja na crescente ênfase que depositou nas limitações naturalistas. Ele considera sua certeza de que, digamos, há ali uma cadeira "não como algo aparentado à precipitação ou à superficialidade, mas sim como uma forma de vida... como algo que está além de ser justificado ou injustificado; algo, por assim dizer, animal". (OC §§358-9). Acrescenta, entretanto, a ressalva "(Isso está muito mal expresso, e provavelmente muito mal pensado também)." O que é inflexível não são as formas de vida, no sentido de práticas sociais, mas algumas de suas atividades constituintes ou fatos da natureza. Não poderíamos deixar de nos interessar pela dor alheia (LW II 43). "A linguagem... é um refinamento; no princípio era o ato. É preciso antes haver uma rocha firme e dura para a construção... *Depois* é certamente importante que a pedra possa ser lapidada, que ela não seja *tão* dura" (CE 420; CV 31). O ponto que ele quer enfatizar aqui é, não tanto que a natureza humana seja imutável, mas sim que a linguagem, em geral, e o raciocínio, em particular, estão enraizados em formas de comportamento que não são racionais ou irracionais, mas que antecedem questões de racionalidade (OC §§204, 475).

Antecipando o atual debate acerca da tradução radical, Wittgenstein discutiu brevemente o "ponto de vista etnológico" ou o "método antropológico", que adotamos ao compreendermos uma comunidade diferente da nossa (real ou inventada) (CV 37; SDE 25). À maneira de Quine e de Davidson, ele insiste na idéia de que há requisitos mínimos a serem satisfeitos por uma forma de comportamento lingüístico para que possamos compreendê-la. De acordo com o "princípio de caridade" daqueles autores, a interpretação pressupõe que encaremos as crenças alheias como sendo, no geral, verdadeiras. Wittgenstein concorda em parte. "Para que a linguagem seja um meio de comunicação, é preciso não apenas um acordo sobre as definições, mas também ... um acordo sobre os juízos" (PI §242). Entretanto, embora enfatize o segundo ponto, o princípio de caridade descarta o primeiro. Ao maximizar o acordo em opiniões, põe a carroça (a verdade) adiante dos bois (o significado). Em geral, precisamos compreender o que as pessoas dizem para podermos julgar se estão falando a verdade. Compartilhar uma linguagem "não é um acordo de opiniões mas de forma de vida" (PI §241; ver RFM 353). Pela mesma razão, compreender uma linguagem que nos seja estranha é algo que não pressupõe uma convergência de crenças, mas sim de padrões comportamentais, que, por sua vez, pressupõem capacidades perceptuais, necessidades e emoções comuns: "O comportamento comum a todos os homens é o sistema de referência por meio do qual interpretamos uma linguagem desconhecida" (PI §206; *ver* RFM 414-21; EPB 149).

Isso explica a enigmática observação de Wittgenstein de que "Se um leão pudesse falar, nós não poderíamos compreendê-lo" (PI II 223). Uma leitura possível aqui é que não poderíamos compreender um leão que proferisse frases em nossa língua, como "Não estou interessado em você; acabei de comer um antílope", o que é obviamente falso (embora fosse possível, acompanhando Austin, questionar a idéia de que pudéssemos tomar semelhante criatura falante como um leão). Em uma leitura caridosa, a afirmação significa que, se os leões possuíssem uma linguagem *felina* de rugidos e rosnados complexos, jamais poderíamos chegar a aprendê-la. Por quê? Porque sua forma de vida e seu repertório comportamental nos são tão estranhos. Não poderíamos compreender coisa alguma de suas expressões faciais, de seus gestos e de seu comportamento. Além disso, nossa capacidade de interagir até mesmo com um leão domesticado é por demais limitada. Por razões relacionadas, "não nos seria possível tomar pé" em uma comunidade de seres humanos que não exprimissem sentimentos de alguma forma, e ficaríamos completamente perdidos diante de marcianos esféricos (Z §390; LC2-3; *ver também* RPP II §568; LW I §190; MS137 13.11.48).

A necessidade de convergência quanto à forma de vida tem conseqüências ainda não exploradas para a ética. Pode ser utilizada para justificar a idéia de que nossas obrigações para com os seres humanos têm natureza distinta das que temos para com os animais, simplesmente porque nossa capacidade de interagir com os animais, dividir com eles idéias, responsabilidades e aspirações, é tão drasticamente limitada.

O contextualismo baseado em formas de vida adotado por Wittgenstein foi se destacando com o tempo. Ele afirmava que, para descrevermos a ação humana, precisamos descrever não somente aquilo que "*um* homem está fazendo *agora*, mas toda a agitação das ações humanas", o "modo de vida" de que faz parte uma ação individual (Z §567; RFM 335-6). Termos designadores de sensações, como "dor", aplicam-se a terceiros com base em CRITÉRIOS comportamentais simples e diretos. Em contrapartida, as disposições e as atitudes intencionais (ter esperança, fingir, sentir dor, PRETENDER ALGO, seguir uma REGRA) não podem ser atribuídas a terceiros somente com base em um comportamento individual momentâneo; supõem a consideração do ambiente em que tal comportamento está envolto. Tal "contexto" não é fornecido por episódios mentais concomitantes, mas antes (a) pelas capacidades do sujeito; (b) por "toda a história do incidente", aquilo que aconteceu antes e depois; (c) o contexto social, isto é, a existência de certos jogos de linguagem na comunidade lingüística do sujeito. Por exemplo, se um bebê mexe uma peça de xadrez, não dizemos que está jogando xadrez; tampouco um bebê é capaz de fingir. Pode-se sentir uma dor durante uma fração de segundos, mas não se pode esperar por alguém ou sofrer um pesar durante tão curto momento. E só se pode pretender jogar xadrez se a técnica do jogo já existe (PI §§200, 205, 250, 337, 583, 643-4; BB 147; RPP II §631; LW I §§859-76; LW II 26-47; Z §99).

Depois das *Investigações filosóficas*, Parte I, Wittgenstein expressou essa posição, afirmando que tais termos se referem a "padronagens no tecido de nossa vida" (*Lebensmuster*) (PI II 174, 229; LW I §§862-9, 942, 966; LW II 42-3, 55-6, 84; Z §§567-9). A complexidade desse tecido explica por que alguns juízos psicológicos formulados em terceira pessoa são incertos. A possibilidade de desacordo quanto às emoções dos outros reflete uma indeterminabilidade que é constitutiva de alguns de nossos termos psicológicos. Essa indeterminabilidade se deve, por sua vez, a padrões comunitários de comportamento: conceitos mentais devem ser elásticos e flexíveis porque o comportamento humano, e nossa reação a ele, é variável e imprevisível (RPP II §§651-3; LW I §§206-11; LW II 24-5, 61-4, 72, 84-95). Não podemos atribuir emoções sutis com base em critérios simples; precisamos levar em conta o contexto e eventos prévios. Em boa parte dos casos, isso só é possível quando se conhece bem a pessoa em questão e se tem um conhecimento profundo da natureza humana.

**forma lógica** A forma lógica de uma proposição é sua estrutura tal como parafraseada na lógica formal, com o objetivo de revelar os aspectos relevantes para a validade dos argumentos em que ocorre. A idéia remonta a Aristóteles e à sua invenção da formalização lógica por meio de variáveis. O termo "forma lógica" foi introduzido no século XIX, mas só passa a ter uso generalizado quando Frege inventa o cálculo de predicados, substituindo a idéia de que todas as proposições consistem em sujeito e predicado por uma análise complexa baseada no conceito de função, e sugerindo que há muitos tipos diferentes de proposições, que divergem em sua estrutura ou forma. Russell foi o primeiro a explorar conseqüências metodológicas dessa idéia. A filosofia é análise lógica; estuda a forma lógica das proposições. Uma vez que há uma identidade fundamental de estrutura entre as proposições e os fatos que representam, a produção de um inventário das formas lógicas das proposições redundará na revelação da estrutura essencial da realidade (*External* cap. II, 212-13; *Mysticism* 75; *Logic* 197, 216-17, 234, 331). Russell combinou essas influentes idéias sobre a importância das formas lógicas com concepções idiossincráticas acerca de sua natureza. A descoberta das formas lógicas se dá por um processo de abstração que incide sobre proposições não lógicas. As expressões que sobrevivem a esse processo são variáveis e "constantes lógicas". Entre estas últimas, ao lado dos conectivos proposicionais e dos quantificadores, encontramos os nomes de "formas puras" ou "lógicas". Assim, "Platão ama Sócrates" produz "$x\Phi y$". Tais formas são fatos completamente gerais — em nosso caso, "Algo está de algum modo relacionado a algo" ou "Há complexos binários". Sob a influência de Wittgenstein, Russell passou a negar que formas lógicas sejam "entidades" que possamos nomear. Continuou, entretanto, a tratá-las como "objetos lógicos" com os quais mantemos uma relação de familiaridade por meio da "experiência lógica", de forma análoga à nossa familiaridade com o gosto do abacaxi (*Principles* xv, 3-11, 106; "Theory" 97-101, 113-14, 129 -31 ).

Wittgenstein inicialmente aceitou a idéia de que a filosofia é a doutrina da forma lógica. Atribuía à teoria das descrições de Russell o valor de mostrar que a forma lógica real das proposições é muito diferente de sua forma aparente (gramático-normativa), concluindo que "a desconfiança da gramática é o primeiro requisito para se fazer filosofia" (NL 106; TLP 4.0031). Conservou também a idéia de que a estrutura das proposições pode ser revelada por meio da abstração de seus componentes materiais. Se substituímos todos os "elementos constituintes" de "Platão ama Sócrates" por variáveis, obtemos um "protótipo lógico" — "$x\Phi y$" —, que exibe a forma lógica de todas as proposições descritivas de uma relação binária (TLP 3.315-3.317; NL 93, 104). Enquanto a FORMA PROPOSICIONAL GERAL é compartilhada por todas as proposições, os tipos de proposições se distinguem por sua forma lógica.

Ao mesmo tempo, Wittgenstein afirmava que Russell havia imposto exigências inconsistentes para essas formas lógicas: tinham que constituir tanto fatos expressos por proposições, isto é, passíveis de negação ("Há relações binárias"), quanto objetos designados por nomes ("a relação binária"). Conforme a observação mordaz de Wittgenstein, deveriam combinar "a propriedade útil de serem compostas", a marca registrada das proposições e dos FATOS, com a "propriedade agradável" de serem simples, o que, para o atomismo lógico, é privilégio dos OBJETOS (NL 100-101, 104, 107). O alvo de Wittgenstein aqui era a idéia, compartilhada por Russell e Frege, de que os signos lógicos são nomes de CONSTANTES LÓGICAS, entidades arcanas que constituem o objeto de interesse da LÓGICA (NL 98). No que diz respeito às formas lógicas, ele insistia na idéia de que não são objetos de espécie alguma. A princípio, caracterizou-os como elementos de "cópula", a rede lógica ou cimento lógico que une os componentes materiais das proposições e que remanesce depois que estes são abstraídos (RUL verão 1912, 1.13). Mais tarde, ele passa a insistir na idéia de que a forma de uma proposição não constitui um objeto em separado, sendo antes determinada pela forma de seus elementos constituintes.

Essa idéia está estreitamente ligada à TEORIA PICTÓRICA. Uma proposição é uma figuração que modela a realidade, verdadeira ou falsamente, porque a relação entre seus elementos representa a relação entre os elementos da situação. Tal figuração possui dois traços essenciais: em primeiro lugar, um MÉTODO DE PROJEÇÃO, que liga os elementos do modelo com os elementos da situação que representa; e, em segundo lugar, traços estruturais que ela deve ter em comum com a realidade para que possa afigurá-la. Wittgenstein se referia a essa estrutura compartilhada como "a forma de uma figuração", ou sua "forma lógica" (NB 20./25./29.10.14). No *Tractatus*, ele distingue uma série de noções:

(a) A "estrutura" de uma figuração é a maneira convencionalmente determinada na qual seus elementos devem estar dispostos, para que ela possa modelar o modo como os elementos da situação estão relacionados (TLP 2.032, 2.15). Por definição, só a figuração possui tal estrutura.

(b) Algo possui a "forma pictorial" (*Form der Abbildung*), exigida para a afiguração de uma situação particular, quando é possível dispor seus elementos de uma maneira que espelhe a relação entre os objetos dessa situação; isto é, a forma pictorial é a possibilidade desse arranjo, o que significa que a figuração e a situação devem tê-la em comum (TLP 2.15-2.172).

(c) A "forma lógica" é aquilo que uma figuração, qualquer que seja sua forma pictorial, deve ter em comum com aquilo que afigura (TLP 2.18 e segs.). A figuração deve possuir a mesma multiplicidade lógico-matemática da situação (TLP 4.032-4.0412, 5.474 e seg.; Wittgenstein atribui essa noção a Hertz, ver *Mechanics* §418), isto é, (i) deve possuir tantos elementos quantos forem os objetos da situação, e (ii) esses elementos devem ter em comum com os objetos de que são sucedâneos as suas possibilidades combinatórias.

(d) A "forma representacional" (*Form der Darstellung*) é o "ponto de vista" externo, a partir do qual a figuração representa aquilo que representa (TLP 2.173 e seg.), o método de representação, que varia conforme o meio de representação. Enquanto a forma pictorial e a forma lógica são o que *A* deve ter em comum com *B*, para que possa afigurá-lo, a forma representacional é o que os distingue, impedindo que *A* seja uma mera duplicata de *B*.

Consideremos o modelo do julgamento de um acidente de trânsito, que inspirou a teoria pictórica (NB 29.9.14). A forma desse modelo inclui as relações espaciais entre as miniaturas do carrinho de bebê e do caminhão; não inclui relações que não desempenhem uma função nas convenções de afiguração, como, por exemplo, a relação entre os pesos dos veículos. A natureza tridimensional do modelo faz parte de sua forma pictorial; garante que as relações espaciais entre as miniaturas possam representar relações espaciais entre o caminhão e o carrinho. Mas isso também é possível nas relações bidimensionais entre os elementos de um desenho. Aqui temos duas figurações para o mesmo estado de coisas, com diferentes formas representacionais, isto é, em diferentes meios. Ambos os meios envolvem aspectos (por exemplo, tamanho e cor dos elementos) que distinguem a figuração daquilo que ela afigura. Nem a bidimensionalidade do desenho nem a tridimensionalidade do modelo fazem parte da forma lógica, uma vez que esta deve ser comum a todas as figurações de um mesmo estado de coisas, independentemente de sua forma representacional. Essa forma lógica não poderia ser compartilhada entre o acidente e, por exemplo, uma bola parada; faltaria a esta última a multiplicidade lógica exigida para a afiguração do acidente. Igualmente, a disposição espacial das notas em uma partitura musical faz parte de sua forma representacional; mas não é compartilhada pela música. Em contraposição, a possibilidade de ordenar elementos distintos segundo dois parâmetros é algo que a música tem em comum não apenas com a partitura (o que faz com que seja parte da forma pictorial da partitura), mas com *qualquer* representação sua (por exemplo, uma gravação digital); e isso que faz com que essa possibilidade seja parte da forma lógica da partitura. Tudo aquilo que possui forma pictorial possui também forma lógica. Embora nem toda figuração tenha, por exemplo, natureza espacial, toda figuração deve necessariamente ser uma "figuração lógica", isto é, possuir uma forma lógica. Um PENSAMENTO é uma figuração lógica *par excellence*: sua *única* forma pictorial é a forma lógica, o que significa que não supõe qualquer meio particular de afiguração (TLP 2.181-2.19, 3).

Não são somente as figurações e aquilo que afiguram que possuem uma forma lógica; também a possuem os seus elementos constituintes — os NOMES e os objetos. Com efeito, a forma lógica de uma proposição é determinada pela forma lógica de seus elementos constituintes (NB 1.11.14; TLP 2.0233, 6.23). Assim como a forma das proposições e dos fatos é a possibilidade de uma certa estrutura, a forma de seus elementos constituintes é a possibilidade que têm de tomar parte em certas combinações. A forma de um nome é o que ele tem em comum com todos os outros nomes pertencentes à mesma categoria lógico-sintática, isto é, suas possibilidades combinatórias, que são representadas pelas variáveis das quais esses nomes são valores. As possibilidades combinatórias de um nome refletem as possibilidades combinatórias do objeto de que ele é um sucedâneo, mostrando, portanto, algo sobre a estrutura da realidade (TLP 2.012 e segs.; NB 16.8.16) Um objeto possui tanto propriedades internas (estruturais/formais) quanto externas. Suas propriedades externas residem em ele estar combinado com quaisquer outros objetos com que porventura esteja combinado. Suas propriedades internas residem na possibilidade de sua combinação com alguns objetos para formar estados de coisas e na impossibilidade de sua combinação com outros objetos (TLP 2.0141, 4.123). Cada uma dessas possibilidades combinatórias constitui *uma* forma de um objeto, sendo essencial a ele. Sua totalidade é *a* forma (lógica) do objeto — o equivalente lógico da valência química, que determina a possibilidade de combinação dos elementos. Assim, ser dotado de cor é uma forma de objetos visuais; o espaço e o tempo, formas de todos os objetos (TLP 2.0251; PT 2.0251 e seg.). É uma propriedade interna de um objeto visual *não* possuir um tom acústico, mas possuir *alguma* cor (e vice-versa para uma nota musical); uma propriedade externa é ele ter, por exemplo, a cor vermelha. É uma propriedade interna de *todos* os objetos, incluindo-se os sons, possuir alguma localização espaço-temporal (embora, possivelmente, os sons se localizem no espaço auditivo e não no visual); uma propriedade externa é possuírem coordenadas espaço-temporais específicas.

A forma de um objeto *A* determina, para qualquer outro objeto, se *A* pode ou não combinar-se com ele. Eis por que, se um *único* objeto *A* é dado, *todos* os objetos são dados — todos fazem parte da forma de *A* (TLP 5.524). É essa também a razão pela qual os objetos constituem a "substância do mundo", aquilo que "subsiste", independentemente daquilo que é o caso; tal substância é "tanto forma quanto conteúdo". É conteúdo na medida em que, quaisquer que sejam os fatos, os únicos elementos dos fatos são os objetos indestrutíveis. É forma na medida em que a totalidade dos objetos determina por meio de suas próprias formas que estados de coisas (combinações de objetos) são possíveis. Essa ordem fixa de possibilidades, que equivale ao ESPAÇO LÓGICO, é comum a todos os mundos possíveis, e o *Tractatus* a denomina "forma do mundo" (TLP 2.021-2.0271). Assim como é verdade que cada proposição deve ter em comum com o estado de coisas que afigura a sua forma lógica, também a linguagem, a totalidade das proposições, deve ter em comum com o que afigura *a* forma lógica, "a forma da realidade" (TLP 2.18 — aparentemente equivalente à "forma do mundo"). A harmonia entre linguagem e realidade, que torna possível a representação, é o isomorfismo lógico-pictorial, a identidade estrutural, entre aquilo que representa e aquilo que é representado. De acordo com a distinção entre DIZER e MOSTRAR, entretanto, a forma lógica que a linguagem e a realidade têm em comum não pode, ela mesma, ser representada em proposições bipolares dotadas de sentido: a um objeto não poderiam faltar suas possibilidades combinatórias e a um fato não poderia faltar sua forma lógica, sem que, com isso, deixassem de ser aquele objeto e aquele fato. Em vez disso, o fato de que vermelho, por exemplo, seja uma cor é algo que se mostra no comportamento lógico-sintático de "vermelho" em proposições empíricas (TLP 3.262, 3.326). A forma de um objeto não é ela mesma um objeto, mas antes suas propriedades internas. Não é representada por um nome, mas por conceitos formais — "função", "NÚMERO", "cor", "som". Um conceito formal não denota uma entidade arcana que poderia ser objeto de uma experiência lógica, mas é, a rigor, uma variável que compreendemos tão logo compreendemos os signos que constituem seus valores (TLP 4.126-4.12721). Uma categoria lógico-sintática nada mais é do que o resultado da abstração do papel distintivo de certos signos em proposições empíricas.

Os trabalhos posteriores de Wittgenstein abandonam a idéia de que a ANÁLISE LÓGICA descobre a forma lógica oculta da linguagem, continuando, entretanto, a rejeitar a reificação de formas lógico-lingüísticas (*ver* CORPO DE SIGNIFICADO).

**forma proposicional geral** (*allgemeine Satzform*) Em sua fase inicial, a filosofia de Wittgenstein busca determinar a natureza da representação e daquilo que é representado, o mundo. E o faz estabelecendo a essência da proposição. Vários tipos de proposição se diferenciam quanto a suas formas lógicas, que devem ser descobertas pela aplicação da lógica. Entretanto, tais formas possíveis possuem algo em comum que é determinado a priori. O fato de que uma combinação de palavras possa constituir uma proposição não é uma questão de experiência; é, antes, algo implícito nas regras da SINTAXE LÓGICA. A forma proposicional geral é a essência da proposição, as condições necessárias e suficientes para que algo seja uma proposição em qualquer "notação" (*Zeichensprache*). Uma vez que a linguagem é a totalidade das proposições, a forma proposicional geral fornece também as características que unificam todas as línguas, a despeito de suas diferenças superficiais. A forma proposicional geral é a única CONSTANTE LÓGICA, "o único signo primitivo geral da lógica", uma vez que todas as operações lógicas, e, portanto, todas as proposições e inferências lógicas, são dadas justamente pela idéia de uma proposição elementar BIPOLAR (TLP 4.001, 5.47 e segs.; NB 22.1./5.5.15, 2.8.16).

"A forma proposicional geral é: as coisas estão assim (*Es verhält sich so und so*)" (TLP 4.5). Essa fórmula não se restringe às proposições verdadeiras. A forma proposicional geral é o equivalente coloquial de "variável proposicional" (TLP 4.53; OL 27, 30). Ela é a variável proposicional mais geral que há, aquela que corresponde ao "conceito formal" de proposição (*ver* DIZER/MOSTRAR). Seu domínio de valores não é um tipo particular de proposição — "*fa*", "*fb*", etc. — mas a totalidade das proposições. Longe de ser vácua, a fórmula indica que as proposições precisam ser logicamente articuladas (compostas de função e argumento); precisam afigurar um estado de coisas possível, isto é, precisam, além disso, ser descritivas.

A fórmula se aplica primeiramente às PROPOSIÇÕES ELEMENTARES. De acordo com o *Tractatus*, entretanto, *todas* as proposições derivam seu caráter representacional de tais proposições elementares. A totalidade das proposições é determinada pela totalidade das proposições elementares (TLP 4.51-5.01; RUL 8.12). Uma parte essencial da doutrina da forma proposicional geral é a *tese da extensionalidade*: "Uma proposição é uma função de verdade de proposições elementares (A proposição elementar é uma função de verdade de si mesma)" (TLP 5). A ressalva entre parênteses alude ao fato de que, na notação construída em termos de TABELAS DE VERDADE, cada proposição elementar é expressa como uma função de verdade (conjunção) que associa ela mesma a uma tautologia envolvendo todas as outras proposições elementares (por exemplo, "*p*.(*q* ∨ ~*q*), etc."). A primeira parte da citação afirma que a verdade de qualquer proposição depende unicamente da verdade das proposições elementares em termos das quais pode ser analisada: "a proposição ocorre na proposição apenas como base das operações de verdade" (TLP 5.54). Conseqüentemente, o *Tractatus* precisa dar conta dos numerosos *contextos intensionais* das línguas naturais, tais como a inclusão de uma proposição no escopo de um verbo intencional (no discurso indireto ou em atribuições de atitudes proposicionais), explicações causais, leis científicas e proposições modais. Isso é feito ali com variáveis graus de implausibilidade, reduzindo-se tais ocorrências a ocorrências extensionais, como no caso das explicações CAUSAIS e atribuições de CRENÇA, ou então negando-se que constituam proposições genuínas, como no caso das leis CIENTÍFICAS e das proposições modais (*ver* LÓGICA).

Em decorrência do extensionalismo, a passagem 6 do *Tractatus* equaciona a forma proposicional geral com a "forma geral de uma função de verdade": $[p, \zeta, N(\zeta)]$. Tal fórmula especifica uma série de proposições (os valores da variável proposicional mais abrangente), não pela simples listagem (como em "*p*, *q*, *r*"), ou por uma função proposicional, como no caso dos quantificadores, mas sim por meio de uma "série formal" cujos membros são ordenados por uma "lei formal", que estabelece entre eles relações internas (TLP 4.1252, 5.501). Isso é feito por meio de uma operação reiterável (TLP 5.23-5.3), que pode ser aplicada a seus próprios resultados (TLP 5.251). Aplicando-se *O* a *a*, obtém-se *O'a*; repetindo-se a operação, obtém-se *O'O'a*, e assim por diante — como em 2, 4 (2+2), 6 (2+2+2), etc. Tal série é determinada por seu primeiro membro e pela operação que produz o termo subseqüente a partir do precedente (TLP 4.1273). A série é expressa como [*a*, *x*, *O'a*] — *a* é o primeiro termo, *x* é um termo arbitrário, *O'a* é a forma do sucessor imediato de *x*.

As operações vero-funcionais são reiteráveis, produzindo, assim, uma série formal expressa por uma tripla ordenada análoga. $\bar{p}$ é o primeiro membro. Não é uma função de verdade de proposições elementares, ("*p.q.r*"), mas uma lista de todas as proposições elementares (*p, q, r,* etc.). A expressão '$\bar{\zeta}$' não corresponde a uma seleção aleatória de proposições, conforme Russell alega em sua Introdução ao *Tractatus*, mas antes a um conjunto de proposições construído a partir do conjunto inicial, que pode incluir tanto proposições elementares quanto proposições moleculares ("‾" não indica generalidade, mas sim o fato de que $\zeta$ "representa", isto é, lista, todos os seus valores —TLP 5.501). $\mathcal{N}(\bar{\zeta}$ é o resultado da aplicação da operação de negação simultânea a $\bar{\zeta}$. A operação $\mathcal{N}$ é uma versão generalizada do operador de verdade binário "nem *p nem q*", conhecido como barra de Sheffer "$p \downarrow q$", dele se distingue pelo fato de que se aplica a um número arbitrário de proposições (isso é importante considerando-se que o *Tractatus* assume uma postura agnóstica quanto ao número de proposições elementares), de forma a gerar uma única proposição, a negação simultânea de todas elas. Na notação de tabelas de verdade, a barra de Sheffer é expressa como "(FFFV)(*p,q*)"; $\mathcal{N}$, como "(——V)(....)", sendo que os parênteses à direita indicam uma seleção arbitrária de *n* proposições e os parênteses à esquerda indicam uma tabela de verdade onde $2^n$ — 1 Fs estão omitidos (TLP 5.5). Em outras palavras, o resultado da aplicação de $\mathcal{N}$ a $\bar{\zeta}$ só é verdadeiro se todos os membros de $\bar{\zeta}$ forem falsos. Por exemplo, "$\mathcal{N}(p,q,r)$" é equivalente a "$\sim p. \sim q. \sim r$".

Ao especificar, dessa maneira, a forma proposicional geral, Wittgenstein adere a uma tese construtivista. Toda proposição é "um resultado da aplicação sucessiva da operação $\mathcal{N}(\bar{\zeta})$ a proposições elementares" (TLP 6.001; ver NL 94, 102-3). Os conectivos vero-funcionais empregados por Frege e Russell — "$\sim$", "$\supset$", ".", "$\vee$" — não somente são interdefiníveis, como podem todos ser reduzidos à barra de Sheffer, e, portanto, a $\mathcal{N}$ (TLP 5.1311, 5.42, 5.441). (*M*, uma versão generalizada da outra barra de Sheffer, "$p \uparrow q$", a saber, "ou não *p* ou não *q*, etc.", serve igualmente bem aos propósitos do *Tractatus* — RUL 19.8.19.). Sheffer mostrara que o sinal "$\downarrow$" é "adequado [com relação ao cálculo proposicional] do ponto de vista expressivo", sendo capaz de expressar todas as funções de verdade de um número arbitrário de argumentos de verdade. O mesmo se aplica, *a fortiori*, à versão generalizada $\mathcal{N}$. Por exemplo, todas as 16 funções de verdade de duas proposições elementares, o ponto de partida para uma série formal, podem ser geradas por meio de um processo que se inicia da seguinte forma: 1. $\mathcal{N}(p,q)$ $[\sim(p \vee q)]$, 2. $\mathcal{N}(\mathcal{N}(p,q))$ $[(p \vee q)]$, 3. $\mathcal{N}(\mathcal{N}(p,q), \mathcal{N}(\mathcal{N}(p,q)))$ $[\sim(\sim(p \vee q) \vee (p \vee q))]$ (contradição), 4. $\mathcal{N}(\mathcal{N}(\mathcal{N}(p,q), \mathcal{N}(\mathcal{N}(p,q))))$ $[\sim\sim(\sim(p \vee q) \vee (p \vee q))]$ (tautologia). Entretanto, se aplicarmos $\mathcal{N}$ ao último resultado, ou mesmo a qualquer combinação dos resultados anteriores, nenhuma função de verdade nova será criada. Para ir adiante, temos que lançar mão de uma nova proposição, aplicando $\mathcal{N}$ a "*p*" e a "*q*" individualmente, e então às negações "$\sim p$" e "$\sim q$" daí resultantes; e assim por diante. Isso sugere que o procedimento de Wittgenstein não redunda em uma série formal: gera todas as funções de verdade de "*p*" e "*q*", mas não o faz seguindo uma única ordem definida. Além disso, se o conjunto inicial de proposições elementares é infinito, a prova da diagonal de Cantor, segundo a qual $2^{\aleph_0} > \aleph_0$, fornece o caminho para especificar um subconjunto infinito de proposições elementares que não poderia ser gerado pelo procedimento de Wittgenstein (observe-se, entretanto, que Wittgenstein rejeita a prova de Cantor; *ver* NÚMEROS).

A operação 𝒩 ganha ainda mais extensão com a tarefa de construir todas as proposições gerais. Assim como a lógica proposicional, a teoria da quantificação resulta da aplicação da mesma operação vero-funcional. Difere simplesmente quanto ao modo de especificação da base de 𝒩 que, no caso da quantificação, é feita por uma função proposicional. Se ζ tem por membros todos os valores da função proposicional *fx*, isto é, o conjunto de proposições "*fa*, *fb*, *fc*, etc", então "𝒩(ζ)" é a negação simultânea de todas essas proposições, "𝒩(*fx*)", sendo, portanto, equivalente a '~(∃*x*)*fx*". Se aplicamos 𝒩 a esse resultado, obtemos "(∃*x*)*fx*". Se ζ tem por membros todos os valores de 𝒩 então "𝒩(𝒩(*fx*)" é "(*x*)*fx*", e "𝒩(𝒩(𝒩(*fx*)))' é "~(*x*)*fx*". Com isso, preserva-se a unidade das lógicas proposicional e dos predicados: as fórmulas "~*p*", "~(*p* ∨ *q*)" e "~(∃*x*)*fx*" são todas expressas pela mesma operação, como "𝒩(*p*)", "𝒩(*p*,*q*)", "𝒩(*fx*)".

Já houve quem afirmasse que essa notação é inadequada no que tange ao seu potencial expressivo, por ser incapaz de gerar todas as fórmulas da teoria quantificacional de primeira ordem. Tal inadequação emerge no caso de fórmulas multiplamente gerais, tais como "(∃*x*)(*y*)*fxy*", em que as variáveis da função proposicional estão ligadas por quantificadores distintos. Assim, fórmulas são geradas a partir da variável proposicional "*fxy*", que tem como valores "*faa*", "*fab*", "*fac*", "*fba*", etc. Aplicando-se 𝒩 a esse domínio de valores, obtém-se a negação simultânea dessas proposições, "𝒩(*fxy*)", que é equivalente a "~(∃*x*)(∃*y*)*fxy*"; e aplicando-se 𝒩 a essa proposição, obtém-se "𝒩(𝒩(*fxy*))", isto é, "(∃*x*)(∃*y*)*fxy*". Infelizmente, qualquer outra aplicação de 𝒩 simplesmente nos deixará em um vaivém entre equivalentes dessas duas fórmulas (um impasse semelhante ocorre se começamos a partir da variável proposicional ~*fxy*). O problema não se deve ao emprego de um único operador 𝒩. "*M*(*fxy*)" é equivalente a "~(*x*)(*y*)*fxy*"; "*M*(*M*(*fxy*))" é equivalente a "(*x*)(*y*)*fxy*", mas, então, o movimento de vaivém recomeça. O que se faz necessário, em vez disso, é um modo de as operações incidirem separadamente sobre os dois lugares de argumentos da função proposicional. Isso pode ser feito enriquecendo-se o operador 𝒩, com o acréscimo de um dispositivo que permita ligar variáveis. Assim, se empregamos "𝒩*x*(*fx*)" para indicar a negação simultânea de todas as proposições que resultam da substituição da variável *x* por nomes, o obstáculo que enfrentávamos, "(∃*x*)(*y*)*fxy*", pode ser expresso como "𝒩(𝒩(𝒩*y*(𝒩*fxy*)))", que se traduz em "~(*x*) ~(*y*) ~~*fxy*".

Embora não se encontre explícita no *Tractatus* uma tal notação adequada do ponto de vista expressivo, ela é compatível com o que se diz na passagem 5.501 sobre a estipulação de valores para uma variável proposicional. Entretanto, expressa-se ali "(∃*x*) *fx*" como "𝒩(𝒩*x*(*fx*))" ≡ "𝒩(𝒩(*fa*, *fb*, *fc*, etc.))", e "(*x*)*fx*", como "𝒩*x*(𝒩(*fx*))" ≡ "𝒩(𝒩(*fa*), 𝒩(*fb*), 𝒩(*fc*), etc.)". No primeiro caso, uma única operação 𝒩 é aplicada a uma classe possivelmente infinita de proposições, aplicando-se novamente 𝒩, então, ao resultado. No segundo, 𝒩 é aplicada a cada um dos membros daquela classe, aplicando-se novamente 𝒩, então, ao resultado. Ora, ao que parece, essa operação final pressupõe a execução prévia de um número (possivelmente) infinito de passos, não possuindo um predecessor imediato. Isso constituiria uma infração à exigência do *Tractatus* de que todas as funções de verdade sejam "resultados da aplicação sucessiva de um número finito de operações de verdade" (TLP 5.32). Essa objeção é equiparada ao argumento de que o procedimento de decisão baseado em tabelas de verdade não pode ser aplicado à quantificação sobre domínios infinitos. Wittgenstein estava, contudo, ciente disso, e seu tratamento da GENERALIDADE, ao especificar as bases por meio de funções proposicionais, evita justamente a necessidade de se percorrer um número infinito de passos. E a objeção original não leva em consideração o fato de que o que importa são os estágios de uma construção vero-funcional, que, em nosso caso, resumem-se a dois: começando com uma proposição elementar "*fa*", aplicamos N uma vez para gerar "*N*(*fa*)", que, por sua vez, nos dá a função proposicional *N*(*fx*). A aplicação de *N* a todos os valores dessa função gera "*Nx*(*N*(*fx*))".

Embora o construtivismo do *Tractatus* não seja obviamente inadequado, está vulnerável a outras objeções. Não produz a explicação unitária ali ambicionada, uma vez que o operador N modificado ocorre tanto acompanhado de uma variável quanto desacompanhado, como é o caso em "*N*(*Nx*(*fx*))". O próprio Wittgenstein salientou que a especificação da base de operações por meio de uma função proposicional significa algo completamente diferente no caso de domínios infinitos. Nesse caso, a expressão "e assim por diante", que equivale à noção de operações sucessivas, não pode ser substituída por uma lista, indicando antes um novo tipo de operação. Reduzir a lógica a uma única operação é algo tão impossível quanto supérfluo. Considerando-se que as constantes lógicas não representam, de modo algum, objetos lógicos, não há necessidade de reduzir seu número com o propósito de minimizar compromissos ontológicos. A razão do *Tractatus* para tal redução é a tentativa, inspirada em Frege, de evitar definições fragmetárias das constantes lógicas (TLP 5.45f. e seg., 5.46; NL 99, 105; *Laws* I §33, II §§56-67, 139-44): para defini-las de modo que se apliquem não somente a proposições elementares (por exemplo, em "~*p*"), mas também a proposições que já contenham constantes ("~(*p.q*)", "(∃*x*) ~*fx*"), seria preciso introduzir um conectivo antes dos demais, com o resultado de que não se poderia lançar mão destes para definir aquele. Entretanto, esse problema pode ser evitado ou utilizando-se definições recursivas, como na teoria dos modelos, ou admitindo-se, como faz mais tarde Wittgenstein, que signos como "~" e "." podem funcionar de modos ligeiramente diferentes, ainda que semelhantes, em diferentes áreas.

Na autocrítica que fez posteriormente, Wittgenstein enfocou não seu construtivismo lógico, mas sim a própria idéia de forma proposicional geral. O enunciado "Assim estão as coisas" se assemelha à forma proposicional geral, por ser usado como um esquema sentencial, que fixa a referência de uma sentença antecedente. Embora não diga, em si mesmo, nada de verdadeiro ou falso, soa como uma sentença em nossa língua, compondo-se de um sujeito e de um predicado. Isso indica que nosso conceito de proposição é, em certo sentido, determinado por um *Satzklang*, e, portanto, pelas regras de formação de sentenças em uma dada língua. Não alcançamos com isso, entretanto, a essência lógico-semântica buscada pelo *Tractatus*. E a idéia de que todas as proposições dizem que tal e tal é o caso não passa de um modo confuso de dizer que uma proposição é qualquer coisa que seja verdadeira ou falsa (que expresse um pensamento/fato, que possa ser o objeto de uma atitude proposicional), isto é, um argumento no cálculo de funções de verdade (PLP 288-98, 372). Entretanto, a teoria da VERDADE como redundância de Wittgenstein tem como conseqüência que isso não nos proporciona nem um discernimento metafísico acerca da essência das proposições, nem um teste independente para avaliar se algo é uma proposição, uma vez que o conceito que temos de verdade e falsidade é em si mesmo parte essencial de nosso conceito de proposição (PI §136; PG 124). É, sem dúvida, uma questão de gramática, e não de experiência, determinar se uma combinação de signos pode ou não contar como proposição, embora as regras que governam o termo "proposição" não sejam nem rigorosas nem inflexíveis.

Wittgenstein acabou por rejeitar também a tese da extensionalidade, observando que ela caracteriza o cálculo proposicional, mas não a linguagem ordinária. Além disso, a idéia de que todas as proposições são, ou contêm, uma descrição faz parte da equivocada VISÃO AGOSTINIANA DE LINGUAGEM. Perguntas, ordens, ameaças, avisos e exortações são *Sätze* (esse termo, ao contrário de "proposição", não se restringe a sentenças indicativas). E muitas proposições, em especial as proposições GRAMATICAIS, as proposições MATEMÁTICAS e as EXTERIORIZAÇÕES, possuem a forma de sentenças indicativas, mas desempenham, como afirma Wittgenstein, um papel não descritivo. As *Investigações filosóficas* sugerem que uma PROPOSIÇÃO poderia ser explicada como um lance em um jogo de linguagem. Nem mesmo essa explicação, entretanto, é suficiente para dar conta das tautologias e contradições (que nada dizem). Por essas razões, rejeita-se também, nas *Investigações filosóficas*, a própria busca de uma definição para "proposição". O conceito de proposição é um conceito determinado por SEMELHANÇA DE FAMÍLIA. É explicado por meio de exemplos. O que unifica perguntas, ordens, sentenças observacionais, proposições psicológicas de primeira e terceira pessoas, proposições lógicas, equações matemáticas e leis da física, não é uma única essência comum, mas uma rede de semelhanças e analogias. É possível definir de forma precisa um determinado tipo de proposição, como, por exemplo, tautologias. Com efeito, a doutrina da forma proposicional geral define as proposições do cálculo proposicional como fórmulas que constituem ou bases ou resultados de operações vero-funcionais. Isso não mostra, entretanto, que "proposição" não seja um conceito de semelhança de família, assim como o fato de que se possam obter definições precisas de tipos específicos de números não mostra que "número" não seja um conceito determinado por semelhança de família.

# G

**generalidade** Ao inventar uma notação para a quantificação, Frege deu um passo crucial para o desenvolvimento da lógica moderna. Ela permitiu a formalização de enunciados dotados de generalidade múltipla, essenciais para definições matemáticas (de função contínua, por exemplo) e para provas (de teoremas da teoria dos números, por exemplo,) (*Notations* §§11-12; *Laws* I §§8, 21-2). Para Frege, a proposição "Todos os gregos são calvos" não se analisa em termos de um sujeito, "todos os gregos", e um predicado, "são calvos", mas sim em termos de um nome de função unária complexo, "se *x* é grego, então *x* é calvo", e um quantificador universal, "Para todo *x*", que o liga. Assim como "*x* é grego" é o nome de uma função de verdade de primeiro nível que associa valores de verdade a objetos (o Verdadeiro para Sócrates, o Falso para César), também esse quantificador é uma "função de segundo nível", indexada por variáveis e capaz de ligar variáveis, que associa valores de verdade a funções de primeiro nível — assim, o quantificador universal tem o valor F para o argumento "*x* é grego" (pois nem tudo é grego) e o valor V para "$x = x$" (tudo é idêntico a si mesmo). Uma proposição "geral" assere que uma função $\Phi(x)$ possui o valor V para todos os argumentos. Proposições "existenciais" não são gerais, nesse sentido, constituindo antes negações de proposições gerais. Assim, "Alguns gregos são calvos" ganha a forma "Não é o caso que para todo *x*, se *x* é grego, *x* não é calvo". Da mesma forma que "todos", entretanto, "alguns" (que corresponde à *existência*) é um conceito de segundo nível, o conceito "dentro" do qual "caem" todos os conceitos de primeiro nível que possuem pelo menos um objeto que "caia sob" seu escopo (*Foundations* §53; "Function" 26-27; "Concept" 199-202). Russell trilhou um caminho semelhante. Tratou a existência como uma "propriedade de uma função proposicional", substituindo, entretanto, a complicada noção de Frege: "$(x)fx$" significa que a função proposicional $fx$ é verdadeira em todas as instâncias, ao passo que "$(\exists x)fx$" significa que ela é verdadeira em pelo menos uma instância. Os quantificadores, assim como os conectivos proposicionais, são nomes de "constantes lógicas", objetos dos quais temos uma experiência lógica (*Principia* *9; *Logic* 228-41; *External* 64-7; *Introduction* cap. XV).

Wittgenstein exalta os dispositivos "$(x)$" e "$(\exists x)$", capazes de ligar variáveis, pelo fato de possuírem a "multiplicidade matemática" necessária à expressão da generalidade (TLP 4.04 e segs.; NB 23.10.14). Significam o que está sendo generalizado, mostrando que parte de seu escopo varia e que parte é constante, distinguindo, assim, por exemplo, "$(x)fx$" (quantificação sobre indivíduos) de "$(\Phi)\Phi x$" (quantificação sobre propriedades). Possuem um escopo determinado, que nos permite distinguir, por exemplo, funções de verdade de proposições gerais, como "$(x)fx \supset (x)gx$", de proposições gerais que envolvem uma função complexa, como $(x)(fx \supset gx)$". Finalmente, permitem que uma variável caia sob o escopo de outra, o que torna possível a expressão da generalidade múltipla, e também a distinção entre "$(x)(\exists y)xRy$" (por exemplo, "Para todo número natural, há um maior que ele") e "$(\exists y)(x)xRy$" (por exemplo, "Há um número natural que é maior do que todos os outros").

Ao mesmo tempo, Wittgenstein rejeita a idéia de Russell de assimilar "$(\exists x)fx$" a "*fx* é possível", considerando que a primeira expressão pode ser falsa mesmo quando sentenças da forma "*fx*" expressam uma possibilidade lógica (e, com efeito, uma possibilidade empírica) (TLP 4.464, 5.525). E, o que é ainda mais importante, ele ataca a idéia de que quantificadores sejam NOMES de CONSTANTES LÓGICAS, entidades lógicas de alguma espécie. Os quantificadores não constituem sucedâneos de conceitos de segundo nível, assim como os operadores "." ou "∨" não são sucedâneos de relações entre proposições. Além disso, os argumentos dos quantificadores, a base sobre a qual operam, não podem ser nomes (de conceitos de primeiro nível), uma vez que devem ser passíveis de ser verdadeiros ou falsos. Isso se mostra no fato de que a expressão "$(x)fx$" não só pode ser negada externamente, "$\sim(x)fx$", como também internamente "$(x)\sim fx$" — um ponto que é salientado na notação V/F de Wittgenstein (*ver* TABELAS DE VERDADE). Frege e Russell não contemplam o fato de que a compreensão de proposições gerais (isto é, universais) ou de proposições existenciais pressupõe uma compreensão de PROPOSIÇÕES ELEMENTARES, uma vez que seu sentido é uma função do sentido de certas proposições elementares, devendo, portanto, ser explicado com base nestas (TLP 4.411; NL106).

As expressões "$(x)fx$" e "$(\exists x)fx$" exprimem "funções de verdade"; tais funções, entretanto, não constituem coisas de espécie alguma, mas antes operações, destinadas à formação de um produto lógico ou soma lógica. Os quantificadores diferem dos conectivos proposicionais somente quanto ao modo de especificação da base da operação, isto é, não por uma listagem dessas proposições, como "$(p.q) \vee r$", mas sim por meio de uma "variável proposicional" — a função proposicional de Russell — "*fx*". Tal variável é um "protótipo lógico"; reúne todas as proposições dotadas de uma determinada forma, uma vez que seus valores são todas as proposições que obtemos pela substituição de uma variável por um nome, isto é, *fa*, *fb*, *fc* etc. (TLP 3.315-3.317, 5.501, 5.522). Russell sustentava que o *Tractatus* "deriva" "$(x)fx$" do produto lógico de suas instâncias, "*fa.fb.fc*...", e que deriva "$(\exists x)fx$" da soma lógica "$fa \vee fb \vee fc$..." ("Introduction" xv-xvi). Ramsey, por sua vez, afirmava que a abordagem de Wittgenstein explica por que "*fa*" implica "$(\exists x)fx$" e "$(x)fx$" "*fa*", o que já não ocorre com Frege, em sua explicação de $(\exists x)fx$" como equivalente a "*f*" tem aplicação" — um enunciado do tipo *A*(*f*) (*Mathematics* 153-4). Ironicamente, a passagem 5.521 do *Tractatus acusa* Frege e Russell de adotarem justamente esse tipo de abordagem (nem Frege nem Russell o fizeram de forma explícita, embora isso quase aconteça em *Principia* I *59); e a *Philosophical Grammar* faz ao primeiro Wittgenstein a mesma acusação (PG 268). A solução do problema está no fato de que o *Tractatus* ataca somente o modo como Frege e Russell vinculavam a generalidade ao produto lógico e à soma lógica; ao passo que o segundo Wittgenstein passa a questionar a própria vinculação.

O *Tractatus* levanta duas objeções contra Frege e Russell (TLP 5.1311, 5.523; NB 3.11./24.11.14, 2.12.16). (a) Eles confundiram dois fatos acerca da proposição universal

$(x)fx$: o fato de que é uma função de verdade de *todas* as suas instâncias e o fato de que só é verdadeira caso *todos* os membros daquele conjunto também o sejam. O primeiro corresponde ao caráter geral que $(x)fx$ *compartilha* com $(\exists x)fx$, isto é, o fato de ser uma operação vero-funcional que incide sobre todos os valores de uma função proposicional ($fa, fb, fc$, etc.). Expressa-se não pelos quantificadores, mas pelo "argumento", isto é, pelo *padrão* "$x fx$"; ao passo que "( )" e "($\exists$)" diferenciam operações vero-funcionais realizadas sobre os valores da função proposicional. (b) Eles *derivaram* os quantificadores a partir de conjunções e disjunções. Isso é inadequado, considerando-se que os elementos da conjunção/disjunção envolvidos são eles mesmos instâncias (valores) da função proposicional; já contêm generalidade — "$fa$" é equivalente a "$(\exists x)(fx \,.\, x=a)$" (TLP 5.47) —, não podendo, portanto, ser utilizados para explicá-la. Não explicam, além disso, a relação entre proposições gerais e suas instâncias.

Ao esclarecer essa relação, Wittgenstein evita algumas dificuldades encontradas na identificação direta entre "$(x)fx$" e "$fa.fb.fc....$" e entre "$(\exists x)fx$" e "$fa \vee fb \vee fc...$". A primeira delas é que é possível compreender uma proposição geral sem que jamais se tenha ouvido falar de a, *b* ou *c*. Muitos americanos acreditam que todos os comunistas são maus, sem que sejam capazes de fornecer o nome de um único comunista. "Pode-se descrever integralmente o mundo por meio de proposições completamente generalizadas" (TLP 5.526; NB 17./19.10.14; PG 203-4). Conserva-se, não obstante, uma conexão com um produto lógico: *algum* enunciado da forma "$fa.fb.fc...$" deve ser equivalente à proposição universal, e é por isso mesmo que sei, por exemplo, que "$\sim fa$"é incompatível com "$(x)fx$", tenha eu ou não ouvido falar de *a*. A abordagem de Wittgenstein captura ambos os pontos, de vez que especifica as proposições envolvidas por meio de uma variável proposicional, e não por sua enumeração, que exigiria o uso de nomes específicos.

Evita-se, assim, também um segundo problema. Só se pode analisar "$(x)fx$" como uma conjunção específica, "$fa_1 \,.\, fa_2 \ldots fa_n$", se o número de objetos no universo for finito. Até mesmo a quantificação sobre um domínio finito — "Tudo o que está nesta sala é radioativo", por exemplo — só equivale a um produto lógico específico, como "A xícara é radioativa . a mesa é radioativa", se acrescentamos a ressalva "e nada mais há na sala", uma ressalva que, por sua vez, só pode ser expressa como um produto lógico específico, se o universo não contiver um número infinito de objetos. Isso faria com que a explicação da quantificação dependesse de um "axioma da finitude", o que é incompatível com a insistência do *Tractatus* na idéia de que "não há números privilegiados na lógica": o número de objetos existentes é uma questão empírica, estabelecida pela "aplicação da lógica" (TLP 4.128, 4.2211, 5.453, 5.553). O *Tractatus* evita esse problema uma vez que não lista as proposições elementares que constituem a base da operação vero-funcional, e, portanto, não utiliza uma lista específica de nomes. Entretanto, cria-se assim, por outro lado, um problema, detectado por Ramsey (*Mathematics* 59-60, 153-5): uma vez que as proposições completamente generalizadas não se referem a objetos específicos, podem, ao que parece, conferir mais espaço aos fatos do que a totalidade das proposições elementares — contrariamente ao que se afirma na passagem 5.5262 do *Tractatus*. Se o mundo contém somente um número finito de objetos, poderíamos construir uma proposição geral que contivesse mais variáveis distintas do que objetos. Considere-se o enunciado

(1) Há pelo menos três indivíduos que possuem alguma propriedade.

Na notação russelliana, isso assumiria a seguinte forma:

(1') $(\exists x)(\exists y)(\exists z)(\exists \Phi)(\Phi x \,.\, \Phi y \,.\, \Phi z \,.\, x \neq y \,.\, x \neq z \,.\, y \neq z)$.

Entretanto, em um mundo que contivesse somente dois indivíduos, a explicação de Wittgenstein para a generalidade pareceria transformar (1') em uma contradição. Se substituirmos "Φ" por "*f*", "*x*" por "*a*" e "*y*" e "*z*"por "*b*" (em nosso modelo de mundo, não dispomos de outra constante individual), obteremos

(1*) $fa.fb.fb.a \neq$ b. a $\neq$ b. b $\neq$ b

uma contradição, por causa do último componente da conjunção (pelo mesmo motivo, "Há pelo menos um indivíduo" e "Há pelo menos dois indivíduos" aparecem como tautologias). A solução de Ramsey foi aceitar essa conseqüência: enunciados acerca do número de objetos no mundo são ou tautologias ou contradições. O Tractatus, em contraposição, classifica tais proposições como absurdas (TLP 4.1272, 5.535; NB 9.10.14). Pode fazê-lo por abrir mão do uso do signo de IDENTIDADE, analisando (1) como

(1") $(\exists x)(\exists y)(\exists z)(\exists \Phi)(\Phi x \,.\, \Phi y \,.\, \Phi z)$.

A substituição não redunda em contradição nesse caso. Não obstante, nosso compromisso com objetos em proposições completamente gerais não pode redundar na ultrapassagem do número de objetos, porque a função proposicional $\Phi x$ não terá valores distintos de fa e *fb*, isto é, não haverá outras proposições sobre as quais possam incidir as funções de verdade, o que significa que as proposições que empregam mais variáveis do que *x* e *y* não têm aplicação, sendo, portanto, destituídas de significado. O número de objetos no universo, que o axioma do infinito de Russell tentou enunciar, será *mostrado* pelo número de nomes empregados em uma notação ideal, que determina, por sua vez, o número de variáveis que podem ser introduzidas com sentido.

Mais tarde, Wittgenstein detecta problemas na idéia de que, uma vez que "(*x*)*fx*" implica logicamente "*fa*", "(*x*)*fx*" deve corresponder à asserção simultânea de todas as proposições da forma "*fx*". Essa idéia supõe a existência de uma totalidade de proposições com essa forma, que seja ao mesmo tempo bem-definida e passível de enumeração, ainda que não efetivamente enumerada. Nenhuma das duas suposições, ele afirma mais tarde, justifica-se.

(a) O *Tractatus* foi criticado por não se perceber ali que o procedimento de decisão baseado em tabelas de verdade não pode ser estendido ao cálculo de predicados, já que não pode ser aplicado a produtos lógicos ou a somas lógicas infinitos. Na verdade, entretanto, o *Tractatus* limita explicitamente esse procedimento a casos em que não ocorre "nenhum signo de generalidade" (TLP 6.1203). No entanto, de fato se parte ali do princípio de que as operações lógicas se aplicam do mesmo modo a uma lista de proposições e aos valores de funções proposicionais. Isso é válido para os casos em que a classe definida pela função proposicional é fechada, como, por exemplo, a classe das cores primárias ou dos tons de uma oitava. Nesses casos, pode-se fornecer uma lista de nomes em resposta à pergunta

"*Quais* objetos são *f*?", e tal lista não precisa ser acompanhada de uma cláusula de fechamento, do tipo "e isso é tudo", considerando-se, por exemplo, que a idéia de uma quinta cor primária será excluída de nossa gramática em função de seu caráter absurdo. O enunciado "Nesta figura, eu vejo todas as cores primárias" constitui uma abreviatura para "Eu vejo vermelho. Eu vejo verde. Eu vejo azul..." As reticências aqui são "reticências indolentes" (LWL 15-16, 89-90; AWL 5-6; M 88-90; PR 117; PG 268-88; PI §208).

Isso não vale, entretanto, para classes *infinitas*. Por mais que se estenda a conjunção "2 é par. 4 é par. 6 é par...", ela jamais captará o sentido do "todo" aritmético, que não é dado por uma enumeração ou por outra descrição qualquer, mas sim por uma regra de construção, a saber, a indução matemática (WVC 45, 51-3, 82; LWL 13-14; PR 150-1, 193-205; PG 432; BB 95-8). Em decorrência disso, Wittgenstein, à maneira dos finitistas (como seu aluno Goodstein e Skolem), recusa-se a expressar afirmações gerais acerca de domínios infinitos por meio de quantificadores russellianos, sustentando que, em tais domínios, não podemos afirmar que há um *x* que é *f* sem enunciar uma regra para especificar qual *x* é *f*. Pelo mesmo motivo, enunciados universais acerca de tais domínios jamais são verdadeiros acidentalmente (como é o caso, por exemplo, de "Todos os homens são mortais"), mas sempre em virtude de uma regra de construção.

O tratamento do *Tractatus* tampouco se aplica aos casos em que o número de possibilidades é não infinito, mas *indeterminado*. O *Tractatus* havia insistido na idéia de que, embora uma proposição possa deixar algo não determinado, não pode ser uma figuração incompleta: aquilo que deixa em aberto deve estar especificado pela presença de uma disjunção de possibilidades (TLP 5.156; NB 16.6.15). O enunciado

(2) Há um círculo neste quadrado

deixa em aberto o modo de localização do círculo no quadrado, mas o faz especificando que ocupa uma entre todas as possíveis posições no interior dessa figura. Wittgenstein mais tarde viu nisso um equívoco, não somente por não haver um número definido de posições, mas também porque as diferentes posições "sequer chegam a ser mencionadas". Não verificamos o enunciado (2) examinando cada ponto; este enunciado é melhor expresso por meio de variáveis *livres*, que deixam claro que ele não se refere a uma totalidade de possibilidades, sendo antes indeterminado (WVC 38-41; PG 257-67).

(b) A abordagem do *Tractatus* tem como conseqüência que uma soma e um produto lógicos podem ser formados tendo como base qualquer função proposicional. Entretanto, uma vez que se reconheça que proposições elementares da forma *fx* podem não ser logicamente independentes, a possibilidade de um tipo de operação não mais garante a possibilidade de outro tipo: assim, faz sentido dizer "(∃*x*)(*x* é a cor de *A*)", mas não "(*x*)(*x* é a cor de *A*)", uma vez que "*A* é vermelho" é incompatível com "*A* é verde", etc. Da mesma forma, embora "(∃*x*)(*x* é um círculo . *x* está dentro do quadrado)" faça sentido, tal já não ocorre com "(*x*) (*x* é um círculo . *x* está dentro do quadrado)". Em termos mais gerais, o que faz sentido em *alguns* casos, não precisa fazer sentido em *todos* os casos. Wittgenstein diagnosticou na explicação para a generalidade fornecida no *Tractatus* o problema de basear-se na idéia equivocada de que, de alguma forma, qualquer proposição quantificada poderia ser analisada em termos de somas lógicas ou produtos lógicos. Entretanto, sua crítica não se limita ao *Tractatus*. Os quantificadores do cálculo de predicados sugerem que as expressões de generalidade são neutras em relação aos tópicos sobre as quais versam. Wittgenstein passa a afirmar, ao contrário, que todo sistema proposicional tem suas próprias regras de generalidade, e também regras relativas à implicação lógica entre "*(x)fx*" e "*fa*". "Há tantos 'todos' diferentes quanto há tipos de proposições" (PG 269; *ver* LFM 262-70; LPP 51).

**gramática** Para o primeiro Wittgenstein, "desconfiar da gramática é o primeiro requisito para se fazer filosofia" (NL 106). Pois a forma "gramático-normativa" das proposições disfarça a sua FORMA LÓGICA. Esta é revelada por uma notação ideal, que segue as regras da SINTAXE LÓGICA, ou da "gramática lógica" (TLP 3.325; ver *Logic* 185, 269). Posteriormente, Wittgenstein passou a utilizar o termo "gramática" para designar tanto as regras constitutivas da linguagem, quanto a investigação ou organização filosófica dessas regras, (WVC 184; LWL 46-8; BT 437; PI §190). Ao longo de seu percurso filosófico, ele continuou a usar o termo "lógica" ou "lógica da linguagem" (*Sprachlogik*) nessas mesmas acepções (PI §§38, 90-3, 345; RPP I §1050; LW I §256; OC §§56, 501, 628), baseando-se na idéia de que as questões lógicas são na verdade gramaticais (Z §590), isto é, dizem respeito a regras para o uso das palavras.

Wittgenstein refere-se também à "gramática [específica] de" palavras, expressões, proposições/sentenças, e até mesmo à gramática de estados e processos (BB 24; PI 18n, §187 — BB 1, 109; PI §660 — BB 70 — BB 51-3; PI §353 — PI §572; PG 82). Entretanto, a rigor, é a expressão lingüística correspondente que possui uma gramática, isto é, um certo modo de utilização. As "regras gramaticais" são padrões para o uso correto de uma expressão, que "determinam" seu significado; dar o significado de uma palavra é especificar sua gramática (M 51; PG 62-4; OC §§61-2; LWL 34-9). O termo "correto" aqui não significa "verdadeiro", uma vez que se pode utilizar um termo de acordo com regras lingüísticas sem que se diga que algo é verdadeiro. Entretanto, se aplicado a objetos aos quais não poderia aplicar-se verdadeiramente, um termo terá seu uso destituído de significado. Da mesma forma, negar que um termo se aplica a instâncias paradigmáticas em uma situação clara é demonstrar uma compreensão equivocada. O sentido de uma proposição é determinado por seu lugar no sistema gramatical, no sentido de que este determina suas relações lógicas com outras proposições (PG 152-3). A gramática de uma língua é o sistema global de regras gramaticais, das regras constitutivas que a definem, pela determinação daquilo que faz sentido dizer ao usá-la (PR 51; LWL 46-59; PG 60, 133, 143; PI §496). Ao contrário de sua predecessora, a sintaxe lógica, a gramática não é universal — diferentes linguagens possuem diferentes gramáticas. Entretanto, a gramática de uma palavra específica como "compreensão" *é* universal, na medida em que outras línguas possuem palavras equivalentes.

A noção de gramática chama atenção para o fato de que falar uma língua é, entre outras coisas, tomar parte em uma atividade guiada por regras. Já se argumentou que Wittgenstein não subscrevia essa concepção normativa da linguagem, e que a comparação que estabelece entre a linguagem e as atividades guiadas por regras constitui um expediente heurístico enganoso, expressivo de uma atitude didático-escolar. Tal visão talvez seja motivada pela resistência que Wittgenstein demonstrou em relação à idéia de que a sintaxe lógica seria um sistema arcano de regras ocultas. Ele não abandonou, entretanto, a idéia de que a linguagem é governada por regras; o que fez foi esclarecê-la, comparando a linguagem, não mais a um cálculo, mas antes a um jogo (*ver* JOGO DE LINGUAGEM). Ao contrário do que fazem supor essas analogias, a idéia de que a linguagem é governada por regras não configura apenas um expediente heurístico. Compreender uma linguagem é algo que envolve o domínio de técnicas relativas à aplicação de regras (*ver* REGRA, SEGUIR UMA). E Wittgenstein continuou a enfatizar a ligação entre linguagem, significado e regras: "seguir a regra é FUNDAMENTAL para nosso jogo de linguagem" (RFM 330; BT §45; OC §§61-2).

Para se avaliar a visão normativa de linguagem em Wittgenstein, é preciso que se leve em conta que sua concepção de regras corresponde a uma visão funcional. Se uma sentença expressa ou não uma regra gramatical é algo que depende de seu papel ou função em nossas práticas lingüísticas. Wittgenstein distingue as "proposições empíricas" das "proposições gramaticais", sentenças tipicamente utilizadas para expressar uma regra (por exemplo, PI §§251, 458; AWL 31, 105-6; RFM 162). Essa distinção não se baseia na forma lingüística — uma proposição gramatical não necessariamente é um enunciado metalingüístico que especifica como uma expressão deve ser utilizada. O que conta é se ela é *usada* como um padrão de correção lingüística. O contraste entre proposições empíricas e gramaticais corresponde a um contraste entre as *regras* de nossos jogos de linguagem e os *lances* que realizamos em nossos jogos de linguagem conforme essas regras (por exemplo, PI §49; OC §622). A "verdade" de uma proposição gramatical não consiste em enunciar como estão as coisas, mas antes em expressar uma regra de forma exata. Proposições gramaticais devem ser diferenciadas de enunciados empíricos — no sentido de que uma comunidade lingüística segue certas regras lingüísticas, como, por exemplo, "Todos os ingleses usam estes signos desta forma" (AWL 154; SDE 24) —, e também de proposições acerca das condições de base (ver QUADRO DE REFERÊNCIA), que tornam as regras aplicáveis. Pois são utilizadas normativamente, para explicar, justificar e criticar usos de palavras.

As regras gramaticais, nesse sentido, abarcam não somente as regras gramático-normativas ou sintáticas, mas também EXPLICAÇÕES de significado (PG 68, 143; M 69; PR 78). O que pode contar como uma explicação de significado é, mais uma vez, uma questão de função, não de forma. Tais regras incluem (a) definições, seja em modalidade formal ("'Solteiro' significa "homem não casado"), seja em modalidade material ("Solteiros são homens não casados"); (b) proposições analíticas ("Todos os solteiros são não casados"); (c) tabelas de cores e tabelas de conversão (BB4; LFM 118); (d) DEFINIÇÕES OSTENSIVAS (BB 12, 90); (e) explicações por exemplificação (PI §§69-79); (f) expressões sobre a "geometria" da cor, como "Nada pode ser completamente vermelho e completamente verde ao mesmo tempo"; (g) proposições da aritmética e da geometria (WVC 38, 61-3, 156; PR 143, 170, 216, 249; LWL 8, 55; PG 319, 347; RFM *passim*; *ver* MATEMÁTICA).

Há um nítido contraste entre a concepção normativa de linguagem de Wittgenstein e a tese defendida por Quine e Davidson de que a noção de regra pressupõe em vez de explicar a de linguagem. Em termos menos radicais, poder-se-ia protestar que, mesmo no sentido extremamente liberal com que Wittgenstein concebe regras, elas não são o que mais se destaca em nossas práticas lingüísticas. Aqui é importante observar que Wittgenstein não insistiu na idéia de que regras são essenciais ao aprendizado de uma linguagem (LW I

§968). O importante é apenas que nossa prática adquirida possa ser descrita como uma atividade governada por regras, o que não supõe que de fato as consultemos (LWL 48; PG 153; PI §§82-3), mas somente que teríamos a *possibilidade* de explicar, criticar e justificar nossos usos de palavras com base em tais regras (*ver* CÁLCULO COMO MODELO), se a ocasião assim o exigisse. As regras no sentido liberal de Wittgenstein desempenham uma função em inúmeras atividades críticas e pedagógicas, algumas das quais são institucionalizadas (formação educacional, dicionários): o ensino de uma língua, a explicação de palavras específicas, a correção de erros, a justificação de usos, a aquisição de habilidades lingüísticas mais avançadas.

Poder-se-ia retorquir que esse papel é necessariamente secundário. As regras gramaticais podem diferenciar o uso correto do incorreto, mas não os determinam. Pois pouco importa a regra se ela não codifica uma prática existente, isto é, a prática dominante. A diferença entre o uso correto e o incorreto é, com isso, reduzida à diferença entre conformidade e não conformidade. Contra isso, Wittgenstein insistiu, com razão, na idéia de que usar "*X*" corretamente não é o mesmo que usar "*X*" da forma que a maior parte das pessoas usa (RFM 406; Z §431). Não há incoerência na idéia de que uma maioria poderia cometer erros lingüísticos (ainda que, na maioria dos casos, usar "*X*" corretamente seja de fato usar "*X*" como a maioria das pessoas usa). Além disso, há uma diferença entre regularidades de comportamento lingüístico e de normas lingüísticas, embora possa haver aqui áreas nebulosas. Enquanto alguns desvios dos padrões habituais são pouco comuns (como utilizar "alcunha" em lugar de "apelido") ou inapropriados (referir-se a policiais como "tiras" em um tribunal), outros constituem erros lingüísticos — deslizes sintáticos, vocabulário inadequado, escolha incorreta de palavras (nem todos estes, entretanto, constituem um uso de palavras destituído de significado, como Wittgenstein por vezes parece sugerir).

O que é correto dizer é que a explicação e a organização das regras gramaticais que são relevantes para a filosofia não são apenas algo secundário em relação à prática lingüística; envolvem também uma "perspectiva unilateral" da linguagem (PG 68; BB 25), em que se enfatizam certas características de nossas práticas. A FILOSOFIA de Wittgenstein adota tal perspectiva. Ela cuida do "livro contábil da linguagem", consistindo em "investigações", "notas", "análises", "observações" ou "lembretes" (*Erinnerungen*) gramaticais (PI §§89-90, 127, 199, 232, 392, 496, 574; PG 60). Relembra-nos o modo como usamos as palavras. Uma razão para fazê-lo é que "A *essência* expressa-se na gramática"; a gramática determina "que espécie de objeto alguma coisa é", uma vez que especifica o que pode ser dito com sentido sobre ele — "Verde é uma cor" é uma proposição gramatical (PI §§371-3; PR 118; PG 463-4; BB 19; LSD 20). As investigações empíricas quanto à natureza física de um objeto ou matéria *X* pressupõem a gramática de "*X*", uma vez que esta última determina o que pode contar como *X*. A resposta à pergunta socrática "O que é *X*?" não nos é dada pelo exame de essências (objetos mentais ou abstratos), mas pelo esclarecimento do significado de "*X*", que é fornecido pelas regras para o uso de "*X*" (PI §383). Em termos mais gerais, enquanto a metafísica tenta descobrir verdades necessárias acerca da estrutura essencial da realidade, de acordo com Wittgenstein, a estrutura aparente da realidade nada mais é do que uma "sombra" de gramática: ele explica o estatuto especial das proposições logicamente necessárias pela idéia de que seu papel é normativo e não descritivo. A gramática constitui nossa FORMA DE REPRESENTAÇÃO; estabelece o que pode contar como uma descrição inteligível da realidade, não estando, portanto, sujeita à refutação empírica.

Mesmo aceitando-se tais alegações, pode-se ainda, acompanhando Moore, ficar com a impressão de que o uso liberal que Wittgenstein faz do termo "gramática" disfarça o fato de que a filosofia deve necessariamente ocupar-se de regras que são mais fundamentais do que as regras gramático-normativas (M 69; LWL 97-8). Wittgenstein nega que haja uma tal diferença entre os dois tipos de gramática. Ambas lidam com regras para o uso de palavras, e não há diferença entre regras "contingentes" e regras "essenciais"; "ambos os tipos de regras são regras no mesmo sentido. Apenas algumas constituíram tema para discussões filosóficas ao passo que outras não". A gramática filosófica não é especial por lidar com regras especiais, mas sim no que tange ao seu objetivo — a resolução de problemas filosóficos. Distingue-se da gramática normativa ou da lingüística simplesmente pelo fato de que (a) não se ocupa da exatidão ou da abrangência em si mesmas; (b) não leva em consideração a história da linguagem ou problemas genéticos em geral; (c) suas observações dizem respeito a traços que são amiúde compartilhados por muitas linguagens (embora não digam mais respeito à estrutura lógica de todos os simbolismos possíveis); (d) possui uma concepção mais ampla, funcional, de regras gramaticais (AWL 31, 96-7; BT 413; PG 190; PI II 230; Z §§464-5). Com efeito, a maior parte das regras que interessam à filosofia, como, por exemplo, "Não se pode saber que *p*, a menos que seja verdade que *p*", não dizem respeito ao gramático; isso se deve, porém, ao fato de que seus propósitos são distintos dos do filósofo. Pode-se, contudo, admitir diferenças de propósito, insistindo-se ainda assim na idéia de que elas apontam para tipos fundamentalmente diferentes de regras. Dessa forma, Moore insistiu que regras filosoficamente relevantes, como "Nada pode ser completamente vermelho e completamente verde", excluem o que é inconcebível; já aquilo que as crianças aprendem na escola, por exemplo, que "Não se diz 'Três homens estava no campo', mas sim 'Três homens *estavam* no campo'", nada tem a ver com filosofia. Segundo consta, Wittgenstein teria aqui respondido que esse exemplo de fato nada tem a ver com a filosofia, considerando-se que, no caso, tudo é transparente. Mas o que dizer de "Deus, o pai, Deus, o filho e Deus, o Espírito Santo *estavam* ou *estava* no campo?"

A réplica é inadequada. Pois podemos facilmente distinguir o problema gramático-escolar "perspícuo" do problema filosófico: a decisão sobre se devemos empregar o singular ou o plural seria trivial, se os problemas relativos à Santíssima Trindade admitissem uma solução inteligível. Continua sendo tentador sustentar que, se este chega a ser um problema gramatical, diz respeito a regras de um tipo diferente (concernentes a "Deus" e à "pessoa"). Não obstante, dever-se-ia dar razão a Wittgenstein na idéia de que há um espectro de regras gramaticais, que vão desde as filosoficamente insignificantes ("As palavras 'a nordeste de' devem seguir-se de uma expressão substantiva"), passando pelos casos limítrofes ("As palavras 'a nordeste de' devem seguir-se de uma designação de localização terrestre, com exceção de 'Pólo Norte' e 'Pólo Sul'"), até os casos filosoficamente relevantes ("As palavras 'é verdade que...' não devem ser utilizadas com um advérbio de tempo") (PLP 135-7).

Wittgenstein estabelece uma diferença entre a "gramática profunda" e a "gramática de superfície" das palavras (PI §664). A filosofia tradicional erra ao concentrar-se nesta última, isto é, nas características imediatamente evidentes das palavras (auditivas ou visuais), em detrimento de seu USO geral; algo como classificar as nuvens pela forma (LC 2; AWL 46; PI §§10-14; Z §462). A gramática de superfície (a estrutura sentencial) do enunciado "Eu estou com dor" é igual à do enunciado "Eu estou com um alfinete"; a de uma "expectativa" é igual à de um estado (PI §§572-3); e a de "significar" é igual à de um verbo de ação como "dizer" (*ver* PSICOLOGIA FILOSÓFICA). Suas gramáticas profundas, entretanto, são completamente diferentes: as palavras possuem possibilidades combinatórias diversas, e as proposições constituem lances diferentes no jogo de linguagem, possuindo relações e articulações lógicas distintas. Seria incorreto, contudo, pensar que isso indica um contraste entre tipos fundamentalmente diferentes de regras gramaticais, como por exemplo, regras perspícuas, cuja violação produz absurdos *patentes* de natureza gramático-normativa, e regras complexas, cuja violação produz absurdos filosóficos *latentes*. A desconsideração da gramática profunda gera absurdos patentes como "Eu signifiquei apaixonadamente"; as investigações gramaticais verificam se posições filosóficas levam a tais absurdos (PI §464). A metáfora da profundidade é enganosa, por sugerir que a gramática profunda é descoberta por meio da análise lógica ou lingüística, como no *Tractatus* ou em Chomsky. O contraste não se dá entre a superfície e a "geologia" das expressões, mas sim entre as cercanias locais, que podem ser apreendidas em um lance de olhos, e a geografia geral, isto é, o uso geral de uma expressão. Wittgenstein insistia, além disso, na idéia de que (sem considerar o fato de que são mais difíceis de reconhecer) as proposições metafísicas são, em sua maioria, ABSURDAS, no mesmo sentido que o são as violações corriqueiras da gramática; para ele, a gramática é *plana*, isto é, não há regras METALÓGICAS ou conceitos que sejam logicamente mais fundamentais do que outros.

Em *Sobre a certeza*, levanta-se explicitamente a questão da possibilidade de que "regra e proposição empírica venham a fundir-se" (OC §309). Podem ser detectados aqui três fundamentos possíveis para uma resposta afirmativa. Um é o fato de que algumas proposições que possuem a *forma* de proposições empíricas encontram-se entre os fulcros em torno dos quais giram os nossos jogos de linguagem. Outro é que podemos imaginar circunstâncias em que certas sentenças passam de proposições gramaticais a lances do jogo de linguagem. Finalmente, "não há uma fronteira nítida entre proposições da lógica e proposições empíricas". Wittgenstein acrescenta, entretanto, que essa "falta de nitidez *é* a falta de nitidez da fronteira entre *regra* e proposição empírica", e se deve ao fato de que o próprio conceito de proposição é vago (OC §§56, 82, 318-20, 622). Que uma divisão não seja "nítida" não significa que não possa ser utilizada. Além disso, os dois primeiros fundamentos possíveis compatibilizam-se com a concepção funcional que Wittgenstein tem das regras gramaticais: o estatuto lógico de uma sentença não se deve à sua forma lingüística, mas sim ao modo como ela é utilizada, podendo, portanto, alterar-se: "qualquer proposição empírica pode ser transformada em um postulado — e transforma-se então em uma norma de descrição" (OC §321). É bem verdade que Wittgenstein suspeita que essa afirmação talvez ecoe o *Tractatus* (faz lembrar, na verdade, PR 59). O que ele quer dizer, entretanto, é que seria dogmático insistir na idéia de que *qualquer* proposição poderia ter o seu papel lógico alterado, considerando-se que a possibilidade de rever nossa forma de representação é limitada. A famosa metáfora do "leito do rio dos pensamentos" marca uma diferença entre "o movimento das águas no leito do rio" (alterações de crenças empíricas), "o desvio do próprio leito" (alterações conceituais ocasionadas pela adoção de novas regras gramaticais), e a "rocha dura" da margem, que não está sujeita alterações (OC §§95-9). Nesta última parte da metáfora, incluem-se as proposições da lógica que definem parcialmente o que compreendemos por pensar, inferir, linguagem, etc.; ao passo que as areias moventes da margem consistem em proposições que poderíamos usar normativa ou descritivamente. A única concessão significativa que se faz, em *Sobre a certeza*, à idéia de que não há uma fronteira entre proposições empíricas e gramaticais — a de que, até mesmo entre as proposições empíricas, algumas devem necessariamente ser CERTAS ("A terra existe há mais de cem anos", por exemplo) — é mais prejudicial ao racionalismo do que às posições do primeiro Wittgenstein (OC §§401-2, 558; WAM 70-5). A razão para isso é que, ao contrário do que ocorre com as proposições necessárias, a negação das proposições empíricas necessariamente certas não é excluída por uma regra gramatical específica que a classifica como absurda, mas sim pelo fato de que abandoná-las minaria todo nosso sistema de crenças.

# I

**identidade** (o mesmo) Esse conceito desempenhou um importante papel no programa logicista de redução de equações aritméticas a proposições lógicas, e, por essa razão, o sinal "=" foi introduzido na lógica por Frege, para designar uma função de verdade binária governada por axiomas especiais (*Laws* I §§4, 7, 47). Isso gerou um problema. Se enunciados como

(1) A estrela da manhã é a estrela da tarde

expressam uma relação, tratar-se-á de uma relação entre objetos ou de uma relação entre nomes que os representam? Em "Sentido e referência", Frege rejeitou a segunda alternativa (adotada em *Notation* §8), baseando-se no fato de que, se o enunciado (1) versasse sobre signos, não expressaria propriamente um conhecimento, uma vez que a ligação entre um nome e seu objeto é arbitrária. A primeira alternativa, entretanto, parece acarretar que o enunciado (1) é equivalente ao enunciado

(2) A estrela da manhã é a estrela da manhã,

que é uma instância da tradicional "lei de identidade" – todo objeto é idêntico a si mesmo. Ao contrário do enunciado (2), entretanto, o enunciado (1) é informativo; expressa uma descoberta empírica. Em resposta a isso, Frege estabeleceu uma distinção entre dois aspectos do conteúdo de uma expressão: seu "SIGNIFICADO", isto é, o objeto de que ela é um sucedâneo, e seu "sentido", o modo de apresentação desse significado. "A estrela da manhã" e "a estrela da tarde" significam o mesmo objeto — Vênus —, mas o apresentam de diferentes maneiras, sendo esta a razão pela qual (1) é diferente de (2).

Assim como Frege, Russell utilizou o sinal "=" para formalizar enunciados aritméticos. Embora rejeitasse a distinção entre sentido e significado, o fato é que sua teoria de descrições constitui uma elaboração da solução enigmática que Frege dá ao problema dos enunciados de identidade não triviais (*Logic* 39-56; *Principia* I 66-71). Que NOMES como "a estrela da manhã" tenham sentido é algo que só pode querer dizer que são abreviações de descrições definidas, como por exemplo, "o planeta que se vê no céu da manhã". Com base nisso, pode-se analisar o enunciado (1) em termos de três afirmações fundamentais: há exatamente um planeta visível no céu da manhã; há exatamente um planeta visível no céu da tarde; qualquer planeta visível no céu da manhã é também visível no céu da tarde. Enunciados de identidade da forma "*a* = o *F*", como, por exemplo,

(3) Scott é o autor de *Waverley*

são transformados em "$(\exists x)(fx.(y)(fy \supset x = y).\ x = a)$", ou, mais simplificadamente,

(3') $fa.(y)(fy \supset y = a)$

Acompanhando Frege e Russell, Wittgenstein sustentou que a expressão "é" e seus cognatos na linguagem natural são ambíguos, no sentido de que podem ser interpretados como indicando identidade (como em (1)), predicação ("Sócrates é mortal") e existência ("Deus é"). Ao longo de seu percurso filosófico, Wittgenstein viu nessa ambigüidade uma fonte de confusões, tais como o paradoxo hegeliano da "identidade na diferença" (TLP 3.323; RCL; LWL 4; PG 53; PI §558), e sugeriu que estas podem ser evitadas, por meio de uma notação que substitui a expressão "é", respectivamente, por "=", "$\in$" e "$(\exists x)$" (TS220 §99). Temos aqui o único exemplo de um método concebido nas *Investigações filosóficas* (§90), um método de resolução de problemas filosóficos por meio de uma nova notação. Isso não se coaduna, entretanto, com as reflexões do primeiro Wittgenstein, que excluem o sinal "=" da notação ideal, em sua das CONSTANTES LÓGICAS. Assim como os quantificadores e os conectivos proposicionais, o sinal "=" já está presente nas proposições elementares, uma vez que "*fa*" diz o mesmo que "$(\exists x)(fx.x = a)$" (TLP 5.47; NM 117). Entretanto, "exprimo a igualdade do objeto por meio da igualdade do sinal, e não com a ajuda de um sinal de igualdade. A diferença dos objetos, por meio da diferença dos sinais" (TLP 5.53; NB 29.11.14). Enquanto a linguagem ordinária muitas vezes emprega vários nomes para um único objeto, e o mesmo nome para diferentes objetos, uma notação ideal utiliza um signo diferente para cada objeto. Assim como a existência de um objeto é indicada na linguagem pelo uso de um nome (TLP 5.535), a identidade é mostrada pelo uso do mesmo nome. Um motivo possível para essa estratégia é a insistência do *Tractatus* na idéia de que toda necessidade é vero-funcional (*ver* LÓGICA). Verdades necessárias aparentes, tais como "$a = a$" ou "$(x)x = x$" não podem ser reduzidas a TAUTOLOGIAS (RUL 17.10.13), e, conseqüentemente, devem ser tratadas como "pseudoproposições". Uma justificação possível para esse tratamento seria a seguinte:

$P_1$ Qualquer proposição dotada de significado pode ser compreendida sem que saibamos se ela é verdadeira (TLP 4.024).

$P_2$ Não se pode compreender dois nomes sem que se saiba se eles se referem ao mesmo objeto ou a dois objetos diferentes (TLP 4.243, 6.2322).

C Se "*a*" e "*b*" são nomes, "$a = b$" é algo que não pode ser expresso com sentido; trata-se de uma pseudoproposição, semelhante a "$a = a$" ou "$(x)x = x$" (TLP 5.534).

Mesmo deixando-se de lado a suspeita de que $P_1$, uma conseqüência do princípio da BIPOLARIDADE, seja uma premissa dogmática, $P_2$ obviamente não se aplica aos termos singulares ordinários. Aplica-se, no entanto, aos nomes próprios lógicos postulados pelo *Tractatus*. No caso destes, "$a = b$" é algo ou necessariamente verdadeiro ou necessariamente falso. Uma vez que "*a* = *b*" não é molecular, não pode ser uma tautologia, devendo, portanto, constituir um absurdo.

Uma outra linha de pensamento subjaz à tese de que "dizer de *duas* coisas que elas são idênticas é um absurdo, e dizer de *uma* coisa que ela é idêntica a si mesma não é dizer rigorosamente nada" (TLP 5.5303). Segundo Quine, não se leva em conta em tal tese o fato de que enunciados de identidade podem ser verdadeiros e não triviais, uma vez que diferentes termos singulares podem referir-se à mesma coisa. Na verdade, a posição de Quine reforça o *Tractatus*. A proposição (1) não se refere a signos, mas o conhecimento que ela expressa é também expresso por

(1') "A estrela da manhã" e "a estrela da tarde" nomeiam um único corpo estelar.

A proposição (1) só desempenha alguma função porque podemos nos referir a um mesmo objeto por meio de diferentes termos singulares. Tal função torna-se obsoleta em um simbolismo em que cada coisa tenha um único nome: todas as proposições da forma "*a* = *b*" seriam incorretas; e as da forma "*a* = *a*", descabidas (NB 5.-6.9./11.11.14). Tal notação é superior por evitar a sugestão de que a identidade é uma relação do tipo "*x* ama *y*", ainda que seja uma relação que cada coisa mantém consigo mesma e com nenhuma outra coisa. Que essa sugestão é um equívoco é algo que fica claro observando-se o enunciado "Somente *a* é *f*'. A paráfrase russelliana desse enunciado é o segundo membro da conjunção de (3'), isto é, "$(y)(fy \supset y = a)$". Entretanto, "o que essa proposição diz é simplesmente que *apenas a* satisfaz a função *f*, e não que satisfazem a função *f* apenas coisas que mantenham uma certa relação com *a*. Poder-se-ia, é certo, dizer que é justamente *apenas a* que mantém essa relação com *a*, mas para exprimi-lo, precisaríamos do próprio sinal de identidade" (TLP 5.5301). A última sentença chama nossa atenção para o fato de que a análise de Russell não é capaz de esclarecer a natureza da suposta relação entre *a* e *b* em "*a* = *b*", uma vez que o signo problemático reaparece no segundo membro da conjunção do resultado da análise. Essa sentença equivale à afirmação de que há no máximo um *f*, o que é melhor expresso por

(3*) $\sim(\exists x)(\exists y)(fx.fy.x \neq y)$.

Não dispomos de nenhuma paráfrase do gênero para uma relação genuína como "*x* ama *y*". O uso básico de tais expressões relacionais está em proposições não quantificadas como "*a* ama *b*", ao passo que o signo "=" é explicado com base em sua ocorrência dentro do escopo de um quantificador. Isso sugere que o próprio sinal faz parte do mecanismo da quantificação, o que constitui o ponto central da análise de Wittgenstein (NB 29.11.14, 12.5.15). Identidade e diferença de nomes indicam identidade e diferença de objetos — "*fab*. ~*a*=*b*" é simplesmente "*fab*"; "*fab.a* = *b*" é simplesmente "*faa*" (ou "*fbb*"). Igualmente, se adotamos a convenção de Wittgenstein para a leitura dos quantificadores, então identidade e diferença de variáveis indicam que o mesmo nome ou nomes diferentes devem ser substituídos. Por conseguinte, o enunciado (3') pode ser escrito como

(3#) $fa. \sim(\exists x,y)(fx.fy)$

Outros usos do signo "=" podem ser tratados de maneira semelhante (TLP 5.531-5.533):

| Português | Russell | TLP |
|---|---|---|
| Há pelo menos 2 coisas que são *f* | $(\exists x)(\exists y)(fx \,.\, fy \,.\, {\sim}x = y$ | $(\exists x)(\exists y)fx \,.\, fy$ |
| Alguém ama a si mesmo | $(\exists x)(\exists y)(fx \,.\, fy \,.\, x = y)$ | $(\exists x)fxx$ |
| Alguém ama alguém | $(\exists x)(\exists y)xRy$ | $(\exists x)(\exists y)xRy \vee (\exists x)xRx$ |
| Se algo é *f*, é *a* | $(x)(fx \supset x = a)$ | $(x)(fx \supset fa) \,.\, {\sim}(\exists x)(\exists y)(fx \,.\, fy)$ |
| Há no máximo 2 coisas que são *f* | $(x)(y)(z)(fx \,.\, fy \,.\, fz) \supset$ $(x = y \vee x = z \vee y$ | ${\sim}(\exists x)\,(\exists y)\,(\exists z)\,(fx \,.\, fy \,.\, fz)$ |
| Precisamente uma coisa é *f* | $(x)(y)(fx \supset x = y)$ | $(\exists x)fx \,.\, {\sim}(\exists x)\,(\exists y)fx \,.\, fy$ |

A eliminação do signo "=" têm amplas conseqüências. (a) O *Tractatus* não nega que enunciados ordinários de identidade como (1) e (2) façam sentido. Contêm signos designadores de complexos, que são analisados em termos de uma descrição de seus componentes simples. Entretanto, tal ANÁLISE LÓGICA não emprega o signo "="; indica a identidade entre objetos simples utilizando para eles um mesmo nome. (b) Os axiomas que, para Frege, governam a identidade são pseudoproposições (TLP 5.534); na melhor das hipóteses, tentam dizer algo que se mostra na estrutura lógica do discurso ordinário. (c) Os problemas criados pelo axioma do infinito de Russell (a afirmação de que há um número infinito de objetos no universo) não podem ter lugar. Pois as afirmações acerca do número de objetos existentes, distinguindo-se de afirmações acerca do número de objetos existentes com um determinado tipo *F*, não podem sequer ser formuladas (*ver* GENERALIDADE). Pelo mesmo motivo, o fato de que um objeto simples *a* exista não é algo que possa ser expresso por "$(\exists x)(x = a)$". (d) Equações matemáticas são pseudoproposições. Nada dizem sobre o mundo; equacionam signos que são equivalentes em virtude de regras que governam operações reiteráveis (TLP 6.2 e segs.).

A identidade desempenhou um papel crucial na tentativa de Ramsey de aprimorar o logicismo dos *Principia*. Este autor acompanhou Wittgenstein em sua crítica à definição de Russell para o conceito de identidade, concordando em que ela acarreta o princípio da identidade de elementos indiscerníveis, isto é, a idéia de que dois objetos não podem possuir todas as suas qualidades em comum (*Principia* *13.01; TLP 5.5302; *Mathematics* 30-1). Infelizmente, assim como Russell e Wittgenstein, ele ignorou a questão da inclusão da localização espaço-temporal entre essas qualidades, uma inclusão que tornaria o princípio plausível. Ao mesmo tempo, Ramsey tentou conservar a identidade de uma forma compatível com o *Tractatus*, argumentando que os enunciados de identidade verdadeiros vêm a ser o mesmo que tautologias; e os falsos, contradições. Em resposta a isso, Wittgenstein insistiu na idéia de que um enunciado de identidade falso que envolva nomes próprios lógicos é absurdo, e não contraditório, o mesmo aplicando-se aos enunciados de identidade verdadeiros, uma vez que a negação de um absurdo constitui em si mesma um absurdo (RAL 2.7.26, 7./8.26).

Depois de abandonar a idéia de que somente a necessidade vero-funcional é expressável, Wittgenstein admitiu proposições necessárias que contêm identidade. Continuou, entretanto, a negar a idéia de que enunciados de identidade descrevem um tipo singular de relação, que todas as coisas mantêm para consigo mesmas. Embora isso não fique evidente em sua forma, enunciados do tipo "$a = b$" desempenham o papel de proposições GRAMATICAIS: expressam regras de substituição que autorizam transformações de proposições empíricas, como, por exemplo, a transformação de "$\Phi a$" para "$\Phi b$", e, além disso, excluem certas proposições pela determinação de seu caráter absurdo, como é o caso, por exemplo, de "$\Phi a. \sim \Phi b$". Assim, uma proposição matemática como "12 × 12 = 144" autoriza-nos a inferir "Havia 144 cadeiras" a partir de "Havia doze fileiras de doze cadeiras". Da mesma forma, um enunciado de identidade como (1) autoriza-nos a inferir "A estrela da tarde é um planeta" a partir de "A estrela da manhã é um planeta", excluindo o enunciado "A estrela da manhã é um planeta, mas a estrela da tarde não é". Tais enunciados podem ser informativos porque, dados os nossos critérios para a compreensão de termos singulares, é possível que alguém saiba o que é a estrela da manhã e o que é a estrela da tarde, sem que saiba que são idênticas. A função de (1), e talvez sua forma, é a de uma regra para o uso de palavras. Isso põe em questão a tese de Kripke de que o enunciado (1) é a posteriori mas necessário: a descoberta que (1) expressa é um fato contingente, o fato de que um mesmo objeto satisfaz a duas descrições, ou o fato de que esse objeto é portador de dois nomes. O que poderia ser considerado necessário, mas seria algo a priori, é a identidade de uma coisa consigo mesma.

Até mesmo isso, entretanto, pressupõe a legitimidade de proposições da forma "$a = a$" (a lei da identidade), que Wittgenstein segue questionando. A expressão "$a = a$" assemelha-se a uma verdade genuína porque sua negação nos parece obviamente falsa, sendo o resultado da aplicação da regra de substituição "$a = b$" a si mesma. Entretanto, assim como "Todas as coisas são iguais a si mesmas" ou "Todas as coisas encaixam-se em seu próprio formato", "$a = a$" é uma proposição degenerada. Os "parceiros" da aparente relação não são independentes. Wittgenstein sustenta que só faria sentido dizer que *a* é idêntico a si mesmo se pudesse não sê-lo, o que é impossível, uma vez que "$a \neq a$" é um absurdo, como também é absurdo tentar distinguir algo de si mesmo. Por conseguinte, "$a = a$" é "absurdo", "uma proposição perfeitamente inútil" (PI §216; LFM 26-7, 200, 282-3; RFM 89, 404; BT 412; MS119 49).

Quer a validade dessa idéia seja geral ou não, o fato é que Wittgenstein mostra que a identidade de um objeto consigo mesmo não nos fornece um paradigma absoluto para decidir o que conta como "fazer o mesmo" ao seguirmos uma REGRA. Somente no contexto da regra é possível determinar o que pode ser considerado como estar fazendo o mesmo; portanto, a noção de fazer o mesmo não pode, por si só, prover um padrão independente: o fato de eu dizer "6" depois de "2, 4" é algo que poderá ou não ser considerado como estar fazendo o mesmo, dependendo de eu estar seguindo a série $y = 2x$ ou a série $y = x^2$. Não há uma maneira única, independente do contexto ou do propósito, para determinar o que pode ser considerado como estar fazendo o mesmo. Em termos mais gerais, só faz sentido falar em identidade com relação a uma prática, que determina técnicas para estabelecer com quantas coisas se está lidando, e para especificar se algo com que agora nos defrontamos é ou não a mesma coisa com que nos defrontamos anteriormente. Tais critérios diferem conforme o tipo de coisa com que lidamos. Para os objetos materiais, o critério é a continuidade espaço-temporal; para pessoas, uma combinação de continuidade espaço-temporal, memória e traços de personalidade (PG 203; LFM 263; BB 55, 61-2). Wittgenstein cunhou o termo "critério de identidade", mas a idéia de que falar sobre objetos de um certo tipo supõe critérios dessa natureza remonta a Locke (*Ensaio sobre o entendimento humano* II. 16, 27) e a Frege (*Foundations* §§62-9). A noção é utilizada no argumento da LINGUAGEM PRIVADA, no ataque de Kant e de Strawson à idéia de substância imaterial e também por Quine ("Não há entidade sem identidade!").

**imaginação** No empirismo inglês, sustentava-se que os únicos conteúdos da mente são idéias ou percepções, que são compreendidas como imagens mentais e se distinguem entre si apenas conforme o grau de intensidade. Kant criticou essa concepção imagista, estabelecendo uma diferença entre intuições (sensações) e conceitos, que não são pictóricos; insistiu, além disso, na idéia de que a posse de um conceito não se define pela posse de uma imagem mental, mas pela capacidade de aplicar uma regra. Continuou, entretanto, aderindo à ortodoxia imagista, na medida em que as regras que postulou são regras para a construção de imagens mentais. O segundo Wittgenstein não somente negou que nossa vida mental seja, no geral, baseada na posse de imagens mentais (*ver* MEMÓRIA; PENSAMENTO/PENSAR; COMPREENSÃO), como também questionou a concepção imagista da própria imaginação. Segundo essa concepção, a imaginação é um caso de percepção não sensorial, de visão com o olho da mente: ao imaginarmos algo, temos uma imagem bastante semelhante a uma figura física, só que ela é privada e não pública.

Assim como outros adversários da posição imagista, tais como Reid, Sartre e Ryle, Wittgenstein não negou a existência de imagens mentais (*Bilder*, *Vorstellungen*) ou a possibilidade de ver com o olho da mente (por exemplo, PI §§6, 57, II 177; RPP I §§111-19, 359, 726, 1050; RPP II §§224-39, 511; LW I §§92, 135, 315-17, 729, 794, 808; LW II 12, 19). Propôs, em vez disso, quatro outras idéias:

(a) "É preciso que nos perguntemos não o que são imagens mentais (*Vorstellungen*) ou o que acontece quando imaginamos algo, mas sim como a 'palavra' "imaginação" (*Vorstellung*) é utilizada" (PI §370). Pois a essência da imaginação nada mais é do que sua GRAMÁTICA.

(b) A investigação dessa gramática revela que a aplicabilidade da palavra "imaginação" não se restringe a casos em que imagens mentais nos passam pela cabeça. É possível sermos capazes de imaginar coisas, e expressar aquilo que imaginamos por escrito ou em desenhos, sem que estejamos vendo algo com nosso olho mental. Com efeito, não é necessário que ocorra evento ou processo mental algum quando imaginamos algo (RPP II §§66, 144; Z §624; *ver* PSICOLOGIA FILOSÓFICA).

Sob certo aspecto, a crítica de Wittgenstein à concepção imagista tem um alcance limitado. Embora ele freqüentemente use o termo "imaginar" (*sich vorstellen, sich denken*) em um sentido não perceptual, como quando se refere, por exemplo, a imaginar uma hipótese, uma explicação ou uma linguagem (PI §§6, 19; LW I §§292, 341, 722, 777; Z §§98, 148, 440, 571), sustenta, entretanto, que é essencial à imaginação o emprego de conceitos provenientes da percepção sensorial (RPP I §885). Faz sentido, contudo, imaginar coisas que faria pouco sentido perceber ou para as quais faria pouco sentido criar uma imagem mental (por exemplo, os últimos pensamentos de Rosa Luxemburgo, ou a existência de números perfeitos). Segue-se daí que nem todos os casos de imaginação poderiam incluir imagens mentais.

(c) Mesmo quando a imaginação inclui imagens mentais, a natureza de tais imagens não é bem compreendida pela tradição imagista. Imagens mentais não são como figuras físicas, só que privadas. "Uma imagem mental (*Vorstellung*) não é uma figura" (PI §301; RPP II §§63, 112; Z §621; LPE 285; PR 82). Carece de fronteiras definidas, e não está, além disso, sujeita aos critérios de identidade de coisas materiais. Atribuímos aos outros imagens mentais com base em EXTERIORIZAÇÕES e em COMPORTAMENTOS, isto é, com base no que o sujeito diz ou desenha quando solicitado a fazê-lo, ao passo que, nos casos de primeira pessoa, não nos valemos de critério algum. Aquilo que o sujeito imagina, aquilo que a figura interna representa, é determinado por aquilo que ele diz que ela representa, isto é, no que diz respeito a imagens mentais, temos uma autoridade de primeira pessoa (PI §§377-8; LW I §811). Não "reconhecemos" nossas imagens mentais, nem tampouco podemos observá-las ou examiná-las (PI §§379-82; RPP II §885; Z §632). O jogo de linguagem da imaginação não começa com uma imagem privada, que é então descrita, mas com a expressão daquilo que se imagina. Uma imagem mental não é uma entidade privada; é o modo como imaginamos algo, assim como uma impressão visual é o modo como organizamos aquilo que vemos (LW I §§440-3).

(d) Dessa forma, a tradição imagista se equivocou na compreensão da relação entre imaginação e percepção. "O *vínculo* entre imaginar e ver é estreito; mas não há *semelhança*" (Z §625). Qualquer descrição daquilo que é percebido pode ser utilizada para descrever aquilo que se imagina (embora, como vimos, o contrário não se aplique) Descrições idênticas são, entretanto, utilizadas de forma diferente nesses contextos. Perceber e imaginar são atividades categorialmente distintas (RPP II §69-70, 130-9; Z §§629-37). (i) A diferença entre imagens visuais e impressões visuais não é uma simples questão de vivacidade, como pensava Hume (*A Treatise of Human Nature* I.i.3). Não ficam claros os padrões de vivacidade invocados por Hume. Podemos, contudo, ser capazes de imaginar uma determinada coisa com uma clareza maior do que aquela com que podemos vê-la. Não faz sentido, além disso, conjeturar se algo é imaginação ou percepção, embora faça sentido conjeturar se algo é alucinação ou percepção (RPP II §§96, 142; Z §621; LPP 313-14). (ii) A visão e a audição nos informam sobre como as coisas se encontram no ambiente que nos cerca; tal já não é o caso da imaginação (RPP II §63; Z §§621, 627). (iii) Ao contrário da percepção e da alucinação, a imaginação está sujeita à vontade. Assim, podemos tentar "afugentar" imagens mentais de uma forma que não é possível no caso de impressões visuais; e podemos ficar surpresos com aquilo que vemos, mas não com o que imaginamos (não da mesma forma) (Z §§621, 627, 632-3). Analogamente, a imaginação é criativa e não receptiva, estando, portanto, mais próxima da afiguração do que da visão ou da alucinação (RPP I §§111, 653; RPP II §§80-92, 115). (iv) Wittgenstein associa a imaginação à percepção de ASPECTOS: ver *X* como *Y* freqüentemente implica imaginar *X* como *Y* (PI II 193-229; RPP II §543).

**indução** Ao longo de seu percurso filosófico, Wittgenstein rejeitou duas defesas paradigmáticas do raciocínio indutivo contra o ataque de Hume: a sugestão de que se trata de um raciocínio disfarçadamente probabilístico e a invocação do princípio da uniformidade da natureza. Embora o *Tractatus* adote um ceticismo humiano com relação ao raciocínio indutivo, os escritos posteriores de Wittgenstein rejeitam tanto a atitude cética diante da indução quanto as tentativas fundacionalistas de vindicá-la. No *Tractatus*, as observações sobre a indução (TLP 6.3 e seg., 6.363-6.36311) ligam-se à discussão sobre a CIÊNCIA. A indução é um procedimento, a saber, o procedimento de "aceitar como verdadeira a lei *mais simples* que se possa pôr em consonância com nossas experiências". Justifica-se apenas do ponto de vista psicológico; "não há base alguma para crer que a eventualidade mais simples realizar-se-á de fato". Pois a "lei de indução", segundo a qual a natureza é uniforme — comportar-se-á como se comportou no passado —, constitui uma "proposição com um sentido", não possuindo, portanto, justificação lógica. Tudo o que se encontra fora da lógica, no domínio da ciência empírica, é "acidental". A CAUSALIDADE, em particular, não constitui uma conexão real ou necessária entre eventos. Por conseguinte, não podemos *saber* que o sol vai levantar-se amanhã. Pois o raciocínio só gera conhecimento se sabemos que as premissas são verdadeiras e se elas implicam logicamente a conclusão; entretanto, a existência de uma situação jamais implica logicamente a existência de outra. O conhecimento supõe a certeza, que, sendo um caso limite da probabilidade, restringe-se às tautologias. No entanto, se *p* é uma tautologia, também o é a proposição "A sabe que *p*" (TLP 2.012, 4.464, 5.135-5.1362, 6.36311; PT 5.04441; estaria mais de acordo com o tratamento que Wittgenstein dá às TAUTOLOGIAS afirmar que esta última é absurda, uma vez que nesse caso nada há para ser conhecido).

Assim como a causalidade, a probabilidade (TLP 5.1, 5.15-5.156; NB 8.-9.11.14; PT 5.0932) não constitui um nexo real entre eventos, nem tampouco é uma constante lógica especial, específica das proposições probabilísticas. Trata-se, antes, de uma relação entre proposições, como em "*r* confere a *s* a probabilidade pr(*r*,*s*)". O *Tractatus* fornece uma explicação *lógica* da probabilidade, considerando-a como uma relação entre as estruturas das proposições, que pode ser exibida por meio de TABELAS DE VERDADE. Elabora-se ali a definição clássica da probabilidade, de autoria de Laplace, em que ela é vista como uma razão entre o número de possibilidades que são favoráveis à ocorrência de um evento e o número global de possibilidades. Assim como fizera Bolzano, o *Tractatus* elimina daquela definição a exigência de que as possibilidades sejam igualmente prováveis. O grau de probabilidade que a proposição "*r*" confere à proposição "*s*" é a razão entre o número de fundamentos de verdade de "*s*" que também são fundamentos de verdade de "*r*" e o número de fundamentos de verdade de "*r*". Os "fundamentos de verdade" ou o "âmbito" de uma proposição são as possibilidades de verdade de seus argumentos que a tornam verdadeira, as linhas em sua tabela de verdade em que ela tem o valor V. Por exemplo, a proposição "*p.q*" tem como seu fundamento de verdade (VV); já a proposição "$p \vee q$" tem como fundamentos de verdade (VV), (FV), (VF):

| *p* | *q* | *p.q* |
|---|---|---|
| V | V | V |
| F | V | F |
| V | F | F |
| F | F | F |

| *p* | *q* | $p \vee q$ |
|---|---|---|
| V | V | V |
| F | V | V |
| V | F | V |
| F | F | F |

Se $V_r$ é o numero de valores V para "*r*", e $V_{rs}$ é o número de valores V para "*s*", onde "*r*" possui também um valor V, então pr(*r*,*s*) = $V_{rs}/V_r$. Conseqüentemente: (a) se "*r*" e "*s*" são logicamente incompatíveis, o número de fundamentos de verdade que têm em comum é 0, e, portanto, pr(*r,s*) = 0; (b) se todos os fundamentos de verdade de "*s*" são também fundamentos de verdade de "*r*", então pr(*r,s*) = 1, isto é, "*s*" se segue de "*r*" (essa é a probabilidade que "*p.q*" confere a "*p* ∨ *q*"); (c) se "*s*" é uma tautologia ou uma contradição, então, para todas as proposições não contraditórias "*r*", pr(*r,s*) é igual a 1 ou 0, respectivamente (esses são os "casos limites da probabilidade", TLP 5.152); (d) se nem "*s*" nem "~*s*" se seguem de "*r*", então 0 < pr(*rs*) < 1 (dependendo de suas constituições internas); assim, "*p* ∨ *q*" confere a "*p.q*" a probabilidade 1/3; (e) se "*r*" e "*s*" são PROPOSIÇÕES ELEMENTARES logicamente independentes, pr(*r,s*) = 1/2.

A abordagem de Wittgenstein fornece-nos os axiomas de um cálculo padrão de probabilidades a priori. Seu maior problema, como o de todas as teorias lógicas, é conciliar tais proposições a priori com observações estatísticas contingentes. O ponto (e) sugere, de forma implausível, que, sabendo que qualquer proposição elementar "*r*" é verdadeira, teremos tantas razões para esperar que outra, "*s*", seja verdadeira, quanto para esperar que seja falsa. (Somente se "*s*" for uma proposição molecular é que sua probabilidade relativa ao conjunto de proposições sabidamente verdadeiras poderá ser diferente de 1/2, uma vez que certas possibilidades talvez sejam excluídas). Se formos retirando bolas de uma urna que contenha um número igual de bolas brancas e pretas (e se devolvermos as bolas após cada retirada), veremos que, à medida que a retirada prossegue, o número de bolas pretas retiradas gradualmente se aproxima do número de bolas brancas retiradas. Isso não confirma o juízo a priori de que a probabilidade de tirar uma bola branca é de 1/2; confirma, isso sim, que, em relação às "leis da natureza hipoteticamente admitidas" e às condições iniciais do experimento, os dois eventos são igualmente possíveis, isto é, que uma condição para a aplicação do cálculo de probabilidade é satisfeita (TLP 5.154). Trata-se aqui de uma questão empírica, considerando-se que pode haver um elo físico desconhecido entre a cor de um objeto e sua propensão a ser retirado.

O cálculo de probabilidades do *Tractatus* caiu por terra com a doutrina que afirma haver proposições elementares logicamente independentes, mas influenciou Ramsey, Waismann e Carnap. A idéia de que há uma diferença entre juízos a priori de probabilidade e juízos estatísticos empíricos é elaborada nas *Observações filosóficas* (cap. XXII) e também no "Big Typescript" (BT §§32-3; ver PG 215-35; WVC 93-100; PI §§482-4). Juízos a priori de probabilidade *parecem* ser confirmados por observações estatísticas empíricas acerca da freqüência relativa de resultados alternativos em uma série limitada de experimentos. Exploram essa ilusão as tentativas de explicar o raciocínio indutivo como uma forma de raciocínio probabilístico, no qual observações de regularidades passadas tornam provável uma previsão. Observações estatísticas referentes ao fato de que, por exemplo, no passado, vinte por cento dos fumantes morreram de câncer no pulmão, podem levar-nos a uma extrapolação indutiva que atribui uma certa probabilidade à morte por câncer no pulmão de uma determinada pessoa. Não se pode, contudo, atribuir uma probabilidade à própria indução. Experiências futuras poderão confirmar que a regularidade inicial continua, mas isso apenas confirma a extrapolação específica, que é, em si mesma, uma hipótese indutiva. Por conseguinte, a probabilidade não pode vindicar a indução. O raciocínio probabilístico acaba por resumir-se a extrapolações estatísticas (o caso do fumante), que são em si mesmas indutivas, ou a aplicações de um cálculo (o caso da urna), que pressupõem, e não explicam, regularidades naturais e sua continuidade.

Invocar a lei da indução ou a probabilidade são atitudes que correspondem a tentativas de vindicar a indução assimilando-a à dedução. Contra essa idéia, Wittgenstein insiste que nada na lógica pode autorizar a inferência de uma generalização universal ou de uma previsão a partir de uma regularidade previamente observada. No tratamento que dá posteriormente a essa questão (PI §§466-90; OC passim), ele aprofunda a idéia da futilidade de se tentar vindicar a indução. (a) Defendida por Russell e Ramsey, a proposta pragmatista de que a indução se justifica por sua utilidade não logrou êxito. A própria máxima "Pensar tem dado bons resultados" constitui um exemplo do padrão de raciocínio que supostamente deve vindicar (PI §§467-9; OC §§130-1; cp. "Limits" 148; *Mathematics* 245). (b) A lei de indução não passa de uma lei empírica, sujeita, portanto, à mesma possibilidade de desconfirmação que ameaça induções particulares (OC §499). (c) Ela não desempenha função alguma em nosso raciocínio. Não partimos da suposição cega de que aquilo que aconteceu no passado terá que acontecer novamente. Tampouco o raciocínio empírico se enquadra no padrão dedutivo da inferência lógica. Temos que distinguir entre "Isto é fogo, então me queimará", cuja verdade depende de regularidades contingentes, e "Isto é fogo, o fogo sempre queima, então este fogo me queimará", cuja validade não depende da realidade, mas sim de uma regra de inferência (PI §§472-3; RFM 40, 397). (d) Se nosso raciocínio empírico fosse dedutivo, isso apenas deslocaria o problema da inferência empírica "Isto é fogo, então me queimará" para a generalização "O fogo sempre queima", que se apóia exatamente nas mesmas bases empíricas em que se apóia a inferência empírica direta (PI §479; OC §134).

Concluíra-se, no *Tractatus*, que o raciocínio indutivo não poderia produzir certeza e, portanto, conhecimento. Na segunda fase de sua obra, Wittgenstein passa a afirmar enfaticamente que de fato sabemos que o sol vai se levantar amanhã, e que podemos ter certeza de que nos queimaremos se pusermos a mão no fogo. Essa CERTEZA não constitui um caso limite e não empírico de probabilidade, nem se baseia em uma suposição do gênero do princípio da uniformidade da natureza. "É nosso *agir* que está no fundo do jogo de linguagem" do raciocínio indutivo (OC §§204, 273, 298, 613-19; PI §§472-4). Nossas atividades são moldadas pela experiência coletiva de uma comunidade unida pela ciência e por processos de formação educacional. Fundam-se, em última instância, em nossas reações primitivas às regularidades do mundo. A crença de que me queimarei tem a mesma natureza do *medo* de me queimar, que é causado pela experiência de ter sido queimado. Na ausência de regularidades causais, o raciocínio indutivo se tornaria irracional, no sentido de que perderia sua utilidade, considerando-se que, nesse caso, não seria possível prever o que iria acontecer em seguida.

Há, nessas observações, um vestígio de naturalismo. Contrariando o naturalismo, entretanto, Wittgenstein nega que nossas reações naturais justifiquem quer a indução quer o ceticismo com relação à indução (PI §§475-83; OC §128-9, 295-6). Embora a experiência nos dê "uma centena de motivos" para nossas previsões específicas (PI §478), não nos fornece razões para a prática de tomar experiências relevantes como base para previsões (OC §§130-1). A própria exigência de tais razões é, entretanto, absurda, e, portanto, o ceticismo com relação à indução não encontra aqui qualquer espaço. O ataque de

Wittgenstein ao ceticismo indutivo faz lembrar o de Strawson, mas é menos claro. O raciocínio indutivo não é *um* método para previsão do futuro, passível de maior ou menor adequação; ele define o que é fazer previsões racionais. Dizemos que uma previsão é "razoável" precisamente se vem escorada pela experiência prévia. Em um nível mais específico, afirmar que seja racional fazer uma transição de um tipo específico de evidência para uma certa conclusão é algo que constitui uma proposição gramatical. "Uma boa razão é aquela que *aparenta* sê-lo" (PI §483). Se o cético responde que nossos próprios padrões de raciocínio são inadequados, porque essas regularidades só foram observadas no passado, não está levando em conta que inexiste tal coisa como possuir *agora* evidências provenientes do *futuro* (embora possamos ter evidências *para* eventos futuros) (OC §275). O que o cético sustenta não é que existam boas razões para crenças empíricas, sendo que a experiência pregressa não se encontra entre elas. Em vez disso, ele simplesmente se recusa a chamar de evidência para o futuro a informação sobre o passado. Isso poderia no máximo, entretanto, sugerir a necessidade de uma alteração terminológica. Por conta da AUTONOMIA DA LINGUAGEM, Wittgenstein sustenta que as novas regras do cético para a utilização do termo "razão" não podem ser metafisicamente superiores às nossas. Em termos pragmáticos, são, na verdade, inferiores, uma vez que eliminam a distinção vital entre evidências conclusivas, boas e fracas.

**inferência lógica** Trata-se da derivação de uma proposição — a conclusão — a partir de um conjunto de outras proposições — as premissas —, que implicam logicamente a conclusão. Uma das tarefas da LÓGICA formal é investigar as regras que codificam tais inferências, especificando que proposições dotadas de uma certa estrutura implicam logicamente proposições de uma outra estrutura. Assim, a regra de inferência *modus ponens* enuncia que todas as inferências da forma

(1) $p$; se $p$ então $q$; *ergo* q

são válidas. A cada regra de inferência corresponde uma verdade lógica; em nosso caso

(2) $(p.(p \supset q)) \supset q$.

Frege e Russell construíram sistemas axiomáticos nos quais as verdades do cálculo de predicados de primeira ordem são derivadas como teoremas a partir de um punhado de axiomas, pelo uso de algumas regras de inferências (em especial, modus ponens e um princípio de substituição). Seus sistemas formais (embora não todas as suas discussões informais) distinguem "axiomas" de "regras de inferência" (uma diferença cuja importância foi demonstrada por Lewis Carroll): "leis lógicas" ou "leis do pensamento" não descrevem o modo como de fato pensamos (*pace* o psicologismo), mas sim como devemos pensar se queremos pensar de modo verdadeiro; baseiam-se em descrições corretas de objetos e relações lógicos (*Laws* I xv e segs., §§14-25, 47-8; *Posthumous* 128, 145-6; *Problems* 40-50).

Ao longo de toda a sua trajetória, Wittgenstein questionou essa imagem de "regras de dedução" ou "leis de inferência". O *Tractatus* estabelece uma nítida distinção entre proposições lógicas e inferências válidas. As primeiras não são proposições sobre entidades e relações lógicas, como sustentam Frege e Russell, mas sim TAUTOLOGIAS. A proposição (2) não diz coisa alguma, pois combina as proposições que a constituem de um modo que anula toda a informação. *A fortiori*, não diz que uma proposição segue-se de outras. Entretanto, o fato *de que* (2) é uma tautologia torna claro que $q$ se segue de $p$ e $p \supset q$, fornecendo-nos assim a "forma de uma prova" — *modus ponens* (TLP 6.1201, 6.1221, 6.1264; NM 108-9, 114, 117). Isso resolve um problema de que Frege se ocupou: o problema de como as leis da lógica podem se diferenciar, em que pese o fato de poderem ser derivadas umas das outras e de parecerem "quase destituídas de conteúdo" ("Compound" 50). Embora a proposição (2) diga o mesmo que, por exemplo, "$(p \vee p) \supset p$", isto é, não diga coisa alguma, as duas proposições *mostram* algo diferente, uma vez que o fato de que aquela é uma tautologia difere do fato de que esta é uma tautologia.

"Toda proposição da lógica é um *modus ponens* representado em signos" (TLP 6.1264): se $\Phi$ implica logicamente $\Psi$, então a expressão $\Phi \supset \Psi$ deve, quando submetida à análise, revelar-se uma tautologia. Todas as proposições lógicas dizem o mesmo — nada — e são, portanto, equivalentes. A lógica axiomática erra em distinguir axiomas primitivos de teoremas derivados. Além disso, alega provar a verdade de proposições lógicas pela aplicação de regras de dedução a axiomas. Wittgenstein objeta que, nessa alegação, ignora-se a diferença entre prova *por* lógica e prova *em* lógica: "a prova lógica de uma proposição com sentido e a prova *na* lógica devem ser duas coisas completamente diferentes" (TLP 6.1263; NM 109).

(1') Se sai fumaça do forno, a chaminé está com defeito; sai fumaça do forno; *ergo* a chaminé está com defeito

é um raciocínio que deduz a verdade de uma conclusão empírica a partir da verdade das premissas. Em contraposição, não é bem a verdade de uma proposição que a expressão

(3) $(p.(p \supset q)) \supset q \equiv (\sim q.(p \supset q)) \supset \sim p$

prova (uma tautologia não pode a rigor ser verdadeira uma vez que não diz coisa alguma); prova, antes, que uma certa combinação de signos *é* uma tautologia, fazendo, portanto, parte da lógica. E o faz sem se referir a qualquer axioma, simplesmente calculando "as propriedades lógicas dos símbolos" (NM 108-9; TLP 6.126). Infelizmente, o *Tractatus* nos dá explicações conflitantes acerca desse processo. Na passagem 6.126, ele é descrito como um processo de "construção" ou "produção" de uma tautologia a partir de outras, por meio de sucessivas aplicações de operações vero-funcionais. Tal descrição se encaixa melhor no procedimento axiomático do que no procedimento de decisão baseado em tabelas de verdade da passagem 6.1203 do *Tractatus*, o qual não deriva uma tautologia a partir de outra, mas calcula se uma proposição possui o valor de verdade V para todas as "combinações de verdade" de seus componentes.

Talvez a explicação para esse conflito seja que o *Tractatus* não rejeita um procedimento de prova, o axiomático, em benefício de outro, mas somente a idéia de que ao invés de exibir regras para o uso de operadores vero-funcionais, um procedimento de prova estabelece verdades acerca de entidades lógicas (TLP 6.126). Seja como for, em um nível mais profundo, o *Tractatus* propõe o abandono de provas lógicas como um todo. Todas as proposições dotadas de significado são funções de verdade de PROPOSIÇÕES ELEMENTARES logicamente independentes, podendo ser expressas por meio da notação de TABELAS DE VERDADE. Nessa notação, a proposição (1) pode ser escrita como um vetor de três tabelas de verdade. Cada linha nessas tabelas de verdade representa uma "possibilidade de verdade" diferente, uma combinação possível de valores de verdade de *p* e *q*. Na seguinte abreviação, o valor de verdade de cada proposição para as quatro possibilidades de verdade é indicado por uma quádrupla de V's e F's.

(1*) (VFVF)(*p*,*q*) [*p*]; (VVFV)(*p*,*q*) [*p* ⊃ *q*]; *ergo* (VVFF)(*p*,*q*) [*q*].

O sentido de uma sentença é dado por suas "condições de verdade", sua atribuição de valores de verdade para cada possibilidade de verdade de seus argumentos. As possibilidades que tornam a sentença verdadeira são seus "fundamentos de verdade". Que "*q*" siga-se de "*p*" e "*p* ⊃ *q*" significa que todas as possibilidades de verdade que são fundamentos de verdade para as duas primeiras proposições — a saber, a primeira possibilidade de verdade – são também fundamentos de verdade para a última. Jamais ocorre um V para ambas as premissas e um F para a conclusão, isto é, é logicamente impossível que as premissas sejam todas verdadeiras e a conclusão seja, não obstante, falsa — e isso constitui a definição de implicação lógica (TLP 4.431, 5.101-5.1241). Em contraposição,

(4) (VVFF)(p,q)[*q*]; (VVFV)(*p*,*q*)[*p* ⊃ *q*]; *ergo* (VFVF)(*p*,*q*)[*p*]

é uma falácia (a de asserção do conseqüente), uma vez que há uma possibilidade de verdade (a segunda) em que ambas as premissas são verdadeiras e a conclusão é falsa.

Por conseguinte, toda implicação lógica se origina da complexidade (composição vero-funcional) das proposições (as proposições elementares não possuem implicações lógicas genuínas). Russell reconheceu que isso constitui "uma espantosa simplificação da teoria da inferência" ("Introduction" xvi), mas não foi capaz de avaliar suas conseqüências radicais. A implicação lógica é uma RELAÇÃO INTERNA entre proposições. Entretanto, as regras de inferência não podem justificar tais relações; elas são, com efeito, supérfluas (TLP 5.13-5.132; NL 93, 100; NM 108-9). Em primeiro lugar, não se pode justificar uma inferência como (1') com base em (1): (1) não passa de um esquema, que só se transforma em proposição pela substituição de suas letras sentenciais por proposições dotadas de significado, produzindo-se assim outra inferência de forma igual, que não pode justificar (1'). Em segundo lugar, o esquema (1) não pode ser justificado com base no fato de que (2) é uma tautologia. Que (2) seja uma tautologia e que (1) seja um esquema válido são dois aspectos de uma mesma relação estrutural entre premissas e conclusão; nenhum dos dois nos fornece uma justificação independente para o outro (tal justificação não pode ser dada para relações internas em geral, uma vez que os elementos relacionados não podem ser identificados sem se pressupor que a relação ocorra). Que (2) seja uma tautologia, ou que "*p*" e "*p* ⊃ *q*" impliquem logicamente "*q*", não é algo que sequer possa ser dito de modo significativo, considerando-se que se trata aqui de propriedades internas das proposições em questão, que se mostram em uma notação adequada para exibir suas estruturas (*ver* DIZER/MOSTRAR). Em tal notação, poderíamos reconhecer todas as propriedades e relações lógicas pelo exame de proposições *empíricas*. Afirmar que (2) é uma tautologia seria desnecessário; para reconhecê-las, poderíamos dispensar tanto as tautologias quanto um procedimento de decisão baseado em tabelas de verdade (TLP 6.122, 6.1262).

Entretanto, em 1929, Wittgenstein se deu conta de que nem sempre é possível analisar proposições moleculares como funções de verdade de proposições elementares, considerando-se que há relações lógicas que não são vero-funcionais. Conservou a idéia de que a implicação lógica é uma relação interna ou "gramatical" entre premissas e conclusão; percebeu, entretanto, que nem todas essas relações podem ser captadas dentro dos limites do procedimento de tabelas de verdade. Só tem validade geral a idéia (tradicional) de que a conclusão de uma inferência nada acrescenta em termos de informação nova às premissas (PLP 371; WVC 92). Além disso, as regras de inferência não são nem absurdas nem supérfluas. São regras GRAMATICAIS, normas que autorizam a transformação de proposições. Toda regra gramatical pode ser empregada como uma regra de inferência, e invocamos tais regras constantemente para explicar, justificar e criticar tais transformações simbólicas. Assim como antes, as regras de inferência se distinguem das tautologias. Ao contrário de (2), que nada diz, "'$(p.(p \supset q)) \supset q$' é uma tautologia", é um paradigma que enuncia que transformações de um certo tipo são legítimas. Da mesma forma, a lei de contradição não é o esquema vazio "$\sim(p.\sim p)$", mas uma regra que exclui o produto lógico "$p.\sim p$", determinando seu caráter absurdo (WVC 131; AWL 137-40; RPP I §44; RPP II §732; Z §682).

A concepção anterior de que tais regras são supérfluas parece dever-se à idéia de que as relações internas entre as proposições decorrem da natureza das operações lógicas pelas quais são construídas (TLP 6.124), uma idéia que Wittgenstein passa a rejeitar. O reconhecimento de regras de inferência ou relações lógicas entre proposições é algo que agora é visto como equiparável à compreensão de proposições moleculares e dos operadores lógicos. As regras de inferência não *se seguem* do significado dos operadores lógicos; são, em parte, constitutivas destes. A regra de inferência *modus ponens*, a lei do terceiro excluído e a lei da contradição também constituem, em parte, os conceitos de proposição e de inferência. Nesse sentido, elas *são* leis do pensamento: uma prática que não esteja em conformidade com elas, como, por exemplo, uma prática que se baseie em (4) ou no bilhete circular de inferência de Prior, não pode ser considerada raciocínio (RFM 39-41, 89, 397-8; LFM 277-8; *ver* AUTONOMIA DA LINGUAGEM).

A definição de implicação lógica baseada em tabelas de verdade apresentada no *Tractatus* influenciou a teoria dos modelos, que vê a inferência como uma relação formal entre as condições de verdade de proposições. Wittgenstein posteriormente retornou à idéia mais natural da inferência como algo que as pessoas *fazem*, insistindo, contudo, que não se trata de um processo mental privado (*ver* PENSAMENTO/PENSAR), mas antes de um processo de transformação de símbolos conforme regras. A firme convicção de Wittgenstein de que "a lógica deve cuidar de si mesma" (TLP 5.473) choca-se contra as tentativas de justificar regras de inferência com base na teoria dos modelos. Uma sugestão comum nessa área é que tais regras precisam ser "corretas", isto é, não podem permitir a inferência de falsas conclusões a partir de premissas verdadeiras. Contra isso, Wittgenstein afirma haver uma diferença entre inferências empíricas e inferências lógicas (RFM 40, 397). A validade de "Sai fumaça do forno, então a chaminé está com defeito" depende dos valores de verdade de proposições empíricas – se a chaminé estiver em boas condições, abandonaremos essa inferência. Já (1') não admite tal refutação. Se a chaminé estiver em boas condições, o problema não será atribuído a (1'), mas a uma ou a ambas as premissas. (1') não é um enunciado sobre a realidade, mas uma transformação de signos de acordo com uma norma de representação. Por fim, a teoria dos modelos foi invocada com o propósito de justificar regras de inferência com base nas definições semânticas das constantes lógicas. Tal projeto é incompatível com a rejeição wittgensteiniana da noção de CORPOS DE SIGNIFICADO, e com a afirmação do filósofo de que as provas na lógica não estabelecem uma descrição verdadeira do mundo, mas antes a natureza tautológica de uma combinação de signos. *Se* tais afirmações puderem ser confirmadas, reinstituirão a idéia aristotélica de que as leis da lógica não podem ser justificadas sem circularidade, considerando-se que qualquer raciocínio as pressupõe.

**intencionalidade** Trata-se do direcionamento da mente a um objeto, que pode ou não existir. O termo foi introduzido por Brentano (*Psychologie vom Empirischen Standpunkt* II.1.v), que, opondo-se à tradição cartesiana, sustentava que a intencionalidade, e não a consciência, é o traço distintivo da esfera mental. O problema de como pensamento e linguagem podem relacionar-se à realidade, como podem dizer respeito a algo, remonta pelo menos a Demócrito. Foi, entretanto, Platão quem formulou o problema da intencionalidade: Como se pode pensar aquilo que não é o caso? Pois, se algo não é o caso, então não existe, e o que não existe nada é. Entretanto, pensar em nada é não pensar em coisa alguma (*Teeteto* 189a; *ver* PI §518).

O primeiro Wittgenstein procurou explicar de que modo uma parte da realidade, um signo proposicional constituído apenas de sons ou marcas gráficas, pode representar outra parte dela, um fato "lá fora no mundo" (NB 27.10.14). Assim como Platão, intrigou-se com o "mistério da negação" — podemos pensar em "como as coisas *não* estão" – e com a idéia enigmática de que falsos pensamentos representam algo, muito embora aquilo que representam não seja um fato e, portanto, sequer exista. "Se uma figuração apresenta-nos o-que-não-é-o-caso... isso só acontece por ela apresentar *aquilo* que *não* é o caso. Pois é como se a figuração dissesse 'As coisas *não* estão *assim*', e à questão 'Como as coisas não estão?' somente a proposição positiva é a resposta" (NB 3.11.14; FW 24). As proposições *p* e ~*p* não significam entidades diferentes: o mesmo fato verifica uma e falseia a outra (NL 94-6; NB 4.11.14; TLP 4.064). A essa idéia Wittgenstein associou um terceiro enigma, o de como o pensamento "vai até a realidade" (TLP 2.1511 e seg.). Se meu pensamento é verdadeiro, aquilo que penso deve ser idêntico ao que é o caso, mas, se é falso, não pode sê-lo; ainda assim, o conteúdo do que penso é idêntico nos dois casos.

A TEORIA PICTÓRICA desenvolve uma solução para esses enigmas interligados. (a) A possibilidade da falsidade e o mistério da negação. Nenhum fato precisa corresponder à proposição como um todo, mas algo deve corresponder a cada um de seus elementos (NOMES), a saber, um elemento (objeto) da situação que ela afigura (AWL 110). Deve, além disso, ter em comum com essa situação uma FORMA LÓGICA: os nomes devem possuir as mesmas possibilidades combinatórias dos objetos de que são sucedâneos. Dado o MÉTODO DE PROJEÇÃO adequado, o fato de que os elementos da figuração estão relacionados entre si de uma determinada maneira representa uma configuração específica de objetos.

(b) Ir até a realidade. A antinomia é evitada, sustentando-se que, seja meu pensamento verdadeiro ou falso, tem como conteúdo uma única possibilidade, que se realiza na primeira hipótese mas não na segunda. *Aquilo que penso* é o "sentido da proposição", o "estado de coisas" afigurado, uma combinação possível de objetos (TLP 3.11, 4.021). A possibilidade dessa combinação é garantida pela proposição que a "contém" (TLP 2.203, 3.02; NB 5.11.14), porque as possibilidades combinatórias dos nomes espelham as dos objetos. O mundo decide apenas se o lugar no ESPAÇO LÓGICO determinado pela proposição está ou não preenchido.

Em seu retorno à filosofia, Wittgenstein abandonou não somente o atomismo lógico, a idéia de que a possibilidade da representação calca-se na existência de OBJETOS eternos, mas também a idéia de que a representação pressupõe um isomorfismo entre uma proposição e um estado de coisas possível. Continuou a discutir a relação entre proposições e fatos, sendo que agora como um caso especial de intencionalidade, a "harmonia entre pensamento e realidade", que se dá igualmente entre crenças, expectativas, desejos etc. e aquilo que as satisfaz ou preenche (PI §429; PG 142-3, 162-3; LWL 24). A razão para tal ampliação encontraremos no contato de Wittgenstein com as teorias causais da intencionalidade, propostas por Ogden e Richards (*O significado do significado*) e, em especial, por Russell. Segundo a abordagem behaviorista apresentada em *The Analysis of Mind* (caps. I, III, XII), um desejo consciente se faz acompanhar de uma crença verdadeira quanto a seu "propósito", isto é, quanto ao estado de coisas que trará satisfação, a cessação do desconforto. Tais crenças baseiam-se em evidências indutivas referentes a que tipo de estado, no passado, eliminou que tipo de desconforto. Por conseguinte, um desejo é um sentimento de desconforto, que gera causalmente um "ciclo comportamental" que termina na aquietação ou prazer. Sabemos aquilo que desejamos da mesma forma que sabemos o que os outros desejam, isto é, fazendo inferências a partir de padrões comportamentais anteriores. Russell distinguia, além disso, o "alvo" de uma crença "daquilo em que se crê". Este último, bem como o ato de acreditar, deve corresponder a ocorrências presentes na pessoa que crê, independentemente do desígnio da crença. O "desígnio" de minha crença em que César atravessou o Rubicão é um evento passado. Entretanto, "aquilo em que creio" não pode ser o evento real que torna a crença verdadeira, uma vez que ele já se passou há muito tempo. Trata-se, em vez disso, de um evento relacionado que ocorre agora em minha mente; do contrário, como eu poderia dizer aquilo em que *agora* creio?

Russell vincula um pensamento àquilo que o satisfaz por meio de um *tertium quid*: minha crença é verificada se reconheço seu desígnio; meu desejo é satisfeito se tenho uma sensação de satisfação. Como nos mostra Wittgenstein, isso implica que "se eu quisesse comer uma maçã e alguém me socasse o estômago, eliminando assim meu apetite, então era esse soco o que eu originalmente desejara". Para evitar essa conseqüência absurda, Wittgenstein lança mão de um elemento essencial da "concepção pictórica" que sustentara anteriormente (PR 64; ver LWL 9; FW 97; TLP 4.014, 4.023, 4.03). A relação entre um pensamento e aquilo que o satisfaz não é causal, mas INTERNA, isto é, constitutiva dos elementos relacionados. Minha crença de que *p* não poderia ser tornada verdadeira por outro fato diferente de *p*, quaisquer que sejam os sentimentos que esse fato possa produzir em mim. Da mesma forma, o enunciado "Gostaria de uma maçã" não significa "Quero algo que venha a aquietar meu sentimento de insatisfação e creio que uma maçã bastaria para isso" (PI §440; PG 134).

Wittgenstein ataca também a própria idéia de questionar como posso saber aquilo que penso. Ao dizer que quero, digamos, uma maçã, estou declarando *aquilo que* quero, e não fazendo previsões ou conjeturas sobre o poder que tem a maçã de aquietar um sentimento de insatisfação. Tampouco interpreto aquilo que quero ou aquilo em que creio a partir do exame instrospectivo de um estado ou processo mental; em vez disso, dou *expressão* à minha crença ou desejo. *Pace* Russell, não posso equivocar-me quanto ao conteúdo daquilo que quero; não descubro o que é que quero (PI §441; BB 22). Podemos dizer "não sei o que quero". Tipicamente, contudo, não se trata, nesses casos, de ignorância (tenho um determinado desejo mas não sei qual é), mas sim de indecisão (não cheguei a uma conclusão). Entretanto, dizemos também, por exemplo, "Anseio por algo, mas não sei o que é", e tais elocuções estão subjacentes à idéia freudiana de descobrir nossas crenças e desejos inconscientes. Wittgenstein procura neutralizar essa elocução, alegando que é equivalente a um uso "intransitivo" de "ansiar" - "Tenho uma sensação de anseio" - que exibe tão-somente uma preferência por uma determinada forma de representação (BB 22-3, 29). Entretanto, embora o uso transitivo seguido de uma alegação de desconhecimento possa expressar uma disposição ou emoção destituídas de objeto, amiúde faz mais que isso, pois, com freqüência, exterioriza a ignorância, não do objeto intencional, mas da *causa* de um determinado estado emocional. Equivale a dizer "Não sei o que poderia me fazer feliz no momento". Wittgenstein distinguiu corretamente relações intencionais de relações causais, mas não levou em conta que a psicanálise não se alimenta apenas dos casos em que há possibilidade de uma reformulação vácua por meio de um modo de expressão alterado, interessando-se também por usos causais e, em termos mais gerais, usos hipotéticos de nosso modo de expressão intencional existente. Às vezes, descobrimos o que desejamos observando nossas reações (RPP II §3), o que fornece um ponto de partida para considerar a noção freudiana de desejos inconscientes.

No início da década de trinta (em especial, PG caps. VII-IX), Wittgenstein forneceu uma explicação para a intencionalidade que não invoca um isomorfismo lógico-metafísico "preestabelecido" (BT 189). O resultado final dessa abordagem encontra-se nas *Investigações filosóficas*, §§428-65, de uma forma bastante condensada, que omite o contexto prévio de sua discussão. A idéia básica é que os enigmas acerca da intencionalidade são sombras metafísicas de regras gramaticais corriqueiras. "Como qualquer outra coisa metafísica, a harmonia entre o pensamento e a realidade deve ser encontrada na gramática da linguagem" (PG 162; Z §55). A crença de que *p* é tornada verdadeira pelo fato de que *p*; meu desejo de que *x* é satisfeito pelo evento de obter *x*; a ordem para realizar Φ é satisfeita pelo ato de Φ; se é falso que isto é vermelho, então isto não é vermelho. Estas não são, entretanto, verdades metafísicas sobre a relação entre pensamento e realidade; são regras GRAMATICAIS que estabelecem como a expressão de pensamentos pode ser transformada em enunciados sobre aquilo que os verifica, falseia ou satisfaz (PG 162; PI §§136, 429, 458): "A proposição de que *p*" = "a proposição tornada verdadeira pelo que o fato de que *p*"; "A expectativa de que p"= "a expectativa que será preenchida caso p"; "é falso que *p*" = "~*p*"; "A ordem para realizar Φ" = "A ordem que é executada pelo ato de Φ". Tais regras determinam, além disso, o que *denominamos* "a proposição de que *p*", "a expectativa de que *p*" etc., estabelecendo, com isso, conexões entre os conceitos de proposição, expectativa etc. e os conceitos de fato, preenchimento etc. A gramática de "expectativa" faz com que as expectativas sejam individuadas conforme aquilo que as preencheria, e que a expressão das expectativas envolva um componente que pode ser convertido em uma descrição de seu preenchimento (PR 66-9; PG 150). A relação de harmonia não se dá aqui entre um pensamento e uma situação, mas sim entre uma proposição e outra. "É na linguagem que uma expectativa e seu preenchimento tocam-se" (PI §445; PG 140).

Esse ponto oculta-se por detrás da idéia de que uma expectativa é em si algo "não satisfeito", considerando-se que é a expectativa de algo que se encontra "fora do processo" de expectativa (PI §438); e coisa semelhante se aplicaria a outros tipos de pensamento. É uma verdade gramatical que uma crença seja a crença de que algo é o caso; que uma expectativa seja a expectativa de que algo venha a ser o caso; e que a verdade ou a falsidade de uma crença e o preenchimento de uma expectativa sejam decididos em função de como as coisas estiveram, estão ou virão a estar. Entretanto, a metáfora da satisfação é enganosa: O fato de que meu pensamento esteja "insatisfeito" não significa que eu *me sinta* insatisfeito até que ele seja "satisfeito"; posso, além disso, sentir-me insatisfeito com a satisfação de meu desejo, no caso de ficar desapontado (PI §441; BB 22). Pode-se abandonar a noção de satisfação, insistindo ainda na idéia de que os pensamentos se dirigem a algo extramental, que a eles se *ajusta*, da mesma forma que um pistão se ajusta a um cilindro (PI §439). Entretanto, a relação física de ajuste é externa: um cilindro pode ser identificado sem que se especifique o pistão que a ele se ajusta. A analogia pode significar que a mesma descrição matemática se aplica ao cilindro e ao pistão. Com isso, entretanto, ela apenas reafirma a idéia de que a expressão de minha expectativa se ajusta ao enunciado relativo a seu preenchimento, na medida em que a mesma combinação de palavras ocorre em ambos (PI §429; PR 71; LWL 33; PG 134). Não há aqui dois eventos, minha espera por ele (que pode ser concebida como sendo eu andar de um lado para o outro) e sua vinda, que mantenham uma misteriosa relação de ajuste. Em vez disso, "a expectativa de que *p*" e "a expectativa que será preenchida se *p*" são duas formas de se referir à mesma expectativa. Essas considerações dissolvem o enigma relativo ao modo como um pensamento, algo que tenho aqui e agora, pode dizer respeito a algo distante, no futuro ou no passado (PI §428; PG 136). Uma vez dada a ordem para Φ, pode-se dizer o que irá satisfazer essa ordem. Se dissermos, contudo, que essa ordem antecipa o futuro, indicando o que acontecerá em seguida, teremos que acrescentar "ou o que não acontecerá" (PI §461); e isso nada nos informa sobre o futuro.

A idéia de que os pensamentos transpõem um abismo no espaço e no tempo é uma das motivações subjacentes ao "substitucionalismo", a visão, adotada por Russell e no empirismo clássico, de que o pensamento deve conter um sucedâneo de seu objeto (que amiúde é distante e não existente), uma representação daquilo que é pensado. O substitucionalismo é também alimentado por um dilema: por um lado, os pensamentos individuam-se em função de seu conteúdo; por outro, não podem *conter* aquilo que é pensado, uma vez que aquilo que é pensado é uma situação possivelmente remota; assim, ao que parece, devem conter um sucedâneo do que é pensado. Isso entra em choque, entretanto, com a insistência do *Tractatus* na idéia de que a proposição "vai até a realidade". Pois acarreta que, até mesmo quando a proposição é verdadeira, o que de fato se dá ou é revelado não coincide exatamente com aquilo que constituía nossa crença, ou que desejávamos ou ainda de que nos lembrávamos, sendo apenas algo semelhante, uma sombra mais pálida (nesse espírito, Hume — *An Enquiry concerning Human Understanding* II 1.1 — sustentou que a vivacidade da idéia que tenho quando me recordo de algo jamais se equipara à vivacidade da impressão original). Há, entretanto, uma diferença entre esperar algo que é apenas semelhante ao que de fato se revela, como, por exemplo, esperar uma mancha vermelha clara em vez de uma mancha na tonalidade padrão de vermelho, e esperar exatamente aquilo que acontece. E não se trata aqui de comparar um evento real com uma duplicata mental: "'O estampido não foi tão forte quanto eu esperava' — 'Havia, pois, um ruído mais alto em sua expectativa?'" (PI §§442-3).

No *Tractatus* o que é pensado *é* o estado de coisas que se dá, se o que se pensa é verdadeiro. Não obstante, esse estado de coisas é "uma sombra do fato", servindo de intermediário entre o pensamento e o fato — é bem verdade que uma sombra perfeita. Possui a mesma forma do fato, faltando-lhe apenas a existência deste. "É como se um evento estivesse agora mesmo a postos na porta da realidade e viesse então a apresentar-se nela — como que adentrando uma sala" (PG 137; ver LWL 30; BT 104; BB 31-2, 36-7; PI §§519-21; TS302 7-8, 11-12; FW 57). Em resumo, a proposição determina um fato possível, ao passo que a realidade determina se ele se realiza. Entretanto, isso, na verdade, acaba por resumir-se à idéia de que, se uma proposição faz sentido, é algo claro o que a verificaria, seja ela verdadeira ou não (PI §461). Não há necessidade de um intermediário. A tentação de postular uma tal sombra tem origem na própria idéia de que o pensamento possui um "conteúdo". O conteúdo de um pensamento é simplesmente o que é pensado, a saber, que *p*. Os conteúdos não são intermediários, mas sim construções lógicas, projeções de orações encabeçadas por conjunção integrante *que*. Sua reificação confunde, por exemplo, "*A* crê que *p*" com "*A* crê em *B*." No último caso, temos um *objeto indireto*, dois elementos relacionados devem existir, um que creia e um em que se creia. No primeiro caso, ao contrário, temos um *complemento intencional* disfarçado. O que cremos é *que p*. "Crer" aqui não expressa uma relação genuína, uma vez que pode se aplicar sem que haja dois elementos relacionados — *que p* pode não ser um fato. O segundo termo da relação não pode ser guarnecido com um estado de coisas possível, considerando-se que isso implica que aquilo em que *A* crê é uma coisa (um fato), se *p* é verdadeiro, mas outra distinta (um estado de coisas), se *p* é falso.

A PSICOLOGIA FILOSÓFICA de Wittgenstein rejeita a influente idéia de Brentano de que a intencionalidade é a marca registrada do mental, alegando que ela se faz ausente não só nas sensações e sentimentos, mas também nas disposições e emoções carentes de objeto (uma visão que compartilha com Heidegger). Sua discussão da intencionalidade ilustra que os esclarecimentos filosóficos são tão complexos — e, por vezes, tão implausíveis — quanto os nós que desenlaçam (Z §452). O ganho aqui é uma visão desmistificada, capaz de minar as concepções de Platão, Russell e do *Tractatus* e de questionar a visão contemporânea da intencionalidade como relação entre um sujeito e um "conteúdo", bem como a idéia de uma direção de encaixe entre pensamentos e realidade.

**interno/externo** (*Innen/Außen; Inneres/ Äußeres*) Este contraste, que aparece primeiramente na obra de Wittgenstein em meados dos anos trinta, ganha destaque depois de

1945, constituindo o tema central de seus últimos manuscritos sobre a psicologia filosófica (RPP II §§170, 335, 643-4, 703-4; LW I e II passim). Caracteriza-se, com ele, o dualismo entre o mental e o físico. Parece-nos natural estabelecer uma diferença entre o mundo físico — que é público e contém matéria, energia e objetos tangíveis, incluindo-se aí corpos humanos — e a mente humana, um mundo privado oculto por detrás de nosso comportamento. Acreditamos, além disso, que cada indivíduo tem um acesso privilegiado à sua própria mente, ao passo que nosso acesso a outras mentes é indireto, porque baseado em observações do comportamento alheio e, na melhor das hipóteses, incerto. Wittgenstein considera esta uma "imagem" que se encontra imersa em nossa linguagem, uma concepção enraizada no fato de que atribuímos predicados mentais aos outros, mas não a nós mesmos, com base em CRITÉRIOS comportamentais, em algo "externo". Fora da filosofia, entretanto, a distinção entre o mental e o físico não coincide com a dicotomia entre interno e externo: consideramos uma dor de dente como dor *física*, em contraste com um sofrimento mental (LPE 278-83; LSD 118).

A imagem dicotômica interno/externo influencia não somente o dualismo cartesiano, como também toda a corrente dominante da filosofia moderna, incluindo-se aí o racionalismo, o empirismo e o kantismo. Até mesmo Frege, que insistia na idéia de que aquilo que pensamos — os pensamentos — são entidades abstratas pertencentes a um "terceiro domínio", aceitava o contraste tradicional entre o "segundo domínio", dos objetos materiais, e o primeiro domínio, das "idéias", que constituem propriedades privadas de indivíduos: não posso sentir a sua dor e tampouco você pode sentir minha compaixão ("Thought" 68-75). O idealismo e o fenomenalismo dispensam o mundo físico, mas apegam-se à imagem da mente como um teatro imaterial privado ao qual temos acesso imediato. O BEHAVIORISMO, em contraposição, reduz a esfera mental ao comportamento humano, o qual descreve em termos puramente físicos. Finalmente, no materialismo, rejeita-se a concepção cartesiana da mente como substância imaterial; conclui-se que ela deve constituir uma substância material, substituindo-se, assim, o dualismo entre mente e corpo por um dualismo entre cérebro e corpo, em que o cérebro toma a posição da dimensão interna. Essas posições questionam uma das metades da dicotomia, mas não o contraste em si mesmo. Ignoram que não descrevemos o comportamento humano como mero movimento corporal, mas, *ab initio*, em termos de nosso vocabulário mental, como é o caso quando nos referimos, por exemplo, a pular de contentamento ou rir de alegria. A esfera mental não é uma ficção, nem tampouco se oculta por detrás daquilo que é externo. Encontra-se infundida em nosso comportamento e é nele que ganha expressão. (LSD 10-11, 134-5; PI §357, II 178, 222-3; LW II 24-8, 81-95).

Em seu ataque à dicotomia interno/externo, Wittgenstein é amiúde acusado de reduzir o interno ao externo, ignorando, assim, os aspectos mais importantes da existência humana. Ironicamente, Wittgenstein, por sua vez, ataca a concepção dicotômica interno/externo por assimilar, de forma equivocada, o mental ao físico. Nessa concepção, explica-se a relação entre fenômenos mentais e termos mentais "segundo o modelo de" "designação e objeto" material, transformando, assim, a mente em um *domínio* de entidades, estados, processos e eventos mentais, que são exatamente como suas contrapartes físicas, só que ocultos e mais etéreos (PI §§293, 308, 339; BB 47, 64, 70). Assim como o platonismo, essa tendência é alimentada pela VISÃO AGOSTINIANA DE LINGUAGEM, que sugere que todas as palavras são sucedâneos de objetos e que todas as frases descrevem algo — quando não entidades físicas, então entidades de uma outra espécie. O argumento da LINGUAGEM PRIVADA, de Wittgenstein, mostra que a idéia de entidades privadas, e, portanto, da mente como um teatro interno, é incoerente. Wittgenstein questiona também a suposição que une dualismo, materialismo e behaviorismo: a idéia de que proferimentos psicológicos em primeira pessoa e no tempo presente são descrições ou relatos — quando não de uma alma, então do cérebro ou do comportamento. Alega que, tipicamente, tais proferimentos constituem, na verdade, EXTERIORIZAÇÕES, expressões da esfera interna que são, sob alguns aspectos, análogas a reações naturais, gestos, caretas, etc.

Lado a lado com o ataque à noção de um domínio interno encontramos o questionamento da idéia de que o autoconhecimento se baseia na introspecção, em uma percepção interna que é direta e infalível. A idéia cartesiana de uma faculdade infalível da percepção é uma mistificação. É, entretanto, igualmente pouco esclarecedor pensar na instrospecção como algo falível, no espírito de James (*Psychology* I 189-90) e de anticartesianos contemporâneos. No que diz respeito à maioria dos fenômenos mentais, sequer faz sentido supor que o sujeito os perceba equivocadamente ou os confunda com algo diferente. A possibilidade de um abismo entre parecer ser e ser, característica da percepção, está, nesses casos, ausente. Além disso, não há resposta dotada de significado para a pergunta "Como você sabe que está com dor?". Não observo, percebo ou reconheço minhas próprias sensações ou experiências; simplesmente as tenho (LPE 278-80; LSD 111-12; MS160 61). Ao falar em "introspecção" ou em um "sentido interno", a filosofia fala por metáforas, projetando, mais uma vez, características do físico sobre o mental. Há um uso inócuo do termo "introspecção". Por vezes observamos ou descrevemos nosso próprio estado mental, não da forma como exteriorizamos uma dor de dente, mas em casos especiais de auto-reflexão: "Passei o dia temendo sua chegada. Ao acordar, senti... Então lembrei-me de que...". Em tais casos, entretanto, não estamos lidando com um sentido interno misterioso; simplesmente observamos, com maior ou menor competência e durante um certo período de tempo, o modo como nossos pensamentos, sentimentos e disposições se modificam. Distinguindo-se da observação daquilo que é externo, esse tipo de observação freqüentemente altera o fenômeno mental em questão (PI §§585-7, II 188, 220-1; RPP I §§466-7; RPP II §§156, 177, 722-8; LW I §§975-9; LPP 235).

Em decorrência disso, Wittgenstein subverte a idéia da PRIVACIDADE epistêmica, segundo a qual só eu posso saber de minha dor, ao passo que os outros podem no máximo conjeturá-la. Como não existe a possibilidade de percebermos equivocadamente nossa própria dor, ou de enganarmo-nos com relação a ela, dizer que sei que estou com dor é ou um absurdo ou uma asserção enfática que reforça o fato de que eu *estou* com dor. Ao mesmo tempo, no sentido ordinariamente atribuído a "saber", é possível que os outros saibam, e freqüentemente sabem, que eu estou com dor. Gera também confusão afirmar que esse conhecimento é "indireto": aquele que sofre a dor não sabe direta ou indiretamente de sua dor; ele apenas a sofre. E, para nós, não há modo mais direto de sabê-lo que vê-lo gemer e contorcer-se. Nesses casos, não *inferimos* — concluímos — que ele sente dor; *vemos* que está sofrendo. Poder-se-ia sustentar, contudo, que não posso ver a dor em si, mas somente o comportamento que a exprime. Mas isso é o mesmo que dizer que não posso ver sons e ouvir cores; indica tão-somente uma distinção categorial entre termos mentais e comportamentais, e não que os enunciados que envolvem os termos mentais sejam sempre inferidos dos enunciados que envolvem termos comportamentais (PI §246; LSD 13; LW I §§767, 885).

É tentador objetar aqui que, uma vez que há sempre a possibilidade de que os outros estejam mentindo ou fingindo, a mente é, nesse sentido, oculta. Isso mostra que nossos juízos de terceira pessoa são falíveis. Não estabelece, contudo, a conclusão cética de que, em um determinado caso, estamos ou poderíamos estar sempre enganados. A mentira, o engano e o fingimento são secundários com relação a exteriorizações sinceras do que ocorre na esfera interna: fingir dor não é um comportamento destituído de um acompanhamento mental; é um comportamento e mais alguma coisa, digamos, um propósito desonesto, que só faz sentido em um jogo de linguagem em que a sinceridade pode ser no mais das vezes pressuposta. Tampouco é possível fingir em todos os casos; o fingimento não seria possível, por exemplo, no caso de alguém que cai sobre o fogo e grita de dor. (LSD 10; LPE 318; PI §§249-50, II 179-80, 229; Z §§570-1).

Ao mesmo tempo, os sentimentos e pensamentos complexos de algumas pessoas podem nos parecer enigmáticos, mesmo que elas se esforcem ao máximo para revelá-los. Isso se deve à "imponderabilidade do mental" (PI II 227-8; LW II 63-7, 87-93). As atribuições de emoções sutis não somente são revogáveis, como também podem supor um relacionamento íntimo, ou mesmo ser indecidíveis. Entretanto, ao invés de reinstaurar uma cortina de ferro ontológica entre o interno e o externo, esses pontos reforçam o elo entre a mente e o comportamento. Pois a incerteza ocasional de nossos juízos reflete uma indeterminabilidade em nossos conceitos, que se deve, por sua vez, à natureza complexa de nossa FORMA DE VIDA. Que as ocasiões para o uso de certos termos mentais configurem uma conjunção de fatores altamente complexa é algo que se deve ao fato de que o comportamento humano é imprevisível; e nossas reações a ele, variadas e dependentes da cultura.

A versão materialista da dicotomia interno/externo é mais plausível do que a mentalista, uma vez que invoca não um domínio ontológico misterioso, mas antes uma parte essencial de nosso corpo. O segundo Wittgenstein questiona, contudo, muitas versões do materialismo. Sua insistência na idéia de que os predicados mentais só podem ser atribuídos a organismos vivos, em particular a SERES HUMANOS, é incompatível com a visão de que é o cérebro que pensa, sente ou tem consciência, sendo também incompatível com o funcionalismo, a visão de que os estados mentais são estados funcionais de uma máquina. Sua PSICOLOGIA FILOSÓFICA mostra que nossos conceitos mentais não correspondem a uma teoria científica primitiva, que poderia ser descartada em benefício de algo mais atualizado, como se supõe no materialismo eliminativo.

Parece plausível, no entanto, que os fenômenos mentais sejam causas internas de um comportamento exterior, devendo, pois, ser idênticos a fenômenos neurofisiológicos, isto é, processos ou estados cerebrais. Entretanto, mesmo admitindo-se essa concepção CAUSAL da mente, não se segue daí que enunciados psicológicos descrevam fenômenos neurofisiológicos. Se Wittgenstein está certo, proferimentos psicológicos em primeira pessoa e no tempo presente não constituem, no mais das vezes, descrições de coisa alguma, muito menos do cérebro. Em termos menos controversos, o pouco que sei sobre meu cérebro baseia-se em evidências falíveis, ao passo que o fato de que tenho certas sensações, intenções, crenças etc., não é algo que admita o erro, a ignorância ou a dúvida, nem tampouco é algo que se baseia em evidências ou observações de alguma espécie.

O fato de que, no enunciado "Posso estar em dúvida quanto a minhas fibras-C estarem disparando" não posso substituir "minhas fibras-C estarem disparando" por "eu estar com dor" aponta para uma diferença categorial entre conceitos mentais e conceitos neurofisiológicos. Entretanto, "Posso estar em dúvida quanto..." constitui um contexto intensional. Essa impossibilidade de substituição é, portanto, compatível com uma teoria da identidade instância-instância, como a que encontramos no monismo anômalo de Davidson, em que se afirma simplesmente que cada fenômeno mental *individual* deve ser idêntico a um evento neurofisiológico individual, mesmo que ignoremos que eventos neurofisiológicos correspondem a que eventos mentais. Contudo, Wittgenstein rejeitaria essa visão. Ele não nega que possuir um cérebro de um determinado tamanho e complexidade seja uma precondição para a posse de capacidades mentais, e que alguns fenômenos mentais (por exemplo, a percepção de um clarão) se correlacionam a processos neurofisiológicos específicos (PI §§376, 412). Nega, entretanto, que deva *necessariamente* haver um paralelismo universal entre a esfera mental e a física, até mesmo no nível das instâncias. "Nenhuma suposição me parece mais natural do que a de não haver no cérebro um processo correlacionado com... o pensar; de modo que seria impossível extrair de nossos processos cerebrais os processos de pensamento." Pois ainda que meus pensamentos falados possam correlacionar-se com uma série de impulsos originários do cérebro, tal ordem poderia proceder "do caos" (Z §§608-11). Segundo Wittgenstein, o mental não sobrevém ao físico: não é preciso haver qualquer diferença neurofisiológica entre alguém que fala pensadamente e alguém que não o faz, assim como não é necessário haver qualquer diferença fisiológica entre sementes que produzem plantas diferentes. Essa é uma posição problemática, na medida em que equivale a negar a idéia de que deva necessariamente haver uma explicação causal para os processos mentais. Pode não equivaler a uma transgressão de necessidades lógico-metafísicas, mas é incompatível com um princípio regulativo bastante bem-sucedido nas neurociências. Ao mesmo tempo, Wittgenstein nos dá fortes razões para supor que muitos fenômenos mentais, em especial compreender, acreditar, PRETENDER ALGO E QUERER DIZER ALGO, são categorialmente distintos de eventos, processos e estados, uma vez que carecem das propriedades temporais ("duração genuína", databilidade) dos estados e acontecimentos neurais a que supostamente são idênticos.

Além disso, mesmo nos casos em que fenômenos neurofisiológicos, com comprovação empírica, correlacionam-se a fenômenos mentais, não são nem necessários nem suficientes para a ocorrência destes últimos. Sua presença não implica logicamente a presença de fenômenos mentais (qualquer que seja a indicação do eletroencefalograma, não sinto dor a não ser quando a sinto). É, além disso, logicamente possível que fenômenos mentais estejam presentes não somente na ausência de acompanhamentos neurofisiológicos de tipo específico (posso sentir dor sem que haja qualquer indicação significativa no eletroencefalograma), como também na ausência de absolutamente qualquer acompanhamento neurofisiológico: "é algo imaginável que meu crânio aparecesse vazio quando fosse operado" (OC §4; *ver* PI §§149-58; BB 118-20; RPP I §1063; *ver também* COMPREENSÃO). Isso especificamente *não* significa que possamos duvidar que os seres humanos normais possuam cérebros, considerando-se que essa é uma de nossas proposições fulcrais, que só poderiam ser abandonadas ao preço da desintegração de nosso sistema de crenças (*ver* CERTEZA). Significa, antes, que não há conexão conceitual entre mecanismos neurofisiológicos e fenômenos mentais. Os conceitos neurofisiológicos não desempenham qualquer função no modo como explicamos e aplicamos termos mentais: utilizações de termos mentais feitas em terceira pessoa baseiam-se em critérios comportamentais; usos em primeira pessoa não se baseiam em critério algum, e muito menos em critérios neurofisiológicos, muito embora faça parte de nossa visão de mundo a crença na existência de uma conexão geral entre fenômenos neurofisiológicos e fenômenos mentais (BB 47).

***Investigações filosóficas*** (*Philosophische Untersuchungen*, 1953) Trata-se da *summa* da filosofia do segundo Wittgenstein, assim como o *Tractatus* constitui a *summa* de sua primeira filosofia. Desde seu retorno a Cambridge, em 1929, Wittgenstein vinha tentando escrever um livro que cristalizasse suas novas idéias. Cerca de 200 das observações do texto publicado têm sua origem em outra obra, "Big Typescript", de 1933. Entretanto, o trabalho que acabou por resultar nas *Investigações filosóficas* teve início em 1936-7, depois que Wittgenstein abandonou o projeto de *Eine Philosophische Betrachtung*. Do ponto de vista genético, a Parte I das *Investigações* divide-se em três partes. A primeira, §§1-189, origina-se da "Versão inicial" (TS220). Wittgenstein apresentou essa versão à Cambridge University Press, recolhendo-a de volta, entretanto, depois de um mês. Fez, em seguida, inúmeras tentativas de completar esse volume. O primeiro acréscimo (TS221, uma versão da Parte I de *Remarks on the Foundations of Mathematics*) se deu na mesma época da "Versão inicial" e trata da matemática. A segunda tentativa se dá em 1943, quando Wittgenstein submete uma cópia datilografada (hoje perdida) à Cambridge University Press. É provável que essa cópia incluísse também uma discussão sobre matemática, uma vez que esse constituía o tema principal dos manuscritos de Wittgenstein até 1943. Talvez isso explique por que o Prefácio, escrito em 1945, ainda inclui os "fundamentos da matemática" como um dos tópicos discutidos. Na terceira tentativa, a "Versão intermediária" de 1944 (TS242), Wittgenstein substituiu os trechos dedicados à matemática pelos parágrafos 189-421. As seções finais, §§422-693, foram acrescentadas em 1945/6 (provenientes de TS228). Wittgenstein fez pequenas revisões até 1950, e deixou o livro para publicação póstuma.

De um modo geral, evitam-se, nas *Investigações filosóficas*, as afirmações sibilinas que caracterizam o *Tractatus*. Sua prosa é clara e não é técnica. Quatro fatores tornam difícil, no entanto, a sua compreensão (à parte o fato de que seu conteúdo freqüentemente se choca contra 2.500 anos de filosofia). O primeiro é o estilo aforístico e amiúde irônico, que faz lembrar Lichtenberg e Nietzsche. As observações de Wittgenstein ressoam, indicam uma trajetória de pensamento, mas deixam ao leitor a tarefa de desenvolvê-lo. Em segundo lugar, em nítido contraste com o *Tractatus*, as *Investigações* se desenvolvem em torno de um diálogo entre Wittgenstein e um interlocutor, cujas confusões ele tenta resolver. Essa estrutura dialógica permite a Wittgenstein explorar todas as tentações e falsos indícios que um determinado tópico apresenta. Normalmente, as intervenções do interlocutor são assinaladas com aspas. Por vezes, entretanto, somos confrontados com a tarefa de determinar quem está falando (Wittgenstein ou o interlocutor).

Em terceiro lugar, falta às seções numeradas uma estrutura linear, além de não haver capítulos formalmente indicados. O prefácio enuncia que Wittgenstein abandonara seu plano de escrever uma obra mais convencional, no estilo de um manual (pode estar se referindo aqui aos *Livros azul* e *castanho* e a *Eine Philosophische Betrachtung*), afirmando que o livro explora uma "vasto domínio de pensamentos em todas as direções". Em parte, isso "se vincula à própria natureza da investigação", que precisa elucidar, a partir de várias perspectivas, conceitos já por si interligados. Deve-se também, contudo, ao admitido fracasso de Wittgenstein na tentativa de forçar a direção de seus pensamentos, que têm uma trajetória amiúde bastante acidentada.

Em quarto lugar, as *Investigações* raramente identificam os alvos de seus ataques. Alguns leitores têm, por isso, criticado Wittgenstein, afirmando que ele parece estar exorcizando concepções que ninguém jamais sustentou. Em parte, isso se deve à sua tentativa de enunciar hipóteses e imagens fundamentais que moldam correntes inteiras do pensamento filosófico. Entretanto, assim como a falta de uma estrutura linear, isso se deve também ao método idiossincrático com que ele constrói sua obra. As *Investigações* são o resultado de sucessivas revisões de cópias datilográficas provenientes de rascunhos manuscritos. O processo envolvia a inclusão de novas observações, copiadas de outros rascunhos, o corte de algumas outras, reordenações na seqüência das observações, a redução de algumas delas e a alteração de palavras ou expressões específicas. Nesse processo, tendeu-se a condensar as observações. O texto ganhou mais apuro estilístico, ficando, entretanto, amiúde menos inteligível. Wittgenstein retirou frases, explicações e ilustrações, que iluminam ou são mesmo essenciais para a compreensão de uma passagem, e que precisam ser, então, reconstruídas a partir do *Nachlass* (por exemplo, 46n, §§144, 373, 559).

O *Leitmotiv* que confere unidade aos vários temas da Parte I das *Investigações* é a linguagem e a representação lingüística. Já havia sido esse o cerne do *Tractatus*; e, no Prefácio das *Investigações*, afirma-se que o livro deveria ser visto "em oposição ao [*Tractatus logico-philosophicus*] e tendo-o como pano de fundo", uma obra que Wittgenstein critica por conter "graves erros". O livro se inicia com uma citação de santo Agostinho, na qual Wittgenstein detecta uma concepção simples, subjacente a equívocos acerca da linguagem que se fazem presentes desde Platão, mas que ele associa particularmente a Frege, a Russell e ao *Tractatus*. A Parte I se encerra com uma discussão sobre a noção de querer dizer algo, em que Wittgenstein nos adverte contra a idéia de considerá-la uma atividade ou processo mental. Ao contrário do que ocorre no *Tractatus*, busca-se determinar, nas *Investigações*, as conexões entre significado lingüístico e conceitos psicológicos, em especial os conceitos de COMPREENSÃO e de PENSAMENTO e os conceitos relativos à volição, como QUERER, por um lado, e PRETENDER ALGO E QUERER DIZER ALGO, por outro. É principalmente por essa razão que essa obra se volta para temas ligados à filosofia da mente, tais como o argumento da linguagem privada. (Tais tópicos ganham vida própria na PSICOLOGIA FILOSÓFICA, depois da Parte I das *Investigações*.) A despeito de sua aparência fragmentária, a Parte I das *Investigações* apresenta mais estrutura argumentativa do que se supõe em geral. Pode-se até mesmo dividi-la em "capítulos", extensões contínuas de texto dedicadas a um grupamento específico de temas:

§§1-64: a VISÃO AGOSTINIANA DE LINGUAGEM, em especial no atomismo lógico do *Tractatus* e de Russell
§§65-88: o ataque ao ideal da DETERMINABILIDADE DO SENTIDO, presente no *Tractatus* e em Frege
§§89-133: a natureza da FILOSOFIA, e a busca da LÓGICA por uma linguagem ideal
§§134-42: a FORMA PROPOSICIONAL GERAL e a natureza da VERDADE
§§143-84: a compreensão lingüística e o conceito de leitura
§§185-242: o que é seguir uma REGRA e o QUADRO DE REFERÊNCIA da linguagem
§§243-315: o argumento da LINGUAGEM PRIVADA
§§316-62: pensamento e pensar
§§363-97: IMAGINAÇÃO e imagens mentais
§§398-411: o pronome de primeira pessoa "eu" e a natureza do self
§§412-27: CONSCIÊNCIA
§§428-65: INTENCIONALIDADE — a harmonia entre a linguagem e a realidade
§§466-90: INDUÇÃO e a justificação de CRENÇAS empíricas
§§491-546: GRAMÁTICA e os limites do sentido
§§547-70: IDENTIDADE e diferença de SIGNIFICADO lingüístico
§§571-610: Estados e processos mentais: expectativa, crença
§§611-28: a vontade
§§629-60: pretender algo
§§661-93: querer dizer algo.

A Parte II das *Investigações filosóficas* (TS234) insere-se no quadro das reflexões sobre a psicologia filosófica de que Wittgenstein se ocupou, depois de completar a Parte I das *Investigações*. Com base em contatos que tiveram com Wittgenstein em 1948, os editores das *Investigações* relatam que o autor pretendia suprimir boa parte do conteúdo dos §§491-693, para incluir, em seu lugar, algum material contido na Parte II. Entretanto, embora essas passagens da Parte I encontrem-se em uma forma menos apurada do que a que caracteriza as seções anteriores, não é fácil ver como poderiam ser suplementadas por um material proveniente da Parte II, ou como esse material poderia ser transplantado para a Parte I. Wittgenstein jamais chegou a fazer qualquer tentativa nesse sentido, e, sob muitos aspectos, a Parte II, especialmente a discussão sobre a percepção de ASPECTOS, toma novos rumos.

# J

**jogo de linguagem** (*Sprachspiel*) A partir de 1930, Wittgenstein passa a comparar sistemas axiomáticos a um jogo de xadrez. A analogia tem origem nos formalistas, que tratavam a aritmética como um jogo praticado com símbolos matemáticos. Essa idéia foi criticada por Frege, que via apenas duas alternativas: a aritmética trata ou de signos ou daquilo que os signos substituem. Wittgenstein rejeita essa dicotomia. A aritmética não versa "sobre" marcas de tinta, do mesmo modo que o xadrez não é um jogo que diga respeito a peças de madeira. Isso não significa, entretanto, que numerais ou peças de xadrez funcionem como substitutos de alguma coisa. Em vez disso, o "significado" de um signo matemático, assim como o de uma peça de xadrez, é a soma das regras que determinam os seus "lances" possíveis. O que distingue a matemática aplicada e a linguagem do jogo de xadrez e da matemática pura é simplesmente sua "aplicação", o modo como interagem com outras atividades (lingüísticas e não lingüísticas) (WVC 103-5, 124, 150-1, 163, 170; MS166 28-9; *Laws* II §88; *ver* NÚMEROS).

O termo "jogo de linguagem" surge quando, a partir de 1932, Wittgenstein passa a estender a analogia do jogo à linguagem como um todo. Aparece pela primeira vez em TS211 578 (ver também BT 201; PG 62, amiúde citada como a primeira ocorrência, é posterior e provém de MS114). Inicialmente, o termo é usado indistintamente como um equivalente de "cálculo". Sua função principal é chamar a atenção para as várias semelhanças entre linguagem e jogos, do mesmo modo que a analogia com o cálculo sublinhava semelhanças entre linguagem e sistemas formais.

O ponto de partida para ambas as analogias é que a linguagem é uma atividade guiada por regras. (a) Assim como um jogo, a linguagem possui regras constitutivas, as regras da GRAMÁTICA. Distinguindo-se de regras estratégicas, as regras gramaticais não determinam que lance/proferimento terá êxito, mas sim aquilo que é correto ou faz sentido, definindo, dessa forma, o jogo/linguagem. (b) O significado de uma palavra não é um objeto do qual ela é um sucedâneo, sendo antes determinado pelas regras que governam seu funcionamento (LWL 43-5, 59; AWL 3, 30, 44-8, 120, 151; PG 59; *ver* CORPO DE SIGNIFICADO). Aprendemos o significado das palavras aprendendo a utilizá-las, da mesma forma que aprendemos a jogar xadrez, não pela associação de peças a objetos, mas sim pelo aprendizado dos movimentos possíveis para tais peças (*ver* USO). (c) Uma proposição constitui um lance ou uma operação no jogo da linguagem; seria destituída de significado na ausência do sistema de que faz parte. Seu sentido é o papel que desempenha na atividade lingüística em curso (PI §§23, 199, 421; PG 130, 172; BB 42). Assim como no caso dos jogos, os lances possíveis dependem da situação (posição no tabuleiro), e, para cada lance, certas reações serão inteligíveis, ao passo que outras serão rejeitadas.

A analogia com o jogo substitui pouco a pouco a analogia com o cálculo. Isso corresponde ao abandono da utilização do CÁLCULO COMO MODELO, da idéia de que as regras constituem uma ordem rígida, precisa e definida, oculta por detrás da aparência heterogênea da linguagem. Nesse mesmo espírito, juntam-se ao xadrez, na comparação com a linguagem, outros jogos menos rígidos, tais como cantigas de roda. Além disso, ao voltar-se para a idéia de jogos de linguagem, Wittgenstein desviou o foco de sua atenção da geometria de um simbolismo (seja de uma linguagem ou de um cálculo) para o lugar que ele ocupa nas práticas humanas. O termo foi utilizado em quatro diferentes acepções, que (grosso modo) se revezam no centro das atenções:

*Práticas de ensino* Os jogos de linguagem são inicialmente explicados (em BB 17) como "modos de usar" signos que são mais simples do que aqueles usados em nossa linguagem cotidiana; como "formas primitivas de linguagem", com as quais "uma criança começa a usar as palavras". Tal visão evolui para a idéia de jogo de linguagem como um "sistema de comunicação" por meio do qual a criança "aprende" a sua língua nativa, ou pelo qual esta lhe "é ensinada" (PI §7; BB 81). O fato de que muitas palavras são ensinadas apontando-se para um objeto constitui uma razão para se pensar que seu significado é o objeto apontado. Contrariamente, ao investigar nossas práticas de ensino, Wittgenstein salienta o fato de que a relação entre um nome e seu objeto não é monolítica (PI §§8-18). Da mesma forma, o modo como o significado de palavras como "dor", "sonho" ou "belo" é, ou poderia ser, aprendido lança luz sobre o papel (amiúde não descritivo) desempenhado pelas proposições que contêm tais termos (PI §244; LC 1-2).

As práticas de ensino não são importantes para Wittgenstein por conta de um interesse especulativo ingênuo acerca da "história hipotética" das práticas lingüísticas resultantes do aprendizado (ele admitia a possibilidade lógica de habilidades lingüísticas inatas); importam somente pelo fato de que nos mostram traços distintivos do uso que fazemos das palavras, em EXPLICAÇÕES específicas que desempenham continuamente o papel de padrões de correção (BB 12-14; PG 188). Mesmo sendo formas primitivas de linguagem, os jogos de linguagem devem ser "completos" (AWL 101; BB 81; PI §§2. 18), no mesmo sentido em que, para Wittgenstein, os números racionais não são apenas um subconjunto incompleto dos NÚMEROS reais. As práticas de ensino, ao contrário, são fragmentos de nossa linguagem. Essa pode ser uma das razões pelas quais perdem espaço para a idéia de jogos de linguagem fictícios.

*Jogos de linguagem fictícios* Trata-se de práticas lingüísticas, hipotéticas ou inventadas, de uma espécie simples ou primitiva. Tais "jogos de linguagem simples e claros" servem como "objetos de comparação" (PI §130, ver §§2-27). Têm a incumbência de lançar luz sobre nossos jogos de linguagem mais complicados, conferindo um relevo especial a alguns de seus aspectos característicos. Wittgenstein concebe pelo menos duas maneiras de fazer isso. Uma delas é reconstruir os discursos complexos em que utilizamos termos como "verdade", "asserção", "proposição" etc., a partir de jogos de linguagem mais primitivos. Essa abordagem prepondera no *Livro castanho*, em que se discute uma série de jogos de linguagem fictícios, sem que se recorra a qualquer contextualização filosófica, e sem interligá-los em qualquer linha argumentativa. Felizmente, esse método monolítico de jogos de linguagem já havia perdido espaço por ocasião das *Investigações filosóficas*.

Outra estratégia é utilizar jogos de linguagem como parte de um argumento do tipo *reductio ad absurdum*. Ela permite construir jogos de linguagem que correspondem à compreensão de certos conceitos subjacentes a uma determinada teoria filosófica, salientando o contraste entre estes e nossos jogos de linguagem e conceitos reais. Monta-se, por exemplo, um jogo de linguagem em que os termos "saber" e "compreender" são utilizados com referência a estados de consciência dotados de duração genuína, com o objetivo de mostrar que não utilizamos tais palavras dessa maneira. Nas *Investigações*, Wittgenstein utiliza jogos de linguagem para desmascarar a doutrina tractariana dos "simples" e o método de análise empregado nesta obra (PI §§48, 60-4). O exemplo mais famoso dessa tática é o jogo de linguagem dos construtores, no §2 das *Investigações* (ao qual vão-se acrescentando complicações subseqüentemente): ele consiste em quatro palavras — "cubo", "coluna", "lajota" e "viga". O construtor A diz essas palavras, e B, seu ajudante, lhe traz a pedra que aprendeu a trazer ao ouvir cada uma das palavras. Esse "jogo de linguagem primitivo" deve supostamente ajustar-se à VISÃO AGOSTINIANA DE LINGUAGEM, segundo a qual todas as palavras são nomes de objetos. O ponto óbvio que Wittgenstein quer salientar é que nossa linguagem inclui muitos outros usos de palavras além de nomear ou de solicitar um objeto (PI §3).

Wittgenstein concebe essa monótona interação, juntamente com o ensinamento que a precede, como uma "linguagem primitiva completa", "toda a linguagem de um povo" (PI §§2, 6; BB 77). Até mesmo os leitores simpáticos às idéias de Wittgenstein protestaram que, embora uma linguagem possa ter um vocabulário limitado, a prática dos construtores não pode ser considerada como linguagem, em primeiro lugar porque falta estrutura sintática a seus proferimentos; em segundo lugar, porque os sujeitos não conversam; e, em terceiro lugar, porque a interação não fornece uma diferença entre os empregos vocabulares dotados de significado e os absurdos. Na primeira objeção, parte-se do princípio de que, contrariamente ao que diz Wittgenstein, não pode haver frases de uma só palavra (*ver* PROPOSIÇÃO). A segunda poderia ter sido levantada igualmente contra a idéia de um grupo de pessoas que falassem apenas por monólogos (PI §243), mas não se sustenta em nenhum dos dois casos: o uso comunicativo concreto não constitui uma precondição para algo ser considerado linguagem; e, seja lá como for, os construtores *poderiam* usar seu vocabulário para passar pedras entre si. À luz das considerações do próprio Wittgenstein, a terceira objeção excluiria o caso dos construtores da idéia de uma situação de uso de linguagem. A validade dessa objeção depende de as reações de B estabelecerem uma distinção entre o caso de A cometer um erro prático, como pedir uma pedra que não está disponível, e o caso de A cometer um erro lingüístico, isto é, empregar o vocabulário de forma absurda, dizendo, por exemplo, "Cubo, cubo!". O § 6 das *Investigações* descreve o ensino como um processo de condicionamento por estímulo e resposta, não deixando espaço, portanto, para essa distinção. Entretanto, o §7 abre esse espaço, na medida em que a "nomeação" das pedras deve estabelecer padrões para o uso correto dos termos. Wittgenstein reconhece também que, para que essa prática possa chegar a ser considerada como uma "linguagem rudimentar", os construtores não podem comportar-se de modo "meramente mecânico" devendo tomar parte em uma forma de vida semelhante à nossa (Z §99; MS165 94-6).

*Atividades lingüísticas* Embora tenha continuado a afirmar que, para compreendermos nossos conceitos, "nada" é mais importante do que a construção de conceitos fictícios (LW I §19), Wittgenstein passa a fazer um uso menos freqüente de jogos de linguagem fictícios depois das *Investigações*. Passa, em vez disso, a enfocar mais de perto as atividades lingüísticas reais, descrevendo-as contra o pano de fundo de nossas práticas não lingüísticas. No mesmo espírito, o §23 das *Investigações* fornece uma lista de atos de fala: dar ordens, descrever a aparência de um objeto, perguntar, maldizer, produzir um objeto a partir de uma descrição, etc. Em outras ocasiões, Wittgenstein acrescenta atividades mais complexas, tais como mentir, contar histórias, relatar sonhos, confessar um motivo, formar hipóteses e testá-las. Inclui, além disso, modos de discurso, tais como fazer previsões indutivas, falar sobre objetos físicos ou impressões sensíveis e atribuir cores a objetos (PI §§249. 363, 630, II 180, 184, 224; Z §345). Refere-se também ao "jogo de linguagem com" (i.e., o uso de) palavras como "jogo", "proposição", "linguagem", "pensamento", "ler" e "dor" (PI §§71, 96, 156, 300).

Alguns comentadores protestaram que Wittgenstein não fornece um critério de identidade para jogos de linguagem. Não há aqui, entretanto, maiores dificuldades. Wittgenstein distingue atividades lingüísticas em diferentes níveis de generalidade. Depende do nível em questão o que pode e o que não pode ser considerado como uma mesma atividade (se é necessário ou não, por exemplo, estabelecer uma distinção entre contar uma história e contar uma piada); e em todos os níveis haverá casos limítrofes. Mais problemático é o fato de que Wittgenstein utiliza sua lista de jogos de linguagem para ilustrar a idéia de que há "incontáveis tipos de sentenças" (PI §23). Seria razoável objetar que, embora sentenças como "Você está prestando atenção?" possam ser *usadas* como pergunta ou reprimenda, o fato é que os tipos de sentenças só se distinguem por suas modalidades gramaticais (declarativa, imperativa e interrogativa), e que essa distinção não somente transcende a de Wittgenstein (as perguntas ocorrem igualmente em contos de fada e na construção de teorias científicas), mas é também mais fundamental. Wittgenstein pisa em solo mais firme quando afirma que há uma irredutível "multiplicidade de jogos de linguagem" (PI §§23-4), modos de empregar palavras que se diferenciam em aspectos filosoficamente relevantes. As diferentes funções da linguagem não podem reduzir-se à descrição ou à representação, como determinava a doutrina tractariana da FORMA PROPOSICIONAL GERAL. Assim como "jogo", "linguagem" é uma palavra determinada por SEMELHANÇA DE FAMÍLIA: não há um traço definidor único que todos os jogos tenham em comum, incluindo-se aí os jogos que jogamos com palavras (PI §65).

Um dos usos que Wittgenstein dá aos jogos de linguagem reais é enfatizar a natureza heterogênea da linguagem. Outro é sustentar que a confusão FILOSÓFICA se origina de um entrecruzamento de jogos de linguagem (*ver* RFM 117-18), isto é, da utilização de palavras de um jogo de linguagem conforme as regras de outro jogo. Um outro ainda é afirmar que, assim como qualquer jogo, os jogos de linguagem são AUTÔNOMOS; não se justificam por objetivos externos, ao contrário de uma atividade como cozinhar (PG 184-5; Z §230).

Contra a analogia do jogo, objetou-se que os jogos estão sujeitos a critérios pragmáticos: podem ser melhorados conforme o grau de diversão que proporcionam, a quantidade de tempo que levam, etc. Mas algo semelhante pode aplicar-se a jogos de linguagem como saudações ou medições. Outra objeção é que os jogos, ao contrário das atividades lingüísticas, têm pouca importância. Alguns jogos, no entanto, desempenham em nossa vida um papel mais importante do que muitos floreios lingüísticos.

*Linguagem como jogo* Há um ponto em que a analogia se desfaz. Ao contrário dos jogos, os fragmentos de nossas práticas lingüísticas são inter-relacionados (ordenar e obedecer, por exemplo), fazendo parte de um sistema global. Wittgenstein descreve essa idéia, lançando mão de uma comparação entre a linguagem e uma "velha cidade" (PI§18; a analogia ocorre em Boltzmann, *Physics* 77 e em Mauthner, *Beiträge* I 26): seu centro, a linguagem do dia-a-dia, é um labirinto de ruelas tortuosas, ao passo que os acréscimos mais recentes, como os termos especializados da química ou da matemática, constituem os subúrbios, com suas linhas retas e uniformes. Emprega, além disso, o termo "jogo de linguagem" para referir-se a esse sistema como um todo. Wittgenstein refere-se, então, ao "jogo de linguagem total" e ao "jogo de linguagem humano", "nosso jogo de linguagem" (BB 108; OC §§554-9). Com efeito, é utilizando o termo dessa forma que ele apresenta sua idéia mais importante: "Chamarei também 'jogo de linguagem' o conjunto da linguagem e das atividades com as quais está interligada" (PI §7).

É o modo como as atividades lingüísticas se encontram interligadas com nossas práticas não lingüísticas, estando nelas imersas, que as torna mais importantes que os jogos. As atividades lingüísticas dos construtores são tão cruciais para suas vidas quanto são essenciais para as nossas a medição e o raciocínio indutivo. O jogo de linguagem da "dor" interliga-se com os modos que temos de verificar atribuições de dor a terceiros, mas também com a comiseração etc. Nossos jogos de linguagem estão imersos em nossa FORMA DE VIDA, as práticas gerais de uma comunidade lingüística. Em virtude dessa vinculação com a prática, jogos com palavras como palavras cruzadas não contariam como jogos de linguagem para Wittgenstein. Essa idéia vai progressivamente ganhando destaque nos escritos do autor. Enquanto, no princípio, as palavras possuem significado dentro de uma proposição e no interior do jogo em que elas são utilizadas, mais tarde ele nos diz que "as palavras só possuem significado no fluxo da vida" (LW I §913). As técnicas para empregá-las fazem parte de nossa história natural. Wittgenstein jamais identificou, entretanto, a noção de jogo de linguagem com a de forma de vida. Jogos de linguagem "fazem parte" de uma forma de vida, encontram-se imersos nela (PI §§23-5). Observa-se também uma ênfase crescente na idéia de que nossos jogos de linguagem não são passíveis de justificação, enraizando-se, antes, em nossas reações e atividades naturais (RPP I §916; RPP II §453; OC §§402-3, 559).

O neologismo de Wittgenstein teve ampla aceitação, tendo adquirido também extensões ("o jogo de linguagem da ciência" ou "da religião"). Dummett comparou a verificação de uma proposição com uma vitória no xadrez (muito embora Wittgenstein repudiasse essa sugestão no que diz respeito a proposições matemáticas — PG 289-95). Hintikka utilizou jogos de esconde-esconde na proposta de uma semântica para os quantificadores.

# L

**linguagem privada, argumento da** Em um sentido amplo, essa expressão se refere à investigação da relação entre a esfera mental e o comportamento, nos parágrafos 243 a 315 das *Investigações filosóficas*. Em termos mais estritos, refere-se a uma linha argumentativa que discute a idéia de uma "linguagem privada" (MS165 101-2). Essa linguagem não é um código pessoal (como aquele encontrado em alguns dos cadernos de Wittgenstein), nem tampouco uma linguagem utilizada somente em monólogos (como a examinada no §243), e nem mesmo uma linguagem falada por uma só pessoa (como a de Robinson Crusoé, considerada em MS 124 221). Não se trata de uma linguagem que não é compartilhada por uma questão de fato, mas sim de uma linguagem que, por princípio, não pode ser compartilhada ou ensinada, dado que suas palavras referem-se ao que só pode ser conhecido pelo falante, a saber, suas experiências privadas imediatas. Os §§243-55 introduzem a idéia de uma linguagem privada e mostram que nosso vocabulário psicológico não é privado nesse sentido, ao passo que os §§256-71 sustentam a idéia de que a própria noção é incoerente. Os §§272-315 argumentam que isso não implica que a esfera mental seja irreal.

A possibilidade de uma linguagem privada é tacitamente pressuposta pela corrente dominante na filosofia moderna, desde Descartes, passando pelo empirismo inglês clássico e pelo kantismo, até o representacionalismo cognitivo contemporâneo. Ela resulta de duas suposições naturais. Em primeiro lugar, a idéia de que o significado das palavras é dado por aquilo que elas substituem — algo que faz parte da VISÃO AGOSTINIANA DE LINGUAGEM. Em segundo lugar, no caso dos termos psicológicos, a suposição de o que substituem são fenômenos em um teatro mental, acessível apenas ao indivíduo. As sensações, as experiências e os pensamentos são inalienáveis e epistemicamente privados (*ver* PRIVACIDADE). Ninguém mais pode sentir a minha dor, ou saber o que sinto quando sinto dor — trata-se aqui da visão da mente em termos da dicotomia INTERNO/EXTERNO. Segue-se imediatamente daí que ninguém mais pode saber o que quero dizer com "dor". Além disso, se as idéias, impressões ou intuições nos fornecem não apenas as evidências para todas as nossas crenças, mas também o conteúdo de todas as nossas palavras — uma visão compartilhada por representacionalistas e idealistas, racionalistas, empiristas e kantianos —, toda a nossa linguagem é, nesse sentido, privada.

A idéia de que os significados são experiências privadas desperta o fantasma lockiano do espectro invertido (*Ensaio sobre o entendimento humano* II.32.15): até onde sabemos, aquilo que quero dizer com "vermelho" pode muito bem ser o que você quer dizer com "verde". O primeiro a aceitar essa conclusão foi Russell (*Logic* 195). Ele estava tão convicto da idéia de que os significados de nossas palavras devem ser dados dos sentidos com os quais mantemos uma relação de familiaridade, que declarou ser uma precondição para a COMPREENSÃO intersubjetiva que não haja duas pessoas que, com suas palavras, possam querer dizer o mesmo. O *Tractatus* apresenta um encaminhamento semelhante. Embora os OBJETOS, que constituem os significados de NOMES simples, não sejam dados dos sentidos, são, no entanto, objetos com os quais mantemos uma relação de familiaridade — tonalidades de cor, pontos no campo visual. Em sua fase verificacionista, Wittgenstein, lado a lado com Carnap e Schlick, sustentou a existência de uma linguagem primária "fenomenológica", que se refere às experiências imediatas. Entre 1932 e 1935, ele começou por abandonar a idéia de uma linguagem primária, para em seguida atacar o idealismo e o SOLIPSISMO. A noção de uma linguagem privada surge primeiramente nas preleções de 1935-6 (LPE; LSD); o argumento contra essa noção é desenvolvido em manuscritos de 1937-9 e completado em 1944-5.

A versão final, aprimorada porém condensada, encontra-se nos parágrafos 243 a 315 das *Investigações*. Essa localização foi negada por alguns adeptos de uma visão comunitarista da atividade de seguir REGRAS, que alegavam que o "verdadeiro" argumento da linguagem privada já se encontra completo por ocasião do §202, quando se afirma que "não podemos seguir uma regra 'privadamente': do contrário, pensar que se está obedecendo a uma regra equivaleria a obedecê-la". Nessa ótica, os §§243-315 apenas defendem a idéia de que o discurso dotado de significado supõe uma comunidade real de falantes, contra o possível contra-exemplo dos termos designadores de sensações. Entretanto, nos rascunhos originais (MS180a 68-72; MS129 116-17), o §202 acompanha e pressupõe os §§243-315. Além disso, a discussão sobre a linguagem privada encontrada nos §§243-315 não diz respeito a produtores de monólogos, que não comunicam suas sensações. Finalmente, essa discussão não se limita a aplicar às sensações uma lição sobre a atividade de seguir uma regra; tenta antes desfazer equívocos gerais acerca da mente (estados e processos mentais) e de sua relação com o comportamento. Embora seu foco principal recaia sobre as sensações (*Empfindungen*), e em particular sobre a dor, ocupa-se igualmente da experiência, em especial, das experiências visuais (PI §§273-80, 290, 305-6, 312).

Por outro lado, o argumento da linguagem privada realmente pressupõe a discussão anterior sobre o que é seguir uma regra. Uma discussão sobre a coerência da noção de linguagem privada pressupõe uma concepção de linguagem, e Wittgenstein considera a linguagem como uma atividade guiada por regras GRAMATICAIS. Não foi, entretanto, pela simples definição da linguagem como um meio de comunicação que ele chegou à conclusão de que uma linguagem privada é algo impossível (*ver* SEMELHANÇA DE FAMÍLIA); tampouco o concluiu aplicando aqui uma "visão comunitarista" de regras preestabelecidas. A conexão está, em vez disso, no fato de que as regras constituem padrões de correção, e, além disso, no fato de que, para que um signo como "dor" seja o nome de uma sensação, e não simplesmente um rabisco ou um ruído, é preciso que se determine como ele deve ser utilizado (LPE 291). Em uma pretensa linguagem privada, nenhum padrão de correção desse tipo poderia ser estabelecido ou empregado, e, portanto, seus signos seriam destituídos de significado. Uma linguagem que seja em princípio ininteligível para qualquer um que não seja aquele que a fala não só é (trivialmente) inadequada para a comunicação, como é também ininteligível para o próprio lingüista privado. O lingüista privado afirma, em nossa linguagem pública, estar utilizando o signo "S" como parte de uma linguagem, isto é, conforme regras, mas regras que só ele entende (PI §§261, 270). Acontece que ele é incapaz de explicar como isso é feito sem associar "S" a regras comunicáveis de uma linguagem pública.

O lingüista privado sustenta ainda que se pode dar significado a "S" independentemente de qualquer linguagem pública, por meio de uma definição ostensiva privada. Tenho uma sensação e a batizo concentrando nela a minha atenção e dizendo a mim mesmo "S". Depois disso, faço um diário em que registro "S" sempre que tenho novamente a mesma sensação. Wittgenstein nega que isso constitua um emprego de "S" dotado de significado:

> "Gravo-a em mim mesmo [a sensação]" pode significar apenas: esse processo faz com que me recorde *corretamente* da conexão no futuro. Mas, nesse caso, não disponho de um critério de correção. Poder-se-ia dizer: correto é aquilo que me parece correto. E isso significa apenas que não podemos aqui falar em "correto". (PI §258)

Essa observação já foi interpretada como calcada em uma atitude cética com relação à memória: não posso ter certeza de estar usando "S" somente quando tenho "S", porque minha memória não é infalível. Assim compreendida, a passagem convida-nos a responder que a falibilidade da memória constitui um problema igual no caso de uma linguagem pública, de tal forma que, ou o argumento é incorreto, ou ameaça a própria possibilidade da linguagem em geral. Os defensores de Wittgenstein retorquiram que tal falibilidade é inofensiva se os erros puderem ser corrigidos — o que não é possível no caso privado.

Tanto a crítica quanto a defesa acertam em concentrar-se na questão da verificabilidade, mas erram em associá-la ao ceticismo quanto à memória. O que está em questão não é a verdade que há em eu proferir a sentença "Eis aí 'S' novamente", mas sim seu sentido. "Não é que a memória esteja me pregando uma peça — pois (em tais casos) não pode haver critério para aferir que ela o esteja fazendo" (LSD 8, ver 38-9, 114; PI §260; MS166 21), uma vez que não se estabeleceu, no ritual original, uma regra para o uso de "S". Em termos gerais, inexiste tal coisa como uma regra privada, considerando-se que o padrão de correção deve necessariamente ser verificável (LPP 247). Entretanto, no caso de um padrão privado, não é esse, *ex hipothesi*, o caso. Já se objetou que isso se baseia em um verificacionismo indefensável, confundindo a questão do emprego de um padrão de correção pelo lingüista privado com a questão da possibilidade de sabermos que ele o emprega. Wittgenstein não argumenta, entretanto, que nos seja impossível saber se o lingüista privado está ou não aplicando a regra corretamente; o que afirma é que, nem mesmo para ele, foi estabelecida uma regra para o uso de "S". Pois um padrão de correção não operacional, que não possa nem mesmo em princípio ser utilizado para diferenciar as aplicações corretas das incorretas, é algo que não existe. Poder-se-ia admitir isso, sem, contudo, abrir mão da idéia de que, embora a aplicação de "S" em $t_1$ pelo lingüista privado seja incorrigível em $t_1$, pode ser corrigida por ele em $t_2$. Entretanto, a justificação consiste em "apelar para algo independente" (PI §265). Uma vez que, *ex hipothesi*, essa possibilidade está excluída, nada distingue, em $t_2$, a retificação do erro que o lingüista privado fez com base em uma regra anterior da adoção de uma nova regra por este. Não havia, portanto, na verdade, regra alguma desde o início, mas somente "*impressões* de regras" e uma "pseudoprática" (PI §259; MS 180a 76).

Wittgenstein desenvolve essa linha argumentativa geral, defendendo a idéia de que não pode haver uma definição ostensiva que seja privada, uma vez que não há contrapartes mentais para os traços essenciais das DEFINIÇÕES OSTENSIVAS públicas. A categoria lógica do elemento definido precisa ter sido determinada, isto é, "S" deve necessariamente ser o nome de uma sensação. Entretanto, "sensação" é uma palavra de nossa linguagem pública, que se define com base em CRITÉRIOS comportamentais. Considerando-se que o lingüista privado nega ou rompe essa conexão, cabe a ele explicar novamente a categoria ou "posto" de "S". Dizer simplesmente "Isto é S" não faz de "S", contudo, o nome de uma sensação, de vez que tal ato não determina o que esse "isto" significa. A concentração da própria atenção não é algo que possa estabelecer critérios de IDENTIDADE para usos subseqüentes de "S". Tais critérios só podem ser fornecidos pela especificação do tipo de coisa que está em jogo, por meio de um termo sortal. O lingüista privado não estabelece, contudo, o que é o objeto de sua concentração. Não é capaz de dizer que se trata de uma certa "experiência" ou de um "fenômeno", já que lhe faltam os recursos para explicar esses termos que são dados por nossa linguagem pública. Não pode sequer dizer que "S" se refere a algo que ele possui, considerando-se que "possui" e "algo" são também termos de nossa linguagem pública, com uma determinada gramática. Assim, uma argumentação refutativa leva o lingüista privado ao ponto em que ele "desejaria apenas proferir um som inarticulado" (PI §§257, 261-3; LSD 42, 105; LPE 290). Nesse mesmo espírito, Schlick confessou-se incapaz de sequer falar sobre o "conteúdo privado" que cada pessoa supostamente associa às palavras (*Papers* II 306-7). Mas isso é admitir que Wittgenstein está certo: não se pode invocar um conteúdo privado no debate filosófico.

Mesmo admitindo-se a existência da pretensa amostra da definição ostensiva privada, não há modo de verificar, com base nela, empregos subseqüentes de "S", considerando-se que nada determina a identidade ou a diferença entre a amostra e o item descrito. Não há um método estabelecido para comparar sensações, do tipo daquele de que dispomos para comparar comprimentos de objetos, com base em medições com uma régua. Não se pode, além disso, preservar uma sensação para utilizá-la no futuro como amostra (LSD 42, 110). No §265 das *Investigações*, considera-se a sugestão de substituir uma tal amostra reprodutível por uma imagem mnemônica da sensação original. Não temos nesse procedimento, entretanto, algo semelhante à evocação de uma imagem mnemônica de uma tabela de cores, caso em que disporíamos de um padrão independente para aferir a correção de uma lembrança. Para verificar se é capaz de lembrar qual sensação associou a "S", o lingüista privado só pode apelar para sua imagem mnemônica, o que corresponde apenas a ele lembrar que sensação associou a "S". Compara a memória a ela mesma, como se tentasse medir uma régua com a própria régua ou "comprasse vários exemplares de um jornal para certificar-se de que o que diz é verdadeiro". Mesmo se concedendo ao lingüista privado o uso do termo "sensação", a única coisa que ele poderia querer dizer com "S" é "a sensação que agora experimento" — mas não "tal e tal sensação que experimentei antes". Conseqüentemente, ao dizer "Eis aí S novamente", ele não está aplicando "S" de acordo com uma norma de correção, o que faz com que esse enunciado não possa constituir a descrição de algo privado (PI §§222, 232, 265).

Se uma definição ostensiva privada não pode fornecer um padrão de correção, sua pretensa amostra, o objeto interno, sai de cena na qualidade de "peça ociosa". Em um jogo de linguagem em que todos possuam uma caixa e se refiram a seu conteúdo como "besouro", mas ninguém tenha acesso ao conteúdo da caixas dos outros, os conteúdos da caixa e sua natureza serão irrelevantes para o significado de "besouro". O mesmo se aplica se imaginarmos o objeto interno (a sensação S, o espectro invertido de cores) alterando-se constantemente sem que notemos. A razão para isso não é que o objeto privado seja incognoscível, mas sim que é semanticamente irrelevante (PI §§271-3, 293, II 207; BB 72-3; LPP 281).

Aqui é tentadora a suspeita de que tal posição nos deixa diante de uma espécie de BEHAVIORISMO, em que se nega haver algo por detrás do comportamento visível. Wittgenstein nega tal acusação. "'E, contudo, você chega sempre à conclusão de que a sensação é um *nada.*' — De modo algum! Não é *algo*, mas tampouco é um *nada*!" A sensação só constitui uma "ficção gramatical" semanticamente irrelevante, se construímos a gramática de "dor" com base no modelo de objeto e nome (PI §§304-8). Se tratarmos "dor" como o nome de um objeto privado, a questão da identificação ou da identificação equivocada de seu referente deverá surgir, já que a sensação deve ser um objeto, mas não poderá ser resolvida, já que deve ser privada. Não há critérios de identidade para entidades mentais privadas. Isso não implica que tais objetos não existam, mas somente que nem o próprio lingüista privado sabe rastreá-los. Tampouco implica-se com isso que não existam sensações, mas somente que as sensações não podem ser compreendidas como entidades privadas. (Da mesma forma, o argumento de Kant e Strawson de que não há critérios de identidade para as substâncias anímicas cartesianas não implica nem que meus pensamentos podem, ao que eu saiba, ser os mesmos de mil outras almas, nem que eu não exista; implica apenas que não posso conceber-me como uma substância anímica.)

Palavras como "dor", "coceira" ou "cócegas" são nomes de sensações, mas não no mesmo sentido em que "mesa", "cadeira" e "sofá" são nomes de peças de mobília. Pode-se apontar para uma mesa e dizer que "mesa" é o nome desta☞ peça de mobília, mas não se pode apontar para uma sensação e dizer que "dor" é o nome desta☞ sensação. Em vez disso, dizer que "dor" é o nome de uma sensação é dizer que há manifestações comportamentais características de dor que nos fornecem critérios para aferir enunciados como "Ela está com dor"; é dizer que uma sentença como "Eu estou com dor" é (tipicamente) uma EXTERIORIZAÇÃO — não um relato de um objeto interno, mas uma expressão da dor. No caso de sensações genuínas, não surge o problema dos critérios de identidade, uma vez que inexiste tal coisa como identificar bem ou identificar equivocadamente as próprias sensações (é razoável supor que seja este o ponto central da passagem §270 das *Investigações*, em que se concebe um uso para "S", encarando o enunciado "Eis aí S novamente" não como uma descrição de acontecimentos privados, mas antes como uma exteriorização).

Mesmo não se aceitando a explicação alternativa de Wittgenstein para os termos designadores de sensações, o argumento da linguagem privada enfraquece a idéia de que experiências privadas fornecem-nos os fundamentos da linguagem e do conhecimento.

Tem também como conseqüência a idéia de que, para sabermos o significado de termos psicológicos, não precisamos ter a sensação ou experiência correspondente. Para afirmar de forma significativa que uma outra pessoa está com dor, não precisamos da dor, mas sim do conceito de dor. Ter a experiência não garante o domínio do uso do termo. Da mesma forma, aquele que, sem nunca ter tido uma dor de dente, aplica e explica corretamente o termo "dor de dente", sabe o que significa "dor de dente". Pode-se objetar que não temos razões para crer que essa pessoa domine o uso da expressão em primeira pessoa. Nós as temos, entretanto, se a pessoa pode dizer de si "Eu não estou com dor de dente". O único tipo de caso em que poderíamos dizer que essa pessoa não dominou o uso em primeira pessoa é se ela, subitamente, desse um grito de dor com a mão na bochecha, insistindo, entretanto, que não está com dor de dente (Z §§332-3, 547-8; LSD 9-16). Isso implica, por sua vez, a insustentabilidade do abstracionismo: não poderíamos nem precisaríamos formar conceitos concentrando-nos em certos traços de experiências e descartando outros. Reforça, além disso, o ataque kantiano ao mito do dado (nem sempre adotado pelo próprio Kant, mas defendido enfaticamente mais tarde por Sellars): as "intuições pré-conceptuais" ou os conteúdos "não conceptuais" brandidos pelos empiristas, desde Locke, passando pelo Círculo de Viena, até Quine e teóricos contemporâneos do conteúdo, são, na melhor das hipóteses, parte de um mecanismo causal subjacente ao discurso, não se fazendo presentes nas regras que dão significado a nossas palavras. São semântica e epistemicamente irrelevantes, já que não nos fornecem nem o sentido de nossos enunciados, nem as evidências para eles.

**lógica** A lógica estuda os traços estruturais que diferenciam os argumentos válidos dos inválidos. O divisor de águas em seu desenvolvimento foi a axiomatização completa do cálculo de predicados apresentada em *Begriffsschift.* Frege foi o pioneiro do logicismo, a redução da matemática à lógica, ao buscar demonstrar a derivabilidade da aritmética a partir de conceitos e princípios de raciocínio puramente lógicos. Ele superou as limitações da lógica silogística, explorando uma analogia entre conceitos e funções matemáticas, com o propósito de analisar proposições em termos de expressões-argumentos e nomes de funções, em lugar de analisá-las em termos de sujeito e predicado. O sistema de Frege era axiomático: todas as verdades do cálculo de predicados podem ser derivadas como teoremas a partir de suas "leis básicas", de acordo com regras de inferência. Frege entendia que os axiomas não eram conseqüências analíticas de definições arbitrárias, mas antes verdades auto-evidentes acerca de entidades abstratas, como números, conceitos e relações, que são garantidas por uma "fonte lógica de conhecimento". Tais axiomas "contêm", em forma não desenvolvida, todos os teoremas que deles podem ser derivados de acordo com regras de inferência (*Notation* §13; *Laws* II App.; *Posthumous* 267-79). O logicismo de Frege foi a pique com o paradoxo da teoria dos conjuntos, discernido por Russell, que tentou, então, evitá-lo por meio de sua teoria dos tipos. O sistema dos *Principia* também faz uso de uma análise baseada na distinção função/argumento (um pouco diferente da de Frege), e é também axiomático. Russell não foi claro quanto àquilo que validava tais axiomas. Oscilava entre sustentar que são validados indutivamente, pela verdade de suas conseqüências dedutivas, e afirmar (com Frege) que são verdades auto-evidentes conhecidas por meio de uma intuição lógica (*Principia* I 12, 59; *Problems*

81; "Theory" 156-66). O que lhes confere, entretanto, o seu estatuto necessário, isso ele não foi capaz de explicar. Outro ponto fraco em seu sistema era que, para evitar paradoxos, ele precisou se apoiar no axioma do infinito ("O número de objetos no universo é infinito"), o qual parece empírico e cuja verdade não pode sequer ser conhecida.

O jovem Ludwig comparou o desenvolvimento da lógica baseada na distinção função/argumento à revolução científica do século XVII (RCL). Lançou mão de elementos importantes nos sistemas lógicos de Frege e de Russell — e os transformou. Além disso, seguiu Russell na identificação da filosofia com a análise lógica das proposições (TLP 4.003 e seg.). Entretanto, sua "filosofia da lógica" desviou-se radicalmente da de seus predecessores. De maneira um tanto afrontadora, ele rotula a obra dos que o antecederam como "a velha lógica", criticando-os por não terem esclarecido a natureza da lógica (TLP 4.1121, 4.126; NL 93; NM 109). Na virada do século, havia três explicações para as verdades lógicas. Segundo lógicos de orientação psicologista, como Boole e Erdmann, elas descrevem como os seres humanos (de forma geral) pensam, suas operações mentais básicas, e são determinadas pela natureza da mente humana. Contra isso, platonistas como Frege protestaram que as verdades lógicas são objetivas, e que essa objetividade só pode ser assegurada pela pressuposição de que aquilo a que se referem — os pensamentos e sua estrutura — não são idéias privadas nas mentes dos indivíduos, mas sim entidades abstratas que habitam um "terceiro domínio", para além do espaço e do tempo. Finalmente, Russell sustentou que as proposições da lógica são verdades gerais supremas acerca dos traços mais universais da realidade, uma visão que faz lembrar a concepção aristotélica da metafísica como a ciência mais geral (*Laws* I Pref.; *Principles* 3-9, 106; *External* 189-90; "Theory" 97-101).

Wittgenstein evita essas três alternativas por meio de uma "virada reflexiva", no espírito de Kant. Kant estabelecia uma distinção entre a "lógica formal", que se abstrai dos objetos de conhecimento, e a "lógica transcendental", que investiga as precondições para se pensar em objetos. A primeira consiste em verdades analíticas a priori. Há também, entretanto, verdades sintéticas a priori na matemática, na metafísica, além dos elementos a priori das ciências. Aplicam-se à experiência (são sintéticas), mas não se tornam verdadeiras em função da experiência (são a priori), uma vez que expressam precondições necessárias para a possibilidade da experiência. Wittgenstein foi buscar essa idéia em Schopenhauer e em Hertz, que explicavam os elementos a priori da ciência com base em traços estruturais relativos ao modo como representamos objetos. O *Tractatus* estende essa idéia às verdades analíticas da lógica formal, embora rejeite a idéia de verdades sintéticas a priori. As proposições necessárias não são enunciados acerca do modo como as pessoas realmente pensam, nem acerca dos traços mais universais da realidade, nem tampouco acerca de um domínio platônico transmundano; refletem, isso sim, as condições de possibilidade para a representação empírica. Em contraposição ao que dizia Kant, tais condições não mais residem em um mecanismo mental. A lógica investiga a natureza e os limites do *pensamento*, pois é no pensamento que representamos a realidade. Ela o faz, entretanto, traçando limites à "expressão lingüística do pensamento" (TLP Pref.). Esses limites são estabelecidos pela SINTAXE LÓGICA, o sistema de regras que determina se uma combinação de signos é dotada de significado. A sintaxe lógica é anterior a questões sobre verdade e falsidade. Não pode ser subvertida por proposições empíricas, uma vez que nada que a contrarie pode ser considerado como uma proposição dotada de significado. O estatuto especial das proposições necessárias não se deve à natureza abstrata de seus supostos referentes, pois não há CONSTANTES LÓGICAS ou "objetos" lógicos. Não são enunciados sobre objetos de qualquer espécie, refletindo, antes, as "regras do simbolismo" (TLP 6.12 e segs.).

A natureza dessa ligação varia conforme o tipo de proposição necessária. As equações matemáticas são pseudoproposições. Não dizem coisa alguma acerca do mundo; apenas equacionam signos que são equivalentes em virtude de regras que governam operações reiteráveis (TLP 6.2 e segs.). As proposições metafísicas são absurdas. Ou violam sub-repticiamente a sintaxe lógica (metafísica tradicional), ou, à maneira das passagens do próprio *Tractatus*, tentam dizer o que só pode ser mostrado, as estruturas essenciais da realidade, que devem ser refletidas pelas regras lingüísticas para a representação da realidade, mas não podem ser elas mesmas representadas (TLP 3.324, 4.003, 4.12 e segs., 6.53 e seg.). A única necessidade *exprimível* é a das proposições lógicas, que são analíticas, isto é, TAUTOLOGIAS (TLP 6.1 e segs., 6.126 e segs.). E também elas nada dizem sobre o mundo, uma vez que combinam proposições empíricas de um tal modo (conforme as regras que governam as operações vero-funcionais) que toda a informação factual é anulada (TLP 6.121).

A partir dessa perspectiva lingüística, o *Tractatus* critica a visão estatística que Russell tem da modalidade, uma visão em que uma função proposicional é possível se é "às vezes verdadeira". Pois a expressão "$(\exists x)fx$" pode ser falsa mesmo que algo ser *f* seja lógica ou fisicamente possível. Além disso, que a expressão "$(\exists x)fx$" possa ser verdadeira é algo que pressupõe que "*fa*" faça sentido, isto é, que "*fx*" seja logicamente possível. As noções modais são cruciais, não apenas para distinguir proposições lógicas de proposições empíricas, mas também para caracterizar estas últimas como bipolares — *podem* ser verdadeiras e *podem* ser falsas. Entretanto, o estatuto modal de uma proposição — se ela é uma tautologia (necessária), uma contradição (impossível) ou se é bipolar (possível) — é algo que não pode ser expresso por uma proposição bipolar dotada de significado (não se trata de um traço *contingente*), mas mostra-se em sua estrutura (TLP 2.012 e segs., 4.464, 5.525; *Introduction* 165; *Logic* 231; *ver* DIZER/MOSTRAR).

A lógica abarca, portanto, as precondições mais gerais para a possibilidade da representação simbólica, e, particularmente, a da representação lingüística — ela é uma "lógica da representação" (TLP 4.015). Isso significa que inexiste tal coisa como uma linguagem logicamente imperfeita. A lógica é uma condição de sentido, não havendo meio-termo entre o sentido e o absurdo. Os sistemas encontrados em *Begriffsschrift* e *Principia* não estão em melhor ordem lógica do que nossa linguagem ordinária, como queriam Frege e Russell; apenas revelam melhor essa ordem. Entretanto, até mesmo sob esse aspecto, têm uma natureza desfigurada, em função de sua apresentação axiomática, a qual evidencia o que, para Wittgenstein, são equívocos acerca da natureza da lógica. Por esse motivo, ele questionou todos os três elementos da "velha" lógica axiomática — os axiomas, os teoremas e a inferência lógica.

Os teoremas lógicos não precisam ser derivados de axiomas; são tautologias vácuas, que podem ser reconhecidas como verdadeiras "a partir do símbolo apenas", calculando-se suas propriedades lógicas, e, portanto, sem compará-las com a realidade ou deduzi-las a partir de outras proposições (TLP 6.113, 6.126). Neste fato está contida "toda a filosofia da lógica", pois ele também põe em questão a concepção axiomática de axiomas e regras de inferência. Não há verdades lógicas essencialmente "primitivas", que contenham um número infinito de teoremas essencialmente "derivados". Todas as "proposições da lógica têm o mesmo estatuto", a saber, o estatuto de tautologias; todas dizem o mesmo, isto é, nada. Com efeito, a notação de TABELAS DE VERDADE mostra que, por exemplo "~(*p*.~*p*)", "*p* ∨ ~*p*" e "*p* ⊃ *p*" são simplesmente formas diferentes de expressar uma mesma tautologia — (VV)(*p*). De maneira análoga, o fato de que constantes lógicas como "~", "." ou "⊃" são interdefiníveis mostra que não são signos primitivos. Além disso, os axiomas não podem ser justificados apelando-se para sua auto-evidência, uma vez que a verdade de uma proposição não se segue do fato de ela ser auto-evidente para nós (TLP 5.1363, 5.42 e seg., 6.127 e seg.). Embora nem as tautologias nem as contradições digam coisa alguma, o fato de que uma certa combinação de signos é tautológica ou contraditória mostra algo sobre as relações lógicas entre proposições. Por exemplo o fato de que "(*p*. (*p* ⊃ *q*)) ⊃ *q*" é uma tautologia (e sua negação uma contradição) mostra que "*q*" segue-se de "*p*" e "*p* ⊃ *q*", fornecendo-nos, assim, "a forma de uma prova" (TLP 6.12 e segs.). As regras invocadas por Frege e Russell não são nem necessárias para justificar a INFERÊNCIA LÓGICA, nem tampouco capazes de fazê-lo.

Wittgenstein põe também em dúvida a idéia tradicional de que a lógica é neutra com relação ao tópico investigado, que as leis do pensamento "são as mesmas por toda parte" (*Foundations* Introd.; *Posthumous* 128). No *Tractatus*, admite-se que os operadores lógicos se aplicam igualmente a todos os tipos de proposição (um pressuposto que Wittgenstein mais tarde vem a questionar — *ver* GENERALIDADE), mas nega-se que as regras de inferência se apliquem igualmente a disciplinas empíricas e não empíricas. A prova *pela* lógica deduz uma proposição bipolar a partir de premissas dadas. A prova *em* lógica, por outro lado, não descobre novas verdades acerca de coisa alguma, constituindo simplesmente o reconhecimento de outras tautologias vazias. Não prova a verdade de uma proposição, mas sim que uma certa combinação de signos é uma tautologia ou uma equação, sendo, portanto, parte da lógica ou da matemática (TLP 6.1263; NM 108-9). Já se sugeriu que isso significa que a PROVA MATEMÁTICA e a prova lógica não podem exemplificar um padrão de inferência equivalente ao do raciocínio científico. Entretanto, a derivação do teorema de Fermat, a partir da conjunção da conjetura de Tanayama-Weil com o fato de que esta implica aquele, obviamente exemplifica a regra de *modus ponens*. Se uma prova em lógica equivale à transformação de proposições por meio da aplicação de operações vero-funcionais (TLP 6.126), então isso se aplica igualmente à transformação de "~(*p*.~*p*)" em "~*p* ∨ *p*" (que são tautologias) e à transformação de "~(*p*.*q*)" em "~*p* ∨ ~*q*" (que não são). Se a prova equivale a um procedimento de cálculo baseado em tabelas de verdade, que tem como resultado que uma proposição da forma Φ ⊃ Ψ é uma tautologia (TLP 6, 1203), isso não depende de "Φ" e "Ψ" serem tautologias ou proposições bipolares. Uma tautologia deve corresponder a uma prova em lógica e também a uma prova pela lógica. Nas passagens 6.126 e segs. do *Tractatus*, sugere-se que a diferença está no fato de que a prova em lógica é supérflua, uma vez que a natureza tautológica de uma proposição ficará evidente em uma notação perspícua — mas esse também é o caso das relações internas entre proposições empíricas, que subjazem à prova pela lógica. O que distingue a prova em lógica não é um padrão especial (a lógica fornece todos os padrões de prova), mas o fato de que a aceitabilidade da conclusão não depende da realidade ou da verdade de um conjunto de premissas.

"A lógica deve cuidar de si mesma" (TLP 5.473 e seg., NB 22.8./2.9./8.9.14). Ataca-se, com essa idéia, a tentativa de Russell de justificar, na teoria dos tipos, as regras da lógica com base no significado dos signos. Embora não exista, entretanto, uma doutrina como a teoria dos tipos, capaz de justificar a lógica, esta está inefavelmente fundada na realidade. A lógica não se apóia em nada a não ser na natureza essencial das proposições — sua BIPOLARIDADE: o fato de que, em certas combinações (tautologias), essa bipolaridade é anulada mostra as propriedades "formais" que a linguagem precisa ter em comum com a realidade para poder afigurá-la. A lógica não pressupõe fatos lógicos ou a experiência de objetos lógicos. Pressupõe, contudo, que "os nomes tenham significado e as proposições elementares tenham sentido", isto é, que as proposições sejam figurações bipolares; a lógica se liga, além disso, à experiência MÍSTICA de que "o mundo existe", isto é, de que há OBJETOS simples indestrutíveis que conferem aos NOMES seu significado (TLP 5.552 e seg., 6.12, 6.124, 6.13).

Wittgenstein passou mais tarde a acreditar que a lógica não se baseia em fundamentos inefáveis (*ver* AUTONOMIA DA LINGUAGEM). Abandonou também a idéia de que ela se restringe a tautologias e relações vero-funcionais. Começou por reconhecer que enunciados como "Nada pode ser completamente vermelho e completamente verde ao mesmo tempo" são legítimos e logicamente necessários, sem que sejam analíticos no sentido do *Tractatus*, chegando mesmo a pensar em denominar tais proposições como sintéticas a priori. Admitiu relações lógicas que não chegam a constituir implicação lógica (*ver* CRITÉRIOS), e afirmou que as EXTERIORIZAÇÕES não estão sujeitas a operações lógicas da mesma forma que as descrições empíricas. Finalmente, observou, *vis-à-vis* o paradoxo de Moore, que a lógica considera "inadmissíveis" não somente as contradições como "*p.~p*", mas também enunciados como "Está chovendo mas eu não acredito" (*ver* CRENÇA). Segundo Wittgenstein, há sérias falhas em uma "lógica pura" que se concentre exclusivamente nas regras e relações codificadas por sistemas formais como o cálculo de predicados; afirma que "a lógica não é tão simples como supõem os lógicos" (ML 10.44; RPP I §§488-9). O *Tractatus* estava certo em ligar a lógica à linguagem: a lógica nos fornece "normas de representação", regras para a transformação de símbolos, para se passar de premissas a conclusões. Ignoraram-se ali, entretanto, muitas das regras que Wittgenstein incluiu em sua noção posterior de GRAMÁTICA. Continuou a usar o termo "lógica", mas com a ressalva de que ele inclui todas as regras constitutivas de nossos jogos de linguagem (OC §§56, 501, 628). A concepção não formal de lógica apresentada por Wittgenstein põe em questão a atual semântica formal, que é tributária do *Tractatus* e do Círculo de Viena.

Embora a concepção de lógica do *Tractatus* esteja entrelaçada com uma dúbia metafísica do simbolismo, a maior parte de suas críticas a Frege e a Russell não pressupõe essa metafísica. Ao vincular a lógica às regras do simbolismo, Wittgenstein lhe conferiu uma nova orientação "lingüística". A idéia de que as proposições lógicas são tautologias foi adotada pelos positivistas lógicos, para os quais ela fornecia um meio de fazer justiça à necessidade da matemática e da lógica, sem recair em um platonismo ou reconhecer verdades sintéticas a priori. O Círculo de Viena ignorou, entretanto, a idéia tractariana de que a necessidade lógica deriva de estruturas metafísicas que a linguagem tem em comum com a realidade, sustentando, em vez disso, que as proposições necessárias são verdadeiras em virtude de convenções lingüísticas arbitrárias. Foi somente mais tarde que o próprio Wittgenstein adotou uma versão (radicalmente diferente) de convencionalismo (*ver* FORMA DE REPRESENTAÇÃO).

# M

**matemática** Foi o interesse pela matemática que, inicialmente, levou Wittgenstein da engenharia para a filosofia. Quase metade da obra que produziu no período entre 1929 e 1944 versa sobre o assunto; e, logo antes de abandonar o trabalho na área, ele afirmou que sua "contribuição principal" fora em "filosofia da matemática". Enquanto na fase inicial e no período de transição suas discussões incluem detalhes extremamente técnicos, mais tarde ele passa a concentrar-se em questões que podem ser ilustradas com base na aritmética elementar (LFM 13-14). A exegese e a avaliação de suas contribuições (tanto as do início quanto as do final de sua obra) ainda se encontram em um estágio rudimentar. As idéias de Wittgenstein sobre a matemática são amiúde desconcertantes, e foram acusadas de conter claros erros técnicos. Um olhar mais detido revela, entretanto, que os supostos erros acabam por configurar questionamentos filosóficos quanto a celebrados pressupostos acerca da natureza da matemática. Por outro lado, embora sejam engenhosos e radicais, esses questionamentos mostram-se controversos e amiúde problemáticos.

A matemática forneceu a Wittgenstein a entrada para a filosofia, mas ele logo se encaminhou para a natureza da lógica e da representação. O tratamento que dá à matemática surge relativamente tarde (NB 17.8./21.11.16) e ocupa apenas duas breves passagens na discussão do *Tractatus* acerca das candidatas a proposições não empíricas (TLP 6.02-6.031 & 6.2-6.241). Não obstante, o *Tractatus* contém profundas objeções ao logicismo de Frege e Russell. O logicismo é a tentativa de reduzir a matemática à lógica. Tem como meta fornecer à matemática um fundamento seguro e mostrar que, ao contrário do que dizia Kant, as proposições matemáticas não são sintéticas a priori, mas sim analíticas, no sentido de que sua prova se baseia exclusivamente em axiomas lógicos e definições (*Notation* Pref., §13; *Foundations* §§3-4). Os conceitos da matemática podem ser definidos em termos de conceitos lógicos; suas proposições podem ser derivadas a partir de princípios lógicos por meio da dedução lógica.

O *Tractatus* questiona o logicismo em inúmeros aspectos: (a) com sua distinção entre DIZER e MOSTRAR, rejeita a tentativa de Russell de evitar os paradoxos da teoria dos conjuntos por meio de uma teoria dos tipos; (b) questiona a concepção axiomática da LÓGICA, segundo a qual há verdades necessárias mais e menos fundamentais (axiomas e teoremas, respectivamente), e, portanto, a idéia de que a derivação de proposições matemáticas a partir de axiomas lógicos as fundamenta em algo mais certo ou mais evidente; (c) critica a definição logicista de NÚMERO, e propõe uma alternativa construtivista, de acordo com a qual os números naturais representam estágios na execução de uma operação lógica.

Assim como os numerais não são sucedâneos de objetos abstratos, as equações matemáticas tampouco dizem qualquer coisa sobre um mundo platônico. Em vez disso, equacionam signos, que são equivalentes em virtude de regras que governam operações reiteráveis (TLP 6.2 e segs.). Assim como as TAUTOLOGIAS da lógica, as equações da matemática nada dizem acerca do mundo; apenas "mostram" sua "lógica", presumivelmente porque exibem a estrutura de operações vero-funcionais. Entretanto, enquanto as tautologias são proposições "sem sentido", as equações são "pseudoproposições", equiparáveis aos dizeres absurdos da metafísica (TLP 6.2-6.22). Pode parecer que a razão para tal discriminação reside no fato de que o *Tractatus* elimina o signo de IDENTIDADE de sua notação ideal. Isso não é tudo, entretanto, considerando-se que essa notação ideal representa também relações vero-funcionais sem CONSTANTES LÓGICAS. A diferença real é que as tautologias são casos limite de proposições empíricas dotadas de significado. As equações não o são; e, ao contrário das tautologias vácuas, parecem dizer algo. Segundo a distinção entre dizer e mostrar, entretanto, a "identidade de significado" (aqui tomada em um sentido não fregiano) que há entre, por exemplo, os signos "2 × 2" e "4" — isto é, o fato de que podem ser substituídos um pelo outro — não pode ser asserida por uma proposição dotada de significado, devendo ser vista a partir das próprias expressões (TLP 6.23 e segs.), ainda que somente se forem analisadas de forma adequada, o que, no caso de equações complexas, exigiria cálculos substanciais.

"Na vida, a proposição matemática nunca é aquilo de que precisamos, mas utilizamos a proposição matemática *apenas* para inferir, de proposições que não pertencem à matemática, outras que igualmente não pertencem à matemática (Na filosofia, a questão 'Para que usamos propriamente esta palavra, esta proposição?' conduz invariavelmente a iluminações valiosas") (TLP 6.211). Essa passagem contém as sementes da abordagem do segundo Wittgenstein às proposições matemáticas. Depois de 1929, Wittgenstein abandonou a distinção entre dizer e mostrar, deixando, pois, de tratar as equações matemáticas como pseudoproposições. Passando a seguir suas próprias recomendações, examinou o papel das proposições matemáticas no raciocínio empírico. Isso afasta sua abordagem das discussões tradicionais sobre verdades necessárias, que tematizam questões como "Qual a fonte das verdades necessárias?" e "Como chegamos a conhecê-las?" Wittgenstein, em contraposição, ocupa-se de uma questão anterior: o que significa uma proposição constituir uma verdade necessária? E responde a essa pergunta observando o modo como tais proposições são de fato utilizadas, o papel que elas desempenham.

Ao fazer isso, ele aborda um grande problema, que fora ignorado no logicismo — e que contesta a visão platônica das proposições matemáticas como verdades acerca de um domínio ontológico, separado de entidades abstratas — mas que fora detectado por Kant. As proposições matemáticas parecem ser sintéticas a priori, pois não se baseiam na experiência; parecem, no entanto, valer para os objetos da experiência, isto é, para o mundo e não para um domínio platônico transmundano. Wittgenstein leva a sério a posição empirista, explícita em Mill e implícita em Russell e Ramsey, segundo a qual as proposições matemáticas são verdades bem confirmadas acerca dos aspectos mais universais da realidade material, considerando que essa posição se baseia em um "realismo" estrito, que evita tanto entidades abstratas arcanas (platonismo), quanto estruturas mentais arcanas (as intuições puras de Kant). Irá, entretanto, rejeitar essa posição, por reconhecer que "não há experiência que refute" proposições matemáticas. Se pusermos duas maçãs em uma cesta e se, depois de acrescentar mais duas, ao esvaziarmos a cesta, encontrarmos ali apenas três maçãs, concluiremos que uma das maçãs deve necessariamente ter desaparecido, e não que, excepcionalmente, 2 + 2 = 3 (AWL 197; RFM 325). Podemos utilizar uma equação como "$25^2 = 625$" descritivamente, com o objetivo de prever que resultado se obterá ao se elevar 25 ao quadrado. Na verdade, entretanto, nós a utilizamos normativamente, para estabelecer que resultado deverá *necessariamente* ser obtido, se alguém elevar 25 ao quadrado: o resultado é um critério para determinar que a operação em questão foi realizada: se não se obtiver 625, um erro de cálculo terá sido cometido, isto é, não se terá elevado 25 ao quadrado. "O cálculo não é um experimento" (TLP 6.2331; ver AWL 185-91; RFM 221, 308-10, 318-19, 327-30, 359-63, 392-3).

Isso nos fornece a chave para compreender a abordagem de Wittgenstein. As proposições matemáticas não descrevem nem entidades abstratas nem a realidade empírica; tampouco refletem o funcionamento transcendental da mente. Seu estatuto apriorístico se deve ao fato de que, a despeito de sua aparência descritiva, seu papel é normativo: nada que as contrarie pode ser considerado uma descrição inteligível da realidade: A expressão "Há 2 + 2 maçãs na cesta, isto é, três" é absurda (RFM 363, 425, 431; LFM 55; *ver* FORMA DE REPRESENTAÇÃO). As proposições matemáticas são regras da GRAMÁTICA, "paradigmas" para a transformação de proposições empíricas. As equações aritméticas não descrevem relações entre entidades abstratas, mas constituem normas para a descrição dos números de objetos no mundo empírico, isto é, são regras de substituição. Com "2 + 2 = 4", estamos autorizados a passar de "Há dois pares de maçãs na cesta" para "Há quatro maçãs na cesta". Pelo mesmo motivo, uma inequação como "4 > 3" permite a caracterização de um quarteto como algo maior em número do que um trio, impedindo a formação de expressões como "Este trio é maior em número do que esse quarteto" (WVC 62, 153-7; PR 143, 170, 249; PG 347; RFM 98-9, 163-4; MS123 98). As proposições geométricas são regras para a descrição das formas de objetos e de suas relações espaciais, e para o uso de expressões como "comprimento", "comprimento igual" etc. Estabelecem, além disso, ideais ou normas para a atribuição de exatidão a uma medição (WVC 38, 61-3, 162-3; PR 216; LWL 8, 55; PG 319; RR 127; LFM 256; PLP 44). O enunciado "A soma dos ângulos de um triângulo é 180°" especifica que, se a figura *A* é um triângulo, seus ângulos devem somar 180°.

A idéia de que as proposições matemáticas são normas de descrição explica corretamente a matemática aplicada, identificando o papel das proposições matemáticas no interior do discurso empírico. Deveria ser suficiente para assegurar o lugar de Wittgenstein na filosofia da matemática, ainda que sua explicação para o modo como chegamos a tais normas na matemática pura seja inadequada (*ver* PROVA MATEMÁTICA). Com isso, ele distingue sua posição das escolas hegemônicas da filosofia da matemática do século XX, que se encontram unidas pela idéia de que as proposições matemáticas se referem a algum tipo de realidade, seja a signos físicos (formalismo), seja a processos mentais (intuicionismo) ou entidades abstratas (logicismo).

*Logicismo* Assim como a lógica, a matemática transita no interior das regras de nossa linguagem, não sendo, portanto, refutável pela experiência. Wittgenstein conservou, no entanto, a idéia de que há uma diferença entre as tautologias da lógica, que nada dizem, e não podem, portanto, expressar uma regra, e as proposições matemáticas, que por si expressam regras (RFM 98-9; WVC 35, 106-7, 218-19; PR 126; AWL 146-8; LFM 272-85). Os positivistas lógicos ignoraram essa distinção, acreditando, por isso, que a explicação de Wittgenstein apenas acrescentou ao logicismo a idéia de que proposições matemáticas são tautologias.

*Intuicionismo* Influenciado por Schopenhauer e Spengler, Wittgenstein adotou o perfil antiintelectualista do intuicionismo de Brouwer, e a idéia de que a matemática se baseia na atividade humana. Rejeitou, entretanto, a idéia de que essa atividade tenha uma natureza não lingüística e mental, calcada em uma "intuição básica". Concordava com Brouwer em que a lei do terceiro excluído não se aplica a "Quatro setes consecutivos ocorrem na expansão de π". O importante para ele, entretanto, é que inexiste tal coisa como *a* expansão de π — um infinito real —; o que há é apenas uma técnica ilimitada para a expansão de π, e, portanto, expansões de π até *n* casas decimais (WVC 71-3; PR 146-9; AWL 140, 189-201; PG 451-80; RFM 266-79; PI §§352, 516; PLP 391-6). Além disso, rejeitou a idéia de Brouwer e Weyl de que tais sentenças são dotadas de significado, ainda que indecidíveis, pelo fato de transcenderem nossas capacidades de reconhecimento. Argumentou, em vez disso, em um espírito VERIFICACIONISTA, que uma proposição matemática indecidível por princípio não possui um terceiro valor de verdade (indecidível), mas é, antes disso, sem sentido; e que a lei o terceiro excluído define em parte o que queremos dizer com PROPOSIÇÃO (PR 176, 210; AWL 139-40; PG 458; LFM 237; PI §136). Entretanto, se Wittgenstein está certo em afirmar que estamos diante de um conceito determinado por SEMELHANÇA DE FAMÍLIA, essa afirmação talvez precise ser restringida, por exemplo, às proposições da matemática ou do cálculo de predicados (*ver* BIPOLARIDADE)

*Formalismo* Ao contrário de alguns nominalistas ou formalistas, Wittgenstein não se compromete com a afirmação de que as proposições matemáticas realmente dizem respeito a signos: o enunciado "2 + 2 = 4" não diz respeito nem a signos (inscrições ou sons), nem ao modo como as pessoas usam signos. Ainda assim, embora não seja um enunciado metalingüístico, ele é utilizado como uma regra para o uso de signos. Wittgenstein procura evitar tanto o formalismo quanto o platonismo, insistindo na idéia de que o que distingue um símbolo matemático de um signo vazio, à semelhança do que o que distingue uma peça de xadrez de uma peça de madeira, não é o fato de descrever entidades e relações abstratas, mas sim o fato de ter um uso governado por regras no âmbito de nossas práticas lingüísticas (WVC 103-5; LFM 112; RFM 243; RR 128; *ver* JOGO DE LINGUAGEM). Isso por si só não diferencia sua posição daquela dos outros formalistas, que afirmam que a matemática é um jogo com signos governado por regras. Entretanto, para Wittgenstein, "é essencial à matemática que signos sejam também empregados *à paisana*. É o uso fora da matemática, e portanto o *significado* dos signos, que transforma o jogo de signos em matemática" (RFM 257, *ver* 232, 258-60, 295, 376). Isso não significa que todas as partes da matemática precisam ter aplicação empírica direta, mas somente que aquelas que não a têm devem estar ligadas àquelas que a possuem. Não há matemática *pura* sem *alguma* matemática aplicada. A matemática *seria* apenas um jogo se não desempenhasse algum papel em nosso raciocínio empírico.

Wittgenstein não somente discorda dessas três diferentes escolas, como também questiona toda a empreitada em relação à qual elas representam contribuições alternativas: a tentativa de fornecer à matemática fundamentos seguros. Levanta dois pontos básicos. Um é que as tentativas de fundamentar a matemática, e em particular a METAMATEMÁTICA de Hilbert, fracassam, na medida em que se limitam a produzir outros cálculos matemáticos. O outro é que o temor da ameaça cética apresentada por CONTRADIÇÕES e antinomias, do tipo detectado por Russell no sistema de Frege, não passa de uma "superstição" (WVC 196; RFM 120-2). Não pode ser superado pela construção de simbolismos lógicos — essa é a "intrusão desastrosa" da lógica na matemática —, mas somente dissolvido, por meio do esclarecimento filosófico (RFM 281, 300).

Wittgenstein estabelece uma distinção clara entre a matemática, que altera nosso esquema conceitual, ao derivar novas normas de representação (por exemplo, equações), e a filosofia, que simplesmente descreve o esquema conceitual em desenvolvimento. De acordo com as *Investigações filosóficas*, §§124-5, a filosofia "deixa a matemática como está". Preocupa-se não com a irrefutabilidade técnica dos cálculos e provas, mas somente com a "prosa" com que os matemáticos os envolvem, as descrições filosóficas que fornecem para seu significado (WVC 149; PG 369, 396; RFM 142; LFM 13-14). Entretanto, em outras passagens, Wittgenstein reconhece que essa distinção entre equações matemáticas e prosa filosófica é artificial. Sem o contexto dessa prosa, muitas provas na lógica matemática e na teoria dos conjuntos não passariam de jogos com símbolos. Se Wittgenstein está certo e esse contexto encontra-se infestado de confusões metafísicas, isso pode não alterar as provas, mas deveria alterar nossa "*atitude* com relação à contradição e a provas de consistência". Deveria fazer com que os matemáticos considerassem desinteressante e "abandonassem", por exemplo, a teoria dos conjuntos transfinita, e deveria também desacelerar o crescimento de novos sistemas formais (RFM 213; CV 1-2; LFM 103; PG 381-2). O tão discutido "não revisionismo" de Wittgenstein acaba por resumir-se à idéia de que, embora os avanços técnicos na lógica matemática possam criar novos problemas filosóficos, não podem resolvê-los, uma vez que tais problemas exigem esclarecimento conceitual (PI §125; RFM 388). Outra contribuição de Wittgenstein à filosofia da matemática é sua perspectiva antropológica da matemática como parte da história natural da humanidade, e a idéia de que a disciplina constitui uma família de atividades destinadas a uma família de propósitos (RFM 92-3, 176, 182, 399).

**memória** Na visão tradicional, a memória é um sistema de armazenagem, um pedaço de cera (Platão) ou um depósito de idéias (Locke), que contém impressões ou experiências anteriores, ou pelo menos os seus vestígios (Aristóteles). De acordo com essa visão, quando me lembro de uma coisa ou evento *X*, recupero uma imagem mental de *X*, fazendo-a desfilar diante de meu olho mental; quando reconheço *X*, noto que minha presente impressão se ajusta a uma imagem mental derivada de uma experiência prévia que tive de *X*. A diferença entre uma experiência presente e uma experiência lembrada é vista, portanto, como algo que reside ou no fato de que a primeira é mais viva (Hume, *A Treatise* *of Human Nature* I.1.v), ou em um sentimento de familiaridade que acompanha a segunda (James, *Psychology* I cap. XVI; Russell, *Analysis* cap. IX).

O segundo Wittgenstein condenou essa concepção de memória e de reconhecimento, classificando-a como "primitiva" (BB 165). Suas reflexões inspiraram-se em James e em Russell, embora as *Confissões* de santo Agostinho (cap. X) talvez tenham também tido o seu papel. Para começar, Wittgenstein rejeitava a idéia de que a memória envolve essencialmente imagens mentais. Embora imagens mentais possam acompanhar uma lembrança minha de *X*, não são nem necessárias nem suficientes para que ela ocorra. Além disso, mesmo nos casos em que imagens mentais me passam pela cabeça, não interpreto o que aconteceu a partir das imagens. Quando me lembro, digamos, de ter desejado realizar o ato de Φ ou de ter querido dizer isso ou aquilo, ou do que é um número perfeito, não extraio e não posso extrair aquilo de que me lembro a partir de uma imagem mental (PI §§645-51; RPP I §468).

Mesmo se *X* for algo que possa ser transformado em imagem, possuir uma imagem mental de *X* não garante a lembrança. Como alguns imagistas, tais como James, puderam perceber, restaria ainda à imagem ser confirmada como uma representação de algo passado. *Pace* James, entretanto, isso não pode ser explicado por um sentimento especial de familiaridade ou por uma "sensação de passado". Em primeiro lugar, eu teria, por minha vez, que reconhecer esse sentimento, isto é, recordar-me dele. Em segundo lugar, só posso associar um sentimento com o passado se descubro que está regularmente associado a memórias, e não a outros tipos de experiência; entretanto, eu teria que me basear na memória para estabelecer essa correlação. É a memória que me dirá se aquilo de que tenho experiência é o passado. Finalmente, a conexão desse tipo de sentimento com o passado pressupõe a posse de um conceito de passado; mas esse conceito é, por sua vez, aprendido pela lembrança. Em termos mais gerais, lembrar de *X* não é algo que possa ser explicado como sendo a ocorrência de uma "experiência de memória", considerando-se que a memória é pressuposta na vinculação das experiências ao passado. A lembrança não possui "qualquer conteúdo experiencial", isto é, nada do que acontece enquanto me lembro é a lembrança (PI §§595-6, II 231; LW I §837; Z §662). Embora experiências ou processos mentais característicos possam acompanhar a lembrança, eles não a constituem. Esse raciocínio subjaz ao fato de Wittgenstein negar a idéia de que a lembrança seja um processo ou experiência mental, e também de que haja uma conexão uniforme entre a atividade de lembrar e aquilo que é lembrado (PI §§305-8; PG 79-80).

Mesmo se abandonamos a concepção imagista, podemos ainda concordar com Aristóteles (*Da memória* 450a-b), quando ele sustenta que só posso me lembrar de *X*, se a experiência original de *X* deixou em mim algum vestígio fisiológico. A idéia de vestígios na memória foi aceita, por exemplo, por James, e desenvolvida por Köhler, para quem o cérebro precisa conter um registro fisiológico que seja isomórfico com relação à experiência registrada (*Gestalt* 210-11). Wittgenstein atacou o raciocínio de Köhler (RPP I §§220, 903-9; Z §§608-13). Mostrou, por um lado, que, quando nos lembramos de algo, não recuperamos o evento passado a partir de um vestígio neurofisiológico: ao contrário do que ocorre com um registro escrito, tal vestígio não possui conteúdo simbólico. Por outro lado, questionou a hipótese plausível de Köhler de que os eventos lembrados não podem ter um efeito presente — a lembrança —, a não ser que continuem a existir de alguma forma. Segundo Wittgenstein, pode haver uma regularidade psicológica, uma relação causal entre a experiência e a lembrança, "à qual não corresponda qualquer regularidade fisiológica". Isso significa negar que seja necessário haver um paralelismo psicofísico, e corresponde, pois, além disso, conforme o próprio Wittgenstein reconhece, a um questionamento quanto a nossas concepções de CAUSALIDADE.

Por outro lado, Wittgenstein aceita tacitamente a idéia de que a conexão entre o evento lembrado e a lembrança deve ser, antes de mais nada, causal. Embora essa hipótese seja compartilhada pela teoria causal da memória hoje dominante, pode ser questionada com base no próprio Wittgenstein. Lembro-me de *X* agora *porque* experienciei *X* anteriormente. A conjunção "*porque*" aqui parece, contudo, ser GRAMATICAL: faz parte de nosso conceito de memória a noção de que, a não ser que eu tenha experienciado *X*, não me é possível lembrar de *X*. Em contraposição, a idéia de que há uma conexão causal entre a experiência e a lembrança parece constituir uma descoberta científica.

Wittgenstein contesta a visão do reconhecimento como a combinação de um objeto ou uma impressão sensorial presente com uma imagem mental armazenada (PI §§596-610; PG 179-82; BB 84-8, 165; RPP I §1041). Em primeiro lugar, o reconhecimento não envolve necessariamente uma imagem mental daquilo que é reconhecido. Em segundo lugar, mesmo quando uma imagem mental de *X* acompanha o reconhecimento de *X*, ela não é capaz de explicá-lo, pois seria preciso ainda, nesse caso, reconhecer-se que a imagem é uma imagem de *X*. Em terceiro lugar, é incorreto sustentar que, sempre que percebemos coisas que nos são familiares, ocorre um processo de reconhecimento: quando entro em meu escritório, nem reconheço minha escrivaninha, nem deixo de reconhecê-la.

Essa última afirmação já foi atacada em um espírito griciano: o fato de que não dizemos ter reconhecido a escrivaninha não implica que não a tenhamos reconhecido. Cabe, entretanto, aos gricianos mostrar que o fato de que nós não falaríamos em reconhecimento nesses casos se deve a máximas pragmáticas gerais, e não decorre de traços semânticos específicos pertencentes ao termo "reconhecer" (ver VONTADE).

O ataque de Wittgenstein à idéia de que representações armazenadas sejam essenciais à memória e ao reconhecimento concerne não somente à tradição imagista, mas também à noção de representações no cérebro, defendida desde Khöler até Marr. Sua afirmação de que nada precisa ter ocorrido quando lembro *X* foi desenvolvida por Malcolm, que sustenta que lembrar *X* é simplesmente ter experimentado ou aprendido *X*, e não ter esquecido *X*, e que a conexão causal entre a experiência e a lembrança é um fato contingente, que não faz parte do conceito de lembrança.

**mente e máquina** *ver* SER HUMANO.

**mente/corpo** *ver* INTERNO/EXTERNO.

**metalógica/-matemática/-filosofia** Wittgenstein declara que a rejeição de tais "metadisciplinas" é um "princípio básico" de sua filosofia (PG 116). Tal princípio se insere em sua concepção antifundacionalista de filosofia e se dirige contra a idéia de que a filosofia é necessária para justificar ou para explicar nossos usos ordinários (isto é, não filosóficos) da linguagem. A idéia de que nada podemos conhecer até respondermos à pergunta "O que é o conhecimento?" é tão absurda quanto pensar que não seremos capazes de soletrar até que tenhamos completado uma metainvestigação sobre o modo de soletrar "soletrar" (PI §121; TS219 10). Pelo mesmo motivo, não há, na filosofia, "*problemas essenciais*", que precisem ser resolvidos antes que se possa resolver qualquer outra coisa. Embora diferentes problemas tenham uma importância especial em estágios particulares na história da filosofia, nenhum deles é intrinsecamente fundamental (BT 407; CV 10; RPP I §1000). É essa "a verdadeira descoberta" da filosofia, pois "torna-me capaz de parar de fazer filosofia, quando assim o desejar", sem, com isso, deixar tudo "pairando no ar" (PI §133; BT 431-2). Esta idéia envolve vários aspectos.

*Metamatemática* Hilbert utilizou esse termo para referir-se ao seu programa de estabelecer a consistência da matemática, fazendo das provas matemáticas o tópico de outro cálculo matemático. Ao rejeitar a metamatemática, Wittgenstein não se dirige somente contra o programa de Hilbert (WVC 120-1, 133-6; PR 180), mas, em termos mais gerais, contra qualquer tentativa de se fornecerem fundamentos para a matemática, incluindo-se aí o programa logicista original de reduzi-la à lógica (AWL 12-13, 68; PG 296-8; LFM 260-2, 271-2). Wittgenstein rejeita essa idéia por meio de um simples argumento por regresso ao infinito. A metamatemática e os sistemas lógicos de Frege e Russell não passam de outros cálculos, mais matemática "disfarçada". Com efeito, na medida em que se distanciam de nossas práticas matemáticas, são menos básicos do que a aritmética padrão e pressupõem sua compreensão. "Não constituem para nós os fundamentos da matemática, da mesma forma que a rocha pintada não é a base da torre pintada" (RFM 378).

*Metafilosofia* Hoje em dia o termo se refere apenas à metodologia filosófica. Foi introduzido por Lazerowitz, para designar uma disciplina não filosófica, capaz de explicar a natureza da filosofia pela combinação de idéias wittgensteinianas e freudianas. Ironicamente, Wittgenstein adotou a linha tradicional, em que se concebe que a natureza da filosofia é em si um problema filosófico, rejeitando explicitamente a idéia de uma metafilosofia: "Poder-se-ia pensar: se a filosofia fala do uso da palavra 'filosofia', deveria haver uma filosofia de segunda ordem. Mas isso não se dá: é como o caso da ortografia, que lida com a palavra 'ortografia', entre outras, mas que nem por isso é de segunda ordem" (PI §121; *ver* LSP 25). Ele relaciona isso à idéia de que a linguagem ordinária, incluindo-se empregos não filosóficos de linguagens especializadas, é fundamental para a filosofia. Os problemas filosóficos dizem respeito a expressões que já possuem um uso não filosófico (RPP I §550). Isso seria admitido por filósofos que defendem a idéia de uma linguagem ideal, como Carnap. Entretanto, para eles, os problemas filosóficos encontram-se contaminados pela ambigüidade e pela vagueza da linguagem ordinária; tentam, então, resolvê-los por meio da introdução de um cálculo artificial, que impeça a formulação de tais problemas. Se, entretanto, os problemas surgem a partir de conceitos ordinários, sua resolução deve esclarecer tais conceitos. Nos termos de Strawson: os conceitos artificiais só podem lançar luz sobre essas dificuldades, se sua relação com os conceitos ordinários estiver compreendida, o que pressupõe uma compreensão exata destes últimos. Isso bastará para que se alcance a resolução desejada, se Wittgenstein estiver certo em afirmar que os problemas filosóficos não surgem em função de deficiências da linguagem ordinária, mas antes de sua má utilização ou de sua interpretação equivocada na reflexão filosófica — quando a "linguagem entra em férias" (PI §§38, 89).

A introdução de uma nova notação pode eliminar possíveis fontes de erro filosófico: podemos resistir à tentação de incorrer em confusões hegelianas acerca da "identidade na diferença", adotando uma notação que substitua "é" por "=" ou "∈" (PI §90; TS220 §99; *ver* IDENTIDADE). Isso pressupõe, entretanto, que nosso "é" de fato expresse tanto identidade quanto predicação. A introdução de novas regras gramaticais desempenha um papel (limitado) no esclarecimento de regras antigas. Mas, a não ser que tenhamos dado conta desse esclarecimento, não seremos capazes de lidar com os novos problemas que qualquer notação inovadora criará. Novas notações, sejam linguagens formais ou JOGOS DE LINGUAGEM fictícios, são úteis principalmente como "*objetos de comparação* ... para lançar luz sobre os fatos de nossa linguagem, não só a partir das semelhanças, mas também das diferenças" (PI §130, *ver também* §§2-64).

*Metalógica* Em *Logical Syntax of Language*, Carnap atribui a origem do termo metalógica aos lógicos de Varsóvia. Atualmente, ele é utilizado em referência a reflexões de segunda ordem acerca da lógica (a provas de correção e de completude, por exemplo). O próprio Wittgenstein usa o termo — principalmente no "Big Typescript" (BT 3, 16, 205, 282, 285-6). A lógica determina o que é necessário, mas não há metalógica que a torne necessária. Não podemos retroceder um passo em relação à distinção entre sentido e absurdo traçada pela lógica (PG 126-7). Wittgenstein nega também a existência de conceitos metalógicos. Já se disse dessa rejeição que se dirige contra a visão de que conceitos psicológicos como compreender ou querer dizer algo denotam fenômenos mentais que conferem significado à linguagem. Embora essa interpretação seja adequada para algumas passagens (Z §284; BT 1; MS110 189-91; MS116 16), é ainda muito limitada. Wittgenstein utiliza o termo "metalógico" na caracterização de conceitos não psicológicos (BT 412; PG 101) e sustenta que todos os conceitos utilizados na filosofia, para a descrição da linguagem ordinária, são eles mesmos ordinários.

> Quando falo da linguagem... devo falar a linguagem do cotidiano. Seria essa linguagem por demais grosseira e material para dizermos o que queremos dizer? *E como se constrói então uma outra?* — E como é estranho que possamos fazer algo com a que já temos! Ao dar explicações, já sou obrigado a usar a linguagem inteira (não uma espécie de linguagem preparatória ou provisória) ... (PI §120).

Tal idéia se dirige primeiramente contra o *Tractatus*, que já havia insistido na idéia de que a filosofia elucida a linguagem ordinária, mas que atribuíra um estatuto extra-ordinário aos conceitos utilizados nessa elucidação. De acordo com a distinção entre DIZER e mostrar, "proposição", "nome", "função" etc. são "conceitos formais", que não podem sequer ser empregados significativamente. Ao serem retirados da lista negra, na filosofia do segundo Wittgenstein, os conceitos formais pagam o preço da revelação de que seu uso legítimo é tão "inferior" e "cotidiano" quanto o dos conceitos "materiais" ordinários (PI §§97, 108-9; PG 121). Também se dirige contra a idéia, defendida por James, de que os conceitos ordinários são por demais grosseiros para descrever os fenômenos mentais, em parte pelo caráter extremamente fugaz desses fenômenos (PI §§436, 610; PG 169; *Psychology* I 195, 251), e contra a idéia de que uma linguagem "fenomenológica" que se refira a dados dos sentidos é semanticamente primária (*ver* VERIFICACIONISMO).

É com um argumento por regresso ao infinito que Wittgenstein sustenta sua idéia de que não há conceitos mais fundamentais ou conceitos artificiais mais refinados em que a filosofia deva basear-se. Ao elucidar conceitos ordinários (por exemplo, "vermelho", "eu"), a filosofia pode usar termos técnicos, como "predicado de cor", "expressões indexicais" ou "jogo de linguagem", bem como termos como "fundamentos" ou "filosofia". Entretanto, se os termos utilizados no esclarecimento filosófico fizessem parte de um metassimbolismo, haveria necessidade de esclarecimento por meio de outra linguagem, e assim por diante. Terminaríamos com uma "hierarquia infinita" (LFM 14) de metalinguagens, o equivalente do regresso na justificação que vimos ocorrer em relação a cálculos metamatemáticos. As linguagens artificiais não podem ser construídas no vácuo. Pelo menos parte de suas expressões precisa ser explicada em termos que já sejam familiares, em última instância, nos termos da linguagem ordinária, "que devem falar por si mesma" (BT 1; PG 40; PI §§5-6; Z §419). A linguagem ordinária é, com respeito a muitos propósitos, inferior ao linguajar técnico. Constitui, entretanto, a rocha sólida semântica: ao adquirir a linguagem ordinária, adquirimos a capacidade de aprender e explicar termos novos e técnicos. Não há como escapar semanticamente a essa linguagem, nem subindo a uma hierarquia de metalinguagens, nem descendo à realidade (*ver* DEFINIÇÃO OSTENSIVA). Não chegamos a ela por meio de outra linguagem, mas antes pelo treinamento de capacidades lingüísticas básicas (*ver* EXPLICAÇÃO).

Já se afirmou que, para Wittgenstein, a gramática é *plana*: não há regras ou conceitos que sejam mais fundamentais que outros. A rejeição de Wittgenstein à metalógica sugere, na verdade, que os conceitos da linguagem ordinária *são* fundamentais, no sentido de que não se pode "ir além" deles (PG 244). Não podemos descrever nossa prática de seguir regras em termos mais básicos do que as formulações de regras feitas pelos participantes. Aqueles que não compreendem essas formulações não podem ser esclarecidos por meio de uma linguagem "preparatória"; podem apenas ser ensinados a participar (RFM 330, 392-3; Z §§310-19).

Ao mesmo tempo, Wittgenstein pôs em dúvida a idéia de que há "categorias", conceitos gerais que correspondem a estruturas básicas da linguagem e que constituem o tema único da filosofia. Suas reflexões sobre os termos designadores de CORES mostram que palavras pertencentes à mesma categoria não têm em comum todas as suas possibilidades combinatórias; antecipa, assim, objeções mais tarde colocadas à definição de Ryle de categorias como classes de expressões que podem ser substituídas umas pelas outras *salva significatione*. Não obstante, Wittgenstein compartilhava também as aspirações de Ryle: as diferenças gramaticais que ele buscou nos ensinar, constituem, em um sentido amplo, diferenças categoriais (RPP I §793; RPP II §§7, 690; Z §86). Além disso, sua idéia de que conceitos como "pensar", "inferir" etc. impõem limites conceituais a gramáticas alternativas é paralela à idéia de Kant de que conceitos categoriais são constitutivos do conceito de experiência ou de esquema conceitual (*ver* AUTONOMIA DA LINGUAGEM).

O ataque de Wittgenstein aos conceitos metalógicos mostra corretamente, entretanto, que conceitos categoriais como "experiência", "ato", "evento", "estado" ou "processo" não são semanticamente primários: compreendê-los não é uma precondição para compreender outros conceitos. Eles têm, em vez disso, a incumbência de caracterizar, na filosofia, o papel lógico de classes de termos não categoriais (ver PLP 103-6). Ademais, termos categoriais não nos fornecem uma base claramente definida para a filosofia. "Esses termos extremamente gerais possuem um significado extremamente mal delineado. Relacionam-se, na prática, a inúmeros casos especiais, mas isso não os faz nem um pouco mais *sólidos*; não, na verdade, os deixa mais fluidos" (RPP I §648). É justamente por essa razão que são tão propensos a causar confusões filosóficas.

Finalmente, Wittgenstein repudiou explicitamente a idéia, mais tarde advogada por Dummett, de que a filosofia da linguagem constitui o fundamento da filosofia. Não precisamos esclarecer conceitos como "linguagem", "significado" ou "gramática" antes de esclarecer, por exemplo, os conceitos éticos. Pois podemos descrever a gramática de "virtuoso" ou de "dever moral", sem nos apoiarmos em uma descrição da gramática de "significado". Entretanto, ele *de fato* se compromete com a idéia de que certos conceitos são fundamentais em um sentido metodológico, ao sustentar, por exemplo, que os problemas FILOSÓFICOS se baseiam em confusões *conceituais* que têm sua origem na interpretação errônea dos *significados* das palavras (LWL 61; M 51, 114; AWL 31).

**método de projeção** De acordo com a TEORIA PICTÓRICA, uma proposição só pode afigurar um estado de coisas se os seus elementos, os NOMES, "correspondem" aos elementos desse estado de coisas — os OBJETOS —, isto é, se "são sucedâneos" ou "funcionam como representantes" (*vertreten*) desses objetos (TLP 2.13 e seg., 3.22, 4.0311 e seg.). As "correlações" entre os elementos da figuração (pensamento, proposição) e os elementos da situação que representa constituem a "relação pictorial" (*abbildende Beziehung*). Essas correlações são como "antenas" que se projetam dos elementos da figuração, e que permitem à figuração ir até a realidade, isto é, afigurar uma combinação particular de objetos (TLP 2.1513 e segs.) Wittgenstein utiliza também o termo "relação pictorial" para referir-se à relação que se dá entre a figuração e a situação como um todo, e não entre seus respectivos elementos (TLP 4.014). Nessa acepção, ela parece equivaler a "método de projeção", de "comparação" ou de "figuração" (*Projektions-/Vergleichs-/Abbildungsmethode*), ou ainda a um "modo de representação" (*Darstellungsweise*). Anteriormente, ele estabelecera um contraste entre método de projeção e relação pictorial (NM 112). Mesmo que os elementos da figuração e da situação tenham sido correlacionados, resta ainda determinar que relações entre nomes fazem parte da "estrutura" da figuração, isto é, possuem significação simbólica, por determinar aquilo que a proposição afigura. Igualmente, o fato de seus elementos estarem relacionados de modos específicos (de ela ter uma certa "estrutura") só afigura um estado de coisas específico se tais elementos forem os sucedâneos de "coisas" específicas. Por conseguinte, uma figuração compõe-se de uma estrutura acrescida de uma relação pictorial; isto é, de duas relações, uma entre seus elementos e uma entre estes e a realidade. Podemos representar um acidente específico (que pode ou não ter ocorrido) com o auxílio de veículos em miniatura e bonecos; mas isso só será possível se estabelecermos que miniatura corresponde a que coisa real, e que relações entre os brinquedos representam que relações reais entre objetos (por exemplo, suas relações espaciais, mas não as relações entre os seus respectivos pesos). Em escritos subseqüentes, o termo "método de projeção" passa a incluir tanto estrutura quanto relação pictorial, isto é, tudo o que é necessário para se comparar um signo proposicional com uma situação específica (NB 30.10.-1.11.14; TLP 3.11-3.13). A idéia é inspirada na projeção geométrica, que inclui tudo o que é necessário para transformar uma figuração (a proposição) em outra (a situação afigurada).

"À proposição pertence tudo que pertence à projeção, mas não o projetado. Portanto, a possibilidade do projetado, mas não ele próprio. Na proposição, portanto, ainda não está contido seu sentido, mas sim a possibilidade de exprimi-lo... Na proposição está contida a forma de seu sentido, mas não o conteúdo." (TLP 3.13, ver 3.34). A proposição não "contém seu sentido", o estado de coisas possível, primeiramente porque uma configuração de signos não pode conter a configuração de coisas que representa, e, em segundo lugar porque, se a proposição é falsa, não haverá configuração a ser contida. O que a rigor contém a "possibilidade de exprimir" o sentido não é a proposição, que *de fato* o exprime, mas o signo proposicional". Este signo pode contê-la porque tem em comum com a situação que afigura uma FORMA LÓGICA; possui a mesma multiplicidade lógico-matemática (TLP 4.04), de acordo com as convenções da SINTAXE LÓGICA.

Tais convenções determinam somente as possibilidades combinatórias dos nomes, e, portanto, a forma lógica do signo proposicional. O SIGNO ele mesmo, entretanto, nada afigura; para tornar-se um *símbolo*, deve adquirir um conteúdo por intermédio de um método de projeção. O método de projeção é a "aplicação do signo proposicional". Correlacionar signos e realidade é algo que fazemos. Isso antecipa a concepção posterior de Wittgenstein, que passa a acreditar que não é uma entidade correlacionada o que confere significado aos signos, mas sim seu USO. Infelizmente, o primeiro Wittgenstein dá a essa idéia um verniz mentalista: a aplicação do signo proposicional, e, portanto, o "método de projeção", é "pensar o sentido da proposição" (*das Denken des Satz-Sinnes*) (TLP 3.11; PT 3.12 e seg.). Quando utilizamos um signo proposicional, com entendimento, como um modelo da realidade, precisamos pensar o sentido que possui, isto é, precisamos pensar na situação afigurada. Conseqüentemente, um contínuo processo de pensar e significar acompanha cada uso significativo de signos, estando-lhe subjacente. Enquanto pensar é um processo, um pensamento não o é. Tampouco um pensamento é uma entidade abstrata, com queria Frege. Trata-se de um fato psíquico: "*A* pensa que *p*" significa que há um fato psíquico (envolvendo *A*), cujos elementos constituintes estão relacionados aos elementos constituintes de *p*. Tais constituintes psíquicos correspondem às palavras da linguagem.

> Ignoro quais são os elementos constituintes de um pensamento, mas sei *que* ele precisa possuir tais elementos, que correspondem às palavras da linguagem. Por outro lado, a espécie de relação mantida pelos constituintes do pensamento e pelo fato afigurado é irrelevante. Seria uma questão da psicologia descobri-la... Os constituintes psíquicos mantêm com a realidade o mesmo tipo de relação que as palavras. (RUL 19.8.19; *ver* TLP 4.1121, 5.542).

"Pensar é um tipo de linguagem" (NB 12.9.96), um pensamento é uma proposição na linguagem do pensamento. Ainda que, pretendendo-se antipsicologista, o *Tractatus* relegue à psicologia empírica a questão de quais são os constituintes dos pensamentos, o fato é que a obra incorpora a idéia mentalista de que a mente é o que dá significado à linguagem. A representação requer um isomorfismo entre três diferentes sistemas: a linguagem (o signo proposicional), o pensamento (a proposição-em-pensamento) e a realidade (estados de coisas) (*ver* AWL 112; PI §96).

O que é que projeta os elementos psíquicos do pensamento sobre a realidade? De acordo com uma certa interpretação, essa questão é mal colocada: distinguindo-se das proposições lingüísticas perceptíveis, os pensamentos são intrinsecamente representacionais. Talvez isso se deva em parte ao fato de serem figurações "lógicas" (TLP 3), o que explicaria por que "a proposição representa a situação, por assim dizer, por conta própria" (NB 5.11.14). Por outro lado, acarreta que os constituintes do pensamento justamente *não* possuam "o mesmo tipo de relação com a realidade que as palavras". Entra em conflito, além disso, com a idéia de que o significado é conferido aos signos por nossas convenções (TLP 3.322, 3.342, 6.53). Os significados dos elementos "primitivos" da linguagem nos devem ser explicados. Entretanto, considerando-se que tais signos não são passíveis de análise, isto é, não podem ser definidos, essa explicação deve ser dada por outros meios. O *Tractatus* afirma que podem ser explicados por meio de "elucidações", mas também que a compreensão de tais elucidações pressupõe que seus significados sejam conhecidos (TLP 3.263, 4.026). É, portanto, provável, que, embora o *Tractatus* não faça menção à DEFINIÇÃO OSTENSIVA, sejam os atos de significação os responsáveis por vincular um nome a um objeto particular, criando, dessa maneira, a relação pictorial. "*Pela* correlação que faço entre os componentes da figuração e objetos, ela passa a representar uma situação e a ser correta ou incorreta". "Sei o que quero dizer: quero dizer simplesmente ISTO" (NB 26.11.14, 22.6.15, ver 31.5./20.6.15; TLP 2.1511). Tais atos não podem ser realizados pelo eu empírico, que não passa de um complexo de elementos psíquicos que devem ser correlacionados com objetos; devem ser, portanto, os atos do sujeito "metafísico" ou "da vontade". O sujeito metafísico inefável invocado pelo SOLIPSISMO "traça limites à linguagem", conferindo vida às palavras, uma idéia schopenhaueriana mais tarde criticada por Wittgenstein (TLP 5.631, 5.641; NB 4.8./9.11.16; PG 143-4; MS165 9-11).

Há no *Tractatus* uma tensão não resolvida entre a invocação de atos de significação e a idéia de pensamentos intrinsecamente representacionais. Wittgenstein mais tarde rejeita ambas as alternativas. O argumento da LINGUAGEM PRIVADA mostra que os signos não podem ser explicados por meio de definições ostensivas privadas. Criticou, ademais, "a velha concepção de proposição" (MS 165 86), também aceita por Moore, a saber, a idéia de que as proposições, ao contrário das sentenças, não estão vulneráveis a equívocos interpretativos. Tratar os PENSAMENTOS como signos auto-interpretáveis é simplesmente substituir uma questão acerca das capacidades inquestionáveis da linguagem de signos (*Zeichensprache*) por um mistério acerca das capacidades de uma postulada linguagem do pensamento. Se a uma palavra, nessa linguagem, cabe conferir significado a palavras faladas, deve então possuir ela própria um conteúdo simbólico. Nesse caso, entretanto, "ela seria para nós apenas mais um signo", que supõe ele mesmo um método de projeção. Isso não se aplica apenas aos constituintes do pensamento, mas também a qualquer "objeto que *coexista* com o signo", sejam imagens mentais, dados dos sentidos ou sentidos fregianos (BB 5; ver PG 40). Associar à palavra "cubo" uma imagem mental de um cubo não é algo que determine sua aplicação correta, uma vez que a representação deve ela mesma ser aplicada, e poderia, por meio de uma projeção geométrica adequada, ser aplicada a uma pirâmide (PI §139; *ver* REGRA, SEGUIR UMA).

A teoria pictórica parece contemplar esse ponto, considerando-se que a projeção ou relação pictorial é, em si, uma parte essencial da figuração, em parte responsável por ela ser uma figuração específica (TLP 2.15 e segs.; NB 15.10.14). Isso equivale a confundir, entretanto, o método de projeção, que não pode ser parte de uma figuração, com as linhas de projeção (PI §141; PG 213-14). Até mesmo a soma das figurações com as linhas de projeção (as "antenas" que conectam nomes e objetos) deixa margem a vários métodos de aplicação, uma vez que as linhas de projeção não contêm em si mesmas a estipulação de seus usos. Uma imagem mental de dois cubos ligados por linhas de projeção pode autorizar a aplicação do termo "cubo" não apenas a um cubo, mas também a um prisma quadrangular. Nada que não seja a própria aplicação determina a situação projetada. Dizer, entretanto, que uma situação é completamente determinada pela aplicação da figuração é abrir mão do cerne da teoria pictórica — a idéia de que uma proposição pode afigurar "por conta própria", uma vez que é uma forma lógica infundida de conteúdo por um método de projeção. O que projeta os signos sobre a realidade é o uso que deles fazemos conforme regras GRAMATICAIS (BB 4; PR 77-9, 85; PG 132; PI §§430-3).

**misticismo** O termo é tradicionalmente definido como a experiência de uma união com Deus ou com o Universo. Ao longo de toda sua vida, Wittgenstein sentiu-se atraído por figuras religiosas não ortodoxas (Tolstoi, Kierkegaard, Tagore). É somente na fase inicial de sua obra, entretanto, que o encontraremos lidando de forma significativa com o tema do misticismo, e em conexão com seu sistema lógico-metafísico. Embora "o místico" fosse extremamente importante para Wittgenstein, não constitui o núcleo essencial do *Tractatus*. Os temas místicos aparecem somente em 1916, mas passam, então, imediatamene, a dominar as reflexões contidas nos *Notebooks*. Isso aconteceu sob a influência das experiências que Wittgenstein teve durante a Primeira Guerra Mundial, que o levaram a ler *A explicação dos Evangelhos*, de Tolstoi, e a reler Schopenhauer. Wittgenstein transplantou temas místicos para o solo lógico. Não é, contudo, por mera coincidência que o tenha feito. Inicialmente, aquilo que não pode ser dito mas somente mostrado são as "propriedades lógicas da linguagem". Mas a distinção DIZER/MOSTRAR convida a uma extensão à esfera do místico. Oferece um instrumento para contrastar as proposições empíricas da ciência, não somente com a LÓGICA e a metafísica, mas também com o domínio "superior", a esfera dos valores — ÉTICA, ESTÉTICA e RELIGIÃO. O místico é, além disso, o arquétipo tradicional de algo inefável, de algo que "não pode ser posto em palavras", mas "mostra-se a si mesmo" (cp. NM 108 e TLP 6.522). Finalmente, o elo com o misticismo salvaguarda a esfera dos valores — aquilo que, em última instância, é o que há de mais importante — das intromissões da ciência, ainda que ao preço de tornar essa esfera inefável. Ao mesmo tempo, há diferenças entre a lógica e o místico. O que as proposições lógicas tentam dizer mostra-se nas proposições empíricas. Não há, entretanto, *nenhuma* proposição genuína que mostre, por exemplo, o valor ético — embora seja plausível supor que este se mostre nas ações e atitudes das pessoas, como no conto de Tolstoi, "Os três eremitas", que Wittgenstein admirava.

Em sintonia com o livro *Mysticism and Logic* (cap. X), de Russell, e possivelmente sob sua influência, Wittgenstein caracteriza o místico como algo inexprimível (uma idéia que Wittgenstein, mas não Russell, estendeu à metafísica), que envolve ainda os seguintes aspectos:

(a) "o problema da vida", que permanece intocado, até mesmo com a resolução de todos os problemas científicos (TLP 6.43 e segs., 6.52 e seg.);
(b) uma "contemplação" ou "sentimento" do mundo *sub specie aeternitate*, isto é, a partir de uma perspectiva externa, como um "todo limitado" (NB 7.10.16; TLP 6.45);
(c) a afirmação de que a ética e a estética se baseiam na aceitação do mundo (NB 20.10.16; TLP 6.42-6.43);
(d) a idéia de que a morte é irreal (TLP 6.43 e segs.)

No contexto dos *Notebooks* e do *Tractatus*, esses conhecidos *topoi* místicos assumem uma nova feição. O ponto (a) se relaciona com a idéia de que a resposta para o problema da vida é Deus, que é identificado com "o significado (*Sinn*) da vida" e do mundo (NB 11.6./8.7.16; TLP 6.521). Já se sugeriu que o termo *Sinn* é aqui utilizado tecnicamente, para designar aquilo que é afigurado por proposições (*ver* SIGNIFICADO). No entanto, isso é incorreto. Em primeiro lugar, tal noção técnica aplica-se apenas a proposições, mas não à vida ou ao mundo. Em segundo lugar, embora o *Sinn* provido por Deus não resida em valores morais ou espirituais específicos, é ético por natureza, uma vez que corresponde ao "desaparecimento do problema da vida", como decorrência da aceitação feliz do mundo como ele é — (c).

Outro elo possível entre as doutrinas lógica e mística é que o *Tractatus* parece identificar Deus com a FORMA PROPOSICIONAL GERAL, considerando-se que ambos são caracterizados como "o modo como as coisas estão" (NB 1.8.16; TLP 4.5, 5.471 e seg.). Entretanto, a forma proposicional geral da proposição é "As coisas estão *assim*", o que nem sempre se refere a um fato real (nem todas as proposições são verdadeiras), referindo-se antes a um estado de coisas possível. Em contraposição, Deus é identificado com o mundo, compreendido como "destino", como algo independente de nossa vontade, o que sugere que Ele é idêntico a como as coisas realmente estão, em termos de realidade bruta. Finalmente, Deus, o sentido da vida e do mundo, transcende também esse mundo, pois Ele "não se revela *no* mundo" (NB 8.7.16 vs. TLP 6.41, 6.432). Isso só pode significar que Deus não é idêntico a *como* o mundo realmente é, sendo antes idêntico ao fato de *que* ele seja.

As várias afirmações de Wittgenstein podem ou não revelar-se coerentes, mas, o fato é que, independentemente disso, a última delas se liga ao ponto (b) acima, o cerne de seu misticismo. "O místico não é *como* o mundo é, mas *que* é... O sentimento do mundo como uma totalidade limitada é o sentimento místico" (TLP 6.44 e seg.). Assim sendo, o *Tractatus* descreve diretamente o místico salientando três aspectos:

é o paradigma do que é "inexprimível" e que se mostra;
é o conteúdo de uma atitude, "experiência" ou sentimento;
é a existência do mundo.

Como o mundo é, quais são os fatos, são coisas que não podem ter valor algum, sendo parte do problema da vida, não de sua solução. O que é relevante para a esfera superior é somente "que o mundo é". Há aqui um inegável elo entre misticismo e lógica, uma vez que é esse também o conteúdo da quase-experiência pressuposta pela lógica: não o "Como" do mundo, mas o seu "O quê": "que algo *é*" (TLP 5.552 e seg.). Essa "experiência" deve dizer respeito não à verdade de uma proposição existencial contingente, mas à existência da "substância do mundo", a totalidade de OBJETOS simples. Isso não equivale a dizer que ela é expressa por meio de uma lista, especificando que os objetos simples, estados de coisas ou proposições elementares existem de fato; isso faz parte da "aplicação da lógica", não sendo uma precondição para ela (TLP 5.55 e segs., 6.124). Em contraposição, a "experiência" em questão deve ser possuída por alguém que compreenda as proposições em sua forma não analisada, não como um episódio mental consciente, mas como algo implícito em seu pensamento. É necessário apenas o conhecimento de que *há* uma totalidade de objetos simples e de estados de coisas existentes, e que a essência ou forma geral das proposições é dizer como as coisas estão. Saber isso é saber que o mundo possui limites, o que pode ser descrito como conhecer o mundo como um todo limitado.

A contemplação do mundo *sub especie aeternitatis* como algo que existe e como um todo limitado reúne a lógica, a ética e a estética como "condições do mundo" de natureza "transcendental" (NB 24.7./7.10./20.10.16; TLP 6.13, 6.421). Entretanto, somente a ética e a estética envolvem o ponto (c) acima, que não pode ser extraído da metafísica do simbolismo de Wittgenstein. Partir do princípio de que o mundo existe pode ser uma precondição lógica para o pensamento, e um lógico dado a reflexões filosóficas pode encher-se de admiração com essa existência. Entretanto, contentar-se com o mundo, com o modo como as coisas estão, é algo que distingue a vontade boa da má, e a vida feliz da infeliz.

Wittgenstein combina essa idéia com sua versão particular de SOLIPSISMO. Considerando-se que a vida (o eu transcendental) e o mundo são um só, o mundo do homem feliz (isto é, virtuoso) difere do mundo do homem infeliz (NB 29.- 30.7.16; TLP 6.43). O mundo como um todo "cresce e diminui", conforme o eu transcendental se mostra capaz de nele encontrar significado, isto é, se o aceita com um espírito alegre, ou se o percebe como um lugar hostil. O outro lado da moeda solipsista é que nenhuma parte do mundo, e nenhum fato, possui um estatuto privilegiado. Essa posição se dirige em primeiro lugar contra a idéia de Schopenhauer de que meu próprio corpo é uma corporificação da VONTADE. Liga-se também, entretanto, ao fato de que Wittgenstein funda um ideal moral estóico sobre uma experiência mística: "Estou seguro, nada pode atingir-me, o que quer que aconteça". Assim como a vontade não pode influenciar o mundo, o mundo não pode prejudicar um homem virtuoso. Pois o bem está nos olhos de quem vê, em sua capacidade de confrontar as aflições da vida com um espírito feliz.

O solipsismo de Wittgenstein é também crucial para o ponto (d) acima. Tem como conseqüência que o tempo é uma característica transcendental imposta pelo eu metafísico, razão pela qual, na morte, o mundo "tem fim". Ao mesmo tempo, Wittgenstein subscreve a respeitável idéia de que a vida eterna pertence àqueles que vivem no presente (TLP 6.431 e segs.). A felicidade é alcançada pela renúncia ao medo e também à esperança. A maneira de escapar ao caráter temporal da existência humana é contentar-se com o mundo tal como ele é, além do controle da vontade humana (TLP 6.373 e seg.)

O primeiro Wittgenstein logra vincular temas místicos tradicionais a sua metafísica do simbolismo e a seu solipsismo. Infelizmente, a construção é obscura, havendo uma clara ruptura entre a idéia da existência do mundo ser pressuposta pela lógica — (b) — e a da salvação moral estar envolvida na aceitação do mundo como ele é — (c) e (d). Esse fato pode explicar por que o segundo Wittgenstein nem desenvolve nem critica o misticismo da fase inicial. Em contraposição, muitos de seus leitores insistiram nesse tópico. Sugeriu-se, por exemplo, que há analogias entre a abordagem de Wittgenstein ao tema do místico e a prática Zen de agir com a "mente vazia".

# N

**naturalismo** *ver* FORMA DE VIDA; QUADRO DE REFERÊNCIA.

**necessidade** *ver* FORMA DE REPRESENTAÇÃO; LÓGICA.

**necessidade lógica** *ver* FORMA DE REPRESENTAÇÃO; LÓGICA.

**negação** *ver* BIPOLARIDADE; FATO; CONSTANTES LÓGICAS.

**nomes** Os nomes conquistaram notoriedade filosófica com a obra *System of Logic*, de Mill (lvr. I). Mill aplicou o rótulo não somente aos nomes próprios e comuns, mas também às descrições, aos nomes abstratos e aos adjetivos. Ao mesmo tempo, sustentou que nomes próprios como "Aristóteles" possuem uma "denotação", o portador do nome, mas nenhuma "conotação", uma vez que não envolvem um atributo. Para Frege, as proposições são compostas de nomes de objetos e nomes de conceitos. Distinguindo-se de Mill, atribuiu aos nomes próprios ordinários não somente um "significado", seus portadores, como também um "sentido", que pode variar de falante para falante: para alguns, o sentido de "Aristóteles" é dado pela descrição "o discípulo de Platão"; para outros, "o mestre de Alexandre, o Grande" ("Sense" 27). Russell deu um passo adiante nessa linha de raciocínio. Seu atomismo lógico guiava-se pelo "princípio de familiaridade", de acordo com o qual toda proposição dotada de significado deve necessariamente compor-se de expressões que se referem a coisas com que mantemos uma relação de familiaridade. Assim como as descrições definidas ("o atual rei da França"), os nomes próprios ordinários não preenchem esse requisito. A teoria das descrições afirma, portanto, que estes constituem, na verdade, descrições abreviadas. Descrições definidas são, por sua vez, "símbolos incompletos", que não se referem a coisa alguma. Sentenças da forma "O *F* é *G*" são analisadas como conjunções de três proposições: há pelo menos uma coisa que é *F*; há no máximo uma coisa que é *F*; tal coisa é *G*. Se não há nada que satisfaça a descrição, tais sentenças não são, como queria Frege, destituídas de um valor de verdade — são apenas falsas (*Problems* cap. 5; *Introduction* cap. XVI). Tais expressões incompletas só possuem significado porque são definidas por meio de signos que não admitem definição posterior, estando antes ligados diretamente com elementos com que mantemos uma relação de familiaridade. Esses são os "nomes próprios lógicos" ou os "verdadeiros" nomes próprios; estão garantidos contra falhas referenciais e nos fornecem os fundamentos da linguagem (*Logic* 168, 194-201, 270). Funcionam como sucedâneos de "simples" (os particulares, as qualidades e as relações) e possuem as seguintes características: (a) seu significado é um objeto cuja existência não está sujeita a dúvida, e ao qual não se pode atribuir nem existência nem inexistência; (b) resistem à análise lógica, sendo, nesse sentido, "símbolos simples"; e (c) compreender um nome próprio lógico não é algo que envolva um conhecimento por descrição, basta que haja uma relação de familiaridade com seu significado. Na perspectiva empirista de Russell, os signos que satisfazem tais condições devem referir-se a dados dos sentidos ou a dados da memória, dados de cuja existência não se pode duvidar. Os únicos nomes próprios lógicos para particulares são "isto" ou "aquilo", quando utilizados em referência a uma entidade mental com que o falante mantenha uma relação de familiaridade na ocasião; quanto às propriedades, os únicos nomes próprios lógicos para elas são os termos designadores de cores, como "branco".

O jovem Wittgenstein continuou a desenvolver o programa de Russell da ANÁLISE LÓGICA. Também para ele, os nomes próprios ordinários são abreviações de descrições. Estas são tratadas de acordo com uma teoria das descrições modificada; as proposições existenciais resultantes são analisadas como disjunções de proposições elementares (*ver* GENERALIDADE), que são, por fim, analisadas em termos de átomos semânticos que são nomes de "objetos" simples. Não adotou as preconcepções empiristas de Russell quanto ao modo de ser desses OBJETOS. Preocupava-se principalmente em mostrar que, para que a linguagem seja capaz de representar a realidade, é preciso que haja signos que não sejam passíveis de análise: a TEORIA PICTÓRICA supõe a existência de elementos simples de proposições, que correspondam aos elementos indivisíveis da realidade. Não obstante, aquilo que Wittgenstein denomina "signos simples" ou simplesmente "nomes" (TLP 3.2 e segs.) deve satisfazer especificações semelhantes àquelas estabelecidas para os nomes próprios lógicos de Russell.

(a) "Funcionam representando" (*vertreten*) um objeto, "denotam-no" (*bedeuten*), "significam-no" (*bezeichnen*); e tal objeto é seu "significado" (TLP 2.131, 3.203, 4.0312). O requisito que esses objetos devem satisfazer não é, entretanto, epistemológico (imunidade à dúvida cartesiana), mas sim ontológico: deve ser impossível não existirem. Conseqüentemente, um nome não pode ser inserido no lugar do argumento de "*x* existe", uma vez que o resultado não constituiria uma proposição BIPOLAR.

(b) Signos que significam complexos são abreviações (de descrições definidas; ou disjunções, no caso das propriedades) e desaparecem na análise lógica (TLP 3.24). Em contraposição, os nomes são "primitivos" (TLP 3.26 e seg.). Isso não significa que sejam simples *qua* sons ou inscrições gráficas, mas sim que não admitem análise ou definição ulterior. Correlacionam-se diretamente aos objetos, sem a mediação de descrições.

(c) As únicas descrições de objetos são proposições que dizem algo *acerca* deles, a saber, que se encontram combinados com certos outros objetos, que enunciam suas "propriedades externas", sem contudo informar-nos *o que* um objeto é, isto é, suas propriedades internas, capazes de especificar com que outros objetos ele *pode* combinar-se (TLP 2.023 e segs., 3.221). Compreender um nome é apreender sua FORMA LÓGICA, suas possibilidades combinatórias, que refletem as possibilidades combinatórias do objeto que ele substitui. Seu significado precisa ser explicado a nós, ainda que o único modo de explicação mencionado pelo *Tractatus* seja o das "elucidações", proposições que contêm o signo, e, portanto, pressupõem sua compreensão (TLP 2.0123 e seg., 3.263, 4.026; *ver* DEFINIÇÃO OSTENSIVA). Wittgenstein relegou à psicologia a tarefa de lidar com a questão de como efetivamente se dá a correlação entre nome e objeto (*ver* MÉTODO DE PROJEÇÃO).

Há, além disso, importantes diferenças entre Russell e o *Tractatus*. Assim como Russell, Wittgenstein fala de nomes como sinais que possuem "significado isoladamente" (TLP 3.261). Entretanto, por conta de seu CONTEXTUALISMO, isso significa apenas que eles se relacionam com a realidade de forma direta, e não que tenham significado isoladamente, fora das proposições. Wittgenstein detecta, além disso, uma falta de rigor na forma como Russell explica a noção de simplicidade: utiliza como nomes próprios lógicos símbolos que precisamos *tratar* como simples, pelo fato de que nenhuma análise se encontra disponível no momento. Para Wittgenstein, os nomes, e os objetos de que são sucedâneos, são *intrinsecamente* simples, diferindo completamente dos complexos (NL 100-1; NB 26.4./21.6.15; *Logic* 198, 244-6; *ver* PROPOSIÇÃO ELEMENTAR). O preço desse rigor é Wittgenstein recusar-se a fornecer exemplos de signos ou objetos simples. Em que pese essa atitude reticente, o *Tractatus* mantém seu compromisso com a rejeição de uma idéia de Russell, antes admitida nos *Notebooks* (NB 16.6.15): a idéia de que "isto" é um nome. Pois ela implica que o significado de um nome se modifica em cada ocasião em que é usado, e que, portanto, cada instância de "isto" constitui um nome diferente. O *Tractatus* insiste, ao contrário, na idéia de que um nome é um tipo, a classe de expressões-instância que se referem a um único objeto (TLP 3.203, 3.3411; NL 102).

Sob esse aspecto, a discussão que Wittgenstein, posteriormente, promove acerca de expressões indexicais como "isto" (PI §38; BT 523 e segs.; BB 109) constitui uma continuação de seu trabalho anterior. A empreitada é agora diferente, entretanto. A idéia de Russell de que "isto" é o único "nome genuíno" não é contrariada com base em requisitos transcendentais que incidem sobre signos simples, mas sim com base no funcionamento concreto dos nomes próprios ordinários. Por um lado, há semelhanças entre expressões indexicais e nomes: ambos são termos singulares e ambos podem ocorrer em definições ostensivas — pode-se responder à pergunta "Qual é a cor de sua bicicleta?" dizendo-se "Esta cor" (apontando-se uma amostra), ou, alternativamente, "Verde". Por outro lado, embora haja diversos tipos de nomes (de pessoas, de lugares, de cores, de direções, de números, etc.), uma expressão indexical como "isto" difere de todos eles em pelo menos dois pontos: em primeiro lugar, não pode ser explicada ostensivamente (em parte porque seu referente é uma função de seu contexto de uso); em segundo lugar, para referir-se a algo, exige o acompanhamento de um gesto dêitico.

Outras afirmações encontradas nas *Investigações filosóficas* incluem o *Tractatus* entre seus alvos de ataque. O significado de um nome não pode ser identificado com o seu portador (*ver* VISÃO AGOSTINIANA DE LINGUAGEM). Além disso, inexiste tal coisa como *a* relação de nomeação (PI §§15, 37; BB 172-3). Os rótulos conectam-se com seus portadores por estarem ligados a eles, mas o uso de nomes próprios de pessoas, e mesmo de nomes mais abstratos, como no caso dos numerais, é diferente. A conexão entre um nome e seu portador não é nem misteriosa, nem inexorável, e nem tampouco independe do modo como empregamos e explicamos nomes (*ver* DEFINIÇÃO OSTENSIVA). Wittgenstein observa, além disso, um ponto geralmente ignorado pelos filósofos: a importância que os nomes próprios têm para o senso de identidade daqueles que os portam (GB 125-6; MS 131 141).

Nas *Investigações*, §79, critica-se a "teoria da abreviação", defendida por Russell e pressuposta pelo *Tractatus*. O significado de um nome próprio não é uma descrição *única* que o portador do nome, se ele existe, deve satisfazer de forma exclusiva. Em primeiro lugar, considerando-se que diferentes falantes associam diferentes descrições a um mesmo nome, isso nos levaria ao impasse de Frege: o nome e as sentenças em que ocorre têm diferentes significados para diferentes falantes. Em segundo lugar, embora possamos explicar "Moisés" por meio de uma descrição, não tratamos tal descrição como uma definição. Se uma tal descrição, como, por exemplo, "o homem que, em criança, foi retirado do Nilo pela filha do Faraó", ao final, não se aplicasse a ninguém, não concluiríamos, por isso, que Moisés não existiu, nem tampouco consideraríamos falsas as proposições a seu respeito, como quer a teoria das descrições; forneceríamos, isso sim, uma descrição alternativa.

Alguns interpretaram essa crítica como uma "teoria dos grupamentos", segundo a qual o significado de um nome é um grupamento de descrições univocamente identificadoras, de tal modo que o portador do nome seja qualquer coisa que satisfaça a maior parte ou uma proporção considerável delas. Nas *Investigações*, §79, sugere-se, com efeito, uma modificação da teoria da abreviação, à luz da idéia de SEMELHANÇA DE FAMÍLIA: os traços que utilizamos para explicar "Moisés" formam uma família cujos limites não são rigorosamente definidos, na qual muitos grupamentos podem assumir o papel de características definidoras. Isso não compromete Wittgenstein, entretanto, com a suposição subjacente de que o significado dos nomes é determinado por descrições, o que contraria duas outras idéias suas (BT 253; PLP 71; TS211 494): (a) *nenhuma* definição, por mais complexa que seja, capta o que queremos dizer com "Moisés", pois qualquer uma poderia ser rejeitada sob certas circunstâncias — não utilizamos os nomes de forma rígida, em conformidade com definições estabelecidas antecipadamente; (b) há vários CRITÉRIOS para a compreensão de nome próprios: fornecer descrições não é o único, e tampouco é esse o único modo de explicar nomes — algo que pode ser feito também por meio da indicação ostensiva ou da apresentação — "Aquela é a Torre", "Eu sou H.G."

Este último ponto tem também como conseqüência que "teorias do não-significado" (Mill, Kripke) erram em separar completamente os nomes das descrições. Dar uma descrição é um critério, ainda que revogável, para se saber quem foi Moisés. Tampouco é claro que a conexão entre o nome e o portador do nome, estabelecida por um batismo, desempenhe o papel único que Kripke lhe atribui, em vez de incluir-se entre muitas explicações possíveis, como se sugere nas *Investigações*, §79 — "o homem que viveu naquele tempo e naquele lugar e que naquela época foi chamado de 'Moisés'". Finalmente, Kripke erra ao sugerir que uma pessoa que diga "Moisés foi um pintor de gênero holandês, do século XVII" deve necessariamente estar afirmando algo falso acerca de Moisés, desde que tenha chegado a esse termo através de uma cadeia comunicativa que remonta à situação de batismo. Por outro lado, o segundo Wittgenstein parte de uma suposição, corretamente questionada por teorias do não-significado: a de que os nomes próprios possuem um significado que é explicado explicitando-se quem são os seus portadores. Somente alguns nomes possuem um significado que não seja etimológico. E, mesmo nesses casos, o significado não determina de quem ou de que o nome é um sucedâneo: "Bombeiros a Jato" pode ser o nome da firma mais lenta da cidade.

**números** Os números desempenham um papel fundamental na rejeição constante de Wittgenstein ao logicismo, a redução da matemática à lógica. Uma vez que todos os outros ramos da matemática podem ser construídos a partir da aritmética, o projeto logicista resume-se a definir o conceito de número natural em termos da teoria dos conjuntos e a deduzir o princípio de indução matemática a partir de princípios lógicos. Embora Frege considerasse os números como objetos abstratos, acabou por defini-los como classes de classes com o mesmo número de membros. O número 2 é a classe dos pares, o número 3 é a classe dos trios, e assim por diante. Essa definição não é circular, considerando-se que a equivalência numérica entre duas classes pode ser definida por meio da noção de correlação de um-para-um. Duas classes são equivalentes se cada membro da primeira pode ser correlacionado com um membro diferente da segunda, sem que nenhum fique sobrando. O número 0 é definido como a classe das classes equivalentes à classe de objetos que não são idênticos a si mesmos, isto é, como a classe que contém somente a classe vazia, {∅}. O número 1 é definido como a classe das classes equivalentes à classe cujo único membro é 0, {0}; o número 2 é definido como a classe das classes equivalentes à classe cujos únicos membros são 0 e 1, {0,1}; etc.

O engenhoso procedimento de Frege pressupõe que classes possam ser membros de outras classes. Nesse caso, faz sentido perguntar de cada classe se é ou não um membro de si mesma. Como observou Russell, isso leva à noção paradoxal da classe de todas as classes que não são membros de si mesmas: se ela é um membro de si mesma, então não é um membro de si mesma, e vice-versa. Para evitar o paradoxo, Russell introduziu sua teoria dos tipos. Ela impede que digamos de uma classe o que só se pode ser dito de seus membros, a saber, que é um membro de tal e tal classe. Dada essa interdição, a série dos números naturais não pode ser construída à maneira de Frege. O número 1 pertenceria a um tipo lógico superior ao do número 0, uma vez que contém 0 como seu membro; e, nesse caso, o conjunto {0,1} não pode ser usado para definir o número 2, uma vez que entidades de tipos diferentes não podem ser membros da mesma classe. Russell superou essa dificuldade definindo o número 1 como a classe de todas as classes equivalentes à classe cujos membros são os membros da classe vazia, mais um objeto que não é membro desta última classe. O número 2 é definido como a classe de todas as classes equivalentes à classe cujos membros são os membros da classe usada para definir 1, mais um objeto, que não é membro daquela classe definidora. Dessa forma, os números naturais podem ser definidos um após o outro, embora somente se houver um estoque infinito de objetos. Isso obrigou Russell a introduzir o axioma do infinito, segundo o qual o número de objetos no universo não é finito.

O uso *ad hoc* que Russell faz de axiomas como o do infinito, o da redutibilidade e o da multiplicação ou escolha, com a finalidade de sustentar o logicismo, constituiu o primeiro alvo da crítica de Wittgenstein. Esses axiomas não são adequados para fundamentar a matemática na lógica, uma vez que são, na melhor das hipóteses, contingentemente verdadeiros, e, na pior das hipóteses, absurdos. A lógica não pode determinar quantos objetos existem (RUL 11.-12.13; NB 9.10.14; TLP 5.535, 5.55, 6.1232 e seg.; PR 167;

RFM 283, 400). Criticou, além disso, a definição logicista dos números naturais. Em escritos posteriores, afirmou que a idéia de uma correlação de um-para-um não é suficiente para explicar o conceito de número. A existência de uma correlação de um-para-um (entre dois conjuntos de traços, por exemplo) não é algo que precise ser simplesmente auto-evidente. E nosso critério para resolver tais questões é justamente se esses conjuntos possuem o mesmo *número* de elementos (PG 331; PR 125-6, 281; AWL 148-9; LFM 152-68).

A crítica inicial de Wittgenstein trata de um outro aspecto. Frege e Russell definiam o que significa um número vir depois de *n* na série dos números naturais com base na relação entre um número *n* e seu sucessor imediato *n* + 1; da mesma forma, pode-se definir que "*y* é descendente de *x*" com base em "*y* é filho de *x*". Seria comum explicarmos "descendente" como "os filhos de uma pessoa, os filhos de seus filhos, os filhos dos filhos de seus filhos, *e assim por diante*". Entretanto, Frege e Russell perceberam a necessidade de eliminar esse "e assim por diante" (*Introduction* 20-1; *Foundations* §§18, 79-80). Com essa finalidade, introduziram a noção de propriedade hereditária ou ancestral — algo que pertence a uma pessoa se pertence aos pais da pessoa. Podemos então definir "*y* é um descendente de *x*" como "*y* é filho de alguém que possui todas as propriedades hereditárias de *x*". Entretanto, embora um descendente de *x* tenha que ter todas as propriedades que são hereditárias na família iniciada por *x*, é logicamente possível alguém possuir todas essas propriedades sem ser membro da família. Frege e Russell procuraram superar essa dificuldade, alegando que uma das propriedades hereditárias na família é precisamente a propriedade de "ser descendente de *x*", com a conseqüência de que qualquer um que tenha todas as propriedades hereditárias deve necessariamente ser um membro da família. Dessa forma, "*n* é um número natural" é algo que pode ser definido como "*n* é idêntico a 0 ou possui todas as propriedades hereditárias de 0", o que faz com que o princípio de indução matemática se transforme em um truísmo lógico: se *P* é uma propriedade hereditária de 0, então *P* pertence a tudo aquilo que possui todas as propriedades hereditárias de 0.

Como Poincaré, o *Tractatus* rejeita esse procedimento, considerando-o circular (TLP 4.1273), possivelmente porque, ao definir "*y* é um descendente de *x*" por meio da noção de propriedade hereditária, vê também como uma propriedade hereditária ser descendente de *x*. Wittgenstein mais tarde sugeriu a Waismann (*Introduction to Mathematical Thinking*, cap. 8) que é igualmente circular a tentativa de estabelecer o princípio de indução matemática por meio de uma definição indutiva de número natural. Tentar definir os números naturais de tal forma que o princípio de indução matemática possa ser derivado como uma conseqüência tautológica é algo que corresponde a não levar em conta que o próprio princípio é um critério para determinar se uma propriedade se aplica a *todos* os números, sendo, portanto, em parte, um elemento constitutivo do significado do termo "número natural". O mesmo raciocínio alimenta a discussão que Wittgenstein promove em torno da prova indutiva de Skolem para a lei associativa da adição (PG 397-424; PR cap. XIV): é ilusório pensar que uma proposição acerca de todos os números naturais possa ser *provada* pelo princípio de indução — *P*(1) e se *P*(*c*) então *P*(*c* + 1), *portanto P* se aplica a todos os números. Pois o princípio *define* o que significa *P* valer para todos os números naturais, não fornecendo, portanto, um método independente para demonstrar essa afirmação.

No *Tractatus*, o termo "número" não é tratado como um conceito material aplicável a alguns mas não a todos os objetos abstratos (Frege), nem como classes de classes (Russell), mas sim como um conceito formal que, assim como o de proposição, é apresentado por um tipo especial de variável (TLP 6.022 e seg.). Assim como "proposição", o conceito formal de "número" é expresso por meio de uma "série formal", uma série cujos membros encontram-se ordenados por uma RELAÇÃO INTERNA e são produzidos por uma operação reiterável: "$x$, $\Omega'x$, $\Omega'\Omega'x$, $\Omega'\Omega'\Omega'x$, e assim por diante" (TLP 4.1252, 5.23 e segs.). "Chegamos aos números" da seguinte forma (TLP 6.02 e seg.). Definimos "$x$" (o ponto de partida da série) como "$\Omega^{0}{}'x$", e o sucessor de qualquer número dado "$\Omega'\Omega^{n}{}'x$" como "$\Omega^{n+1}{}'x$". Isso nos permite reescrever a série como "$\Omega^{0}{}'x$, $\Omega^{0+1}{}'x$, $\Omega^{0+1+1}{}'x$, $\Omega^{0+1+1+1}{}'x$, etc." e enunciar a forma geral de uma operação como "$[\Omega^{0}{}'x, \Omega^{n}{}'x, \Omega^{n+1}{}'x]$". Finalmente, derivamos os inteiros: 1: = 0 + 1; 2: = 0 +1 + 1; 3: = 0 +1 + 1 + 1; etc.

A "forma geral de um inteiro" (TLP 6.03) (que é análoga à FORMA PROPOSICIONAL GERAL) é $[0, \xi, \xi + 1]$. Isso sugere que Wittgenstein simplesmente fornece uma definição indutiva dos inteiros, que pressupõe as noções de 0 e de sucessor de um número, as quais o logicismo tentava explicar. Na verdade, entretanto, é crucial para sua explicação que os números não sejam os resultados de uma operação *matemática* (somar 1) sobre *numerais*, mas sim resíduos de operações *lógicas* sobre *proposições*. "O número é o expoente de uma operação" (TLP 6.021). Os números correspondem a estágios na construção de proposições moleculares a partir de proposições elementares, por meio de operações vero-funcionais. Essa é a razão pela qual a matemática constitui um "método lógico" (TLP 6.2, 6.234). Entretanto, contrariando o logicismo, Wittgenstein não considera a lógica como algo mais básico do que a matemática. Nas margens da cópia de Ramsey do *Tractatus,* ele escreveu a seguinte observação: "a idéia fundamental da matemática é a idéia de *cálculo*, apresentada aqui pela idéia de *operação*. O início da lógica pressupõe procedimentos de *cálculo* e, portanto, números". Dois é simplesmente o número de vezes que uma operação deve ser reiterada para que produza uma expressão da forma "$\Omega'\Omega'x$". Isso pode parecer circular: para se definirem números, faz-se referência à aplicação da operação um certo *número de vezes*. Entretanto, de acordo com a distinção entre DIZER e MOSTRAR do *Tractatus*, não precisamos invocar o número aqui: o estágio da série formal representado por "$\Omega'\Omega'x$" *mostra-se* na estrutura dessa expressão (quando adequadamente analisada). Seja como for, permanece possível explicar a noção geral de número com base na idéia de aplicações sucessivas de uma operação. Essa noção, por sua vez, gira em torno da noção de "e assim por diante". Enquanto os logicistas tentaram, sem êxito, eliminar essa idéia, o *Tractatus* a leva a uma posição central na matemática. Tanto Russell quanto Ramsey consideraram por demais restritiva a abordagem da matemática encontrada no *Tractatus* ("Introduction"; *Mathematics* 17), pelo fato de que se limita ao tratamento de equações numéricas elementares. Entretanto, o fato de que não é capaz de lidar com cardinais transfinitos não representa uma lacuna, mas sim uma conseqüência de sua abordagem construtivista. Os números são os expoentes de operações que não podem nos levar além do finito.

Wittgenstein sempre rejeitou tanto a tendência formalista e nominalista de identificar números com numerais quanto a alegação platônica de que os numerais são sucedâneos de objetos abstratos (TLP 4.241, 6.232; WVC 34, 103-5; PR 129-30; PG 321; PI §383). Os números são o que os numerais significam, mas o significado dos numerais não é dado por entidades abstratas, e sim pelas regras para seu uso. Qualquer sentença que contenha um numeral pode ser traduzida em uma sentença que represente a aplicação de uma operação. Uma equação como "2 × 2 = 4" pode ser escrita como "$\Omega^{2}$'$\Omega^{2}$'$x$ = "$\Omega^{4}$'$x$" — repetir a dupla aplicação de uma operação duas vezes equivale a quadruplicá-la (TLP 6.231, 6.241). As equações aritméticas não falam sobre números; trabalham com números. Um enunciado numérico como "Há duas maçãs na cesta" não versa sobre quatro objetos (as duas maçãs, a cesta e o número 2); indica, por outro lado, que se pode realizar uma operação com as maçãs na cesta — tirar uma (Ω'$x$) e tirar outra (Ω'Ω'$x$).

Wittgenstein mais tarde abandonou a "nebulosa introdução do conceito de número pela forma geral de uma operação", encontrada no *Tractatus* (PR 131), passando a tratar "número" como um conceito determinado por SEMELHANÇA DE FAMÍLIA. Conservou, entretanto, a idéia de que os números são o produto de uma técnica. Em decorrência disso, rejeitou a noção de infinito atual. O fato de que a série dos inteiros é interminável não significa que se refira a uma totalidade abstrata, mas sim que a possibilidade de repetir a operação "+ 1" é ilimitada. A idéia de infinito é derivada da idéia de uma técnica ilimitada de construção sígnica, que pode ser continuada indefinidamente. Uma classe finita é dada por uma lista de seus membros; uma classe infinita é dada por uma lei de construção, o princípio de indução (TLP 6.1232; PR 140, 160-7; PG 461; BB 95-8; RFM 138; PI §208).

Embora a abordagem de Wittgenstein seja construtivista, não implica uma forma de finitismo, e muito menos um finitismo estrito. Não é guiada por preocupações epistemológicas acerca de nossa capacidade de apreender totalidades infinitas. A explicação adequada para os números não leva em conta a factibilidade das operações para os seres humanos. A impossibilidade de percorrer todos os números naturais é lógica, não biológica: há uma regra gramatical que exclui a expressão "o maior número natural" por seu caráter absurdo. Além disso, Wittgenstein não nega que existam classes infinitas; entretanto, a diferença entre elas e as classes finitas não se limita ao tamanho, sendo também uma diferença categorial, a saber, aquela que distingue uma lista enumerável de uma operação ilimitada (RFM 142; PR 148).

Essa idéia subjaz à sua acusação de que a teoria dos conjuntos apresenta a diferença entre conjuntos finitos, infinitos e transfinitos como uma diferença de magnitude (WVC 228; PR 164-5, 211-22; PG 460-71; RFM 125-42). A noção de correlação de um-para-um é utilizada para estabelecer a cardinalidade de conjuntos infinitos, tanto na definição de Dedekind de infinito e de número real, quanto na prova de Cantor segundo a qual os números racionais são enumeráveis, isto é, podem ser biunivocamente correlacionados com os números naturais (N), o que já não ocorre com os números reais (R). Dado esse procedimento, Cantor mostra que a cardinalidade de R é maior do que a de N. Entretanto, como assinala Wittgenstein, esse procedimento só tem um sentido claro no que diz respeito às classes finitas. O método da diagonal de Cantor não prova que R carece de uma propriedade que possa ser definida de forma independente, a saber, a de manter uma correlação de um-para-um com um dado conjunto; contudo, estende a noção de correlação de um-para-um às classes infinitas. O que Cantor mostra é que se pode ordenar os números racionais de um modo que é interditado aos números reais. Mas é somente por meio de um construto conceitual, que nada nos obriga a aceitar, que ele chega à conclusão de que há uma hierarquia de entidades matemáticas anteriormente desconhecidas — os cardinais transfinitos.

# O

**objeto** (*Gegenstand*) Wittgenstein utiliza esse termo, ao lado de termos mais explícitos como "objeto simples" e "simples", para designar os constituintes últimos da realidade (TLP 1.1-2.0272, 4.1272; NM 111; NB 3.9.14, 9./11.5.15; não há indícios de que ele tenha contrastado "objeto" com "coisa" (*Ding*, *Sache*)). Os objetos são essencialmente simples, enquanto os "complexos" (por exemplo, objetos materiais ordinários) são combinações de simples. Os objetos formam a "substância do mundo": como toda mudança é a combinação ou a separação de objetos, eles mesmos são imutáveis e indestrutíveis. Os objetos possuem tanto propriedades INTERNAS, suas possibilidades combinatórias com outros objetos, quanto propriedades externas, referentes ao fato de estarem combinados com quaisquer outros objetos com que estejam combinados (TLP 2.01 e segs.). No atomismo lógico de Wittgenstein e de Russell, buscam-se esses elementos por meio da ANÁLISE LÓGICA. Sustenta-se ali que todas as proposições podem ser reveladas como funções de verdade de proposições atômicas, que consistem, por sua vez, em NOMES que não são passíveis de análise. Os objetos são aquilo de que esses constituintes de proposições completamente analisadas são sucedâneos. Não podem ser "descritos", isto é, definidos, mas somente nomeados. Com isso, garante-se que eles não geram conexões necessárias entre proposições atômicas: O enunciado "A vassoura está no canto" pode ser logicamente incompatível com o enunciado "O esfregão está sobre a mesa", uma vez que vassoura e esfregão são complexos, e poderiam, portanto, ter um elemento em comum — o cabo (TLP 3.2 e segs.)

Russell adotou essa linha de análise até o ponto em que, para o empirismo, os fundamentos da linguagem e do conhecimento coincidem. A existência de dados dos sentidos e de dados da memória é imune à dúvida, o que garante que as proposições que lhes digam respeito sejam imunes à falha referencial. Assim, o "princípio de familiaridade" enuncia que só podemos compreender proposições se tivermos conhecimento direto dos "indivíduos" simples de que são sucedâneos. Estes incluem não apenas "particulares", dados dos sentidos a que nos referimos por meio de uma expressão indexical como "isto", mas também "qualidades" e "relações". Russell utilizou o enunciado "Isto é branco" como um exemplo de proposição atômica, confessando, entretanto, que, ao que soubesse, "a análise poderia se estender para sempre" (*Logic* 193-203, 270; *Problems* cap. 5).

Wittgenstein considerou essa possibilidade, mas rejeitou-a (NB 3.9./8.10.14). Pois seu atomismo lógico não se inspirava na epistemologia empirista, mas sim em uma teoria do simbolismo de natureza quase kantiana, que explora as precondições necessárias para a representação. Conforme o próprio Wittgenstein admite, quando escreveu o *Tractatus*, viu-se incapaz de apresentar um exemplo de objeto simples ou de nome que não seja passível de análise. A tarefa de determinar a "composição" de proposições elementares foi deixada para análises posteriores. Entretanto, seria possível saber com base em "razões puramente lógicas" que "uma análise deve necessariamente chegar a um fim": é *preciso* que haja elementos da realidade de um lado e elementos do PENSAMENTO e da linguagem do outro, para que estes possam representar aqueles (NB 14.-17.6.15; TLP 4.221, 5.55 e segs.; RUL 19.8.19; AWL 11; WAM 70). O fato de que os objetos sejam postulados em uma teoria do simbolismo não significa que sua existência e natureza sejam uma questão de convenção lingüística (como querem alguns intérpretes); com efeito, essa teoria insiste na idéia de que a FORMA LÓGICA dos nomes precisa refletir as possibilidades combinatórias dos objetos de que são representantes. Tampouco significa que qualquer coisa possa vir a preencher o papel de elementos simples. Nos *Notebooks*, procura-se arduamente fornecer um exemplo de objeto, e, mesmo no *Tractatus*, obra de natureza mais agnóstica, indica-se a direção em que devemos procurá-lo. Possivelmente, as PROPOSIÇÕES ELEMENTARES não contêm apenas nomes para particulares, mas também para propriedades e relações; que descrevam, por exemplo, as cores e formas de manchas no campo visual, e suas relações espaciais com outras manchas. Os objetos são objetos com os quais mantemos uma relação de familiaridade; não dados dos sentidos, mas seus constituintes indecomponíveis. O que nos leva mais perto do conceito de objeto é a noção de *minima sensibilia* (NB 7.5.15): particulares, tais como pontos espaciais, qualidades perceptuais últimas, tais como tonalidades de cores, tons acústicos e odores, e relações espaciais simples. Ao contrário dos dados dos sentidos de Russell, tais elementos não são temporários; são aparentes *sempiternalia*, garantidas metafisicamente e não só epistemologicamente: os complexos vermelhos e os dados dos sentidos podem ser destruídos, o que já não é possível no que tange à cor vermelha ou aos pontos no espaço e no tempo. São, além disso, incompletos: devem combinar-se entre si, formando combinações mutáveis — isto é, fatos (*ver* CONTEXTUALISMO).

O objetivo central de Wittgenstein continua sendo salientar que é preciso haver objetos para que a representação seja possível. A idéia básica constitui um argumento por regresso, que remonta a Platão. Os signos ordinários são explicados por meio de definições. Entretanto, a "cadeia de definições deve necessariamente chegar a um fim", uma vez que os signos definidos significam por meio dos signos que lhes servem de definição. Conseqüentemente, é preciso que haja signos que se relacionem a objetos, não por meio de definições (descrições), mas sim diretamente, pela *nomeação* de tais objetos (NB 9.5.15; TLP 3.26 e seg.). As proposições existenciais e universais podem ser analisadas em termos de disjunções ou conjunções de proposições elementares, das quais todas as proposições moleculares derivam seu sentido (*ver* GENERALIDADE). Tais proposições elementares compõem-se unicamente de nomes. Combinam-nos de tal forma que, dado um MÉTODO DE PROJEÇÃO adequado, representam uma combinação possível dos objetos que os nomes substituem. Nenhum estado de coisas existente precisa corresponder a uma proposição como um todo. Entretanto, a não ser que cada nome se correlacionasse a um objeto, seu SIGNIFICADO, a proposição não poderia afigurar um estado de coisas possível. Para que haja representação, é preciso haver uma correlação de um- para-um entre os elementos das proposições e os elementos dos estados de coisas possíveis (TLP 4.031 e seg., 5.123).

Assim sendo, a TEORIA PICTÓRICA implica que os nomes "fixam" as proposições na realidade. Conforme Wittgenstein percebeu, entretanto, isso não implica que seus referentes tenham que ser simples ou indestrutíveis — poderiam ser objetos comuns, como livros (NB 31.5.14.—15.6.15). Várias considerações (amiúde implícitas) levaram-no a conclusões mais fortes:

(a) Complexidade. A idéia de simples está "contida" na de um complexo que pode ser analisado (decomposto). Existem complexos; qualquer complexo formado de partes mais simples; *ergo* é preciso haver objetos que não sejam complexos (NB 15.6.15; TLP 2.02 e segs.).

(b) A forma do mundo. O mundo possui uma FORMA LÓGICA fixa, que determina o que é logicamente possível, sendo ela própria determinada pela possibilidade de as coisas ocorrerem em estados de coisas. Se todas as coisas fossem complexas, isto é, destrutíveis, a forma lógica do mundo, e, portanto, o que é logicamente possível, poderia mudar (TLP 2.012 e segs.)

(c) Autonomia do sentido. Se uma proposição tem ou não sentido é algo que não deve depender da verdade de uma outra proposição, que afirme a eventual existência de uma coisa ou outra; pois isso faria com que a lógica dependesse de fatos contingentes. Se, entretanto, as palavras que ocorrem em uma proposição designassem somente complexos e não (em última instância) elementos simples, aquilo que corresponde a elas poderia ser destruído. Nesse caso, as palavras careceriam de significado, uma vez que não corresponderiam a coisa alguma. Portanto, para que uma proposição possua um sentido, é preciso ser verdade que os complexos correspondentes existam, o que contradiz a idéia da autonomia do sentido (TLP 2.0211; NM 117).

Houve quem acreditasse que esse argumento parece incompatível com o fato de que Wittgenstein rejeita a idéia de valores de verdade não preenchidos: uma sentença com um sentido deve ser ou verdadeira ou falsa. Um complexo consiste, por exemplo, em *a* manter a relação *R* com *b*. Uma proposição que lhe atribua um predicado — "Φ(*aRb*)" — ganha a forma "Φ*a*. Φ*b*. *aRb*" (TLP 2.0201, 3.24; NB 15.5.15; *Principles* 466). Se ~*aRb*, então ao termo analisado não falta um valor de verdade, sendo ele falso. Não é o sentido, mas antes a verdade de uma proposição que depende da existência de complexos. *Entretanto,* ela só terá um sentido se as proposições que constituem o resultado da análise o tiverem — o sentido de uma proposição complexa é uma função do sentido de seus constituintes. E essas proposições são destituídas de sentido a não ser que se componham, em última instância, de nomes para elementos simples: se "*a*" continuasse a ser explicado somente por meio de descrições, sua referência a algo, e portanto o sentido de "*aRb*", dependeria dos fatos.

(d) Determinabilidade do sentido. "O postulado da possibilidade dos signos simples é o postulado do caráter determinado do sentido" (TLP 3.23). A razão precisa para isso é menos determinada, mas há três linhas de raciocínio possíveis:

(i) A não ser que a análise terminasse com a correlação de símbolos indecomponíveis a objetos simples, o sentido de uma proposição molecular, suas condições de verdade, não poderia ser determinado antecipadamente; não saberíamos, por exemplo, como continuar a análise de "Φ(*aRb*)", e, portanto, aquilo que ela implica logicamente (NB 18.6.15; PT 3.20101 e segs.).

(ii) A não ser que os constituintes da realidade fossem nitidamente definidos, uma proposição não poderia restringir a realidade a "duas alternativas: sim ou não" (TLP 4.023). Não haveria uma configuração precisa de elementos simples que a verificasse ou falseasse.

(iii) Uma proposição sobre um complexo é indeterminada, no sentido de que pode não ser verdadeira por mais de um motivo: seus elementos podem ser combinados de um modo que não corresponda a um estado de coisas existente, ou, não sendo nomes próprios lógicos, podem não se referir a coisa alguma. Isso não significa que tal proposição seja logicamente deficiente; pois aquilo que deixa em aberto é em si determinado. Essa indeterminação não pode, entretanto, estender-se às proposições elementares que compõem as proposições sobre complexos (TLP 5.156; NB 16.-17.6.15).

Depois de seu retorno à filosofia, Wittgenstein se deu conta de que havia construído uma mitologia metafísica sobre uma base lógica: assumindo-se que são genuínas as necessidades a que os objetos supostamente deveriam satisfazer, elas não supõem a exigência de entidades existentes necessárias. O argumento (a) é inválido. O fato de que um complexo se componha de partes mais simples não implica logicamente que haja partes que não admitam análises ulteriores: a análise pode se estender para sempre. Igualmente, é uma falácia passar do truísmo "Todo complexo é formado por elementos simples" para a afirmação controversa de que "Há elementos simples de que são formados todos os complexos". Além disso, a distinção entre simples e complexo não tem um sentido absoluto; uma mesma coisa pode ser considerada simples ou complexa, dependendo dos padrões que estivermos utilizando (PI §§47-8). Por exemplo, os quadrados em um tabuleiro de xadrez são simples para o propósito do jogo, mas poderiam ser combinações de meios quadrados triangulares. Com efeito, dependendo do propósito, pode-se inclusive ver uma coisa como composta de dois componentes maiores do que ela própria, como é o caso da composição de forças na mecânica.

Já se replicou que nem todos os padrões de simplicidade precisam ter o mesmo estatuto: algumas coisas podem ser intrinsecamente simples, destacando-se aqui os constituintes últimos da matéria. Entretanto, essa seria uma simplicidade física, estabelecida por experimentos. O que Wittgenstein rejeita aqui é a idéia de que haja a simplicidade lógica absoluta, exigida pela possibilidade da representação, independentemente da experiência. Em alguns casos (o das cores puras, por exemplo), pode não haver qualquer padrão habitual ou natural de complexidade, mas isso não deve ser confundido com a presença de um critério absoluto de simplicidade (PG 211; PI §59; Z §338). E mesmo se houvesse elementos simples intrínsecos, eles só teriam que ser eternos se o *Tractatus* estivesse certo em supor que toda mudança é mera recombinação de elementos.

No que diz respeito à consideração (b), com a idéia posterior de AUTONOMIA DA LINGUAGEM, Wittgenstein nega que haja uma ordem fixa de possibilidades — O ESPAÇO LÓGICO: o que é logicamente possível não é determinado por pretensos átomos metafísicos, mas por regras lingüísticas (PI §97). Pelo mesmo motivo, entretanto, há um núcleo de verdade na linha de raciocínio expressa em (c). O sentido de uma proposição é anterior à sua verdade: para que se decida se uma proposição é verdadeira, seu sentido deve ser determinado (para que se atribua uma propriedade *F* a um objeto *a*, é preciso que esteja estabelecido quando é que uma coisa pode ser identificada como *a* e o que é que conta como *F*); para que se compreenda seu sentido, por outro lado, não precisamos conhecer seu valor de verdade, mas "somente o que é o caso se ela for verdadeira" (TLP 4.024, 4.061 e seg.; NB 24.10.14; PG 184-5). Sustentar, entretanto, que essa prioridade supõe entidades existentes necessárias equivale a um argumento do tipo

$P_1$ Necessariamente: se "*aRb*" faz sentido, então necessariamente faz sentido.
$P_2$ Necessariamente: se "*aRb*" faz sentido, então *a* existe.
C Necessariamente: se "*aRb*" faz sentido, então *a* necessariamente existe

Isso é válido em alguns sistemas de lógica modal, mas ambas as premissas são falsas. Que certas combinações de palavras tenham sentido nada tem a ver com questões de necessidade. E $P_2$ erra em supor que uma proposição só tem sentido se cada um de seus constituintes substitui um objeto; a maioria das palavras possui sentido sem substituir coisa alguma, e até mesmo expressões referenciais como "Excalibur" não perdem seu significado se o seu referente é destruído (PI §§39-44).

Ao mesmo tempo, há expressões cujo significado parece estar vinculado à existência de objetos, a saber, as que só podem ser explicadas por meio de uma DEFINIÇÃO OSTENSIVA. Assumindo-se que são genuínas as necessidades a que os elementos simples supostamente deveriam satisfazer, elas são preenchidas pelas amostras com base nas quais explicamos as palavras designadoras de cores, sons e odores, bem como muitas medidas. Assim como os elementos simples, essas amostras só podem ser descritas pela especificação de suas propriedades externas, e não por meio de suas propriedades internas. Isso corresponde, entretanto, à indefinibilidade lexical dos termos designadores de cores, por exemplo. As coisas que aparentavam ser átomos metafísicos são, na verdade, instrumentos de nossa forma de representação. As amostras são simples no sentido de que sua existência é pressuposta, não pela linguagem como tal, mas por jogos de linguagem particulares. Termos definidos ostensivamente perderiam de fato o seu significado se todas as amostras possíveis, com base nas quais podem ser explicados, não existissem. Isso não significa, entretanto, que estejamos nos encaminhando para uma defesa de (c). Embora o sentido de uma proposição empírica não deva depender de sua *própria* verdade, depende de uma regra, e a possibilidade de explicar a regra pode depender da verdade de uma *outra* proposição que enuncie a existência de amostras, ou nossa capacidade de usá-las. Nas *Investigações filosóficas*, considera-se o contra-argumento de que pelo menos as amostras pressupostas nas definições ostensivas devem ser indestrutíveis, uma vez que, do contrário, não poderíamos descrever um mundo em que tudo aquilo que fosse destrutível estivesse destruído, o que prejudicaria a idéia da independência da gramática. Entretanto, o fato de que seja possível descrever tal estado de coisas não nos permite concluir que isso deve ser algo possível no próprio estado de coisas (WVC 43; AWL 120; PG 208-9; BB 31; PI §§48-57).

No que diz respeito à consideração (d), o ponto (i) está correto em afirmar que as implicações lógicas das proposições deveriam estar estabelecidas anteriormente à experiência. Entretanto, isso não faz com que seja necessária a existência de elementos simples eternos; basta que exista um padrão estabelecido de EXPLICAÇÃO. Wittgenstein passa a criticar também o pressuposto, subjacente ao ponto (ii), de que o sentido de uma sentença precisa ser DETERMINADO, algo que parece basear-se na imagem de um mundo constituído de fatos distintos. Mesmo se isso fosse correto, entretanto, não implicaria logicamente a simplicidade: o exemplo da reta dos números mostra que determinabilidade e divisibilidade infinita não são coisas incompatíveis. O mesmo se aplica ao ponto (iii): muitas proposições podem não ser verdadeiras por um ou outro motivo, sem que por isso sejam melhores ou piores.

O segundo Wittgenstein ignorou um segundo núcleo de verdade na explicação fornecida pelo *Tractatus* — a idéia da referência não descritiva. Os elementos simples foram concebidos para ser "aquilo de que podemos falar *qualquer que seja o caso*" (PR 72). Se toda referência se desse por meio de descrições, seria necessário que houvesse uma única coisa que satisfizesse a descrição. Donnellan nos mostrou, entretanto, que usos referenciais genuínos de termos singulares não dependem dessa condição: podemos às vezes nos referir a um jovem vivaz como "o velho tolo de sempre". Isso não torna necessária, entretanto, a existência de elementos simples; basta que haja um acordo mútuo entre falante e ouvinte quanto à pessoa a quem se faz referência na ocasião.

**operação** *ver* FORMA PROPOSICIONAL GERAL; CONSTANTES LÓGICAS; NÚMEROS; TABELAS DE VERDADE.

# P

**pensamento/pensar** Na tradição mentalista, os pensamentos (cogitações, idéias) eram compreendidos como entidades ou ocorrências psíquicas que povoam as mentes dos indivíduos. Em reação a essa tradição, o movimento antipsicologista e antiidealista (Frege, Moore, Russell) retornou a uma visão platônica. Assim, Frege estabeleceu uma distinção entre idéias privadas (*Vorstellungen*), e pensamentos, que são entidades abstratas habitantes de um terceiro domínio platônico. Baseou-se, para isso, nos seguintes pontos: (a) um pensamento, isto é, aquilo que alguém pensa, é verdadeiro ou falso independentemente de alguém pensá-lo; (b) duas pessoas podem ter o mesmo pensamento; (c) os pensamentos podem ser comunicados ("Sense" 29-32; "Thought").

Na fase inicial de sua obra, Wittgenstein parece evitar tanto o mentalismo quanto o platonismo, mas isso não fica muito claro, pelo fato de ele usar o termo "pensamento" (*Gedanke*) em duas diferentes acepções. Em seu uso mais fundamental, fregiano, o termo significa proposição (*Satz*). Um pensamento é uma "figuração lógica de fatos", isto é, uma figuração idealmente abstrata, cuja única forma pictorial é sua FORMA LÓGICA e cuja representação prescinde de qualquer meio específico. "Em uma proposição, um pensamento encontra uma expressão que pode ser percebida pelos sentidos". Um pensamento não é, entretanto, nem uma entidade abstrata nem uma entidade mental correlacionada com a sentença. É, em vez disso, "um signo proposicional empregado, pensado (*gedachte*)", "uma proposição com um sentido" (TLP 3, 3.1, 3.5, 4). Isso significa que um pensamento é uma sentença-em-uso, um signo proposicional que foi projetado sobre a realidade.

Ao mesmo tempo, o "método de projeção" que projeta o signo proposicional sobre um estado de coisas corresponde a "pensar o sentido da proposição" (TLP 3.11; PT 3.12 e seg.). Em seu segundo uso, *Gedanke* significa uma entidade mental que possui "constituintes psíquicos" e mantém com a realidade a mesma espécie de relação que as palavras constituintes do signo proposicional mantêm (RUL 19.8.19). Isso sugere que um pensamento é um fato psíquico que não mantém uma relação de identidade, mas sim de isomorfismo, com o signo proposicional, por um lado, e o estado de coisas afigurado, por outro.

Talvez a inconsistência tenha passado despercebida a Wittgenstein pelo fato de que sustenta que o processo mental de "pensar é uma espécie de linguagem" (NB 12.9.16). Um pensamento é ele mesmo uma proposição na linguagem do pensamento, mantendo um vínculo estreito com o signo proposicional. Assim como um signo proposicional só constitui uma proposição dotada de significado se é projetado sobre o mundo por um pensamento, também uma relação entre elementos psíquicos só é um pensamento (e não, por exemplo, uma dor de cabeça) se constitui uma projeção de um signo proposicional. Por conseguinte, é essencial aos pensamentos que possam ser expressos integralmente na linguagem. Isso representa uma ruptura com a visão tradicional, adotada por Frege e Russell, de que a relação entre pensamento e linguagem é externa. Os pensamentos não são entidades que estão além da linguagem, e a linguagem não é um simples meio para a transmissão de um processo pré-lingüístico de pensamento. Ao mesmo tempo, sustenta-se, no *Tractatus*, que a ANÁLISE LÓGICA de uma proposição da linguagem de signos (*Zeichensprache*) revelará a estrutura da proposição subjacente na linguagem do pensamento. Além disso, permanece apegado à doutrina de que é a mente que confere significado à linguagem, conferindo vida aos sons e inscrições gráficas, que, do contrário, estariam "mortos" (BB 3-5). Embora a natureza precisa do pensar seja uma questão relegada à psicologia empírica, a produção de pensamentos é concebida como um processo que deve acompanhar o discurso, distinguindo-o dos ruídos de um papagaio.

Wittgenstein mais tarde argumentou que a idéia de uma linguagem do pensamento confronta um dilema. Por um lado, o pensamento deve ser intrinsecamente representacional: embora minhas palavras possam ser interpretadas com base no que penso, a minha interpretação de meus próprios pensamentos (exceto quando me pergunto por que motivo tenho um determinado pensamento) não faz sentido algum; distinguindo-se do discurso, "o pensamento é a última interpretação" (BB 34-5; PG 144-5). Por outro lado, isso significa que os elementos psíquicos *não* mantêm com a realidade o mesmo tipo de relação que as palavras mantêm. Em termos mais gerais, Wittgenstein criticava a visão de que pensar é um processo mental que acompanha o discurso e lhe confere significado (BT cap. 6; PG cap. V; PI §§316-62). Para que os pensamentos confiram significado às sentenças, devem eles mesmos possuir conteúdo simbólico. No entanto, isso nos leva a um círculo vicioso (*ver* MÉTODO DE PROJEÇÃO), o que fica óbvio se substituímos o acompanhamento mental por um acompanhamento físico: uma sentença apresentada juntamente com uma pintura não é menos suscetível a interpretações diferentes do que o signo por si só. Supor que a mente "poderia fazer muito mais nesses casos", por conta de suas qualidades ocultas, é uma mitologia proveniente da psicologia (PG 99; Z §211).

O segundo argumento de Wittgenstein contra a concepção do pensar como acompanhamento é que o que distingue a fala com COMPREENSÃO dos proferimentos mecânicos de uma máquina ou de um papagaio não é um processo que a acompanha (freqüentemente — PI §§ 330-2, 341 —, ele se refere à diferença entre "o falar pensante" (*denkendes Sprechen*) e "o falar sem pensamentos" (*gedankenloses Sprechen*), o que sugere incorretamente que ele está preocupado com o contraste entre proferimentos bem refletidos e proferimentos descuidados, embora esse tema seja mencionado de passagem em RPP II §§250-67). Em primeiro lugar, tal processo não é nem necessário nem suficiente para o discurso dotado de significado. Em segundo lugar, não se pode subtrair a expressão lingüística de forma a destilar um processo isolado de pensamento. Falar com compreensão ou de forma pensante não é como cantar com o acompanhamento do piano, mas sim como "cantar com expressão" (PI §332). A diferença está em como isso é feito, e naquilo que o falante é capaz de fazer (para explicar ou defender seu proferimento). "Pensar" tem um caráter adverbial.

Durante algum tempo, Wittgenstein continuou identificando pensamento e linguagem, ainda que com "linguagem de signos" e não com linguagem do pensamento: a filosofia é uma "ciência descritiva... do pensamento"; mas os pensamentos e suas relações lógicas "devem ser examinados a partir das expressões que os veiculam"; o pensamento é um "processo simbólico", e pensar é "a atividade de lidar com signos", realizada pela mão, na escrita, ou pela boca e pela laringe, na fala (LWL 4, 25; BB 6; BT 48). Entretanto, embora escrevamos *com* nossas mãos, só *pensamos* com elas no sentido de fazer acompanhar o que dizemos com gestos. E o próprio Wittgenstein acabou por dar-se conta de que, embora o pensar e o falar sejam conceitualmente relacionados, são "categorialmente distintos" (RPP II §§6-8, 183-93, 238, 248, 266-7; Z §§100-3). Na fase mais madura de suas reflexões, Wittgenstein ataca o pressuposto de que o pensamento supõe um meio ou veículo, algo que subjaz tanto ao mentalismo (*Psychology* II cap. XVIII) quanto a seu próprio lingualismo inicial (do qual se encontram vestígios nas *Investigações filosóficas* §§329-30).

Seu primeiro passo foi abandonar o uso indiscriminado do termo "pensamento", que, assim como os usos mentalistas de "idéia" e "representação", passa por cima das diferenças existentes entre diferentes conceitos mentais. Wittgenstein trata "pensar" como um "conceito amplamente ramificado", e discute quatro de seus empregos principais (Z §§110-12, 122; RPP II §§194, 216): (a) pensar sobre algo ou querer dizer algo; (b) refletir sobre um problema; (c) acreditar ou opinar que *p*; (d) pensamentos ocorrentes que nos passam pela cabeça em um determinado momento. Em nenhum desses empregos, pensar *constitui* um processo físico ou mental, palavras ou imagens que nos passam pela cabeça; pois tais acontecimentos não são nem suficientes nem necessários.

Claramente, "convicções" firmes não poderiam constituir imagens ou palavras nos passando constantemente pela cabeça (*ver* PSICOLOGIA FILOSÓFICA). O argumento vale igualmente para (b). Seria tolice negar, como já fizeram alguns behavioristas, que imagens podem nos passar pela cabeça quando pensamos. Esses acontecimentos internos não são, entretanto, nem suficientes nem necessários para que eu pense. Em um delírio, posso ter imagens mentais sem estar pensando; e posso também pensar em um problema sem que imagens mentais me passem pela cabeça. Nem todo nosso pensamento pode ser caracterizado como algo que implique a posse de imagens mentais (uma noção defendida por Berkeley e Kant *vis-à-vis* "idéias gerais" ou conceitos).

A alternativa "lingüística" não logra maior êxito. Dizer que *p* e pensar que *p* são duas coisas obviamente diferentes. Felizmente, não exprimimos em palavras todos os nossos pensamentos; e por vezes dizemos que *p* quando pensamos que *q*. Pode-se retorquir que, em tais casos, está-se falando consigo mesmo, *in foro interno*, e que pensar é uma espécie de monólogo interno, conforme sugerira Platão (*Teeteto* 189e). Entretanto, falar a si próprio na imaginação não é algo mais suficiente ou necessário para pensar do que entreter imagens mentais. Quando conto ovelhas para dormir, estou falando comigo mesmo, mas não estou pensando; podemos, além disso, realizar as mais complexas tarefas intelectuais sem produzir um monólogo interior na imaginação.

Isso se aplica inclusive a "pensamentos-relâmpago" (PI §§318-21). É implausível insistir na idéia de que, quando ocorre subitamente a um motorista: "Seu estúpido; há um controle de radar atrás da ponte; você deveria ter reduzido para 50!", sua mente percorre esta seqüência de palavras (ou de imagens mentais) em uma fração de segundo. Imagens mentais e discurso interno podem ser acompanhamentos dos pensamentos, e podem ser "germes lógicos" de pensamentos (LW I §843). Como nos mostraram os estudos psicológicos posteriores a Vygotsky, tais processos dão origem a pensamentos, servem como recursos heurísticos ou mnemônicos. Essa dependência é, entretanto, contingente. Ocorrências internas não determinam aquilo que penso, e não são logicamente necessárias para que eu pense. Aquilo que pensamos é determinado por aquilo que afirmaríamos e faríamos sinceramente, e não por imagens ou palavras que nos possam cruzar a mente. Pode-se atribuir a um motorista o pensamento acima citado se ele o EXTERIORIZA sinceramente, na ocasião ou mais tarde (PI §343; BB 147). Igualmente, não são os acompanhamentos internos que determinam se pensei sobre um problema em dada ocasião, mas sim aquilo que sou capaz de fazer, o modo como falo e ajo, e talvez também os acontecimentos anteriores ou posteriores.

Wittgenstein lança dúvidas, além disso, sobre a idéia de que quando falo, preciso antes pensar por meio de alguma espécie de simbolismo interno, lingüístico ou mental, para em seguida traduzir meus pensamentos em proferimentos de um simbolismo público diferente (BB 41; LPP 247-8). Essa visão leva à conseqüência absurda de que posso estar sempre enganado quanto a meus próprios pensamentos. Pois poderia interpretá-los incorretamente a partir de meu arranjo interno de palavras ou imagens, ou ainda traduzi-los de forma errônea para a linguagem de signos. Pode-se *falar* internamente em uma determinada língua, mas isso não equivale a *pensar* em uma determinada língua. Se penso ou não em uma determinada língua é uma questão que depende simplesmente da necessidade que tenho de traduzir de uma outra língua para falá-la.

*Existem* vínculos essenciais entre pensamento e linguagem, embora eles não incluam obrigatoriamente uma vocalização interna concreta. Para começar, identificamos pensamentos/crenças, identificando suas expressões lingüísticas (ver BB 4-5, 161; PI §§501-2; MS108 237). A resposta à pergunta "Em que você está pensando?" não é uma descrição de um processo interno, mas antes uma expressão de meus pensamentos em palavras (por exemplo, "Estou pensando que vai chover"). Se um platonista ou um mentalista me desafiar a exprimir o pensamento que está por trás desse proferimento, não reexaminarei um processo interno para ver se posso melhor descrevê-lo. Fornecerei, em vez disso, uma paráfrase de meu proferimento, construída com outros símbolos. Conseqüentemente, a linguagem não é apenas, como queria Frege (*Posthumous* 225, 269-70), a única, porém distorcida, expressão do pensamento; ela é a sua expressão máxima. É igualmente a expressão dos pensamentos que nos permite falar de seus constituintes, como fazem os fregianos.

O segundo vínculo essencial entre pensamento e linguagem é que a capacidade de ter pensamentos ou crenças (ponto (c) acima) supõe a capacidade de manipular símbolos — não porque os pensamentos não expressos tenham que estar em alguma linguagem, mas porque a *expressão* dos pensamentos precisa estar. A razão para isso é que só faz sentido atribuir pensamentos nos casos em que temos critérios para a identificação de pensamentos. É preciso que algo seja considerado como pensar que *p* em vez de pensar que *q*. Isso significa que os pensamentos, embora não precisem, de fato, ser expressos, têm que ser passíveis de expressão. E somente um leque restrito de pensamentos pode ser expresso por meio do comportamento não lingüístico. Um cão pode pensar que seu dono está à porta, mas não que estará de volta em uma semana. Pois não poderia exibir este pensamento em seu comportamento (PI §§344, 376-82, 650, II 174; Z §§518-20). Da mesma forma, só podemos atribuir pensamento a chimpanzés, por exemplo, por conta das *atividades* que desempenham ligadas à resolução de problemas.

James menciona o caso de Ballard, um surdo-mudo que, depois de aprender a linguagem de sinais, alegou ter tido, em criança, pensamentos como "Qual a origem do mundo?" (*Psychology* I 266-9). Wittgenstein questiona a idéia de que essa história nos forneça uma prova empírica de que o pensamento é possível sem linguagem. O impulso básico de sua tentativa de resposta aqui é o seguinte (PI §§288, 342; LPP 43): em contraste com o que ocorre em casos normais, o que determina se Ballard pensou sobre a origem do mundo ou, por exemplo sobre o jantar, não é o que ele poderia ter dito na ocasião, uma vez que, *ex hipothesi,* ele não possuía capacidade para usar a linguagem. Como argumenta Wittgenstein, entretanto, tampouco isso se determina diretamente por qualquer coisa que lhe possa ter passado pela cabeça. A única base possível para lhe atribuirmos um determinado pensamento é o fato de que agora ele traduz em palavras os pensamentos sem palavras que tivera antes. Como vimos, entretanto, em casos normais, não existe a possibilidade de traduções errôneas dos próprios pensamentos, uma vez que não existe tal coisa como *traduzir* os próprios pensamentos em uma linguagem. No caso de Ballard, entretanto, surge uma questão quanto à correção da tradução dos pensamentos que ele alega ter tido, o que lança dúvidas sobre a idéia de que havia, para começar, algo a ser traduzido. A atribuição de pensamentos é algo que só faz sentido se pressupusermos capacidades expressivas, embora seja possível, é claro, estarmos temporariamente impedidos de exercê-las.

Wittgenstein associa, portanto, a noção de pensar à de comportamento potencial, em vez de associá-la a ocorrências mentais reais. Em algumas passagens, ele chega ao ponto de questionar se o pensar constitui uma *atividade* mental (PI §339; RPP II §193; MS124 215). A reflexão não é uma atividade que realizamos com o cérebro, considerando-se que este não é um órgão de que se tenha controle. No entanto, (a) é um exercício voluntário de uma capacidade mental adquirida, da mesma forma que correr é um exercício de uma capacidade física adquirida; (b) pode levar tempo, ser interrompida e envolver estágios; (c) pode ser realizada de várias maneiras, exigindo, por exemplo, maior ou menor esforço; (d) uma resposta possível para a pergunta "O que ela está fazendo?" é "Ela está pensando sobre Wittgenstein". Já se sugeriu que o pensar *per se* (em vez de pensar sobre aritmética etc.) não pode ser ensinado e em nada consiste. Isso se aplica igualmente, entretanto, a uma atividade como mover o próprio braço. O que está por trás da resistência de Wittgenstein a considerar o pensar como uma atividade é, com efeito, a idéia de que só podemos identificar diferentes estágios em um processo de pensamento a partir dos pensamentos tornados públicos, a cada etapa, por quem pensa, e não a partir de ocorrências internas. Essa lição é melhor expressa, contudo, pela indicação das diferenças entre o pensar e as atividades físicas (por exemplo, BB 6-7; RPP II §217).

O ataque de Wittgenstein à linguagem do pensamento ameaça um dos pilares da ciência cognitiva contemporânea. Antecipa a abordagem de Ryle quanto à natureza adverbial do pensamento, e seu ataque à idéia de que precisamos sempre "pensar por meio de" algo (palavras, imagens, etc.). Evitando a armadilha de considerar a linguagem como o meio universal do pensamento, Wittgenstein reabilita e radicaliza a idéia aristotélica de que os SERES HUMANOS são animais essencialmente lingüísticos. As características que, em diferentes momentos, foram concebidas como aquilo que distingue os seres humanos de todas as outras criaturas — uma capacidade de conhecer verdades necessárias, a posse de um sentido moral, a consciência de si ou o senso histórico — são todas tributárias de nossas capacidades lingüísticas distintivas.

**perspicuidade** *ver* PROVA MATEMÁTICA.

**pretender algo e querer dizer algo** (*intending/meaning something*) O segundo Wittgenstein discute não somente os mistérios *lógicos* que cercam a INTENCIONALIDADE, mas também o lado *mental* de expressões verbais intencionais, como CRER que *p*, pretender realizar o ato de Φ e querer referir-se a um objeto particular *x*". As duas últimas são discutidas nas duas partes finais da Parte I das *Investigações filosóficas* (PI §§629-60 e 661-93, respectivamente). Essa localização não é fortuita: ambas as expressões estão ligadas a faculdades voluntárias e são obscurecidas por confusões acerca da noção de VONTADE, cuja discussão ocupa as seções precedentes. Embora a noção de pretender algo não tivesse, desde Bentham, recebido atenção filosófica, a noção de querer dizer algo fora já importante para o primeiro Wittgenstein. Sustentava-se, no *Tractatus*, que um signo proposicional "*Fa*" é projetado sobre um estado de coisas, em virtude de se fazer acompanhar de uma proposição na linguagem do pensamento. Faz parte desse MÉTODO DE PROJEÇÃO o fato de que, com "*a*", eu queira referir-me a um objeto particular. É esta a razão pela qual, entre os temas que perpassam as *Investigações filosóficas*, inclui-se não apenas o significado convencional (*Bedeutung*) de uma palavra em uma língua, mas também *Meinen*, o que o falante quer dizer com uma palavra em um proferimento feito em uma determinada ocasião (PI 18n, §§22, 33-5, 81, 186-8, 358, 504-13, 592).

Para o segundo Wittgenstein, o que determina se pretendo algo ou quero dizer algo, e o que pretendo ou quero dizer, não são nem processos de pensamento nem atos de indicação ostensiva. Os verbos intencionais não significam *fenômenos* — atos, atividades, eventos, processos ou estados, seja na mente seja no cérebro. "Se Deus tivesse olhado em nossas mentes, não poderia ter visto lá de quem falávamos" (PI II 217). O primeiro argumento para essa espantosa afirmação é que os verbos intencionais não pertencem a tais categorias lógicas, uma vez que não possuem "duração genuína" (*ver* PSICOLOGIA FILOSÓFICA). Pode parecer que querer dizer uma coisa é o ato de direcionar a atenção a ela. Não é necessário, contudo, que um ato desse gênero esteja aqui envolvido. Se *A* simula estar sentindo dor e diz "Já vai passar", pode-se afirmar que ele quis referir-se à dor, ainda que não houvesse uma dor em que pudesse concentrar sua atenção. Querer dizer algo não constitui uma atividade mental, da mesma forma que a subida de preço não é uma atividade da manteiga (PI §§666-7, 693).

O segundo argumento de Wittgenstein aparece já em seu tratamento da noção de COMPREENSÃO. Os processos ou estados mentais ou físicos não são nem necessários nem suficientes para se crer em algo, pretender algo ou querer dizer algo. É possível haver correlações empíricas entre tais fenômenos e atitudes intencionais. Tais correlações podem informar um psicólogo, por exemplo, acerca de minhas intenções "inconscientes". Não determinam, entretanto, o conteúdo de atitudes intencionais, aquilo que penso, pretendo ou quero dizer. *Pace* James e Russell (*Psychology* I 253-4; *Analysis* cap. XII), não há sentimentos ou experiências que caracterizem atitudes intencionais. Mesmo quando se admite, como faz Wittgenstein, que as intenções podem se fazer acompanhar de sentimentos característicos, tais sentimentos não são as intenções que acompanham (PI §§591, 646, II 217; Z §33). No que diz respeito à idéia de querer dizer algo com um proferimento, a tentação de postular sentimentos é alimentada pela confusão entre essa idéia e a de querer dizer o que se disse. Entretanto, nem mesmo esta última noção envolve necessariamente sentimentos (por exemplo, de sinceridade): O enunciado "Quis dizer o que disse" não relata o resultado de uma auto-observação; afirma, em vez disso, a disposição de assumir aquilo que se disse. Normalmente, associamos sentimentos com algumas expressões. Entretanto, esses sentimentos não são nem necessários nem suficientes para que a expressão faça sentido (BB 10-11; PI II 217; RPP I §232; *ver* ASPECTOS, PERCEPÇÃO DE).

As atitudes intencionais não se prendem a imagens mentais ou a palavras que nos passem pela cabeça. Antigas intenções que eu traga comigo não poderiam consistir em imagens ou palavras relacionadas que me passassem pela cabeça constantemente. Da mesma forma, quando profiro uma sentença como

(1) Napoleão era impetuoso,

(querendo dizer o vencedor em Austerlitz), uma imagem mental pode me passar pela cabeça, mas não necessariamente. Além disso, mesmo quando quero referir-me a Napoleão I, uma imagem de seu sobrinho pode me passar pela cabeça, simplesmente porque o tio sempre me faz lembrar o sobrinho. Finalmente, posso querer referir-me a alguém, sem saber qual a sua aparência. Nesse caso, mesmo se uma imagem me passasse pela cabeça, não poderia, de modo algum, determinar a quem eu queria me referir (PI §§663, 680, II 175-6; PG 103; BB 39-40, 142; RPP I §§226-33). É igualmente implausível a idéia de que só posso querer referir-me a Napoleão I se palavras como "o vencedor em Austerlitz" me passam pela cabeça. Poder-se-ia alegar que querer dizer Napoleão I é, de qualquer forma, pensar nele. Entretanto, embora a frase "eu quis dizer..." seja por vezes equivalente a "eu estava pensando em....", não é sempre este o caso (PI 33n, §690, II 217). Eu poderia fazer uma observação distraída sobre Napoleão I, pensando em Napoleão III. Por esse mesmo motivo, James estava equivocado em sugerir que o pensamento completo já deve estar presente em minha mente para que eu possa querer dizer algo com um proferimento (PI §337; Z §1; LW I, §§843-4; *Psychology* I cap. IX).

Uma objeção tentadora aqui seria afirmar que, embora as imagens mentais jamais sejam necessárias ou suficientes, e, embora nenhum pensamento seja necessário, pensamentos verbais de uma certa espécie são suficientes para se querer dizer algo: se, ao proferir a palavra "Napoleão", as palavras "o derrotado em Sedan" me passam pela cabeça, então devo estar querendo dizer Napoleão III. Em resposta, Wittgenstein salienta o fato de que até mesmo "a mais explícita" das expressões (independentemente de ter sido proferida) só determina o que se quer dizer quando se pretende, com ela, identificar a pessoa referida

(PI §641). Mas esse não é necessariamente o caso, uma vez que tal expressão poderia ser parte de um recital, ou de um *slogan* que me passa pela cabeça. E, o que é mais fundamental, os meros fenômenos, sejam processos ou estados, sejam fisiológicos ou mentais, são necessariamente insuficientes para determinar atitudes intencionais — é esse o núcleo de verdade que encontraremos na invocação tractariana dos atos de significação. "Não é a imagem que pretende; nós é que pretendemos algo com ela." Mas, se esse pretender for, por sua vez, um mero "processo", "fenômeno" ou "fato", estará tão morto quanto a imagem (Z §§236-8; PG 143-4, 148; RPP I §215). "Pois nenhum *processo* poderia ter as conseqüências do querer-dizer" (PI II 218). O fato de que quero referir-me a Napoleão I tem a conseqüência de que meu proferimento *pode ser considerado* como um proferimento acerca de Napoleão I. Compromete-me com uma certa alegação, que, por sua vez, autoriza lances subseqüentes no jogo de linguagem. Tais conseqüências normativas não podem seguir-se de uma descrição de minha mente, cérebro ou comportamento. Da mesma forma, uma descrição de estados ou processos não tem as mesmas conseqüências que tem a afirmação de que pretendo realizar o ato de Φ. Não caracteriza o meu ato de Φ como o exercício de uma faculdade voluntária, pelo qual eu possa ser responsabilizado (Wittgenstein retira essa mesma lição do "paradoxo de Moore"; *ver* CRENÇA).

Ao negar a idéia de que as atitudes intencionais sejam estados ou processos do sujeito, Wittgenstein está fornecendo uma das fontes para o externalismo contemporâneo, a concepção de que o que *A* pensa é, pelo menos em parte, determinado por fatos "externos" e possivelmente ignorados por *A*, a saber, sua relação com o ambiente físico (Putnam) ou social (Burge). Algumas passagens escritas anteriormente por Wittgenstein sugerem que as atitudes intencionais dizem respeito a determinados fenômenos no tipo certo de ambiente. (Por exemplo BB 147). Na fase mais madura de sua obra, entretanto, Wittgenstein nega explicitamente que a noção de querer dizer algo se refira a uma "família de processos mentais ou outros processos" (Z §§9, 26). Em lugar disso, ele menciona três CRITÉRIOS que utilizamos para atribuir atitudes intencionais.

(a) EXTERIORIZAÇÕES. A intenção de *A* não precisa se fazer evidente a partir de algo que lhe passe pela cabeça; é, antes, manifestada pela expressão de sua intenção, o mesmo aplicando-se às ocasiões em que *A* quer dizer algo. Podemos atribuir-lhe afirmar que a intenção de realizar o ato de Φ, ou que quis dizer Napoleão I, se é isso que ele exterioriza, na ocasião ou mais tarde, desde que não tenhamos motivos para questionar sua sinceridade (Z §§3, 9, 53; PI §452; PG 103; BB 161; RPP I §§579-80).

(b) Explicações. O que *A* quer dizer se evidencia a partir do modo como, caso seja necessário, ele explica, justifica ou elabora seus proferimentos, pelas conseqüências que ele extrai destes, pelas respostas e reações que ele aceita como pertinentes (PG 40-5; Z §24).

(c) Contexto. A quem *A* se referia quando disse (1) é algo que pode depender do tópico da conversa, da história prévia de *A* e, especialmente, de sobre quem ele tinha motivos para falar.

Distinguindo-se do externalismo, essa abordagem respeita a autoridade da primeira pessoa, o fato de que, no mais das vezes, não posso estar enganado quanto ao que pretendo ou quanto ao que quero dizer. *A* não atribui atitudes intencionais a si mesmo com base nesses critérios; ele as exterioriza. Embora outros possam pôr em questão a sensatez das intenções de *A* ou a pertinência de sua observação sobre Napoleão I, não podem, de forma inteligível, acusá-lo de ter se enganado, mas apenas de ter sido desonesto (PI §§587, 679; Z §§22, 53). Apenas os fatos de que *A* está ciente importam aqui no que tange ao contexto. E tais critérios contextuais podem ser revogados por conta de exteriorizações e de explicações sinceras. Mesmo que a conversa tenha como tema Napoleão III, *A* estará querendo referir-se a Napoleão I, se assim o afirmar sinceramente.

Isso está de acordo com a concepção funcional de sentido advogada por Wittgenstein. O conteúdo de um proferimento não depende simplesmente dos constituintes e da estrutura da sentença-tipo; depende também do modo como uma instância dessa sentença-tipo é USADA em uma determinada ocasião (PI II 221). E isso diz respeito à intenção do falante. Tais intenções não correspondem, entretanto, à produção de certos efeitos (perlocucionários) na audiência, como quer Grice, e tampouco constituem acompanhamentos mentais do proferimento. Contrapondo-se a uma tendência recente, Wittgenstein não explica o significado lingüístico, ou mesmo o significado do falante, com base na intencionalidade intrínseca da mente (LW I §§17, 37). É a capacidade que os agentes humanos têm de exteriorizar, explicar e elaborar aquilo em que acreditam, aquilo que pretendem e que querem dizer, que subjaz às atitudes intencionais. Não podemos querer dizer qualquer coisa com qualquer signo que usamos, bastando-nos, para isso, realizar um ato mental (PI 18n, §§508-10, 665; Z §6). Isso não significa, contudo, questionar a idéia de que existe algo que possa ser considerado como o significado do falante. Os casos em questão — querer dizer "O tempo está bom" com "a b c d" ou "Está quente aqui" com "Está frio aqui" — não são casos normais de significado do falante. Não envolvem a determinação de expressões indexicais, a resolução de ambigüidades ou de falta de clareza contextual, configurando antes desvios do uso ordinário. Mesmo isso não é impossível: "Uma palavra tem o significado que lhe foi dado por alguém" (BB 28; PI §665). Supõe, entretanto, não um ato mental, nem mesmo uma simples exteriorização, mas sim uma explicação das regras que orientam o uso dessas palavras na ocasião.

Wittgenstein concorda com a posição externalista de que não são todas as nossas atitudes intencionais que podemos simplesmente exteriorizar. Embora o contexto não possa mostrar que *A* está enganado quanto ao que acredita, pensa ou quer dizer, pode, por outro lado, tornar incompreensíveis determinadas exteriorizações e atribuições de terceira pessoa. As características contextuais não determinam de forma direta o conteúdo de atitudes intencionais, conforme sustenta o externalismo, mas determinam o leque de atitudes intencionais que podem ser atribuídas. Pode-se, por uma fração de segundo, sentir uma dor lancinante, independentemente do contexto, uma vez que essa dor pode ser manifestada por um comportamento característico. Entretanto, não se pode, por exemplo, ter a expectativa de algo por uma fração de segundo, independentemente do contexto, uma vez que uma expectativa "está inserida na situação da qual ela nasce" (PI §581). Além disso, só podemos pretender realizar ou querer algo que está, ou acreditamos estar, dentro de nossas possibilidades (ver PI §§614-16). Finalmente, as intenções estão imersas nos costumes e instituições humanas. Só se pode pretender jogar xadrez se a prática do jogo de xadrez existir (PI §§205, 337). Só podemos, pois, pretender realizar o ato de Φ, se formos capazes de demonstrar ou executar essa intenção. E, no caso das intenções complexas, isso pressupõe, por sua vez, um contexto social e histórico, visto que, do contrário, as ações e proferimentos relevantes não poderiam ser considerados como expressões da intenção. Esse contexto não é necessário para as intenções de beber, correr ou ir dormir (como querem alguns externalistas), já que estas podem ser manifestadas em um comportamento pré-convencional, de natureza não lingüística. Entretanto, com exceção das intenções humanas mais básicas, todas as intenções supõem o tecido de uma FORMA DE VIDA social e histórica.

Enquanto se sustenta, no externalismo, que as atitudes intencionais são relacionais e não intrínsecas, Wittgenstein defende a idéia de que são potencialidades e não algo real. Em uma certa ocasião, ele as distingue de estados de consciência, tais como "disposições" (Z §72; RPP II §57), o que o aproximaria da posição de Ryle. Embora alguém que pretenda realizar o ato de Φ esteja disposto (isto é, inclinado) a realizar Φ, isso não é equivalente a ter uma disposição para Φ (RPP II §178). Pois, no que diz respeito às nossas disposições, temos que descobri-las observando o modo como estamos propensos a reagir a certas circunstâncias. Mas não temos que descobrir que pretendemos realizar o ato de Φ. E podemos ter uma intenção (por exemplo, explodir de raiva) sem ter a disposição correspondente e vice-versa. Mais importante ainda, as disposições são inevitavelmente realizadas sob certas circunstâncias (ver AWL 91). As atitudes intencionais baseiam-se em *capacidades* e não em disposições.

A posição de Wittgenstein pode ser resumida da seguinte forma:

*A* refere-se a fulano de tal ao proferir "*x*" em $t_1$ =
se tivéssemos perguntado a *A*, em $t_1$, a quem ele se referia, e ele estivesse inclinado a responder honestamente, teria respondido "fulano de tal"

No entanto, Wittgenstein rejeita qualquer análise feita em termos de condições necessárias e suficientes: "o erro está em afirmar que querer dizer algo consiste em algo" (Z §§16, 26, ver §680; PI §§335, 678). As razões para isso advêm da forma singular com que aborda o tema, incluindo auto-atribuições retrospectivas como "Eu iria dizer... em $t_1$" ou "Quando eu disse... em $t_1$, queria dizer...". Uma de suas idéias é que tais enunciados não *relatam* simplesmente uma conexão preexistente (entre uma ação incipiente e uma intenção, um proferimento e seu referente); o que fazem é *estabelecer* essa conexão (PI §§682-3; de forma análoga para explicações de ações, PI §487). No entanto, isso só é plausível caso a ação ou proferimento inicial tenha tido um caráter indeterminado, como, por exemplo, quando, sem uma deliberação explícita, começo a desenhar uma cabeça (Z §§8, 32).

A segunda linha de raciocínio de Wittgenstein é mais promissora. Se pretender algo ou querer dizer algo constituíssem um certo fato (intrínseco ou relacional, real ou disposicional), então, nossa lembrança de ter pretendido algo ou de ter querido dizer algo deveria constituir uma lembrança desse fato. As auto-atribuições retrospectivas não se baseiam, contudo, na lembrança de um certo fato (contrafactual). Não dizemos coisas como "Eu quis dizer/pretendi... porque, se você tivesse me perguntado, eu teria dito...", mas justamente o contrário: "Se você tivesse me perguntado, eu teria dito..., porque eu pretendia/queria dizer...". Não dependem da rememoração, seja de "detalhes" da situação, seja "da história como um todo", sendo, não obstante, "semiverificáveis". Não gozam da autoridade completa de exteriorizações feitas em $t_1$. Outros podem corrigir-me, referindo-se a "detalhes da situação". Nenhuma dessas evidências, entretanto, *é* a intenção relembrada, já que minha memória não se baseia em tais evidências. Outros podem se pronunciar quanto ao que eu pretendia, inferindo coisas a partir de detalhes, ou interpretando a situação, mas eu não o faço. Se o fizesse, não poderia ter a certeza que comumente tenho. Auto-atribuições retrospectivas não são relatos de fatos de espécie alguma, mas sim "reações da memória" (PI §§343, 636, 638; MS116 301).

**privacidade** A concepção de mente fundada na dicotomia INTERNO/EXTERNO, que dominou a filosofia moderna, tem como um de seus componentes essenciais a idéia de que os fenômenos mentais — idéias, dados dos sentidos, representações, experiências, etc. — são privados, sob dois aspectos:

*constituem propriedade privada* ou *são inalienáveis*: ninguém mais pode sentir a *minha* dor; os outros podem, no máximo, sentir uma dor que seja semelhante à minha.

*são epistemicamente privados*: só eu posso saber que estou com dor, uma vez que só eu a sinto; os outros podem apenas presumir que a sinto, com base em meu comportamento.

Essa visão alimenta o ceticismo quanto à existência de outras mentes: uma vez que o fingimento e o logro parecem sempre possíveis, nunca podemos ter certeza de que os outros estejam realmente nos estados mentais que seu comportamento nos leva a crer que estejam. Ela pode inclusive levar ao SOLIPSISMO: se todos os termos experienciais são definidos com base em experiências inalienáveis, é difícil ver como se poderia dizer que existem outros sujeitos de experiência. O solipsismo metodológico do Wittgenstein do início dos anos trinta prenuncia essa conseqüência (PR cap. VI; M 97-103). Wittgenstein evita ali, entretanto, a idéia de ego, optando por uma teoria em que a idéia de posse não tem lugar. Embora as proposições feitas em primeira pessoa e no tempo presente acerca de experiências subjetivas sejam semanticamente básicas, o pronome de primeira pessoa pode ser eliminado, juntamente com a desinência verbal de primeira pessoa (*ver* EU/SELF). De acordo com Lichtenberg, um enunciado como "Eu estou com dor de dente" deveria ser interpretado como "Há uma dor de dente". Não há ego ou self que possua tais experiências privadas; o que há é somente uma relação causal contingente entre experiências primárias e um corpo em particular. O proprietário é eliminado, porque não pode ser encontrado via introspecção (Hume) e também por conta da natureza inalienável das experiências. É logicamente impossível que outra pessoa sinta o que sinto, quando estou com dor de dente. Conseqüentemente, o "eu" em "Eu estou com dor de dente" é redundante (assim como a desinência verbal "-ou"). "Dor de dente" significa simplesmente um grupamento de propriedades, que inclui "ser possuída por mim"; atribuí-la a *mim* nada acrescenta. E se é absurdo dizer que outra pessoa tem a minha dor de dente, é também absurdo negá-lo. A noção cartesiana de que

(1) Todas as minhas experiências são logicamente (inalienavelmente) possuídas por um ego

é o produto de uma ilusão. O que podemos legitimamente afirmar é algo empírico, isto é,

(2) Todas as minhas experiências são causalmente dependentes de um único corpo *C*.

Segundo Strawson, essa posição é incoerente, uma vez que obriga o emprego de uma noção que oficialmente rejeita, a noção de posse por um self ou ego. Pois se retiramos de (2) o termo "minhas", ficamos com algo que é simplesmente falso:

(2') Todas as experiências são causalmente dependentes de um único corpo *C*.

Entretanto, para o Wittgenstein da fase de transição, a afirmação (2') é tanto *verdadeira* — ele é um solipsista, ainda que não pressuponha um ego — quanto *contingente*. O fato de que a dor que denomino "minha" ocorre neste corpo é empírico, uma vez que é concebível que eu pudesse sofrer uma dor localizada no corpo de outra pessoa (WVC 49; BB 49-52). A pessoa que sente a dor é aquela que a manifesta, e a localização da dor está onde aquele que a sofre afirma que está. Seria concebível a idéia de localizar uma dor de dente na boca de outra pessoa, se, por exemplo, eu me retraísse quando alguém lhe tocasse o dente, etc. Essa afirmação, entretanto, cai por terra em outros casos. Não poderia, de maneira compreensível, apontar para a porta e dizer "é lá que dói", se a pessoa em cujo corpo localizo minha dor tivesse saído do quarto; ou explicar que estou mancando porque sinto uma dor na perna de outra pessoa (PI II §222; LW II 36).

Depois de abandonar o solipsismo metodológico, Wittgenstein contentou-se inicialmente em despojar da idéia de posse a noção de privacidade. "A proposição 'sensações são privadas' é comparável a 'Paciência se joga sozinho'" (PI §248; BB 54; LW II 56). Aquilo que, na visão baseada na dicotomia interno/externo, se considera uma verdade metafísica

(3) Outra pessoa não pode ter a minha dor

é, na verdade, uma proposição gramatical disfarçada, que explica a convenção lingüística

(3') Minha dor = a dor que tenho.

Faz sentido indagarmo-nos se um livro nos pertence ou a alguma outra pessoa, mas não faz sentido indagarmo-nos se a dor que sentimos nos pertence ou pertence a outra pessoa. Wittgenstein passou também a sustentar, contudo, que há um sentido em que a proposição (3) é confusa. Um argumento possível contra (3) nos leva de volta à teoria da não-propriedade: "quando você exclui logicamente que um outro tem algo, perde também o sentido dizer que você o tem" (PI 398, ver §§253-4; MS129 40). Um outro argumento seria que (3) não se coaduna com nossas atribuições de dor. Duas pessoas podem ter a *mesma* dor, se suas dores possuem a mesma localização, intensidade e características fenomênicas.

Não obstante, um defensor da visão dicotômica interno/externo, como Frege, pode redargüir que "é claro que outra pessoa não pode ter ESTA dor! Embora outros possam ter a mesma dor, isto é, uma dor exatamente semelhante, não podem ter uma dor que seja *idêntica* à minha ("Thought" 66-8; *Foundations* §27). As respectivas sensações são numericamente distintas, ainda que qualitativamente idênticas. Sua dor de cabeça está em sua cabeça e a minha está em minha cabeça; e, pela lei de Leibniz, a diferença na localização implica diferença numérica. Ainda assim, Wittgenstein insiste que, por esse mesmo raciocínio, gêmeos siameses que sofram, cada um, uma dor no ponto de junção, possuem a mesma dor. Esta réplica entra em conflito, entretanto, com uma outra idéia sua, capaz de responder de forma mais contundente à posição de Frege. *Não* é com base em coordenadas espaciais que localizamos as dores; referimo-nos, isso sim, a partes do corpo de quem as sofre. Se a cabeça de um dos gêmeos siameses está presa às costas do outro, eles sentem dores diferentes: um tem uma dor de cabeça e o outro tem uma dor nas costas. Entretanto, se você e eu estamos com uma dor de cabeça latejante nas têmporas, sentimos a mesma dor no mesmo lugar, ainda que sua cabeça esteja em local diferente do que está a minha.

Outra resposta seria que a insistência na idéia de que minha dor é minha e sua dor é sua transforma o suposto proprietário da dor em uma propriedade distintiva da dor, tornando absurdo o modelo da propriedade. Wittgenstein levanta a mesma objeção contra a idéia de qualidades particularizadas, segundo a qual não há dois objetos que possuam a mesma cor, considerando-se que precisamos distinguir o verde de sua poltrona do verde de minha poltrona: isso faz com que o objeto se torne uma propriedade distintiva de sua propriedade, o que implica que, em lugar de dizer "Esta☞ cadeira é verde", deveríamos dizer "Este verde está aqui☞" (PR 90-1; LSD 4-5). A privacidade da posse projeta no âmbito mental a distinção entre a identidade numérica e a qualitativa, que só se aplica a particulares. No caso do âmbito mental, o que temos é apenas a diferença entre *A* e *B* terem dores semelhantes (a dor de estômago de *A* não lateja como a dor de *B*) e terem a mesma dor.

Poder-se-ia objetar que é de fato possível, no caso das dores, estabelecer uma distinção entre identidade qualitativa e numérica, na medida em que, se sinto uma dor no pé, e uma outra qualitativamente indistinta na mão, sinto duas dores e não uma só. A diferença de localização no corpo do sujeito acarreta, com efeito, dores diferentes. No entanto, a possibilidade de contar dores se restringe a cada pessoa. Se duas pessoas em uma sala sofrem da "mesma" dor de cabeça, diremos possivelmente que há duas pessoas com dor de cabeça na sala. Não faz sentido, por outro lado, dizer que há duas dores de cabeça na sala ou que há uma só. As dores de cabeça não possuem localizações espaciais diferentes de sua localização no corpo de quem as sofre.

Há um modo de diferenciar, no caso das dores, a identidade qualitativa e a numérica (mencionada mas não desenvolvida nos *Livros azul* e *castanho* 54-5): mesmo que *A* e *B* sintam a "mesma" dor, é possível eliminar uma (anestesiá-la) sem eliminar a outra. Isso não diminui em nada, no entanto, a diferença gramatical que separa as substâncias, por um lado, das dores e qualidades particularizadas, por outro. Ter objetos físicos e ter dores são coisas categorialmente distintas: somente no primeiro caso aquilo que se possui pode ser independente de quem o possui e compartilhado por diferentes donos.

Wittgenstein questiona ambos os aspectos da idéia de *privacidade epistêmica*: "Posso saber o que outra pessoa está pensando, mas não o que eu estou pensando" (PI §§246-7, II 222-4). Proposições psicológicas em terceira pessoa são asseridas, de forma justificada, com base em CRITÉRIOS comportamentais. Obviamente, é possível deixar de manifestar, ou mesmo ocultar, os próprios estados internos. Mas, nesses casos, os estados são ignorados pelos outros apenas como uma questão *de facto*, podendo ser revelados pelo comportamento apropriado em determinadas circunstâncias. Mais uma vez, pode haver indivíduos ou comunidades cujas emoções e motivações nos sejam opacas. Ainda assim, podemos minorar o problema, aprendendo coisas sobre sua biografia e seu modo de vida. Finalmente, a esfera interna possui uma indeterminabilidade inerente, uma vez que nossos conceitos mentais não vinculam de forma rígida comportamentos, situações e fenômenos internos. Nenhum desses pontos, entretanto, configura uma barreira metafísica absoluta ao conhecimento de outras mentes (PG 82-4; LPE 314; LW II 22-31, 61-73).

O outro aspecto do ataque de Wittgenstein põe em questão à idéia tradicional de que a introspecção nos fornece um conhecimento privilegiado, imediato e incorrigível de nossas próprias mentes. A crítica não recai sobre o fato de que a introspecção é, afinal, indireta e falível. A proposição

(4) Eu sei que estou com dor

não está aberta à dúvida ou à ignorância. Tampouco se assemelha a uma proposição como "Fulano de tal está respirando", que, em circunstâncias normais, é apenas óbvia demais para ter cabimento. Pois sua negação não é simplesmente falsa, mas absurda. Não faz sentido dizer que "Tenho minhas dúvidas se estou com dor" ou "Tenho uma sensação, mas não sei se é dor ou coceira". Poderíamos conferir sentido a tais locuções, bem como a termos como "dor inconsciente", mas somente se introduzíssemos novos critérios para o uso de palavras designadoras de sensações (BB 55).

A exclusão gramatical de justificativas para a auto-atribuição de uma experiência não demonstra que possuímos um acesso imediato e infalível à mente pela introspecção. Da mesma forma, a ininteligibilidade da dúvida ou da ignorância não constitui certeza ou conhecimento infalível — impede igualmente a sua inteligibilidade. Pois só faz sentido dizer "Eu sei" onde faz sentido dizer "Eu não sei (eu tenho dúvidas/eu descobri)". Assim como a afirmação de que só podemos possuir o que nos pode faltar, isso pode soar como uma aplicação dogmática do princípio da BIPOLARIDADE: não há conhecimento sem a possibilidade da ignorância (dúvida/equívoco de reconhecimento ou identificação), e, de fato, esse princípio sobrevive aqui. Entretanto, Wittgenstein não se limita a condenar (4) como um abuso de linguagem; admite explicitamente que possa ser usada. Originalmente, ele alegara que a proposição (4) é ou absurda ou equivalente, em sentido, a "Estou com dor" (BB 55; LPE 309). Ela pode ser usada, por exemplo, quando se deseja enfatizar ou admitir a própria dor, à semelhança de outras como "Estou mesmo com dor" ou "É claro que estou com dor". Além disso, proposições semelhantes a (4), tais como "*Só* eu sei..." ou "Eu tenho que saber...", podem ser usadas como proposições GRAMATICAIS que expressam regras para o uso de termos psicológicos, como, por exemplo, a regra de que não há lugar para dúvida ou a de que as expressões sinceras do falante gozam de um estatuto de autoridade, ou a de que ele pode ocultar suas sensações se assim o desejar (PI §§246-8, 251-2, II 224; RPP I §§ 564-73).

Essas mesmas regras impedem, contudo, que (4) expresse uma pretensão de conhecimento genuína (LPE 304-7; LSD 13, 112). Inexiste tal coisa como reconhecer ou perceber uma sensação — não faz sentido dizer "Observando-me, posso dizer que estou sofrendo uma dor intensa". Além disso, não empregamos critérios para decidir se temos uma dor de cabeça ou uma sensação de coceira. Por fim, enquanto pretensões cognitivas excluem uma possibilidade — a dúvida, a ignorância ou o erro —, (4) não o faz, e, portanto, nada diz. Wittgenstein aqui ignora o fato de que, embora (4) não exclua a possibilidade de uma sentença como "Eu *não* sei se estou com dor" (que é absurda, e não falsa), estabelece, no entanto, um *contraste* análogo ao que encontramos no caso de pretensões cognitivas: "*Eu* sei que estou com dor, mas *ela* ignora esse fato". Em contraposição, a proposição "Eu sinto a minha dor" não logra fazê-lo, pois são igualmente absurdas as proposições "Eu *não* sinto a minha dor" e "*Ela* sente a minha dor" (contanto que esta última seja construída no espírito da noção de privacidade de posse). Isso sugere que a linha de argumentação "bipolar" de Wittgenstein atua contra a noção de privacidade de posse, mas não contra a idéia de privacidade epistêmica.

Ele está certo, entretanto, em afirmar que não há uma lacuna entre meu pretenso conhecimento e eu simplesmente estar com dor: "Eu sei o que sinto" = "Eu sinto o que sinto". "'Eu sei...' pode significar 'Eu não duvido...', mas não significa que as palavras 'eu duvido' sejam *destituídas de sentido*, que a dúvida esteja logicamente excluída" (PI II 221). Isso não implica logicamente que não faça sentido falar em conhecimento, nos casos em que a dúvida é absurda (pode-se falar em conhecimento sempre que alguém se encontre em posição de fazer uma afirmação). Mostra, entretanto, que, ao fazermos isso, estaremos empregando "saber/conhecer" de um modo em que ficam faltando conexões conceituais (com formas de descobrir) e contrastes (com a dúvida, a ignorância e o erro) que caracterizam os usos normais (Z §§22, 549; LW I §51).

Restam ainda duas linhas principais de objeção. Na primeira, nega-se que a dúvida e a ignorância sejam incompreensíveis. Afinal, dizemos coisas como "Enquanto estava correndo, não senti a dor". Poderíamos também dizer, entretanto, "Enquanto eu estava correndo, não doeu", sem que ninguém pudesse responder "Doeu, só que você não notou". Essa equivalência não se faz presente nas afirmações epistêmicas ordinárias. Mais uma vez, posso não estar bem certo se tenho uma dor ou somente um incômodo, ou se estou mesmo com fome. Esse tipo de incerteza não poderia, no entanto, ser remediado por evidências adicionais de qualquer espécie. Da mesma forma, ao dizer "Eu não sei o que penso (pretendo/quero)", isso não significa que penso algo mas ignoro o quê, mas sim que ainda não tenho clareza quanto ao que penso. Poder-se-ia, então, pensar que é possível localizar erroneamente as sensações. Meu dentista pode me mostrar que o dente dolorido é, na verdade, o que está ao lado daquele que eu pensava estar doendo. Mais equivocada ainda parece estar uma pessoa que localize sua dor em um pé já amputado. Contudo, o primeiro caso é marginal e o segundo anômalo — nosso conceito de localização de dor cairia por terra se isso se tornasse a regra. Por fim, pode parecer que alguém que grita quando lhe encostam um pedaço de gelo nas costas, acredita falsamente estar sentido dor. Mas terá gritado ou porque o gelo de fato lhe causou dor, ou porque pensou que iria ter esse efeito. Em nenhum dos dois casos, terá confundido uma sensação com outra.

A segunda linha de objeção concentra-se em transformações lógicas. Há proposições dotadas de significado que acarretam que (4) expressa uma pretensão de conhecimento genuína, a saber, por exemplo,

(5) Eu menti quando disse estar livre da dor

(só se pode mentir que não-*p* quando se sabe ou se acredita que *p*), ou

(6) Eu sei que todos nesta sala — inclusive eu — estão com dor.

Da mesma forma, a proposição "Eu estou com dor" constitui uma base para operadores formadores de sentenças, cuja aplicação resulta em proposições que decididamente expressam algo que posso saber, tais como

(7) Eu estava com dor.

Entretanto, tais transformações não podem ser casos de conhecimento, a não ser que sua base também o seja.

A réplica de Wittgenstein a essa linha de objeção (LPE 280, 293-4; LW II 33) baseia-se na idéia de que a possibilidade de tais transformações não determina o estatuto de (4). Admitindo-se que (5)-(7) envolvem pretensões de conhecimento, resta saber em que consiste esse conhecimento. E a resposta deve, em parte, remeter-nos de volta ao estatuto de (4). Assim, Wittgenstein insiste na idéia de que (5), ao contrário de um enunciado em que mentimos acerca de nossa própria altura, não pressupõe conhecimento. Poderia também insistir que a proposição (6) deveria ser explicada da seguinte forma:

(6') Estou em posição de dizer que todos nesta sala estão com dor, uma vez que *eu estou* com dor e *sei* que todos os demais também estão.

O que há de verdadeiro na noção de privacidade epistêmica é a autoridade da primeira pessoa: estou em posição de dizer o que sinto, experimento, penso, não porque tenha um acesso infalível a uma espécie de cineminha privado, mas porque o que digo, ao contrário do que aquilo que os outros dizem de mim, é (tipicamente) uma EXTERIORIZAÇÃO, uma expressão ou manifestação não fundamentada de algo interno.

**proposição** O termo alemão *Satz* significa tanto "sentença" quanto "proposição", tendo sido utilizado de diversas maneiras, para indicar o que as sentenças expressam, os portadores dos valores verdadeiro e falso e os objetos de atitudes proposicionais. Todos os predecessores imediatos de Wittgenstein repudiaram a idéia, adotada no idealismo e na lógica psicologista, de que os juízos são operações que incidem sobre idéias. Frege estabeleceu uma clara distinção entre a sentença, as idéias (*Vorstellungen*) que a acompanham e aquilo que ela expressa. Cada sentença expressa seu "sentido", um "pensamento", que não é nem físico nem mental, fazendo antes parte de um "terceiro domínio" platônico; constitui, além disso, o nome de seu significado, que é seu valor de verdade, o Verdadeiro ou o Falso. Para Moore, uma proposição é um complexo de conceitos, que subsiste eternamente, e é verdadeiro ou falso, independentemente de ser pensado por alguém. Russell substituiu "conceito" por "termo", e sustentou que as proposições são complexos atemporais de termos. Todos os três identificaram proposições verdadeiras com fatos. Russell, entretanto, logo passou a tratar as proposições como os símbolos complexos que correspondem a fatos, e estes últimos como complexos que consistem em "indivíduos", os constituintes últimos da realidade ("Thought"; *Writings* cap. 1; *Principles* cap. 4; *Logic* 178-89).

Contra Frege e Russell, Wittgenstein sustentou que a importância do signo de asserção é meramente psicológica (*ver* CRENÇA). A lógica diz respeito apenas à proposição *não asserida*, que pode ser um elemento constituinte de uma asserção, de uma pergunta ou de uma ordem. Todas as proposições podem ser analisadas em termos de proposições elementares, que afiguram a realidade, por meio da afiguração de estados de coisas possíveis; a FORMA PROPOSICIONAL GERAL é a seguinte: "As coisas estão assim" (TLP 4.5). No *Tractatus*, distinguem-se o signo proposicional (*Satzzeichen*) e a proposição (*Satz*): o primeiro é um "SIGNO", uma instância perceptível de inscrição gráfica ou de proferimento; a segunda é um "símbolo", um tipo comum a todos os signos proposicionais que possuem o mesmo sentido (TLP 3.31-3.32). No *Tractatus*, 3.1, enuncia-se que uma seqüência de signos só constitui uma proposição dotada de significado, capaz de afigurar verdadeira ou falsamente a realidade, se *exprime* um pensamento (*Gedanke*). Já na passagem 4, afirma-se que uma proposição com sentido *é* um pensamento. A inconsistência é, entretanto, meramente terminológica. Uma sentença expressa um pensamento, não em virtude de estar correlacionada com uma entidade abstrata ou mental, mas por manter uma relação projetiva com a realidade. Um pensamento é simplesmente uma sentença-em-uso, um signo proposicional em sua relação projetiva com a realidade (TLP 3.1 e segs., 3.32 e segs., 3.5, 4). A relação entre um signo proposicional e uma proposição é análoga à relação entre uma nota de um dólar e um dólar. A nota não nomeia um dólar, mas mostrar a nota é mostrar um dólar. Subsiste aqui, entretanto, uma outra tensão, considerando-se que o *Tractatus* se compromete com uma espécie de mentalismo não declarado. O MÉTODO DE PROJEÇÃO supõe que o sentido seja pensado na proposição, isto é, que o uso do signo proposicional se faça acompanhar de um processo de pensar, mas especificamente de um PENSAMENTO, um fato psíquico, que não mantém com a sentença proferida uma relação de identidade, mas de isomorfismo.

"Frege disse 'proposições são nomes'; Russell disse 'proposições correspondem a complexos'. Ambas as afirmações são falsas, sendo especialmente falso o enunciado 'proposições são nomes de complexos'" (NL 97). As proposições não se referem a um valor de verdade (Frege) ou a um objeto complexo (Russell). Mantêm com a realidade uma relação diferente. Os NOMES possuem SIGNIFICADO, isto é, são sucedâneos de objetos; as proposições possuem sentido, isto é, afiguram um estado de coisas possível: "Os nomes são pontos; as proposições, setas" (NL 101; TLP 3.143-3.144). Para compreender um nome, é preciso conhecer aquilo que ele substitui; para compreender uma proposição, não é preciso saber se é verdadeira (ou falsa), mas somente o que seria o caso se fosse verdadeira. Wittgenstein associou essa intuição com a idéia de que as proposições precisam não apenas ser bivalentes como também BIPOLARES — passíveis de ser verdadeiras *e* passíveis de ser falsas — o que exclui a possibilidade de uma proposição ser necessariamente verdadeira.

A lógica tradicional sustentava que uma proposição como "Platão é o mestre de Aristóteles" compõe-se de um *sujeito*, "Platão", e de um *predicado*, "é o mestre de Aristóteles"; a gramática normativa distingue também a expressão de cópula *é*. Frege e Russell, em contraposição, analisam-na em termos de duas expressões-argumento ("Platão", "Aristóteles") e uma palavra-conceito ou função proposicional binária, "*x* é o mestre de *y*". Tanto os "conceitos" de Frege, quanto as "funções proposicionais" de Russell são padrões de correlação. Os conceitos associam valores de verdade a argumentos; as funções proposicionais associam-nos a proposições. Tendo abandonado a visão de que o sujeito se une ao predicado por um ato mental (ficando subsumido no predicado), Frege e Russell empenham-se logo em explicar o que conecta os componentes das proposições e dos fatos. Frege deu conta dessa unidade das proposições por meio de uma analogia com a química: as palavras-conceito (conceitos) são "não saturadas" — contêm uma variável —, combinando-se, portanto, com expressões-argumento "saturadas" (objetos), para formar uma proposição saturada. Russell sustentou que, entre os componentes dos fatos, estão as FORMAS LÓGICAS, que mantêm unidos os componentes do complexo. Enfrentou, entretanto, um problema: *aRb* e *bRa* possuem a mesma forma lógica. A solução que ofereceu baseou-se na idéia de que *a* e *b* se ligam a *R* por meio de relações adicionais, que diferem nos dois casos — uma proposta que dá margem ao argumento por regresso, apresentado por Bradley, contra a realidade das relações ("Function" 15-17; "Concept" 197-205; "Theory" 80-8).

O *Tractatus* modifica substancialmente esse quadro:

(a) As proposições são compostas de função e argumento (TLP 3.141, 5.47). Wittgenstein acompanha Russell ao sustentar que os valores de uma função proposicional "*fx*" são proposições ("*fa*", "*fb*", etc.), e não valores de verdade. Contrapondo-se a Russell, afirma que seus argumentos são nomes, e não os objetos que estes substituem (TLP 424).

(b) Uma proposição é uma função das expressões nela contidas. Em Frege, o sentido (conteúdo) de uma sentença é uma função dos sentidos de seus elementos constituintes; em Russell, a própria proposição é o valor da função proposicional. Para Wittgenstein, o sentido de uma proposição é uma função dos significados dos nomes que a constituem (TLP 3.318, 4.024-4.026).

(c) Uma proposição é "logicamente articulada" ou composta. Contém dois ou mais elementos constituintes, mas não se resume a uma lista de nomes, uma vez que aquilo que representa não é uma simples reunião de elementos constituintes. "*Não*: 'O signo complexo '*aRb*' diz que *a* mantém a relação *R* com *b*'; mas: que '*a*' mantenha uma certa relação com '*b*' *diz que aRb*" (NL 105-6, 96-7; TLP 3.14 e segs., 4.024-4.032; NB 3.10.14, 28.5./22.6.15). Uma proposição é um FATO que constitui uma descrição de um estado de coisas possível.

(d) A explicação de Wittgenstein para "como se dá a união proposicional" reside também em as proposições serem fatos. Em certo sentido, todos os componentes (nomes) são não saturados, só possuindo significado no contexto de uma proposição. Entretanto, os nomes se combinam diretamente, sem o auxílio de um cimento lógico, assim como os componentes de um estado de coisas encaixam-se uns nos outros como os elos de uma corrente, sem a necessidade de entidades ou relações mediadoras (TLP 2.03 e seg., 4.22 e seg.; LWL 120).

Segundo a TEORIA PICTÓRICA, as proposições são "figurações lógicas" da realidade (TLP 2.18-2.19, 3, 4.03). Seus elementos — os nomes — são sucedâneos dos elementos da situação afigurada. Não é, entretanto, o signo proposicional, ele mesmo, que representa, mas sim o fato de que esses elementos encontram-se dispostos de uma forma que, dados um método de projeção e as regras da SINTAXE LÓGICA, representa um arranjo de objetos. Depois do *Tractatus*, a alegação de que as proposições são fatos desaparece, como deveria. Assim como a identificação de fatos com proposições verdadeiras, ela constitui um erro categorial: ao contrário dos fatos, as proposições podem ser verdadeiras ou falsas, implausíveis etc., e são intencionais (a proposição de que Berkeley foi enterrado na capela de Christchurch é diferente da proposição que enuncia que o autor dos *Princípios* foi enterrado na catedral de Oxford). O que confere a um signo proposicional a capacidade de representar não é o fato de que seus elementos constituintes estejam combinados de uma certa maneira, mas antes o fato de que, conforme as regras de nossa GRAMÁTICA, essa combinação pode ser usada para afirmar que algo é o caso.

Wittgenstein veio a questionar também a análise baseada em uma teoria das funções. (i) A distinção entre argumento e função não passa de uma sublimação da distinção entre sujeito e predicado. (ii) Assim como esta última, não indica uma estrutura profunda oculta, descoberta pela ANÁLISE LÓGICA, mas simplesmente uma FORMA DE REPRESENTAÇÃO, um molde teórico uniforme que impomos sobre a heterogeneidade da linguagem, escondendo, assim, o fato de que "há inúmeras formas lógicas distintas" (PR 119). (iii) A distinção estabelecida por Frege entre objetos e conceitos é por demais simplificada. Passa por cima das diferenças categoriais entre particulares, números, valores de verdade, círculos, lugares, instantes, etc. (PR 120-1, 137). (iv) é um equívoco insistir na idéia de que proposições precisam ser complexas. Podem-se imaginar jogos de linguagem em que as expressões não possam ser classificadas como palavras e sentenças — é um equívoco supor, por exemplo, que o proferimento "Lajota!", do §2 das *Investigações filosóficas*, signifique necessariamente o mesmo que a sentença elíptica "Lajota!" em nossa linguagem. Além disso, um símbolo não complexo (isto é, um nome) pode ser utilizado como uma descrição (PI §§19-20, 49; BB 77-8). (v) O sentido de uma sentença-instância não é determinado apenas pelos significados de seus elementos constituintes e por sua forma lógica, mas também pelo modo como ela é utilizada em uma ocasião particular (*ver* CONTEXTUALISMO).

Wittgenstein continuou a sustentar que o que define a noção de proposição é algo como a bipolaridade. Sendo assim, criticou severamente o intuicionismo, por ignorar que a lei do terceiro excluído (uma precondição para a bipolaridade) constitui, em parte, o que denominamos "proposição" (*ver* MATEMÁTICA). Em outras passagens, entretanto, Wittgenstein se deu conta de que não tem fundamento a restrição da noção de proposição a descrições bipolares de estados de coisas possíveis. É legítimo falar em proposições necessárias na matemática e na lógica, contanto que se tenha em mente as diferenças entre estas e as proposições empíricas. Nem mesmo todas as proposições empíricas se ajustam a esse quadro restrito: as proposições *Weltbild* de que fala o *Sobre a certeza* (*ver* CERTEZA) não poderiam simplesmente vir a ser falsas; e a lei do terceiro excluído não se aplica a certos condicionais contrafactuais, ou a enunciados como "Ele parou de bater em sua esposa" (Z §§677-83; RPP I §§269-74).

Em sua fase VERIFICACIONISTA, Wittgenstein sustentava que somente os enunciados acerca de nossas experiências imediatas podem ser considerados como proposições "genuínas". Mais tarde, abandonou a idéia de que as proposições exibem uma forma geral única, passando a ver "proposição" como um conceito determinado por SEMELHANÇA DE FAMÍLIA (PI §§23, 65). De sua discussão sobre JOGOS DE LINGUAGEM, entretanto, surge também uma nova concepção uniforme, embora menos rígida, de proposição. Uma sentença é uma unidade mínima para a realização de um lance em um jogo de linguagem. Essa concepção pode ter se inspirado em parte em Bühler, mas se origina de uma visão anterior, segundo a qual somente as proposições, e não as palavras individuais, dizem ou comunicam algo (visão esta partilhada por Platão, Aristóteles, Bentham e Frege). Ela acrescenta a idéia de que as sentenças são definidas pelo papel que desempenham nas atividades lingüísticas. O que determina se uma dada forma lingüística constitui ou não uma proposição é algo que não depende de uma estrutura específica, mas sim de ela ter sido utilizada, em uma dada ocasião, para a realização de um ato lingüístico inteligível (PI §50; PLP 317-20, cap. XIII). Por esse motivo, "Que vergonha!" ou "Ai!" são proposições, a despeito do fato de não possuírem sujeito e predicado e de não serem expressas por meio de uma oração proposicional. Isso não se coaduna com o que habitualmente denominamos "proposição" ou "sentença". É de se notar, entretanto, que, em nosso sistema de sinais de pontuação, consideramos tais proferimentos como sentenças. A abordagem de Wittgenstein tem o mérito de iluminar os papéis mais importantes que as proposições desempenham em nossas atividades lingüísticas.

**proposição elementar** (*Elementarsatz*) A gramática tradicional considerava como simples as sentenças estruturadas em sujeito e predicado, tais como "Mary é loura". No atomismo lógico, em contraposição, utilizou-se a lógica moderna para mostrar que tais proposições são "moleculares", isto é, funções de verdade de proposições mais simples, da mesma forma que "$p\,.\,q$" e "$p \supset q$" são funções de verdade de "$p$" e "$q$". As proposições "atômicas" ou "elementares" são as proposições "mais simples", em que podem ser analisadas todas as demais proposições, mas que não admitem, elas próprias, uma análise em que se obtenham proposições mais simples (RUL 8.12; NL 95-7; NM 111). Para Russell, os fundamentos do conhecimento fornecem também os fundamentos do significado lingüístico. Segundo o seu "princípio de familiaridade" empirista, toda proposição que podemos compreender deve compor-se de nomes que se referem a dados dos sentidos com os quais mantemos uma relação de familiaridade. Uma proposição só é dotada de significado se todos os seus reais elementos constituintes são sucedâneos de algo, e somente a existência de dados dos sentidos e da memória é imune à dúvida cartesiana. A proposição "Isto é branco", quando se refere a um dado dos sentidos presente, versa sobre "o que de mais simples, em termos de fato, podemos apreender", embora Russell não tenha excluído a possibilidade de a análise de proposições "estender-se indefinidamente" (*Logic* 198-202).

A possibilidade da análise sem um término definido era inaceitável para o primeiro Wittgenstein. Sua teoria quase kantiana do simbolismo deixa para a "aplicação da lógica" a investigação da "composição" real das proposições elementares. Somente a análise futura poderia revelar a composição e as formas lógicas das proposições elementares (TLP 5.557). Insistia, contudo, "por razões puramente lógicas" (TLP 5.5562), na idéia de que proposições elementares devem necessariamente existir, de modo a garantir que a análise de proposições tenha um fim, que o sentido das proposições seja determinado, que não ocorram lacunas nos valores de verdade e que uma proposição não dependa de fatos empíricos para ter sentido. As proposições elementares constituem a base de toda representação lingüística (*ver* FORMA PROPOSICIONAL GERAL), e, portanto, o cerne da TEORIA PICTÓRICA. Wittgenstein não determina quais proposições são indecomponíveis, mas especifica, de forma mais rigorosa do que Russell, os requisitos que devem preencher. Elas devem ser:

(a) Logicamente independentes. Não pode haver duas proposições elementares que sejam inconsistentes entre si ou que impliquem logicamente uma a outra. Se "*p*" implica logicamente "*q*", seu sentido contém o sentido de "*q*", isto é, a análise deve revelar que "*q*" é um dos componentes vero-funcionais de "*p*". Da mesma forma, se "*p*" contradiz "*q*", então "*p*" implica logicamente, e, portanto, "contém", "~*q*". Em ambos os casos, "*p*" é uma proposição complexa, e não elementar (TLP 4.1211, 4.211, 5.134, 6.3751). Essa exigência foi alimentada pela idéia de que as proposições moleculares são funções de verdade de proposições elementares, o que pressupõe que, em uma TABELA DE VERDADE, a cada proposição elementar se possa associar um valor de verdade independentemente dos valores atribuídos às demais proposições elementares.

(b) Figurações. Estas afiguram "estados de coisas", asserem a existência de uma certa combinação de OBJETOS. Se são verdadeiras, o estado de coisas existe, é aquilo que Russell denominava um "fato atômico" (TLP 4.21).

(c) Um "nexo" ou "combinação" entre nomes. Uma proposição completamente analisada compõe-se exclusivamente de NOMES próprios lógicos "em combinação imediata", que funcionam como sucedâneos de objetos simples. As proposições elementares afiguram estados de coisas, combinando os nomes de tal forma que o arranjo corresponda a uma combinação possível de objetos (TLP 4.22 e seg.).

(d) Intrinsecamente positivas. O requisito (b) tem como conseqüência que todas as proposições elementares afiguram, verdadeira ou falsamente, um "fato positivo", a saber, a existência de um estado de coisas. Dizem que algo é o caso, que objetos estão combinados de uma certa forma, e não que algo não seja o caso (TLP 4.021-4.023). E o requisito (a) tem como conseqüência que, se "*p*" é elementar, "~*p*" não pode sê-lo, considerando-se que as duas proposições são contraditórias. Uma proposição elementar falsa não é a negação de uma verdadeira; em vez disso, afigura uma combinação diferente e não existente de objetos (TLP 2.06, 4.022; RUL 19.8.19).

(e) Passíveis de um único modo de falsidade. As proposições acerca de complexos (por exemplo, "Φ(*aRb*)") podem ser falsas ou se o complexo não existe (isto é, se *a* não mantém com *b* a relação *R*), ou se lhe falta a propriedade que lhe é atribuída (Φ). Uma proposição elementar, ao contrário, exclui exatamente uma possibilidade, a saber, a de que os objetos nomeados por seus elementos constituintes não estejam combinados da forma como estes estão combinados na proposição (TLP 4.25 e seg.).

Alguns comentadores sustentam que Wittgenstein deliberadamente não se comprometia com quaisquer outros traços característicos de proposições elementares, considerando que não seriam essenciais para a dedução transcendental de sua existência. Entretanto, Wittgenstein herdou de Frege e de Russell outras idéias acerca da natureza das proposições, em especial a de que não se compõem de sujeito e predicado, mas de função e argumento (TLP 3.141, 3.318, 5.47). Russell sustentava que os elementos simples nomeados pelos constituintes de proposições atômicas incluem não apenas "particulares", mas também "qualidades", como cores, e "relações". Wittgenstein inicialmente rejeitou essa visão, sustentando que uma proposição como "Sócrates é humano" não possui a forma *Fa*, e deveria ser analisada como composta de "Sócrates" e "algo é humano", argumentando, além disso, que os objetos não pertencem a tipos lógicos diferentes (RUL 1.13; NL 100, 107). Abandonou a primeira alegação (*ver* GENERALIDADE) e, nos *Notebooks*, enuncia explicitamente que "relações e propriedades são também *objetos*" (NB 16.6.15, ver 21.6.15; NM 112).

Intérpretes nominalistas sustentam que, no *Tractatus*, em contraste com o que ocorre nos *Notebooks*, as propriedades e relações são tratadas como formas lógicas, não como objetos. As proposições elementares constituem redes lógicas pontilhadas por nomes de particulares. Em defesa disso, apresentam quatro argumentos. O primeiro é que o *Tractatus* indica que os signos para propriedades e para indivíduos pertencem a tipos lógicos distintos, empregando para eles diferentes estilos de variáveis (TLP 3.323 e seg., 5.5261); Wittgenstein não teria deixado de mencionar que há dois tipos distintos de *objetos*, o que faz com que a diferença se dê entre nomes (que substituem objetos) e outros signos. *Mas*, ao afirmar que possuem FORMAS LÓGICAS distintas, Wittgenstein, de fato, acaba por classificar os objetos em categorias distintas, conforme suas diferentes possibilidades combinatórias. Pode ter-lhe parecido supérfluo enunciar de forma explícita que a distinção mais geral se dá entre indivíduos, propriedades e relações, em face da posição análoga já defendida por Russell.

O segundo argumento é que, no *Tractatus*, 2.0251, afirma-se que "Espaço, tempo e cor (ser colorido) são formas dos objetos". *Mas* aquilo que aqui se denomina formas de objetos não são propriedades determinadas (espaços, tempos e cores), mas sim determináveis, como ser colorido (ver TLP 2.0131). Em vez disso, o fato de que o *Tractatus* se refira a tais determináveis como "propriedades formais", e que fale de "relações formais", sugere que haja também propriedades e relações não formais (TLP 4.122). Finalmente, uma vez que a forma de um objeto inclui suas possibilidades de se combinar com outros objetos, as passagens 2.0251 do *Tractatus* e 2.0251 (e seg.) do *Proto-Tractatus* têm como conseqüência que os objetos visuais se combinam com cores.

O terceiro argumento é que, ao comparar proposições a configurações espaciais (TLP 3.1431, 4.012, 4.016, 4.0311), Wittgenstein sugere que, em uma notação ideal, as propriedades e relações não são exibidas por meio de signos funcionais, mas sim por propriedades espaciais de nomes que substituem particulares: "*fa*" adquire a forma "ɐ"; e "ø(*x*,*y*)", a forma "$\frac{x}{y}$". Já se objetou que isso implicaria, contrariamente ao *Tractatus*, que a estrutura profunda das proposições deve necessariamente ter uma expressão escrita. No entanto, a proposta nominalista compromete-se somente com a possibilidade de substituir signos funcionais por relações (espaciais ou temporais) entre signos. O que ignora, entretanto, é que nem o número indefinido de possíveis propriedades e relações, nem suas diferentes multiplicidades lógicas, podem exibir-se em configurações discerníveis. Para evitar essa dificuldade, sugeriu-se que os signos relacionais ocorrem em proposições elementares sem serem nomes. Isso contraria, entretanto, o requisito (c): os únicos componentes de proposições elementares são nomes.

Finalmente, aponta-se o fato de que o *Tractatus* sustenta que, "Em vez de 'O signo complexo "*aRb*" diz que *a* mantém com *b* a relação *R*', deveríamos dizer que 'O *fato* de que "*a*" mantém com "*b*" uma certa relação diz *que aRb*'" (TLP 3.1431 e seg.). Entretanto, essa passagem não se dirige contra a idéia de que as relações são objetos, mas sim contra a afirmação de Russell de que "*aRb*" é o nome de um complexo em que ambos os elementos relacionados estão, por sua vez, ligados à relação *R*. Segundo Wittgenstein, os objetos não se combinam em estados de coisas com o auxílio de elos adicionais, mas sim de forma direta, como os elos em uma corrente. Os componentes dos estados de coisas mantêm entre si uma relação determinada (*aRb* não é idêntico a *bRa*) sem qualquer cimento lógico. A representação disso é possível porque as PROPOSIÇÕES são fatos. O que representa a relação entre *a* e *b* em "*aRb*" não é "*R*" enquanto tal, mas sim o *fato de que R* ocorre entre "*a*" e "*b*". O verdadeiro componente de "*aRb*" que corresponde àquela relação não é "*R*", que se assemelha aos nomes próprios "*a*" e "*b*", mas sim "*xRy*", que é um nome *relacional* (ver NL 96-8; TLP 2.03 e seg.).

O fato de que alguns nomes substituem propriedades e relações é, além disso, sugerido por três considerações. Em primeiro lugar, trata-se da única maneira de conciliar duas teses acerca das proposições elementares: que constituem um nexo de nomes — (c) — e que se compõem de função e argumento. Em segundo lugar, de acordo com a passagem 4.24 do *Tractatus*, as proposições elementares são funções de nomes e possuem a forma *fx*, $\phi\ (x,y)$, etc. Em terceiro lugar, na passagem 4.123 do *Tractatus*, fala-se em tonalidades de cores como objetos, pelo menos em um uso estendido do termo. A interpretação realista é também sustentada pelas discussões que Wittgenstein promove posteriormente ao *Tractatus*. Destaca-se aqui a preleção em que Wittgenstein afirma, de forma inequívoca, que os objetos do *Tractatus* (2.01) incluem propriedades como cores e relações espaciais (LWL 120; *ver* RLF; WVC 220; PG 199-201; TS220 §109; MS127 1.3.44). Atribui, além disso, ao *Tractatus* a idéia de que uma propriedade é um objeto que pode tomar parte em combinações com indivíduos (GB 134; BT 433-4; BB 17).

Que o *Tractatus* não forneça exemplos de proposições elementares é algo que se deve menos a uma atitude agnóstica do que às dificuldades que Wittgenstein encontrou (nos *Notebooks*), para combinar suas preconcepções acerca da simplicidade com suas especificações lógicas. Não obstante, há no *Tractatus*, e também em seus escritos anteriores e posteriores, indicações de que a análise se encaminha àquilo que é dado fenomenicamente (impressões sensoriais). Os estados de coisas são instanciações ou co-instanciações de propriedades como cores e relações (espaciais) em pontos espaço-temporais ou pontos no campo visual. Um ponto no campo visual situa-se em um "espaço-de-cores": deve possuir *alguma* cor e se combina com uma cor particular, como dois elos em uma corrente, sem relações adicionais de espécie alguma (TLP 2.0131; NB 3.9.14, 6.-7.5.15; PG 211). Essa visão se concretiza em "Some Remarks on Logical Form": tome seu campo visual, torne-o plano e sobreponha-lhe uma grade. As proposições elementares usam as coordenadas para se referir a um ponto no campo visual, e atribuem-lhe uma tonalidade de cor (um sistema que faz lembrar PI §48; *ver também* ROC I 61-2, III 58, 149), como é o caso, por exemplo, em

(1) *A* (o ponto espacial com as coordenadas *x, y*) é vermelho.

Os objetos são, por conseguinte, *minima sensibilia* (NB 7.5.15): particulares, como pontos espaciais, qualidades perceptuais últimas tais como tonalidades de cor, tons acústicos e odores, bem como relações espaciais simples.

Uma objeção contra essa interpretação é que os OBJETOS do *Tractatus* devem necessariamente ser indestrutíveis, comuns a todos os mundos possíveis. Contudo, distinguindo-se dos dados dos sentidos de Russell, os candidatos de Wittgenstein não constituem episódios mentais fugazes. Não são temporários, podendo parecer *sempiternalia*, cuja existência é metafísica e não apenas epistemicamente garantida. Complexos vermelhos e dados dos sentidos podem ser destruídos, mas, segundo a posição que se atribui ao *Tractatus* nas *Investigações* (§§46-59), a cor vermelha não é passível de destruição. O mesmo se pode pensar de pontos espaço-temporais: embora um ponto desse gênero possa não ter uma determinada cor, não pode não existir. O fato de que Wittgenstein estende o caráter eterno a pontos no campo visual pode ser explicado com base em seu SOLIPSISMO; ele insiste na idéia de que o mundo é o que é dado a um sujeito transcendental da representação.

Uma segunda objeção seria o fato de que, na passagem 6.3751 do *Tractatus*, afirma-se que uma proposição como (1) é incompatível, por exemplo, com a proposição "*A* é verde", não sendo, portanto, elementar. Wittgenstein acreditava que a proposição (1) pode ser analisada como um produto lógico de proposições elementares, que acarreta logicamente que *A* não é verde; e parece ter considerado que as proposições elementares resultantes atribuem a *A* ou tonalidades de cor que não são passíveis de análise, ou luz dotada de um certo comprimento de onda. Em 1929, ele se deu conta de que esse programa não poderia ter êxito. As proposições resultantes novamente excluem-se entre si (se *A* é vermelho-escuro, não pode ser vermelho-claro; se só emite ondas de 620nm, não pode também emitir luz de 520nm). A razão é que, assim como (1), atribuem a um objeto uma das especificações de um leque de especificações incompatíveis, um determinado de um determinável, como cor, velocidade, carga elétrica, pressão etc. E não há meio de analisar tais proposições decompondo-as em proposições mais simples que satisfaçam o requisito da independência lógica (*ver* COR). A reação de Wittgenstein foi abandonar não a idéia de que as proposições elementares envolvem qualidades fenomênicas, mas sim a insistência na independência lógica das proposições elementares, abandonando, junto com ela, o atomismo lógico (RLF; PR cap. VIII; MS 105) (Russell sempre fora menos rigoroso nesse particular, incomodando-se menos, portanto, com a questão da exclusão de cores). As proposições elementares podem excluir-se entre si. O que é comparado à realidade jamais é uma única proposição, mas sim um "sistema de proposições": A proposição (1) determina, de uma vez só, que *A* não é verde, nem azul, etc. (WVC 63-4; PR 109-12).

Seja como for, Wittgenstein passou a crer que nada poderia satisfazer as especificações que ele mesmo propusera para as proposições elementares. Tomemos um outro candidato por ele considerado (NB 29.10.14, 20.6.15), as proposições que atribuem uma localização espaço-temporal a elementos simples físicos. A proposição

(2) O ponto material *P* está no local *x, y, z* no tempo *t*

exclui a possibilidade de *P* estar em qualquer outro lugar, não sendo, pois, elementar. Já se sugeriu que proposições que simplesmente combinam coordenadas espaciais e temporais evitam esse problema:

(2') $x,y,z,t$.

Essa sugestão preenche o requisito (a), uma vez que a proposição (2') nada acarreta quanto a outros pontos espaço-temporais. Viola, entretanto, o requisito (b). (2') constitui, por si só, o mero *nome* de um ponto. Para transformá-la na figuração de um estado de coisas que enuncia que uma massa pontual existe em um certo ponto espaço-temporal, é preciso acrescentar uma ressalva quantificacional: "Há uma massa pontual..." Isto é, (2') não constitui por si só uma proposição. Sem referência a qualidades e relações, nada pode ser *dito*, e a maior parte das qualidades e relações são determinadas de um determinável. Conseqüentemente, mesmo se pudéssemos construir proposições logicamente independentes, é improvável que possamos analisar proposições ordinárias decompondo-as em tais proposições.

Com o fenecimento do atomismo lógico, as proposições elementares perdem sua "importância inicial" (PR 111). Entretanto, a noção ainda sobrevive por um tempo, na idéia de que as únicas proposições genuínas são as proposições sobre dados dos sentidos, que descrevem a experiência imediata. Essa posição está mais próxima de Russell do que do *Tractatus*, por tornar a primitividade semântica algo dependente da primitividade epistêmica; influenciou, ademais, a concepção do positivismo lógico de sentença observacional. Wittgenstein mais tarde rejeitou-a (*ver* LINGUAGEM PRIVADA, ARGUMENTO DA). Afirmou, além disso, que as proposições só são simples no sentido relativo de que, no interior de um determinado sistema gramatical, nada há de prescrito para sua análise vero-funcional (PG 211), conforme ilustram as proposições sobre cores do §48 das *Investigações*.

**prova matemática** Os platonistas consideram a prova matemática como um meio para descobrir verdades acerca de um mundo matemático de existência independente. Wittgenstein rejeita essa concepção da matemática como "história natural dos objetos matemáticos". Para ele, o matemático é um inventor e não um descobridor (RFM 99, 111, 137-8; LFM 22, 63-8, 82-4, 101). Essa idéia não é, em si mesma, nem tão original nem tão incomum quanto fizeram supor seus seguidores e detratores. Embora a visão platônica seja intuitivamente plausível, tem sido atacada por filósofos desde Aristóteles e por matemáticos construtivistas desde Kronecker. O que diferencia a concepção wittgensteiniana de prova é sua conexão com a idéia de que a matemática é normativa.

Desde o princípio, Wittgenstein estabeleceu uma clara distinção entre prova *por* LÓGICA e matemática e prova *em* lógica e matemática. A prova *pela* lógica ou pela matemática, na engenharia, por exemplo, deduz a verdade de uma conclusão empírica a partir da verdade de premissas empíricas, de acordo com o que, para Wittgenstein, são regras para a transformação de signos. A prova em lógica ou matemática, em contrapartida, não deduz a verdade de uma proposição a partir da verdade de outra, mas antes estabelece *que* uma certa combinação de signos é uma tautologia ou uma equação, isto é, pertence à lógica ou à matemática respectivamente. Dizer que uma proposição necessária como "2 + 2 = 4" é verdadeira não é dizer que está em conformidade com um fato necessário em um domínio platônico, mas sim dizer que *é* uma proposição matemática; isto é, que faz parte de nossa FORMA DE REPRESENTAÇÃO (para Wittgenstein não existe, a rigor, proposição matemática *falsa*, uma vez que proposições como "2 + 2 = 5" não fazem parte de nossa forma de representação). A proposição "2 + 2 = 4" estipula o que pode ser considerado como uma descrição inteligível da realidade, e funciona como uma regra de inferência empírica (por exemplo, "Fiz duas tortas, e depois mais duas; logo, fiz um total de quatro tortas"). Pela mesma razão, a negação de uma proposição matemática, como, por exemplo, "2 + 2 ≠ 4", corresponde a uma transformação ABSURDA de proposições empíricas (por exemplo, "Fiz duas tortas, e depois mais duas, logo não fiz, no total, quatro tortas") (TLP 6.113, 6.2321; PR 250-1; AWL 200; PG 373, 392). Tal proposição não desempenha função alguma em raciocínios empíricos, embora tenha um papel *no interior* da MATEMÁTICA, ainda que somente em provas por *reductio ad absurdum*. Provar que uma proposição matemática é verdadeira é incorporá-la como uma proposição GRAMATICAL entre os "paradigmas da linguagem" (RFM 50, 162-4, 169; LFM passim).

Durante o período de transição, Wittgenstein acrescentou a essa concepção normativa a idéia de que o sentido de uma proposição matemática é dado por sua prova. É o método de cálculo que determina o sentido de uma proposição da forma "$a \times b$", e, portanto, de uma identidade numérica como "25 × 25 = 625" (WVC 79; PG 370). Temos aqui algo análogo à afirmação de que o sentido de uma proposição empírica é dado por seu método de VERIFICAÇÃO. Entretanto, verificar uma proposição matemática por meio de um cálculo ou prova não é o mesmo que conduzir um experimento (RFM 51-9, 65-75, 192-201, 364-6, 379-98; LFM 36-9, 71-5, 85-109, 128-30). No caso da verificação de uma proposição empírica, podemos ser surpreendidos por fatos brutos. Em contraposição, saber como provar (ou desprovar) um teorema é saber que se deve *necessariamente* obter um certo resultado, e que um resultado diferente é simplesmente impensável. Uma proposição matemática estabelece uma RELAÇÃO INTERNA entre a realização de uma determinada operação e a obtenção de um certo resultado (AWL 185-91, 214, 223; RFM 221, 309-10, 363): estabelece, por exemplo, que somente uma operação com o resultado 144 pode ser considerada (denominada) como a operação de elevar 12 ao quadrado. Da mesma forma, uma vez que compreendemos como se pode decidir se um ângulo pode ser trisseccionado com compasso e régua, sabemos que nada poderia ser considerado como a trissecção de um ângulo com compasso e régua. Distinguindo-se das proposições empíricas, as proposições matemáticas não podem ter sua rota descrita sem que se chegue ao destino: não há separação entre saber como verificá-la e saber *se* pode ser verificada (LFM 64).

Wittgenstein se deu conta de que isso ameaça eliminar a existência de "problemas" matemáticos, isto é, de questões que ainda não foram resolvidas (PR 170-5). Em resposta a isso, estabeleceu uma distinção entre, por um lado, proposições e questões para as quais há um método de prova ou cálculo estabelecido, isto é, que fazem parte de um "sistema dedutivo", e, por outro, aquelas para as quais não há tal método. As primeiras podem ser compreendidas sem que se tenha a solução. Assim, a pergunta "Quanto é 61 × 175?" possui um sentido claro, mesmo que ninguém jamais tenha realizado essa multiplicação, uma vez que basta-nos, para respondê-la, aplicar um conjunto de regras estabelecido. Em contraposição, os teoremas matemáticos cuja solução ignoramos (como a conjetura de Goldbach, por exemplo) não possuem tal sentido (AWL 8, 197-8; PG 366, 377; ver abaixo).

Mesmo que as equações matemáticas funcionem como normas de representação no discurso empírico, a questão aqui é se a explicação de Wittgenstein para as conexões lógicas entre diferentes equações é capaz de dar conta da matemática pura, o aspecto inferencial da matemática. Esse problema foi também confrontado pela corrente convencionalista do Círculo de Viena, em que se alegava que as proposições necessárias são, elas mesmas, ou regras (axiomas e definições) ou proposições cuja verdade se segue dessas convenções. Como nos mostrou Quine, essa posição apresenta problemas, pois deixa sem explicação a necessidade com que os teoremas se seguem das convenções estipuladas. Segundo Dummett, Wittgenstein desenvolveu uma alternativa a esse convencionalismo moderado, em que não se pressupõem relações de implicação lógica que não sejam estabelecidas por convenções. Nesse "convencionalismo radical", sustenta-se que a necessidade lógica de qualquer enunciado é sempre a expressão *direta* de uma convenção lingüística, com a qual as convenções anteriormente estabelecidas não nos comprometem. Ao que parece, o convencionalismo tem que se basear na noção de conseqüência lógica, uma necessidade metafísica adicional, ou então distorcer a natureza dedutiva da matemática e a força coercitiva de suas provas.

Essa interpretação está correta em salientar que, para Wittgenstein, os teoremas matemáticos não são verdadeiros em virtude de convenções, sendo, eles próprios, regras (*ver* CORPO DE SIGNIFICADO). E ele considera a possibilidade de existir uma comunidade que "possua matemática aplicada sem possuir matemática pura", isto é, que aceite proposições matemáticas como normas de representação, sem que, para isso, as tenha que derivar de outras proposições — simplificadamente, o estado da matemática antes de ser axiomatizada pelos gregos (RFM 232-4). Reconheceu também, entretanto, que, em nossa matemática, não nos limitamos a simplesmente estipular os teoremas. O resultado de um cálculo é uma regra e, ainda assim, não é "simplesmente estipulado, mas sim produzido de acordo com regras", a saber, regras de inferência (RFM 228; ver LFM 101, 166). Se assim não fosse, não precisaríamos de técnicas de cálculo ou de prova.

Além disso, no espírito da idéia de sistemas dedutivos, Wittgenstein estabeleceu uma distinção entre a "necessidade do sistema como um todo" e a "necessidade no sistema", que conecta axiomas e suas conseqüências (LFM 142-9, 241). Isso corresponde à diferença entre provas que estendem um sistema de provas existente — como a introdução da multiplicação em Z, o conjunto dos inteiros —, e o mero "dever de casa", provas e cálculos que se limitam a aplicar uma técnica já estabelecida — como, por exemplo, uma multiplicação em N, o conjunto dos números naturais —, que ainda não foi executada (PR 187; LFM 69, 238; RFM 313). No primeiro caso, não há necessidade lógica. As expansões ou mudanças de um sistema de provas não são predeterminadas pelas regras existentes (RFM 268-70). Pois, com a aplicação da técnica antiga em uma nova área, alteramos os conceitos envolvidos (estendemos o significado de "multiplicação", conferindo sentido a "-2 × -3"). Essas são novas formações conceituais, que podem estar sujeitas a certos padrões (de natureza pragmática ou estética, por exemplo), mas para as quais há alternativas genuínas, como fica claro nos debates acerca da introdução de inteiros negativos e de infinitesimais.

Em contraposição, quando aplicamos um sistema estabelecido, os resultados são predeterminados. Pode parecer que, com isso, estamos apenas voltando a um convencionalismo moderado: temos uma opção de escolha arbitrária na seleção de um certo sistema de regras (para escolher entre, por exemplo, a geometria euclidiana e a riemanniana), mas estamos sujeitos a uma força lógica no interior do sistema pelo qual optamos (do mesmo modo que um viajante pode optar entre vários trens, mas não pode mais alterar sua direção uma vez que tenha embarcado em um determinado trem). A discussão promovida por Wittgenstein sobre o que é seguir uma REGRA enfraquece, contudo, essa concepção de coerção lógica. A prova não nos arrasta até a conclusão, uma vez que tenhamos admitido os axiomas e as regras de inferência. Podemos a qualquer momento fazer ou dizer qualquer coisa que desejemos (dentro dos limites das leis físicas). Só que não *chamaríamos* de multiplicação, por exemplo, "1.500 × 169 = 18". A necessidade lógica dentro do sistema se resume à aplicabilidade de certas expressões. Alguém que não reconheça uma prova ou cálculo dentro de um sistema estabelecido "já não está mais em nossa companhia" (RFM 60; LFM 106).

Essa distinção preserva a idéia de que, em matemática, sabemos tanto quanto Deus (LFM 103-4): no interior do sistema, podemos computar qualquer coisa e, fora dele, não há coisa alguma. Entretanto, se Wittgenstein evita o fantasma de um tipo extra de necessidade não convencional, sua posição enfrenta, no entanto, uma série de problemas. Por um lado, ele não se atém à distinção entre a necessidade no interior de um sistema e a extensão não determinada deste último, talvez por conta de seus flertes ocasionais com uma espécie de ceticismo quanto a regras. Assim, ele afirma que qualquer expansão de um número irracional constitui uma extensão da matemática, a despeito do fato de que há uma técnica estabelecida (RFM 266-7). Sugere, além disso, que, em uma prova, "consegui chegar a uma decisão"; e talvez isso se aplique até mesmo no caso de provas no interior de um sistema (RFM 163, 279, 309; LFM 109, 124-5).

Mesmo rejeitando-se a idéia de que uma prova expressa um conhecimento de fatos em um domínio platônico, isso pode ser ilusório, no sentido de que não nos decidimos a ficar convencidos por meio de um argumento. Talvez, entretanto, a decisão que Wittgenstein tem em mente não diga respeito à aceitação da prova (tendo construído uma prova, não podemos resistir à conclusão sem interromper o cálculo), mas à adoção da conclusão como norma de representação. Tendo estabelecido um teorema na geometria euclidiana, temos ainda a liberdade de empregá-lo ou rejeitá-lo para os propósitos da navegação terrestre. Nesse caso, discussões sobre "decisão" poderiam ser compatíveis com a insistência de Wittgenstein na idéia de que, embora uma prova não nos "force", como faria uma máquina lógica, ela nos "guia" ou "convence", no mesmo sentido em que, para Leibniz, a razão induz mas não coage (RFM 161, 187, 238-9).

A necessidade de persuasão está também no cerne da afirmação de Wittgenstein de que as provas devem ser "examináveis", isto é, perspícuas. É preciso que possamos ver as conexões, uma vez que estas não constituem um meio extrínseco de registrar um fato bruto acerca de um domínio platônico, mas antes uma parte essencial da conclusão. As provas matemáticas que vão além da aplicação direta de uma sistema de prova estabelecido não descobrem conexões existentes entre conceitos; estabelecem-nas. No caso delas, a objetividade não pode corresponder à idéia de que a obtenção de um certo resultado é um critério para se determinar que um sistema de provas foi aplicado, mas somente que a extensão do sistema é examinável (RFM 150-1, 158-9, 166, 170-5, 187, 248-9; PG 330-1). Entretanto, a questão que se coloca é se a convicção que deve acompanhar uma prova reside no fato de ela explicitar conseqüências dos nossos axiomas e definições cuja existência seja anterior a qualquer tentativa de construção da prova, e também se podemos nos recusar a aceitar a prova sem deixarmos de ser racionais. No que tange à primeira parte da questão, a resposta negativa de Wittgenstein se baseia na idéia de que o resultado de uma prova matemática é a formação de conceitos. Ela altera os conceitos existentes, conectando-os a conceitos dos quais estavam até então desvinculados, e fornecendo-nos novos CRITÉRIOS para a aplicação de seus termos constituintes. Assim, uma vez que aceitamos a prova do teorema de Pitágoras, ter uma hipotenusa cujo quadrado é igual à soma dos quadrados dos catetos passa a ser uma condição necessária para que algo constitua um triângulo retângulo. Entretanto, se a prova modificar o conceito de triângulo retângulo, não poderá mais ser guiada pelo conceito *não modificado*. Já se replicou que este último ponto é trivial, desde que os novos critérios sempre coincidam com os antigos ("possuir um ângulo de 90°"): sempre que considerarmos uma figura como um triângulo retângulo pelos novos critérios, também deveríamos poder julgá-lo como um triângulo retângulo com base nos critérios antigos. Se isso está correto, a prova só modifica conceitos no sentido de que explicita o compromisso com novos critérios que já se encontravam implícitos no conceito existente. Isso só pode significar, entretanto, que a compreensão do termo "triângulo retângulo" é incompatível com a rejeição do teorema de Pitágoras. No entanto, anteriormente à aceitação da prova, a compreensão desse termo não supunha a aceitação de qualquer enunciado relativo aos quadrados da hipotenusa e dos catetos. Não obstante, a concepção do próprio Wittgenstein é também problemática: dizer que cada nova conexão conceitual modifica o significado de "triângulo retângulo" é, na melhor das hipóteses, uma estipulação, que, aliás, extrapola os limites dos nossos conceitos, quando somos informados de que "cada nova prova em matemática amplia o significado de 'prova'" (AWL 10, ver 116-17; PG 374; cp. RFM 440).

Já se argumentou que até mesmo extensões radicais de sistemas matemáticos estão presas por uma espécie de enteléquia lógica: o conceito que temos de adição já está implícito no conceito de contar. Uma professora que conte como nós, mas que ainda não tenha adotado a técnica de adição, já está de antemão comprometida com, por exemplo, "7 + 5 = 12". Se conta sete meninas e cinco meninos, somando treze crianças no total, terá feito algo que, à luz de seus próprios critérios, é um erro de conta. Wittgenstein foi defendido com base na idéia de que dizer que ela deve *necessariamente* ter feito um erro já configura a imputação de nosso critério, decorrente de aceitarmos "7 + 5 = 12". Isso é correto, mas compatível com a idéia de que sabemos que a professora ou comete aquilo que aceitaria como erro, ou não está contando em nosso sentido, já que conta regularmente um dos alunos duas vezes. A professora poderia adotar uma nova norma de representação distinta da nossa, mas só se fizesse suposições bizarras e descabidas, como, por exemplo, a de que, embora obtenha sempre o resultado 12, isso se dá porque um dos alunos sempre desaparece no processo de contagem (*ver* AUTONOMIA DA LINGUAGEM).

Wittgenstein não nega que a aceitação de provas sofra restrições, em especial as de natureza pragmática ou estética (RFM 370; LFM 82). É justo dizer, contudo, que ele não esclarece o seu funcionamento. Isso se aplica particularmente às provas que não são nem cálculos simples nem extensões substanciais da matemática, constituindo, antes, o que há de mais básico na investigação matemática.

Um último problema para Wittgenstein é a idéia de que não compreendemos questões ou proposições matemáticas como a conjetura de Goldbach, sem antes as termos decidido.

Essa conclusão será inevitável, se combinarmos a idéia de que, na matemática, não há distinção entre saber como provar uma proposição e saber se pode ser provada, com a asserção dogmática de que apreender o sentido de uma proposição matemática supõe saber como pode ser provada. Ela é em geral descartada de imediato por uma invocação igualmente dogmática do composicionalismo: compreendemos o que querem dizer os termos "número par", "primo" e "soma", logo devemos compreender a conjetura de Goldbach, segundo a qual todo número par maior do que 2 é a soma de dois primos. Wittgenstein mostrou, entretanto, que a compreensão dos componentes de uma proposição e de seu modo de combinação não é uma condição suficiente para compreendê-la (*ver* CONTEXTUALISMO). Outra objeção, que tem origem em Waismann, é que, sem alguma compreensão, não poderíamos sequer dar início à busca de uma prova. Wittgenstein antecipou essa objeção e alegou que o matemático criativo só compreende a proposição que ainda não sabe como provar, no sentido em que um compositor compreende um tema que deseja incorporar à sua composição, isto é, tem uma idéia vaga das técnicas a serem empregadas (RFM 314-15, 370). O que Wittgenstein não leva em conta é o fato simples e direto de que um matemático, ao contrário de uma criancinha, compreende a conjetura de Goldbach no sentido de saber como ela poderia funcionar como norma de representação, isto é, sabe o que seria aceitá-la como axioma, sabendo ou não como prová-la como um teorema.

**psicologia filosófica** Alguns temas da psicologia filosófica — intencionalidade, pensamento, compreensão — desempenham um importante papel na obra do segundo Wittgenstein, por conta da conexão que mantêm com o significado lingüístico. Entretanto, ele também nutria um interesse intrínseco pela psicologia (em 1912, realizou experimentos na área de psicologia da música), e, depois de 1943, a principal parte de sua obra recaiu sobre a psicologia filosófica, independentemente de suas conexões com a linguagem.

Uma importante fonte de inspiração para Wittgenstein, na discussão sobre a natureza da psicologia e dos conceitos psicológicos encontrada em *Remarks on the Philosophy of Psychology*, foi o texto *Gestalt Psychology*, de Köhler, que ele leu em 1947. Köhler explicou as dificuldades da psicologia referindo-se ao fato de ser uma "ciência jovem", que ainda precisaria seguir os passos da física na substituição da observação qualitativa pela medição quantitativa. Wittgenstein rejeitou esse diagnóstico (PI II 232; RPP I §§1039, 1093). As dificuldades da psicologia assemelham-se às da teoria dos conjuntos, e não às de uma física incipiente. Não se devem a uma ausência de instrumentos apropriados, a uma carência de conceitos quantitativos ou a uma deficiência em técnicas matemáticas, mas antes à confusão conceitual. Embora Wittgenstein negasse que deva *necessariamente* haver um paralelismo universal entre a esfera mental e a física (*ver* CAUSALIDADE; INTERNO/EXTERNO), não rejeitava a psicologia experimental ou o estudo das causas e pré-requisitos neurofisiológicos dos fenômenos e capacidades mentais. Sua idéia básica é que os métodos experimentais "passam ao largo" dos problemas filosóficos, e que estes podem impedir o avanço genuíno na psicologia.

Köhler adiantou-se ao materialismo eliminativo ao considerar a possibilidade de substituir nossos enunciados e conceitos psicológicos ordinários por enunciados e conceitos neurofisiológicos. Wittgenstein talvez não visse problema na introdução de termos técnicos, como "reflexo incondicionado", pela psicologia empírica. Insistiria, entretanto, na idéia de que isso não resolve os problemas filosóficos que se originam de nossos conceitos psicológicos ordinários (*ver* METALÓGICA). Além disso, em grande parte, "os conceitos da psicologia são somente conceitos cotidianos... e não conceitos forjados especialmente pela ciência para seus próprios objetivos, como são os conceitos da física e da química". Seja como for, entretanto, a linguagem ordinária não contém uma *teoria* primitiva ("psicologia primitiva") que deu lugar à ciência, como quer o materialismo eliminativo, mas somente *conceitos*, como pensar, perceber, imaginar (RPP II §62; Z §223). Esses conceitos não perfazem uma teoria, considerando-se que nada predizem e não podem ser nem verdadeiros nem falsos. São, em vez disso, pressupostos por teorias empíricas, definindo os tópicos da psicologia. Para se estabelecerem correlações entre, por exemplo, a percepção e processos neurofisiológicos, é preciso que fique claro o que pode contar como a percepção de algo por um sujeito, o que é determinado pela GRAMÁTICA de termos corriqueiros como "ver" e "ouvir". Podemos modificar nossos conceitos psicológicos, e já o fizemos (por exemplo, ao incorporar a idéia freudiana de inconsciente). Wittgenstein protesta, no entanto, que não fica claro que espécie de descoberta tornaria possível a substituição imaginada por Köhler (MS130 1.8.46). Além disso, ainda que pudéssemos estabelecer correlações gerais entre fenômenos físicos e mentais, nem por isso poderíamos abandonar nossos conceitos mentais em favor de conceitos neurofisiológicos, sem que deixássemos de ser humanos. Embora empreguemos tais conceitos *inter alia* para explicar o comportamento humano, essas explicações não são CAUSAIS, como as das ciências nomológicas, mas sim teleológicas. Se explicássemos o comportamento humano como uma conseqüência necessária de causas eficientes, deixaríamos de tratá-lo como algo que envolve a ação intencional, e pressupõe, portanto, que o sujeito seja guiado por razões. Além disso, ao contrário dos conceitos neurofisiológicos, nossos conceitos psicológicos não são exclusiva ou mesmo primariamente utilizados para explicar, prever ou controlar o comportamento. Suas funções têm um caráter tão variado quanto a vida humana (RPP II §35): nós as utilizamos para exprimir nossos pensamentos, emoções e atitudes, para expressar compaixão, encorajar e condenar. Essas funções são essenciais à nossa vida, e em nenhuma delas se poderia fazer uso de conceitos neurofisiológicos.

Outra inspiração para a psicologia filosófica de Wittgenstein foi a obra enciclopédica de James, *Principles of Psychology*, que ele considerava uma "rica fonte" de problemas e confusões filosóficas (MS124 291; MS165 150-1). Distinguindo-se do reducionismo de Köhler, James era um seguidor da psicologia introspectiva de Wundt. Tratava a introspecção como o processo não problemático de "olhar para o interior da própria mente", embora divergisse da tradição cartesiana, admitindo que essa introspecção pode ser falível. Com esse espírito, procurou determinar a natureza da experiência, do pensamento e do eu, por meio da observação de seu próprio "fluxo de pensamento", isto é, a seqüência de seus episódios mentais (*Psychology* I 185-90, 301, cap. IX). James representa o que Wittgenstein denominava "a antiga concepção" da psicologia como uma ciência que observa objetos, estados e processos "na esfera psíquica, assim como a física o faz na esfera física". Mas tal paralelo é, ele acreditava, enganador. Enquanto o físico observa os fenômenos que explica, o psicólogo observa as *expressões comportamentais* da mente (PI §571; TS229 §1360). De acordo com Wittgenstein, em seu ataque à visão da mente em termos da dicotomia INTERNO/EXTERNO (como um domínio privado oculto aos demais), isso não significa que o sujeito tenha um acesso mais direto aos fenômenos mentais por meio da introspecção. Enunciados psicológicos feitos em primeira pessoa e no tempo presente são tipicamente EXTERIORIZAÇÕES, e não descrições ou relatos baseados na observação, falíveis ou infalíveis. Além disso, o interno e o externo encontram-se inextricavelmente ligados. *Pace* o mentalismo, as proposições psicológicas em terceira pessoa podem basear-se no que as pessoas fazem e dizem, uma vez que formas características de comportamento são CRITÉRIOS para determinar o que ocorre na esfera mental. *Pace* o behaviorismo, não inferimos tais proposições a partir de descrições do simples movimento corporal, mas antes descrevemos o comportamento humano *ab initio* em termos mentais.

Mesmo sem a idéia de que a mente é algo PRIVADO, conhecido apenas pelo sujeito, o método introspeccionista fracassa. No espírito da tradição empirista, reduz todos os fenômenos mentais a episódios mentais, coisas que nos passam pela mente, como sentimentos, sensações, imagens e palavras. Acompanhando Kant, Wittgenstein criticou a "redução de tudo a sensações ou imagens" e a tentação de "hipostasiar sentimentos onde não os há" (LPP 80; PI §598). Os verbos intencionais, como PENSAR, ou QUERER, não correspondem a *fenômenos*, acontecimentos ou estados, que possam ser detectados por mim, ou por Deus, olhando para o interior de minha mente (PI II 217; Z §471; RPP II §§3, 31-5, 75-7, 130-3; LW II 17-8, 74-6). Os únicos "acontecimentos" descritíveis que são relevantes para o significado desses verbos supõem um comportamento manifesto; eles não significam atividades, processos ou estados, mentais ou neurofisiológicos.

Wittgenstein apresenta dois argumentos em favor dessa alegação. Um é que as ocorrências internas não são nem necessárias nem suficientes para se PRETENDER ALGO OU QUERER DIZER ALGO. O segundo é que mentalistas e materialistas aplicaram equivocadamente tais termos categoriais à esfera mental. Há atividades mentais (por exemplo, calcular mentalmente), eventos mentais (por exemplo, ouvir um tiro), processos mentais ("experiências") (por exemplo, ter imagens ou impressões) e "estados mentais" ou "estados de consciência" (por exemplo, disposições — ansiedade, medo, alegria — ou emoções ocorrentes). Há, entretanto, uma "diferença categorial" entre tais fenômenos e as atitudes intencionais (Z §86, ver §§72-85; PI 59n, §§165, 308, 339, 572-3; RPP I §§648, 836; RPP II §§43-57, 63, 148). Atitudes intencionais não são atos ou atividades, já que a maior parte delas não está sujeita à vontade (não se pode decidir acreditar em algo ou pretender algo, assim como não se pode ordenar que outros o façam); e mesmo aquelas que poderiam estar sujeitas à vontade, como querer dizer algo, não podem ser realizadas com graus diferentes de êxito (PI §§674-81; Z §§51-2). Tampouco são eventos ou processos não voluntários: não podem ocorrer, ter lugar ou continuar no tempo, ou ter seu ritmo diminuído, ou ainda ser revertidos ou deixados por terminar. Não faz sentido, por exemplo, dizer "*Enquanto* eu quis dizer...", em referência a um período determinado de tempo. E embora o enunciado "*Quando* disse 'Napoleão', estava me referindo ao vencedor em Austerlitz" se refira a um tempo específico, a saber, o do proferimento original, não é necessário que nada além do proferimento tenha acontecido na ocasião (PG 103).

Embora, do ponto de vista da gramática normativa, os verbos intencionais sejam estáticos e não progressivos, eles não significam estados. Estados são coisas em que entramos, mas não posso dizer que, no momento, encontro-me em um estado de pretender ir a Londres ou de acreditar que Napoleão era impetuoso. Em qualquer momento, acredito em um número indefinidamente grande de coisas, o mesmo se aplicando a coisas que pretendo, embora não me encontre em um número indefinidamente grande de diferentes estados mentais. Os adversários de Wittgenstein poderiam responder que utilizam "estado mental" como um termo técnico, para referir-se a todos os fenômenos mentais. Entretanto, segundo Wittgenstein, as atitudes intencionais diferem dos verdadeiros "estados de consciência", pelo fato de não possuírem o que ele denomina "duração genuína" (Z §§ 45-7, 81-2; RPP I §836; RPP II §45). Isso significa que as atitudes intencionais

(a) não podem tomar rumos, isto é, desdobrar-se de diferentes maneiras;
(b) não podem ser conferidas ou observadas de forma contínua;
(c) não podem ser cronometradas;
(d) não podem ser interrompidas por um lapso de consciência ou por uma alteração no foco de atenção, nem tampouco preservar-se ininterruptamente.

Esse veredicto pode ser questionado. No que diz respeito a (a) e (b), poder-se-ia observar que as intenções podem ser mais ou menos fortes, isto é, possuir uma dimensão observável em relação à qual podem variar sem que percam sua identidade. Entretanto, é razoável supor que isso não constitui uma propriedade inerente da intenção, análoga à persistência ou intensidade de um sentimento; diz respeito, antes, a nosso modo de adesão à intenção. Pode-se sustentar, contra (c), que podemos medir o tempo entre o começo de uma intenção e sua interrupção, ou realização. É implausível, entretanto, sustentar que todas as intenções ou crenças possam ser cronometradas dessa maneira. Além disso, de acordo com (d), mesmo aquelas que podem, carecem de outras qualidades temporais dos estados. Minha crença no fato de que Napoleão era impetuoso não teve a duração contínua de dez anos, mas tampouco interrompeu-se toda vez que dormi, sendo retomada sempre que acordei. Pode-se acreditar em algo de forma intermitente. Isso não configura, entretanto, uma interrupção na crença que se tem — do modo como um estado de ansiedade pode ser interrompido por distrações —, mas antes uma hesitação quanto àquilo em que se acredita. Já se objetou que o ponto (d) lança mão da noção de estado de consciência, não podendo, portanto, demarcar, sem incorrer em circularidade, a fronteira entre tais estados e as atitudes intencionais. O importante aqui é simplesmente, entretanto, que um estado é algo que pode ser interrompido, ao passo que atitudes intencionais não podem. A demarcação de Wittgenstein só pode ser mantida se todas essas diferentes características entram em jogo.

Por conseguinte, não podemos estabelecer, por exemplo, a essência do pensar, observando-nos enquanto pensamos. A essência dos fenômenos mentais, os traços que não podem deixar de possuir, é determinada pela GRAMÁTICA, as regras para o uso correto de termos mentais. E, no caso de muitos dos termos mentais, essas regras sequer fazem referência a coisas que nos passam pela mente. A filosofia deveria, pois, analisar os conceitos mentais não pela introspecção, mas pela descrição do uso das palavras (PI §§314-16, 371-3, 383-4).

Mais tarde, Wittgenstein concebeu uma "árvore genealógica", capaz de mostrar como três tipos diferentes de conceitos psicológicos acrescentam a nossos jogos de linguagem novas articulações (tipos de lances). Tentou, além disso, fornecer uma classificação de conceitos ou fenômenos psicológicos que, embora não seja necessariamente precisa, poderia nos proporcionar uma VISÃO SINÓPTICA filosoficamente esclarecedora (RPP I §§722, 836, 895; Z §464). Essa classificação sugere que os verbos psicológicos são caracterizados por uma assimetria entre a primeira e a terceira pessoa, podendo ser tratados como elementos que se referem a episódios ou experiências mentais (*Erlebnisse*).

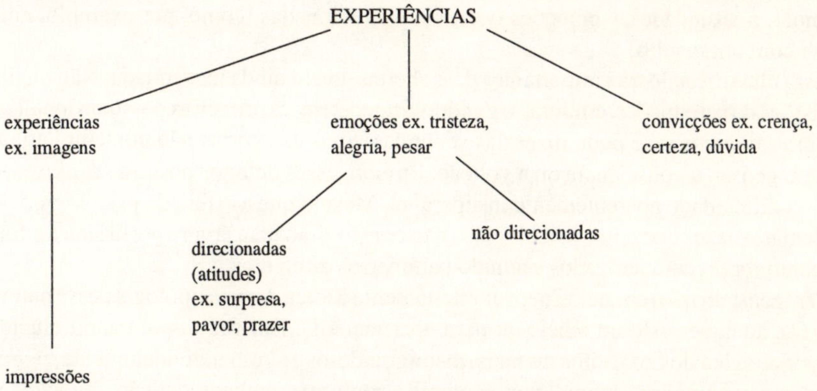


As convicções, assim como a crença, a certeza ou a dúvida, não possuem duração genuína. As experiências (imagens e impressões) possuem tanto duração genuína quanto intensidade. As emoções possuem uma duração e uma expressão mimética típica, mas carecem de uma localização corporal (ao contrário das sensações). Dão um colorido a nossos pensamentos — pode-se pensar com tristeza ou ansiedade.

Essa classificação é problemática: as categorias não são claramente demarcadas; considerar as experiências como a *summa genera* é algo incompatível com a recusa da idéia de que as convicções são acontecimentos; e a assimetria entre primeira e terceira pessoas não caracteriza todos os termos que habitualmente classificamos como mentais, notadamente não caracteriza termos disposicionais como "neurótico" ou "inteligente". A segunda tentativa de Wittgenstein (RPP II §§63, 148) é mais promissora.

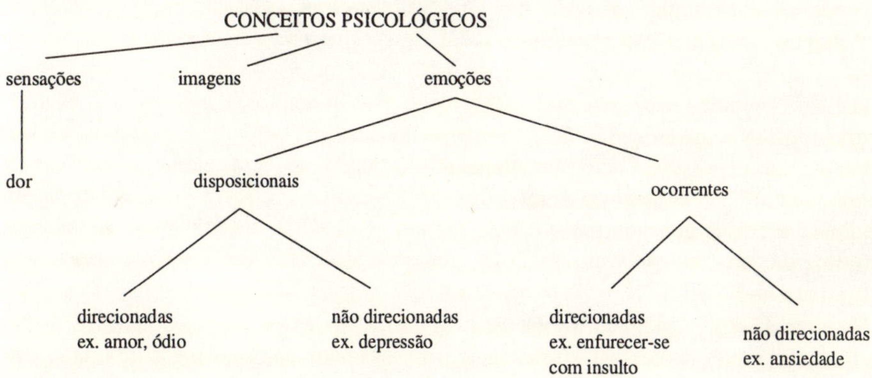

A categoria anterior das experiências (*Erfahrungen*) divide-se agora em "sensações" (*Sinnesempfindungen*) — que possuem duração genuína, admitem ocorrência simultânea, graus e misturas qualitativas, além de nos informarem sobre o mundo material — e "imagens", que não possuem essas características e estão sujeitas à vontade. As emoções caracterizam-se pela duração genuína e por sentimentos típicos. Dividem-se em disposições emocionais direcionadas (por exemplo, amar ou odiar), disposições emocionais não direcionadas (por exemplo, a depressão), emoções ocorrentes não direcionadas (por exemplo, a ansiedade), e emoções ocorrentes direcionadas (como, por exemplo, enfurecer-se com um insulto).

Essa classificação traz importantes descobertas, mas é ainda inadequada. Não distingue sensações de percepções, embora, segundo Wittgenstein, as primeiras possuam localização corporal, o que não se pode dizer das segundas. Suas categorias não contemplam, além disso, o pensar, a consciência ou a volição. Embora esses defeitos possam ser eliminados, há uma dificuldade aparentemente insuperável. Mesmo que a esfera do psicológico possa ser demarcada, os conceitos psicológicos não constituirão uma árvore porfiriana uniforme, enquanto forem caracterizados segundo parâmetros diferentes.

Wittgenstein não renunciou nem explicitamente à idéia de uma tipologia dessa natureza, nem fez qualquer esforço adicional para aperfeiçoá-la. Em vez disso, tentou elucidar a categoria lógica dos conceitos mentais, distinguindo-os entre si individualmente, por meio de vários parâmetros, como, por exemplo, conforme tenham ou não duração, uma qualidade ocorrente, propriedades fenomênicas, graus, uma expressão comportamental ou verbal característica, conforme exijam ou não um contexto histórico, estejam ou não sujeitos à vontade. Continuou a caracterizar os termos psicológicos recorrendo à assimetria entre primeira e terceira pessoas. Adverte-nos também, entretanto, que termos categoriais como "ato", "evento", "estado" ou "processo" não nos fornecem uma base rigorosamente definida para a psicologia filosófica. "Esses termos extremamente gerais possuem um significado extremamente nebuloso. Relacionam-se, na prática, a inúmeros casos especiais, mas isso não os faz nem um pouco mais *sólidos*; não, isso na verdade os faz mais fluidos". Forçar o encaixe de conceitos psicológicos em compartimentos categoriais só pode nos levar a distorções (RPP I §§257, 648; MS167 6).

# Q

**quadro de referência** (*framework*) Um dos princípios da filosofia do primeiro Wittgenstein era o da autonomia do sentido: para fazer sentido, uma proposição não deve depender da verdade de outra proposição (NM 117; TLP 2.0211). A linguagem é um sistema abstrato autocontido, governado pelas regras da SINTAXE LÓGICA. Reconhecer importância nas adjacências da linguagem é uma das maiores conquistas das reflexões do segundo Wittgenstein. Seu primeiro passo é radicalizar o CONTEXTUALISMO do *Tractatus*: uma palavra só tem sentido como parte de um JOGO DE LINGUAGEM, que é, por sua vez, parte de uma FORMA DE VIDA comunitária. O segundo é uma espécie de naturalismo. Nossas atividades lingüísticas e não lingüísticas são condicionadas por certos "fatos da natureza". Nossos conceitos apóiam-se sobre uma determinada "armação de fatos", na medida em que diferentes fatos da natureza tornariam inteligíveis diferentes "formações conceituais" (PI II 230; RPP I §48; Z §§350, 387-8). Nesse contexto, Wittgenstein distingue três elementos:

(a) as regras GRAMATICAIS que constituem um jogo de linguagem, como, por exemplo, o jogo de medir algo;
(b) a aplicação dessas regras em proposições empíricas (medições específicas);
(c) o quadro de referência ou "armação" que nos permite realizar o jogo de linguagem

> Não desperta controvérsia ... o fato de a regra ter ou não sido seguida... Isso é parte da armação a partir da qual nossa linguagem funciona... [Os seres humanos] concordam na *linguagem* que utilizam. Não se trata de um acordo de opiniões, mas de forma de vida. Para que a linguagem seja um instrumento de comunicação, é preciso haver acordo não apenas nas definições mas também ... no juízo. Isso parece abolir a lógica, mas não o faz. Uma coisa é descrever métodos de medição; outra, diversa, é obter e enunciar resultados de medições. Mas o que chamamos "medição" é, em parte, determinado por uma certa constância nos resultados da medição. (PI §§240-2; *ver* OC §156)

Essa passagem pode ser considerada coerente se o "acordo ... de forma de vida" não se esgotar em um acordo sobre definições/juízos (isto é, opiniões), mas incluir também "um consenso de ação", de aplicação da mesma técnica (LFM 183-4). A idéia de que a linguagem requer um consenso quanto aos juízos e também quanto às definições *redun-*

*daria* na abolição da lógica, se coubesse ao consenso comunitário estabelecer se uma determinada medição é ou não correta. É por isso que Wittgenstein insiste na idéia de que o que determina se uma aplicação das regras é correta (se uma medição é exata) são as próprias regras, que constituem nossos padrões de correção; uma "medição correta" não se define como sendo "aquilo em torno do que as pessoas concordam". Tais regras não especificam nem os resultados de medições particulares — (b) — nem a ocorrência de um consenso geral em sua aplicação — (c) (RFM 322-5, 359-66, 379-89, 406-14; Z §§319, 428-31; *ver* REGRA, SEGUIR UMA; VERDADE). Entretanto, sem um tal consenso, as regras "perderiam o sentido" (PI §142; RFM 200); uma técnica que não resultasse nesse consenso não seria chamada de "medição" (segundo Wittgenstein, portanto, nesse caso excepcional, as próprias regras *incluem* uma referência ao consenso).

A exigência de um consenso na aplicação é menos rigorosa, por exemplo, no caso de termos designadores de emoções (LW II 23-4; PI II 224-8), sendo mínima para termos de natureza essencialmente controversos, como "corrupto". Além disso, o acordo comunitário não é a única condição básica ou prévia para a prática de certos jogos de linguagem. Assim, nossos conceitos relativos a medidas funcionam somente em um mundo que contenha objetos rígidos relativamente estáveis; entretanto, as regras do sistema métrico, por exemplo, não especificam essa condição. Aquilo que Wittgenstein denomina "fatos da natureza" desempenha o mesmo papel (embora o faça por vezes admitindo o consenso). Tais fatos classificam-se em três grupos:

Regularidades gerais relativas ao mundo que nos cerca. Os objetos não desaparecem ou passam a existir, crescem ou diminuem etc. de um modo súbito ou caótico (PI §142).

Fatos biológicos e antropológicos que nos dizem respeito. Nossas capacidades perceptuais nos permitem discernir tais e tais cores (Z §§345, 368; PLP 250-4); nossa memória nos permite efetuar cálculos de um determinado grau de complexidade (MS 118 131); os padrões de reação que temos em comum tornam possível o ensino (AWL 102; LFM 182) — a DEFINIÇÃO OSTENSIVA, por exemplo, pressupõe que os seres humanos olhem para a direção que o dedo aponta, e não para o próprio dedo (como fazem os gatos).

Fatos histórico-sociais que dizem respeito a determinados grupos ou períodos. Nossas maneiras de falar expressam necessidades e interesses práticos (RFM 41, 80-1) moldados pela história.

Em face desses fatos, certas formas de representação serão "práticas" e outras não (AWL 70). Sendo o mundo como é, aqueles que, com finalidades semelhantes às nossas, empregassem modos alternativos de calcular e medir, teriam que efetuar cansativos ajustes. Da mesma forma, mudanças drásticas em tais fatos poderiam tornar nossas regras inadequadas nesse sentido pragmático. Elas poderiam não apenas perder a praticidade, como também tornarem-se mesmo inaplicáveis (PI§569; RFM 51-2, 200). Se os objetos desaparecessem ou surgissem no mundo a toda hora, de forma imprevisível, o jogo de linguagem de contar perderia o "sentido" ou se tornaria "inutilizável". O mesmo ocorreria com os nossos conceitos de cores, se os objetos mudassem de cor aleatoriamente.

Não se inclui entre as regras do tênis o preceito de que esse esporte deve ser praticado sob a força da gravidade da Terra. Mas o tênis seria um jogo descabido na Lua (todos os saques seriam *ace*) e não poderia ser jogado em Júpiter. Embora as condições de base não determinem quais são as regras do jogo de linguagem, determinam parcialmente que jogos de linguagem são praticados. Impõem, portanto, limites quanto à possibilidade de adotar diferentes regras gramaticais (*ver* AUTONOMIA DA LINGUAGEM). "Sim, mas e a natureza nada tem a dizer aqui? Claro que sim — apenas faz-se ouvir de uma outra maneira. 'Sem dúvida você irá defrontar-se com a existência e a não existência em um lugar ou outro!' Mas isso refere-se a *fatos*, não conceitos" (Z §364). O modo como falamos faz parte das práticas humanas, estando sujeito, portanto, aos mesmos tipos de fatores que determinam o comportamento humano em geral. Contudo, esses fatos da natureza não proporcionam uma justificativa naturalista para nossa gramática. Uma mudança nas condições de base não tornaria nossas regras incorretas (falsas em relação aos fatos), mas apenas descabidas ou obsoletas (PG 109-10; Z §§366-7; RPP II §§347-53).

Wittgenstein sequer admitiria que, na presença de determinadas condições de base, somos causalmente forçados a adotar jogos de linguagem específicos (Z §351). A estabilidade relativa do mundo material é uma condição para a medição, mas não nos força a adotar o sistema métrico (isso é uma prerrogativa da Comissão da Comunidade Européia). Da mesma forma, a posse de uma capacidade comum para a discriminação de cores, bem como a relativa constância das cores das coisas, são condições de base para qualquer gramática de cores, sendo, entretanto, compatíveis com uma grande variedade de gramáticas de cores diferentes que existem entre as línguas humanas. Vemos aqui emergir um conflito com a idéia de que as regras corretas, ou talvez simplesmente inevitáveis, são aquelas que nos parecem naturais. Wittgenstein reconhece que certas regras nos parecem "naturais" (AWL 67; LFM e.g. 183, 243), mas acrescenta que essa naturalidade é relativa a pessoas e a circunstâncias; não é algo fixo do ponto de vista biológico, sendo antes amoldável, por exemplo, por um processo de formação educacional (Z §387, PI §§595-6).

As condições de base impõem restrições causais: explicam em parte por que não seguimos um determinado caminho, sem, contudo, explicar por que seguimos um outro. Pode-se pensar, no entanto, que admiti-las é algo que polui as descrições filosóficas da gramática com EXPLICAÇÕES causais. O próprio Wittgenstein alega ter tecido "considerações sobre a história natural dos seres humanos" (PI §415); em outra ocasião, entretanto, ele repudia tais ambições:

> Nosso interesse, sem dúvida, inclui a correspondência entre conceitos e fatos muito gerais da natureza. (Tais fatos quase nunca nos chamam a atenção por sua generalidade.) Mas nosso interesse não se volta para essas possíveis causas da formação de conceitos. Não estamos fazendo ciência natural; nem sequer história natural — pois podemos também inventar uma história natural fictícia para nossos propósitos. (PI II 230; *ver* RPP I §48)

Esta última observação não logra, entretanto, expurgar a filosofia das hipóteses causais, uma vez que estas podem associar condições contextuais fictícias a formações de conceitos fictícias. Mais promissoras são as tentativas de Wittgenstein no sentido de distinguir sua versão particular de história natural da ciência natural. Algumas vezes ele não esclarece o modo como essa história natural se diferencia de observações gramaticais diretas, como quando sugere, por exemplo, que ela inclui certas proposições como "Gafanhotos não sabem ler ou escrever", mas não outras como "Os seres humanos pensam; os gafanhotos não" (RPP II §§14-25). Da mesma forma, a idéia de que pessoas com capacidades discriminatórias diferentes não poderiam possuir nossos conceitos de COR é, para Wittgenstein, um ponto de natureza conceitual. Em outras passagens, entretanto, sua história natural refere-se claramente a fatos "empíricos", isto é, contingentes; por exemplo, o fato de que os seres humanos modificam seus conceitos conforme a experiência (Z §352). Distinguindo-se de lembretes gramaticais, não servem para nos recordar das regras lingüísticas que seguimos; chamam nossa atenção, em vez disso, para fatos acerca de nós mesmos. Tais fatos empíricos não são, entretanto, enigmáticos; não constituem um tópico para hipóteses científicas. A história natural da medição não é um ramo da física aplicada que se ocupa da melhor maneira de medir algo sob certas condições. Em vez disso, ela reúne fatos empíricos de modo a tornar inteligível ou pouco surpreendente o único ponto que interessa à filosofia: o de que, se certas condições de base contingentes mudassem, veríamos como plausíveis ou úteis procedimentos alternativos, e como impraticáveis ou descabidos os nossos próprios procedimentos (RPP I §§950-1109; LW I §§207-9; *ver* VISÃO SINÓPTICA). A física poderia nos informar que uma mudança em certas leis da natureza levaria os objetos a crescer ou diminuir constante e caoticamente. Mas não é preciso recorrer à física para estimar que, nessas circunstâncias, não faria sentido medir tamanhos. Os fatos relevantes passam despercebidos justamente por serem tão familiares e gerais — o efeito é o de "ver as árvores mas não o bosque" (PI §129, II 230; RPP I §§46, 78).

Esse tema reaparece em *Sobre a certeza.* Wittgenstein discute ali os truísmos empíricos do senso comum, que Moore alegava saber com CERTEZA. Trata-os como proposições fulcrais ou proposições relativas à nossa imagem de mundo: embora sejam empíricas, isto é, embora enunciem fatos contingentes, não poderiam simplesmente vir a ser falsas, uma vez que isso eliminaria o pano de fundo sobre o qual distinguimos o verdadeiro e o falso. Em *Sobre a certeza*, Wittgenstein ocasionalmente refere-se a essas proposições como uma "armação" ou "quadro de referência" do pensamento, e assim como faz nas *Investigações filosóficas,* afirma que "a possibilidade de um jogo de linguagem é condicionada por certos fatos" (OC §§211, 617). Entretanto, os pontos a que Wittgenstein quer chamar atenção com as noções de fatos da natureza e de proposições fulcrais diferem em princípio: se os fatos da natureza fossem outros, nossos jogos de linguagem mudariam; se não pudéssemos ter certeza das proposições fulcrais, nossa rede de crenças cairia por terra. As duas categorias se sobrepõem: se certos "eventos inauditos" (OC §513) ocorressem; por exemplo, se os objetos crescessem ou diminuíssem constantemente e sem qualquer razão aparente, não apenas teríamos abalado o nosso sistema de crenças, mas também, como vimos, jogos de linguagem específicos tornar-se-iam descabidos ou impraticáveis. No entanto, a incerteza quanto a algumas proposições fulcrais (quanto à natureza esférica da Terra, por exemplo) afetaria menos jogos de linguagem específicos do que formas de representação no interior de um discurso científico especializado.

Wittgenstein alega que as proposições fulcrais, assim como os fatos da natureza, passam despercebidos porque constituem o pano de fundo para nossos jogos de linguagem. São "retiradas de circulação" e "desviadas para um ramal em desuso", "ficando à margem da trilha percorrida pela investigação" (OC §§88, 210). Alguns comentadores concluíram que as proposições fulcrais são fenômenos espectrais, uma vez que são abstratas, inefáveis e transcendentes às nossas práticas lingüísticas, entrando em desacordo com a idéia de que o significado é o uso. A razão para se falar em proposições fulcrais é justamente, entretanto, o fato de que elas desempenham um papel especial em nossas práticas lingüísticas (OC §§94-8, 152, 248). Além disso, em *Sobre a certeza,* sustenta-se apenas a idéia de que as proposições fulcrais não são, no mais das vezes, enunciadas; não que não possam ser enunciadas. O que Wittgenstein quer salientar é que, "se chegam a ser formuladas", elas estão isentas de dúvidas (OC §88). Já houve também quem sustentasse que Wittgenstein revive, em *Sobre a certeza*, a distinção DIZER/MOSTRAR do *Tractatus*, e que as proposições fulcrais só podem mostrar-se na prática. Entretanto, uma passagem invocada nesse contexto simplesmente levanta a possibilidade, e a outra acaba por afirmar que "não é assim que se passam as coisas" (OC §§501, 618). Eis o que é correto. Wittgenstein explorou a sugestão de que afirmar, como Moore, que *conhecemos* proposições fulcrais é algo que gera confusão, por incitar dúvidas céticas, entrando, por isso mesmo, em desacordo com o fato, manifesto no modo como agimos, de que as tratamos como certas (por exemplo, OC §§7, 466). Isso não quer dizer, contudo, que atentar para tais proposições gere confusão ou engendre ceticismo, contanto que não se cometa o erro de confundi-las com afirmações empíricas ordinárias. Como a estrutura do "mundo da vida" de Husserl, os fatos da natureza e as proposições fulcrais não são inefáveis, mas especiais: seu papel é por demais básico para ser percebido com facilidade.

# R

**realismo** *ver* PROPOSIÇÃO ELEMENTAR; VERDADE.

**regra, seguir uma** As regras desempenham um papel crucial na filosofia de Wittgenstein, por conta de duas firmes convicções: em primeiro lugar, a linguagem é uma atividade guiada por regras; e, em segundo, o caráter apriorístico da lógica, da matemática e da filosofia provém dessas regras. No *Tractatus*, as regras lingüísticas constituem a SINTAXE LÓGICA, um complexo sistema de cálculo, contendo normas inexoráveis ocultas por sob a superfície da linguagem natural. Em meados da década de trinta, Wittgenstein já se afastara dessa idéia do CÁLCULO COMO MODELO para a linguagem. Rejeitara, em particular, a idéia de regras que, sendo ignoradas por nós, guiam o comportamento lingüístico e determinam aquilo que faz sentido dizer. O papel estratégico de sua celebrada discussão acerca da atividade de seguir uma regra é esclarecer o modo como as regras guiam o nosso comportamento e determinam o significado das palavras. Conectando-se com os temas do significado lingüístico, da compreensão e da necessidade lógica, esse tópico é central para sua filosofia da linguagem, para sua psicologia filosófica e para sua filosofia da matemática (perpassa todo o texto de *Remarks on the Foundations of Mathematics*).

Wittgenstein não tentou fornecer uma definição analítica para "regra", uma vez que considerava o termo como um conceito determinado por SEMELHANÇA DE FAMÍLIA, melhor explicado com base em exemplos. Muitos pontos podem, contudo, ser levantados a partir de suas observações (WVC 153-4; AWL 153-5; BT 241; PG 117-18; BB 90-8; RFM 321; SDE 24; PLP 82, 137-44).

(a) Regras são padrões de correção; não descrevem, por exemplo, como as pessoas falam, mas definem o que é falar com sentido ou corretamente.

(b) Há uma diferença entre uma regra e sua expressão, uma formulação de regra, da mesma forma que um número se distingue de um numeral (a mesma regra pode, por exemplo, ser expressa em diferentes línguas). A diferença não se dá, contudo, entre uma entidade abstrata e seu nome concreto, mas sim entre uma função normativa e a forma lingüística utilizada para realizar essa função. Podemos esclarecer a noção de regra investigando o papel das formulações de regras.

(c) Distinguindo-se de comandos e ordens, as regras são inerentemente gerais, no sentido de que governam uma multiplicidade amiúde ilimitada de ocorrências.

(d) Características como (a) ou (c) não se prendem a combinações específicas de palavras — uma proposição GRAMATICAL que expresse uma regra lingüística não precisa constituir um enunciado metalingüístico acerca do emprego das palavras, ou conter expressões de generalidade. Dependem, em vez disso, de a expressão ter ou não uma função normativa em uma determinada ocasião.

(e) "Seguir uma regra" é uma expressão verbal indicativa de uma realização: há uma diferença entre crer que se está seguindo uma regra e estar de fato seguindo-a.

(f) O ponto crucial para a mudança na concepção que Wittgenstein tinha das regras lingüísticas é que há uma diferença entre seguir uma regra e simplesmente agir de acordo com uma regra. Embora a atividade de seguir uma regra pressuponha regularidade de comportamento, isso não basta para distinguir tal atividade de regularidades naturais, como a do movimento dos planetas ou das ações humanas que por acaso estejam, de modo não intencional, em conformidade com uma regra. Se um agente segue uma regra ao realizar o ato de Φ, a regra deve ser parte de sua razão para realizar esse ato, e não somente uma CAUSA. É preciso que ele pretenda seguir a regra. Entretanto, essa intencionalidade é apenas virtual. Não é que ele precise pensar na formulação da regra, ou consultá-la, enquanto realiza o ato de Φ; basta que lhe seja possível apresentá-la, para justificar ou explicar esse ato. Isso exclui a idéia de regras que sejam completamente ignoradas pelo agente (como as regras invocadas no modelo do cálculo). Distingue-se assim, além disso, a atividade de seguir uma regra da "inspiração". Nos casos de inspiração, o agente é guiado passivamente, sem ser capaz de explicar por que age como age, ou de ensinar aos outros a técnica para seguir tal orientação (PI §§207-8, 222, 232; BB 12-14; RFM 414-22).

Assim explicada, a noção de seguir uma regra levanta dois problemas interligados. Um diz respeito à nossa COMPREENSÃO de regras; o outro, ao caráter normativo das regras. Nas *Investigações filosóficas*, §§143-84, Wittgenstein ataca a idéia de que a compreensão é um estado ou processo mental do qual decorre a aplicação que fazemos das palavras. Nos §§185-242, ele se volta para a questão de como uma regra determina o que pode ser considerado como uma aplicação correta ou uma aplicação incorreta. Fazemos uma distinção entre regras que de fato determinam uma resposta a cada passo (por exemplo, "$y = 2x$"), e aquelas que não o fazem (por exemplo, "$y \neq 2x$") (PI §189; RFM 35-6). Mesmo no primeiro caso, contudo, confrontamo-nos com um problema. Ensino a um aluno a série aritmética "+2". Quando, entretanto, ele chega a 1.000, passa a dizer "1.004, 1.008". A questão que se coloca aqui é a seguinte: com base em que podemos dizer que ele compreendeu a regra equivocadamente? Uma regra como "+2" cobre um número ilimitado de passos. O aprendiz só dispõe, no entanto, de uma formulação de regra e alguns passos exemplificativos. Como pode a formulação da regra, que não passa de um signo, determinar de antemão um número ilimitado de passos? Wittgenstein considera quatro respostas diferentes para esses problemas.

*Mecanismo* A compreensão de uma regra constitui uma disposição, e os enunciados acerca de disposições são, em última instância, enunciados acerca de um mecanismo (AWL 83-4, 91) — no caso, um mecanismo mental ou neurofisiológico que produz as ações certas nas circunstâncias apropriadas. Nessa visão, a regra deixa de constituir uma razão para agir, para ser uma causa da ação, o que contraria a idéia da natureza normativa das regras. A relação entre um mecanismo e suas conseqüências causais é apenas externa, estando à mercê de fatos contingentes. Dizer que "1.002" é o próximo passo correto não equivale a dizer que é, por exemplo, o passo que um computador dará, ou o passo que estou predisposto a dar. Com efeito, é com base na regra que julgamos se o computador quebrou ou se estou inclinado a dar a resposta correta (ver PI §§149, 220; RFM 332). Da mesma forma, o fato de que eu tinha em mente que o aprendiz escrevesse 1.002 não é algo que equivalha a uma proposição contrafactual do tipo "Se você tivesse me perguntado que número ele deveria escrever ..."; distinguindo-se daquilo que eu tinha em mente, o contrafactual é uma hipótese empírica.

*Platonismo* A regra, ao contrário de sua expressão lingüística, é uma entidade abstrata que, de alguma forma, já contém toda a série dos números pares. Isso substitui o problema por um mistério. Pois não fica claro como a mente apreende tais entidades. Para dar conta da natureza normativa das regras, o platonismo invoca uma "conexão extraordinariamente forte", que não é apenas causal. A regra é uma "máquina lógica", um "mecanismo etéreo" inquebrável, que gera de forma prolífica uma totalidade infinita de aplicações, independentemente de nós; são trilhos sobre os quais somos inexoravelmente conduzidos. Isso configura, contudo, um ilegítimo "entrecruzamento de imagens diferentes". Tanto no mecanismo quanto no platonismo, mistura-se "ser factualmente determinado" com "ser determinado por uma estipulação". Ao alegar que "1.002" é o próximo passo correto, não estamos *prevendo* que pessoas ou máquinas virão a obter esse resultado, mas simplesmente estipulando que não terão seguido a regra se não o fizerem (PI §§191-7, 218; RFM 83; LC 14-15; AWL 83-4; Z §375; MS129 176; TS219 33).

*Mentalismo* O erro do aprendiz está em ele não intuir o que eu quis dizer com minha instrução. De certa forma, isso é correto (PI §190). Eu não pensei de antemão, entretanto, nesse passo específico, e não poderia ter pensado de antemão no número infinito de passos que constituem a série (PI §186). Mesmo se a regra fosse um estado mental ou uma entidade abstrata, isso não explicaria o que é seguir uma regra, uma vez que não se dissolve a questão de como a regra deve ser aplicada, de qual o MÉTODO DE PROJETÁ-LA na realidade ou de traduzi-la em uma ação. A idéia da auto-aplicação que já "contém" todos os passos a serem tomados não passa de um mito (PI §§195-7; BB 142; AWL 89-90, 131-5).

*Hermenêutica* O que eu quis dizer com a instrução é algo expresso pelo modo como a interpreto. Isso sugere que, embora a formulação da regra não determine por si só o próximo passo correto, sua interpretação o faz. Contra isso, Wittgenstein invoca um argumento por regresso, que remonta a Kant (A133-4). Uma "interpretação" é "a substituição de uma expressão da regra por uma outra" (PI §201), e, portanto, não nos aproxima mais da aplicação correta. Poder-se-ia pensar que essa definição de interpretação é por demais estreita (podemos interpretar sem substituir realmente uma expressão por outra).

Isso não seria suficiente, contudo, para impugnar o argumento por regresso. Se cabe a uma interpretação fornecer o conteúdo simbólico que falta a uma mera formulação de regra, ela deve ser "algo que é dado em signos", "um novo símbolo acrescentado ao antigo" (*ver* LWL 24; PG 47; BB 4-5, 33-5, 124; Z §§229-35; PI §§84-7, 198). A atividade de seguir uma regra não pode ser explicada invocando-se regras sobre como aplicar regras.

Para alguns comentadores, o fato de que Wittgenstein rejeita tais explicações sugere a adoção de uma atitude cética em relação a regras. Não existe tal coisa como seguir ou violar uma regra objetivamente, uma vez que qualquer ação está, segundo alguma interpretação, de acordo com a regra. Nem mesmo eu posso saber o que quis dizer com a instrução "Some 2". Seguir-se-ia daí que o significado lingüístico não existe. Uma vez, entretanto, que esse niilismo semântico se auto-refuta de forma óbvia, reintroduz-se uma diferença entre o procedimento correto e o incorreto, por meio de uma "solução cética" humiana: o que torna incorreto o procedimento do aprendiz é o fato ser rejeitado pela comunidade lingüística. Infelizmente, isso não constitui uma solução, cética ou de qualquer outra espécie. Se não posso saber o que *quero dizer* com "Some 2", o aprendiz não tem qualquer chance de saber se, ao dizer "Continue!" ou "Olhe o que você fez!" (PI §185), a comunidade quer, com isso, aceitar ou rejeitar seus passos.

Wittgenstein esforçou-se por seguir seu curso entre o Cila do ceticismo em relação a regras e o Caribde de pseudo-explicações, do tipo das quatro acima mencionadas. Há, em suas reflexões acerca das noções de SEMELHANÇA DE FAMÍLIA e PROVA MATEMÁTICA, indícios ocasionais de ceticismo. Além disso, em algumas passagens, Wittgenstein demonstra-se atormentado pelo "abismo" existente entre uma regra e sua aplicação, considerando a possibilidade de que uma nova decisão seja necessária a cada passo (PI §§186, 198; MS180a 68-75; MS129 117, 182). Afirmou também, entretanto, que o "paradoxo" cético, segundo o qual "nenhum curso de ação poderia ser determinado por uma regra", de vez que há sempre a possibilidade de outra interpretação, baseia-se em um "mal-entendido"; não mostra que a regra deixa indeterminadas as suas aplicações, mas sim que "há uma compreensão da regra que *não* é uma *interpretação*, mas que se manifesta naquilo que denominamos 'obedecer à regra' e 'ir contra ela' em casos concretos" (PI §201). Algumas passagens sugerem que o abismo entre uma regra e sua aplicação é transposto por nossas práticas (TS211 112). Isso é correto, na medida em que a atividade de seguir uma regra é essencialmente uma prática (PI §202; RFM 335, 344-6). Contudo, pensar que "existe um abismo entre uma regra e sua aplicação" constitui, desde logo, uma "câimbra mental" (AWL 90; LSD 24). A relação entre uma regra e sua aplicação correta, assim como outras relações INTENCIONAIS, é uma RELAÇÃO INTERNA. Compreender a regra *é* saber como aplicá-la, saber o que pode ser considerado como agir em conformidade com ela ou transgredi-la (RFM 331-2).

Qualquer seqüência finita de números (por exemplo, 1, 4, 9, 16, 25) é compatível com um número infinito de séries matemáticas. Pelo mesmo motivo, qualquer série finita de comportamentos é compatível com "qualquer número" de regras (BB 13). Segue-se daí que a extrapolação de uma regra a partir de sua extensão, isto é, do comportamento descrito sem referência à regra, não é suficientemente determinada (essa idéia apresenta uma relação de convergência com a tese de Quine sobre a indeterminabilidade da tradução).

Não se segue daí, entretanto, que a regra não determine suficientemente a sua aplicação, como sustentam os que adotam uma atitude cética em relação a regras. As relações internas são *de dicto*; dependem de como descrevemos as coisas: a descrição fonética da formulação da regra "Some 2" e do proferimento "1.000, 1.002, 1,004" não determina se o proferimento é uma aplicação da regra formulada, assim como não é possível determinar a idade do capitão de um navio com base nas dimensões da embarcação (TS211 494). A regra fornece, contudo, um padrão para descrevermos ações como "obedientes" ou "transgressoras". Entre a regra e sua aplicação há uma diferença categorial (da mesma forma que uma capacidade se distingue de seu desempenho), mas nenhum abismo a ser transposto: se "1.002" não fosse o próximo passo correto, essa série não seria o que *chamamos* de "série dos números pares".

Isso parece reintroduzir a solução cética. Entretanto, ao contrário do que se preconiza no ceticismo, não é, justamente, "o acordo entre seres humanos" que determina o que pode ser considerado uma aplicação correta de uma palavra ou regra; é a referência à própria regra. O acordo comunitário quanto aos juízos é uma condição de base (*ver* QUADRO DE REFERÊNCIA): a não ser que concordássemos quanto ao modo de aplicação de uma regra, não poderíamos tomar parte em tal prática (RFM 406; Z §§319, 428-31; PI §§219, 241; RPP II §414). Entretanto, "aplicar a regra corretamente" não significa "fazer o que a maior parte das pessoas faz" (as regras podem ser mal aplicadas por todo um grupo de pessoas, como foi o caso dos primeiros cálculos newtonianos relativos à órbita lunar). A regra é nosso padrão de correção. Mas uma coisa só pode constituir esse tipo de padrão se for utilizada como tal. Uma regra não existe a não ser que haja a prática de dizer que certas coisas são "obedecê-la" e certas coisas são "transgredi-la". As relações internas são produzidas por nossas atividades normativas — ensinamos e explicamos regras, e criticamos, justificamos ou caracterizamos ações, tomando-as como base (PI §§197-202; PG 213-14; RFM 344-5; LFM 83).

Distinguindo-se da conexão entre a proposição de que *p* e o fato de que *p*, a conexão entre uma fórmula aritmética e sua aplicação não é diretamente visível. Então como pode o aprendiz saber o que queremos dizer? Por meio de nossas explicações e instruções! Se "Some 2" significasse "Some 2 até 1.000 e passe a somar 4 de 1.000 a 2.000 etc.", o comando não seria corretamente explicado por "0, 2, 4, 6, e assim por diante". Dadas as nossas técnicas aritméticas, há ainda um ônus relativo à especificação de que o padrão se altera depois de 1.000. Entretanto, "quem determina o que 'mudar' e 'permanecer o mesmo' significam aqui?" (RFM 79-81). Em que pesem as aparências, tais passagens não expressam uma atitude cética com relação a regras, mas salientam duas outras idéias. Em primeiro lugar, embora a regra não nos deixe às cegas, não somos logicamente forçados a seguir uma regra em vez de outra. A regra não arrasta o aprendiz por um determinado caminho. Se ele for adiante dizendo "1.004", simplesmente não estará jogando o nosso jogo. O que estará fazendo não é o que nós denominamos "Somar 2", mas não há uma coerção *lógica* que nos obrigue a usar os signos "Somar 2" dessa maneira (AWL 88-9; RFM 35-8, 328-9, 414; LFM 108, 183-7). Em segundo lugar, as noções de IDENTIDADE ("fazer o mesmo") ou de "acordo" não nos fornecem uma razão independente para repreender o aprendiz transgressor (PI §§214-16, 223-7; BB 140; Z §305; RFM 348-9, 392-3, 405). Os conceitos de "seguir uma regra" e de "fazer o mesmo" são interligados.

Constitui uma proposição gramatical que fazer a mesma coisa que antes seja correto se o que se fez anteriormente for correto. Entretanto, o que conta como "fazer o mesmo" é algo que só pode ser determinado com base em uma regra particular. Nosso aprendiz transgressor *está* fazendo a mesma coisa que antes com relação à regra "Some 2 até 1.000, passe a somar 4 até 2.000, 6 até 3.000, etc."

Podemos interpretar qualquer formulação de regra de diferentes maneiras, e temos de interpretá-la de alguma forma se ela é ambígua ou pouco clara. Isso não significa, no entanto, que a interpretação se estenda para sempre, mas apenas que aquilo que, para nós, é a interpretação final não necessariamente o é. "A interpretação chega a um fim" (RFM 341-2; PG 147; BB 34; PI §201). Posso justificar o fato de escrever "1.002, 1.004, ..." referindo-me às instruções que recebi (contando, por exemplo, "1.001, 1.002 — é isto que é somar 2 a 1.000"). Se me perguntarem por que as entendi assim, só poderei dizer que "é simplesmente isso o que eu faço", porque já terei esgotado as justificações, já terei alcançado "a rocha dura". A pura factualidade de nossas práticas não deixa lugar, entretanto, para o ceticismo. Agir "sem justificação", depois que todas as justificações tiverem sido dadas, não é propriamente agir "de forma errada" (PI §§211, 217, 289, 381; RFM 199, 406; Z §§300-2). Se um cético duvida que a formulação da regra "Some 2", assim como a utilizamos, exige que "1.002" seja o passo de número 501, não pode estar falando desses elementos relacionados, que são definidos por esse fato. Sua dúvida não pode sequer referir-se à proposição gramatical a que pretende referir-se.

Wittgenstein descreve a atividade de seguir uma regra como uma prática social, referindo-se a "costumes", "hábitos" e "instituições" (PI §199). A questão é saber se ele defendia uma visão comunitarista, segundo a qual seguir uma regra só é possível dentro de uma comunidade social. Isso é sugerido pela afirmação de que "não é possível seguir uma regra 'privadamente'" (PI §202). As aspas de advertência podem indicar, entretanto, que o que se tem em mente não são regras não compartilhadas, mas sim regras não compartilháveis, no sentido que adquirem no argumento da LINGUAGEM PRIVADA (PI §256), em que a passagem originalmente ocorreu. Nas *Investigações*, §199, nega-se a possibilidade de haver "uma única ocasião" (*nur einmal*) em que "uma única pessoa" (*nur ein Mensch*) tenha seguido uma regra. Já se retorquiu, contudo, que isso se deve ao fato de que, nas *Investigações*, discutem-se regras que são comunitárias, insistindo-se simultaneamente na idéia de que o que é essencial para seguir-se uma regra é apenas uma multiplicidade de ocasiões, não uma multiplicidade de falantes (PI §204-5; RFM 334-6, 346; Z §568). Ambas as partes dessa objeção seriam artificiais se não fossem dois fatos: em primeiro lugar, não há razões plausíveis para se restringir a atividade de seguir uma regra a uma comunidade; em segundo lugar, no *Nachlass*, admite-se explicitamente a possibilidade de uma pessoa em situação de isolamento, como Robinson Crusoé, seguir e inventar regras. Adeptos da visão comunitarista contra-argumentam que isso só é possível porque Robinson Crusoé já havia sido membro de uma comunidade. Wittgenstein insiste, com razão, entretanto, na idéia de que estar seguindo uma regra depende daquilo que se é capaz de fazer, e não de como tal capacidade foi adquirida (MS124 213-21; MS165 103-4; MS166 4; PG 188; BB 12, 97; PI §495). Não obstante, Wittgenstein sugere também que a atividade de seguir uma regra é *tipicamente* social, e que *algumas* atividades guiadas por regras — incluindo-se não apenas as que são comunitárias por natureza, como comprar e vender, mas também, por exemplo, fazer matemática — supõem o contexto de um "modo de vida" social e histórico (RFM 335-50; PI §§200-5, 337). Mesmo paciência é um jogo que só pode ser jogado se a instituição do jogo existe.

**relação pictórica** *ver* MÉTODO DE PROJEÇÃO.

**relações internas** São relações que não poderiam deixar de ocorrer, por serem dadas juntamente com os termos (objetos ou elementos relacionados), ou por serem (em parte) constitutivas desses termos, como é o caso de o branco ser mais claro que o preto. Uma propriedade interna é, da mesma forma, uma propriedade que uma coisa não poderia deixar de possuir, pelo fato de ser essencial para que seja a coisa que é (TLP 4.122-4.1252; NM 116-17). As propriedades internas ou essenciais de um OBJETO constituem sua FORMA LÓGICA, determinam suas possibilidades combinatórias com outros objetos (TLP 2.01231, 2.0141). Wittgenstein foi buscar o termo em Russell (*Principles* 221-6, 447-9; *Essays* 139-46; *External* cap. II; *Logic* 333-9). Acompanhando Moore, Russell insistira, contra Bradley, na existência de relações externas, não essenciais. Wittgenstein não tomou parte nesse debate, declarando, entretanto, que a "inquietante questão" quanto à possibilidade de todas as relações serem internas se "resolve" quando nos damos conta de que uma relação interna entre duas situações é expressa por uma relação interna entre as proposições que as representam (TLP 4.125 e seg.). As relações internas não são, de modo algum, relações genuínas, já que não podem ser expressas com sentido por uma proposição. São relações *estruturais*, isto é, relações entre proposições, ou entre proposições e os estados de coisas que representam (TLP 4.014). Tais relações se mostram caso essas proposições sejam analisadas de forma adequada. Assim, a relação interna entre os números 1 e 2 se mostra no fato de que o segundo sucede o primeiro em uma série formal. Da mesma forma, as relações internas de INFERÊNCIA LÓGICA entre proposições, como, por exemplo, entre uma proposição acerca de um complexo e proposições acerca de seus componentes, devem-se à composição vero-funcional dos elementos relacionados, e se mostram se estes são adequadamente analisados (TLP 3.24, 5.131, 5.2 e seg.). Isso revela também que *existem* relações externas, já que nem todas as proposições relacionam-se de modo vero-funcional. Com efeito, é *necessário* que haja relações externas, a saber, as relações entre diferentes PROPOSIÇÕES ELEMENTARES (estados de coisas atômicos), de vez que elas são logicamente independentes.

Embora Wittgenstein tenha, mais tarde, abandonado a idéia de que todas as relações lógicas têm uma natureza vero-funcional, continuou a referir-se a elas como sendo "internas" (PG 152-3; RFM 363-4; PI II 212). Sua constante preocupação foi insistir na idéia de que as proposições empíricas e as necessárias são "categorialmente" distintas (M 86-7; LWL 9, 56-7; CE 443). A ciência atribui propriedades e relações que podem ser verificadas ou falseadas empiricamente. As relações causais, em particular, só podem ser demonstradas empiricamente, pela observação e pela indução (PI §169). Tais propriedades e relações são contingentes, e os enunciados correspondentes, tais como "$g = 9.81$ m/seg$^2$", "A Tom Tower mede 25m" e "A radiatividade causa câncer", são passíveis de correção. Mesmo que tais relações sejam *fisicamente* necessárias, as proposições correspondentes poderiam, em princípio, ser refutadas por novos experimentos ou observações. Em contraposição, a lógica, a matemática e a filosofia ocupam-se de proposições que são *logicamente* necessárias, e, portanto, a priori. No caso destas últimas, a refutação não é apenas extremamente improvável, mas inconcebível, como nos casos de "$p \supset p$", "2 + 2 = 4" e "Branco é mais claro que preto" (AWL 18, cp. TLP 5.1362, 6.1231 e seg., 6.3 e segs.). A explicação é que essas relações são internas: duas cores que não mantenham a relação mencionada simplesmente não serão branco e preto (RFM 75-6). É impossível, portanto, concluir que tais argumentos não mantêm a relação indicada. Wittgenstein criticou duramente o empirismo, em especial a abordagem de Russell ao tema da intencionalidade, por assimilar as relações internas às externas. As relações internas não são casos-limite das externas. As proposições necessárias não constituem generalizações indutivas bem confirmadas, como sugeriram Mill, e, ocasionalmente, Russell (PR 64; LWL 79-80; "Limits"). Se assim não fosse, a negação de uma proposição necessária poderia ser verdadeira, com a conseqüência absurda de que, em algum planeta distante, excepcionalmente, o branco poderia ser mais escuro do que o preto.

Wittgenstein veio a privilegiar os termos "relações gramaticais" ou "conexões gramaticais" em detrimento de "relações internas" (M 87). As relações GRAMATICAIS não são relações que determinamos pelo exame dos elementos relacionados, considerando-se que não poderíamos identificar esses elementos independentemente das relações. Os elementos relacionados não se encontram de fato conectados por uma relação de "encaixe", como no caso de um pistão e um cilindro, mas "pertencem" um ao outro (PI §§136, 437-9, 537). Como tudo o que é metafísico, as relações internas devem ser encontradas na gramática. São criaturas de nossas práticas, visto que se realizam pelo modo como identificamos as coisas, como, por exemplo, pelo fato de que *denominamos* 144, e nada mais, o quadrado de 12 (Z §55; PG 160-1; LFM 73-85; RFM 88; *ver* PROVA MATEMÁTICA). Wittgenstein faz duas observações interligadas acerca das relações gramaticais. Uma é que não podem ser lastreadas ou explicadas pela postulação de conexões intermediárias entre os elementos relacionados. A idéia aqui dirige-se, por exemplo, contra o apelo feito no *Tractatus* a um "sentido" que funcionaria como mediador entre uma proposição e o fato que a verifica ou falseia; contra Russell e sua idéia de que sentimentos de satisfação servem como intermediários entre um desejo e aquilo que o satisfaz (*ver* INTENCIONALIDADE); e contra a noção de uma interpretação que atuaria como intermediária entre uma regra e sua aplicação (*ver* REGRA, SEGUIR UMA). Tais postulações conduzem a um dilema: ou o próprio elo de ligação relaciona-se internamente a ambos os elementos relacionados, caso em que engendra um regresso ao infinito, ou está apenas externamente relacionado, caso em que reduz a relação interna a uma relação externa. Não preciso acrescentar uma interpretação para compreender uma ordem: a menos que a interpretação ocasionada pela ordem seja a correta, funcionará como um obstáculo e não como um auxílio à compreensão; se for, entretanto, a interpretação *correta*, a ordem já estaria determinada sem ela (LWL 30-6, 56-9; PG 47; WVC 154-7). Em segundo lugar, não existe tal coisa como justificar uma relação interna ou dela duvidar. Uma vez que a relação é (em parte) constitutiva dos elementos relacionados, não podemos, sem prejuízo da coerência, negar que ela ocorra, sem que com isso estejamos deixando de falar dos elementos relacionados. Em conseqüência disso, um cético não poderia negar, com sentido, que a relação ocorre. Poderia, no máximo, rejeitar a prática que trata os dois elementos como estando relacionados internamente.

**relativismo** *ver* AUTONOMIA DA LINGUAGEM; FORMA DE VIDA.

**religião** Wittgenstein era um homem pio em busca de uma religião. O jovem Wittgenstein parece ter menosprezado a religião. Uma mudança profunda se operou a partir de suas experiências durante a Primeira Guerra Mundial. Tentou não se "perder", resignando-se à vontade de Deus, e declarando ser o cristianismo "o único caminho seguro para a felicidade" (GT 16./25.8./12.11./8.12.14). Não se trata, entretanto, de um teísmo convencional. Wittgenstein reconhece que Nietzsche resistiria a tal resignação por maior que fosse o sofrimento daí decorrente. Além disso, seu Deus não é um Deus pessoal, identificando-se, antes, por um lado, com o sentido da vida, que é também o sentido do mundo, e, por outro, com o destino, o "mundo que é independente de nossa vontade", que é idêntico ao "modo como as coisas estão". Há duas "divindades: o mundo e o meu eu independente" (NB 11.6./8.7./1.8.16). Um modo de conciliar essas diferentes especificações é o seguinte: apreender o sentido da vida consiste em uma das divindades — o eu metafísico — aceitar a outra divindade — como as coisas estão, com uma equanimidade espinosista, por dar-se conta de que o modo como as coisas estão não influencia o sentido da vida. Assim sendo, a solução para "o problema da vida" é o seu desaparecimento (TLP 6.52 e seg.). "Deus não se revela *no* mundo" (TLP 6.432), isto é, em *como* o mundo é, mas sim em *que* seja. A religião faz parte da esfera MÍSTICA do valor, sendo, por isso, inefável. Distinguindo-se dos fatos contingentes, a religião não pode ser expressa em proposições dotadas de significado; pode apenas ser mostrada. Distinguindo-se da lógica da linguagem, mas à semelhança da ética, ela se mostra não em proposições dotadas de significado, mas antes em ações e atitudes que tomamos (*ver* DIZER/MOSTRAR).

A religião não ocupa um papel importante na fase final da obra de Wittgenstein. Entretanto, em observações ocasionais, preleções e conversações, ele sugere uma imagem que acabou por ter grande repercussão, tendo dado origem ao que se convencionou chamar fideísmo wittgensteiniano (CV *passim*; LC 53-72; LE 9-10; RW 76-171). Tendo abandonado a idéia de que as proposições religiosas são inefáveis, passou a fazer, em lugar disso, sugestões acerca de sua GRAMÁTICA, do papel que termos como "Deus", "pecado" ou "Juízo Final" ocupam em uma forma de vida (M 103-4; LC 71-2; CV 50, 82; PI §373; AWL 32). Suas reflexões merecem o rótulo de fideísmo, já que sustentam que a fé religiosa não é nem racional nem irracional, mas sim pré-racional (LC 58-9), e que tampouco ela é sancionada por uma doutrina, constituindo antes a expressão de "um compromisso passional com um sistema de referência" ou de uma certa atitude para com a vida (CV 64-85).

Por outro lado, distinguindo-se de fideístas como Pascal ou Kierkegaard, Wittgenstein não é um apologista do cristianismo. "Não sou um homem religioso, mas não posso deixar de ver todos os problemas de um ponto de vista religioso" (RW 79, ver 93; CV 32-3, 45, 56; LC 63, 70). Não procura endossar um quadro de referência religioso em particular, declarando repetidas vezes não adotar qualquer quadro geral do gênero. O que ele oferece, em lugar disso, é uma teologia para os ateus, uma compreensão da religião de um ponto de vista externo (como um fenômeno antropológico), em que não cabe acusá-la de ser incorreta, equivocada ou absurda. Essa teologia envolve os seguintes pontos.

*A natureza não descritiva e não cognitiva da religião* Os enunciados religiosos não descrevem realidade de espécie alguma, empírica ou transcendente, e não erguem pretensões de conhecimento (LC 59-63). Alguém que creia no Juízo Final não utilizará expressões como "Tal coisa acontecerá" para fazer uma previsão, mas sim para expressar um compromisso com uma determinada "forma de vida", em que, por exemplo, veja-se constantemente admoestado pela aprovação ou desaprovação de Deus. Na verdade, se estivesse fazendo uma previsão, ela não contaria como uma crença religiosa (LC 56-8; CV 87). Alguém que acredita na vida eterna não se prende à noção cartesiana de substância anímica, mas somente a uma certa imagem, muito embora Wittgenstein, por vezes, admita não possuir "uma idéia clara" do que seja essa imagem (LC 70-1; PI II 178; RPP I §586). A crença em milagres é uma propensão a impressionar-se com certas coincidências. Alguém que diz "é a vontade de Deus" pode estar dizendo algo semelhante a "Não reclame!" (CV 61).

*A existência de Deus* Pela mesma razão, termos religiosos como "Deus" não se referem a entidades, e declarar que Deus existe não é produzir um enunciado acerca de uma determinada entidade (LC 63; CV 50, 82); é expressar um compromisso com um certo quadro de referência ou com uma forma de vida, um compromisso que é ocasionado não pela argumentação, mas antes por uma certa formação pessoal ou por certas experiências.

*Caráter desnecessário da prova* Wittgenstein acreditava que as tentativas de provar a existência de Deus ou a imortalidade da alma baseiam-se em compreensões equivocadas da crença religiosa, e dos papéis dos enunciados relativos a Deus ou à vida eterna, na forma de vida dos que crêem em uma religião (RW 107-8; CV 82-5; GB 119). E isso é válido não apenas para provas baseadas em argumentos a priori, mas também para provas baseadas na revelação divina ou na inspiração. Dizer que algo me foi "revelado" por Deus não é especificar uma fonte de conhecimento, mas enunciar uma decisão (OC §§361-2). Da mesma forma, a crença cristã não se apóia na verdade histórica dos evangelhos; nossa atitude em relação a tais narrativas é diferente daquela que temos para com uma explicação histórica (CV 32).

*Religião como uma forma de discurso* sui generis Embora caracterize a reza como um jogo de linguagem (PI§23), Wittgenstein jamais declara que a religião constitui uma forma de vida diferenciada. A idéia de que constitui um sistema gramatical *sui generis* encontra-se implícita, entretanto, na idéia da natureza não descritiva e não cognitiva da religião. Como qualquer outro sistema do gênero, o discurso religioso é AUTÔNOMO; não corresponde nem deixa de corresponder a uma "essência da realidade". O discurso científico não demonstra que o discurso religioso é epistemicamente infundado, nem tampouco que é destituído de significado; apenas expressa uma atitude diferente com relação ao mundo e à vida (CV 5; MS134 143-6). Assim como Kant, Wittgenstein procura salvaguardar a religião das intromissões da ciência e da metafísica. Distinguindo-se de Kant, ele sugere que ela é também independente da ÉTICA.

*Fé* versus *superstição* Wittgenstein estabelecia uma distinção entre a fé religiosa, por um lado, e a superstição, por outro. Ao longo de seu percurso filosófico, descreveu a superstição como a falsa crença em mecanismos causais sobrenaturais, "uma espécie de falsa ciência" (TLP 5.1361; OL 31; CV 72; GB 111-31). Entretanto, utiliza também o termo "superstição" para referir-se a qualquer tentativa de justificar crenças religiosas com base em algum tipo de evidência. Condena tanto "Russell quanto os clérigos" por terem tentado avaliar as credenciais racionais da religião, e contrasta a sabedoria cinzenta da filosofia com a cor da vida e da religião (LC 57-9; RW 102; CV 22, 62, 86). Assim como a metafísica é filosofia mal orientada, a superstição é religião mal orientada, em ambos os casos porque proposições não factuais são compreendidas como enunciados de fatos supra-empíricos. As crenças e rituais religiosos genuínos são expressivos e não instrumentais (*ver* ANTROPOLOGIA). O que lhes confere o significado que têm não são crenças empíricas ou metafísicas, mas sim o papel que desempenham na prática de quem crê (CV 85).

Embora esses pontos contenham importantes discernimentos acerca dos mecanismos da linguagem religiosa, é duvidoso que as conclusões de Wittgenstein sejam justificadas. É difícil evitar a impressão de que se está fazendo uso de dois pesos e duas medidas, quando ouvimos, por exemplo, que, enquanto "1 = 1" é uma proposição "perfeitamente inútil" (*ver* IDENTIDADE), a proposição "1 pessoa + 1 pessoa + 1 pessoa = à pessoa de 1 Deus" faz todo o sentido na boca de um cristão que acredite na Santíssima Trindade. A isso Wittgenstein responderia que, ao contrário dos dizeres metafísicos, as proposições religiosas possuem um uso genuíno. Contudo, até mesmo os dizeres da metafísica revisionária são utilizados sob uma forma discursiva. Wittgenstein responderia, então, que, ao contrário das proposições religiosas, esses dizeres não se inserem em uma forma de vida, isto é, não fazem a menor diferença para nossas atividades extralingüísticas. Algumas concepções filosóficas (como o marxismo, por exemplo) exerceram, contudo, uma profunda influência nas práticas dos que a elas aderiram. Além disso, não fica claro como se pode conferir sentido a uma doutrina como a da Santíssima Trindade apenas pelo fato de ser proferida no contexto de práticas religiosas. Finalmente, é problemático dizer que é a prática religiosa, em um rito, por exemplo, o que confere conteúdo às doutrinas religiosas, uma vez que as próprias doutrinas deveriam lastrear a prática. Embora uma crença na existência de Deus possa diferir de uma crença na existência de, digamos, quarks, não pode resumir-se simplesmente ao compromisso que se estabelece com a vida religiosa, uma vez que a crença tipicamente constituirá parte da razão para o estabelecimento desse compromisso.

Há, para esse ataque, duas respostas. Em primeiro lugar, o fato de que religiosos justifiquem suas crenças com base em evidências ou na experiência religiosa não mostra que as primeiras se apóiam nas segundas, da mesma forma que o fato de as pessoas falarem do pensar como um estado cerebral não confirma o materialismo. O que importa não é a prosa filosófica dos que crêem, mas sua prática, e "as práticas religiosas de um povo" não são abandonadas quando se demonstra a inadequação das evidências em que se apóia (LC 60-2; GB 121). No entanto, embora seja raro um povo, como um todo, abandonar suas crenças religiosas, indivíduos dados à reflexão certamente o fazem, se chegam à conclusão de que suas justificativas eram inadequadas. Wittgenstein sustenta a idéia de que tais indivíduos encontram-se confusos, o que já não ocorre com aqueles que persistem em mencionar aquilo que ele (sem argumentação) considera como justificativas fracas. Defende, além disso, a idéia de que os filósofos racionalistas da religião (como santo Tomás de Aquino, Kant e Kenny) são supersticiosos. A seguinte linha de raciocínio é responsável por essas desagradáveis conclusões: se as crenças religiosas se baseassem em evidências ou em doutrinas metafísicas, seriam "estúpidas"; as crenças religiosas não são estúpidas; portanto, não podem basear-se em evidências ou em doutrinas metafísicas (GB 119, 125). Entretanto, as crenças religiosas, assim como as doutrinas filosóficas, podem não ser simplesmente estúpidas (podem refletir arraigadas aspirações humanas e basear-se em reflexões profundas), sem deixar de envolver, ao mesmo tempo, crenças irracionais ou incoerentes.

A segunda resposta é que, enquanto as crenças causais explicam e justificam certas práticas instrumentais, as doutrinas religiosas não explicam ou justificam as práticas rituais, já que as explicações só fazem sentido dentro do contexto de tais práticas (*ver* GB 121-3, 129) — por exemplo, a doutrina da sucessão apostólica pertence à liturgia católica, em vez de explicá-la. Embora, entretanto, para alguém que não tome parte no modo de vida religioso, a doutrina possa não fornecer uma razão para participar da liturgia, constitui, não obstante, a justificativa daquele que crê, configurando, além disso, uma explicação para a liturgia: podemos compreender por que uma crença na sucessão apostólica fornece uma razão para participar da liturgia, mesmo se a doutrina nos parece incoerente e a prática irracional.

# S

**semelhança de família** (*Familienähnlichkeit*) O termo é utilizado por Nietzsche (*Para além do bem e do mal* §20). Outra fonte possível é a discussão promovida por Nicod acerca de tipos diversos de semelhanças (*Geometry in the Sensible World* 55 e segs.). Wittgenstein o utiliza pela primeira vez no "Big Typescript" §58, quando censura Spengler por classificar épocas culturais em famílias (*Gattungen*), de forma dogmática, em lugar de reconhecer que tais épocas podem ser classificadas de várias maneiras, segundo diferentes pontos de semelhança familiar. Nessa acepção, a noção encontra lugar no âmbito da resistência geral que Wittgenstein opõe ao dogmatismo (BT 259-60; EPB 158), e se liga à idéia de que uma VISÃO SINÓPTICA constrói elos de ligação entre os fenômenos que descreve. O termo ocorre também, brevemente, na discussão sobre a percepção de ASPECTOS: reconhecer uma semelhança de família entre diferentes rostos constitui a revelação de uma aspecto (PI II 193, 210; RPP II §§551-6; LW I §692).

A noção é crucial para o ataque de Wittgenstein ao essencialismo, a visão de que é necessário haver algo comum a todas as instâncias de um conceito que explique por que elas caem sob esse conceito (PG 74-5), e de que a única EXPLICAÇÃO adequada ou legítima para uma palavra é uma definição analítica que estabeleça condições necessárias e suficientes para sua aplicação, o que implica que, por exemplo, as explicações com base em exemplos são inadequadas. Wittgenstein condena essa "atitude de desprezo para com o caso particular", indicando que se baseia em um "desejo de generalidade" mal orientado (BB 17-18). O *Tractatus* sucumbira a esse desejo, ao tentar delinear a essência da representação simbólica, e, em particular, em sua doutrina da FORMA PROPOSICIONAL GERAL, segundo a qual todas as proposições afiguram estados de coisas possíveis, tendo a forma "As coisas estão assim". Em contraposição, os §§1-64 das *Investigações filosóficas* elucidam os conceitos de linguagem e de proposição, com o auxílio de uma série de jogos de linguagem. O interlocutor de Wittgenstein protesta que, embora Wittgenstein tenha falado muito sobre jogos de linguagem, não chegou a enunciar o que é um jogo de linguagem, deixando, dessa forma, de explicar a essência da linguagem (PI §65). Wittgenstein confessa-se culpado, mas rejeita a exigência subjacente, com base no fato de que não há essência da linguagem, mas somente diferentes fenômenos relacionados de maneiras diversas.

A noção de jogo é utilizada primeiramente para ilustrar essa idéia, por conta da comparação que se fizera antes entre linguagem e jogo (PI §§66-7). Quando "*olhamos e vemos*" se todos os jogos possuem algo em comum, notamos que se unem, não por um único traço definidor comum, mas por uma complexa rede de semelhanças que se sobrepõem e se entrecruzam, do mesmo modo que os diferentes membros de uma família se parecem uns com os outros sob diferentes aspectos (compleição, feições, cor dos olhos etc.). O que sustenta o conceito, conferindo-lhe sua unidade, não é um "fio único" que percorre todos os casos, mas, por assim dizer, uma sobreposição de diferentes fibras, como em uma corda (BB 87; PG 75). Isso pode ser ilustrado da seguinte forma:

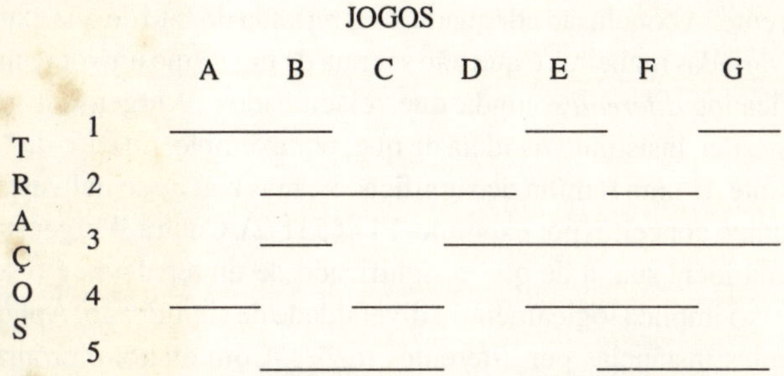


Wittgenstein não defende a idéia de que os jogos nada tenham em comum — refere-se a eles como "procedimentos", e é evidente que todos são atividades. Isso não chega, entretanto, a constituir uma definição, uma vez que há muitas atividades que não são jogos. A idéia aqui é que não há um conjunto de condições que todos os jogos e somente eles satisfaçam, e, portanto, não há uma definição analítica para "jogo", dada em termos de condições necessárias e suficientes. Wittgenstein apresenta essa descoberta como o "resultado" de um exame (PI §§66; TS302 14). Os únicos argumentos que ofereceu em seu favor foram, entretanto, contra-exemplos para algumas definições plausíveis. Fica, portanto, em uma posição vulnerável à crítica de que, com persistência, a palavra "jogo" poderia ser definida analiticamente, como sendo, por exemplo, uma atividade guiada por regras, com objetivos fixos que têm pouca ou nenhuma importância para os participantes fora do contexto do jogo. Poder-se-ia alegar que uma definição assim não só torna mais preciso o nosso conceito, por meio de uma estipulação, uma possibilidade que Wittgenstein admite (PI §69), mas também capta o modo como utilizamos a palavra "jogo" (capta também o uso da palavra alemã *Spiel*, mas não *spielen* [brincar], que engloba atividades sem regras ou objetivos fixos, como, por exemplo, jogar uma bola para o alto).

Essas restrições quanto à idéia de que jogos não possuem características definidoras comuns não atingem a afirmação mais modesta de que *não precisam* possuir em comum qualquer coisa do gênero (BB 25, 86-7; BT 16-20, 86-7; PG 74-6; PLP 180-90). Isso basta para resistir à posição essencialista de que deve necessariamente haver uma definição analítica. Mesmo se tal definição pudesse ser fornecida, não seria constitutiva do significado da palavra "jogo", uma vez que esta pode ser, e tem sido, explicada com base em exemplos, e não com base em uma tal característica comum. Essa posição mais cautelosa também enfrenta objeções. Uma é que nosso conceito de jogo *é* explicado com base em uma propriedade comum; o que ocorre é apenas que tal propriedade é a *disjunção* de todas as semelhanças que vinculam os membros da família dos jogos. Essa objeção não passa, no entanto, de um mero "jogo de palavras" (PI §67). Distinguindo-se da sugerida definição analítica, não nos fornece um padrão para o uso correto de "jogo" que não seja o das semelhanças sobrepostas enfatizadas por Wittgenstein. Além disso, não distingue o caso de "jogo" — em que as próprias semelhanças encontram-se reconhecidamente relacionadas, podendo, portanto, ser aplicadas a uma classe aberta de casos novos — do caso de conceitos disjuntivos artificialmente construídos (ser, por exemplo, ou um membro do parlamento ou um sapo).

A objeção mais séria é que a noção de um conceito determinado por semelhança de família é incoerente. A conclusão adequada a ser retirada do fato de que explicamos "jogo" de diferentes e variadas maneiras é que não se trata de um termo unívoco, mas de um termo que tem significados *diferentes*, ainda que relacionados. Wittgenstein rejeitou, ao que parece, essa sugestão, insistindo na idéia de que, por exemplo, no caso de "compreensão", não estamos diante de uma família de significados, mas sim de semelhanças de família no interior de um único conceito (por exemplo, PI §§531-2). Contra Wittgenstein, poder-se-ia invocar aqui uma idéia sua, a de que o significado de uma palavra é o seu uso, e que a diversidade de USO implica logicamente a diversidade de significado. Aplicamos a palavra "jogo" a diferentes instâncias por diferentes razões. Com efeito, o próprio Wittgenstein sugere que um termo é ambíguo se e somente se, em um único contexto, pode servir tanto a um enunciado falso quanto a um enunciado verdadeiro (BB 58). Não obstante, com base na explicação que acabamos de dar, dizer, por exemplo, que os Jogos Olímpicos são jogos pode ser verdadeiro ou falso, dependendo das razões consideradas. Wittgenstein responde a tais objeções, observando que não é preciso haver qualquer justificação para a inclusão de algo sob um conceito: "pode-se realizar uma transição de qualquer coisa para qualquer coisa" (PG 75-6). Entretanto, embora seja correto que nenhuma formação conceitual específica nos seja impingida, a verdade é que estabelecemos uma diferença entre termos ambíguos e termos unívocos, e também entre uma nova aplicação empírica para um termo e a extensão de um conceito; e o fazemos precisamente verificando se a nova aplicação está ou não autorizada pela explicação original.

Wittgenstein poderia aceitar isso, sem deixar de insistir na idéia de que o termo "jogo" difere de termos genuinamente ambíguos, como "manga" ou "banco", que carecem das semelhanças sobrepostas que nos permitem falar *do* conceito de jogo ou de número (PI §§67-71; PG 75). Pode-se insistir ainda que precisamos distinguir três casos — univocidade, família de significados, como no caso de "jogo", e ambigüidade —, já que reduzir o segundo caso ao primeiro é forçar demais a noção de univocidade. Wittgenstein poderia contra-argumentar, no entanto, que não se pode responder à questão sobre o que constitui identidade ou diferença de significado ou de conceitos, por meio de critérios tão rígidos e tão independentes de contexto como sugere a máxima "mesmo conceito, mesmas marcas" (PI §§547-70).

O próprio Wittgenstein sugere por vezes que os conceitos determinados por semelhança de família se desenvolvem em torno de um ou mais "centros de variação", casos paradigmáticos (como o futebol no caso de "jogo"), aos quais, por diferentes razões, relacionamos outros casos (EPB 190). Isso aproximaria sua concepção à idéia de Gasking de "grupamento conceitual", muito embora Wittgenstein rejeitasse a sugestão de que aplicamos "jogo" a instâncias não centrais, com base em cálculos complexos acerca de suas semelhanças hierarquicamente relacionadas aos casos centrais.

Mesmo que se possa fornecer uma definição analítica para "jogo", restarão ainda outros candidatos, como "arte" ou "romantismo", que parecem inacessíveis a tais tentativas. É esta, em parte, a razão pela qual a noção proposta por Wittgenstein teve um impacto tão grande em discussões sobre a questão "O que é arte?", no campo da ESTÉTICA. Considerações semelhantes se aplicariam a rótulos como "ciência", "política", "lei". Wittgenstein também considerou como expressivos de relações de semelhança de família termos que são ainda mais específicos do que "jogo", tais como "ler", "comparar" e até mesmo "cadeira" (PI §164; BB 86-7; PG 118).

Já se sugeriu que a noção de semelhança de família tem a tarefa de fornecer uma solução geral para o problema dos universais: contra o nominalismo, assinala que diferentes instâncias possuem mais em comum do que o simples fato de serem denominadas "*F*"; contra o realismo, afirma que o que compartilham é o simples fato de serem *F*, e não uma propriedade comum adicional. Essa proposta distorce, no entanto, a idéia de propriedade comum: ser *F* não é uma propriedade em virtude da qual algo pode ser considerado *F* (embora possa ser uma propriedade em virtude da qual algo possa ser considerado *G* etc.).

Seja como for, Wittgenstein não propôs a idéia de que *todos* os conceitos são conceitos determinados por semelhança de família. Sua abordagem sugere, em vez disso, que pelo menos algumas das ramificações de um conceito de semelhança de família vinculam-se por condições necessárias e suficientes. Esse é obviamente o caso do outro paradigma apresentado por Wittgenstein para conceitos determinados por semelhança de família, o conceito de NÚMERO. Os vários tipos de números — naturais, racionais, reais, complexos, etc. — não podem ser definidos por uma propriedade comum. Com efeito, seria mesmo um erro supor que os números naturais não passam de um subconjunto dos inteiros, uma vez que os inteiros racionais positivos sujeitam-se a regras diferentes — podemos subtrair 9 de 5, se estamos trabalhando com os inteiros, mas não se estamos trabalhando com os números naturais. Estamos lidando com uma árvore genealógica, que pode se estender de diferentes maneiras. Cada uma dessas extensões é, no entanto, definida com precisão (PG 70; PI §135; para uma idéia semelhante, *ver* Russell, *Introduction* 63-4). Da mesma forma, há definições analíticas para alguns termos científicos (PLP 93-4, 183) e legais.

Os conceitos determinados por semelhança de família não são os únicos que não se enquadram no modelo essencialista. Outros exemplos aqui são os conceitos de cores e conceitos como "alto" ou "fundo": o termo "azul" se refere a uma gama de tonalidades, não havendo, entretanto, um traço único que todas as tonalidades tenham em comum e em virtude do qual sejam azuis (BB 130-7; PI §§380-1). A principal preocupação de Wittgenstein recai, entretanto, sobre dois outros tipos de conceitos. Algumas passagens sugerem que os conceitos psicológicos, em especial o de COMPREENSÃO, são conceitos determinados por semelhança de família (por exemplo, BB 19-20, 32-3, 115-25, 144-52; PI §§236, 531-2; Z §26). Contudo, essa visão acaba por recuar a um segundo plano. Talvez Wittgenstein tenha se dado conta de que o que é unido por semelhanças sobrepostas aqui são as formas de comportamento com base nas quais atribuímos tais termos a outras pessoas, e que isso não implica que os termos em si sejam termos de semelhança de família.

O outro grupo é o dos conceitos formais ou categoriais do *Tractatus*, em particular "proposição" e "linguagem" (PI §§65-8, 108, 135, 179; BT 60-74; PG 112-27). Wittgenstein afirma que não há definição analítica que se ajuste a tais termos. Pois não se trata de termos técnicos, mas antes termos da linguagem ordinária, que, em seu uso ordinário, referem-se a um conjunto de fenômenos diferentes, porém relacionados. Qualquer definição analítica de tais termos seria estipulativa, e não eliminaria as dificuldades filosóficas que surgem a partir de nossos conceitos ordinários, de conceitos que não passaram por qualquer processo de assepsia (BB 25-8; PG 119-20).

Na visão de alguns leitores, o abandono da busca de definições analíticas ou de explicações capazes de subsumir os fenômenos sob certos princípios gerais entra em choque com a própria idéia de investigação racional. Como, entretanto, Aristóteles nos ensinou, não deveríamos tratar um tópico com uma sistematicidade maior do que aquela que ele acomoda. Na medida em que a máxima metodológica de Wittgenstein "Vou ensinar-lhe diferenças!" se baseia no mote de Butler "Tudo é o que é, e não outra coisa", ela é incontestável (RW 157; PR 196; LC 27). Entretanto, é tão dogmático negar a uniformidade onde ela existe quanto nela insistir onde está ausente.

**sentido** *ver* SIGNIFICADO.

**ser humano** "Somente de um ser humano e daquilo que lhe é semelhante (se comporta de modo semelhante) se pode dizer: possui sensações; vê; é cego; ouve; é surdo; está consciente ou inconsciente" (PI §281, ver §§282-7, 359-61). Wittgenstein não ignora que aplicamos alguns termos psicológicos a alguns objetos inanimados, como bonecas, mas defende a idéia de que se trata de um "uso secundário", considerando-se que isso envolve conferir a tais objetos as capacidades comportamentais de seres humanos, como em um conto de fadas. Podem-se detectar, na obra de Wittgenstein, duas razões interligadas para sustentar essa célebre afirmação. Uma é que há uma conexão conceitual e não meramente empírica entre termos psicológicos e certas formas de COMPORTAMENTO. Só faz sentido atribuir PENSAMENTOS a criaturas que são, em princípio, capazes de manifestá-los. *Mutatis mutandis*, os nomes designadores de sensações e os verbos perceptuais só podem ser aplicados a criaturas sencientes, que reagem ao ambiente que as cerca, e podem demonstrar prazer e dor, isto é, aos animais, ainda que estejamos aqui diante de uma questão de graus (PI §284). A segunda razão é que tais expressões só fazem sentido como parte do tecido complexo de uma forma de vida: "O conceito de dor se caracteriza por sua função particular em nossa vida... só podemos chamar de "dor" o que tem *esta* posição, *estas* conexões" (Z §§532-3). Em certo sentido, há uma tensão entre a ênfase nos CRITÉRIOS comportamentais e o contextualismo ligado à noção de FORMA DE VIDA. Pois esse contextualismo parece implicar que, em uma comunidade de pessoas que manifestam como nós, digamos, o comportamento de dor, mas não reagem a ele com compaixão, "dor" não teria o mesmo significado. Por outro lado, os dois pólos dessa tensão serão compatíveis se a razão para a necessidade do contexto de uma forma de vida for que, sem ele, certas formas de comportamento expressivo seriam ininteligíveis (ainda que isso não se aplique ao comportamento de dor).

Se, ao restringir os predicados experienciais às criaturas sencientes, Wittgenstein estiver correto, não faz sentido atribuir termos psicológicos a uma substância anímica incorpórea, como faz o cartesianismo; ou ao corpo humano ou a uma de suas partes, como fazem as teorias materialistas, em especial as que defendem a identidade mente-cérebro; ou ainda a uma máquina, em especial um computador, como fazem a ciência cognitiva e o funcionalismo. Embora a maioria dos filósofos contemporâneos aceitem o primeiro corolário, sustentariam que os outros dois foram alcançados pela ciência, que nos informou que a mente é o cérebro e que construiu computadores capazes de jogar xadrez ou realizar cálculos complexos. Essa questão está, contudo, longe de ser simples.

*Corpos* A máxima de Wittgenstein implica que um ser humano não pode ser identificado com um corpo, mas antes *possui* um corpo. Dizer "O corpo de Carter está com dor", em lugar de "Carter está com dor", configuraria uma alteração na gramática (PI §283; BB 73). Isso aponta na direção da idéia, proposta por Strawson, de que um ser humano ou uma pessoa não é nem uma alma cartesiana, nem um corpo, nem tampouco uma composição dos dois, mas antes um tipo distinto de coisa, à qual se aplicam tanto predicados físicos quanto mentais, e da qual se pode dizer que possui e não que é um corpo. A conclusão é sustentada pelo fato de que a substituição de nomes próprios por expressões que se referem ao corpo ("o corpo de Carter") só é possível, *salva significatione* e *salva veritate*, no caso dos predicados não psicológicos (como em "Carter está todo queimado de sol", mas não em "Carter pretende ir a Londres" ou "Mary ama Carter").

*Partes do corpo* Aplicamos expressões psicológicas de maneira metafórica ou metonímica a partes do corpo, como, por exemplo, em "Ela tem um coração generoso" ou "Minha mão está doendo". É de se notar, contudo, que, neste último caso, confortamos quem sofre e não a mão (PI §286; Z §§540-1). Da mesma forma, o enunciado "Meu cérebro está paralisado" significa "Não consigo pensar." É absurdo, entretanto, dizer da mente ou do cérebro de uma pessoa que está com dor de dente, que vê o pôr-do-sol, que pretende ir a Londres. É igualmente absurdo dizer, usando os termos em seu sentido usual, que o cérebro classifica ou compara, faz perguntas e as responde, construindo teorias. Nada do que, de forma intelegível, se possa dizer que um cérebro faz (por exemplo, emitir impulsos elétricos) poderia constituir o pensar etc. É comum ouvirmos psicólogos, neurofisiologistas e filósofos dizerem essas coisas sobre o cérebro, e este uso poderia ser visto como uma extensão legítima ou como um uso técnico de vocabulário psicológico — mas, nesse caso, haveria necessidade de explicações. Isso é feito por aqueles que aplicam termos epistêmicos ao cérebro apenas no sentido puramente técnico da teoria da comunicação. Freqüentemente, entretanto, essas aplicações exploram, de forma sub-reptícia, nossos usos não técnicos de termos epistêmicos, que estão vinculados ao comportamento humano; isso quando não se limitam a afirmar que os processos que, supostamente, autorizam tais aplicações correlacionam-se de forma empírica com experiências (assim, Wittgenstein sustentou que, ao localizarmos os pensamentos em partes do cérebro, estaremos utilizando a expressão "localização do pensamento" em um sentido diferente (BB 7)). Se isso estiver correto, a explicação das capacidades mentais dos seres humanos pela aplicação de termos mentais ao cérebro, quando não podem ter seu significado usual, constitui a falácia do homúnculo, equiparável à postulação de um pequeno homem dentro de nosso cérebro.

*Computadores* Dizemos que computadores calculam ou jogam xadrez. Wittgenstein sugeria, ao contrário, que dizer que uma máquina pensa é um erro categorial, não porque o pensar seja um processo oculto que ocorre em uma esfera mental (BB 47; PG 106), mas sim porque a manipulação de símbolos não é, por si só, suficiente para o pensamento ou para a compreensão (sob esse aspecto, seu raciocínio é paralelo ao do célebre argumento do quarto chinês de Searle). A manipulação de símbolos só pode ser considerada como cálculo ou inferência, se for uma atividade normativa e não meramente mecânica. É preciso que se possa distinguir entre uma previsão de que um determinado resultado será obtido e a avaliação de que um resultado é *correto*. Embora as máquinas possam agir de acordo com regras, contanto que estejam funcionando bem e que tenham sido devidamente programadas para tal, só os seres humanos (ou criaturas que "se assemelham" a eles — comportam-se como eles —, o que não é o caso das "máquinas" como as consideramos aqui) são capazes de seguir regras, e, portanto, de calcular etc. Pois somente os seres humanos são capazes de justificar ou corrigir o próprio modo de proceder com base na regra (*ver* REGRA, SEGUIR UMA).

Esse raciocínio subjaz à seguinte observação de Wittgenstein: "'Máquinas' de Turing. Essas máquinas são *humanos* que calculam" (RPP I §1096). Turing havia esboçado a noção de uma máquina capaz de computar funções numéricas, por analogia com o que fazem os seres humanos. O argumento de Wittgenstein é que aquilo que as máquinas de Turing fazem só pode ser considerado como cálculo genuíno se for realizado por seres humanos. Pois, ainda que talvez estivessem calculando de forma mecânica, isto é, sem consultar regras, esses seres humanos seriam capazes de calcular de uma forma não mecânica; poderiam invocar regras ou reconhecer erros (RFM 234, 257-8, 382, 422; LFM 36-9; RPP I §560).

Uma objeção natural seria que os computadores dotados de um certo grau de complexidade podem fazer o mesmo: se lhes indagam por que produziram um determinado resultado, são capazes de enumerar as regras relevantes, podendo, além disso, ser programados para cometer e corrigir erros. Ademais, o problema de as máquinas de Turing serem por demais mecânicas para o cálculo parece ser resolvido pelo chamado "teste de Turing", segundo o qual determinar se um computador pode pensar é algo que depende de determinar se as respostas que ele dá na tela são indistinguíveis das que um ser humano poderia digitar. Para passar no teste, as respostas teriam que ser imprevisíveis e expressivas. O teste de Turing está de acordo com o espírito de Wittgenstein (entrando em conflito com Searle), na medida em que decide se os computadores são capazes de pensar não com base em sua constituição interna (serem feitos de silicone e não de carboidratos), mas sim com base em suas capacidades, naquilo que são capazes de fazer. A máxima de Wittgenstein implica, entretanto, que o teste está errado em tratar a aparição de símbolos na tela como uma forma de comportamento que pudesse constituir uma manifestação de pensamento. Digitar símbolos só pode contar como "pensamento" e "cálculo" para uma criatura a quem possamos atribuir uma gama mais ampla de atributos psicológicos (RPP I §563). É plausível sustentar que nem experiências nem emoções podem ser atribuídas a uma máquina que se limite a reagir, de acordo com um programa, ao pressionar as teclas. Isso por si só não nos impede, contudo, de falar aqui em pensamento ou em cálculo. A motivação mais básica para a posição de Wittgenstein é que seguir uma regra supõe que façamos as coisas *por uma razão*, o que só é possível para uma criatura dotada de conação e vontade, isto é, que possa interessar-se pelas coisas e perseguir objetivos. Nada disso se aplica a um computador, mesmo que passe no teste de Turing. Entretanto, isso não excluiria a possibilidade de associar atributos psicológicos aos robôs andróides da ficção científica, capazes de se movimentar, reagir ao ambiente que os cerca, conversar e resolver problemas, sentir prazer e dor etc. Tais robôs não poderiam mais, contudo, ser considerados como máquinas.

**significado** (*Bedeutung*) Este conceito ocupa um lugar central na obra de Wittgenstein, por conta de sua firme convicção quanto à idéia de que os problemas filosóficos estão enraizados na linguagem. O segundo Wittgenstein invoca e elucida a noção usual de significado lingüístico (*ver* USO). A discussão que promove no período inicial de sua trajetória constitui uma reflexão metafísica acerca da natureza da representação simbólica, desenvolvida a partir de uma adaptação da dicotomia técnica entre "sentido" e "significado", proposta por Frege. Este não se ocupou de todos os aspectos do significado das expressões; não voltou sua atenção, por exemplo, para o seu "impacto expressivo", para as associações mentais que evocam, concentrando-se somente nos aspectos que têm influência sobre a validade dos argumentos em que ocorrem, em seu "conteúdo" lógico. Em sua forma amadurecida, o sistema que propôs estabeleceu uma distinção entre dois aspectos do conteúdo: o sentido (*Sinn*) e o significado (*Bedeutung*). Em uma linguagem ideal, toda sentença expressa um sentido, o pensamento (aquilo que constitui o conteúdo de um juízo), e se refere a um significado ou referente, um valor de verdade, o Verdadeiro ou o Falso. Expressa um pensamento apresentando um valor de verdade como o valor de uma função para um argumento. Cada elemento de significação em uma sentença expressa, por sua vez, um sentido e possui um referente. Os nomes próprios expressam um sentido e se referem a um objeto, as palavras-conceito expressam um sentido e se referem a um conceito. Essa distinção explica tanto como uma expressão pode ser não referencial sem ser por isso destituída de sentido, quanto a natureza não trivial de enunciados de IDENTIDADE, como "A estrela da manhã é a estrela da tarde": embora as duas expressões refiram-se ao mesmo objeto, seus sentidos ou "modos de apresentação" diferem ("Sense" 25-36; *Laws* I §2; *Correspondence* 63; *Notation* §§2-8).

Inicialmente, Wittgenstein aceitou a idéia de que as proposições possuem um significado (*Bedeutung*), embora rejeitasse outros aspectos da posição de Frege (NL 94-104; NM 112-13). Nem o sentido nem o significado de uma proposição é um objeto. O significado de "*p*" não é seu valor de verdade, mas o fato que a ele corresponde na realidade — o fato de que "*p*", se a proposição é verdadeira, e o fato de que "~*p*", se a proposição é falsa. As PROPOSIÇÕES se distinguem dos nomes. São BIPOLARES — podem ser verdadeiras e podem ser falsas — o que equivale justamente a dizer que possuem um sentido. Compreender um nome é saber a que ele se refere; para se compreender uma proposição não é necessário saber, contudo, se ela é verdadeira ou falsa, mas somente o que seria o caso em cada uma das alternativas.

Nos *Notebooks*, o contraste se torna mais nítido, à medida que se vai aos poucos abandonando a idéia de que as proposições possuem um significado (NB 20.9./2.10./26.10./2.11.14). Em decorrência disso, sustenta-se, no *Tractatus*, que os nomes possuem um significado mas nenhum sentido, enquanto as proposições possuem um sentido mas nenhum significado (TLP 3.142, 3.203, 3.3). (Os termos "significado" e "sentido" são, além disso, empregados no *Tractatus* de forma não técnica [em, por exemplo, TLP 5.02, 5.451, 6.521], um fato que já confundiu alguns comentadores). O sentido de uma proposição é "aquilo que representa", a saber, um "estado de coisas" ou "situação" possível, uma combinação de objetos que pode ou não se dar, conforme a proposição seja verdadeira ou falsa. A proposição *mostra* seu sentido, "como as coisas estão *se* for verdadeira. E *diz que* estão assim" (TLP 4.022, ver 2.201 e segs.; *ver também* DIZER/MOSTRAR). O sentido de uma proposição não é nem um objeto que a ela corresponde, um pensamento fregiano, nem o modo de apresentação de um valor de verdade, mas antes uma possibilidade, uma combinação potencial de objetos que não precisa necessariamente realizar-se.

O sentido antecede os fatos: para que se possa decidir se uma proposição é verdadeira, seu sentido deve estar determinado; para compreender seu sentido, não precisamos saber seu valor de verdade, mas somente "o que é o caso se ela for verdadeira" (TLP 4.024, 4.061-4.063; NB 24.10.14; *Laws* I §32). Essa idéia remonta a Frege, e está no centro da moderna semântica de condições de verdade. O sentido de uma função de verdade de "*p*" é uma função do sentido de "*p*". A negação, por exemplo, reverte o sentido da proposição. As proposições "*p*" e "*~p*" possuem "sentidos opostos", ainda que uma só realidade corresponda a elas: um só fato verifica uma delas e falseia a outra (TLP 4.0621, 5.122, 5.2341; NL 95, 105; NB 6.5.15). O sentido de uma proposição "molecular" é dado por suas "condições de verdade", isto é, determinando-se, para cada uma das possíveis combinações de valores de verdade entre seus elementos constituintes (proposições elementares), se recebe o valor verdadeiro ou falso em uma TABELA DE VERDADE: "*p.q*" recebe o valor verdadeiro se tanto "*p*" quanto "*q*" possuem o valor verdadeiro; falso, se ambos os elementos ou algum deles recebe o valor falso (TLP 4.431). Uma PROPOSIÇÃO ELEMENTAR não pode possuir condições de verdade nesse sentido. Pode, entretanto, ter "fundamentos de verdade"; compreendê-los é saber o que é o caso se a proposição é verdadeira (TLP 5.101-5.121). Saber o que é o caso se uma proposição molecular é verdadeira é saber que proposições elementares a tornam verdadeira; saber o que é o caso se uma proposição elementar é verdadeira é saber que combinação possível de objetos corresponde ao modo como seus elementos se encontram combinados. Há uma condição que deve ser satisfeita por uma proposição elementar para que seja verdadeira — que afigure os objetos refletindo o modo como realmente estão combinados.

O sentido de uma proposição elementar é determinado pelos significados de seus "constituintes" simples, os NOMES (TLP 3.318, 4.026 e seg.). Para se compreender uma proposição elementar, precisamos saber que OBJETOS os nomes que a constituem substituem. "O nome significa um objeto. O objeto é seu significado" (TLP 3.203, 3.22). Estamos aqui diante de uma versão clara e direta da VISÃO AGOSTINIANA DE LINGUAGEM, mais tarde rejeitada por Wittgenstein: o significado de um nome é o objeto que ele "representa" (*vertreten*); significar (*bedeuten*) é estabelecer uma relação de um-para-um entre nomes e objetos. A posição do *Tractatus* já foi defendida com base no fato de que se emprega ali uma noção técnica, e que o significado (*Bedeutung*) de um nome é seu papel semântico, a contribuição que dá ao sentido de uma proposição. Entretanto, esse uso técnico justamente *identifica* o significado de uma palavra com aquilo que ela substitui. E o nome contribui para o sentido de uma proposição "funcionando como representante" de um objeto. A própria "possibilidade de proposições" se baseia nessa relação: a menos que um nome tenha sido associado a um objeto, as proposições em que ocorre carecerão de sentido (TLP 4.0311 e segs., 5.473, 6.53). Não há nisso nada de anormal; trata-se antes de algo essencial para a TEORIA PICTÓRICA: se uma proposição pode ser falsa e ainda assim possuir sentido é porque, embora nenhum fato lhe corresponda como um todo, ela se compõe de elementos que se correlacionam com elementos da realidade.

É mais plausível defender o *Tractatus* alegando-se que ali, assim como nas *Investigações filosóficas*, o significado dos nomes é determinado por seu uso: que objetos eles substituem é algo que depende de sua sintaxe lógica, do modo como se comportam em proposições. Admite-se, com efeito, no *Tractatus*, uma certa versão da "navalha de Occam": os signos que não possuem um "emprego lógico-sintático", que não desempenham papel algum na representação da realidade, são destituídos de significado; dois signos com o mesmo emprego têm o mesmo significado (TLP 3.326 e segs.; NB 23.4.15). Além disso, é correto dizer que podemos aprender o significado de um nome a partir de seu uso em proposições. Entretanto, para que o signo proposicional possa ter um sentido, precisa ser projetado sobre a realidade pela mente. E embora Wittgenstein se refira ao MÉTODO DE PROJEÇÃO como a "aplicação do signo proposicional", isso, por sua vez, é identificado com uma atividade mental, a atividade de "pensar o seu sentido" (PT 3.13; TLP 3.11). O falante pensa um simples SIGNO proposicional, projetando-o sobre um estado de coisas possível. E, para fazê-lo, precisa correlacionar seus elementos com elementos do estado de coisas afigurado.

A discussão que encontramos no *Tractatus* sobre significado e sentido constituiu um importante passo no desenvolvimento da semântica. Encontram-se ali algumas intuições importantes: a negação da idéia de que as CONSTANTES LÓGICAS substituem algo e o contraste entre proposições e nomes. Além disso, a obra prefigura outras intuições igualmente importantes: a importância do uso lingüístico. O *Tractatus* permanece, contudo, apegado a equívocos: uma concepção referencial do significado e a idéia de que o sentido de uma proposição precisa ser DETERMINADO.

**signo/símbolo** No *Tractatus*, estabelece-se uma distinção entre signos (*Zeichen*), sons ou inscrições gráficas perceptíveis, e símbolos, signos que foram projetados sobre a realidade. Uma PROPOSIÇÃO é um "signo proposicional em sua relação projetiva com o mundo" (TLP 3.12); possui um sentido, porque foi correlacionada com uma situação. Da mesma forma, um nome é um signo que tem significado, pelo fato de ter sido correlacionado com um objeto. Há um nível em que é simples e clara essa distinção entre um mero signo (um som ou rabisco) e um signo dotado de significado, ou símbolo; ela se liga, no entanto, a uma série de questões complexas.

(a) Segundo a explicação que é dada inicialmente no *Tractatus*, um signo é "aquilo que é sensivelmente perceptível no símbolo"; um "símbolo" ou "expressão" é uma proposição ou parte de uma proposição que "caracteriza" ou é "essencial para" o sentido da proposição, podendo ser partilhado por diferentes proposições (TLP 3.31 e segs., 3.32). Dessa forma, se há algo que é dito por todo um conjunto de diferentes proposições, então há uma expressão que caracteriza essa classe de proposições — por exemplo, as proposições "*A* é vermelho", "*A* é verde" etc., todas dizem que *A* tem cor. Isso é algo que não pode ser expresso por uma proposição bipolar, já que envolve um conceito formal como "cor", mas somente pelo uso de uma variável proposicional cujos valores são todas as proposições que atribuem cor a *A* (*ver* DIZER/MOSTRAR).

(b) Há problemas em torno dos critérios de identidade para os símbolos. O ponto (a) sugere que todos os signos com a mesma função lógica, isto é, todos os nomes com o mesmo significado e todos os signos proposicionais com o mesmo sentido (por exemplo, "$p \vee q$" e "$\sim(\sim p.\sim q)$") expressam o mesmo símbolo. Eis por que, em uma notação ideal, que revele "o símbolo no signo" (TLP 3.325 e seg.), cada objeto só terá um nome e cada nome só nomeará um objeto (*ver* IDENTIDADE), e todas as proposições com as mesmas condições de verdade serão expressas pelo mesmo símbolo V/F (*ver* TABELAS DE VERDADE). Isso sugere que os signos são instâncias (inscrições gráficas ou proferimentos), ao passo que os símbolos constituem tipos, que são expressos por meio dessas instâncias. Essa sugestão entra em choque, entretanto, com dois outros pontos: (i) um símbolo *é* um signo em sua relação projetiva com a realidade; (ii) o *Tractatus* estabelece uma distinção entre os traços de *símbolos* que são "acidentais" ou "arbitrários" e aqueles que são "essenciais". Estes últimos constituem "aquilo que significa em um símbolo", isto é, o que têm em comum todos os símbolos que preenchem a mesma função lógica (e que, portanto, podem ser substituídos conforme as regras da sintaxe lógica) (TLP 3.34 e segs.). Por exemplo, o "nome real" é aquilo que é comum a todos os símbolos que significam o mesmo objeto (TLP 3.3411). Wittgenstein transformou deliberadamente a distinção entre traços acidentais e essenciais de signos em uma distinção que diz respeito a símbolos (PT 3.24 e segs.). Presumivelmente, teve como razão para isso o fato de que, embora todo símbolo seja um signo, um signo projetado sobre a realidade, um "mero signo" não inclui seu método de projeção, carecendo, portanto, de traços lógicos essenciais. Por conseguinte, é preciso estabelecer uma diferença entre meros signos, símbolos e símbolos reais. Assim, "$p \vee q$" e "$\sim(\sim p.\sim q)$" são dois símbolos diferentes, com diferentes métodos de projeção; o símbolo real é o que eles têm em comum na notação V/F, isto é, "(VVVF)($p,q$)".

(c) A idéia de símbolo liga-se à idéia de "modo de significação". No *Tractatus*, 3.321-3.323, afirma-se que um único signo pode ser "comum a" dois diferentes símbolos ou "pertencer-lhes", caso em que "significam de diferentes maneiras" (criando, com isso, confusões filosóficas). Já se sustentou que essa idéia de "modo de significação" (*Bezeichnungsweise*) corresponde à idéia fregiana de sentido, um modo de apresentação de um significado. A passagem 3.317 do *Tractatus* sugere que um significado (*Bedeutung*) é aquilo que é denotado por um símbolo: e a passagem 3.3411 sugere que diferentes símbolos podem significar um único objeto. Se partirmos do princípio de que tais símbolos diferem em seu modo de representar o objeto, parece seguir-se daí que, ao contrário de suas contrapartes russellianas, os NOMES tractarianos não se correlacionam diretamente com objetos, mas sim por intermédio de um sentido fregiano.

Contra isso, temos o fato de que a passagem 3.321 do *Tractatus* afirma apenas que qualquer diferença quanto ao modo de significação é sempre uma diferença referente ao símbolo, não que qualquer diferença que diga respeito ao símbolo seja sempre uma diferença no modo de significação. Seguindo a idéia de que os símbolos são signos projetados, temos que diferentes símbolos que se refiram ao mesmo objeto podem diferir, não quanto ao seu modo de significação, mas simplesmente pelo fato de serem signos diferentes. Mesmo, entretanto, se aceitamos, em lugar disso, a idéia de que os símbolos são tipos, é claro que não pode haver dois nomes que se refiram ao mesmo objeto por meio de diferentes modos de significação, simplesmente porque, em uma notação ideal, haverá apenas um nome para cada objeto, o que significa que os modos de significação não desempenham papel algum no funcionamento lógico de um nome. Além disso, que as palavras signifiquem de diferentes maneiras nada tem a ver com nomes referindo-se a um mesmo objeto de diferentes maneiras, mas sim com o fato de as palavras pertencerem a diferentes categorias lógicas, como a passagem 3.323 deixa claro: as diferentes formas de significar aplicam-se não a nomes próprios lógicos, como "*a*" e "*b*", mas sim ao "é" em sua acepção de elemento de cópula, signo de identidade e expressão de existência. Já se objetou que o princípio de caridade força-nos a interpretar, na passagem 3.3411, a admissão de que nomes co-referenciais possam ter sentidos diferentes (modos de significação), já que, do contrário, ela se resumiria à idéia trivial de que podemos usar signos diferentes para nos referir ao mesmo objeto. Na verdade, essa interpretação peca por uma absoluta falta de caridade, considerando-se que faz com que a discussão de Wittgenstein sobre os símbolos contradiga sua insistência explícita na idéia de que "Só a proposição tem sentido" (TLP 3.3) e na idéia de que os nomes se correlacionam *diretamente* com seus significados (TLP 3.221), sendo, portanto, imunes à falha referencial.

(d) Na notação do *Tractatus*, "*aRb*" é um símbolo (proposicional; afigura *a* na-relação-*R* com *b*), ao passo que "*x*-0" é um mero signo. Poderia ser transformado em um símbolo, se fosse estipulado um MÉTODO DE PROJEÇÃO para seus elementos, isto é, uma correlação com os elementos da realidade. Isso é algo que os seres humanos fazem — e somente os seres humanos, já que envolve um processo de pensamento: os ruídos produzidos por um papagaio jamais poderiam passar de meros signos (*ver* PENSAMENTO/PENSAR). Nesse sentido, os signos são convencionais, como mostra a existência de línguas e notações diferentes. Que signos usamos como símbolos é algo "arbitrário", da mesma forma que o são as diferenças nos signos que marcam uma diferença naquilo que é simbolizado (TLP 3.322). Entretanto, as regras do simbolismo não são arbitrárias. Uma vez que tenhamos estipulado que um certo signo deve funcionar como sucedâneo de um certo objeto, as regras combinatórias do primeiro serão determinadas pela FORMA LÓGICA do segundo. A possibilidade de adotar uma certa "notação", de projetar um sistema de signos de uma maneira coerente, "revela-nos algo acerca da essência do mundo" (TLP 3.342 e seg.). Expressarmos a negação pela presença ou pela ausência do sinal "~" é algo arbitrário, mas não é arbitrário que qualquer signo que expresse negação deva reverter o sentido daquilo a que se aplica. Não importa se utilizamos o operador $\mathcal{N}$ ou o conjunto padrão de CONSTANTES LÓGICAS, mas importa muito que estas sejam substituíveis por aquele operador. Não importa se chamamos um complexo de "Túlio" ou de "Cícero", mas ambos os signos devem necessariamente ser analisáveis da mesma maneira, com a obtenção de PROPOSIÇÕES ELEMENTARES que se componham de nomes próprios lógicos.

O segundo Wittgenstein não faz uso do intrincado contraste que, no *Tractatus*, se estabelece entre signos e símbolos. Continua a discutir a questão sobre o que confere

SIGNIFICADO aos signos, afastando-se, contudo, de sua obra anterior. No *Tractatus* admitia-se que, para "reconhecer o símbolo no signo", isto é, para reconhecer sua função lógica, é preciso atentar para seu "uso significativo" (TLP 3.326). Entretanto, o que concorre para o uso significativo é um processo mental de pensamento que acompanha o uso dos signos. O segundo Wittgenstein, ao contrário, rejeita a busca do "signo *real*" em nossas palavras (PI §105; OC §601). O que dá vida aos signos não é uma entidade ou processo a eles associado, mas seu USO.

**símbolo** *ver* SIGNO/SÍMBOLO.

**sintaxe lógica** A sintaxe lógica ou "gramática lógica" (TLP 3.325) é o sistema de regras para o uso de signos que, segundo o primeiro Wittgenstein, oculta-se sob a superfície da linguagem, precisando ser descoberto pela ANÁLISE LÓGICA. À lógica cabe tradicionalmente codificar padrões de inferência válida. Essa conexão com regras ganhou ímpeto adicional com o desenvolvimento de sistemas axiomáticos que estabelecem uma diferença entre axiomas, por um lado, e as regras de inferência que estipulam as fórmulas que podem ser inferidas de outras fórmulas, por outro. Além disso, a teoria dos tipos de Russell invocava regras lógicas para evitar os paradoxos da teoria dos conjuntos. Nessa teoria, introduz-se uma distinção entre sentenças que são verdadeiras ou falsas e sentenças que são destituídas de significado ou absurdas, ainda que sejam impecáveis no que diz respeito ao vocabulário e à sintaxe (da gramática normativa). Uma seqüência de signos como "A classe dos homens é um homem" não é falsa, mas absurda, uma vez que viola regras lógicas (da mesma forma, nas *Logical Investigations* de Husserl, a "gramática lógica" encerra regras que uma combinação de palavras deve respeitar para que possa sequer candidatar-se a ser verdadeira).

A idéia de que o significado ou sentido antecede o contraste entre a verdade e a falsidade está no cerne da concepção que Wittgenstein tinha de LÓGICA. As "regras da sintaxe lógica" são "regras notacionais" (*Zeichenregeln*) (TLP 3.3 e segs., 6.02, 6.124-6.126; NM 109; RUL 11.13). Determinam se uma combinação de signos faz sentido, classificando-se em quatro grupos:

- regras intraproposicionais, para combinar nomes simples no interior de proposições elementares (essas são, simplificadamente, as regras da teoria dos tipos);
- regras para as definições de nomes de complexos, que introduzem símbolos abreviativos;
- regras extraproposicionais, para a combinação de proposições elementares por meio de operadores vero-funcionais (estas ligam-se a TAUTOLOGIAS e à INFERÊNCIA LÓGICA);
- regras para operações reiteráveis que resultam em uma "série formal" (*Formenreihe*), tais como a série dos inteiros naturais.

A sintaxe lógica não pode ser refutada pela experiência, já que nada que a transgrida pode contar como uma proposição significativa. As chamadas proposições "necessárias" não constituem enunciados acerca de um tipo especial de objeto, mas refletem as regras para a representação de objetos em proposições bipolares. Eis por que os problemas filosóficos, que são a priori, devem ser resolvidos não com base na realidade, mas sim por referência a essas regras. As teorias filosóficas são normalmente absurdas, e não falsas, já que se baseiam em violações ou compreensões equivocadas da sintaxe lógica (TLP 4.002 e segs.).

A linguagem ordinária engendra tais confusões, porque "disfarça o pensamento" (TLP 4.002): sua superfície gramático-normativa esconde a estrutura lógica subjacente. Ela não é, contudo, logicamente imperfeita, como supunham Frege e Russell. Não há linguagens mais ou menos lógicas. Qualquer linguagem, qualquer sistema de signos capaz de representar a realidade, deve estar em conformidade com as regras da sintaxe lógica. As línguas naturais são capazes de expressar todo sentido. Por conseguinte, suas proposições encontram-se, assim como estão, "em perfeita ordem lógica"; "não são, de modo algum, do ponto de vista lógico, *menos corretas* ou menos exatas ou *mais confusas* do que proposições escritas no ... simbolismo de Russell ou em qualquer outra 'conceptografia' (*Begriffsschrift*). (Apenas apreender sua forma lógica é mais fácil para nós quando estão expressas no simbolismo apropriado.)" (OL 10.5.22; TLP 5.5563; NB 17./22.6.15). Com certeza, muitas sentenças da linguagem ordinária parecem vagas ou ambíguas. Tal vagueza é, entretanto, determinada, e esconde o fato de que elas contêm proposições gerais. Qualquer emprego específico de tais sentenças é analisável com a obtenção de uma disjunção de possibilidades, e, portanto, não viola o princípio da bivalência (TLP 3.24, 5.156; NB 7.9.14, 16.-22.6.15; *ver* DETERMINABILIDADE DO SENTIDO; GENERALIDADE). A linguagem ordinária permite, igualmente, a formulação de pseudoproposições absurdas, escondendo a forma lógica das proposições: os quantificadores assemelham-se a nomes próprios ("ninguém") ou a predicados ("existe"); as ambigüidades levam a confusões filosóficas ("é" funciona como elemento de cópula, signo de identidade e quantificador existencial); e conceitos formais como "objeto" se parecem com conceitos genuínos. Para nos resguardarmos de tal engano, não precisamos, entretanto, de uma "linguagem ideal", supostamente capaz de expressar coisas que a linguagem natural não pode expressar; precisamos, isso sim, é de uma "notação ideal" ou "linguagem de signos" (*Zeichensprache*). Tal notação é "governada pela gramática *lógica* — pela sintaxe lógica" (TLP 3.325); exibe a forma lógica oculta das proposições ordinárias.

> A idéia é expressar em um simbolismo apropriado aquilo que, na linguagem ordinária, nos leva a infinitos equívocos ... onde a linguagem ordinária disfarça a estrutura lógica, onde permite a formação de pseudoproposições, onde utiliza um termo com uma infinidade de diferentes significados, é preciso substituí-la por um simbolismo que nos dê uma visão clara da estrutura lógica, que exclua as pseudoproposições e que utilize seus termos de forma não ambígua. (RLF 163)

Como salientou Ramsey, Russell estava errado em sustentar que o *Tractatus* se ocupa de uma "linguagem logicamente perfeita" ("Introduction" vs. *Mathemathics*, apêndice.)

O *Tractatus* apresenta ainda outro ponto de discordância em relação à posição de Russell. A teoria dos tipos *enuncia* que certos tipos de símbolos não podem ser combinados de forma sensata por causa de seus significados, isto é, pelo fato de que são sucedâneos de certos tipos de entidades ("tipos lógicos"). Wittgenstein protesta, afirmando que asserções como "'A classe dos leões é um leão' é algo absurdo" são em si mesmas absurdas, já que se referem ao significado de uma proposição com o objetivo de excluí-la em virtude de ser destituída de significado. Não há, igualmente, proposições BIPOLARES acerca do tipo lógico de um símbolo, como, por exemplo, "'Verde' não é um nome próprio", já que isso já pressupõe que o símbolo mencionado esteja compreendido. Felizmente, uma teoria do simbolismo não precisa falar de significados, uma vez que o tipo de um símbolo se mostra no uso do SIGNO. Eis por que o *Tractatus* fala em *sintaxe* lógica: as regras da lógica dizem respeito exclusivamente à combinação de signos, não fazendo referência alguma ao significado, isto é, à semântica (TLP 3.33 e segs., 6.126; NM 109-10).

A idéia de que a filosofia descreve a sintaxe lógica, sem se referir àquilo que os signos substituem (os significados), influenciou a *Logical Syntax of Language*, de Carnap, em que se procurou evitar a conclusão de que a sintaxe lógica é inefável, pela distinção entre "modo material" e "modo formal" (*ver* DIZER/MOSTRAR). A idéia de regras categoriais que determinam as possibilidades combinatórias dos signos inspirou a doutrina, proposta por Ryle, dos erros categoriais. O próprio Wittgenstein continuou a sustentar que os limites do sentido são traçados por regras lingüísticas. Deixou de limitar, entretanto, as regras lógico-lingüísticas à sintaxe, uma vez que reconheceu que o significado de uma palavra não constitui um CORPO DE SIGNIFICADO. Continuou, durante um certo tempo, a apegar-se ao CÁLCULO COMO MODELO, sustentando que as regras das línguas naturais ocultam-se por sob a superfície. De 1931 em diante, abandona essa idéia e, com ela, o termo "sintaxe lógica" em favor de "GRAMÁTICA".

**solipsismo** Trata-se da concepção de que nada existe a não ser a própria pessoa e os conteúdos de sua mente. Embora essa idéia raramente tenha sido defendida de forma explícita, seduziu idealistas e fenomenalistas, que se comprometeram com ela de forma implícita. A discussão sobre o solipsismo (TLP 5.6-5.641) assinala o ponto de interseção entre a parte lógica e a parte mística do *Tractatus*. A "chave para se decidir a questão de saber em que medida o solipsismo é uma verdade" é que "*os limites de minha linguagem* significam os limites de meu mundo". O que o solipsista *quer dizer* é que "o mundo é o *meu* mundo". Essa verdade inexprimível se manifesta no fato de que "os limites da *linguagem* (a linguagem que, só ela, eu entendo) significam os limites de *meu* mundo" (TLP 5.62 remete a 5.6, ver NB 23.5.15).

Russell associara o solipsismo não somente aos limites do conhecimento, mas também aos da linguagem. Segundo o seu princípio de familiaridade, toda palavra dotada de significado deve substituir algo no âmbito da experiência imediata e presente do indivíduo. Isso sugere um "solipsismo [semântico] do momento presente", segundo o qual somente os dados dos sentidos de que tenho ciência no momento presente são reais. Russell escapa a essa conclusão por meio de uma inferência indutiva, que leva à conclusão de que provavelmente existem outras mentes (*Logic* 130-4; *Problems* 8-9). Wittgenstein repudiou essa aproximação ao CETICISMO, mas desenvolveu a perspectiva lingüística sobre o solipsismo. Sua fonte principal, entretanto, foi o idealismo transcendental. Kant refutara a doutrina cartesiana da substância anímica, tendo introduzido, no entanto, duas outras noções: a "unidade transcendental da apercepção", um traço formal dos juízos, a saber, o de poderem ser precedidos da expressão "eu penso"; e um "self numênico", a sede do livre-arbítrio e da lei moral. Schopenhauer desenvolveu a primeira noção, alegando que "o sujeito do conhecimento", ao qual o mundo como representação aparece, é simplesmente um "ponto indivisível". Não pode ser encontrado na experiência, da mesma forma que o olho "vê tudo mas não a si mesmo". Ele é, no entanto, um "centro de toda existência", que determina os limites do mundo. Pois "o mundo é minha representação", e a idéia de um mundo sem um sujeito que representa é uma contradição em termos (*World* I 3-5, 15, 332, II 227-8, 491). Schopenhauer substituiu o self numênico por uma vontade supra-individual cósmica, que subjaz ao mundo como representação. Conheço meu corpo como a corporificação dessa vontade, pois tenho conhecimento direto de minhas ações. No que diz respeito à cognição e à volição, o indivíduo, o "microcosmo", é idêntico ao "macrocosmo" (*World* I 103-6, 162, II 486) — uma idéia discutida por Weininger). Schopenhauer não admite as implicações solipsistas de tal identificação. Assim como Russell, contudo, aceita que o solipsismo é irrefutável, dissociando-se dele somente pela insistência na idéia de que o sujeito da experiência não é uma substância mental e que tudo é uma manifestação da vontade supra-individual.

O primeiro Wittgenstein desconsiderou essa negação simplista. Desenvolveu um solipsismo transcendental, por meio de metáforas e tópicos extraídos de Schopenhauer (MISTICISMO; ÉTICA; VONTADE). Russell havia insistido na idéia de que a familiaridade supõe um sujeito, com o qual estejamos familiarizados ou que conheçamos por descrição. Wittgenstein, ao contrário, rejeita a idéia do "sujeito que pensa, que representa". Em um livro intitulado *O mundo tal como o encontro*, nenhum eu seria (Hume) ou poderia ser (Schopenhauer) mencionado. Assim como o olho no caso do campo visual, o self não é um objeto possível de experiência; tampouco pode ser inferido a partir do conteúdo da experiência. Há uma "alma humana", que é objeto de estudo legítimo da psicologia, mas que não constitui um eu ou sujeito unitário, mas somente uma série de episódios mentais (TLP 5.631-5.641; NB 7.8./11.8.16; cp. *Problems* 27-8; *Mysticism* cap. X; "Theory" 36-7; *Logic* 125-74).

Como Kant e Schopenhauer, Wittgenstein combina a rejeição da alma cartesiana com a aceitação de um "sujeito metafísico" ou um "eu filosófico", introduzido na filosofia pelo fato de que "o mundo é o meu mundo". Tal sujeito metafísico não é uma parte do mundo, mas constitui, não obstante, o seu "centro", sendo tanto "uma pressuposição de sua existência", quanto seu "limite". A relação daquilo que experimentamos, nosso campo de consciência, com o sujeito da experiência, é análoga à relação entre o campo visual e o olho — não o órgão sensorial, mas aquilo que ele mais tarde denominou o "olho geométrico". Este eu configura um "ponto sem extensão"; e o indivíduo humano é um "microcosmo" (NB 11.6./4.8./12.8./2.9./12.10.16; TLP 5.63, 5.633-5.64; LPE 297-9; BB 63-5). Possivelmente esse sujeito metafísico é idêntico ao "sujeito volitivo", que é o portador do bem e do mal (TLP 5.633, 5.641; NB 21./24./29.7./2.8./2.9.16).

Há, *prima facie*, motivos de sobra para se detectar *alguma* versão de solipsismo no *Tractatus*. Wittgenstein admite não só que o solipsismo contém um núcleo de verdade, como querem os intérpretes "anti-solipsistas", mas também que "o que o solipsista *quer significar* é inteiramente correto" — a saber, que o mundo é o meu mundo. A única crítica que faz é afirmar que o solipsista tenta dizer aquilo que só pode ser mostrado, o que constitui o impasse que atravessa o *Tractatus* como um todo (*ver* DIZER/MOSTRAR). Além disso, sobre o eu metafísico, Wittgenstein escreve *in propria persona* que "o mundo e a vida são um só" e "que eu sou idêntico a meu mundo". Finalmente, os *Notebooks* estão repletos de passagens rebuscadas, em que se identifica o mundo com a vida, a vida com a consciência em geral, e a consciência com o eu metafísico, e em que as concepções filosóficas são avaliadas em função de sua compatibilidade com o "ponto de vista estritamente solipsista" (TLP 5.621 e seg.; GT 8.12.14; ver NB 11.6./1.-2.8.16).

Por outro lado, Wittgenstein afirma ter partido do "idealismo", passando pelo "solipsismo" e chegando ao "realismo puro", porque "também eu pertenço ao resto do mundo". Wittgenstein ataca a visão de Schopenhauer de que, embora o resto do mundo não passe de representação, o corpo humano é uma corporificação direta da vontade. Além disso, distinguindo-se da noção de self que encontramos no solipsismo tradicional, tanto o sujeito volitivo quanto o metafísico parecem ser impessoais, uma "alma do mundo" despojada de qualquer individualidade. No entanto, Wittgenstein adota, nesse ponto, uma posição oscilante: a "vontade ética" está ligada a indivíduos e, em um "sentido superior", a "vontade-mundo" schopenhaueriana é a "*minha* vontade", da mesma forma que minhas representações são o mundo (NB 2.9./12.-17.10./4.11.16; TLP 5.64 e seg.). Além disso, o "realismo puro" em que o solipsismo recai é compatível com uma versão austera de solipsismo transcendental, em que a analogia do campo visual toma o lugar da unidade transcendental da apercepção. Embora o sujeito da experiência não possa ser parte da experiência, é uma característica lógica de minhas experiências o fato de que me pertencem. "O sujeito — queremos dizer — não fica de fora da experiência, mas está de tal modo nela envolvido, que não pode ser descrito" (PG 156). Qualquer representação do mundo ocorre a partir de uma perspectiva que é exclusivamente minha. Como a representação é lingüística, o solipsismo transcendental sofre uma guinada lingüística. A "conexão entre o solipsismo" e "o modo como uma sentença significa" é o fato de que "o eu é substituído pela sentença e a relação entre o eu e a realidade é substituída pela relação entre a sentença e a realidade" (BT 499). E tal relação depende do sujeito metafísico, uma alma lingüística que dá vida aos meros signos:

(a) A linguagem é a *minha* linguagem, porque é por *eu* "pensar o sentido de uma proposição" que os meros SIGNOS se transformam em símbolos (TLP 3.11).
(b) O método de projeção que subjaz a essa linguagem do pensamento associa nomes a objetos por meio de atos de significação (*ver* DEFINIÇÃO OSTENSIVA).
(c) Tais atos são possivelmente realizados pela vontade do eu metafísico: "As coisas só adquirem 'significado' em relação à minha vontade"; uma vontade schopenhaueriana é aqui invocada para explicar a intencionalidade (NB 15.10.16; PG144-56).
(d) Somente objetos de que tenho experiência podem ser correlacionados com nomes, e aquilo que não posso projetar não é linguagem. "*Eu* tenho que julgar o mundo, para medir as coisas" (NB 2.9.16), e o faço injetando conteúdos em formas lógicas.

O solipsismo transcendental é compatível com o realismo empírico: não afirma que "Eu sou a única pessoa que existe" ou rejeita proposições empíricas acerca do mundo externo ou de "outras mentes". O que há de verdadeiro no solipsismo se manifesta na própria possibilidade da representação, e, mais especificamente, na forma lógica de todas as proposições empíricas: a proposição "*A* está com dor", quando completamente analisada, refere-se apenas ao comportamento de dor de que *eu* tenho ciência, ao passo que "Eu estou com dor" se refere diretamente à minha experiência.

O segundo Wittgenstein adota uma perspectiva "diametralmente oposta ao solipsismo", e compara o solipsista a uma mosca em uma redoma de vidro (LEP 282, 300; PI §309). Sua primeira tentativa de descobrir uma saída reside no solipsismo metodológico de sua fase VERIFICACIONISTA, uma perspectiva que ele compartilha com Carnap e Schlick (PR cap. VI; WVC 49-50; M 100-3). Abandona o sujeito metafísico do solipsismo transcendental, conservando, contudo, a idéia de uma linguagem monocentrada. As proposições em primeira pessoa no tempo presente que se referem a experiências imediatas constituem a base da linguagem. Embora essa linguagem possa ter qualquer um como centro, uma linguagem que tenha *a mim* como centro é particularmente adequada. Proposições psicológicas em terceira pessoa como

(1) *A* está sentindo dor

são analisadas por referência a mim, da seguinte forma:

(1') *A* está se comportando como eu me comporto quando estou com dor.

Curiosamente, entretanto, o "eu" aqui não significa um ego que possua tais experiências, mas apenas um centro inefável da linguagem. Em

(2) Eu estou sentindo dor

o "eu" (e também a desinência verbal de primeira pessoa) é redundante, uma vez que "dor" se define como algo que *eu* sinto, e ninguém mais poderia sentir (*ver* EU/SELF; PRIVACIDADE). Essa posição torna difícil o estabelecimento de um contraste entre *A* estar exibindo um comportamento de dor e *A* estar sentindo dor; o BEHAVIORISMO é o reverso do solipsismo. Além disso, experiências privadas têm lugar na verificação de (2), mas não na de (1). Por conta dessa diferença no que tange à verificação, os termos mentais não significam o mesmo em proferimentos produzidos na primeira e na terceira pessoa.

Essa estranha conclusão não se segue apenas do solipsismo metodológico, mas de qualquer abordagem ao problema das outras mentes que se baseie na visão dicotômica INTERNO/EXTERNO. Nesse modo de ver, aceita-se que enunciados como (1) são conjeturas baseadas em evidências comportamentais, ao passo que os do tipo (2) são infalíveis, uma vez que se referem às nossas próprias experiências privadas. Procura-se, nessa visão, opor resistência à conclusão cética de que jamais podemos saber se há outras mentes, por meio de um argumento analógico: infiro que, quando outras pessoas se comportam como eu me comporto quando sinto dor, elas também estão sentindo dor. Mas se "precisamos imaginar a dor alheia segundo o modelo de nossa própria dor, vemos que isso não é coisa fácil; pois tenho que imaginar uma dor que *não sinto* segundo a dor que *sinto*" (PI §302, ver §398; BB 46). Se um determinado termo psicológico significa ISTO, que somente eu possuo e que ninguém mais poderia de forma alguma possuir, então a crença de que há outros sujeitos de experiência não é apenas incerta, como quer o cético; ela não faz sentido algum.

Se isso estiver correto, o "semi-solipsismo" da visão dicotômica INTERNO/EXTERNO recai, em última instância, no solipsismo do momento presente, discutido por Wittgenstein no início dos anos trinta. Alegava-se ali, primeiramente, que, sempre que algo é *realmente* percebido, sou sempre eu que o percebo, e que é *isto*, minha experiência presente, o que é percebido; em segundo lugar, afirmava-se que eu sou "o centro do mundo" e o "receptáculo da vida", no sentido de que a única realidade é minha experiência presente (LPE 299; BB 61-5). O solipsista alega ter descoberto que o mundo é *realmente* idêntico a suas experiências, quando tudo o que fez foi recomendar uma nova forma de expressão, na qual as atribuições de experiências "reais" a qualquer um que não seja o próprio solipsista são destituídas de significado, e na qual poderíamos dizer, por exemplo, "Há uma dor de dente real", em lugar de "Fulano de tal (o solipsista) está com dor de dente" (BB 58-9; PI §§401-2). Esse modo de falar não traz qualquer vantagem prática; não lhe cabe promover qualquer diferença no comportamento do solipsista. Tampouco pode trazer qualquer vantagem filosófica, já que não pode justificar-se com base em uma "essência da realidade" (*ver* AUTONOMIA DA LINGUAGEM).

Outros argumentos de Wittgenstein contra o solipsismo, que não estão incluídos nas *Investigações filosóficas*, manifestam uma inspiração kantiana. O solipsista invoca nossos conceitos ordinários, mas sem os contrastes que são essenciais a esses conceitos (por exemplo, o contraste entre as experiências presentes e aquilo de que são experiências). Assim, não somente ele oscila entre sistemas gramaticais diferentes, como também, sem esses contrastes, termos como "meu" ou "presente" são vácuos. (a) Na boca do solipsista, o termo "presente" não possui "vizinhos"; não mantém um contraste com o passado ou com o futuro, sendo, portanto, redundante. Da mesma forma, a expressão "minha dor" só pode ser usada para se produzir uma afirmação relevante em um sistema no qual ela contraste com, por exemplo, "a dor dele"; não em um sistema em que se reduz a "há dor" (PR 84-6; WVC 50, 107; M 100-3; LPE 297; BB 71-2). O sentido da máxima solipsista de que "Só a minha dor é real" pressupõe o sistema gramatical que o solipsista tem como propósito rejeitar. (b) O pronome de primeira pessoa "eu" não se refere a uma substância imaterial contínua, nem a localiza, considerando-se que o referente pode mudar constantemente sem que seu uso chegue a ser afetado. Tampouco pode expressar a perspectiva supostamente exclusiva do solipsista, uma vez que o que *ele* percebe é simplesmente *o que é percebido*. O que faz é simplesmente indicar o traço formal — a unidade transcendental de apercepção — de que as proposições podem ser precedidas por "Eu penso que" (LPE 283, 298-300; BB 60-9). A posse exclusiva perde o sentido com o desaparecimento de um self único: ser possuído por mim é simplesmente ser uma experiência. Tais argumentos excluem qualquer coisa que não seja um solipsismo metodológico despojado da noção de ego, no qual se insista na idéia de que a linguagem extrai o seu significado por meio da indicação ostensiva privada de experiências privadas. Ao demonstrar a incoerência dessa visão, o argumento da LINGUAGEM PRIVADA abala as bases de todas as formas de solipsismo e idealismo.

# T

**tabelas de verdade** As tabelas de verdade são representações tabulares do modo como os valores de verdade de proposições moleculares dependem dos valores de verdade dos elementos que as compõem (PROPOSIÇÕES ELEMENTARES, no *Tractatus*). A tabela de verdade é o único mecanismo formal concebido por Wittgenstein que chegou aos manuais de lógica. O próprio autor sugere que Frege já usara tabelas de verdade para explicar os conectivos lógicos, bem como para produzir enunciados acerca de funções de verdade. Na verdade, a idéia remonta a Boole, e a sugestão de se utilizarem tabelas de verdade como um procedimento mecânico de decisão foi levantada por Pierce e por Schröder. Chegou à maturidade técnica simultaneamente em Post e no *Tractatus* (TLP 4.31-4.45, 5.101). O que distingue o tratamento de Wittgenstein é a idéia de utilizar tabelas de verdade, não como definições de conectivos vero-funcionais, nem exclusivamente como um procedimento de decisão para o cálculo proposicional, mas sim como "signos proposicionais", como um modo de simbolizar proposições moleculares, como uma notação alternativa a, por exemplo, "*p.q*" ou "*p* ∨ *q*" (TLP 4.431, 4.442; AWL 135-6; LFM 177; cp. *Notation* §7).

As tabelas de verdade constituem uma parte crucial da teoria do simbolismo desenvolvida pelo primeiro Wittgenstein, sua tentativa de construir uma notação ideal ou "linguagem de signos" (*Zeichensprache*), capaz de revelar a SINTAXE LÓGICA subjacente a qualquer linguagem possível. Em tal notação, as relações de identidade e diferença entre os símbolos corresponderiam precisamente às relações de identidade e diferença entre as coisas simbolizadas (TLP 3.325, 3.342 e segs., 5.533). Por conseguinte, uma tal notação mostraria que sentenças que haviam sido tratadas como distintas por Frege e Russell constituem um só símbolo, maneiras alternativas de se escrever a mesma proposição.

A primeira alternativa que Wittgenstein sugeriu para substituir aquilo que denomina a "notação vero-funcional" de Frege e Russell foi a "notação *ab*" (NL 93-6, 102-3; NM 113-15; LWL 52). Uma proposição "*p*" é escrita como "a-*p*-b"; e a proposição "~*p*", como "b-a-*p*-b-a", sendo a e b os "dois pólos" da proposição, correspondendo, no *Tractatus*, a V e F. O que nessa fórmula simboliza é a correlação entre os pólos mais internos e os mais externos. Isso mostra que "a-b-a-*p*-b-a-b" ("~~*p*") é um símbolo idêntico a "a-*p*-b" ("*p*"), o que contraria Frege. Wittgenstein tentou estender essa notação aos quantificadores: 'a-(*x*)-a-Φ*x*-b-(∃*x*)-b' corresponde a "(*x*)Φ*x*"; e 'a-(∃*x*)-a-Φ*x*-b-(*x*)-b' corresponde a "(∃*x*)Φ*x*". Essa notação simboliza a negação interna ("(*x*)~Φ*x*"), pela reversão dos pólos *ab* internos; e a negação externa ("~(*x*)Φ*x*"), pela reversão dos pólos *ab* externos. Mostra, além disso, que os argumentos dos quantificadores são proposições dotadas de sentido (possuem dois pólos), e não nomes de funções de primeiro nível, como queria Frege. Confrontou, entretanto, obstáculos insuperáveis para estender essa notação à relação de IDENTIDADE (RUL 17.10.13).

Uma variação bidimensional da notação *ab* pode exibir as conexões entre os pólos de proposições moleculares e aqueles das proposições atômicas que as constituem (RUL 11.-12.13; NM 115). Isso nos fornece um procedimento de decisão para o cálculo proposicional (*"um* método"), um algoritmo mecânico para distinguir tautologias, contradições e proposições contingentes. Esse estranho procedimento é incluído no *Tractatus* (TLP 6.1203), mas a notação *ab* cede lugar à notação das tabelas de verdade (TLP 4.27-4.45, 5.101). Uma tabela de verdade exibe o valor de verdade de uma proposição composta, V ou F, para cada combinação possível dos valores de verdade de seus elementos constituintes (proposições elementares). Para um conjunto de *n* proposições elementares, há $2^n$ "possibilidades de verdade" ou "combinações de verdade", isto é, combinações possíveis de seus valores de verdade, cada uma das quais representada por uma linha na tabela de verdade. As possibilidades de verdade que verificam uma proposição molecular constituem seus "fundamentos de verdade". E há $(2^n)^n$ "grupos de condições de verdade", um para cada função de verdade possível de *n* proposições. As condições de verdade de uma proposição molecular são sua "concordância e discordância com as possibilidades de verdade de proposições elementares" (TLP 4.431), isto é, sua verdade ou falsidade para as várias possibilidades de verdade, registrada na última coluna de uma tabela de verdade. Para um par de proposições *p* e *q*, há, portanto, quatro possibilidades de verdade — VV (ambas verdadeiras), FV, VF, FF. As funções de verdade "*p*.~*q*" e "*p* ⊃ *q*", por exemplo, são representadas respectivamente como:

| ‘ *p* | *q* | ’ |
|---|---|---|
| V | V | F |
| F | V | F |
| V | F | V |
| F | F | F |

| ‘ *p* | *q* | ’ |
|---|---|---|
| V | V | V |
| F | V | V |
| V | F | F |
| F | F | V |

A função de verdade "*p*.~*q*" possui um único fundamento de verdade, representado pela terceira linha, (VF), e suas condições de verdade são (FFVF); já "*p* ⊃ *q*" possui três fundamentos de verdade, (VV), (FV) e (FF), e suas condições de verdade são (VVFV). Ao contrário de suas sucessoras contemporâneas, as tabelas de verdade de Wittgenstein aparecem entre aspas, e não apresentam a proposição no topo da coluna da direita. Isso indica que elas nem definem os conectivos proposicionais, nem especificam as condições de verdade de proposições moleculares, sendo elas mesmas signos proposicionais que expressam proposições moleculares como "*p*.~*q*" ou "*p* ⊃ *q*", sem recorrer a "constantes" lógicas ou conectivos.

Uma vez que a ordem dos símbolos V e F nas duas primeiras colunas é fixa (o inverso do que vemos nos manuais modernos de lógica), essa notação pode ser simplificada, escrevendo-se a última coluna como "(FFVF)(*p,q*)" ou "(VVFV)(*p,q*)", respectivamente. Além disso, a proposição elementar "*p*" pode ser representada não somente por "(VF)(*p*)", mas também por "(VFVF)(*p,q*)", isto é, como uma conjunção de si mesma com uma tautologia que inclua "*q*", como, por exemplo, "*p*. (*q* ∨ ~*q*)". A coluna V/F que se localiza embaixo dessa conjunção é idêntica a coluna V/F embaixo de "p", quando ocorre em uma tabela com $2^2$ linhas (TLP 4.442, 4.465, 5.101, 5.513; NB 3.10.14, 10.6.15). Por conseguinte, cada proposição pode ser — e é em uma notação ideal — representada como uma função de verdade do conjunto total de proposições elementares, por meio de uma tabela de verdade que, havendo *n* proposições elementares, possui $2^n$ linhas.

Ao introduzir a inovação técnica de um procedimento de decisão, Wittgenstein tinha em vista apenas revelar traços fundamentais da lógica e do simbolismo que haviam sido deturpados pelas linguagens formais de Frege e de Russell. A notação das tabelas de verdade revela, em particular, os seguintes traços essenciais da linguagem:

(a) Enquanto as proposições genuínas possuem dois pólos, são BIPOLARES, as proposições da lógica são TAUTOLOGIAS, que combinam proposições bipolares de modo que seus valores de verdade anulam-se reciprocamente.

(b) As proposições moleculares são representadas por meio de suas condições de verdade, o que mostra que toda proposição é uma função de verdade de proposições elementares.

(c) As propriedades lógicas das proposições podem ser calculadas (ou mesmo, literalmente, vistas) a partir do símbolo tomado em separado. Substitui-se, assim, o apelo duvidoso à auto-evidência das proposições lógicas por um método de calcular as propriedades formais dos símbolos. As proposições lógicas e as regras de INFERÊNCIA LÓGICA tornam-se supérfluas, considerando-se que as relações lógicas entre proposições (não lógicas) podem ser vistas a partir de sua representação V/F (TLP 6.122).

(d) Mostra-se que as proposições "*p*", "~~*p*" e "~~~~*p*" constituem a mesma proposição, a saber, "(VF)(*p*)", o que mostra que os conectivos vero-funcionais não substituem funções, mas antes expressam operações (NL 93-4; *ver* CONSTANTES LÓGICAS). Do mesmo modo, "*p* ∨ ~*p*", "~(*p*.~*p*)", "*p* ≡ ~~*p*" e "*p* ⊃ *p*" acabam por constituir uma só tautologia, "(VV)(*p*)"; e, do mesmo modo, "(*p*.(*p* ⊃ *q*)) ⊃ *q*" e "(*p*.(~*q* ⊃ ~*p*)) ⊃ *q*" são ambas expressas como "(VVVV)(*p,q*)". Isso mostra que é impossível distinguir axiomas (proposições lógicas primitivas) de teoremas.

Embora tenha, de início, tentado estender o método de tabelas de verdade ao cálculo de predicados, Wittgenstein está, no *Tractatus*, distinguindo-se aí do Círculo de Viena, perfeitamente ciente do fato de que o método se restringe aos "casos em que não ocorre nenhum signo de generalidade", uma vez que não pode ser aplicado a somas ou produtos lógicos infinitos (TLP 6.1203; cf. RUL 11.-12./13). Por essa razão, o teorema de Church, que mostra a impossibilidade de existir um procedimento de decisão para o cálculo de predicados poliádico, não constitui uma refutação direta do *Tractatus*. A afirmação de Wittgenstein de que as verdades lógicas do cálculo de predicados são tautologias, no mesmo sentido em que o são as do cálculo proposicional, era uma afirmação acerca da natureza da verdade lógica, e não acerca do escopo de um procedimento de decisão.

Entretanto, uma vez que a idéia de tautologia é explicada com base em tabelas de verdade, as limitações das tabelas de verdade restringem o escopo da abordagem do *Tractatus*. Wittgenstein se deu conta de duas dessas limitações: o problema de explicar a GENERALIDADE em termos de produtos lógicos, e o problema da exclusão de CORES. Este último o leva a perceber que nem toda necessidade é tautológica, já que há relações lógicas que não são vero-funcionais; e ele não tardou a abandonar qualquer tentativa de adaptar a notação de tabelas de verdade a tais relações (RLF; WVC 73-4, 91-2). Foi forçado também a abandonar a idéia de que as proposições elementares são logicamente independentes, o que faz cair por terra a alegação de que a notação V/F exibe todas as proposições dotadas de significado como funções de verdade de proposições elementares — uma alegação que pressupõe que cada uma das $2^n$ linhas da tabela de verdade apresenta uma possibilidade de verdade distinta. Em decorrência disso, em uma fase posterior da obra de Wittgenstein, as tabelas de verdade perdem o papel fundamental de exibir a estrutura das proposições e a natureza da necessidade lógica.

**tautologia** "Tautologia" é um termo de origem grega, que significa "repetição do que foi dito". Seu uso na lógica remonta pelo menos a Kant (*Logik* §§36-7). Kant caracterizou a lógica formal como sendo analítica, tendo estabelecido, contudo, uma distinção entre dois tipos de proposição analítica: aquelas em que o predicado está contido, de forma implícita, no conceito-sujeito, como ocorre em "Todos os corpos são extensos", e aquelas em que o predicado está ali contido de forma explícita, como ocorre em "Todas as coisas extensas são extensas". Ao segundo caso, ele deu o nome de "tautologia", insistindo na idéia de que, ao contrário do que ocorre com as proposições do primeiro tipo, essas proposições são "praticamente vazias ou destituídas de conseqüências", uma vez que nem sequer explicam o sujeito. Isso corresponde à distinção feita por Leibniz entre as verdades "necessárias" e as verdades "idênticas", e também à distinção contemporânea entre verdades analíticas propriamente ditas e verdades lógicas, sendo aquelas proposições que podem ser reduzidas a verdades lógicas pelo uso de definições. No século XIX, o termo "tautológico" foi utilizado pejorativamente para indicar que a lógica formal, em particular a lei de identidade "$a = a$", é trivial e sem utilidade, de vez que não amplia nosso conhecimento. Wittgenstein teria encontrado o termo em Coffey (*ver* RCL) e em Mauthner, que sustentava que não somente as verdades lógicas e as matemáticas, mas mesmo as empíricas, são tautológicas, uma vez conhecidas (*Beiträge* III 301, 324-5). E embora Russell negasse com veemência que as verdades lógicas são tautológicas ou puramente analíticas, nos *Principia mathematica* (*1.2), rotula-se "$(p \vee p) \supset p$" como o "princípio da tautologia". Até mesmo Frege admitia que uma verdade lógica como "$p \supset p$" parece "quase sem conteúdo" ("Compound" 50).

Embora o Wittgenstein da fase inicial não tenha sido o primeiro a caracterizar a lógica como tautológica, foi o primeiro a usar o termo de um modo ao mesmo tempo preciso e geral, isto é, sem restringi-lo ao princípio da identidade ou a proposições que envolvem repetições literais. Além disso, utilizou o termo para distinguir diferentes tipos de proposições que haviam antes sido vistas, de forma indiscriminada, como pertencentes à LÓGICA. E defendeu de forma convincente a idéia de que as proposições lógicas não descrevem a realidade, mas refletem regras lingüísticas.

Segundo Frege, as verdades da lógica são analíticas no sentido de que são dedutíveis a partir de definições e de axiomas auto-evidentes. Entretanto, os axiomas, e portanto indiretamente os teoremas, são caracterizados como verdades que revelam relações atemporais entre entidades (pensamentos e valores de verdade) habitantes de um "terceiro domínio", localizado além do espaço e do tempo (*Foundations* Introd., §3, 26; *Laws* I Pref.; "Thought"). Russell, por sua vez, adota uma posição mais aristotélica do que platônica. Via nas verdades lógicas descrições dos traços mais gerais e universais da realidade, e insistia no fato de que elas contêm apenas constantes lógicas e variáveis livres. Assim, temos que "O que quer que sejam *x*, α e β, se todos os αs são βs e *x* é um α, então *x* é um β é uma proposição lógica, o que já não ocorre em "Se todos os homens são mortais, e Sócrates é um homem, então Sócrates é mortal" (*Principles* 11; *Principia* 93; "Theory" 98-101; *External* 66). Russell compartilha com Frege, no entanto, a convicção de que a lógica faz enunciados sobre entidades ou formas de alguma espécie, do mesmo modo que as ciências empíricas produzem enunciados acerca de objetos físicos.

A rejeição dessa hipótese é o ponto de partida da filosofia da lógica de Wittgenstein. "A lógica deve ser uma ciência de espécie TOTALMENTE distinta da de qualquer outra ciência." O primeiro passo para se cumprir essa promessa é perceber que as proposições da lógica "contêm APENAS variáveis APARENTES", e que não existem CONSTANTES LÓGICAS (RUL 22.6.12, 22.7.13; NL 107; TLP 6.112). Esta última afirmação é dirigida contra a idéia de que os termos da lógica — conectivos proposicionais e quantificadores — são nomes de entidades; já a primeira afirmação se dirige contra a idéia decorrente de que as proposições da lógica constituem enunciados acerca de tais entidades.

Tanto Frege quanto Russell expressaram o caráter universal das verdades lógicas utilizando variáveis "reais", isto é, variáveis que, distinguindo-se das variáveis "aparentes" não se encontram ligadas por quantificadores (*Notation* §§1, 14; *Laws* I §§17-18; *Principia* cap. I). Por esse motivo, "*p* ∨ ~*p*" *e* "*(x)fx* ⊃ *fa*" são generalizações implícitas de proposições, conceitos e objetos. Inicialmente, Wittgenstein concordou em que as proposições lógicas são gerais, insistindo, contudo, na idéia de que, ao contrário das generalizações empíricas, são essencialmente e não acidentalmente verdadeiras, não podendo, portanto, ser expressas por meio de signos que contêm variáveis reais (RUL 11.-12.13; NL 100). Distinguindo-se de

(1) Ou está chovendo ou não está chovendo,

signos como "*p* ∨ ~*p*" não constituem, eles próprios, proposições dotadas de significado, sendo apenas "esquemas de proposições" que utilizam letras sentenciais como marcadores de lugar, para indicar a forma lógica das proposições, as quais são produzidas pela substituição dos marcadores de lugar por sentenças dotadas de significado (isso se assemelha à explicação que Quine fornece para o papel das letras sentenciais em tais esquemas). Segue-se daí que a generalidade completa da lei do terceiro excluído só pode ser expressa com o auxílio de quantificadores, da seguinte forma

(2) (*p*) (*p* ∨ ~*p*).

E as proposições lógicas são generalizações de tautologias como (1).

Em "Notes dictated to Moore", essa posição é alterada de forma substancial, passando-se a rejeitar proposições como (2), pela determinação de seu caráter absurdo. Implícitas nessa nova abordagem de Wittgenstein, encontramos três razões. Em primeiro lugar, ao quantificar sobre proposições, (2) assimila proposições a NOMES que substituem objetos, contrariando, com isso, o nítido contraste que Wittgenstein estabelece entre os dois em outra ocasião. Em segundo lugar, a distinção, emergente na época, entre DIZER e MOSTRAR interdita tanto (2) quanto seu equivalente não formal "Toda proposição é ou falsa ou verdadeira", pelo fato de que empregam um conceito formal para caracterizar propriedades essenciais de proposições. Em terceiro lugar, o que é mais importante, generalidade não é uma característica nem necessária nem suficiente para que uma proposição constitua uma verdade lógica. Pace Russell, uma proposição não geral como (1) é essencialmente verdadeira, fazendo, portanto, parte da lógica. Por outro lado, princípios gerais como os axiomas da reducibilidade e do infinito ou a lei da indução são contingentes, não tendo por isso lugar na lógica (NM 108-9; TLP 5.535, 6.1231 e segs., 6.31). As proposições da lógica não são generalizações de tautologias; constituem elas mesmas tautologias, isto é, são representadas por esquemas como "*p* ∨ ~*p*".

Wittgenstein confere um significado preciso ao termo "tautologia", por meio da idéia de composição vero-funcional. O valor de verdade de uma proposição molecular depende dos valores das PROPOSIÇÕES ELEMENTARES das quais é uma função de verdade. Entre as combinações vero-funcionais de proposições, há dois "casos limite". As tautologias são combinações que são verdadeiras (e as contradições, como "*p*.~*p*", falsas), quaisquer que sejam os fatos, e isso se mostra no fato de que sua TABELA DE VERDADE recebe um valor V (ou F) para todas as possibilidades de verdade (atribuições de valores de verdade). As funções de verdade ordinárias possuem sentido, por afigurarem estados de coisas possíveis verdadeira ou falsamente. As tautologias e as contradições, ao contrário, não dizem coisa alguma. Não delimitam o mundo de maneira alguma, sendo as primeiras compatíveis com todas as situações, e as segundas, com nenhuma. Não são "absurdas", já que constituem combinações lícitas de proposições; são, antes, "sem sentido" em termos quantitativos, isto é, possuem sentido zero. Ao contrário do que ocorre com "Está chovendo", a proposição (1) nada diz acerca do tempo. As tautologias "não fornecem qualquer informação": "Se quinze, então quinze!" não responde à pergunta "Quantas pessoas estarão presentes?", assim como "Pegar ou largar" não é uma ordem (TLP 4.46 e segs., 5.101; NM 118; BB 161; RFM 231; LFM 280).

Frege resistia à idéia de que as verdades lógicas são vácuas, salientando que são "inegavelmente verdadeiras". Wittgenstein admitiria que estão "do lado da verdade", mas insistiria que constituem "proposições degeneradas", no mesmo sentido em que um ponto é uma seção cônica degenerada. Pois são *feitas* para serem verdadeiras, já que combinam proposições BIPOLARES de modo a anular toda informação factual, sendo essa a razão pela qual não podem ser nem confirmadas nem refutadas pela experiência (RFM 167; *ver* LFM 177-8; TLP 4.461, 4.465 e seg., 6.121; NB 3./29.10.14, 6.6.15; "Compound" 50). Objetou-se, além disso, que pelo menos as proposições lógicas complexas estão longe de ser vácuas. O ponto crucial, entretanto, é que, embora a verdade das proposições bipolares só possa ser determinada através de sua comparação com a realidade, até mesmo as tautologias complexas podem ser reconhecidas como verdadeiras "exclusivamente a partir do símbolo", e isto por meio de cálculos que utilizam "meras *regras notacionais*" (TLP 6.113, 6.126).

As proposições lógicas não constituem verdades acerca de uma realidade última, nem expressam um tipo especial de conhecimento, como se supusera tradicionalmente; pois diferem de todas as outras proposições por serem vácuas (TLP 5.1362, 6.111). A abordagem de Wittgenstein levanta, além disso, dúvidas mais específicas acerca da representação axiomática da lógica proposta por Frege e Russell. Não existem proposições lógicas privilegiadas ("axiomas" ou "leis básicas"), a partir das quais todos as demais proposições (teoremas) são derivadas. É indiferente de que proposição lógica se parte; todas possuem o mesmo estatuto, isto é, são tautologias, e todas dizem o mesmo, isto é, nada (TLP 5.43, 6.127 e seg.; NB 10.6.15). A notação V/F revela que "$p \vee \sim p$", "$\sim(p.\sim p)$", "$p \supset p$", etc. não passam de modos diferentes de exprimir uma única tautologia, a saber, (VV)(*p*). Para qualquer número *n* de proposições elementares, há somente dois casos limite de combinação vero-funcional, que são representados respectivamente por fórmulas com $2^n$ valores V e $2^n$ valores F. Além disso, em uma notação ideal, todas as proposições são expressas como funções de verdade de todo o conjunto de proposições elementares. Isso ameaça fazer com que a lógica se transforme em única e imensa tautologia (daí a observação de Scheffer de que "Há somente uma Tautologia e Wittgenstein é seu profeta" — WAM 86). Finalmente, para Moore, a idéia de que todas as tautologias dizem o mesmo parecia configurar uma redução ao absurdo da afirmação de que nada dizem (M 61-6). Wittgenstein procura evitar ambos os problemas, sustentando que, embora todas as tautologias *digam* o mesmo, *mostram* diferentes coisas acerca das propriedades lógicas das proposições que as compõem (NM 114-17; TLP 6.12 e segs.). Assim, "$\sim(p.\sim p)$" mostra que "*p*" e "$\sim p$" se contradizem; "$((p \supset q).\, p) \supset q$" mostra que "*q*" se segue de "$p \supset q$" e "*p*". Dessa forma, ele proporciona também um lugar para a INFERÊNCIA LÓGICA; sendo vácuas, as tautologias não podem enunciar que uma proposição se segue de outras, mas *o fato de que* "$((p \supset q).\, p) \supset q$" seja tautológica (ou que "$((p \supset q).\, p).\ \sim q$" seja uma contradição) nos dá "a forma de uma prova" (*modus ponens*).

Argumenta-se, no *Tractatus*, que as únicas proposições logicamente necessárias são analíticas, isto é, são tautologias vácuas (TLP 6.1 e seg., 6.3, 6.375). Todas as proposições que parecem ser verdadeiras em quaisquer circunstâncias sem serem tautologias devem necessariamente, quando analisadas, revelar-se (a) empíricas; ou (b) funções de verdade tautológicas; ou (c) absurdas; todas constituem tentativas de dizer o que só pode ser mostrado. A alternativa (c) se aplica não somente a proposições metafísicas, mas também a equações MATEMÁTICAS. Assim como as tautologias, não exprimem um pensamento, mas, ao contrário das tautologias, constituem pseudoproposições (TLP 6.2 e seg.). A alternativa (b) se aplica às verdades lógicas do cálculo de predicados, como, por exemplo, "$(x)fx \supset fa$", uma vez que "*fa*" expressa uma das possibilidades que constituem a conjunção possivelmente infinita abreviada por "$(x)fx$" - "*fa.fb.fc.*, etc". Aplica-se também à proposição "~(*A* é vermelho. *A* é verde)", que supostamente pode ser analisada obtendo-se uma tautologia vero-funcional (TLP 6.1201-6.1203, 6.3751). O tratamento do primeiro caso é enfraquecido pela constatação de Wittgenstein de que a GENERALIDADE não pode ser explicada em termos de produtos lógicos infinitos; o tratamento do último caso fica prejudicado por sua discussão subseqüente acerca da questão da exclusão de CORES.

Durante um certo tempo, Wittgenstein tentou preservar a idéia de que tais proposições são tautológicas, introduzindo, na notação de tabelas de verdade, regras que excluem certas possibilidades de verdade, tais como "VV" para "*A* é vermelho" e "*A* é verde" (RLF 34-7; WVC 73-4, 91-2). Entretanto, isso equivale a abandonar a idéia de que toda necessidade é analítica e baseada na combinação *vero-funcional* de proposições logicamente independentes. Já se sustentou que, em resposta a essa dificuldade, Wittgenstein estendeu a noção de tautologia a *todas* as verdades necessárias. Na verdade, entretanto, ele segue reservando o rótulo para as proposições da lógica (BB 71; LPE 283; NLP 449; LFM 272-85). Contudo, outras proposições necessárias se assemelham a elas sob um certo aspecto. Não são comparadas à realidade, não sendo, por isso, descrições de coisa alguma, e, *a fortiori*, não de entidades lógicas; explicam-se com base em regras lingüísticas. A proposição "$p \vee \sim p$" é uma tautologia vácua; mas *o fato de que é* uma tautologia dá origem a uma regra de inferência, que não é nem inefável nem tautológica, fazendo, antes, parte de nossa FORMA DE REPRESENTAÇÃO, no sentido de que especifica como proposições empíricas podem ser transformadas (AWL 137-40; LFM 277-80; RFM 123, 231, 245-7; WVC 35, 106, 158-9; PR 125-30). Wittgenstein abandonou, além disso, a idéia de que o fato de que certas combinações vero-funcionais de proposições elementares são tautologias mostra a essência do mundo (TLP 6.124, 6.13; NM 108-11; *ver* BIPOLARIDADE).

Por causa do *Tractatus*, as verdades do cálculo proposicional são amiúde caracterizadas como tautologias. A afirmação de que as proposições lógicas são vácuas foi aceita com relutância por Russell, e com entusiasmo por Ramsey e pelos positivistas lógicos. Os positivistas lógicos a utilizaram contra a idéia de Kant de que algumas verdades a priori são sintéticas. Ignoraram, entretanto, a distinção estabelecida por Wittgenstein entre tautologias e equações matemáticas, e também sua mitologia do simbolismo. Para eles, as tautologias são conseqüências de convenções arbitrárias (as definições das constantes lógicas produzidas a partir de tabelas de verdade).

**teoria pictórica** O termo alemão *Bild* é ambíguo, podendo designar tanto pinturas quanto modelos abstratos. "Herdei de dois lados esse conceito da figura: primeiro da figura desenhada, e, depois, do modelo de um matemático, que já é um conceito geral. Pois um matemático fala em afiguração (*Abbildung*) em situações em que um pintor já não utilizaria a expressão" (WVC 185). Hertz havia afirmado que a ciência constrói modelos da realidade, de tal modo que as possíveis variações no modelo refletem, de forma exata, as diferentes possibilidades do sistema físico em questão (*Mechanics* I). Wittgenstein transformou as breves observações de Hertz acerca da representação científica em uma explicação detalhada sobre as precondições da representação simbólica em geral. "Figuramos os fatos" (TLP 2.1). A essência da linguagem — a FORMA PROPOSICIONAL GERAL — é afigurar como as coisas estão. Todas as proposições dotadas de significado são funções de verdade de proposições elementares; todas as relações lógicas devem-se a uma composição vero-funcional. Ao explicar as proposições elementares, a teoria pictórica explica a base da representação e da lógica.

Com esse fim, ela deve resolver dois grandes problemas. Um deles, observado por Wittgenstein (e também por Frege, em seus últimos escritos), é hoje conhecido como o problema da "criatividade da linguagem": o número de proposições é indefinido, embora o número de palavras seja finito (NL 98; TLP 4.02, 4.027; "Compound" 36; *Posthumous* 225, 243; *Correspondence* 79). O outro é o tradicional enigma da intencionalidade, em especial a explicação da possibilidade da falsidade. Se uma proposição é verdadeira, ela corresponde a um fato, afigura como as coisas estão no mundo. Se, por outro lado, é falsa, continua sendo, no entanto, dotada de significado, embora nenhum fato corresponda a ela. A teoria do juízo de Russell, baseada na idéia de uma relação dual, atacou esse enigma: a CRENÇA de *A* na proposição *aRb* não pode constituir uma relação dual entre um sujeito e um objeto, pois, se ela é falsa, nada na realidade corresponde a ela, o que a destituiria de significado (*Problems* 72-3, NL 95). Sua teoria da relação múltipla evita o problema, ao sustentar que *A* se relaciona, "está familiarizado", com os constituintes da proposição, *a*, *R* e *b*, e não com a proposição como um todo. Wittgenstein salientou que isso tornaria admissível que *A* produzisse um juízo absurdo, uma vez que não se tem mais garantia de que esses constituintes se combinam de forma dotada de significado. Russell tentou dar conta de todos esses pontos, alegando que *A* não está familiarizado apenas com os constituintes da proposição, mas também com uma FORMA LÓGICA *x*Φ*y*, um fato completamente geral. Wittgenstein mostrou que esse modo de conceber formas lógicas é inconsistente: por um lado são fatos, isto é, são complexos; por outro, são objetos com os quais mantemos uma relação de familiaridade, isto é, são elementos simples (NL 100-1). A primeira alternativa cria um regresso do tipo do terceiro homem: explica por que *a*, *R* e *b* podem se combinar para formar certos fatos (*aRb*, *bRa*), mas não outros (*RRb*, *abR*), referindo-se a um outro fato. A segunda simplesmente acrescenta um constituinte a mais à proposição, sem garantir que seus constituintes, incluindo-se aí o que foi adicionado, estejam combinados de forma lícita.

Quando Wittgenstein desenvolveu a teoria pictórica sobre as ruínas da teoria do juízo de Russell, muitos pontos já se encontravam estabelecidos. As PROPOSIÇÕES, ao contrário dos nomes, são (a) essencialmente compostas; (b) FATOS: é o fato de que os componentes da proposição apresentam uma certa relação entre si o que representa; (c) BIPOLARES: não é por funcionarem como sucedâneos de algo que representam a realidade, mas sim por afigurarem, de modo verdadeiro ou falso, como as coisas estão. O que permanecera sem solução era o "mistério da negação" — podemos dizer como as coisas não estão —, e o problema da possibilidade da falsidade — uma proposição afigura algo ainda que aquilo que afigura não se dê (NB 15.11.14). A solução de Wittgenstein para tais problemas foi afirmar que o que a proposição afigura é uma possibilidade. Não o faz com o auxílio de uma forma lógica adicional, ou de relações adicionais entre seus elementos constituintes, mas simplesmente pelo fato de que seus componentes combinam-se de uma certa maneira. A possibilidade dessa combinação fica garantida, não por uma forma lógica adicional, mas sim pelas possibilidades combinatórias dos componentes, as quais refletem as possibilidades combinatórias das coisas que substituem.

> Um nome é o representante de uma coisa, outro de outra coisa, e eles mesmos se interligam; desse modo, a totalidade perfaz a imagem da situação — como um *tableau vivant*... "A conexão deve necessariamente ser possível" significa: a proposição e os componentes da situação devem manter uma determinada relação ... para que uma proposição apresente um estado de coisas, basta que seus componentes representem os

componentes da situação e que aqueles encontrem-se ligados de uma maneira que seja possível para estes (NB 4.-5.11.14).

Para que um signo proposicional afigure, não é necessário que um fato lhe corresponda como um todo. Duas coisas são, entretanto, necessárias. Em primeiro lugar, algo deve corresponder a seus elementos. É preciso haver uma correlação biunívoca entre esses elementos e os elementos da situação que o signo afigura. Em segundo lugar, é preciso que fiquem determinadas que relações entre os elementos proposicionais afiguram que relações entre as coisas. Se esses dois requisitos são atendidos, o fato de que os elementos da figuração estão relacionados uns com os outros de uma determinada maneira representa que as coisas correspondentes estão relacionadas umas com as outras da mesma maneira, quer isso ocorra realmente ou não. Afigurar falsamente é afigurar uma combinação não existente de elementos existentes. "Na proposição, uma situação é como que montada para teste" (TLP 4.031 e seg.; NB 20.-21.11.14; BB 31).

A proposição e a situação devem se distinguir sob alguns aspectos, e identificar-se em outros (NB 19.-22.10.14). Por um lado, a proposição deve fazer sentido independentemente de a situação ser real ou não. Por outro, elas devem ter em comum uma possibilidade que se realiza se a proposição é verdadeira, e não se realiza no caso inverso. A proposição literalmente "contém" essa possibilidade (TLP 2.203, 3.02). Não contém o conteúdo de seu sentido, a configuração de coisas que afigura, mas contém sua forma, a possibilidade daquela combinação, que fica garantida pelo isomorfismo lógico entre combinações de signos na proposição e a combinação possível de coisas na situação (TLP 3.13, 3.34). A representação é possível através de um isomorfismo lógico, um acordo em forma entre aquilo que representa — seja um diorama, uma pintura, uma partitura musical, uma proposição ou um pensamento — e aquilo que é representado (isso faz lembrar a idéia de Aristóteles de que, no pensamento, a mente e seu objeto, embora feitos de matéria diversa, assumem a mesma forma).

A natureza pictorial das proposições ocorreu pela primeira vez a Wittgenstein quando ele tomou conhecimento da prática de representar acidentes de trânsito, nos tribunais, com o uso de um modelo. Podemos representar uma determinada seqüência de eventos (que podem ou não ter ocorrido), com a ajuda de miniaturas de carros e bonecos. Para fazê-lo, precisamos estipular que miniatura corresponde a que coisa concreta, e que relações entre miniaturas representam as relações reais entre objetos (por exemplo, suas relações espaciais, embora não as relações entre seus respectivos pesos). Assim a explicação do *Tractatus* para a representação proposicional (TLP 3-4.0641) é uma aplicação de uma explicação anteriormente fornecida para a representação em geral (TLP 2.1-2.225). Qualquer modelo ou "figura" deve ser composto de uma multiplicidade de elementos que funcionam como representantes dos elementos da situação afigurada. Precisa possuir estrutura e forma. A estrutura é a maneira convencionalmente determinada em que os elementos estão arrumados para efeitos da afiguração. A possibilidade dessa estrutura é a "forma pictorial" (por exemplo a tridimensionalidade de um diorama, a bidimensionalidade de uma pintura, ou a ordem linear de uma partitura musical). A figuração deve ter em comum com aquilo que afigura essa forma pictorial: deve possuir a mesma multiplicidade lógico-matemática, isto é, o mesmo número de elementos distintos, e deve também ser capaz de combinar esses elementos de um modo que reflita as possíveis combinações dos objetos (TLP 2.161, 4.04). Os modelos da mesma situação possuem, conforme os meios utilizados, diferentes "formas representacionais", mas a mesma forma lógica, a base mínima da forma pictorial.

A representação proposicional possui também essas características. Uma proposição é "uma figuração da realidade", descreve um estado de coisas afigurando-o (TLP 4.016, 4.021). As proposições elementares devem ser compostas de NOMES não passíveis de análise. Os "significados" desses nomes são os "objetos" simples de que são sucedâneos e com os quais são correlacionados pelas linhas de projeção. O "sentido" de uma proposição é "o estado de coisas que afigura", uma combinação possível de objetos. Somente fatos podem representar fatos, somente nomes simples podem representar objetos simples e somente as relações (a saber, *que* "*R*" mantenha uma relação convencionalmente determinada com "*a*" e "*b*") podem representar relações. Uma proposição consiste em estrutura mais relação pictorial; isto é, de duas relações, uma entre nomes e outra entre estes e os objetos da realidade. Ambas as relações são convencionais: determinamos não somente que nomes funcionam como representantes de quais objetos, mas também o que nos nomes diz o que acerca dos objetos, isto é, que relações entre os nomes possuem significação simbólica, fazendo parte, portanto, da "estrutura" da proposição (TLP 3.322, 3.342, 5.473 e segs.) Por outro lado, essas convenções ficam restritas pelas precondições necessárias para a representação, pela necessidade de um isomorfismo lógico. A estrutura e a relação pictorial não estão em pé de igualdade. Selecionar miniaturas como representantes tridimensionais para objetos tridimensionais é, *ipso facto*, fazer de suas relações espaciais tridimensionais a forma representacional da figuração (embora as relações espaciais entre as miniaturas possam afigurar, por exemplo, relações de peso entre objetos). Além disso, as possibilidades combinatórias dos nomes devem espelhar as dos objetos. A correlação de um nome a um objeto determina as possibilidades combinatórias do nome (TLP 3.334). Finalmente, uma vez que os dois conjuntos de convenções estão estabelecidos, "a proposição representa a situação, por assim dizer, por conta própria" (NB 5.11.14; ver TLP 3.318, 4.024), sem levar em conta as atividades humanas. Isso resolve também o problema da criatividade da linguagem: a partir de um estoque finito de nomes simples e das regras da SINTAXE LÓGICA — que orientam sua combinação em proposições elementares, bem como a combinação vero-funcional das proposições elementares resultantes —, podemos formar um número indefinidamente grande de proposições.

A teoria pictórica já foi compreendida como algo que promove uma assimilação de proposições a figuras. Essa sugestão não pode ser rejeitada pela insistência na idéia de que as proposições são "figuras lógicas" puras, cuja única forma pictorial é a forma lógica. Pois isso só vale para os pensamentos; não para os signos proposicionais que os exprimem (TLP 3). Estes baseiam-se na combinação de signos em um determinado meio (fala, escrita). Poder-se-ia, além disso, protestar que, ao contrário de uma proposição, que diz que algo é o caso, uma figura não diz nada, podendo apenas ser utilizada para fazê-lo. Ignora-se nessa linha de raciocínio, entretanto, que a teoria pictórica diz respeito à proposição não asserida, "a figura real na proposição". Wittgenstein reconheceu que é preciso acrescentar algo, para que essa figuração se transforme em uma asserção. "Uma proposição mostra seu sentido", isto é, "como as coisas estão *se* for verdadeira. E *diz que* estão assim" (TLP 4.022; NB 26.11.14). O que é crucial para a teoria pictórica é que mesmo uma proposição não asserida afigura o modo como as coisas estão se for verdadeira, uma vez que tenhamos correlacionado seus elementos com coisas, isto é, se dispusermos de um método de projeção. Embora o *Tractatus* esteja, contudo, repleto de metáforas espaciais, uma proposição não é uma figura no sentido literal de basear-se em uma semelhança espacial (ou acústica) com aquilo que afigura. As PROPOSIÇÕES ELEMENTARES não poderiam, e nem é sua função, representar relações entre objetos exclusivamente por meio da disposição espacial dos signos, sem o auxílio de nomes relacionais. Além disso, o "caráter pictórico" (*Bildhaftigkeit*) das proposições não se baseia na semelhança entre seus elementos e os da realidade, mas sim na "lógica da afiguração" (TLP 4.011 e segs.) — as regras da sintaxe lógica —, da mesma forma que a relação pictorial entre signos fonéticos e sons consiste na existência de convenções para derivar uns a partir dos outros. Uma proposição *é* uma figuração lógica (TLP 4.03) — ainda que não pura. Sua natureza pictórica consiste no fato de ser internamente RELACIONADA àquilo que afigura; seu sentido está *na* proposição, como a cena retratada em um quadro está *no* quadro. A ANÁLISE LÓGICA revelará que, em que pesem as aparências, as proposições são pictoriais, mas apenas em um aspecto — o de que existe afinal uma correlação de um-para-um entre nomes e objetos, e, em termos mais gerais, um isomorfismo lógico-matemático entre proposição e estado de coisas (TLP 4.04). Eis por que Wittgenstein se refere às proposições como "símiles" ou "modelos", que "constroem" um mundo, em lugar de o refletirem como uma fotografia (TLP 4.01, 4.023). Sua natureza pictórica é ilustrada não somente pela analogia literal com as pinturas, mas também pelo fato de uma proposição constituir um ponto no ESPAÇO LÓGICO, ponto este que é determinado pelos nomes que a compõem, da mesma forma que um ponto no espaço é determinado por suas coordenadas (TLP 3.4 e segs.; NB 29.10./1.11.14). Isso sugere que Wittgenstein teria resistido não somente à idéia de que as proposições são tão realistas quanto as pinturas, mas também à idéia oposta, que ele mesmo ajudou a inspirar em semioticistas como Goodman: a idéia de que a representação pictórica é tão convencional quanto a representação lingüística.

A teoria pictórica constitui uma teoria empobrecida das figuras. Será, contudo, uma boa teoria das proposições? Houve controvérsia quanto à idéia de que Wittgenstein teria mais tarde respondido negativamente a essa pergunta. Alguns sustentaram que a teoria pictórica cai por terra juntamente com a metafísica atomista com a qual o *Tractatus* a combina. Outros insistiram na idéia de que um núcleo lógico-semântico da teoria pictórica sobrevive na fase posterior de sua obra. A disputa aqui é em parte terminológica, uma vez que depende do que incluímos sob os rótulos "teoria pictórica" "atomismo lógico" etc. Assim, portanto, se identificamos a teoria pictórica com a teoria geral do simbolismo encontrada no *Tractatus*, então ela cai por terra juntamente com a doutrina da forma proposicional geral.

Entretanto, uma concepção pictórica das proposições elementares não depende essencialmente dessa doutrina. Isso é menos óbvio no que tange às doutrinas do atomismo lógico. Assim, pode parecer essencial à teoria pictórica um comprometimento com a idéia de objetos absolutamente simples e eternos. É de fato essencial à teoria que haja um objeto correspondente a cada um dos nomes que compõem a proposição, pois somente assim ela pode representar um estado de coisas possivelmente não existente. No entanto, isso só redunda na idéia de OBJETOS eternos e absolutamente simples, se forem acrescentadas outras exigências, tais como a idéia de que o sentido de uma proposição não deve depender da existência contingente de referentes para seus componentes (autonomia do sentido), ou a insistência na idéia de que as proposições elementares devem afigurar (possíveis) combinações definidas de elementos indestrutíveis (*ver* DETERMINABILIDADE DO SENTIDO).

Tais exigências ligam-se intimamente à teoria pictórica, proporcionando em parte a sua motivação, mas podem, *em princípio*, dela separar-se. Nem mesmo isso se pode dizer, contudo, de várias idéias corretamente criticadas pelo segundo Wittgenstein. Uma é a metafísica dos fatos: fatos não se compõem de objetos, nem são itens no mundo, aos quais as proposições VERDADEIRAS correspondem. Além disso, a teoria pictórica é falha como teoria semântica. A representação não pressupõe uma relação de um-para-um entre palavras e coisas. Ao identificar o significado de um nome com o objeto que substitui, e ao fazer com que o sentido que uma proposição pode fazer dependa dos "significados" dos nomes que a compõem, a teoria pictórica adere à VISÃO AGOSTINIANA DE LINGUAGEM. Pressupõe, além disso, que uma proposição possa representar "por conta própria", uma vez que a estrutura e a relação pictorial estejam estabelecidas. Entretanto, um signo proposicional não pode conter seu próprio MÉTODO DE PROJEÇÃO. E se uma proposição é identificada com um signo proposicional *mais* um método de projeção, a afiguração fica garantida não mais por uma forma lógica afixada à realidade, mas antes pelo USO que fazemos do signo.

Finalmente, Wittgenstein ataca o cerne da teoria pictórica, a doutrina do isomorfismo. A idéia de que uma proposição e o estado de coisas possível que ela afigura têm em comum uma forma lógica definida cai por terra juntamente com a idéia atomista de que possuem elementos constituintes últimos. Sem essa especificação, entretanto, dizer que uma proposição e aquilo que afigura "possuem algo em comum" é simplesmente enunciar que estão internamente relacionados. É essa relação interna que Wittgenstein continua a sustentar, ao referir-se à "pictorialidade" das proposições (PR 57, 63-71; PG 163, 212; PI §§519-21). Isso se resume, contudo, a reafirmar o caráter INTENCIONAL das proposições. A explicação dada pela teoria pictórica é rejeitada. A "harmonia entre pensamento e realidade" não é uma relação metafísica entre uma proposição e um item do mundo (ou uma sombra de um item do mundo — um estado de coisas possível); é, isso sim, algo orquestrado na linguagem. Resume-se a proposições gramaticais como "A proposição de que *p*" = "a proposição que é verificada pelo fato de que *p*".

À parte essa nova explicação para a natureza pictorial, o que se conserva da teoria pictórica é uma comparação de proposições com figuras, mas com figuras no sentido literal da palavra, não com figuras lógicas (pensamentos). Compreender uma proposição ou agir em conformidade com ela é semelhante a compreender uma figura ou agir de acordo com ela. A diferença entre as proposições fictícias e as proposições factuais se assemelha à diferença entre pinturas de gênero e pinturas históricas (PG 42, 163-4; WVC 185; PI §§522-3; Z §444; MS107 155; MS109 26-7). Uma pintura de gênero nos diz algo, mas o que diz é precisamente algo que não se refere a como as coisas estão na realidade.

***Tractatus logico-philosophicus*** (*Logisch-Philosophische Abhandlung*) Wittgenstein sempre se referiu ao único livro filosófico que publicou em vida como *Logisch-Philoso-*

*phische Abhandlung*. No entanto, o título sugerido por Moore para a edição inglesa, *Tractatus Logico-Philosophicus*, venceu a disputa, sendo hoje o nome mais conhecido. Infelizmente, a obra em si permanece obscura. Parte da dificuldade, e do encanto do livro, reside no fato de que se discutem ali problemas como o significado lingüístico, a natureza da lógica, o objetivo da filosofia e o lugar do eu, de um modo que conjuga o formal e o romântico. "A obra é estritamente filosófica e ao mesmo tempo é literária, mas não há ali palavrório inútil" (FL 10.19). Um outro obstáculo é que as observações marmóreas do *Tractatus* são extremamente condensadas. Não são aforismos, pois enquadram-se rigidamente em uma estrutura coesa. Em sua tentativa de evitar o palavrório inútil, entretanto, Wittgenstein adotou um tom lacônico e comprimiu suas observações no que Broad denominou "melodias sincopadas". O próprio Wittgenstein mais tarde reconheceu que essa observação era justa, admitindo que cada frase no *Tractatus* deveria ser lida como o título de um capítulo, carecendo de maiores esclarecimentos (o pano de fundo para os dizeres sibilinos do *Tractatus* é por vezes encontrado nos *Cadernos*). Por fim, os "decimais que numeram as proposições destacadas indicam o peso lógico dessas proposições, a importância que têm em minha exposição. As proposições *n*.1, *n*.2, *n*.3 etc. são observações relativas à proposição de número *n*; as proposições *n.m1*, *n.m2* etc. são observações relativas a proposição de número *n.m*, e assim por diante" (TLP 1n). Wittgenstein considerava esse sistema essencial para o livro (FL 5.12.19), mas muitos o consideraram confuso. Wittgenstein utilizou-o primeiramente no chamado "Prototractatus", um texto datilografado que ele compôs a partir dos *Cadernos* em 1917-18. Originalmente, o sistema serviu como um recurso de redação; mais tarde passou a constituir um sistema de sinalização. O *Tractatus* não o aplica de forma consistente. Aquilo que Wittgenstein denominou a sua "idéia básica" iremos encontrar escondido na proposição 4.0312. As proposições de 1 a 7 deveriam ser compreendidas como títulos de capítulos, embora a proposição 4 não seja elucidada pelo que se segue, mas pelo que a precede.

Wittgenstein enfrentou grandes dificuldades para encontrar uma editora que publicasse o *Tractatus* (abordou Frege e Ficker, sem êxito, para que estes o auxiliassem com a publicação). Foi finalmente publicado em 1921 nos *Annalen der Naturphilosophie*, de Ostwald, e um ano mais tarde em uma edição bilíngüe inglês-alemão. Isso ocorreu graças ao apoio generoso de Russell. Para garantir a publicação, Russell escreveu uma introdução que Wittgenstein considerou superficial e confusa (RUL 6.5.20), em parte com razão.

O trabalho que culminou no *Tractatus* começou em 1912, como uma tentativa de elucidar a natureza das "proposições da lógica" e das CONSTANTES LÓGICAS. Dado que explica a LÓGICA com base na natureza da representação, Wittgenstein foi imediatamente levado a uma "teoria do simbolismo", que elucida a natureza das proposições dotadas de significado em geral (RUL 22.6.12, 26.12.12). O resultado da discussão sobre a lógica foi atingido em "Notes dictated to Moore" (1914): a idéia de que as proposições lógicas são TAUTOLOGIAS que nada dizem acerca da realidade. A teoria do simbolismo que Wittgenstein acaba por construir é a TEORIA PICTÓRICA (NB 29.10.14), que confere às proposições lógicas o pano de fundo sobre o qual ocupam sua posição singular. Distinguindo-se das TAUTOLOGIAS, as proposições ordinárias afiguram estados de coisas possíveis.

A teoria pictórica traz consigo uma elaborada ontologia atomista de OBJETOS indestrutíveis. Ao explicar a essência da proposição, explica a "essência do ser" (NB 22.1.15).

Isso deu origem a uma controvérsia entre interpretações "lingüísticas", segundo as quais os objetos do *Tractatus* não passam de construtos, e interpretações "ontológicas", segundo as quais a linguagem só é anterior no que se refere a *ordo cognescendi*, mas não no que tange a *ordo essendi*. A primeira está correta no sentido de que a metafísica de Wittgenstein é uma decorrência de sua lógica (NL 106): a existência de objetos é deduzida a partir de uma teoria da representação lingüística. Entretanto, tal teoria supõe crucialmente que a linguagem não seja AUTÔNOMA, devendo antes espelhar a natureza essencial da realidade, para que possa ser capaz de afigurá-la. Wittgenstein ainda declarou mais tarde que seu trabalho "projetara-se dos fundamentos da lógica para a natureza do mundo" (NB 2.8.16). Isso não apenas se harmoniza com o movimento que o leva da lógica à ontologia, mas também prenuncia a emergência de uma versão lingüística do idealismo transcendental de Schopenhauer (*ver* SOLIPSISMO), e também de temas MÍSTICOS

O *Tractatus* se divide em quatro partes, que correspondem aos estágios de seu desenvolvimento: a teoria da lógica (1912-14), a teoria pictórica (1914), a discussão sobre a ciência e a matemática (1915-17) e a discussão sobre o místico (1916-17). A estrutura do livro é a seguinte:

Ontologia (1-2.063): embora o *Tractatus* trate da representação simbólica (Pref.), inicia-se com uma ontologia, uma vez que a natureza da representação e daquilo que representa (pensamento/linguagem) mantêm com a natureza do que é representado (a realidade) uma relação de isomorfia.

Figuração (2.1-3.5): tendo alegado que o mundo é a totalidade dos fatos, o *Tractatus* passa a investigar um subconjunto dessa totalidade, a saber, as figurações, em particular as PROPOSIÇÕES, isto é, fatos que são capazes de representar outros fatos.

Filosofia (4-4.2): distinguindo-se da ciência, a filosofia não consiste em proposições, uma vez que a forma lógica que a linguagem e a realidade têm em comum não pode ser expressa em proposições significativas, mostrando-se antes nas proposições empíricas (*ver* DIZER/MOSTRAR).

Teoria da lógica (4.21-5.641, 6.1-6.13): Wittgenstein utiliza operações vero-funcionais para explicar a construção de proposições moleculares a partir de proposições elementares, proporcionando, com isso, uma explicação para a FORMA PROPOSICIONAL GERAL. Utiliza-os, além disso, para determinar que as proposições lógicas são tautologias.

Matemática (6-6.031, 6.2-6.241): a matemática é também explicada como um aspecto das operações lógicas por meio das quais as proposições são derivadas umas das outras.

Ciência (6.3-6.372): a ciência é tratada, em um espírito hertziano, como algo que contém elementos a priori, a rede de nossa descrição do mundo.

Misticismo (6.373-6.522): o valor ÉTICO e o valor ESTÉTICO são inefáveis.

Jogando a escada fora (6.53 e seg.): o *Tractatus* ambiciona indicar os limites do dizível, mas reconhece que seus próprios dizeres em muito os ultrapassam. Deveriam ser usados como uma escada, que possa ser derrubada tão logo se tenha subido. "Sobre aquilo de que não se pode falar, deve-se calar" (7).

Parte do fascínio exercido pelo *Tractatus* reside em sua elusiva unidade. Uma teoria da representação, a teoria pictórica do significado, nos fornece uma ontologia atomista; uma teoria da lógica, nos dá, por sua vez, uma explicação do misticismo e uma imagem fascinante da própria filosofia. Mas algumas das conexões são tênues. O misticismo não é inefável da mesma maneira que a lógica, e não é fácil ver como a explicação abstrata das teorias científicas se encaixa na visão geral da linguagem.

**treinamento** (*Abrichtung*) *ver* EXPLICAÇÃO.

# U

**uso** De acordo com o que Wittgenstein denominou VISÃO AGOSTINIANA DE LINGUAGEM, o significado de uma expressão é o objeto a que se refere. Embora o primeiro Wittgenstein tenha, ao lado de Russell e de Frege, aderido a uma certa versão dessa concepção, o segundo Wittgenstein foi o primeiro a submetê-la a uma crítica consistente. Uma expressão não deixa de ter significado por não se referir a um objeto, sendo um erro categorial tratar o objeto a que uma palavra se refere como seu significado. Wittgenstein apresentou, além disso, uma célebre alternativa à concepção referencial. Na primeira fase de sua obra, ele já conferira destaque ao *uso* dos signos. Entretanto, para o *Tractatus*, o uso de um signo apenas *mostra* suas possibilidades combinatórias, que são *determinadas* pelas possibilidades combinatórias do objeto que o signo substitui. Cabe a nós determinar que NOMES projetamos sobre que objetos, mas uma vez que os tenhamos projetado, nosso uso precisa refletir a essência daqueles referentes (TLP 3.326 e segs., 6.211; NB 11.9.16; *ver* CORPO DE SIGNIFICADO).

A posição do segundo Wittgenstein é radicalmente diferente. O significado de um signo não é um corpo de significado, uma entidade que determina o seu uso. Um signo não adquire significado por estar associado a um objeto, mas sim por ter um uso governado por regras. Se é ou não dotado de significado é algo que depende da existência de um uso estabelecido, da possibilidade de ele ser empregado na realidade, em atos lingüísticos dotados de significado; e o significado que possui depende de como ele pode ser usado. "Para uma *grande* classe de casos em que empregamos a palavra 'significado', embora não todos, ela pode ser assim definida: o significado de uma palavra é seu uso na linguagem" (PI §43, cp. §30; BB 69). Considerando-se que Wittgenstein não via problema em, nesse sentido, atribuir significado a nomes próprios, por exemplo, a ressalva que faz provavelmente não exclui determinados tipos de expressão, mas sim um certo sentido de "significado", a saber, o da significação natural, como em "Estas nuvens significam chuva".

A sugestão de Wittgenstein de que o significado é o uso não somente molda as filosofias lingüísticas de Ryle, Austin e Strawson, mas é também aceita por alguns de seus adversários (Quine e Dummett), além de constituir um pressuposto para lexicógrafos e lingüistas que fazem trabalho de campo. Ela é, ademais, plausível: aprendemos o significado das palavras, aprendendo como utilizá-las, da mesma forma que não aprendemos a jogar xadrez associando peças a objetos, mas antes aprendendo como as peças podem ser movidas. No entanto, essa sugestão sofreu críticas severas dos adeptos da semântica formal. Seguidores de Wittgenstein tentaram, por vezes, ignorar tais críticas *ab initio*. Salientaram o fato de que Wittgenstein não apresenta uma *teoria* do significado. Isso é correto, mas não garante invulnerabilidade à sua posição. Wittgenstein elucida o significado das palavras descrevendo-lhes o uso. Isso pressupõe alguma *concepção* de significado — tanto mais se tais investigações são contrastadas com teorias sistemáticas. Depende do conceito de significado adotado concebê-lo como algo que deva constituir objeto de uma teoria. Por outro lado, os críticos de Wittgenstein ignoram amiúde que o que está em jogo aqui é o conceito ordinário de significado, não noções técnicas que a semântica formal venha a construir.

Outro movimento evasivo possível é insistir na idéia de que Wittgenstein não nos oferece sequer uma explicação do significado, limitando-se a nos dar um conselho metodológico: "Não pergunte pelo significado, pergunte pelo uso!" Em nossas investigações de termos filosóficos controversos, a própria noção "o significado" nos desorienta, de vez que sua forma nominal sugere um objeto para além do signo (isso fica ainda mais óbvio quando se considera o termo original alemão *Bedeutung*, derivado de *deuten*, que significa "apontar"). O conceito de significado torna-se obsoleto a não ser no caso de expressões como "quer dizer o mesmo" ou "não possui significado" (M 51-2; AWL 30; PG 56; PI §120). Quine segue essa mesma linha. Entretanto, ao contrário de Quine, Wittgenstein compromete-se com a visão de que os problemas filosóficos acerca do significado não podem ser resolvidos simplesmente riscando-se o termo do vocabulário filosófico (*ver* METALÓGICA). A máxima metodológica de Wittgenstein deve basear-se em uma compreensão clara do conceito de significado.

Wittgenstein foi acusado de desconsiderar o fato de que o significado de uma palavra não pode ser identificado com proferimentos particulares, ou mesmo com todos os proferimentos reais, considerando-se que incluem-se neles usos equivocados. Já se objetou, além disso, que não deveríamos estar preocupados com o modo como usamos as palavras, mas sim com o porquê de as usarmos do modo como usamos. Em ambas as objeções, não se leva em conta dimensão normativa da concepção wittgensteiniana de significado lingüístico. Wittgenstein elucida a noção de significado pelo estabelecimento de suas conexões conceituais com outras noções, como COMPREENSÃO e EXPLICAÇÃO. O significado de uma palavra é o que é explicado por uma explanação do significado, que especifique como a palavra pode ser usada com sentido em uma determinada linguagem. Tais explanações constituem o que Wittgenstein denomina REGRAS GRAMATICAIS. Elas abrangem um número ilimitado de ocasiões, constituindo padrões para o uso *correto* de expressões. Nós as invocamos para justificar ou criticar empregos de palavras, o que significa que elas constituem nossas razões para usar as palavras do modo que usamos. E se, ao indagarmos por que usamos as palavras, ambicionamos estabelecer as causas para termos adotado certas regras, essa será uma questão irrelevante para o significado das palavras em foco (embora possa ser relevante para sua etimologia). O significado é o uso em conformidade com regras gramaticais (AWL 44-8; 85; OC §§61-3).

Entretanto, embora as noções de significado e de uso guiado por regras se entrecruzem, divergem quanto a aspectos importantes. Em primeiro lugar, há expressões que possuem uso mas não significado, como "eia" ou "abracadabra". Em segundo lugar, distinguindo-se de seu significado, o uso de uma palavra pode ser algo de bom gosto, algo acompanhado por gestos, algo expressivo de coisas acerca do falante etc. Em terceiro lugar, duas expressões podem possuir o mesmo significado, sem possuir o mesmo uso (como, por exemplo, "tira"/"policial"). Qualquer um que identifique o significado com o uso não pode descartar esses pontos como detalhes insignificantes. Pois eles revelam que o uso da expressão "o uso de uma palavra" difere do uso da expressão "o significado de uma palavra", e que, se a máxima da identificação estiver correta, isso demonstraria que as duas expressões *não* significam o mesmo. A primeira divergência mostra que a noção de uso possui uma extensão mais ampla do que a de significado; a segunda, que há uma diferença categorial entre "significado" e "uso"; a terceira, que nem todos os aspectos do uso de um termo são relevantes para seu significado.

Embora algumas passagens limitem-se a identificar significado e uso, outras são compatíveis com as ressalvas acima (PG 60; LFM 192 vs. PI §139, II 212, 220). Embora o significado não determine o uso, o uso determina o significado, não causalmente, mas logicamente (da mesma forma que, para Frege, o sentido determina o "significado", aquilo que a palavra substitui). Enquanto a igualdade de significado coexiste com a diferença de uso, cada diferença de significado constitui uma diferença em uso. Dado o uso de uma palavra, podemos inferir seu significado sem qualquer evidência adicional, mas não o contrário. Não se pode deduzir a partir de uma explicação de dicionário para a palavra "tira" se o termo é ou não usado com freqüência no meio acadêmico, mas pode-se escrever o verbete no dicionário tendo como base uma descrição completa do emprego do termo. A partir do uso de uma palavra, podemos aprender tudo sobre seu significado; o que significa que a análise conceitual permanece correspondendo à investigação do uso lingüístico. Infelizmente, isso não resolve o problema de que o termo "uso" *in vacuo* é por demais nebuloso para ser de utilidade. Ajuda-nos, contudo, a focalizar a dificuldade: que aspectos do uso são relevantes para o significado? Wittgenstein estava ciente desse problema. Ao fazer alguns comentários sobre um jogo de linguagem fictício, em que um mesmo tipo de ferramenta possui nomes diferentes em diferentes dias da semana, ele afirma "nem todo *uso* é um significado" (LW I 289). Uma sugestão possível aqui, que parece levar-nos de volta a uma concepção referencial, é que, no que tange ao uso de uma expressão, o que importa para seu significado é aquilo com relação ao que ela é utilizada, ou o que ela denota. Entretanto, nem todas as expressões funcionam como sucedâneos de objetos. Já houve quem replicasse que mesmo expressões não referenciais como "e" significam algo: há "traços" ou "condições" que lhes autorizam o uso. Mas isso é o mesmo que dizer que são dotadas de significado. O significado das expressões diz respeito às condições para seu uso correto. Isso não é posto em dúvida, contudo, em uma concepção de significado orientada para o uso. Usamos signos no mundo, usando-os ou não para nos referir a objetos no mundo.

Wittgenstein sugere que os aspectos do uso de uma palavra que determinam seu significado são seu papel ou função, admitindo, entretanto, que essa idéia em si é imprecisa (LW I §§278-304; LPP 291). Em outra ocasião, ele associa o significado de uma palavra a seu propósito ou objetivo, comparando palavras e proposições a ferramentas. Diferenças lógicas importantes entre as palavras são mascaradas por semelhanças em sua forma ou aparência lingüística ("2", "dor", "mesa" são todos nomes; "nadar", "querer dizer", verbos), mas revelam-se conforme sua função, assim como as diferenças entre um martelo e um cinzel revelam-se no modo como essas ferramentas podem ser usadas (PI §§5, 11-14, 421, 489; BB 67). Isso não quer dizer, no entanto, que Wittgenstein tenha sustentado uma concepção instrumentalista do significado, em que o significado de uma palavra, como o de uma ferramenta, é o efeito que tem sobre o comportamento das demais. Tais teorias causais haviam sido desenvolvidas nos anos vinte por Russell, por um lado, e Ogden e Richards, por outro. Para Russell, a fala é um meio de produzir em quem nos ouve as imagens que estão em nós. A conexão entre uma palavra e seu significado (um objeto, ou a correspondente imagem mental, no caso dos enunciados produzidos na memória) tem natureza causal. Compreendemos de forma ativa uma palavra se circunstâncias apropriadas nos fazem usá-la; e de forma passiva, se ouvir as palavras causa nossa adoção de um comportamento apropriado (*Analysis*, cap. X). Ogden e Richards defenderam uma teoria semelhante: o significado de um símbolo é o pensamento causado quando ele é ouvido, ou aquele que causa o seu proferimento. A correção no uso de um símbolo depende de ele produzir no ouvinte um pensamento similar ao do falante.

Ambas as teorias ambicionavam, *inter alia*, preencher a lacuna deixada pela recusa do *Tractatus* em especificar como os signos se conectam àquilo que significam. Quando, entretanto, Wittgenstein se voltou para esse problema, depois de seu retorno à filosofia, criticou Russell, e também Ogden e Richards, com argumentos que se aplicam a teorias causais e behavioristas em geral, e desenvolveu sua própria concepção de significado, opondo-se a eles diametralmente. (Por esta razão, Quine está errado em afirmar que a idéia do significado como uso fora antecipada por Dewey, que se limitou a resistir a teorias mentalistas do significado em nome do behaviorismo.) Assim como não podem contemplar a natureza lógica da INTENCIONALIDADE, as explicações causais tampouco podem contemplar o aspecto normativo do significado, obliterando a distinção entre sentido e absurdo. O êxito de um proferimento em lograr o efeito desejado, em uma ocasião particular ou em geral, não determina se o signo proferido possui ou não significado. O proferimento "Este signo quer dizer *X*" não quer dizer o mesmo que "Quando profiro este signo, obtenho *X*". Mesmo que o resultado regular de eu dizer "Tragam-me açúcar!" fosse as pessoas me olharem perplexas, isso não significaria que meus proferimentos quisessem dizer "Olhem-me perplexas!" O significado de uma palavra é determinado por convenções gerais que governam seu uso, ao passo que seu efeito depende de condições contingentes que dizem respeito a circunstâncias específicas.

Na teoria causal, não há espaço para algo como compreender uma ordem e desobedecê-la, considerando-se que, nesse caso, a ordem não produz o efeito desejado. Um adepto da teoria causal poderia responder aqui que ela acomoda a desobediência de ordens, uma vez que a ordem constitui apenas uma parte da cadeia causal que leva à sua execução. Em termos mais específicos, aquele que recebe a ordem deve estar condicionado a inclinar-se a obedecê-la. Essa resposta não elimina, contudo, a dificuldade levantada. É logicamente possível que a ordem seja desobedecida mesmo quando todos os outros elos da cadeia, incluindo-se a disposição de quem recebe a ordem, estejam desempenhando sua função. Um cão, por mais bem treinado que seja, pode ainda desobedecer, e um mecanismo, por mais bem construído que seja, pode quebrar. Explicar o sentido de uma ordem não equivale a prever suas conseqüências, nem mesmo com a ressalva de que a cadeia causal não seja passível de desvios. Pois é somente com base em normas de expressão (regras gramaticais) que podemos estabelecer uma distinção entre cadeias causais anormais e cadeias causais normais, já que apenas as regras determinam o que *conta* como anuir à ordem ou compreender um proferimento (PI §§493-8; PR 64; BT 193-4; PG 68-9, 187-92; PLP cap. IV; FW 97).

Durante o período de transição, Wittgenstein afirmou que, embora o significado de uma palavra não seja idêntico a seu efeito, a linguagem pode ser vista como um mecanismo causal que associa estímulos e respostas. Mais tarde, ele rejeitou essa afirmação, possivelmente porque ela é incompatível com a idéia de que o comportamento mecânico que apenas calha de estar em conformidade com uma regra não constitui a atividade de seguir uma REGRA: se os proferimentos não fossem mais que partes de um mecanismo, não contariam como lances em um jogo de linguagem (PI §493; LPP 17, 135, 257). Isso não equivale a negar que a linguagem envolva mecanismos causais; equivale apenas a dizer que não é com base neles que podemos tornar compreensível o seu caráter significativo.

Ainda que não tenha sustentado uma teoria causal, Wittgenstein poderia ter sustentado uma teoria da "comunicação-intenção", do tipo da que G.H. Mead e Grice desenvolveram. De acordo com tal teoria, o significado de uma palavra seria o efeito que o falante *pretende* produzir com ela. Para Wittgenstein, contudo, o que importa no significado é o propósito ou papel das expressões, não os falantes (PI §§6, 8, 317, 345). O importante não é a intenção de falantes de produzirem um determinado efeito em seus ouvintes, pelo proferimento de uma combinação de palavras em uma determinada situação (a intenção de realizar o que Austin denomina o ato perlocucionário); o que importa é a função que uma expressão possui por convenção lingüística, o papel que tem ou o lugar que ocupa na gramática (PG 59,189-90). Ele afirmaria, além disso, que minha intenção de produzir nos ouvintes um determinado efeito só pode ser ela mesma compreendida com base em sua expressão lingüística, não podendo, portanto, explicar o significado desta (*ver* PRETENDER ALGO E QUERER DIZER ALGO).

O papel convencional ou gramatical de uma expressão não inclui apenas os atos de fala que podem efetuar-se com o seu proferimento (como sugeriram aqueles que associaram Wittgenstein à análise em termos de atos de fala); inclui também suas possibilidades combinatórias, as relações lógicas das proposições em que ocorre, e o modo como seu emprego pode ser criticado ou justificado (*ver* VERIFICACIONISMO). Por vezes, Wittgenstein o concebe de maneira *por demais ampla*, sustentando que o significado de uma palavra é determinado por seu "papel na vida de todo um povo" (EPB 149). A palavra "*indigestion*" (indigestão) possui em inglês o mesmo papel que tem, em alemão, a palavra *Kreislaufbeschwerden* (distúrbios circulatórios); constituem ambas a reclamação típica dos hipocondríacos. Isso não indica, contudo, igualdade de significado, mas antes uma divergência de forma de vida (paralisia aqui, *Angst* ali). Ele pisa solo mais firme ao sugerir que a noção de igualdade/diferença de significado não é uma questão de tudo ou nada, assim como não o é a noção de igualdade/diferença de papel (PI §§547-70). Se isso estiver correto, não deveríamos tentar tornar a primeira noção mais precisa invocando, para isso, a segunda; deveríamos contentar-nos em distinguir o papel convencional de uma palavra em uma linguagem de seu papel perlocucionário em uma determinada ocasião.

# V

**vagueza** *ver* DETERMINABILIDADE DE SENTIDO.

**variável** *ver* PROPOSIÇÃO; DIZER/MOSTRAR; TAUTOLOGIA.

**verdade** Não há teoria da verdade que não tenha sido atribuída a Wittgenstein. Já lhe atribuíram o "mérito" de uma teoria da coerência, de uma teoria pragmática, de uma teoria consensualista. A verdade aqui é simples e clara. O primeiro Wittgenstein desenvolveu uma versão sofisticada de teoria da correspondência, ao passo que o segundo Wittgenstein foi, juntamente com Ramsey, um pioneiro da teoria da redundância. Segundo a teoria da correspondência, a verdade é uma relação entre um portador-da-verdade (um juízo, uma sentença, uma proposição) e algo na realidade que o torna verdadeiro (um fato). Uma dificuldade enfrentada pelos proponentes dessa teoria, como Locke, Moore e Russell, é fornecer uma explicação clara para as noções de portador de verdade, fator de verdade e relação de correspondência. Frege perdeu a esperança de especificar uma relação de correspondência em que não coincidissem o portador e o fator de verdade. Concluiu que a verdade é *sui generis* e indefinível ("Thought" 59-60).

Wittgenstein tentou enfrentar o desafio. A verdade e a falsidade não são duas entidades abstratas que a proposição nomeia, como queria Frege (TLP 4.441; NL 107; *ver* CONSTANTES LÓGICAS). Tampouco constituem duas propriedades que as proposições calham de possuir, assim como as rosas podem calhar de ter a cor branca ou vermelha, como sugeriu Russell. Ser verdadeiro e ser falso são duas relações que uma proposição pode manter com a realidade; e é uma característica essencial das proposições serem BIPOLARES, isto é, serem capazes de manter com a realidade qualquer das duas relações: uma proposição deve ser passível de ser verdadeira e passível de ser falsa. A explicação positiva de Wittgenstein começa com observações que antecipam a teoria da redundância, bem como as teorias tarskianas do significado e da verdade:

(1) "*p*" é verdadeiro $\equiv p$.

Para compreender, entretanto, a proposição de que *p*, precisamos saber mais que (1); precisamos conhecer a forma lógica do fato que constitui a proposição "*p*" (NL 104; NM 113).

A TEORIA PICTÓRICA nos explica como uma PROPOSIÇÃO, que é um fato, representa outros fatos de modo verdadeiro ou falso. "A proposição é uma figuração da realidade: pois sei qual é a situação por ela representada. ... A proposição *mostra* como estão as coisas se for verdadeira. E *diz que* estão assim" (TLP 4.021 e seg.).

As proposições só podem afigurar a realidade de forma verdadeira ou falsa por constituírem *figurações* ou modelos, que são comparados com a realidade, da mesma forma que se põe uma régua ao lado de um objeto a ser medido (TLP 2.152 e seg., 4.05-4.062; NL 95; NB 24.11.14, 11.1.5). As proposições moleculares são funções de verdade de PROPOSIÇÕES ELEMENTARES. A verdade ou falsidade de uma proposição molecular é determinada pela verdade ou falsidade de suas proposições elementares. Uma proposição é verdadeira se e somente se um de seus fundamentos de verdade é satisfeito, isto é, se uma das possíveis combinações de valores de verdade que lhe atribuem o valor verdadeiro em uma TABELA DE VERDADE de fato se dá. Assim, "*p.q*" é uma proposição verdadeira se e somente se uma de suas possibilidades de verdade se dá, a saber, aquela em que tanto "*p*" quanto "*q*" recebem o valor V na tabela de verdade.

As proposições elementares são compostas de NOMES que não são passíveis de análise e que substituem OBJETOS simples na realidade. Dado um MÉTODO DE PROJEÇÃO adequado, o fato de que tais nomes se combinam de uma certa maneira afigura um estado de coisas, uma combinação ou configuração possível de objetos na realidade. Uma proposição elementar "*p*" é verdadeira se e somente se o estado de coisas que afigura existe, isto é, constitui um fato. Isso significa, por sua vez, que os objetos de que os nomes são sucedâneos combinam-se da maneira como a combinação de nomes na proposição afirma que se combinam. "A figuração concorda ou não com a realidade; é correta ou incorreta, verdadeira ou falsa. ... Na concordância ou discordância de seu sentido com a realidade consiste sua verdade ou falsidade" (TLP 2.21-2.222).

O fenecimento da ontologia do atomismo lógico, em 1929, eliminou os principais elementos dessa abordagem. Para Austin, isso significou um estímulo para a construção de uma versão da teoria da correspondência que não se baseia em objetos simples etc. Para Wittgenstein, foi o sinal para retornar a seu ponto de partida. Tendo abandonado a idéia de que as proposições são fatos que combinam elementos não analisáveis, restou-lhe apenas a equivalência lógica simples expressa em (1). Ramsey, talvez estimulado por Wittgenstein, chegou à conclusão de que "é verdade que está chovendo" não diz mais do que "Está chovendo". As palavras adicionais não possuem conteúdo assertivo algum (*Mathematics* 138-55). Distinguindo-se do primeiro Wittgenstein, ele não formulou essa equivalência por meio de um enunciado em que as aspas são eliminadas, como (1), mas sim da seguinte forma:

(1') "É verdade que *p*" ≡ "*p*"

Wittgenstein seguiu o exemplo. Insistiu que o enunciado "'*p*' é verdadeiro" só pode ser compreendido se tratarmos "*p*" como um signo proposicional, e não como o nome de uma determinada inscrição gráfica. Em contraste com teorias tarskianas, Wittgenstein negava, com razão, que o predicado "é verdadeiro" se aplique a sentenças. Assim como Ramsey, ele não via problema em quantificar sobre proposições, o que é necessário para dar conta de enunciados que, do contrário, desafiariam a teoria da redundância. Assim, "O que quer que o papa diga é verdadeiro" ganha a formulação "$(p)((\text{o papa diz que } p) \supset p)$"; "O que ele diz é verdadeiro", a formulação "As coisas estão como ele diz que estão", isto é, "(Ele diz que *p*). *p*" (PG 123-4). Mais tarde, entretanto, Wittgenstein passou a adotar uma abordagem semelhante à de Quine, em que as aspas são eliminadas; afirma que "'*p*' é verdadeiro = *p*" (PI §136; RFM 117). Em qualquer das duas versões, o termo "verdadeiro" não constitui um ponto de disputas metafísicas, já que o predicado "é verdadeiro" não enuncia uma relação entre uma proposição e um fato (como sustentam os adeptos da teoria realista da correspondência), ou entre uma proposição e um conjunto de crenças (como querem os adeptos das teorias da coerência idealista). Isso não significa dizer, entretanto, que (1) é tudo o que se pode dizer com relação à noção de verdade. Wittgenstein discute longamente o que significa ser verdadeiro para diferentes proposições, e o que pode ser considerado como uma VERIFICAÇÃO dessas proposições (OC §200).

À medida que vai abandonando o atomismo lógico, Wittgenstein sugere também uma crítica à teoria da correspondência que antecipa o ataque posterior de Strawson. A teoria da correspondência trata FATOS como se fossem habitantes do mundo. Mas o fatos não se localizam no espaço e no tempo, não estão aqui ou ali. O fato de que a Batalha de Hastings foi travada em 1066 não é algo que aconteceu em 1066, e tampouco poderia ter sido encontrado no campo de batalha. Assim sendo, dizer que a proposição de que *p* torna-se verdadeira pelo fato de que *p* é algo que gera confusões, uma vez que não há elemento extralingüístico que pudesse afetar de algum modo a proposição, ou a ela corresponder da forma como uma estátua e sua réplica podem corresponder-se.

Wittgenstein negou, além disso, que se possa justificar uma proposição apontando-se o fato que, ocorrendo, a verifica. Não se pode apontar (ou descrever) um fato, uma vez que um fato não constitui um objeto ou um complexo de objetos (PR 301-3). Só o que se pode fazer é assinalar um fato. Mas isso nada mais é do que enunciá-lo. Isso significa, contudo, que não se pode invocar o fato verificador como justificação, pois, nesse caso, estar-se-ia simplesmente repetindo a proposição que se buscava justificar. Pode-se justificar empiricamente a proposição de que *p* com base na proposição de que *q*. Pode-se, além disso, justificá-la aplicando-se, com êxito, os métodos apropriados de justificação. Não se pode justificá-la, entretanto, pela simples enunciação de que é um fato que *p*. "O limite da linguagem se mostra na impossibilidade de descrevermos o fato que corresponde ... a uma sentença, sem que nos limitemos a repetir a sentença. (Isso tem a ver com a solução kantiana para o problema da filosofia)" (CV 11; há de fato um marcante paralelo com o argumento "dialelo" de Kant, *Logik*, Introd.)

Não se trata aqui de idealismo lingüístico. Enunciados empíricos são verificados ou falseados pelo modo como as coisas estão, que independe do modo como dizemos que estão. O valor de verdade de uma proposição é completamente independente de convenções gramaticais. No entanto, dizer que os fatos tornam as proposições verdadeiras sugere uma correlação de itens que é semelhante à que encontramos em "Deixar cair a louça faz com que ela se quebre". Na verdade, é algo que se aproxima mais de dizer "Ser um cavalo fêmea faz com que se seja égua". Para Wittgenstein, isso é apenas um modo confuso de expressar uma certa proposição gramatical, que constitui o núcleo de verdade da teoria da correspondência: a proposição de que *p* é verdadeira se as coisas de fato estão como ela diz que estão (BB 30-8; PI §§134, 444).

Wittgenstein afirma, é verdade, que a gramática é AUTÔNOMA. Não se trata, no entanto, de uma alegação sobre a verdade, mas sim sobre conceitos. Temos que estabelecer a diferença entre proposições empíricas, que são verificadas ou falseadas pelo modo como as coisas estão, e proposições GRAMATICAIS, que expressam regras para o uso das palavras. Regras não refletem a realidade, justamente porque não podemos dizer delas que sejam verdadeiras ou falsas. Nossas práticas lingüísticas determinam que enunciados empíricos podemos produzir com sentido, mas não se eles são verdadeiros ou falsos. Nossa rede conceitual determina os peixes que podemos pescar, mas não os peixes que de fato apanhamos, quando o fazemos.

Wittgenstein rejeita explicitamente a idéia de que uma proposição é verdadeira se a aceitamos (RFM 406; Z §§319, 428-31).

> "Então está me dizendo que é o acordo humano que decide o que é verdadeiro e o que é falso?" — Verdadeiro falso é o que os homens *dizem*... (PI §241)
>
> Somente em pensamento existe o correto e o incorreto, e, portanto, na expressão de pensamentos: e a expressão dos pensamentos, a linguagem, é comum aos homens. (MS124 212-13, citado por G.P. Baker e P.M.S. Hacker, *Wittgenstein: Rules, Grammar and Necessity* (1985), 257)

As palavras "é verdadeiro" só possuem um sentido ou um papel, porque os seres humanos fazem, discutem, e verificam asserções; o conceito de verdade não existe independentemente de nosso comportamento lingüístico. Se, entretanto, essas asserções são ou não verdadeiras é algo que depende de como as coisas estão, pois é assim que utilizamos o termo "verdade".

**verificacionismo** Trata-se da visão de que o significado de uma proposição é o seu método de verificação (o princípio de verificação), e de que uma proposição não possui significado se não pode ser verificada ou falseada (o critério verificacionista para atribuição de significado). O princípio foi primeiramente adotado pelo Círculo de Viena, embora seus membros o tenham atribuído a Wittgenstein, que, ao que parece, transmitiu-o a Waismann em conversações particulares. Segundo alguns comentadores, o contraste básico entre as reflexões do primeiro e do segundo Wittgenstein corresponde ao contraste entre uma semântica realista, baseada em condições de verdade, e uma semântica anti-realista, que rejeita a noção de verdade transcendente à verificação, optando, em lugar dela, pela idéia de condições de assertabilidade ou justificabilidade. O *Tractatus* afirma, com efeito, que compreender uma proposição é saber o que é o caso se ela é verdadeira (TLP 4.024; *ver* SIGNIFICADO). Isso não marca, contudo, um contraste simples com relação a idéias verificacionistas. Na verdade, quando Waismann tentou sumariar o *Tractatus*, em 1930, não tardou a abandonar a idéia de que compreender uma proposição é saber sob que condições a *diríamos* verdadeira, em privilégio do princípio da verificação e do critério verficacionista para atribuição de significado (WVC 243-5). Esse movimento é no mínimo compatível com o *Tractatus*: para saber se uma proposição é verdadeira, é preciso *verificá-la*, compará-la com a realidade, como quando usamos uma régua (TLP 2.1512 e seg., 2.223). Compreender uma proposição é saber que combinação possível de objetos a *verificaria*, e não saber se tal combinação efetivamente se dá. Dessa forma, o *Tractatus* assume um compromisso tácito com um critério verificacionista para atribuição de significado, embora não se comprometa com o princípio de verificação.

Wittgenstein começou a dar atenção ao método de comparar uma proposição com a realidade em 1929-30, quando se deu conta de que uma proposição e aquilo que afigura não se vinculam por meio de um isomorfismo lógico-metafísico (*ver* INTENCIONALIDADE). Em decorrência disso, adotou um verificacionismo radical. Uma proposição só será dotada de significado se puder ser completamente verificada ou falseada; seu significado ou sentido é o método de verificação; uma diferença de verificação é uma diferença de significado; compreender uma proposição é saber como decidir sobre sua verdade ou falsidade; a verificação constitui *todo* o sentido de uma proposição (WVC 47, 53, 79; PR 66-7, 77, 89, 174, 200; AWL 20; MS107 143). Baseando-se nisso, distinguiu três tipos de proposições, conforme o seu modo de verificação. As "proposições genuínas" (*Aussagen*) podem ser verificadas ou falseadas de forma conclusiva pela comparação com a realidade, já que descrevem uma "experiência primária" ou dados dos sentidos, como ocorre em "Parece que tenho diante de mim uma esfera". Ou são verdadeiras ou são falsas. Em contraposição, as "hipóteses", enunciados acerca de objetos materiais e dos estados mentais de terceiros não são proposições no mesmo sentido, uma vez que não são realmente verdadeiras ou falsas, mas apenas mais ou menos prováveis. Por vezes, Wittgenstein as caracteriza como leis ou regras para a construção de proposições genuínas (uma idéia que ele pode ter ido buscar em Weyl): as proposições acerca de objetos materiais ("Há uma esfera diante de mim") conectam múltiplas proposições acerca daquilo que vemos ao olhar para eles (WVC 100-1, 159, 210-11; PR 282-97). Finalmente, o sentido das proposições matemáticas é dado por suas provas. A princípio Wittgenstein considerou as provas como um tipo diferente de verificação. Mais tarde, insistiu na idéia de que prova e experiência não são dois métodos de verificação comparáveis, já que uma PROVA MATEMÁTICA não estabelece a verdade de um enunciado factual, mas antes a aceitabilidade de uma regra (PR 192, 200; M 60-1; PG 361).

As "proposições genuínas" são as sucessoras das PROPOSIÇÕES ELEMENTARES do *Tractatus*. Constituem uma "linguagem fenomenológica" que é semanticamente "primária". Segmenta-se em "espaços de modalidade perceptual", tais como o espaço visual, o auditivo etc. As hipóteses, isto é, as proposições cotidianas acerca de objetos físicos e de outras mentes, constituem uma linguagem "secundária", uma vez que são construídas a partir de proposições fenomenológicas (*ver* CRITÉRIOS). O *Tractatus* havia deixado em aberto a natureza exata das proposições elementares, embora sugerisse que elas dizem respeito a OBJETOS com os quais mantemos uma relação de familiaridade. Posteriormente, Wittgenstein passa a adotar um fenomenalismo inequívoco. Não tarda, contudo, a abandonar essa posição. Inicialmente, a "linguagem fenomenológica" é semanticamente primária por referir-se ao que é dado imediatamente aos sentidos (PR 88, 100-4, 267). Isso dá lugar à idéia de que o que distingue a "fenomenologia" da "física" não é a referência a algo interno, mas antes o fato de que ela é puramente descritiva, isto é, que não fornece explicações causais. Assim compreendida, a "fenomenologia é gramática", a investigação de regras lingüísticas (BT 437-86; PR 58, 84; WVC 63-8) (embora, em *Anotações sobre as cores*, o termo "fenomenologia" se refira a uma área que supostamente estaria entre a gramática e a física, como na teoria das CORES de Goethe).

Em 1932, Wittgenstein se deu conta de que aquilo que, para ele, eram as únicas proposições genuínas não constituem, na verdade, *descrições* de experiências, mas sim EXTERIORIZAÇÕES. Veio a rejeitar também a idéia de que hipóteses jamais podem possuir um caráter de certeza. Em primeiro lugar, uma proposição só pode ser *provável* se lhe for logicamente possível ser certa. Em segundo lugar, o mito do dado, de experiências privadas que nos fornecem os fundamentos do conhecimento, é minado pelo argumento da LINGUAGEM PRIVADA. Em terceiro lugar, distinguindo-se de enunciados científicos de leis da natureza, proposições corriqueiras acerca de objetos materiais não constituem regras para a construção de descrições, mas são elas próprias descrições.

Ao longo da década de trinta, tanto Wittgenstein quanto o Círculo de Viena modificaram o princípio de verificação — este admitindo que só em princípio deve ser possível verificar ou falsear uma proposição dotada de significado, não sendo necessário que isso se faça de forma conclusiva; e aquele sustentando que o método de verificação é apenas um aspecto do sentido de uma proposição (*ver* USO), e, sobretudo, que não se trata de um método que se aplique no caso das proposições psicológicas construídas em primeira pessoa e no tempo presente. "Perguntar se e como uma proposição pode ser verificada é somente um modo particular de perguntar 'O que você quer dizer?' A resposta é uma contribuição para a gramática da proposição" (PI §353; BT 265-70; AWL 28-9; Z §437). Além disso, Wittgenstein aos poucos se deu conta de que nem todos os aspectos do método de verificação de uma proposição fazem parte de seu sentido; que só fazem parte aqueles que se ligam ao modo como os conceitos relevantes são explicados. Em 1932-3, ele argumentou que o fato de que podemos vir a saber quem ganhou uma regata lendo o jornal explica, até certo ponto, o significado de "regata". Mais tarde, ele passou a insistir na idéia de que dizer que o comprimento de campos esportivos é medido com o auxílio de tripés é uma questão de física, ao passo que dizer que medir envolve a possibilidade de comparar os tamanhos de objetos diferentes é algo que constitui em parte o significado de "comprimento" (M 59-60; PI II 225).

Distinguindo-se do anti-realismo contemporâneo, Wittgenstein jamais põe em questão a inteligibilidade das proposições empíricas que transcendem à verificação, mas são, não obstante, sustentáveis por algum tipo de evidência, como é o caso das proposições sobre o passado (sobre, por exemplo, os últimos pensamentos de Rosa Luxemburgo) ou sobre o futuro ("Jamais se construirá aqui uma cidade"). Questionou, entretanto, a inteligibilidade das proposições metafísicas, para as quais nada poderia contar como evidência favorável ou contrária. Isso se aplica, por exemplo, à sentença "Há um coelho branco entre as cadeiras sempre que ninguém as está observando", mas também à sugestão de Russell de que "O mundo pode ter sido criado há cinco minutos, já com todos os registros do passado" (LWL 111; AWL 25-6; BB 45-6; PI II 221). Não se trata aqui, contudo, de um filistinismo preguiçoso, em que só se aceitem os problemas para os quais temos respostas. A idéia central de Wittgenstein não é epistemológica, não corresponde à idéia de que jamais poderíamos saber; mas sim lógica — é a idéia de que tais proposições são "peças ociosas". Essas seqüências de palavras não podem ser utilizadas para a realização de um lance no jogo da linguagem, se tomadas na acepção dos metafísicos. Os usos metafísicos de palavras como "fluxo", "vagueza" ou "aparência" não possuem "antíteses". O metafísico não está preparado para *considerar* coisa alguma como estável, exata ou real. Isso significa, contudo, que ele não explica em que consiste o seu contraste entre o aparente e o real. Não há padrões de correção para seu uso metafísico de tais termos, e, portanto, o emprego que faz deles é destituído de significado. Quer se possa sustentar esse veredito ou não, o fato é que ele não pode ser descartado com base na popular justificativa de que o que precisamos é distinguir a questão ontológica sobre a existência de coelhos transcendentes à verificação da questão epistemológica de como é possível saber algo sobre eles. Pois Wittgenstein está preocupado em saber se o pretenso enunciado ontológico faz sentido. Somente se essa questão puder receber uma resposta afirmativa, é que pode ser levantada a questão quanto à possibilidade de o enunciado ser verdadeiro ou conhecido. A lógica é anterior à ontologia e também à epistemologia.

**visão agostiniana de linguagem** As *Investigações filosóficas* se iniciam com uma citação das *Confissões* (I/8), em que santo Agostinho descreve o modo como aprendeu sua língua em criança. A passagem é primeiramente mencionada por Wittgenstein no "Big Typescript" (BT 25-7; ver PG 57). A partir do *Livro castanho*, ele passa a utilizá-la como o ponto de partida para o que viria a constituir as *Investigações*. Isso marca uma ruptura na maneira de apresentação de sua segunda filosofia. Faz-se aqui necessária uma explicação preliminar, uma vez que a passagem em questão faz parte da autobiografia de santo Agostinho, e não de suas reflexões sobre a linguagem. A razão dada por Wittgenstein para usar essa citação é o fato de originar-se de um grande pensador, destacável pela clareza e capaz, portanto, de mostrar a importância daquilo a que ele se refere como "concepção agostiniana da linguagem" ou "descrição agostiniana da linguagem" (PI §§1-4; EPB 117). Isso sugere que Wittgenstein considerava a visão agostiniana, não como uma teoria completa da linguagem, mas antes como um paradigma prototeórico ou "visão", que merece atenção crítica pelo fato de estar tacitamente subjacente a teorias filosóficas sofisticadas. As idéias que o §1 das *Investigações* extrai dessa passagem são as seguintes:

(a) cada palavra possui "um significado";
(b) todas as palavras são nomes, isto é, são sucedâneos de objetos;
(c) o significado de uma palavra é o objeto do qual é um sucedâneo;
(d) a conexão entre as palavras (nomes) e seus significados (referentes) se estabelece por uma definição ostensiva, que determina uma associação mental entre palavra e objeto;
(e) as sentenças são combinações de nomes.

Duas conseqüências são em seguida explicitadas:

(f) a única função da linguagem é representar a realidade: as palavras referem; as sentenças descrevem (PI §§21-7);
(g) a criança só é capaz de estabelecer a associação entre uma palavra e um objeto por meio do pensamento, o que significa que deve possuir de antemão uma linguagem privada, para que possa aprender a pública (PI §32; *ver* LINGUAGEM PRIVADA, ARGUMENTO DA).

A visão agostiniana compreende, portanto, quatro posições: uma concepção referencial do significado das palavras, uma concepção descritivista das sentenças, a idéia de que a DEFINIÇÃO OSTENSIVA fornece os fundamentos da linguagem e a idéia de que uma linguagem do PENSAMENTO subjaz às nossas linguagens públicas.

Wittgenstein foi quem primeiro submeteu essa posição a uma crítica consistente. Uma de suas estratégias nas *Investigações*, §§1-64, é fazer uso de JOGOS DE LINGUAGEM fictícios, formas inventadas de comunicação. É dessa forma que a linguagem dos construtores (PI §§2, 6, 8) busca revelar como a visão agostiniana constitui uma "idéia primitiva sobre o modo de funcionamento da linguagem" ou uma "idéia de uma linguagem mais primitiva do que a nossa". Essa caracterização é, contudo, por demais generosa, considerando-se as outras objeções que faz (aqui associadas às idéias citadas acima): (a) Há "expressões sincategoremáticas" (artigos, pronomes demonstrativos, conectivos como "se ... então") que só possuem significado dentro de um contexto. (b) A tese agostiniana molda-se exclusivamente em nomes próprios, nomes massivos; e nomes sortais. Ignora os verbos, os adjetivos, os advérbios, os conectivos, as preposições, as expressões indexicais e as exclamações (PG 56; BB 77; PI §27). (c) Mesmo no caso das expressões nominais, das quais se pode dizer que nomeiam ou substituem algo, é preciso estabelecer uma distinção entre seu significado e aquilo que substituem. "Se o Sr. Fulano de Tal morre, diz-se que morre o portador do nome, não o significado" (PI §40). Essa objeção pode ser dividida em duas partes: (i) se uma falha referencial devida ao fato de que o referente deixa de existir destituísse de significado a expressão referencial, proposições como "O Sr. Fulano de Tal morreu" não poderiam fazer sentido; (ii) identificar o significado de uma palavra com seu referente corresponde a cometer o erro categorial de confundir o que uma palavra substitui com seu significado: o referente de "Sr. Fulano de Tal" pode morrer, mas não o seu significado (AWL 44). (e) é preciso distinguir uma proposição como "Platão foi discípulo de Sócrates e mestre de Aristóteles" de uma mera lista de nomes como "Sócrates, Platão, Aristóteles"; somente a primeira diz algo, e constitui, por isso, "um lance no jogo de linguagem" (PI §22). (f) A visão agostiniana entra em choque com a "multiplicidade de jogos de linguagem". Ao lado da descrição, há não somente as perguntas e ordens, mas também "inúmeros" outros tipos de jogos (contar uma anedota, agradecer, maldizer, saudar, rezar) (PI §23). Tampouco a descrição constitui o mais alto fator comum entre essas várias atividades lingüísticas.

Já houve quem sustentasse que a visão agostiniana é uma ilusão filosófica quase onipresente na obra de Wittgenstein, o alvo principal não só de sua filosofia da linguagem, como também de sua filosofia da psicologia e da matemática. Outros sustentaram que é implausível demais para constituir o seu alvo principal, ou a fonte de tantas posições filosóficas. Wittgenstein jamais sugere que a visão agostiniana é a *única* fonte de confusão filosófica, sustentando, contudo, que edificações filosóficas inteiras baseiam-se amiúde em visões ou pressuposições simplificadoras. Na verdade, a concepção referencial do significado da palavra desempenha um papel de destaque na semântica desde Platão. Ela não se limita à sugestão absurda de que todas as palavras são nomes próprios que possuem objetos materiais como significado; mas inclui a própria idéia de "significados", entidades correlacionadas a signos (como na máxima escolástica, "unum nomen, unum nominatum"). Wittgenstein acusa até mesmo o nominalismo de adotar a visão agostiniana, já que se aceita, nessa corrente, a idéia de que todas as palavras ou nomeiam algo ou nada nomeiam, optando pela segunda alternativa, com o propósito de evitar o compromisso com entidades abstratas. A visão agostiniana talvez possa também admitir a existência de tipos distintos de expressões, insistindo, contudo, em que todas elas são sucedâneos de algo, significam algo, e que as diferenças devem-se simplesmente às diferenças entre os tipos de objetos significados. Pode ainda insistir, e pelo mesmo motivo, na idéia de que as diferenças entre os vários usos de sentenças decorrem de descreverem diferentes tipos de fatos (PI §§24, 383; PLP 143, 407).

Tais elaborações da concepção referencial estão por detrás das concepções mentalista e platonista de significado, em que se postulam entidades não materiais para desempenhar o papel de significados. A versão mentalista remonta a Aristóteles, e influencia a lingüística moderna através da distinção saussuriana entre *signifiant* e *signifié*. Teve um espaço irrestrito no empirismo inglês, desde que Locke declarou que todas as palavras devem seu significado ao fato de constituírem sucedâneos de idéias. As teorias do significado de Russell são variações sobre o tema mentalista. "Todas as palavras possuem significado no sentido simples de que são símbolos que funcionam como sucedâneos de coisas diferentes delas próprias" (*Principles* 47). Na teoria das descrições, Russell afastou-se dessa versão extrema de visão agostiniana: expressões como "o atual rei da França" são analisadas como sendo "símbolos incompletos" que não se referem a um objeto. Ao mesmo tempo, admite a afirmação (e): as proposições completamente analisadas são combinações de "nomes próprios lógicos" — nomes que, substituindo objetos cuja inexistência seria impossível, são, por isso, imunes à falha referencial. Segundo seu "princípio de familiaridade", tais nomes são demonstrativos como "isto", referentes a dados dos sentidos. Ao longo de toda sua trajetória, Russell sustentou que as palavras possuem significado em virtude de uma associação ostensiva com conteúdos privados de experiência. Além disso, mesmo quando, sob o impacto de Wittgenstein, deixou de considerar as sentenças como combinações de nomes, permaneceu apegado à idéia de que os fatos expressos pelas sentenças são "complexos", isto é, concatenações de objetos simples (*Logic* 200-3; *Problems* 79-80; *Principia* i.43). Russell jamais abandonou a visão agostiniana. Forneceu-lhe, em vez disso, uma linha de defesa: embora a superfície da linguagem possa não corresponder a essa visão, seus elementos últimos, a serem revelados pela ANÁLISE LÓGICA, correspondem-lhe.

A idéia platônica de que os significados não são idéias privadas, mas entidades abstratas que estão além do espaço e do tempo, ganha destaque em Bolzano, Meinong e Frege. A concepção deste último diverge da visão agostiniana sob três aspectos. Em primeiro lugar, estabelece um contraste nítido entre "nomes próprios" ("a estrela da manhã") e palavras-conceito ("é um planeta"). Em segundo lugar, de acordo com o "princípio do contexto" de Frege, uma palavra só possui significado no contexto de uma sentença (*Foundations* §§60-2, 106). Isso supera o atomismo semântico expresso na afirmação (a): uma sentença pode possuir significado sem que cada palavra esteja associada a uma entidade material ou mental. Que os numerais possuem um significado (o qual é um objeto abstrato) é algo que fica evidente pela contribuição que dão aos valores de verdade das sentenças em que ocorrem. Em terceiro lugar, Frege estabelece uma distinção entre o sentido (*Sinn*) e o significado (*Bedeutung*) de expressões, isto é, seus referentes ("Sense"; *Laws* I §2).

Esse modelo bipartido do significado, familiar desde a distinção feita por Mill entre conotação e denotação, evita o problema da falha referencial, sem postular nomes próprios lógicos, considerando-se que uma expressão sem "significado" pode possuir um sentido. Sob outros aspectos permanece, entretanto, vinculado à visão agostiniana. A dicotomia de Frege incorpora a afirmação (c): "a palavra 'significado' está sendo usada ilicitamente", no lugar da coisa que corresponde à palavra (PI §40). Além disso, em sua linguagem ideal, cada expressão (a não ser pelo signo de asserção) não somente expressa um sentido como também se refere a um significado. Pior do que isso, os "sentidos" são eles próprios entidades abstratas que povoam um "terceiro domínio" platônico ("Thought" 68-9). Sob esse aspecto, apenas se acrescentam ao número de entidades que a visão agostiniana atribui às palavras. Por fim, embora as palavras-conceito se diferenciem dos nomes próprios, são, ainda assim, nomes, a saber, nomes de entidades abstratas (funções); da mesma forma que o são os símbolos lógicos e matemáticos, e mesmo as sentenças, que nomeiam um de dois "objetos lógicos", o Verdadeiro e o Falso.

O *Tractatus* se afasta ainda mais do paradigma agostiniano. Rejeita tanto a idéia de que as CONSTANTES LÓGICAS (conectivos proposicionais, quantificadores) são nomes de entidades, quanto a visão decorrente de que as proposições da LÓGICA são descrições de algum tipo de realidade. Insiste, além disso, na idéia de que uma PROPOSIÇÃO não é nome de coisa alguma, sendo antes uma sentença-em-uso, um signo proposicional em sua relação projetiva com o mundo. Dizer não é nomear. Utilizando a distinção de Frege, Wittgenstein afirma que só as proposições possuem um "sentido", e somente os nomes possuem um "significado". Ao mesmo tempo, sustenta-se no *Tractatus* que todos os constituintes de proposições completamente analisadas são nomes. As proposições elementares de que se compõem as proposições complexas são "uma vinculação, um encadeamento de nomes" (TLP 3.201 e seg., 4.22 e seg.). Procura-se ali evitar a afirmação (e), insistido-se na idéia de que as proposições, diferentemente das listas de nomes, são FATOS: possuem uma estrutura (FORMA LÓGICA), que, juntamente com o significado de seus nomes constituintes, determina seu sentido. Entretanto, assim como Frege, o *Tractatus* admite explicitamente a afirmação (c): "O nome significa o objeto. O objeto é seu significado" (TLP 3.203). Por fim, a TEORIA PICTÓRICA se baseia na idéia de que as únicas proposições dotadas de significado são as que descrevem estados de coisas possíveis.

Tudo isso sugere que muitas teorias semânticas ilustres entram na alça de mira das *Investigações*. O ataque se encerra na alternativa proposta por Wittgenstein: o significado de uma palavra é seu USO; para *algumas* expressões, esse uso é referir-se a um objeto, caso em que elas podem ser explicadas apontando-se o referente (PI §43). Muitos críticos dessa alternativa retomam elementos da visão agostiniana. Assim, alegou-se que o que importa no uso de uma palavra, no que tange ao significado, é justamente aquilo que ela substitui ou significa. Além disso, os axiomas da semântica contemporânea baseada em condições de verdade correlacionam termos singulares a objetos, e predicados a conjuntos ordenados de objetos. Por fim, aceita-se em geral que, embora as *Investigações* invistam corretamente contra o *Tractatus*, insistindo na idéia de que há tipos diferentes de atos de fala, até mesmo uma ordem ou uma pergunta contém um elemento descritivo, seu sentido (um pensamento ou uma suposição) que deve ser distinguido de sua "força".

Em sua discussão sobre a CRENÇA, o segundo Wittgenstein questiona essa distinção entre sentido e força. Quer tenham êxito ou não os ataques que ele empreende, a visão agostiniana não corresponde a uma simplificação destinada a facilitar o ataque. Não há, entretanto, igualmente, "culpa por associação": uma teoria semântica não pode ser atacada apenas por conter "idéias agostinianas", já que há conexões importantes entre significado e referência. Isso se aplica também à influência exercida pela visão agostiniana em outras áreas que não a linguagem. A reificação é uma tentação "agostiniana" paradigmática. Se todos os substantivos são nomes, as expressões psicológicas precisam nomear objetos, eventos, processos ou estados mentais; os termos lógicos e matemáticos devem nomear entidades abstratas. O platonismo e o cartesianismo postulam domínios ontológicos distintos, habitados pelos supostos referentes de substantivos abstratos, como numerais, ou de termos mentais como "dor" e "compreensão". Não há dúvida de que essa tendência constitui um alvo recorrente nas filosofias da matemática e da psicologia desenvolvidas por Wittgenstein. Ele questiona também a afirmação aparentemente auto-evidente de que as proposições matemáticas e os proferimentos psicológicos feitos em primeira pessoa "descrevem" objetos abstratos ou mentais. Ao mesmo tempo, o ataque à visão agostiniana não põe fim a essas posições tradicionais. Mostra apenas que é um equívoco insistir na idéia de que as palavras devem *necessariamente* se referir a algo, ou, no caso das sentenças, descrever algo; não mostra, contudo, que as expressões em questão concretamente não o façam. Além disso, embora a visão agostiniana constitua uma razão possível para adotar tais posições, há outras, amiúde mais fortes, tais como a objetividade e a inexorabilidade da matemática, ou a indubitabilidade das EXTERIORIZAÇÕES.

**visão sinóptica** (*Übersicht*) O uso que Wittgenstein faz desse termo e de seus cognatos foi traduzido de diversas maneiras (como "visão geral" ou "visão global", por exemplo), o que tem contribuído para mascarar a penetrabilidade e a importância desse conceito em sua obra. Frege já anunciara a necessidade de que os primeiros princípios fossem dotados de perspicuidade (*Übersichtlichkeit*). Mas, ao defender a idéia de que uma visão sinóptica da gramática fornece um remédio contra a confusão filosófica, Wittgenstein inspira-se mais em Hertz, para quem as questões relativas a conceitos como o de força não devem ser respondidas por meio de novas informações ou definições científicas, precisando antes ser dissolvidas por meio de uma compreensão mais clara das informações e das definições existentes (*Mechanics,* Introd.). Boltzmann sugere, além disso, que uma tal dissolução é alcançada por um sistema em que as analogias ou modelos subjacentes à ciência sejam apresentados de um modo perspícuo (*Phisics* 5-6, 75, 167).

Wittgenstein introduz o termo pela primeira vez no contexto de reflexões metodológicas sobre a ANTROPOLOGIA (GB 130-3). Alega que o conjunto de fatos sobre rituais do mundo apresentado por Frazer em seu *Golden Bough* não nos fornece a explicação genética que este autor buscava dar para o ritual de sucessão do rei da Neméia; o que esses dados nos oferecem é, em vez disso, um tipo diferente de sinopse esclarecedora dos dados. Wittgenstein contrasta o método da "hipótese desenvolvimentista" com duas outras maneiras de reunir dados: pela construção de um "esquema", por um lado, e pela organização dos fatos em uma "representação perspícua", por outro. Ambos fazem parte do "método morfológico" de Goethe e Spengler (MS 110 256; PLP cap. IV). Em sua morfologia da planta,

Goethe faz uso de uma planta primordial fictícia, como um arquétipo com base no qual se pode compreender a morfologia de todas as plantas. Spengler segue os passos de Goethe, comparando épocas culturais a famílias e afirmando que as culturas possuem ciclos de vida arquetípicos. Embora reconheça ter sido influenciado por Spengler, Wittgenstein o acusa de dogmatismo (CV 14-19, 26-7). Em lugar de insistir na idéia de que as culturas devem se ajustar a seu esquema, ele deveria ter tratado esses "arquétipos" (*Urbilder*) ou "ideais" (*Vorbilder*) como "objetos de comparação": eles não caracterizam os fenômenos, mas determinam um esquema possível para concebê-los.

O que há de comum entre esses pensadores é a idéia de que existem formas de compreensão diferentes da explicação causal das ciências nomológico-dedutivas, e, além disso, a sugestão de que se pode lançar luz sobre uma enorme diversidade de fenômenos, sem que, para isso, seja preciso descobrir algo de novo, bastando organizar o que já é conhecido, de um modo que esclareça as ligações ou interconexões. Wittgenstein concebia essa idéia metodológica como uma visão de mundo capaz de rivalizar com a científica. Ele a aplicou à ESTÉTICA (LC 29) e à MATEMÁTICA. Usou-a primordialmente, contudo, no campo da metodologia filosófica.

> Uma das fontes principais de nossa falta de compreensão é não possuirmos uma visão sinóptica (*übersehen*) do uso de nossas palavras. Falta à nossa gramática perspicuidade (*übersichtlichkeit*). Uma representação perspícua (*übersichtliche Darstellung*) produz essa compreensão, que consiste em "ver as conexões". Daí a importância de encontrar e inventar *casos intermediários*. O conceito de representação perspícua tem, para nós, importância fundamental. Designa nossa forma de representação, o modo como vemos as coisas. (Será isto uma "Weltanschauung"?) (PI §122; *ver* GB 133: BT 417; PR Pref.; CV 7; *ver também* FORMA DE REPRESENTAÇÃO)

Essa idéia é tributária da noção tractariana de "ponto de vista logicamente correto" (TLF 4.1213). Ambas as idéias oferecem remédios contra nossa "incapacidade de compreender" a gramática ou a SINTAXE LÓGICA (as regras da linguagem) e, portanto, contra as confusões filosóficas daí decorrentes. O *Tractatus* tentou atingir esse objetivo por meio de uma notação ideal que, sem DIZER coisa alguma sobre as proposições, permite uma representação perspícua de suas formas lógicas, com o uso dos meios gráficos da notação de TABELAS DE VERDADE (TLF 4.31, 5.101, 6.1203). Entretanto, representar uma proposição nessa notação é algo que pressupõe que ela tenha sido analisada. Enquanto a ANÁLISE LÓGICA procura escavar o que há por debaixo das aparências da linguagem, é por meio de uma geografia lógica, e não de uma geologia lógica, que o segundo Wittgenstein busca atingir um ponto de vista logicamente correto (AWL 43; LFM 44). As regras gramaticais não estão ocultas; são visíveis em nossas práticas lingüísticas (*ver* MODELO DE CÁLCULO). Não são, contudo, perspícuas (PR 51; PI §122). Embora dominemos, na qualidade de falantes competentes, a gramática de nossa língua, estamos propensos, na reflexão filosófica, a compreender mal, distorcer ou ignorar certas diferenças existentes entre expressões ou conexões lógicas entre proposições.

Wittgenstein detecta várias raízes para tal confusão filosófica: (a) aspectos fenomenológicos do uso da linguagem — a associação de palavras familiares a sentimentos específicos (*ver* ASPECTOS, PERCEPÇÃO DE) e a conclusão equivocada de que eles constituem os significados dessas palavras (PI II 174-6, 181-3, 214) —, e também da reflexão filosófica solitária, como, por exemplo, uma tendência à concentração obsessiva em um determinado fenômeno em detrimento de outros (PI §§38, 593); (b) um "desejo de generalidade" (BB 17-18), que nos inclina a adotar uma explicação uniforme para conceitos determinados por SEMELHANÇA DE FAMÍLIA, tais como "proposição"; (c) a imitação da ciência, que nos faz tentar resolver problemas (por exemplo, o problema da dicotomia mente/corpo), por meio de teorias explicativas, em lugar de dissolvê-los com lembretes gramaticais; (d) a influência hipnótica de certas inclinações da razão, em especial a "busca do incondicionado" (Kant), a tendência de tentar ir sempre mais fundo ou de procurar uma realidade por detrás do fenômeno, sem reconhecer o momento de parar (Z §314; RFM 102-3; RPP I §889); (e) analogias entre expressões logicamente distintas, baseadas na superfície da GRAMÁTICA (por exemplo, entre numerais e nomes, ou entre "falar" e "querer dizer"); (f) a tendência de projetar aspectos de um jogo de linguagem sobre outro (projetar, por exemplo, um discurso acerca de objetos materiais sobre nosso linguajar psicológico); (g) visões introjetadas na linguagem (por exemplo, que coisas se passam "em nossas cabeças").

Wittgenstein afirmava haver toda uma "mitologia" embutida em nossa linguagem (GB 133; BT 433-5; PI §§422-6; OC §90; MS110 184). Atribuía essa idéia a Paul Ernst, mas o termo, na verdade, ocorre em Nietzsche, que precede Wittgenstein ao afirmar que as estruturas gramaticais podem nos desencaminhar para ilusões metafísicas (*O andarilho e sua sombra* §11; *Para além do bem e do mal* §§16-34). Essas mitologias podem ser inofensivas e até mesmo fecundas em um discurso não filosófico, mas devem ser detidas na filosofia, visto que obscurecem conexões conceituais. Para controlar essas tentações, uma "visão sinóptica" apresenta um segmento de gramática pertinente a um determinado problema filosófico, de um modo detalhado e perspícuo (PI §122). Trata-se de uma listagem ou uma enumeração de regras/proposições gramaticais.

Essa interpretação foi recentemente contestada com base na idéia de que, apesar dessa importância aparente, existe apenas um exemplo explícito de representação perspícua na *oeuvre* de Wittgenstein, a saber, o octaedro de cores, que é caracterizado como uma "representação *perspícua* da gramática" (PR 51-2). Acredita-se que a solução do problema esteja na idéia de que representações perspícuas não se compõem de proposições gramaticais que possam ocupar o lugar de explicações gramaticais, sendo, antes disso, descrições de "segunda ordem" das regras gramaticais. O octaedro de cores não estipula regras para o uso de palavras designadoras de cores; ele descreve essas regras. Sendo assim, não há aqui uma escassez de representações perspícuas: qualquer descrição da gramática pode ser considerada como tal, assim como os jogos de linguagem simples que Wittgenstein usou como "objetos de comparação".

Entretanto, embora um objeto de comparação (arquétipo, ideal) possa contribuir para o fornecimento de uma representação perspícua, não pode constituí-la por si só, visto que seu papel é o de "lançar luz sobre os fatos da nossa linguagem não apenas através de semelhanças, mas também de dessemelhanças" (PI §§130-1, ver §§2-21; BB 77-9; CV 14, 26-7): não podemos representar as regras do xadrez descrevendo o jogo de damas, embora um jogo possa nos auxiliar na compreensão do outro. A idéia de que representações perspícuas encontram-se em um nível diferente das proposições gramaticais é igualmente insustentável. "O octaedro de cores *é* gramática, visto que nos diz que podemos falar de um azul avermelhado, mas não de um verde avermelhado, etc" (PR 75; ver LWL 8). Isso significa que representações perspícuas efetivamente configuram proposições gramaticais (e não descrições de "segunda ordem").

Pode-se, no entanto, insistir na idéia de que, para Wittgenstein, é possível haver modos de articulação das regras gramaticais incompatíveis porém igualmente meritórios. O objetivo de uma representação perspícua não é exibir a gramática assim como ela é, mas sim promover uma alteração de *Gestalt*, salientando um novo aspecto do uso das nossas palavras. As representações perspícuas não pretendem ser exclusivas nem mesmo corretas; seu objetivo é apenas eliminar a influência de certos aspectos inquietantes da gramática, na esperança de mitigar dificuldades filosóficas: "Olhe para isto desse modo..., se isso não acalmá-lo, olhe daquele modo..." A conseqüência de uma tal percepção de aspectos gramaticais seria uma espécie de relativismo filosófico, manifesto em Waismann, para quem a filosofia deveria desenvolver "modelos gramaticais", jogos de linguagem inventados (PLP cap. IV). A idéia não é produzir enunciados sobre a "realidade da linguagem", mas sim deixar que esses modelos falem por si. Considerando-os lado a lado com a linguagem ordinária, dizemos "Apenas olhe para isto!". Não há como concordar com esse procedimento ou dele discordar, visto que esses modelos não afirmam coisa alguma.

Entretanto, Waismann (*How I See Philosophy*) desenvolveu essas idéias opondo-se a Wittgenstein. Este reconhecia que uma visão sinóptica não estabelece "*a* ordem" em nossa compreensão da linguagem, mas apenas "*uma* ordem", que se define relativamente ao objetivo, à solução de problemas específicos (PI §132; TS 220 §107). Existem diferentes articulações das mesmas regras gramaticais — o octaedro de cores poderia ser substituído por uma lista de regras combinatórias ("Não existe a cor verde avermelhado; existe a cor verde azulado, etc."). E algumas delas poderiam usar diferentes objetos de comparação. Nada disso implica, contudo, que não haja fatos correspondentes ao que são as regras gramaticais ou ao que faz sentido dizer. Na verdade, a objeção de Wittgenstein contra dogmatismo é que tal posição distorce nossa "linguagem real" (PI §107), projetando sobre ela aspectos do objeto de comparação. Isso pressupõe a possibilidade de fatos gramaticais não serem levados em consideração. A resposta a afirmações dogmáticas como "É assim que deve ser!" é "Olhe e veja" a "aplicação de uma palavra como ela realmente é" — não é inventar uma tal aplicação, forjando modelos gramaticais (PI §§66, 112; MS111 82). A alternativa ao dogmatismo não é o relativismo, mas "a serena consideração dos fatos lingüísticos" (Z §447).

A noção de visão sinóptica indica que há um sentido no qual a filosofia wittgensteiniana pode ser sistemática. De fato, Wittgenstein forneceu duas diferentes "classificações de conceitos psicológicos" (RPP I §895; RPP II §§63, 148; Z §472). Concebeu, além disso, uma "árvore genealógica" para esses conceitos (*Stammbaum*), bem como para diferentes conceitos de número, possivelmente para mostrar de que maneira, por exemplo, o sistema dos números naturais pode ser estendido ao dos inteiros (RPP I §722; *ver* PSICOLOGIA FILOSÓFICA). Essas visões sinópticas não ambicionam "exatidão". Wittgenstein considerou, no entanto, a idéia de uma "visão sinóptica completa de tudo aquilo que pode gerar falta de clareza" (Z §273, 464) Isso não significa necessariamente que exista uma "totalidade" ou uma "lista completa de regras" para a nossa linguagem: a noção de "*todas* as regras" é vaga até mesmo para um único termo, considerando-se que só existem critérios claros de identidade para regras codificadas (por exemplo, as do xadrez) (MS157a 108; TS 220 92). Sugere, entretanto, que as visões sinópticas de segmentos particulares da gramática podem ser tão abrangentes quanto se queira.

Assim sendo, pode haver progresso no mapeamento de paisagens conceituais e na solução de problemas particulares. Isso é compatível, porém, com a afirmação de Wittgenstein de que a filosofia não tem fim (Z §447; BB 44). Assim como no caso da expansão de π, a filosofia pode progredir, sem nunca chegar mais perto de um final. A razão para isso é que mesmo uma visão sinóptica global da gramática será incapaz de fornecer uma panacéia para os problemas filosóficos. Em primeiro lugar, a linguagem na qual eles se encontram enraizados transforma-se, criando, assim, novos problemas, coisa que ocorreu, por exemplo, com o desenvolvimento da nova física, da lógica formal e dos computadores; em segundo lugar, não há um número definido de formas de confusão. "Não existe *um* método filosófico, embora existam de fato métodos, como terapias diferentes" (PI §133). A filosofia não pode terminar, na medida em que, como sugerem Kant e Wittgenstein, o fascínio pelos problemas filosóficos é parte da condição humana (BT 422-4). Algumas passagens insinuam que essa tendência pode ser erradicada por transformações culturais (RFM 132; CV 86-9). Mas, distinguindo-se dos profetas pós-modernos do fim da filosofia, como Rorty, Wittgenstein não fornece pista alguma sobre o que seria o resultado de uma tal transformação.

A questão final é se a construção de visões sinópticas constitui um objetivo positivo da filosofia de Wittgenstein. Com freqüência, ele enuncia o objetivo da filosofia em termos puramente negativos: "mostrar à mosca a saída da redoma", fazendo os problemas filosóficos "desaparecerem *completamente*" (PI §§309, 133; ver AWL 21; BT 425; CV 43). Mas por que deveria alguém fazer filosofia, se ela apenas expurga os erros que ela mesma criou? Uma resposta a essa questão é que a filosofia tem valor por conta do "filósofo que há em nós" (TS 219 11) — a tentação pela confusão conceitual não se restringe aos filósofos profissionais. Isso nos deixa, contudo, às voltas com a famosa questão de Ryle sobre o tipo de coisa de que ficaria privada a mosca que nunca entrou no vidro. É preciso aqui levar em conta que não é de qualquer maneira que a filosofia deve dissolver o impulso que nos leva a erguer questões filosóficas (com uma pancada na cabeça, por exemplo); isso deve ser feito por meio de uma compreensão da natureza e das origens dessas questões. Uma mosca que nunca entrou no vidro estaria privada não só da capacidade de desembaraçar-se de dificuldades semelhantes, de um tipo de *know-how*, mas também da clareza conceitual que Wittgenstein tomava como um fim em si mesmo (PI II 206; PR Pref.; CV 7). Considerar uma visão sinóptica bem-sucedida como algo interessante em si mesmo, como Strawson considera a metafísica descritiva, ou considerá-la interessante simplesmente por constituir um aspecto da crítica filosófica é uma questão de temperamento intelectual. Ainda que a filosofia não contribua para o conhecimento humano, ela contribui para a compreensão humana.

**vontade** O tratamento que o primeiro Wittgenstein dispensa a esse tema é influenciado pela idéia de Schopenhauer de que o mundo, assim como nos aparece, é uma manifestação de uma realidade subjacente, uma vontade impessoal, cósmica. Podemos conhecer essa realidade numênica, visto que nossos corpos são manifestações diretas dela (e não meros fenômenos) e também porque temos acesso à nossa própria vontade, o único evento que compreendemos "de dentro" e não apenas como um fenômeno (*World* I §19, II cap. 18).

A discussão de Wittgenstein acerca do SOLIPSISMO se baseia em uma distinção schopenhaueriana entre o "sujeito pensante" ilusório e um eu metafísico que não só é o sujeito inefável da experiência, como também é o "sujeito volitivo" (NB 2.-5.8.16; TLP 5.631). Ele distingue, além disso, "a vontade enquanto fenômeno ... que interessa apenas à psicologia" da "vontade enquanto portadora do que é ético". A primeira faz parte dos episódios que constituem a vida mental de um indivíduo; a segunda reside no eu metafísico, sendo, pois, inefável (TLP 6.423; NB 21.7.16). Como Schopenhauer, Wittgenstein concebe o mundo como moralmente inerte e situa a ÉTICA nessa vontade metafísica. Para Schopenhauer, contudo, a salvação está na superação dos ditames dessa força cega, ao passo que Wittgenstein considera a vontade como "o portador" do "bem e do mal" (NB 21./24./29.7.16). Como em Schopenhauer, a vontade metafísica é impessoal e "permeia" o mundo, embora essa "vontade-mundo" seja "em um sentido superior *minha* vontade" (NB 11.6/17.10.16). Ao mesmo tempo, Wittgenstein rejeita a metafísica schopenhaueriana da vontade como coisa em si, da qual o mundo fenomênico é uma manifestação. A vontade metafísica não é uma força primordial que opera no mundo, mas sim uma "atitude [ética] do sujeito para com o mundo". Ela não altera os fatos mas sim "os limites do mundo" (NB 5.7./4.11.16), a saber, a atitude do eu transcendental para com os fatos que constituem o mundo — uma idéia que faz lembrar Kierkegaard.

Subjacente a essa posição está a concepção de que "o mundo independe de minha vontade", de que sou "totalmente impotente" para submeter os eventos à minha vontade (TLP 6.373; NB 11.6./8.7.16). Uma razão possível para isso seria que eu afigurar o mundo em proposições é a única relação minha com o mundo que importa para a lógica. Há, no entanto, de acordo com a passagem 6.423 do *Tractatus*, uma diferença psicológica entre atitudes proposicionais diferentes, tais como pensar que *p* e ter vontade de que *p*. Enquanto fenômeno empírico, contudo, a vontade é impotente em um sentido crucial para a posição do primeiro Wittgenstein. Não há relação *lógica* entre a ocorrência de quaisquer dois eventos empíricos; há apenas uma relação contingente (*ver* CAUSALIDADE), e isso é válido também no caso de eu ter vontade de que *p* e *p* ocorrer. Decorrem daí três conseqüências importantes: em primeiro lugar, a liberdade da vontade consiste apenas no fato de que não podemos saber, isto é, inferir logicamente, nossas próprias ações futuras (TLP 5.135-5.1362). Em segundo lugar, se o que nós "desejamos" ocorre, trata-se apenas de uma "conexão física" contingente, que não está, ela mesma, sob meu controle (TLP 6.374). Do mesmo modo, embora haja uma diferença entre as partes de meu corpo que estão sob meu controle e as que não estão (TLP 5.631), trata-se de um controle apenas contingente. Isso significa, finalmente, que, *pace* Schopenhauer, não tenho uma certeza intuitiva de minhas ações intencionais; meu corpo é um mero fenômeno, equiparável a todas as outras partes do mundo (TLP 5.641; NB 2.9./12.10./4.11.16.).

Assim, o *Tractatus* apresenta uma concepção contemplativa da vontade: a vontade fenomênica constitui um evento empírico ordinário, que simplesmente nos acontece, relacionando-se de forma apenas contingente às nossas ações; a vontade transcendental não passa de uma perspectiva ética. Certas passagens dos *Notebooks* insistem nessa posição paradoxal. Em primeiro lugar, o pensamento envolve, em si mesmo, um exercício da vontade, e ele pode até mesmo ser impossível se não pudermos controlar ao menos certos eventos mentais (NB 21.7.16). Sugere-se aqui uma grande dificuldade na posição de Wittgenstein, que insiste na impotência da vontade, ao mesmo tempo em que se baseia na vontade transcendental para estabelecer a conexão entre linguagem e realidade, por meio de algo como uma indicação ostensiva mental. Em segundo lugar, há uma diferença entre desejo e volição. Desejar é, na verdade, simplesmente um fenômeno mental, que pode ou não se fazer acompanhar de um movimento corporal. A volição, entretanto, não é algo que esteja relacionado à ação de modo contingente; ter uma volição é "estar agindo", a vontade *é* "o próprio agir". É por isso que pode envolver certeza (posso predizer que vou erguer meu braço daqui a cinco minutos) e sentimento de responsabilidade. E é também por isso que a relação entre vontade e ato não é uma relação de causa e efeito. Essa é precisamente a posição de Schopenhauer, tal como na afirmação de que "o ato da vontade não é uma experiência" (NB 4.-9.11.16; ver *World* I §18).

Ao desenvolver, mais tarde, esse tema, Wittgenstein começou pela idéia de que a própria representação envolve INTENCIONALIDADE. Assim como o pensar, a volição não é um fenômeno que "simplesmente *ocorre*" e que observamos "de um ponto de vista externo", mas sim algo que "nós *fazemos*"; consiste em estarmos "na ação", na condição de seu verdadeiro "agente" (PG 143-50). Nas *Investigações filosóficas*, passa-se a discutir o conceito de vontade em si mesmo, talvez por conta da importância que Wittgenstein atribui ali às práticas humanas, mas também em virtude de pressões filosóficas conflitantes. O objetivo de Wittgenstein é atacar tanto a idéia empirista de que "a vontade também é apenas uma experiência", quanto a idéia "transcendental" de vontade como um "ponto sem extensão", uma força mental inefável (PI §§611, 620; EPB 236). O conflito tem duas dimensões inter-relacionadas: a questão de a vontade ser algo além de nosso controle e a questão de ela constituir, assim como o desejo, um acompanhamento mental da ação.

A posição empirista que é atacada é a do *Tractatus*, mas também a de Russell (*Analysis* cap. XIV), e especialmente a de James (*Psychology* I), cuja teoria ideomotora concebe a noção de ter a vontade de realizar um ato como a ocorrência de sensações cinestésicas prévias, assimilando vontade a desejo. Tanto em James quanto no primeiro Wittgenstein, a idéia de que a vontade é um fenômeno sobre o qual não temos controle é alimentada por experimentos como o do entrelaçamento dos dedos ou o do desenho a partir de uma imagem especular. Eles sugerem que não se pode produzir, antes da ação, a experiência da vontade pressuposta pela ação. A vontade "me vem quando vem; não posso provocá-la", "não se pode ter vontade quando se bem entende. Ela simplesmente ocorre" (EPB 235-6; cf. NB 4.11.16; BB 153-5; PI §§612, 617). Mas, sendo incapaz de provocar minha vontade, eu seria impotente, mesmo que fosse necessária a conexão entre volição e ação.

Contra a concepção de que a vontade é uma experiência que não posso provocar, Wittgenstein levanta os seguintes pontos: (a) apenas em casos especiais, por exemplo, na ausência de esforço muscular, dizemos que uma ação "vem quando vem"; (b) no sentido ordinário de "provocar", é possível provocar, digamos, minha vontade de nadar, por exemplo, pulando n'água — aprendemos a querer realizar o ato de $\Phi$ aprendendo a $\Phi$; (c) os experimentos de entrelaçar os dedos e desenhar a partir da imagem no espelho entram em contraste com o caso de eu não poder mover o dedo por ele estar preso; no primeiro caso não há uma incapacidade de volição mas uma incapacidade de encontrar uma aplicação para a vontade; (d) a relação entre vontade e movimento corpóreo *não* é apenas contingente, como queria o *Tractatus*: "quando 'levanto meu braço', meu braço se ergue" (PI §§612-21; EPB 236).

Entretanto, a posição empirista não necessariamente enfatiza a idéia de impotência. Pode-se estar buscando na experiência exatamente o agir real, o agente real. Essa busca está por trás da famosa pergunta "o que resta se subtraio do fato de que levanto meu braço o fato de que meu braço se ergue?" (PI §621). O fato de que posso estar certo de querer e daquilo que quero sugere que o exercício da vontade é fenomenicamente discriminável na experiência (NB 4.11.16); como eu poderia saber isso, a menos que a vontade e seu conteúdo pudessem ser extraídos de minha experiência? Wittgenstein discute duas experiências candidatas a constituir a volição real ou o agir real (PI §§621-6; BB 51). James sugeriu que uma ação física voluntária provoca uma sensação diferente daquela ocasionada por um movimento involuntário, considerando-se que envolve sensações CINESTÉSICAS de ação. Wittgenstein replica que, em grande parte, as declarações que fazemos sobre nós mesmos não são autorizadas por sensações cinestésicas e, mesmo quando isso ocorre, essas sensações não servem de fundamento para julgar se agimos voluntariamente, visto que as identificamos com base em movimentos voluntários de nossos membros.

O segundo candidato a constituir uma ação fenomênica, popular em teorias recentes da ação, é o tentar. Wittgenstein rejeita-o com base em que nem todas as ações envolvem tentativa. Sugere que é falso afirmar que eu tentei realizar o ato de Φ se meu ato de Φ não envolver esforço nem possibilidade de insucesso. A isso, seguidores de Grice objetaram que, embora seja verdade que relutamos em falar de "tentar" nesses casos, a razão para tal não é que seria falso fazê-lo, mas sim que se trata de algo por demais óbvio para merecer menção. Essa posição não se coaduna, porém, com os fatos lingüísticos, pois implica a idéia enganosa de que é *menos* óbvio (e por isso mais digno de nota) que eu esteja tentando realizar o ato de Φ quando meu ato de Φ envolve um esforço. Além disso, se um interlocutor dissesse "Graf está tentando jogar tênis" em uma situação em que Graf, sem qualquer esforço, realiza uma determinada jogada sua, ninguém reagiria dizendo algo como "Não precisa me dizer; dá para ver que ela está tentando." Ao contrário, a reação mais provável seria indicar o mau uso da palavra: "O que você quer dizer com 'Ela está tentando'? Não vê que ela está jogando sem fazer o menor esforço?"

Para Wittgenstein, não há coincidência nessas tentativas de identificar um fenômeno específico da vontade. Basta que tentemos identificar o agir real com algo na experiência, para que ele nos apareça como um mero fenômeno, como algo produzido, e não como o motor imóvel da ação. "A vontade não pode ser um fenômeno, pois qualquer que seja o fenômeno, ele é algo que *simplesmente ocorre*, algo por que passamos e não algo que *fazemos*" (PG 144). Mas a idéia de que a imagem empirista torna absurda a noção de agente é o único motivo por detrás dessa alternativa transcendental, que situa o agente real além da experiência.

Wittgenstein rejeita essa imagem, considerando-a igualmente equivocada. *Existem* experiências envolvidas em ações voluntárias (por exemplo, vermos e sentirmos que levantamos o braço). Quando tentamos "estabelecer uma diferença entre todas *as experiências* de ação acrescidas da ação (que não é uma experiência) e *todas* essas experiências sem o elemento ação", o elemento ação parece "redundante" (PG 145). Não resta coisa alguma na experiência se subtraímos da experiência de levantar o braço a experiência de o braço se erguer. Isso não mostra, contudo, que subsista aí um agir real que *não* seja experiência. A volição, distinguindo-se do desejo, não é um evento mental anterior a uma ação corporal ou um acompanhamento seu. Como se sugere nos *Notebooks*, ela *é* a ação, não em um misterioso sentido schopenhaueriano, mas no "sentido ordinário" de falar, escrever, andar etc. E nos casos em que tento mas não consigo realizar Φ, ela *é* de fato a tentativa de realizar Φ (PI §§614-16).

A negação da idéia de que a vontade é um acompanhamento mental da ação liga-se à concepção que Wittgenstein tem do que seja o pensar (*ver* PENSAMENTO/PENSAR). A diferença entre um movimento voluntário e um não voluntário não está no que ocorre mentalmente, mas sim no contexto, e no que o agente é capaz de fazer nessa ocasião. Wittgenstein menciona os seguintes aspectos da ação voluntária (Z §§577-99; PI §§611-28; BB 157): (a) a suscetibilidade a ordens, e a maneira dessa suscetibilidade — ordens não são, em geral, obedecidas automaticamente; (b) a possibilidade de decidir realizar ou não o ato de Φ; (c) a natureza dos movimentos e suas relações com outros eventos e circunstâncias ao redor; (d) as diferentes conclusões que retiramos delas, principalmente as que dizem respeito à responsabilidade; (e) o fato de que, enquanto podemos desejar qualquer coisa, a volição é algo que se restringe ao que está ou acreditamos estar em nosso alcance.

Se a distinção entre o voluntário e o não voluntário não repousa sobre a presença ou ausência de um elemento volitivo adicional, então a vontade não é a fonte de nossas ações voluntárias. Isso abala a idéia de que a vontade é a relação executiva que temos para com nossos atos físicos, uma idéia compartilhada tanto pelo empirismo quanto pelo transcendentalismo. Há aqui duas conseqüências importantes. A primeira é que não nos servimos de meio algum para provocar nossa ação, por exemplo, um ato de desejar (PI §614). A segunda é que o conflito entre empirismo e transcendentalismo se baseia numa suposição equivocada. A vontade não é um evento causado que ocorre em mim, fora de meu controle, nem tampouco "o provocar imediato e não causal" (PI §613). Wittgenstein reforça essa conclusão, argumentando que a vontade não é voluntária nem involuntária: (a) não faz sentido falar em "querer querer"; (b) se fizesse, "querer" seria o nome de um ato, o ato da vontade, mas não é — não se pode, por exemplo, obedecer à ordem de querer, já que nada é, com isso, especificado; (c) faz sentido dizer que meu corpo não obedece à minha vontade, mas não que minha vontade não a obedece.

Essa linha de pensamento faz lembrar o argumento de Ryle contra volições e concepções causais da vontade. A idéia de que geralmente não causamos nossas próprias ações encontra ecos em Davidson. Dois pontos, contudo, entram em conflito com as abordagens causais da mente, defendidas por Davidson com veemência: a afirmação de que a posição empirista, ao transformar a vontade em um mero fenômeno, torna absurda a ação voluntária, e a recusa da idéia de que ações particulares sejam, em virtude de uma origem especial, basicamente voluntárias. Com relação ao problema do livre-arbítrio, Wittgenstein, assim como Schopenhauer, nega que o libertarianismo seja vindicado pela experiência de volições livres. Ele tenta evitar o determinismo, afirmando que o fato de que nossas ações sigam leis naturais não mostra que estejamos, de algum modo, "coagidos"; suas reflexões apressadas sobre o assunto (LFW) são, contudo, elas próprias, pouco convincentes.

# Bibliografia de fontes secundárias

Este levantamento da literatura secundária é bastante seletivo. Para maiores informações bibliográficas, consultar:

Frongia, G. e McGuinness, B., *Wittgenstein: A Bibliographical Guide* (Oxford: Blackwell, 1990).
Shanker, V.A. e Shanker, S.G., *A Wittgenstein Bibliography* (Beckenham: Croom Helm, 1986).
[A segunda obra é mais abrangente; a primeira apresenta resumos bastante úteis.]

## CONTEXTO HISTÓRICO

Hacker, P.M.S., *Wittgenstein's Place in Twentieth Century Analytical Philosophy* (Oxford: Blackwell). [Um tratamento magistral ainda que tendencioso.]

Haller, R., *Questions on Wittgenstein* (Londres: Routledge, 1988). [Esclarece aspectos importantes acerca do contexto germanófono da obra de Wittgenstein.]

Janik, A. & Toulmin, S., *Wittgenstein's Vienna* (Nova York: Simon & Schuster, 1973). [Lança luz sobre o ambiente intelectual em que se insere Wittgenstein, embora sejam problemáticas muitas de suas afirmações exegéticas.]

Monk, Ray, *Wittgenstein: o dever do gênio* (São Paulo: Companhia das Letras, 1995).

McGuinness, B., *Wittgenstein, a Life: The Young Ludwig 1889-1921* (Londres: Penguin, 1988). [Ambas as biografias são excelentes; McGuinness retrata melhor a formação intelectual de Wittgenstein; Monk, sua personalidade.]

Nedo, M. e Ranchetti, M., *Wittgenstein: Sein Leben in Bildern und Texten* (Frankfurt: Suhrkamp, 1983). [Uma generosa e bem documentada coleção de fotos.]

Passmore, J., *A Hundred Years of Philosophy* (Londres: Duckworth, 1966). [A mais abrangente história da filosofia analítica que há — uma obra-prima.]

Skorupski, J., *English-Speaking Philosophy 1750-1945* (Oxford: OUP, 1992). [Em que pese o título, o livro lida com o desenvolvimento do modernismo filosófico em Frege, Russell e Wittgenstein.]

Urmson, J.O., *Philosophical Analysis* (Oxford: OUP, 1956). [Um pouco ultrapassado no que tange ao TLP, mas bom no que diz respeito ao período em Cambridge entre as guerras.]

Wedberg, A., *A History of Philosophy*, Vol. 3: *From Bolzano to Wittgenstein* (Oxford: OUP, 1984).

## INTRODUÇÕES GERAIS

Fogelin, R.F., *Wittgenstein* (Londres: Routledge, 1987; 1a. ed. 1976). [Excelente no que diz respeito ao TLP; contém a primeira enunciação da idéia no ceticismo quanto a regras na interpretação das *Investigações*.]

Grayling, A.C., *Wittgenstein* (Oxford: Oxford University Press, 1988). [Uma breve introdução aos temas principais.]

Hacker, P.M.S., *Insight and Illusion* (Oxford: Clarendon Press, 1986; 1a. ed., 1972). [Talvez o melhor livro sobre Wittgenstein; retrata o desenvolvimento de suas idéias sobre filosofia e sobre a mente.]

Kenny, A., *Wittgenstein* (Harmondsworth: Penguin, 1973). [Ainda a melhor introdução preliminar; excelecente no que tange ao TLP; enfatiza a continuidade entre o primeiro e o segundo Wittgenstein.]

Malcolm, N., *Nothing is Hidden: Wittgenstein's Criticism of his Early Thought* (Blackwell, Oxford, 1986). [Uma excelente abordagem do contraste entre o primeiro e o segundo Wittgenstein.]

Pears, D., *Wittgenstein* (Londres: Fontana, 1971). [Situa Wittgenstein na tradição da filosofia crítica.]

Schulte, J., *Wittgenstein: an Introduction* (Nova York: State University of NewYork Press, 1992; ed. alemã Stuttgart: Reclam, 1989). [Cobre uma ampla gama de tópicos de maneira bastante acessível.]

## Comentários

Black, M., *A Companion to Wittgenstein's 'Tractatus'* (Cambridge: Cambridge University Press, 1964). [Fornece um manancial de informações contextuais; não tão bom no esclarecimento de passagens difíceis.]

Baker, G.P. e Hacker, P.M.S., *Wittgenstein. Understanding and Meaning* — Vol. 1 de *An Analytical Commentary on the Philosophical Investigations* (Oxford: Blackwell, 1980).

_____ *Wittgenstein: Rules, Grammar and Necessity* — Vol. 2 de *An Analytical Commentary on the Philosophical Investigations* (Oxford: Blackwell, 1985).

Hacker, P.M.S., *Wittgenstein: Meaning and Mind* — Vol. 3 de *An Analytical Commentary on the Philosophical Investigations* (Oxford: Blackwell, 1990).

_____ *Wittgenstein: Mind and Will* — Vol. 4 de *An Analytical Commentary on the Philosophical Investigations* (Oxford: Blackwell, 1996). [Os melhores comentários que há sobre as *Investigações*; combinam a erudição com uma argumentação rigorosa.]

Hallett, G., *A Companion to Wittgenstein's "Philosophical Investigations"* (Ithaca: Cornell University Press, 1977). [Distinguindo-se das outras obras críticas, Hallett comenta também a Parte II das *Investigações*]

Savigny, E. von, *Wittgensteins Philosophische Untersuchungen: Ein Kommentar für Leser* (Frankfurt: Klosterman, 1988). [Interpreta as *Investigações* sem recorrer ao *Nachlass*; exame minucioso de detalhes lingüísticos.]

## Coletâneas de Ensaios

Arrington, R. L. and Glock, H.-J. (orgs.), *Wittgenstein's Philosophical Investigations: Text and Context* (Londres: Routledge, 1991). [Ensaios dedicados particularmente às passagens difíceis das *Investigações*.]

____ (orgs.), *Wittgenstein and Quine* (Londres: Routledge). [Discussões sobre semelhanças e diferenças entre os dois.]

Block, N. (org.), *Perspectives on the Philosophy of Wittgenstein* (Oxford: Blackwell, 1981). [Uma excelente coletânea.]

Canfield, J. (org.), *The Phibsophy of Wittgenstein: A Fifteen Volume Collection* (NewYork: Garland, 1986). [A mais abrangente coletânea de ensaios críticos que há.]

Copi, I.M., and Beard, R.W. (orgs.), *Essays on Wittgenstein's Tractatus* (Londres: Routledge, 1966). [Reúne os melhores artigos inicialmente escritos sobre o TLP.]

Fann, K.T. (org.), *Ludwig Wittgenstein, the Man and his Philosophy* (Hassocks: Harvester, 1967). [Contém avaliações de contemporâneos.]

Glock, H.-J. (org.), *Wittgenstein — A Critical Reader* (Oxford: Blackwell). [Estes ensaios pretendem acompanhar as seleções feitas em A. Kenny, *The Wittgenstein Reader*.]

Grifliths, A.P. (org.), *Wittgenstein. Centenary Essays* (Cambridge: CUP, 1991). [Contém alguns ensaios que cobrem temas pouco comuns.]

Heringer, H.J. e Nedo, M. (orgs). *Wittgenstein and his Times* (Oxford: Blackwell, 1982; ed. alemã 1979). [Ensaios acerca da perspectiva de Wittgenstein sobre a modernidade.]

Hintikka, J. (org.), *Essays on Wittgenstein in Honour of G.H. von Wright* (Amsterdam: North-Holland, 1976). [Contém ensaios importantes, incluindo-se o de Cioffi sobre a explicação estética.]

Kenny, A., *The Legacy of Wittgenstein* (Oxford: Blackwell, 1984). [Ensaios incisivos e profundos acerca da obra de Wittgenstein e de seu impacto.]

Klemke, E.D. (org.), *Essays on Wittgenstein* (Urbana: University of Illinois Press, 1971).

Luckhardt, G. (org.), *Wittgenstein: Sources and Perspectives* (Ithaca: Cornell University Press, 1979). [Uma fonte muito útil para especialistas.]

Malcolm, N., *Wittgensteinian Themes* (Cornell: Cornell University Press, 1995).

Pitcher, G. (org.), *The Philosophical Investigations* (Londres: Macmillan, 1968). [Artigos seminais do período inicial da interpretação de Wittgenstein.]

Schulte, J., *Chor und Gesetz* (Frankfurt: Suhrkamp, 1990), [Ensaios muito informativos sobre tópicos em geral negligenciados.]

Shanker, S. (org.), *Wittgenstein. Critical Assesments*, 4 vols. (Londres: Croom Helm, 1986). [Contém artigos exegéticos de enorme importância.]

Teghrarian, S. (org.), *Wittgenstein and Contemporary Philosophy* (Bristol: Thoemmes, 1994). [A maior parte dos ensaios discute a relação entre Wittgenstein e a filosofia contemporânea.]

Vesey, G. (org.), *Understanding Wittgenstein* (Ithaca: Comell University Press, 1974). [Uma importante coletânea de ensaios.]

Winch, P. (org.), *Studies in the Philosophy of Wittgenstein* (Londres: Routledge & Kegan Paul, 1969). [O ensaio 'Human Beings', de Cooks, é particularmente importante.]

von Wright, G.H., *Wittgenstein* (Oxford: Blackwell, 1982). [Uma coletânea inestimável, inclui ensaios sobre a origem do *Tractatus* e das *Investigações*, bem como um catálogo do *Nachlass*.]

## Sobre o Primeiro Wittgenstein

Anscombe, G.E.M., *An Introduction to Wittgenstein's Tractatus* (Londres: Hutchinson, 1959). [Difícil, mas contundente e provocador.]

Baker, G.P., *Wittgenstein, Frege and the Vienna Circle* (Oxford: Blackwell, 1988). [Um tratamento profundo e sofisticado do desenvolvimento da explicação que Wittgenstein dá para o conceito de necessidade lógica.]

Carruthers, P., *Tractarian Semantics* (Oxford: Blackwell, 1989).

______ *The Metaphysics of the Tractatus* (Cambridge: CUP, 1990). [Ambos os livros assimilam o TLP a Frege de um modo problemático, mas apresentam críticas interessantes de interpretações ortodoxas.]

Griffin, J.P., *Wittgenstein's Logical Atomism* (Oxford: Clarendon Press, 1964).

Lange, E. M., *Wittgenstein und Schopenhauer* (Cuxhaven: Junghans, 1989). [Lança luz sobre o contexto em que se insere o tratamento encontrado no TLP acerca do tema do solipsismo.]

McDonough, R.M., *The Argument of the Tractatus* (Albany: State University of New York Press, 1986).

Mounce, H.O., *Wittgenstein's Tractatus: an Introduction* (Oxford: Blackwell, 1981). [A introdução ao TLP mais acessível que há.]

Pears, D., *The False Prison*, Vol. I (Oxford: Clarendon Press, 1987). [Apresenta uma abordagem esclarecedora sobre a emergência da teoria pictórica a partir da teoria do juízo de Russell.]

Stenius, E., *Wittgenstein's Tractatus* (Oxford: Blackwell, 1960). [A primeira interpretação realista do TLP; salienta aspectos kantianos.]

## SOBRE O SEGUNDO WITTGENSTEIN

Baker, G.P, e Hacker, P.M.S., *Scepticism, Rules and Language* (Oxford: Blackwell, 1984). [Um ataque veemente à interpretação que remete ao ceticismo quanto a regras.]

Barrett, C., *Wittgenstein on Ethics and Religous Belief* (Oxford: Blackwell, 1991). [Um levantamento das concepções de Wittgenstein.]

Budd, M., *Wittgenstein's Philosophy of Psychology* (Londres: Routledge, 1989). [Uma abordagem meticulosa e sensata.]

Canfield, J., *Wittgenstein: Language and World* (Amhurst: University of Massachusetts Press, 1981. [Uma discussão apurada acerca das noções de gramática e critérios.]

Diamond, C., *The Realistic Spirit* (Cambridge, Mass: MIT Press, 1991). [Difícil, mas interessante, especialmente no que diz respeito ao tópico do absurdo.]

Fann, K.T., *Wittgenstein's Conception of Philosophy* (Oxford: Blackwell, 1969).

Frascolla, P., *Wittgenstein's Philosophy of Mathematics* (Londres: Routledge, 1994). [Identifica temas unificadores nas filosofias da matemática do primeiro e do segundo Wittgenstein.]

Hanfling, O., *Wittgenstein's Later Philosophy* (Londres: Macmillan, 1989). [Obra lúcida e sensata, que se concentra na idéia de que as explicações chegam a um fim; o diagrama da p. 325 foi retirado de Hanfling.]

Hark, M. ter, *Beyond the Inner and the Outer* (Dordrecht: Kluwer, 1990).

Hilmy, S., *The Later Wittgenstein* (Oxford: Blackwell, 1987). [Uma investigação bem específica sobre a emergência das concepções do segundo Wittgenstein.]

Hintikka, M.B. e Hintikka, J., *Investigating Wittgenstein* (Oxford: Blackwell, 1986). [Interpreta o argumento da linguagem privada como decorrência de Wittgenstein ter abandonado o fenomenalismo.]

Hunter, J., *Understanding Wittgenstein* (Edinburgh: Edinburgh University Press, 1985). [Ensaios curtos, mas muito esclarecedores sobre passagens específicas das *Investigações*.]

Johnston, P., *Wittgenstein and Moral Philosophy* (Londres: Routledge, 1989). [Uma abordagem generosa das concepções de Wittgenstein acerca da ética e da psicologia moral.]

______ *Wittgenstein: Rethinking the Inner* (Londres: Routledge, 1993).

Kripke, S.A., *Wittgenstein on Rules and Private Language* (Oxford: Blackwell, 1982). [Uma apresentação contundente do ceticismo quanto a regras e da concepção comunitarista da atividade de seguir regras.]

Marion, M., *Wittgenstein and Finitism* (Oxford: Clarendon Press).

McGinn, C., *Wittgenstein on Meaning* (Oxford: Blackwell, 1984). [Uma interessante discussão sobre a atividade de seguir regras e sobre a compreensão.]

Mulhall, S., *On Being in the World* (Londres: Routledge, 1990). [Uma comparação esclarecedora entre Heidegger e o segundo Wittgenstein.]

Pears, D., *The False Prison*, Vol. II (Oxford: Clarendon Press, 1988). [Concentra-se no argumento da linguagem privada e na atividade de seguir uma regra; difícil.]

Philips, D. Z., *Wittgenstein and Religion* (Basingstoke: St Martin's, 1993). [Ensaios escritos pelo mais eminente proponente de uma filosofia wittgensteiniana da religião.]

Rundle, B., *Wittgenstein and Contemporary Philosophy of Language* (Oxford: Blackwell, 1990). [Críticas incisivas e sofisticadas sobre a filosofia da linguagem do segundo Wittgenstein.]

Schulte, J., *Experience and Expression* (Oxford: Clarendon Press, 1993; ed. alemã 1987). [Discute a psicologia filosófica de Wittgenstein depois das *Investigações*; os diagramas da p.305 são desenvolvidos a partir de Schulte.]

Shanker, S., *Wittgenstein and the Turning Point in the Philosophy of Mathematics* (Londres: Croom Helm, 1987). [A melhor defesa que há da filosofia da matemática de Wittgenstein.]

Stroll, A., *Moore and Wittgenstein on Certainty* (Oxford: Oxford University Press, 1994). [Enfatiza a idéia de que em *Sobre a certeza,* a base da certeza reside nas ações e não nas proposições.]

Wright, C., *Wittgenstein on the Foundations of Mathematics* (Londres: Duckworth, 1980). [O primeiro livro a examinar as implicações trazidas pelas considerações acerca da atividade de seguir regras sobre a abordagem da necessidade lógica.]

## O Impacto de Wittgenstein Sobre Outras Disciplinas

Baker, G.P. e Hacker, P.M.S., *Language, Sense and Nonsense* (Oxford: Blackwell, 1984). [Usa as idéias de Wittgenstein para criticar teorias do significado na filosofia e na lingüística contemporâneas.]

Bloor, D., *Wittgenstein: A Social Theory of Knowledge* (Nova York: Columbia University Press, 1983). [Explora as idéias de Wittgenstein quanto à sociologia do conhecimento.]

Bouveresse, J., *Wittgenstein Reads Freud* (Princeton: Princeton University Press, 1995). [Uma abordagem imparcial das implicações das observações de Wittgenstein para a compreensão do inconsciente.]

Chapman, M. e Dixon, R.A. (orgs.), *Meaning and the Growth of Understanding: Wittgenstein's Significance for Developmental Psychology* (Berlim/Nova York: Springer, 1992).

Dilman, I., *Freud and the Mind* (Oxford: Blackwell, 1984). [Apresenta inúmeras comparações esclarecedoras com Wittgenstein.]

Harris, R., *Language, Saussure and Wittgenstein* (Londres: Routledge, 1988).

Hyman, J. (org.), *Investigating Psychology* (Londres: Routledge, 1991). [Contém artigos sobre as implicações do pensamento de Wittgenstein para a psicologia contemporânea.]

Kerr, F., *Theology after Wittgenstein* (Oxford: Blackwell, 1986). [Explicita várias implicações para a teologia.]

Langer, S.K., *Philosophy in a New Key* (Cambridge, Mass: Harvard University Press, 1948). [Aplica uma teoria do simbolismo influenciada pelo TLP a problemas em estética.]

Pitkin, H.F., *Wittgenstein and Justice* (Berkeley: University of Califomia Press, 1972). [Estabelece implicações para o pensamento político e social.]

Tilghman, B.R., *But is it Art?* (Oxford: Blackwell, 1984). [Discute a possibilidade de a arte ser definida a partir de uma perspectiva wittgensteiniana.]

Winch, P., *The Idea of a Social Science and its Relation to Philosophy* (Londres: Routledge, 1958). [*Locus classicus* para uma abordagem wittgensteiniana ao debate explicação/compreensão.]









# Índice remissivo

As entradas de verbetes estão grafadas em VERSALETE. Os números de páginas em **negrito** indicam que há uma discussão sobre o tema mesmo que este não figure como entrada de verbete.

Este livro foi composto por
Textos & Formas, em Times
New Roman, e impresso pe-
la Hamburg Gráfica Editora,
em março de 1998.